凉山年鉴

LIANGSHAN YEARBOOK

2017

凉山彝族自治州人民政府　主办
凉山彝族自治州史志办公室　编纂

方志出版社

图书在版编目（CIP）数据

凉山年鉴. 2017／凉山彝族自治州史志办公室编.
—北京：方志出版社，2018. 9
ISBN 978-7-5144-3291-6

Ⅰ.①凉…　Ⅱ.①凉…　Ⅲ.①凉山彝族自治州—2017—年鉴　Ⅳ.①Z527.12

中国版本图书馆CIP数据核字（2018）第219439号

凉山年鉴（2017）

编　　者：凉山彝族自治州史志办公室
责任编辑：丛　珺　宁　芳

出 版 人：冀祥德
出 版 者：方志出版社
地址　北京市朝阳区潘家园东里9号（国家方志馆4层）
邮编　100021
网址　http://www.fzph.org
发　　行：方志出版社图书经销中心
电话（010）67110500
经　　销：新华书店
设计制作：四川远近文化有限公司
印　　刷：成都市新都华兴印务有限公司

开　　本：889×1194　　1/16
印　　张：36.5
字　　数：832千
版　　次：2018年9月第1版　2018年9月第1次印刷
印　　数：001～800册

ISBN 978-7-5144-3291-6　　　定　　价：360.00元

数说凉山 2016

凉山州地区生产总值位列四川 21 个市州第 9 位，居全国 30 个少数民族自治州第 2 位。

项　目	单　位	数　据	在全省位次	在全国 30 个少数民族自治州中的位次
人口	人	5123552	6	1
国内生产总值	万元	14039192	9	2
第一产业增加值	万元	2807115	4	1
第二产业增加值	万元	6841518	11	1
第三产业增加值	万元	4390559	8	6
民营经济增加值	万元	7686949	9	
全社会固定资产投资总额	万元	11115152	12	3
社会消费品零售总额	万元	5513824	10	1
地方财政总收入	万元	1742460		4
地方财政一般预算收入	万元	1210338	4	4
地方财政支出	万元	4591525	2	2
年末金融机构存款余额	万元	16525280	12	
年末金融机构贷款余额	万元	7497821	10	
各级各类学校	所	1105		
卫生机构数	个	1066		
城镇居民人均可支配收入	元	25963	19	17
农村居民人均可支配收入	元	10368	18	9

县市	国内生产值（万元）	全州排位	规模以上工业增加值增速（%）	全州排位	公共财政总收入（万元）	全州排位	地方公共财政收入（万元）	全州排位	城镇居民人均可支配收入（元）	全州排位	农村人均可支配收入（元）	全州排位
西昌市	4572006	1	6.76	6	472390	1	380008	1	31343	1	14937	1
德昌县	681963	6	0.83	12	64053	8	49513	8	26047	3	14527	2
会理县	2190338	2	7.36	4	108027	3	78501	3	26265	2	14425	3
会东县	1240795	3	7.07	5	104228	5	85238	2	23965	4	14017	4
宁南县	541051	8	3.62	10	45403	9	35778	9	23859	5	13065	5
普格县	241943	15	4.64	8	24603	12	17816	12	22649	10	8241	8
布拖县	245768	14	9.37	2	12528	16	9458	16	22950	9	7068	13
昭觉县	274784	12	7.99	3	16830	14	12918	14	21714	16	7387	12
金阳县	289306	11	–4.53	15	32068	10	19007	10	22450	11	7022	15
雷波县	594879	7	4.73	7	107125	4	70049	5	22039	14	7865	10
美姑县	211598	16	0.06	13	10917	17	6789	17	21925	15	6889	17
甘洛县	266874	13	13.38	1	28118	11	18231	11	22316	12	6958	16
越西县	360119	9	4.06	9	20077	13	13132	13	22126	13	7757	11
喜德县	199930	17	–20.54	17	13666	15	10394	15	20703	17	7031	14
冕宁县	1072629	4	–2.17	14	93374	6	62238	6	23760	6	12235	6
盐源县	757819	5	–14.68	16	113034	2	70113	4	23732	7	9784	7
木里县	297390	10	3.57	11	90893	7	56078	7	23462	8	8006	9

领导调研

8月30日，中央统战部副部长、国家民委主任、党组书记巴特尔（右二）在西昌市安哈镇长板桥村彝族农民家了解生产、生活情况

5月13日，国土资源部部长、党组书记、国家土地总督察姜大明（前排右三）在昭觉县解放乡火普村与农户交流

11月5日，交通运输部党组书记杨传堂（前排左二）在泸黄高速公路改扩建试验段漫水湾互通立交施工现场调研

8月4日，省委书记王东明（前排左二）率督导组赴凉山州喜德县贺波洛乡跃进村蹲点督导脱贫攻坚工作

2月19日，省委副书记、省长尹力（左二）在喜德县拉克乡调研扶贫工作

10月19日，省委副书记刘国中（右一）在布拖县调研督导对口帮扶和脱贫攻坚进展情况

2月3日，省委常委、常务副省长王宁（前排左三）在喜德县拉克乡四合村看望慰问贫困群众

3月19日，省委常委、政法委书记侍俊（左一），副省长、公安厅厅长邓勇（右一）调研凉山州“绿色家园”项目一期工程建设情况

8月3日，省委常委、省军区政委刘家国（右二）在喜德县开展扶贫调研

6月27日，省委常委、宣传部部长甘霖（前排左一）在州委宣传部调研

8月22日，省委常委、组织部部长范锐平（前排右一）在宁南县南丝路集团公司调研

10月18日，省委常委、省纪委书记王雁飞（右三）在冕宁县彝海长征纪念馆调研

11月28日，省委常委、省委农工委主任曲木史哈（前排右三）在昭觉县洒拉地坡乡尔打火村开展脱贫攻坚督导工作

5月21日，省委常委、省委秘书长吴靖平（左三）在昭觉县解放乡燕子洛村调研

8月11日，副省长杨洪波（右三）率省督导组到甘洛县检查脱贫攻坚工作

5月28日，州委书记林书成（前排右三）在宁南县调研凯地里拉温泉项目施工情况

5月9日，州委副书记、州长罗凉清（右三）在越西县瓦岩乡了解客运站建设情况

12月21日，州委副书记、州政府代理州长苏嘎尔布（右二）在德昌县调研工业经济工作

10月14日，州人大常委会主任王金铁（左二）陪同香港特别行政区全国人大代表在冕宁县复兴镇建设村视察

6月17日，州政协主席邓显祥（右二）在宁南县骑骡沟乡五四村调研督导脱贫攻坚工作

4月17日，州委副书记陈忠义（右二）在雷波县谷堆乡山葵种植基地调研

7月15日，州委常委、秘书长、州总工会主席龙伟（左二）在宁南县西瑶镇调研烤烟生产工作

5月24日，州委常委、州国资委党委书记胡坤（中）在西昌市钒钛园区调研斯特林项目选址情况

6月22日，州委常委、州政府常务副州长冯斌（前排左三）陪同国家统计局纪检组长高建华（前排左二）在西昌邛海国际老年社区调研

1月10日，州委常委、统战部部长达久木甲（右五）在昭觉县调研

4月21日，州委常委、政法委书记杨文泉（前排右二）在雷波县调研

5月9日，州委常委、纪委书记张力（左二）在美姑县洛俄依甘乡调研

5月20日，州委常委、凉山军分区政委叶佩（右二）在西昌市驻训连队调研

12月20日，州委常委、政法委书记陈文（左三）在州交警支队调研指导工作

9月24日，州委常委、冕宁县委书记刘俊文（左二）在冕宁县拖乌乡鲁坝村调研食用菌生产情况

6月21日，州委常委、组织部部长、党校校长张伟（右一）在昭觉县哈甘乡瓦伍村蹲点调研民族地区精准脱贫核桃支柱产业栽种情况

12月，州委常委、州国资委主任阿石拉比（左五）在甘洛县调研脱贫攻坚工作

12月1日，州委常委、宣传部部长曾令举（左四）在昭觉县调研艾滋病防治工作

12月1日，州委常委、布拖县委书记沙文（左三）在布拖县木尔乡卫生院调研艾滋病综合防治工作

11月24日，州委常委、副州长陈日发（右三）调研金阳县依达乡保尔村脱贫工作

9月13日，广东（佛山）对口凉山扶贫协作工作组组长、凉山州委常委、副州长葛承书（右三）在盐源县梅雨镇调研援建项目选址情况

4月10日，州人大常委会副主任熊正林（右五）在木里县下麦地乡看望慰问困难群众

4月15日，州人大常委会副主任钟承先（右二）在宁南县披砂镇务旭村看望贫困群众

11月17日，州人大常委会副主任何绍忠（左二）在西昌市民胜乡长梁村看望慰问贫困户

5月10日，州人大常委会副主任海来木呷（左三）率调研组在深圳市调研凉山州农民工外出务工情况

9月21日，州人大常委会副主任李军（右二）在成都卷烟厂考察

1月1日，州人大常委会副主任周斌（前排右一）在盐源县棉桠乡督查扶贫工作

3月16日，州人大常委会副主任刘建蓉（左二）在甘洛县普昌镇栽种核桃树苗

8月30日，副州长杨卉（左三）在喜德县贫困村开展入户调查

6月6日，副州长施退（右三）在西昌学院调研

2月6日，副州长肖春（左四）在武警凉山州森林支队直属大队检查指导工作

10月30日，副州长朱学雷（右三）在越西县调研

6月22日，副州长、州公安局局长周述（前排右二）在普格县公安局调研

12月2日，州政协副主席季晓静（前排右二）在西昌市调研康养产业

1月25日，州政协副主席边玛仁青（左二）在木里县牦牛坪乡慰问贫困户

8月18日，州政协副主席熊仿秋（左三）在冕宁县宏模乡拉白村调研贫困户住房修建情况

7月20日，州政协副主席王阿呷（前排中）到冕宁县调研

11月16日，州政协副主席蒋若枫（左二）率队赴会理县开展贫困村退出验收工作

8月6日，州政协副主席马报（前排右二）在昭觉县督查“五个一”联系点工作情况

3月18日，州政协副主席宋光明（左三）在雷波县海湾乡麻柳湾村调研“一村一幼”教学点情况

8月5日，州政协副主席杨洪清（左三）在宁南县调研脱贫攻坚工作情况

8月19日，州政协副主席苏燕凌（左六）在会理县调研脱贫攻坚工作情况

8月30日，州政协副主席王萌（前排中）在甘洛县调研

脱贫攻坚——凉山在行动

领导在行动

2016年脱贫攻坚战打响后，凉山州委、州政府坚持把脱贫攻坚作为最大的政治责任、最大的民生工程、最大的发展机遇，围绕“两不愁、三保障”（不愁吃、不愁穿，义务教育、基本医疗、住房安全有保障）“四个好”（住上好房子、过上好日子、养成好习惯、形成好风气）目标，深入推进“七个一批”（发展特色产业带动一批、创业就业致富一批、移民搬迁安置一批、低保政策兜底一批、医疗保障扶持一批、治毒治病救助一批、灾后重建帮扶一批）行动计划，制定并实施住房、基础设施、产业、教育、卫计、禁毒防艾等18个扶贫专项工作方案，鲜明大抓落实的工作导向，各级领导干部“州不离县、县不离乡、乡不离村”推动各项工作落地落实落细。全年共投入各类扶贫资金113.63亿元，完成454个贫困村退出、11.35万贫困人口脱贫任务。

6月18日，州委书记林书成（前排中）在昭觉县支尔莫乡阿土勒尔村——“悬崖村”调研脱贫攻坚工作

10月4日，州委副书记、州长罗凉清（前排中）在昭觉县支尔莫乡阿土勒尔村——“悬崖村”调研督导扶贫工作

6月20日，州委副书记苏嘎尔布（左四）在布拖县调研脱贫攻坚工作

5月7日，州人大常委会主任王金铁（前排左三）在德昌县麻栗镇大象坪村调研脱贫攻坚工作

4月25日，州政协主席邓显祥（右一）在会理县小黑箐乡大梁村调研脱贫攻坚工作开展情况

5月9日，州委副书记陈忠义（中）在普格县马洪乡久史村调研极度贫困村脱贫攻坚工作

9月13日，州委常委、秘书长、州总工会主席龙伟（左二）在木里县调研脱贫攻坚工作

1月16日，州委常委、组织部部长冯斌（右一）在雷波县顺河乡慰问特困户

8月18日，州委常委、统战部部长达久木甲（左八）在美姑县调研脱贫攻坚工作

11月15日，州委常委、政法委书记杨文泉（左一）在盐源县督导2016年贫困村贫困户退出验收工作

6月20日，州委常委、组织部部长、党校校长张伟（中）在昭觉县调研贫困群众生产生活情况

9月11日，州委常委、冕宁县委书记刘俊文（左二）在冕宁县窝堡乡磨子沟村检查脱贫攻坚工作

12月31日，州委常委、布拖县委书记沙文（左三）在布拖县沙洛乡洛子村联系点督导脱贫攻坚工作

8月17日，副州长杨卉（中）在喜德县贫困村开展入户调查

1月27日，副州长施退（左三）在金阳县慰问贫困群众

1月20日，副州长白云（中）在美姑县洛俄依甘乡联系点贫困户家中调研

8月20日，副州长肖春（后排左三）在布拖县调研易地扶贫搬迁工作及安全住房建设情况

8月20日，副州长、州公安局局长周述（左二）在普格县调研脱贫攻坚工作

部门在行动

省财政厅党组书记、厅长王一宏（中）在木里县检查财政服务脱贫攻坚工作

省交通运输厅党组书记、厅长汪洋（中）在雷波县调研交通扶贫工作

省农业厅厅长任永昌（左一）在木里县调研脱贫攻坚工作

西南财经大学校长张宗益（前排左一）在美姑县洛俄依甘乡慰问贫困户

省林业厅副厅长包建华（前排右三）在德昌县调研核桃产业发展情况

四川大学副校长李旭锋（右二）向学生代表捐赠图书

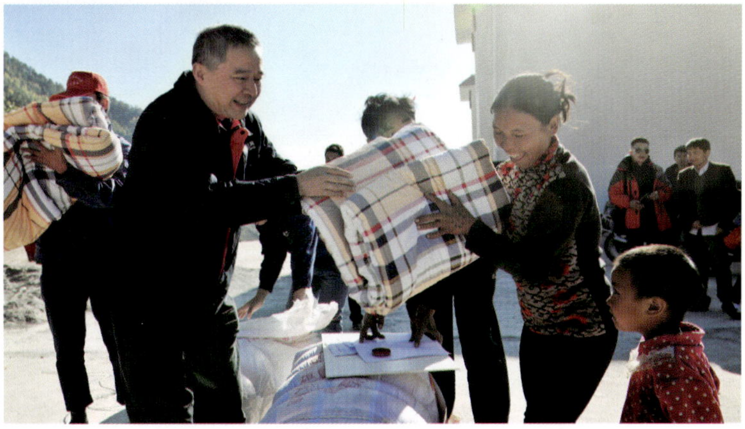

国网四川省电力公司在喜德县光明镇阿吼村开展“走基层送温暖”活动

州人民检察院脱贫攻坚工作组进村入户了解村民生活情况

州委组织部脱贫攻坚工作组在李子坪村看望慰问贫困户

州委编办脱贫攻坚工作组在冕宁县和爱藏族乡星火村开展扶贫调研工作

州人社局脱贫攻坚工作组在联系点了解建档立卡贫困群众生产生活情况

州财政局脱贫攻坚工作组在脱贫攻坚联系点喜德县瓦西村开展定点帮扶工作

州工商局脱贫攻坚工作组向对口帮扶联系点布拖县俄里坪乡洛底村老百姓发慰问物资

州规建局脱贫攻坚工作组在布拖县阿尔马之村慰问贫困户

州旅游局脱贫攻坚工作组在普格县耶底乡赛果洛村开展送暖冬行动

州总工会脱贫攻坚工作组在布拖县乌依乡举行借羊还羊项目启动仪式

州卫计委脱贫攻坚工作组在金阳县马依足乡慰问贫困户

州档案局脱贫攻坚工作组开展暖冬行动

凉山州卫校脱贫攻坚工作组在对口联系点美姑县瓦西乡尼木则村开展精准扶贫工作

县市在行动

西昌市委书记李俊（左二）在佑君镇调研扶贫情况

德昌县委书记王顺云（右三）在老碾乡方梁村调研督查精准扶贫工作

会理县委书记李怀良（右一）在东乡鹿子村督察指导脱贫攻坚工作

会东县委书记刘晓博（左二）在铁柳镇花山村贫困群众家中查看粮食收成情况

宁南县委书记黄玉超（左三）调研乡镇“一村一幼”发展情况

普格县委书记刘若尘（后排右二）调研特补乡大棚蔬菜羊肚菌种植基地

州委常委、布拖县委书记沙文（中）在沙洛乡拐乐村调研脱贫攻坚工作

昭觉县委书记子克拉格（右二）调研产业扶贫工作情况

金阳县委书记毛正文（左二）调研贫困村工作情况

雷波县委书记王荣华（左二）到贫困户家中调研精准脱贫工作

美姑县委书记商拉批（前排右二）在农作乡调研脱贫攻坚工作

甘洛县委书记陈建生（左二）在尼尔觉乡调研脱贫攻坚工作

越西县委书记袁洪（左三）在南箐乡调研指导核桃产业发展情况

喜德县委书记曲木伍牛（前排左二）在两河口镇斯果觉村进行扶贫调研

州委常委、冕宁县委书记刘俊文（左二）在贫困户家中调研

盐源县委书记邓天友（中）在棉桠乡调研贫困村产业发展情况

木里县委书记张振国（右三）调研产业发展情况

西昌市委副书记、市长马廷贵（左一）在大箐乡胜利村开展脱贫攻坚工作调研

德昌县委副书记、县长高峰（左二）在麻栗镇大象坪检查指导脱贫攻坚巩固提升工作

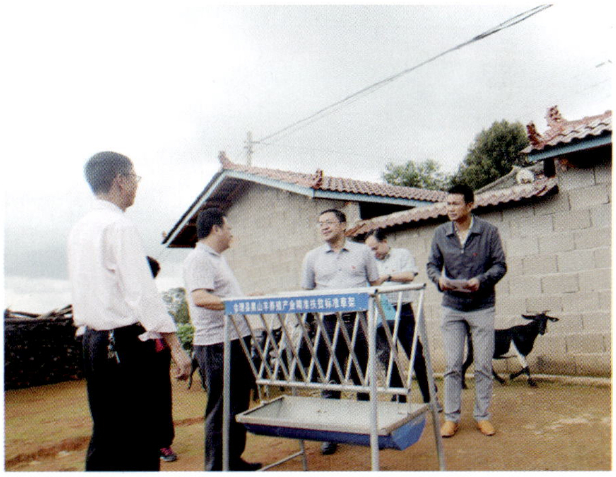

会理县委副书记、县长陈方勇（右三）在小黑箐乡贫困户家中调研

会东县委副书记、县长环江红（中）在野租乡上野租村调研指导脱贫攻坚工作

宁南县委副书记、县长马小宁（右一）在幸福乡调研脱贫攻坚工作

普格县委副书记、县长沙英（前排左二）调研特补乃吾村幸福美丽新村建设

布拖县委副书记、县长罗古阿吉（右一）在采哈乡调研脱贫攻坚工作

昭觉县委副书记、县长赫绍洪（前排右二）调研贫困村预脱贫情况

金阳县委副书记、县长李德强（左一）调研乡镇花椒产业扶贫发展情况

雷波县委副书记、县长杨腾斌（右二）在箐口乡小海村调研脱贫攻坚工作

美姑县委副书记、县长蔡光阳（右三）调研乡镇脱贫攻坚工作

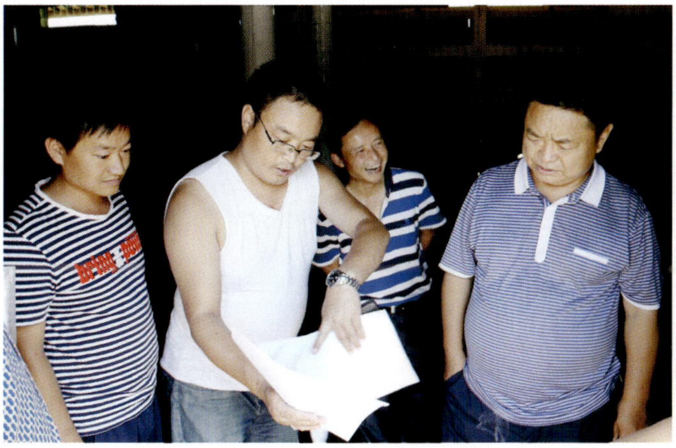

甘洛县委副书记、县长陈华（右一）在石海阿尔调研脱贫攻坚工作

越西县委副书记、县长肖政权（右一）看望慰问贫困群众

喜德县委副书记、县长黎平（左一）为贫困户住房建设作工作指导

冕宁县委副书记、县长郭均（左四）在拖乌乡鲁坝村香菇食用菌基地调研

盐源县委副书记、县长尹江涛（右二）调研教育扶贫工作

木里县委副书记、县长伍松（左三）在瓦厂镇调研贫困建卡户魔芋产业发展情况

群众在行动

发展烤烟产业

发展蚕桑产业

发展马铃薯产业

发展山葵产业

发展养殖业

发展核桃产业

发放疫苗现场

移风易俗

彝绣

修建新房

修改村道

扶贫成效

贫困村新貌

越西县申果乡达布村

普格县特尔果乡古木洛村

广东佛山
对口凉山
扶贫项目

木里县后所乡岩里村

贫困户脱贫前后的住房

贫困户住房改造前后

“悬崖村”入村路建设前后

“一村一幼”教学点

解决贫困村学校的饮水问题

建设完工的警民连心桥

贫困村村道

“一事一议”财政奖补资金修建村道

扶贫硕果

政治建设

11月27—29日，中共凉山州第八次代表大会在西昌召开

11月29日，在中共凉山州第八次党代会上，新当选的州委书记、副书记、州委常委合影

2月1—4日，凉山彝族自治州第十届人民代表大会第六次会议在西昌召开

州委书记林书成在凉山彝族自治州第十届人民代表大会第六次会议上讲话

州人大常委会主任王金铁作人大常委会工作报告

州人民政府州长罗凉清作政府工作报告

州中级人民法院院长刘宁作法院工作报告

州人民检察院检察长米滨作检察院工作报告

代表听取工作报告

主席团会议

代表团分组讨论

表决通过决议草案

代表审议发言

代表观看新媒体展示

10月14日，香港特别行政区第十二届全国人大代表在昭觉县解放沟乡燕子洛村视察

5月16日，州人大常委会召开《中华人民共和国城乡规划法》执法检查动员会

8月16日，州人大常委会举行“凉山州重大传染病防控情况专题询问”

投票

11月19日，州人大常委会新任命人员向宪法宣誓

1月31日至2月3日，中国人民政治协商会议凉山彝族自治州第十一届委员会第五次会议在西昌召开

州委书记林书成在闭幕大会上讲话

州政协主席邓显祥作政协常委会工作报告

州政协副主席熊仿秋作提案工作报告

州政协副主席季晓静主持会议

大会主席台

投票

委员听取报告

4月25日，州政协组织政协委员在宁南县调研加快民族地区教育发展工作

9月20日，州政协机关党委组织党员干部参观冕宁红军长征纪念馆

9月26日，州政协机关在对口帮扶冕宁县大桥镇田坝村召开“四个好”家庭创建推进会

2月14日，中国共产党凉山彝族自治州第七届纪律检查委员会第六次全体会议在西昌召开

州委书记林书成在中国共产党凉山彝族自治州第七届纪律检查委员会第六次全体会议上讲话

州委常委、州纪委书记张力代表州纪委作工作报告

“阳光政务凉山行”活动现场

凉山州法纪教育中心公众开放日活动现场

3月25日，召开省委第一巡视组巡视凉山州动员会

7月15日，中纪委秘书长杨晓超（左二）在雷波县帕哈乡磨石村慰问贫困户

11月3日，中纪委机关事务管理局领导在凉山调研

12月7日，省纪委副书记、省监察厅厅长黄昌明（右二）在昭觉县调研基层党风廉政工作

6月14日，州委常委、州纪委书记张力（中）在雷波县汶水镇颜家湾村综合广场施工现场检查指导项目落实情况

2月26日，召开全州县乡换届工作暨组织部长会

6月26日，中央“两学一做”督察组在凉山督导

州委常委、组织部部长、党校校长张伟（右一）在会东县督查工作

全省高原藏区大小凉山“农民夜校”现场会在喜德县拉克乡召开

州委书记林书成（右三）等领导看望慰问土地革命时期参加革命工作的离休干部

州委副书记陈忠义（左一）看望慰问退休干部

州委常委、组织部部长、党校校长张伟（左五）向省委组织部工作组汇报全州“两学一做”活动情况

军事·法治

4月21日，副省长、公安厅厅长邓勇（中）在州消防支队视察

5月11日，省军区副司令员地的古火（左二）在雷波县人武部视察

8月6日，凉山军分区司令员申玮（中）在金阳县丙底乡打古洛村调研脱贫攻坚工作

指导机场警卫

现地勘察

机场警卫勤务

一级警卫

搜捕雷波“4·20”犯罪嫌疑人

武警官兵在越西县瓦岩乡渔洞村帮助受灾群众抢救物资

12月10日，举行武警凉山州森林支队地震应急救援队授旗仪式

武警凉山州森林支队官兵参加《彝海结盟》电视剧拍摄

2月19日，召开凉山州委政法工作会

6月17日，州中级人民法院正式启动以审判为中心的庭审实质化改革试点工作

州中级人民法院召开审理2.9亿元经济诈骗案新闻发布会

6月29日，最高人民检察院刑事执行检察厅厅长袁其国（右四）在凉山州检查工作

州人民检察院检察长米滨（右一）在甘洛县检察院调研

4月20日，省委常委、省政法委书记侍俊（前排右二），副省长、公安厅厅长邓勇（右一）一行到凉山州调研禁毒社会化工作

3月11日，四川省司法厅党委委员、纪委书记何华（左三）在甘洛县调研基层司法行政工作

凉山州司法行政工作组赴云南省第四监狱开展对凉山籍服刑人员帮教活动

禁毒宣传

经济建设

6月6日，全国政协常委、提案委副主任、九三学社中央副主席赖明（左三）在东方风电（凉山）有限公司调研

4月10日，省国资委主任徐进（左三）在州委书记林书成（前排右一）的陪同下，到州商业银行调研

6月29日，凉山州人民政府与国网四川省电力公司在成都签署战略合作协议

4月15日，州委副书记苏嘎尔布（前排左三）带队在陇南市考察农村电子商务工作

3月24日，州委副书记陈忠义（左二）调研大凉山电子商务产业园区运营情况

7月15日，州委常委、州国资委党委书记胡坤（左二）在德昌县调研清洁能源东气项目

2月1日，凉山州人民政府与中国移动四川公司签署战略合作协议

11月2日，举行凉山州与省级金融机构签约仪式

5月16日，中国移动凉山分公司在西昌市举行“全州首个百兆城市群建成暨4G+VoLTE（高清语音）商用发布会

7月6日，召开凉山州政府和社会资本合作（PPP）工作推进会

第十六届西部国际博览会四川·凉山彝族自治州投资宣荐暨项目签约仪式现场

1月13日，州政府副州长杨卉（左一）一行检查市场供应情况

国家审计署农业司专家在凉山州调研审计工作

全州工业稳增长暨统计调查工作会在西昌召开

州工商局执法人员开展市场巡查

在昭觉县“悬崖村”设立的第一个“银讯通”助农取款服务点

9月19日，全省高速公路项目集中开工动员大会（凉山分会场）暨凉山州第三批重点项目开工仪式在冕宁县举行

8月4日，省建设厅厅长何健在凉山检查现代化建筑产业发展情况

3月20日，召开凉山州交通大会战“再战100天，决胜6·30”动员大会

布拖县拖觉通乡油路

8月6日00：40，国网凉山供电公司圆满完成第100次卫星保电工作任务

江铜稀土冶分车间

益门煤矿斜井验收现场

宁南茧丝被国家认定为出口免检产品

东方电气凉山生产基地

建设中的世界第二大水电站—白鹤滩水电站

风电产业

光伏产业

3月18日，州委书记林书成（中）调研雷波县中草药生产基地

8月6日，州委副书记苏嘎尔布（右一）在布拖县调研

5月12日，州委常委、统战部部长达久木甲（左二）在雷波县调研山葵产业发展情况

8月31日，省烟草专卖局局长、总经理、党组书记李恩华（前排左二）在冕宁县调研烤烟收购情况

7月12日，州委书记林书成（右一），州委副书记、州长罗凉清（右二）在西昌市参加大规模绿化凉山义务植树活动

8月11日，省林业厅长尧斯丹（中）调研核桃苗圃基地建设情况

2016年，凉山州建设华山松基地25万亩。规划到2020年，新建华山松产业基地70万亩

大凉山核桃

2016年，凉山州建设核桃产业基地380万亩。规划到2020年，核桃产业基地建设达到1500万亩

大凉山油橄榄

2016年，凉山州建设油橄榄基地5万亩。规划到2020年，新建油橄榄产业基地50万亩

冕宁县复兴镇建设村

昭觉县地莫乡彝家新寨

布拖县拖觉镇新貌

社会事业建设

12月20日，州委书记林书成（右一）在宁南县调研义务教育均衡发展情况

州委常委、宣传部部长曾令举（右二），副州长肖春（右一）在凉山卫生学校调研

攀西绵阳南山国际学校与美国美中教科文基金会和北京常青藤联盟教育科技研究院三方合作办学签字仪式现场

全国重点课题开题仪式现场

9月6日，国家中医药管理局医政司副司长陆建伟（中）在州中西医结合医院调研

9月2日，全国知名专家“服务百姓健康行动”全国大型义诊活动在会理县启动

9月7日，省、州中西医结合医院开展服务群众健康行动联合义诊活动

9月7日，省中医药管理局、省中医院、骨科医院、中西医结合医院、第二中医医院等主要负责人在州中西医结合医院调研

慰问造血干细胞捐献志愿者童启蒙

州一医院与州内五家医院签署医联体协议

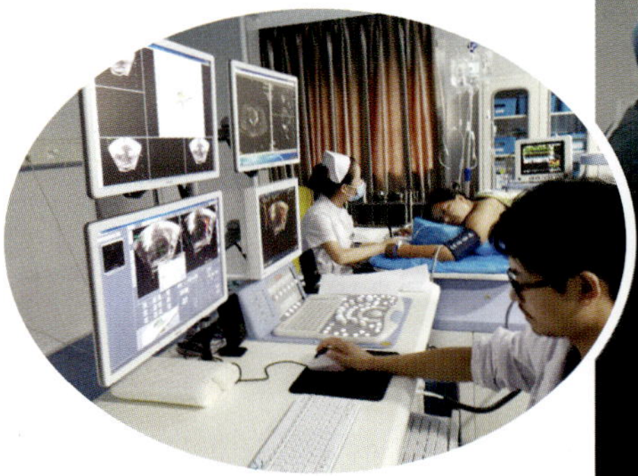

新引进的“海扶刀”

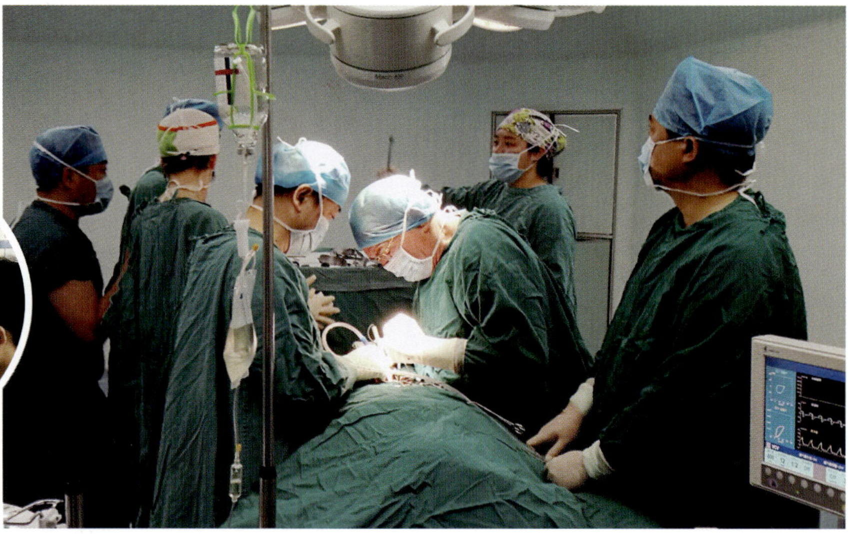

以色列专家在州一医院指导工作

11月29日，国家民委副主任刘慧（右五）带领国家民委委员单位联合调研组在凉山州调研民族工作

6月19日，国家档案局局长李明华（前排左二）和四川省档案局局长丁成明（前排左一）前往扶贫村调研精准扶贫工作

11月21日，中国气象局党组成员、副局长于新文（右二）在凉山检查指导气象工作

12月5日，省政协副主席、省总工会主席李登菊（右一）看望慰问凉北林业局困难职工

10月26日，省保密局局长刘永剑（左二）在西昌市检察院调研指导保密工作

州市总工会在西昌市安哈镇长板桥村举办彝族刺绣培训班

9月22日，第四届中国（绵阳）科技城国际科技博览会主题日活动—中国·凉山创新驱动绿色发展宣荐大会举行

5月13日，州委常委、秘书长、州总工会主席龙伟（中）在州儿童福利院慰问孤残儿童

省民政厅工作组在凉山州检查优抚工作情况

州文广新局工作组到昭觉县开展基层文化建设调研

7月27日，2016四川国际文化旅游节在西昌隆重开幕

11月11日，四川省第二届残疾人文化艺术节在西昌火把广场隆重开幕

凉山州投资摄制的首部电视连续剧《彝海结盟》在央视八套播出

凉山州拍摄的首部彝语母语电影《我的圣途》

凉山歌舞团建团六十周年晚会现场

民族歌剧《彝红》参加第五届全国少数民族文艺会演出

舞蹈作品《我的弦》荣获全国群星奖

《阿惹妞》——中国第一台实景火秀

非遗项目

画有彝族英雄支格阿龙和太阳、月亮等图案的毕摩文献

彝族羊毛擀制及纺织技艺

摩梭人甲搓舞

藏族赶马调

彝族银饰
制作技艺

彝族服饰

11月5日，西昌邛海湿地国际马拉松赛在火把广场开赛，中国、肯尼亚、埃塞俄比亚等29个国家和地区的20618名选手相约在西昌最美赛道奔跑

阳光体育　健康凉山

阳光体育　健康凉山

凉山民族
2016西昌邛海湿地国际轮滑公开赛
The 2016 XiChang QiongHai Lake Wetland International Roller Skating Open

编辑说明

一、《凉山年鉴(2017)》是由中共凉山州委领导,凉山州人民政府主办,凉山州史志办承办,《凉山年鉴》编辑部负责组织编纂的一部综合性地方年度性资料文献。其宗旨是全面、准确反映凉山彝族自治州自然、经济、政治、文化、社会、生态文明发展情况,为各级领导和部门科学决策、制定发展规划提供依据,为科研和教学工作提供新的信息,为招商引资、商贸活动提供权威资讯,为国内外各界人士了解、认识凉山提供参考,为加快建设美丽富饶文明和谐新凉山提供资政服务。

二、《凉山年鉴(2017)》的编纂坚持以马克思列宁主义、毛泽东思想、邓小平理论、"三个代表"重要思想、科学发展观和习近平新时代中国特色社会主义思想为指导,坚持运用辨证唯物主义和历史唯物主义的立场、观点和方法,适应新形势,迎接新挑战,力求新发展,全面体现地方特色、民族特色、时代特色,做到思想性、科学性、可读性相统一,全面系统综合地反映2016年度凉山彝族自治州各条战线、各个行业获得的新经验、取得的新成就、发现的新问题。

三、《凉山年鉴(2017)》主要内容包括专述、凉山概况、大事记、党委、人大、政府、政协、军事、民主党派·工商联、社会团体、法治、经济管理、农业与农村经济、财税·金融、旅游、社会事业、公共建设、工业·企业、县市概况、附录、索引等21个大类。

四、《凉山年鉴(2017)》文体结构主要由类目、分目、条目三个层次组成。类目、分目、条目分别用不同字体加以区别。

五、《凉山年鉴(2017)》卷首有中文和英文目录,卷末有按汉语拼音排列的主题分析索引,全书所有信息可通过目录、索引获取,检索方便。

六、《凉山年鉴(2017)》所用资料、图片、数据均由供稿单位提供,并经所属单位领导审核送编。主要经济指标数据均采用统计部门年报数,并经统计部门审核。全书由《凉山年鉴》编委会审定,向国内外公开出版发行。

七、《凉山年鉴(2017)》采用现代语体文记述,力求言简意赅、文风朴实、语言流畅、设计新颖、图文并茂。内文采用双色印刷,装帧美观大方,特点突出,特色鲜明。

八、《凉山年鉴(2017)》所用数据均采用国际单位制,所涉数据均按四舍五入保留小数位数。

《凉山年鉴》编辑部

2017年12月

目录
CONTENTS

专　　述
SPECIAL SPEECHES

决战贫困　转型跨越　为建设美丽幸福文明和谐新凉山而努力奋斗——在中国共产党凉山彝族自治州第八次代表大会上的报告 001
在凉山彝族自治州第十一届人民代表大会第一次会议上工作报告 013
政府工作报告——在凉山彝族自治州第十一届人民代表大会第一次会议上 021
在政协凉山彝族自治州第十二届委员会第一次会议上的工作报告 032

凉山概况
LIANGSHAN OVERVIEW

凉山概况
Liangshan Overview
概况 038
地质地貌 038
气候状况 038
历史文化 039
自然资源 039
国民经济 039
民生状况 039

大事记
A CHRONICLE OF MAJOR EVENTS

1—12 月
January to December
..... 040

党　　委
THE CPC LIANGSHAN YI AUTONOMOUS PREFECTURE COMMITTEE

综述
Overview
概况 060
全州经济发展 060
经济结构调整 060
对外开放 060
基础设施建设 061

城乡统筹发展 061
精准脱贫攻坚 061
社会和谐稳定 061
党的全面建设 062

中国共产党凉山彝族自治州第八次代表大会
The 8th CPC Liangshan Yi Autonomous Prefecture Congress
选举党代表 062
中国共产党凉山州第八次代表大会 063
中国共产党凉山彝族自治州第八届委员会第一次全体会议 063

纪检监察
Discipline Inspection and Supervision
概况 064
"两个责任" 064
正风肃纪 064
纪律审查 064
巡察监督 064
源头治理 065
纪律检查体制改革 065
机关扶贫 065
队伍建设 065

组织工作
Organization Work
概况 066
换届工作 066
领导班子和干部队伍建设 066
干部人事制度改革 066
干部教育 066
干部监督 067
基层党建 067
人才队伍建设 068
主题教育活动 068
自身建设 068

宣传工作
Publicity Work
概况 069
理论武装 069
意识形态 069
舆论引导 069
核心价值观建设 070
文化建设 070
作风建设 070

统战工作
United Front Work
概况 070
思想政治建设 070
党外代表人士队伍建设 071
民族宗教工作 072
经济联络工作 073
换届工作 073
精准脱贫工作 074
自身建设 074

州直机关党建工作
Party Building of Offices Directly under the CPC Liangshan Yi Autonomous Prefecture Committee
概况 074
思想建设 074
作风建设 074
组织建设 075
反腐倡廉建设 075
统战、群团工作 075
宣传工作 075

机构编制
Institution Establishment
概况 076
服务中心大局 076
行政审批制度改革 076
相对集中行政许可权改革试点 076
旅游景区、工业园区管理机构体制机制改革 076
事业单位分类改革 076
机构编制管理 077
深化控编减编 077
事业单位登记管理 077
自身建设 077

政策研究
Policy Research
概况 077
改革办工作 078
重大政策研究工作 078
重大课题研究工作 079
室内课题研究工作 079
文稿信息服务工作 079

队伍建设 079

保密工作
Confidentiality Work

概况 080
三大管理 080
宣传培训 080
法治建设 080
指导管理 080
监督检查 080
保密技防 081
机关建设 081
会议情况 081

群众工作
Mass Work

概况 081
来信来访、网络投诉受理和督查督办 081
强化领导责任 082
“走基层工作” 082
信息化建设 082
依法信访 082
积案化解 082
机制建设 083

精神文明建设
Spiritual Civilization Construction

概况 083
新农村“四个好”家庭创建活动 083
公民道德建设 084
未成年人思想道德建设 084
群众性精神文明创建 084
志愿服务工作 085
全州文明办主任会 085
省民族地区文明城市创建推进会 085
全州乡村学校少年宫项目建设推进暨项目负责人培训会 085
“两学一做”主题教育活动 085
“挂包帮”和“走基层”活动 085
集体荣誉 085

对外宣传
International Publicity

概况 086
重大外宣活动 086
新闻发布工作 087
州外媒体服务与管理 087
互联网宣传管理 087

史志工作
Work of Chronicles

概况 087
领导批示 088
第十三个五年发展规划 088
党史工作 088
地方志工作 089
全国地方志工作会议 090
全省地方志宣传信息暨期刊工作座谈会 090
全州史志工作会议 090
全州史志办主任会议 090
机构队伍建设 090
党建工作 091
党风廉政建设 091
扶贫工作 091

老干部工作
Work on Retired Cadres

概况 091
学习贯彻全国老干部工作表彰大会精神 091
学习贯彻落实《意见》 091
两项待遇落实 092
两项建设 092
调研、宣传、信息、信访工作 093
正能量活动 093
自身建设 094
荣誉 094

党校工作
Work of Party School

概况 094
干部培训 094
科研工作 095
队伍建设 095
后勤保障 095
机关党建 096

报社工作
Work of Newspaper Office

概况 096
宣传策划 096

平台建设……096
内容建设……097
报业经营……097
队伍建设……097
反腐倡廉……097
群团工作……097
精准扶贫……098
关心下一代工作
Work of Caring for the Next Generation
概况……098
领导调研……098
暖冬行动……098
基层组织建设……098
“五老”志愿者……098
关爱活动……099
关心下一代基金会……099

人　大
LIANGSHAN YI AUTONOMOUS PREFECTURE PEOPLE'S CONGRESS

综述
Overview
概况……100
自身建设……100
州十届人大六次会议
The 6th Plenary Session of the 10th Liangshan Yi Autonomous Prefecture People's Congress
概况……100
会议议程……101
代表议案和建议……101
会议决议决定……101
州人大常委会会议
Meetings of the Standing Committee of Liangshan Yi Autonomous Prefecture People's Congress
概况……101
常委会第二十六次会议……102
常委会第二十七次会议……102
常委会第二十八次会议……102
常委会第二十九次会议……102
常委会第三十次会议……102
常委会第三十一次会议……103
常委会第三十二次会议……103
立法工作
Legislation Work
概况……103
立法调研……103
立法工作……103
法律宣传……104
监督工作
Supervision Work
概况……104
法律监督……104
工作监督……104
规范性文件备案审查……104
信访工作……104
综述……105
代表工作
Deputy Work
概况……105
办理代表议案及建议……105
开展闭会期间代表活动……105
代表履职能力建设……105
指导县乡人大换届选举……105
调查研究
Survey and Research
概况……106
上级人大到凉山视察调研……106
财政经济委员会
Financial and Economic Committee
工作监督……106
法律监督……107
工作调研……107
工作交流……107
民族法制宗教外事侨务委员会
Ethnic, Legislative, Religious, Foreign and Overseas Chinese Affairs Committee
立法工作……107
工作调研……108

扶贫帮困 108

农业委员会

Agricultural Committee

立法工作 109
监督工作 109
调研工作 109
工作联系 109

教育科学文化卫生委员会

Education, Science, Culture and Public Health Committee

立法工作 110
监督工作 110
调研工作 110
工作联系 110

城乡建设环境资源保护委员会

Urban and Rural Construction and Environmental and Resources Protection Committee

法律监督 110
工作监督 111
工作调研 111
督办代表议案 111
法制宣传 111
工作交流 112
其他工作 112

内务司法委员会

Internal and Judicial Affairs Committee

立法工作 112
监督工作 112
开展重大事项决定工作 112
工作调研 113
其他工作 113

政　府

LIANGSHAN YI AUTONOMOUS PREFECTURE PEOPLE'S GOVERNMENT

综述

Overview

概况 114
综合经济 114
第一产业 114
第二产业 114
第三产业 114
脱贫攻坚 114
项目投资 115
改革开放 115
基础建设 115
民生改善 115
社会事业 115
社会治理 115
生态建设 116
自身建设 116

发展改革

Development and Reform

概况 116
重大问题研究 116
编制规划 116
重大项目和投资 116
基础设施建设 116
资金争取 117
扶贫攻坚 117
深化改革 117
西部开发和攀西开发 118
能源建设 118
节能减排 118
法制机关建设和招投标监管 118
价格调控 119
粮食管理 119
自身建设 119

攀西资源开发工作

Development of Panxi Resources

概况 119
攀西战略资源创新开发试验区建设 119
西部人才培训 120
《三州若干意见》推进实施 120
安宁河谷地区跨越式发展 121

民政

Civil Affairs

概况 121
社会救助 121

防灾减灾救灾……122
社会福利……122
困境儿童救助……123
基层政权建设……123
社会组织管理……123
抚恤优待……123
退役士兵安置……124
区划地名……124
社会事务……124

人力资源和社会保障

Human Resources and Social Security

概况……124
法治人社……125
就业促进……125
社会保障……125
人才队伍建设……126
收入分配……126
人事制度改革……126
劳动监察……126
培训教育……126
表彰奖励……127
自身建设……127

民族宗教

Ethnic and Religious Affairs

概况……127
项目资金管理……127
宗教事务及境外藏胞管理……128
民族研究及社会事业……128
民族团结进步示范州创建……128
扶贫帮困……129
党风廉政建设……129
政务信息……129

外事侨务

Foreign and Overseas Chinese Affairs

概况……129
对外交流与合作……130
涉外管理与服务……131
侨务工作……131

扶贫移民工作

Poverty Alleviation and Immigrant

概况……132
专项扶贫……132
社会扶贫……132
综合扶贫……133
扶贫解困……133
建档立卡……133
移民规划安置……133
移民后期扶持……134
移民信访稳定……134
队伍建设……134

安全生产监督管理

Production Safety Supervision and Management

概况……134
工作部署……135
强化监管……135
宣传培训……135
依法治安……135
夯实基础……136
职业健康……136

语言文字工作

Languages and Words Work

概况……136
语言文字规范管理和彝语文推广使用工作……136
古籍抢救保护和编译出版工作……137
脱贫攻坚……137
改革工作……137

对台工作

Taiwan Affairs

对台宣传……138
对台经贸……138
对台交往交流……138
队伍建设……139

档案工作

Archives Work

概况……139
法治建设……139
服务经济社会发展……140
服务扶贫开发……140
“三个体系”建设……140
数字档案馆建设……141
档案宣传与档案文化建设……141
自身建设……141

政务服务
Governmental Affairs Service
概况……142
政务服务标准化……142
并联审批……142
网上政务服务大厅建设……142
公共资源交易……143
党建工作……143
帮乡扶贫……143
机关事务管理
Government Office Affairs Administration
概况……144
机构改革……144
政务接待……144
规范管理……145
自身建设……145
扶贫工作……145
集体荣誉……145
政府门户网站建设
Construction of Governmental Portal Website
电子政务外网建设……146
大数据平台建设……146
灾备与数字证书应用……146
运维管理……146

政 协
THE CPPCC LIANGSHAN YI AUTONOMOUS PREFECTURE COMMITTEE

综述
Overview
概况……147
理论学习……147
参政议政……147
服务民生……147
民主监督……148
统战工作……148
自身建设……148
重要会议
Important Meetings
全体会议……149
常委会会议……149
主席会议……150
其他会议……151
提案工作
Proposal Work
……153

军 事
MILITARY

凉山军分区
Liangshan Military Sub-command
概况……155
思想政治建设……155
军事斗争准备……155
安全稳定工作……155
后装综合保障……156
参建参治工作……156
干部队伍建设……156
武警凉山州支队
Liangshan Prefecture Detachment of the Chinese People's Armed Police Force
概况……156
中心任务……157
行政管理……157
基层建设……157
后勤保障……157
班子建设……158
武警凉山州森林支队
Liangshan Prefecture Forest Detachment of the Chinese People's Armed Police Force
概况……158
思想政治……158
中心任务……158
行政管理……158
后勤保障……158

班子建设 …… 159
基层建设 …… 159
奖励情况 …… 159

公安消防
Public Security and Firefighting

概况 …… 160
军魂培育 …… 160
领导重视 …… 160
火灾防控 …… 160
灭火救援 …… 160
基础建设 …… 160
消防宣传 …… 161
纪律作风 …… 161
荣誉 …… 161

人民防空
Civil Air Defense

概况 …… 161
工程建设 …… 161
宣传教育 …… 161
党风廉政建设 …… 162
脱贫攻坚 …… 162
机关“准军事化”建设 …… 162

民主党派·工商联
NON-CPC PARTIES & FEDERATION OF INDUSTRY AND COMMERCE

民革
Liangshan Prefecture Committee of the Revolutionary Committee of the Chinese Kuomintang

概况 …… 163
思想建设 …… 163
参政议政 …… 164
经济社会服务 …… 164
祖统联谊工作 …… 165
青年与老年党员工作 …… 165

民盟
Liangshan Prefecture Committee of the China Democratic League

概况 …… 165
组织发展 …… 165
参政议政 …… 166
社会服务 …… 167
自身建设 …… 168
荣誉 …… 168

民建
Liangshan Prefecture Committee of the China National Democratic Construction Association

概况 …… 168
自身建设 …… 169
参政议政 …… 169
社会服务 …… 170
荣誉 …… 170

九三学社
Liangshan Prefecture Committee of the Jiu San Society

概况 …… 170
思想建设 …… 170
换届工作 …… 171
组织建设 …… 171
参政议政 …… 172
社会服务 …… 172
获奖情况 …… 174

工商联
Liangshan Federation of Industry and Commerce

概况 …… 174
学习贯彻会议精神 …… 174
促进“两个健康” …… 174
调研工作 …… 175
精准扶贫 …… 175
自身建设 …… 176

群　团
MASS ORGANIZATIONS

工会
Liangshan Federation of Trade Unions

概况 …… 177
改革发展 …… 177
改善民生 …… 177

职工权益保障……178
自身建设……178

共青团

Liangshan Prefecture Committee of the Communist Youth League of China

概况……179
思想建设……179
青少年工作……179
团干队伍建设……180

妇联

Liangshan Women's Federation

凉山州妇女第十次代表大会……181
妇联自身职能建设……181
拓展妇女创业空间……181
开展精准扶贫……182
寻找“最美家庭”……182
庆祝“三八”妇女节……182
推进男女平等基本国策……182
开办掌上凉山“妇女之声”栏目……182
“禁毒防艾”宣传教育……183
推进“妇女儿童关爱”行动……183

科协

Liangshan Association for Science and Technology

概况……183
四届五次全委会……183
贯彻全国“科技三会”精神……183
项目资金管理……183
科普全民科学素质纲要……184
平台搭建……185
自身建设……185

文联

Liangshan Federation of Literature and Art Circles

概况……186
理论学习……186
班子建设……186
人才培养……187
阵地建设……187
文艺活动……187
文艺创作……188
送文艺下乡……189
精准扶贫……189

残联

Liangshan Disabled Persons' Federation

概况……189
四川省第二届残疾人文化艺术节……189
康复工作……190
就业工作……190
教育工作……190
社会保障工作……190
扶贫工作……191
宣传文体工作……191
维权信访工作……191
综合服务设施建设……191
组织建设工作……191
残疾人服务……191
帮扶工作……192
荣誉……192

社科联

Liangshan Federation of Social Science Association

第十五次社会科学优秀科研成果评选……192
凉山州民族文化研究基金规划立项……192
省社科普及基地建设……192
科普工作……193
基层社科联建设……193
出版及会议工作……193

红十字会

Liangshan Branch of the Red Cross Society of China

概况……193
核心业务……193
社会宣传……193
项目管理……194

法 治

GOVERNED BY LAW

政法工作

Political and Law Work

维护社会稳定……195

平安凉山建设......195
禁毒攻坚行动......195
法治凉山建设......196
政法队伍建设......196

公安
Public Security

概况......196
惩治犯罪......197
禁毒工作......197
安全管理......197
法治建设......198
基层基础建设......198
队伍建设......198

检察
Public Security

概况......198
队伍建设......199
反贪污贿赂......199
反渎职侵权......199
侦查监督......200
公诉检察......200
民事行政检察......200
刑事执行检察......201
控告申诉......201
环境资源检察......201
案件管理......201
法律政策研究......202
人民监督......202
保障工作......202

法院
Court

概况......202
刑事审判......202
民商事审判......202
行政审判......203
执行工作......203
司法为民......203
司法公开......203
司法改革......204
队伍建设......204

司法行政
Judicial Administration

概况......205
法治扶贫......205
普法依法治理......205
法律援助......206
社会治理......206
法律服务......206
基层基础建设......206
队伍建设......206

法治政府建设
Building of Law-based Government

权力清单动态管理......207
政府法律顾问管理......207
州政府常务会议会前学法制度......207
行政执法监督检查......207
依法行政示范创建......207
行政执法人员管理......207
行政执法证件管理......208
地方立法......208
规范性文件起草制定......208
规范性文件监督管理......208
涉法事项的法律审查......208
重大行政决策......209
行政复议案件办理......209
行政复议制度建设......209
行政应诉案件办理......209
法制队伍建设......209
行政调解......209

绿色家园管委会工作
Work of Green Homes Management Committee

概况......210
队伍建设......210
项目建设......210
园区产业......210
监所管理工作......210
安康医院建设......211
党建工作......211
精准扶贫......211

经济管理
ECONOMIC MANAGEMENT

国有资产监督管理
State-owned Assets Supervision and Administration

概况……212
企业国有资产保值增值……212
企业改革发展……212
国资监管……213
党建工作……213
党风廉政建设……214
民生工作……214

工业和信息化发展
Industry and Informatization Development

概况……215
政策支撑……215
项目建设……215
创新驱动……216
园区建设……216
化解过剩产能……216
深化改革……216
“两化”融合……217
无线电管理……217
扶贫工作……217

工商行政管理
Administration of Industry and Commerce

概况……217
注册登记……218
监管工作……218
监管执法……218
服务经济发展……218
消费者权益保护……219
法治工商建设……219
党风廉政建设……219
培训与基础保障工作……219
扶贫工作……219

国土资源管理
Land and Resources Management

概况……219
规划管理……219
耕地保护……220
地籍管理……220
供地用地……220
矿政管理……220
地质勘查……220
脱贫攻坚……220
执法监察……221
依法行政……221
地灾防治……221
信访工作……221
效能建设……222
能力建设……222
班子队伍建设……222
党风廉政建设……222

审计
Audit

概况……222
民生工程审计……223
预（决）算审计……223
专项资金审计……223
政府投资审计……223
经济责任审计……223
自身建设……224
帮扶工作……224

统计
Statistics

概况……225
统计法治……225
统计改革……225
统计服务……225
社情民调……225
基层基础建设……226
数据质量……226
农业普查……226
驻村帮扶……226
队伍建设……226

统计调查

Statistical Survey

概况……227
统计调查服务……227
专项调查……227
统计调查基础……227
第三次全国农业普查农作物面积遥感测量……228
统计调查改革……228
统计执法……228
帮扶工作……228

质量技术监督管理

Supervision and Management of Quality and Technology

质量管理……228
质量监督……228
品牌建设……229
特种设备安全监管……229
标准化服务……229
计量监督……229
认证监管……229
行政执法……229
脱贫攻坚……229

食品药品监督管理

Supervision and Management on Food and Drug

概况……230
职能职责整合……230
日常监管……230
专项整治……230
监督抽检……230
项目建设……231
依法行政……231
培训工作……231
宣传工作……231
党风廉政建设……231
《"十三五"食品药品监督管理建设规划》……232
帮扶工作……232
食品安全示范县创建……232
荣誉……232

商务投促

Investment Promotion of Commerce

概况……232
投资促进……233
开放型经济……233
服务业……233
电子商务……233
现代流通体系……233
市场运行监管……234
自身建设……234

供销合作经济

Supply and Marketing Cooperatives Economy

概况……234
综合改革……234
农业生产资料供应服务体系建设……235
农产品营销体系建设……235
农村社会化服务体系建设……235
农村可利用垃圾回收利用体系建设……235
农民专业合作社……235
农民资金互助合作社……236
项目工作……236
扶贫工作……236
安全生产与行业管理工作……236

烟草专卖

Tobacco Monopoly

概况……236
烟叶生产……237
卷烟销售……237
专卖内管保障……237
基础管理……237
全面从严治党……238

西昌钒钛产业园区工作

Work of Xichang Vanadium and Titanium Industrial Park

园区规划……238
环境保护……238
土地收储转换……239
招商引资……239
基础设施建设……239
企业服务……239
重点项目……239
安全生产……239
党建工作……239

农业与农村经济
AGRICULTURE AND RURAL ECONOMY

农村工作
Rural Work

概况……240
优势特色产业……240
综合生产能力……240
特色农产品品牌建设……241
开放合作……241
产权制度改革……241
新村新寨建设……241
“四好”创建……241
劳务开发……242

农业
Agricultural

概况……242
粮油生产……242
经作生产……242
农技推广……242
高标准农田建设……242
农村经营管理……243
农业行政执法……243
品牌建设……243
农村能源……243
植物检疫及病害防治……244
粮油高产创建……244
农民科技培训……244
现代农业产业基地……244
蚕业发展……244

畜牧、水产业
Animal Husbandry and Aquaculture

畜牧经济……245
现代畜牧业……245
规模养殖……245
防疫监督……245
草原建设……245
畜牧企业……246
水产渔政……246

农业机械
Agricultural Machinery

概况……246
新技术推广……246
行业管理……246
农村基础设施建设……247
安全生产……247

林业
Forestry

绿化造林……247
天保工程……247
退耕还林……247
“1+X”林业生态产业……247
森林资源保护管理……248
林业科技工作……248
行政审批事项……249
党风廉政建设……249

水利
Water Conservancy

概况……249
水利基建……249
民生水利……250
农田水利建设……250
重点规划……250
项目前期工作……250
防汛减灾工作……250
水生态文明建设……251
水利改革……251

烟草
Tobacco Work

概况……251
现代烟草农业建设……251
政策配套……252
调查研究……252
办文办会……252
帮扶工作……252

亚热带作物研究
Research on Subtropical Crops

概况……253

对外合作与宣传……253
信息刊物……253
成果转化与服务三农……253
科研项目……253
科研成果……254
学科创新团队建设……254
精准扶贫……254

农业科技
Agricultural Science and Technology

概况……254
项目管理……254
科研服务……255
科研基础设施建设……255
助推精准扶贫……255

畜牧业科技
Animal Husbandry Science and Technology

组织架构……256
科研成果……256
科研课题……256
科技推广……257
科技培训……257
科技合作……257
科技信息……257
科技扶贫……257
党风廉政建设……257

财税·金融
FINANCE AND TAXATION & BANKING

财政
Finance

概况……258
财政收入……258
财政支出……258
政府性基金预算……259
国有资本经营预算……259
社会保险基金预算……259
民生支出……259
专项资金……259
财税改革……260
国库管理……261
收支两条线和票据管理……261
政府采购……261
税政法规管理……262
会计管理和考试考务……262
资金监管……262
政府债务……262

国家税务
State Taxation

概况……263
税收收入……263
纳税服务……263
税收改革……263
依法行政……263
队伍建设……264

地方税务
Local Taxation

概况……264
法治建设……264
纳税服务……265
征管改革……265
队伍建设……265
内部管理……265
精准扶贫……266

金融管理
Financial Management

概况……266
组织机构……266
银行业……266
证券业……267
保险业……267
两类机构……267
金融生态环境建设……267

人行凉山州中心支行
Liangshan Prefecture Central Sub-branch of the People’s Bank of China

概况……268
货币政策……268
金融稳定……269

金融管理……269
金融服务……269
党建工作……269
队伍建设……270

银行业监督管理
Banking Supervision and Management

概况……270
银行业监管……270
改革转型……271
风险防范……271
法治建设……271
内部管理……271
业务发展……272
县域支行发展……272
人才队伍建设……272
内控合规建设……273
扶贫攻坚……273

农行凉山分行
Liangshan Branch of Agricultural Bank of China

概况……273
支持实体……273
服务“三农”……274
金融扶贫……274
渠道建设……274
产品创新……274
党建工作……274
企业文化……275

工行凉山分行
Liangshan Branch of Industrial and Commercial Bank of China

概况……275
业务发展……275
主要工作……275
内控案防工作……276
消费者权益保护工作……276
扶贫攻坚……276

建行凉山分行
Liangshan Branch of China Construction Bank

概况……277
对公业务……277
对私业务……277
渠道建设……277
风险内控……278
安全保卫……278
案件防控……278
企业文化建设……278
党风廉政建设……278

农发行凉山分行
Liangshan Branch of Agricultural Development Bank of China

概况……279
经营状况……279
支农工作……279
风险防控……280
基础管理……280
企业文化……280
帮扶工作……281

凉山州商业银行
Liangshan Prefectural Commercial Bank

概况……281
金融服务……281
内控建设……281
科技建设……281
取得荣誉……282

凉山农商银行
Liangshan Rural Commercial Bank

组织机构……282
经营状况……282
产权制度改革……282
风险内控……282
文化建设……283
社会责任……283
精准脱贫……283

邮储银行凉山分行
Liangshan Branch of Postal Savings Bank of China

组织机构……283
经营情况……284
金融扶贫……284
公司贷款……284
消费贷款……284
小企业贷款……284
遏制不良资产下滑……285
信用卡业务……285
烟草联名卡……285

经营及财务管理……285
会计运营管理……285
授信管理……285
党建工作……285
工会工作……286
荣誉……286

中国人保财险凉山分公司
Liangshan Branch of PICC Property and Casualty Co., Ltd.
概况……286
商车费改……286
县域发展……287
营运平台……287

中国人寿凉山州分公司
Liangshan Prefecture Branch of China Life Insurance Co., Ltd.
概况……288
理赔服务……288
大病保险……288
民生工程……288
经营管理……288
客户经营……288
荣誉……289
社会公益……289

中华联合财保凉山中心支公司
Liangshan Central Sub-branch of China United Property Insurance Co., Ltd.
概况……289
机构队伍建设……289
售后服务……289
惠农农险……290
公益活动……290

平安财保凉山中心支公司
Liangshan Central Sub-branch of China Pingan Property Insurance Co., Ltd.
概况……290
业务发展……290
经营管理……290
理赔服务……291
队伍建设……291
工会工作……291
客服活动……291

旅游
TOURISM

旅游工作
Tourism Work
概况……292
旅游规划……292
品牌建设……292
项目建设……292
宣传营销……293
旅游扶贫……293
乡村旅游……293
政策法规……293
行业管理……293
旅游执法……294
旅游信息化建设……294

邛海泸山景区管理
Management of Qionghai Lushan Scenic Spot
规划和建设……294
执法监管……294
环境保护……295
安全管理……295
邛海渔业管理……295
旅游管理……295
党风廉政建设……296
扶贫攻坚……296
热点问题……296

螺髻山旅游景区管理
Management of Mount Luoji Tourism Scenic Spot
概况……296
目标管理……296
游客接待……296
景区管理……297
地质公园建设……297
环境保护……297
网络宣传营销……297
法治建设……297

摩梭家园暨泸沽湖旅游景区管理
Management of Mosuo Homeland and Lugu Lake Tourism Scenic Spot

概况……297
摩梭家园……297
基础设施建设……298
综合管理……298
品牌建设……299
宣传促销……299

社会事业
SOCIAL UNDERTAKINGS

科学技术
Science and Technology

概况……300
科技体制改革……300
科技创新体系……300
科技项目……300
大众创新创业……301
科技扶贫……301
科技成果……301
知识产权……301
科学技术普及……301

教育
Education

概况……302
制定免费教育政策……302
办学条件……302
学前教育……302
义务教育……302
中等职业教育……302
普通高中教育……302
中小学德育……303
艺体卫教育……303
科技教育……303
寄宿制教育与双语教学……303
教师队伍建设……303
凉山州第四届中等职业学校学生职业技能大赛……303
依法治校……303
国家资助……303
社会资助……304
校园安全……304

西昌学院
Xichang University

概况……304
学生工作……304
招生就业……304
教育教学……304
教育交流与合作……305
科研工作……305
队伍建设……305
社会服务……305
党建工作……305

州民族干部学校
Liangshan Prefecture School for Ethnic-minority Cadres

概况……306
招生工作……306
人才培养……306
毕业汇报演出……306
"三风"建设……307
专业建设……307
干部教育培训……307
教育教学管理……307
教学与科研……308
师资队伍建设……308
素质教育……308
学生管理……308
基础能力建设……308
校内外环境治理……308
校园文化……308
党建工作……309
党风廉政建设……309
驻村帮扶……309

凉山卫校
Liangshan Health School

概况……309
学校建设……309
学校规模……309
办学成果……310

附属医院及社区卫生服务……310
精准扶贫……310
凉山农校
Liangshan Prefecture Agricultural School
概况……310
师资队伍……310
开设专业……310
办学特色……310
培训教育……311
凉山民族师范学校
Liangshan Minzu Normal School
概况……311
招生就业……311
教学工作……311
德育工作……311
行政管理……312
升专工作……312
教师培训……312
校园安全……312
校园文化……313
财务工作……313
扶贫工作……313
党建工作……313
州职业技术学校
Liangshan Vocational and Technical College
概况……313
招生就业……314
德育教育……314
教学管理……314
横向联合……314
财务管理……315
基础建设……315
技能鉴定……315
安全工作……315
党建工作……315
扶贫工作……315
其他工作……316
州民族中学
Liangshan Minority Middle School
概况……316
师资建设……316
德育工作……316
素质教育……316
新课程改革及教科研……317
学生资助……317
办学成果……317
办学条件……317
校园安全……317
群团工作……318
党建工作……318
扶贫工作……318
文化广电新闻出版
Culture, Radio, Television, Press and Publication
公共文化服务体系建设……318
文艺展演及荣誉……318
影视创作……319
文化遗产保护……319
文化、新闻出版市场管理……319
广播电视宣传……319
文化产业……319
机关建设……320
卫生计生工作
Work of Health and Family Planning
概况……320
医改工作……320
健康扶贫工作……321
艾滋病防治……321
计划生育服务……321
公共卫生服务……321
医疗质量……322
中医（民族医）药……322
发展支撑保障……322
州一医院
Liangshan Prefecture First People’s Hospital
概况……323
质量与安全……323
护理服务……323
医改举措……324
信息化建设……324
新技术新项目……324
艾滋病防治……324
教学科研与人才培养……325

扶贫工作……325
党风廉政建设……326

州二医院

Liangshan Prefecture Second People’s Hospital

概况……326
依法执业……326
信息化建设……326
分级诊疗……326
取消药品加成……327
合理用药……327
护理建设……327
双语护士……327
志愿服务……327
规培基地建设……327
科技兴院……328
对口支援……328
公益活动……328
精准扶贫……328
党风廉政建设……328

州中西医结合医院

Liangshan Integrated Traditional Chinese Medicine and Western Medicine Hospital

概况……329
整体迁建工程……329
医改举措……329
护理工作……329
创先争优活动……329
人才科教工作……329
中医治艾工作……330
彝族医药研究……330
对口帮扶……330
文化建设……330
反腐倡廉教育……330
精准扶贫……330

体育

Sports

概况……330
竞技体育……331
群众体育……332
品牌赛事……332
体育执法……332
老年人体育……332
荣誉……333
扶贫工作……333

防震减灾

Earthquake Prevention and Disaster Reduction

概况……333
地震活动……334
行政执法……334
监测预报……334
震灾防御……334
地震应急……334
宣传教育……334
全面深化改革……335
科研成果……335
队伍建设……335

气象

Meteorology

概况……335
现代气象业务体系……335
人才队伍建设……336
防灾减灾服务……336
专项气象服务……336
气候概况……336
基本气象要素……336
强降温天气……336
高温……337
暴雨洪涝……337
地质灾害……337
冰雹大风……337

公共建设

PUBLIC CONSTRUCTION

交通

Transportation

发展规划……338
固定资产投资……338
高速公路建设……338
国省干线公路建设……338

农村公路建设……338
客运站场建设……338
水运建设发展……339
大小凉山公路水路交通建设推进方案……339
交通精准扶贫脱贫攻坚项目……339
峨汉高速公路……339
公路水路交通建设推进方案……339
改造提升工程……339
公路水路运输……339
运输安全管理……339
路政管理……340
海事管理……340
公路管养……340
工程质量监管……340
安全应急管理……340
机动车驾驶员培训与汽修管理……340
“三基三化”建设……340
信息化建设……340
出租车行业改革……341
帮扶工作……341

公路
Highway

概况……341
工作会议……342
公路养护……342
专项工程……342
道路保通保畅工作……342
安全工作……343
帮扶工作……343
党风廉政建设……343

城乡规划建设和住房保障
Urban-rural Planning and Construction and Housing Security

概况……343
房地产市场管理……344
新型城镇化建设……344
城镇基础设施建设……344
村镇建设……344
建筑业管理……344
城乡环境综合治理……345
城乡统筹……345
依法行政……345

住房公积金管理
Management of Housing Provident Fund

概况……346
公积金缴存……346
公积金使用……346
公积金综合效益……346
公积金管理……347
队伍建设……347
帮扶工作……347

环境保护
Environmental Protection

概况……347
污染防治……348
建设项目管理和环评审批……348
主要污染物减总量减排……349
生态州建设……349
环境宣传教育……349
环境监察执法……349
环境监测……350
信息公开……350

邮政管理
Postal Management

概况……350
行业发展……350
市场监管工作……351
“三个 100%”工作……351
服务“三农”……351
普遍服务工作……352
综合工作……352
党风廉政建设……352

邮政公司
Postal Company

概况……352
领导班子……353
经营管理……353
服务民生……353
网路运行……353
安全生产……353
企业文化……353

党风廉政建设 353
党务工作 354

中国电信凉山分公司
Liangshan Branch of China Telecom

概况 354
经营发展 354
网络建设 354
翼支付新时代 354
服务质量 355
企业文化 355
党风廉政建设 355
助力扶贫 355

中国移动凉山分公司
Liangshan Branch of China Mobile

概况 356
业务发展 356
社会责任 356
经营业绩 357
党建工作 357

中国联通凉山分公司
Liangshan Branch of China Unicom

概况 358
基础管理 358
网络建设 358
行业发展 359
客户服务 359
文明单位建设 359

中国铁塔股份有限公司
China Tower Corporation Limited

概况 359
经营发展 360
专业建设能力 360
基层党建 360

西昌车务段
Xichang Train Operation Depot

概况 360
安全管理 360
客运工作 361
货运工作 361
队伍建设 361
设备投入 362
荣誉 362

西昌青山机场
Xichang Qingshan Airport

概况 362
航空运输生产 362
航空服务 362
航空安全 362
管控体系建设 363
平安民航建设 363
通用飞行保障 363
重要飞行保障 363
市场运营管理 363
基础建设 363

工业企业
INDUSTRIAL ENTERPRISES

国网凉山供电公司
State Grid Liangshan Power-supply Company

概况 364
生产经营 364
电网建设规划 364
基础设施建设 364
经营管理 365
农电工作 365
安全生产 365
信息化工作 365
市场服务 366
精准扶贫 366

西昌电力股份公司
Xichang Electric Power Co., Ltd.

概况 366
重大工程项目建设 366
电网项目前期工作 367
经营管理 367
行风建设 368
建安业务 368

新能源建设……368
企业文化……368
党风廉政建设……368
帮扶工作……368

大桥水电开发总公司
Daqiao Hydroelectric Development Corporation
概况……369
生产经营……369
服务“三农”……369
发展战略……369
体制改革……369
群团工作……370
社会责任……370
党建工作……370
党风廉政建设……370

州国投发展公司
Liangshan Prefecture Owned-state Investment and Development Co., Ltd.
概况……370
融资工作……370
项目投资……371
内部管理……371
帮扶工作……371
党建工作……371

川烟公司西昌分厂
Xichang Branch of China Tobacco Sichuan Industrial Co., Ltd.
概况……371
生产经营……372
市场营销……372
内部管理……373
思想政治工作……373

四川省雷波林业局
Leibo Forestry Bureau of Sichuan Province
概况……374
天保工程建设……374
森林资源管理……374
安全生产……374
文化建设……374
产业发展……374
党建工作……375
帮扶工作……375
党风廉政建设……375

四川省凉北林业局
Liangbei Forestry Bureau of Sichuan Province
概况……376
天保工程建设……376
森林资源管理和林业调查规划设计……376
森林防火……376
安全生产……376
多种经营……377
森林公园……377
帮扶工作……377

四川省木里林业局
Muli Forestry Bureau of Sichuan Province
概况……377
国有资产……377
天保工程……377
社保工作……378
保障房建设……378
安全目标管理……378
森林公园申报工作……378
帮扶工作……378
党建工作……379
获奖情况……379

川林五处
Fifth Forestry Road Construction Office of Sichuan Province
概况……379
天保工程……379
劳资保险……379
护林防火……379
安全生产……380
林业碳汇公司申报工作……380
经适房和棚改房……380
党建和党风廉政建设……380
扶贫工作……380

西昌汽车运输公司
Xichang Automobile Transportation Co., Ltd.
概况……380
营运管理……381
安全管理……381
基础设施建设……382
内部组织机构及机制改革……382

人才培养 382
企业文化 382
党建和党风廉政建设 382
帮扶工作 383

攀西高速公路开发公司
Panxi Expressway Development Co., Ltd.

概况 383
主业管理 383
改扩建工作 383
养护管理工作 384
安全生产 385
政企合作 385
优质服务 385

四川盐业凉山分公司
Liangshan Branch of Sichuan Province Salt Industry Co., Ltd.

概况 386
体制改革 386
经营情况 387
营销措施 387
市场监管 387
内部管理 387

交通投资开发有限责任公司
Liangshan Prefecture Transportation Investment and Development Co., Ltd.

概况 388
项目建设 388
企业发展 388
党群工作 388

益门煤矿
Yimen Coal Mine

概况 389
生产经营 389
安全生产 389
内部管理 389
服务民生 390
企业文化 390
改革改制 390
党建和党风廉政建设 391

四川锦宁矿业有限责任公司
Sichuan Jinning Mining Co., Ltd.

概况 391
安全管理 391
生产经营 391
思想政治建设 392
社会职责 392

西昌永盛实业有限责任公司
Xichang Yongsheng Industrial Co., Ltd.

概况 392
生产指标 393
安全生产工作 393
改革发展 393
技改 393

县市概况
COUNTIES AND CITIES

西昌市
Xichang City

概况 394
经济社会发展主要指标 394
农业经济 394
工业经济 395
民营经济 395
招商引资 395
服务产业 395
城乡建设 395
民生工程 396
荣誉 396
领导名录 396

德昌县
Dechang County

概况 396
综合经济 396
农业 397
工业和建筑业 397
固定资产投资 397
国内贸易和对外经济 398
交通、运输、邮电和旅游 398
金融和保险业 398
社会事业 398

环境保护……398
人口……399
人民生活和社会保障……399
领导名录……399

会理县
Huili County

概况……399
脱贫攻坚……400
工业经济……400
现代农业……400
现代服务业……400
基础设施……400
城乡建设……400
改革开放……401
民生保障……401
社会保障……401
依法治县……401
领导名录……401

会东县
Huidong County

概况……401
项目投资……402
结构调整……402
改革创新……402
统筹城乡……402
基础设施……403
社会民生……403
脱贫攻坚……403
领导名录……404

宁南县
Ningnan County

概况……404
农村经济……404
基本农田保护……405
专合组织……405
工业经济……405
节能降耗……405
城乡建设……405
社会事业……405
社会保障……406
脱贫攻坚……406
党建工作……406
党风廉政建设……407
领导名录……407

普格县
Puge County

概况……407
经济运行……407
财政收支……407
农业经济……408
工业经济……408
第三产业……408
招商引资……408
电商产业……409
基础建设……409
外贸工作……409
民生工程……409
扶贫开发……409
社会事业……410
领导名录……411

布拖县
Butuo County

概况……411
经济发展……411
脱贫攻坚……411
教育……412
卫生……412
城乡统筹……412
农业经济……412
禁毒防艾……413
体制改革……413
廉政建设……413
领导名录……413

昭觉县
Zhaojue County

概况……413
经济……413
农业经济……414
工业经济……414
服务业……414

脱贫攻坚……414
社会事业……414
社会治理……415
基础设施建设……415
生态家园……415
行政效能……415
领导名录……416

金阳县
Jinyang County

概况……416
农业及农村经济……416
工业经济……416
固定资产投资……417
交通和旅游……417
社会事业……417
社会保障……417
领导名录……417

雷波县
Leibo County

概况……417
工业经济……418
农业经济……418
旅游经济……418
交通运输……418
生态环境建设……418
城乡建设统筹……418
民生和社会事业……419
移民复建……419
社会治安综合治理……420
行政效能……420
领导名录……420

美姑县
Meigu County

概况……420
农业和农村经济……421
工业经济……421
社会事业……421
环境保护……421
交通运输……422
社会保障……422
领导名录……422

甘洛县
Ganluo County

概况……422
农业经济……423
工业经济……423
民营经济……423
脱贫攻坚……424
城乡建设……424
交通建设……424
改革开放……424
招商引资……424
民生工程……425
生态环境……425
社会事业……425
旅游开发……425
领导名录……425

越西县
Yuexi County

概况……426
农业经济……426
工业经济……426
第三产业发展……426
重大项目建设……426
社会保障……427
社会事业……427
招商引资……428
社会治理……428
脱贫攻坚……428
领导名录……429

喜德县
Xide County

概况……429
农业和农村经济……429
工业经济……430
脱贫攻坚……430
交通运输……430
社会事业……430
领导名录……430

冕宁县
Mianning County

概况……430

工业经济 430
现代农业 431
第三产业 431
基础设施 431
民生工程 431
生态建设 432
社会事业 432
深化改革 433
作风建设 433
领导名录 434

盐源县
Yanyuan County
概况 434
经济运行 434
精准扶贫 434
重大项目 434
产业概况 435
民生工程 435
从严治党 435
领导名录 435

木里县
Muli County
概况 436
农业经济 436
工业经济 436
旅游发展 436
道路交通 436
扶贫攻坚 436
社会事业 437
法治木里建设 437
党建工作 438
生态立县 438
光荣榜 438
领导名录 438

附　　录
APPENDIX

2016 年凉山州州级领导名录
List of Leaders at Prefectural Level of Liangshan Yi Autonomous Prefecture in 2016 439

州委州政府文件目录
List of Documents of the CPC Liangshan Yi Autonomous Prefecture Committee and Liangshan Yi Autonomous Prefecture People' s Government 440

统计公报
Statistical Bulletin
2016 年国民经济和社会发展统计公报 442

索　　引
INDEX

A~Z 446

专 述

SPECIAL SPEECHES

决战贫困 转型跨越 为建设美丽幸福文明和谐新凉山而努力奋斗

——在中国共产党凉山彝族自治州第八次代表大会上的报告

中共凉山州委书记 林书成

（2016 年 11 月 27 日）

中国共产党凉山彝族自治州第八次代表大会，是在全州脱贫攻坚进入决胜阶段、转型发展处于关键时刻召开的一次重要会议。大会的主题是：高举中国特色社会主义伟大旗帜，以邓小平理论、“三个代表”重要思想、科学发展观为指导，深入学习贯彻习近平总书记系列重要讲话精神，准确把握新形势新任务新要求，决战贫困，转型跨越，与全国全省同步实现全面小康，为建设美丽幸福文明和谐新凉山而努力奋斗。决战贫困是凉山当前的首要任务，转型跨越是凉山发展的必由之路，建设美丽幸福文明和谐新凉山是我们矢志追求的奋斗目标。各级党组织和广大共产党员一定要牢记使命、锐意开拓，团结带领全州各族人民，在全面建成小康社会的伟大征程上阔步前进！

州委书记林书成代表七届州委作州委工作报告

一、总结过去五年工作，成效显著、催人奋进

州第七次党代会以来的五年，是凉山追赶跨越、转型突破的五年。在省委的坚强领导下，州委团结带领全州各族人民负重拼搏、砥砺奋进，紧紧抓住发展、民生、稳定三件大事，强力推进各项事业建设，谱写凉山发展史上的精彩篇章。

这是科学谋划、前瞻布局的五年，统筹协调、全域推进的发展格局加快形成。我们立足州情实际，统筹推进“三大片区”差异化发展、“两大类区”梯次化发展、县域经济特色化发展，不断优化发展空间布局。全州综合实力全面提升，2015年实现地区生产总值1314.8亿元、全社会固定资产投资1073亿元、地方一般公共预算收入107.1亿元，2011年以来年均分别增长8.8%、8.8%和7.6%；今年前三季度，同比分别增长6.6%、8.1%和16%。区域协调发展进程加快，安宁河谷地区保持领先发展态势，彝区藏区发展新动能加速集聚，县域经济活力持续增强，点极支撑作用充分凸显。城乡统筹力度不断加大，“一圈四群”新型城镇体系基本形成，幸福美丽新村建设扎实推进，交通、水利、电力、通信等基础条件进一步改善，初步构建起以工促农、以城带乡、工农互惠、城乡一体的新型城乡关系。

这是保持定力、专注发展的五年，转型提升、稳中向好的发展态势正在形成。我们主动适应经济发展新常态，在“加快赶”中“抓紧转”，着力改变“一矿独大”的产业格局，三次产业结构由2011年的19.5∶52.3∶28.2调整为20.0∶49.4∶30.6，全州经济稳中有进、持续向好。项目投资稳定增长，累计投入3240亿元实施省州级重点项目741个，一批拉动即期、支撑长远的重大项目加快推进或建成投用。工业转型初见成效，清洁能源、战略资源、装备制造等新兴产业加快发展，建筑业及房地产业迅速崛起，规模以上工业增加值年均增长9.4%。农业基础不断巩固，建成一批特色农业产业基地和“大凉山”特色优质农产品品牌，农业增加值年均增长4.5%。现代服务业量质齐升，旅游首位产业带动作用明显，金融、物流、电商、信息等新业态快速发展，第三产业增加值年均增长7.6%。各类市场主体不断壮大，非公有制经济增加值占GDP比重达55.5%。生态文明建设扎实推进，森林覆盖率达45.1%。

这是改革创新、合作共赢的五年，创新驱动、开放推动的发展引擎初步形成。我们着力增强经济发展动力活力，以攀西战略资源创新开发试验区建设为带动，加快推进以科技创新为核心的全面创新，科技进步对经济增长的贡献率达45.2%。全面落实重点领域关键环节改革举措，制定实施66个专项改革方案，农业农村、国资国企、财税金融、教育卫生、行政管理等领域改革不断深化，供给侧结构性改革积极推进。主动对接“一带一路”、长江经济带等国家战略，务实推进国际国内产业合作、区域合作和厅（局）州、银政企等合作，积极参加“中外知名企业四川行”、西博会、科博会等重大投资促进活动，累计签约招商引资项目548个，到位州外资金2395亿元。

这是宣战贫困、改善民生的五年，精准扶贫、精准脱贫的决战局面全面形成。我们把脱贫攻坚作为头等大事，“四治并举”“五管齐下”，深入推进“彝区十项扶贫工程”，制定实施“七个一批”行动计划和“18个扶贫专项”，累计减少贫困人口70.98万人，贫困发生率从2011年的25.6%降至11%。大力发展“1＋X”林业生态产业和“果薯蔬草药＋加工＋电商”农牧产业，扎实抓好新村新寨、基础设施、教育卫生、社会保障、移风易俗等重点工作，脱贫奔康基础更加坚实。深入实施十项民生工程，每年办好一批民生实事，民生投入占全州财政支出的65%左右。积极拓展群众增收渠道，城乡居民人均可支配收入年均分别增长10.2%、13.5%。大力实施“文化惠民”工程，加快推进文化事业繁荣发展，彝族火把节、西昌国际马拉松等重大节庆赛事影响力不断提升，原创民族歌剧《彝红》、电视剧《彝海结盟》等优秀作品深受全国观众喜爱。

这是弘扬民主、厉行法治的五年，尚法守制、和谐稳定的社会良序基本形成。我们坚持总揽全局、协调各方，支持人大及其常委会依法行使职权，支持政府依法行政，支持政协依章程履行职能，巩固壮大最广泛的爱国统一战线，工会、共青团、妇联等群团组织作用有效发挥，民族、宗教、侨务、对台和党管武装等工作进一步加强。全面启动民族团结进步示范州创建工作，各族群众和睦相处、守望相助。扎实推进法治凉山建设，实施“三大片区”分类治理，深化“法律七进”和基层法治示范创建活动，创新“网格化”服务管理模式，加强和改进信访工作，健全网络舆情处置机制，社会依法治理水平不断提高。深化“平安凉山”建设，大力推进藏区依法治寺管僧，木里成为全国最稳定藏区之一；加强社会治安综合治理，深化禁毒防艾工作，完善防灾减灾体系，筑牢安全生产防线，社会大局和谐稳定。

这是从严治党、刷新吏治的五年，山清水秀、风清气朗的政治生态总体形成。我们自觉担负全面从严治党政治责任，大力推进宣传思想工作，扎实开展“中国梦”主题教育、党的群众路线教育实践活动、“三严三实”专题教育和“两学一做”学习教育，出台《全面推进从严治党的意见》《加强党员干部教育管理监督的实施意见》等制度文件，思想建党、制度治党要求全面落实。鲜明“好干部”标准和“三重”导向，推进干部人事制度改革，选人用人和干部人才工作水平明显提高，领导班子和干部队伍活力全面增强。深化“四型”党组织创建，推进“分类提升”行动，“苏施党支部工作法”在全国推广，党的组织覆盖和工作覆盖进一步扩大，执政基础更加牢固。认真履行党风廉政建设“两个责任”，坚决贯彻中央八项规定精神和省州“十项规定”，聚焦突出问题开展专项整治，认真解决侵害群众利益的不正之风和腐败问题，深入推进“廉洁凉山”建设，党风政风持续好转，群众满意度明显提高。

以上成绩的取得，是党中央亲切关怀和省委坚强领导的结果，是全州各级党组织高举旗帜、接力奋斗的结果，是广大干部群众齐心协力、苦干实干的结果，也是社会各界热切关心、鼎力支持的结果。在此，我代表中共凉山州第七届委员会，向全州各级党组织、广大党员和各族干部群众，向各民主党派、工商联、无党派人士，向驻州部队、武警官兵和政法干警，向离退休老干部、老同志和所有关心支持凉山改革发展的同志们、朋友们，表示衷心感谢，并致以崇高敬意！

回顾五年拼搏历程，我们之所以能够战胜各种困难挑战，不断取得新的发展成就，根本在于坚持把中央精神和省委部署凉山化、具体化。这既是过去工作形成的宝贵经验，也是做好今后工作的重要遵循。

——创新思路才能引领未来。我们始终坚持在传承中发展、发展中创新，积极探索新常态下转型发展、跨越提升之路，科学谋划稳增长、调结构、促改革等重大举措，推动经济社会发展不断迈上新的台阶。实践证明，只有解放思想、锐意创新，全面深化改革开放，不断探索发展的新思路、新办法、新举措，才能厚植发展新优势，开辟发展新境界。

——保持定力才能行稳致远。我们始终坚持“说了就算、定了就干、干就干好”，不在战略概念上兜圈子，重在战术操作上下苦功，心无旁骛做好打基础、利长远的工作，奠定了同步全面小康的坚实基础。实践证明，只有锁定发展目标不动摇、不折腾、不懈怠，一任接着一任干，一张蓝图绘到底，才能实现全面小康、富民强州的美好愿景。

——真抓实干才能攻坚破难。我们始终把抓落实放在首位，压实责任，跟踪督查，广大党员干部发扬艰苦奋斗精神，聚焦经济建设、脱贫攻坚主战场，迎着困难上，顶着压力干，“脱贫有多难、干部有多拼”成为凉山最强音。实践证明，只有牢固树立“大抓落实、抓好落实”的鲜明导向，抓铁有痕、踏石留印，才能把各项决策部署落到实处，取得实效。

——不忘初心才能赢得民心。我们始终牢记为人民服务宗旨，把保障和改善民生作为一切工作的出发点和落脚点，突出问题导向，回应民生关切，办成一批顺民意、解民忧、增民利的好事实事，让发展成果更加惠民、让人民群众更有获得感。实践证明，只有树牢以人民为中心的发展思想，坚持执政为民理念，持续增进民生福祉，全力促进民族团结，才能赢得各族人民的信任和拥护。

——从严治党才能风清气正。我们始终把全面从严治党主体责任扛在肩上，坚持思想建党与制度治党同向发力、从严惩处与源头预防同步推进，持续转变党风政风，全州上下人心思进、人心思干。实践证明，只有坚持党要管党、从严治党，充分发挥各级党组织领导核心作用和广大党员先锋模范作用，切实维护"政治上的绿水青山"，才能营造风清气正的政治生态，把凉山各项事业推向前进。

五年不懈奋斗，奠定乘胜前进的坚实基础；五年探索实践，积累再创辉煌的宝贵财富。只要我们倍加珍惜来之不易的发展成果，倍加珍惜改革发展稳定的大好局面，顺势而为、乘势而上，就一定能够夺取全面建成小康社会的新胜利。

二、展望未来五年发展，坚定信心、勇往直前

回顾过去、放眼未来，凉山已站在脱贫奔康、富民强州新起点。综合研判，潜在机遇大于现实挑战，有利因素多于不利因素，一定能实现更好更大发展。

今后五年，是凉山大有可为的战略机遇期，大好机遇不容错失。国家"一带一路"、长江经济带、攀西试验区建设等重大战略深入实施，推进乌蒙山片区区域发展与扶贫攻坚《规划》、支持"三州"全面小康建设《若干意见》及省委支持彝区脱贫攻坚"17条"、支持凉山加快建设小康社会进程《实施意见》等政策全面落地，国家、省对凉山政策支持前所未有，投入力度前所未有。我们必须争取主动，抢占先机，放大比较优势，着力重点突破，努力把战略机遇变成现实优势、发展优势，推动全州经济社会加速迈上由量变到质变、由转型促升级的新台阶。

今后五年，是凉山困难矛盾的集中凸显期，严峻挑战不能低估。宏观经济形势错综复杂，区域竞争日趋激烈，全州经济正承受转型压力阵痛，结构性矛盾极易导致经济增长不稳定；区域发展不平衡，城乡二元结构突出；基础设施建设总体滞后，社会事业发展不足；贫困状况尚未根本改变，贫困群众思想观念亟待转变，移风易俗非一朝一夕之功；改革发展过程中不和谐、不稳定因素依然存在。同时也要看到，支撑未来发展的战略布局已开篇破题，决胜同步小康的重大工作已全面展开，推动追赶跨越的条件保障正不断改善。我们必须认清形势、坚定信心，在变劣势为优势、变潜力为动力中化解问题矛盾，在改革创新、攻坚克难中赢得发展新空间。

今后五年，是凉山同步小康的攻坚冲刺期，责任担当不可推卸。凉山州脱贫攻坚已进入啃硬骨头、攻城拔寨的决胜阶段，经济发展面临既要做大增量又要提升质量的双重任务，压力空前、工作繁重，但总体态势持续向好。一方面，脱贫攻坚战役形势正发生积极变化，从明年起安宁河谷县（市）放开手脚抓发展，彝区藏区全力以赴抓脱贫，"两线作战"格局将全面形成。另一方面，干部工作激情和群众内生动力不断激发出来，全州上下同步奔康的愿望比以往任何时候都更加强烈，追赶跨越的氛围比以往任何时候都更加浓厚。一代人有一代人的使命。我们必须自觉担当重责大任，举全州之力，聚全州之智，奋力开创凉山经济社会建设新局面。

今后五年，全州工作的指导思想是：高举中国特色社会主义伟大旗帜，坚持以邓小平理论、"三个代表"重要思想、科学发展观为指导，深入学习贯彻习近平总书记系列重要讲话精神，统筹推进"五位一体"总体布局，协调推进"四个全面"战略布局，践行"五大发展"理念，深化产业强州、生态立州、开放兴州"三大战略"，着力创新驱动、统筹协调、绿色生态、开放合作、共建共享，决战贫困，迈向全面小康，转型跨越，推进富民强州，打造世界级清洁能源基地、稀土钒钛战略资源创新应用基地、国际阳光康养休闲度假旅游目的地、全国重要的特色优质农产品基地、长江上游重要生态屏障，创建全国同步全面小康示范州、民族团结进步示范州，建设美丽幸福文明和谐新凉山。

把握以上指导思想，关键在于将"五大发展"理念作为战略主线，贯穿于全州工作各方面、各领域，转化为凉山具体实践。创新驱动，就是要传承凉山矢志创新的传统文化和深厚基因，将创新改革作为"一号工程"，打破机制体制障碍，提高全要素生产率，加快形成以创新为主要引领和支

撑的经济体系和发展模式。统筹协调，就是要破解凉山区域发展不平衡、城乡二元结构突出、社会事业发展滞后等难题，将统筹协调作为根本方法，加快推进区域差异化、城乡一体化发展，物质文明与精神文明“一起抓”，进一步增强发展整体性、协调性。绿色生态，就是要呵护凉山最为宝贵的蓝天白云、绿水青山，将绿色发展作为战略引领，突出生态打底、绿色崛起，加快形成绿色、循环、低碳发展方式，探索走出转型发展与绿色强州相结合、脱贫奔康与生态富民相结合的新路子。开放合作，就是要放大凉山资源、产业等比较优势，将开放合作作为重大抓手，主动融入国家、省全方位对外开放总布局，在更宽领域更高层次汇聚资源要素，以大开放促大发展。共建共享，就是要正视凉山极度贫困和突出民生问题，将改善民生作为最终追求，坚持“有感发展”，坚决打赢脱贫攻坚战，提高基本公共服务均等化水平，让各族人民生活得更加幸福、更有尊严。

今后五年，要集中力量解决当前突出问题，持之以恒夯实长远发展基础，确保凉山在四川发展第一梯队不掉队，在全国30个少数民族自治州前列不落伍。

——脱贫摘帽任务全面完成。贫困县全部摘帽，贫困村全部退出，贫困人口全面脱贫，到2020年80%以上的行政村建成新村，80%以上的农村群众入住新居，城乡居民收入接近全省平均水平。

——经济发展水平全面提升。保持高于全国全省的经济增速、年均增长9.5%左右，到2020年经济总量突破2000亿元，现代产业体系基本形成，三次产业结构更加优化。

——区域竞争能力全面增强。具有世界影响力的科学中心、彝族文化中心加快建设，“四基地一屏障”总体建成，西部民族地区开放合作新高地基本建成。

——现代治理体系全面构建。政府公共服务和城乡社会保障体系更加健全，社会建设和管理水平明显提高，各项事业全面迈入法治化轨道。

以上目标，统一于建设美丽幸福文明和谐新凉山的发展愿景。美丽是发展之基，要突出绿色之美、生态之美，着力建设美丽凉山。幸福是小康之本，要突出同步小康、全面小康，着力建设幸福凉山。文明是社会进步之魂，要突出新风养成、素质提升，着力建设文明凉山。和谐是长治久安之需，要突出民族团结、社会稳定，着力建设和谐凉山。全州各级党组织和广大党员干部要咬住青山不放松，锁定目标不动摇，艰苦奋斗、不懈奋斗，齐心协力将发展蓝图变为美好现实。

三、锁定脱贫奔康目标，攻城拔寨、决战决胜

脱贫攻坚是凉山最大的政治、最大的民生，各级党员干部付出辛劳和汗水，甚至流血牺牲。历史的接力棒已交到我们这一代人手上，务必唯此为大、担当担责，落实精准要求，突出“四治并举”，以更有力的举措推进脱贫攻坚各项工作，让贫困群众尽快实现“两不愁、三保障”和“四个好”目标。

（一）抓两头带中间，分类区分梯次脱贫摘帽。凉山既有面上的区域性贫困，也有特殊的极度贫困，要坚持一头抓安宁河谷地区贫困人口率先奔康，一头抓极度贫困村稳定脱贫，带动全州脱贫攻坚整体推进，确保不落下一地一域、一村一寨、一户一人。把加快发展作为安宁河谷县（市）核心任务，始终保持发展定力，率先发展、转型发展，壮大实力、支撑全域，当好全州经济发展“火车头”，挑起凉山保持全省第一方阵不掉队的重担，通过加快发展释放更多红利，为全州同步小康作出更大贡献。把扶贫资源聚焦到11个贫困县主战场，始终保持攻坚韧劲，深入推进“七个一批”行动计划、“18个扶贫专项”，把基础打牢，把产业做强，分类推进、分期退出，2018年雷波、甘洛、盐源三县脱贫摘帽，2019年普格、越西、喜德、木里四县脱贫摘帽，2020年布拖、昭觉、金阳、美姑四县脱贫摘帽，夺取脱贫攻坚全面胜利，创建全国同步全面小康示范州。把188个极度贫困村紧紧抓在手上，弱鸟先飞、先难后易，对列为监测点的49个典型村重点关注、指导、支持、督查，跟踪记录扶贫工作全过程，“一村一策”对其他极

度贫困村实行精准滴灌,以极度贫困村如期退出检验脱贫攻坚成效。

(二)抓重点补短板,集中力量解决突出问题。推进凉山脱贫奔康,实现"两不愁、三保障"是根本前提。要优先办好最困难、最急迫的事情,及早让群众住上好房子、过上好日子。抓紧建房修路,改善环境条件。保持"建房不停、修路不止"态势,"五新同步"推进新村新寨建设和易地扶贫搬迁,推广轻钢结构建房模式,注重功能分区,让群众住有安居;大力实施农村公路通达通畅工程,到2018年实现乡镇100%通油路、建制村100%通公路、具备条件的建制村通硬化路,让群众出行便捷。同步推进安全饮水、电网改造、通信网络等基础建设,从根本上改善贫困群众生产生活条件。抓紧产业培育,拓宽增收渠道。做大做强"1+X"林业生态产业、"果薯蔬草药+加工+电商"农牧产业,"一村一品""一户一业"扶持集约化种植、标准化养殖等特色产业,因地制宜发展乡村旅游等消费导向型增收产业,加大劳务开发力度,培育农业专业合作社、家庭农场等新型经营主体,发展多种形式的农村集体经济,确保贫困群众增收更有保障、更可持续。抓紧治毒治病,建设"健康凉山"。将人民健康摆在优先发展战略地位,直面毒品艾滋病问题,深入推进禁毒防艾人民战争,加强涉毒高危人员分级分类管控,建好用好"绿色家园"和"1+8"艾防中心,深化艾防"七大工程",坚决摘除毒品艾滋病两大"毒瘤",提高人民群众健康水平。实施贫困人口医疗减负救助行动,完善城乡医保、医疗救助、大病保险"三道防线",降低贫困人口医药自费比例,防止因病致贫返贫。严格执行计划生育基本国策,加大违法生育整治力度,打破"越穷越生、越生越穷"恶性循环,刷新全民健康生育观念,提高出生人口素质。

(三)抓基础谋长远,增强贫困群众内生动力。脱贫攻坚不仅要解决"物质贫困",更要解决"精神贫困"。必须将教育作为摆脱贫困的治本之策、推动发展的基础工程,学校教育、家庭教育、社会教育一起抓,发挥农民夜校重要阵地作用,帮助贫困群众打破"贫困宿命"、增强知识技能,养成好习惯、形成好风气,实现生活富裕、知识富有、精神富足。加强学校知识教育。办好"一村一幼""一乡一园",严格落实控辍保学责任制,推行"全寄宿制"办学模式,扩大"9+3"免费职业教育计划招生范围,完善教育资助政策体系,决不让贫困家庭子女辍学失学,用知识阻断贫困的代际传递。发挥示范带动作用。深入开展"小手牵大手"、党员干部和返乡创业人员授课等活动,通过在校学生拉动、党员干部带动、外出务工人员推动,引导群众学知识、学法律、学政策、学技能,提升综合素质,增强致富本领。培育现代文明新风。持续开展城乡环境综合治理,深化"四个好"达标创建,推动"七进彝家",完善村规民约,开展群众性精神文明创建活动,引导群众参与"三建四改五洗",主动移风易俗,摒弃陈规陋习,推动现代文明蔚然成风。

(四)抓机制强保障,打赢脱贫奔康决胜之战。放大政策叠加优势,整合扶贫资源力量,形成专项扶贫、行业扶贫、社会扶贫"三位一体"大扶贫格局。创新政策保障机制。用好用活用足国家、省扶贫支持政策,打好财政补贴、信贷支持、城乡建设用地增减挂钩、土地开发整理等政策"组合拳";落实资本市场服务脱贫攻坚"八条措施",积极引进州外企业在贫困县注册落户、上市融资;强化财政投入保障,建立教育扶贫基金、卫生扶贫基金、贫困村产业扶持基金和扶贫小额信贷分险基金,实施扶贫信贷财政贴息、信贷担保、分险补偿等举措,实现扶贫投入多元化。完善对口帮扶机制。深化东西部扶贫协作,建好"广东(佛山)新村",依托广东佛山、珠海的资本、市场、信息、科技等溢出效应,推动扶贫协作向全面战略合作转变。争取国家、省定点帮扶部门更大支持,推进省内11个市(区)"一对一"对口帮扶,实施高校、医院、国企联系帮扶及民企"万企帮万村"精准扶贫行动,引导各类社会组织有序参与脱贫攻坚。严格落实"五个一"驻村帮扶制度,拓展州内"6+9"对口帮扶,加大县乡村三级"强带弱、富帮穷"力度。

落实考评退出机制。推进脱贫攻坚明察暗访、通报警示、问责追究常态化，实行年度考核评估“黄红牌”制度，倒逼各项工作落实。严格对照贫困户“1超6有”、贫困村“1低7有”、贫困县“1低3有”标准，先达标，后巩固，再退出，让贫困群众真脱贫、脱真贫，及早过上幸福美好生活。

四、加快转型跨越步伐，重点突破、整体提升

消除贫困只是迈向小康的第一步，只有经济社会全面发展，才能实现全面小康。要树牢“五大发展”理念，扭住着力重点，抓住关键环节，推动全州经济社会更有效率、更加公平、更可持续发展。

（一）深化全面创新改革，激发转型跨越发展新动能。创新是转型发展的主引擎，改革是激发创新的动力源。要围绕打造具有世界影响力的科学中心，加快融入成德绵全面创新改革试验区，深入推进攀西试验区建设，深化重点领域和关键环节改革，推动大众创业万众创新，闯出凉山转型跨越新路径。全面激发创新动力。实施创新主体培育工程，支持清华大学“中国锦屏地下暗物质实验室”等科研机构开展国际前沿课题研究，支持上海交大、四川大学、香港城市大学等高校建立研发基地，支持骨干企业、产业园区建立研发实验中心，推动稀土产业技术研究院等提档升级，筹建钒钛产业技术研究院、茧丝工程实验室等科研平台，组建优势产业创新联盟，实施重大科技联合攻关，加快构建具有凉山特色的区域创新体系，确保到2020年科技进步对经济增长的贡献率达50%以上。高端规划建设换季办公总部基地，打造最具舒适度的创新创业创作中心，让凉山的青山绿水、阳光花雨、清风明月激发企业家的创业激情、科学家的思想火花、艺术家的创作灵感。实施“英才计划”，加快聚集高端人才，大力培养本土人才，让创新源泉充分涌流，让人才活力竞相迸发。全面激发改革活力。深化供给侧结构性改革，增强“三去一降一补”工作举措，进一步优化要素配置，促进动力转换，推动发展转型。深化行政体制改革，突出抓好行政审批“放管服”等工作，加快建设法治政府和服务型政府。深化经济体制改革，发展各类生产要素市场，推进资源作价入股，推行直购电试点等改革举措，发挥放大市场决定性作用。深化农业农村改革，推进农村土地“三权分置”，大规模开展土地综合整治，完善产权流转交易体系，发展适度规模经营。深化财税制度改革，完善县乡基本财力保障机制和政府预算体系，规范政府债务管理，推进财政金融互动。深化国资国企改革，加强国资监管，改组组建国有资本运营公司和产业投资公司，以国有资本带动社会资本进入新兴产业、现代农业、建筑业、旅游业等领域。深化混合所有制改革，构建“亲”“清”新型政商关系，鼓励、支持、引导非公有制经济发展。

（二）推进区域协调联动，构筑转型跨越发展新格局。统筹协调是经济社会持续健康发展的内在要求。要围绕统筹全域凉山全面协调可持续发展，正确处理总体布局与重点区域、产业与城镇、城市与农村的关系，加快区域协同、城乡一体发展进程。促进区域协调发展。坚持走差异化、特色化发展路子，提升安宁河谷核心增长极，发挥西昌首位城市功能，推动西昌德昌冕宁同城化、会理会东宁南一体化发展，打造西昌经济圈和安宁河谷经济带，始终保持领跑态势；培育壮大新兴增长极，支持彝区藏区打造特色优质农产品生产加工基地和生态旅游经济带，实现特色发展、后发赶超。做强县域经济梯队。突出错位发展、联动发展，创新县际协作发展机制，推动区域水电、矿产、农业、旅游等资源产业整合升级，打造一批工业经济、生态旅游强县，培育一批现代农业、现代林业、现代畜牧业重点县。推动西昌市与省内外发达区县之间、州内经济实力相近县之间、毗邻县之间“比学赶超”，促进县域经济又好又快发展。推动城乡统筹发展。严格实施州域城镇体系和“一圈四群”城市群规划，加快将西昌建成现代化生态田园城市、川滇结合部区域性中心城市，做好会理撤县设市工作，支持其他县打造美丽宜居县城，创建生态园林城市、海绵城市、智慧城市。抓好小城镇改革试点，培育一批特色鲜明的工业强镇、商贸重镇、旅游名镇，加快幸福美丽乡村建设。优化调整乡镇行政区划，有序推进农业转移人口市民化，推动城乡要素平等交换和公共资源均衡配置，确保到2020年城镇化率达41%以上。

（三）筑牢绿色生态本底，培育转型跨越发展新支撑。绿色生态是凉山最大的财富、最大的优势、最大的品牌。要围绕打造“四基地一屏障”，推进产业强州、生态立州，加快构建具有凉山特点的绿色产业体系，建设绿色经济强州。推进工业转型升级。改造提升钢铁、铁合金、电解铝、磷化工等传统产业，大力发展稀土新材料、钒钛新材料、石墨烯等战略性新兴产业，积极培育风电装备、汽车装备、钒钛合金、超导材料、磁性材料、储氢电池等现代制造业，打造全国重要的资源富集地区科学开发利用资源示范区。加快乌东德、白鹤滩等水电站建设，科学开发风能、太阳能、氢能、生物质能、地热等清洁能源，规划建设金沙江、雅砻江国家级风光水互补清洁能源示范基地。推动产业园区扩容升级，促进特色产业成园成链发展，提升产业集聚集群集约水平。推进建筑工业化，将建筑业培育成重要支柱产业。推进农业提质增效。突出绿色农业标准化节约化发展，增强粮食生产安全有效供给，优化特色农产品生产布局，推动烟、桑、薯、荞、果、畜等传统优势产业由大变强，创新培育设施农业、光伏农业等生态高效农业，加快构建“产供销一体、种养加结合”的现代农业体系，发展壮大绿色特色产业集群。创新农业经营体制机制，培育农业产业化重点龙头企业，发展“互联网＋现代农业”，深化品牌创建提升，让更多“大凉山”农产品行销全国、出口海外。推进服务业特色发展。突出结构优化、比重提升，积极发展现代物流、电子商务、养老健康、现代金融、科技服务五大新兴先导型服务业，培育大数据产业，创建省级服务业重点示范市州。打造全域旅游首位产业，推进“旅游＋”产业计划，发展智慧旅游、精品旅游，放大西昌邛海国家级旅游度假区辐射作用，推动“三山两湖两海”等代表性景区景点提档升级，将安宁河谷打造为世界级阳光生态河谷，构建金沙江600千米高峡平湖观光休闲、“香格里拉黄金水上走廊”旅游经济带，形成“一核两翼四圈多点”旅游格局，创建国家级全域旅游示范区。夯实转型发展基础。坚持统筹规划、适度超前，抓好大桥水库灌区二期、龙塘水库、和平水库等重大水利工程建设和山水林田路综合治理，打造全州电力“一张网”，实施“气化凉山”“光网凉山”“宽带乡村”等工程，完善现代化基础设施体系。认真落实主体功能区规划，加快国家重点生态功能区建设，深入推进“绿化凉山行动”，实施天然草原恢复、退耕还林、天然林保护等重大生态工程建设，打好大气、水、土壤污染防治“三大战役”，增强发展的绿色底蕴，让凉山天更蓝、山更青、水更绿，人与自然更加和谐。

（四）扩大对外开放合作，开辟转型跨越发展新空间。凉山要大发展，必须要大开放。要围绕打造西部民族地区开放合作新高地，推进开放兴州，积极融入“一带一路”、长江经济带等国家战略，对接中国—东盟自贸区和孟中印缅经济走廊，加快形成开放包容、合作共赢新格局。全面拓展开放合作。坚持“走出去”“请进来”双向开放，主动寻求国际国内产业合作，围绕区域联动、优势互补深化与兄弟市州、毗邻地区、省直部门战略合作，围绕资源利用、技术创新加强与企业、高校、科研院所合作，全面提高合作层次和水平。精准拓展招商选资。全面落实招商引资和投资促进“双十条”、贫困地区企业IPO“即报即审、审过即发”等特殊优惠政策，进一步优化营商环境，用好西博会、科博会、攀西试验区专题招商会、彝族火把节等节展平台，创新招商引资方式，提高招商的精准度，把凉山真正需要的项目和产业引进来。加速拓展开放通道。加紧实施“二轮凉推”，筹建西昌航空公司，将青山机场升级为国际口岸机场，建成西昌铁路二类口岸，加快推进成昆铁路扩能改造及乐西、宜攀、西昭、西香、永会等高速公路建设，打通金沙江“黄金水道”，全面建成川滇结合部现代立体综合交通枢纽，以交通提速带动开放提速、发展提速。

（五）推进民生事业建设，共享转型跨越发展新成果。发展依靠人民，发展为了人民。要围绕保障和改善民生，积极推进社会事业全面进步，着力解决群众最关心最直接最现实的利益问题，不断提升群众幸福指数。办好人民满意教育。全面落实15年免费教育计划，深入实施义务教育巩固、职业教育提升、教育信息化等教育发展工程，统筹发展各级各类教育，促进城乡教育均衡发展。提高医疗卫生服务水平。深化医药卫生体制改革，整合城乡医疗保险，落实分级诊疗制度，完善覆盖城乡的医疗卫生服务体系，推进基本公共卫生服务均等化。改善群众住房条件。结合幸福美丽新村建设，加大廉租住房、公共租赁住房建设及棚户区、城中村、农村危房改造力度，提高住房保障水平。扩大群众就业渠道。全面落实更加积极的就业政策，推动形成劳动者自主择业、市场调节就业、政府促进就业和鼓励创业相结合的劳动就业新机制，千方百计增加城乡居民收入。织牢兜底保障网。实施全民参保计划，健全城乡居民最低生活保障为主体、专项救助相配套的社会救助制度，完善城乡居民大病保险、医疗救助和养老保险体系，加大孤儿、孤老、残疾人等特殊困难群体关爱救助力度，实现"应保尽保、应助尽助"。

（六）建设文化经济强州，拓展转型跨越发展新内涵。文化是民族的血脉，是人民的精神家园。要围绕打造世界彝族文化中心，将文化建设与经济建设、社会建设特别是旅游产业发展、精神文明创建紧密结合起来，大力发展文化事业，提升凉山"软实力"，增强核心竞争力。传承弘扬民族文化。加大文化遗产保护和利用力度，规划建设大凉山彝族文化生态保护试验区，实施彝族火把节传习展示基地、摩梭家园等重点文化项目，打造一批具有彝、藏等浓郁民族风情的特色村寨、街区，创作生产更多具有民族特色和以文化人功能的精品力作。培育发展文化产业。突出文旅结合、以文兴旅，放大民族文化、红色文化、航天文化等特色文化资源优势，深度融入国家"藏羌彝文化产业走廊"建设，大力发展文化旅游、影视网络、演艺娱乐、文化创意等新业态，高水平办好彝族国际火把节、大凉山冬季阳光音乐季、西昌国际马拉松赛及帆船赛等文体活动，打造一批享誉国内外的文化品牌，推动文化产业成为战略性支柱产业。扎实推进文化共享。加强公共文化基础设施建设，建立覆盖城乡的公共文化服务体系，深入实施文化惠民工程，实现"电视户户通、广播村村响、电影人人看、书籍天天读"，努力满足群众精神文化生活需求。

（七）加快依法治州进程，构建转型跨越发展新秩序。富民强州兴凉，重在厉行法治。要围绕建设法治凉山，认真贯彻民族区域自治法，全面落实依法治州《实施意见》，为全州经济社会发展保驾护航。建设法治凉山。围绕重点工作领域推进科学立法，加强法治政府建设推进严格执法，创新司法体制改革推进公正司法，开展"法律七进"推进全民守法，深化"三大片区"分类治理，加大基层法治示范创建、突出问题专项治理等工作力度，全面形成办事依法、遇事找法、解决问题用法、化解矛盾靠法的法治良序，走出具有凉山特色的民族地区依法治理新路子。建设平安凉山。坚定不移落实中央、省依法治藏要求，牢牢把握反分维稳主动权，完善提升"木里经验"，确保木里持续成为全国最稳定藏区之一。完善社会风险评估体系，推进"网格化"管理服务全域覆盖，构建立体化社会治安防控体系，坚守社会稳定、安全生产、食品药品安全"三条底线"，提升防灾减灾能力，保障群众生命财产安全，维护社会大局和谐稳定。促进民族团结。牢牢把握"两个共同"主题，弘扬伟大的长征精神和"彝海结盟"光荣传统，加强党的民族政策学习宣传，深化民族团结进步教育活动，让"三个离不开""五个认同"思想更加深入人心，创建全国民族团结进步示范州。

五、落实从严治党责任，为建设美丽幸福文明和谐新凉山提供坚强组织保障

办好凉山的事，关键在党，关键在党要管党、从严治党。要牢固树立政治意识、大局意识、核心意识、看齐意识，认真贯彻党的十八届六中全会精神，着力提高执政能力和领导水平，着力增强抵御风险和拒腐防变能力，着力维护清新政治生态，将党的

建设各项工作不断引向深入。

（一）深化民主政治建设，凝心聚力促发展。要坚持各级党委的领导核心地位不动摇，发挥好总揽全局、协调各方的重要作用，将各方面的积极性、主动性、创造性充分调动起来。积极发展社会主义民主。加强党委对同级人大、政府、政协的领导，积极支持人大、政府、政协和各民主党派、工商联履行职责职能，认真抓好民族、宗教、侨务、对台等工作，巩固壮大最广泛的爱国统一战线；坚持一切权力属于人民，加强基层政权建设和群众性自治组织建设，提高群众自我管理、自我服务、自我教育、自我监督水平。广泛凝聚各方智慧力量。推动党的群团工作转型发展，把各级工会、共青团、妇联等群团组织建设得更加充满活力、更加坚强有力，发挥好社会团体积极作用；加强新型智库建设，做好党委政府决策咨询工作；坚持党管武装根本原则，探索走出具有凉山特色的军民深度融合发展之路；加强党对宣传工作的领导，注重热点焦点问题的舆论引导，传播好凉山声音，讲述好凉山故事，展示好凉山形象，提振精气神，聚合正能量。

（二）深化思想政治建设，固本培元强党性。要坚持把思想建党放在第一位，坚定“四个自信”，不断拧紧思想“总开关”。狠抓政治理论武装。深入推进学习型党组织建设，完善落实党委（党组）理论中心组学习、党政领导干部读书班等党内学习教育制度，以习近平总书记系列重要讲话精神武装头脑、指导实践、推动工作。深入开展思想理论、法纪、警示、先进典型、革命传统和民族团结“六项教育”，教育引导党员干部始终在思想上政治上行动上与党中央和省州委保持高度一致。严肃党内政治生活。从党内政治生活管起、严起，严守政治纪律不分民族，严明政治规矩不讲特殊，严惩违纪违法没有例外，推动管党治党更严更实更硬。严格执行民主集中制，严格议事规则和决策程序，落实好“三会一课”、谈心谈话、民主评议等制度，深入开展批评和自我批评，营造清清爽爽的同志关系，增强党内政治生活的政治性、时代性、原则性、战斗性和实践性。

（三）深化干部队伍建设，选贤用能干事业。要坚持党管干部原则，深化干部人事制度改革，紧扣脱贫攻坚、转型发展调兵遣将，打造一支有信仰、守纪律、敢担当的高素质执政骨干力量。建强干部队伍。落实“好干部”标准和“三严三实”要求，强化党委班子集体把关，推进干部选拔工作规范化、科学化、信息化，防止和纠正选人用人上的不正之风，真正把想干事、能干事、会干事、干成事、不出事的干部选出来、用起来。实施干部队伍能力素质提升工程，加强领导班子专业能力建设和功能结构管理，跑好脱贫奔康的“最后冲刺一棒”。创新人才发展体制机制，推动人才工作提能增效、扩面增量，打造民族地区人才开发新高地。精心做好新形势下老干部工作，发挥好老干部作用。优化干部作风。落实“真管真严、敢管敢严”要求，健全“月考年评”制度，强化日常跟踪考核考察，建立“干部考核实绩台账”，完善能上能下机制，倒逼党员干部积极作为。落实“忠诚干净担当”要求，教育引导党员干部模范践行“四讲四有”，扎根经济建设第一线，投身脱贫攻坚主战场，当好干事先锋、扶贫模范，树立新时期民族地区党员干部光辉形象。创优干事环境。畅通群众诉求反映渠道，落实“五个一”直接联系服务群众制度，深化领导下访、“走基层”活动，解决群众急难，化解问题矛盾，进一步密切党群干群关系。拓宽党员、干部表达意见渠道，严肃处理非法信访、诬告陷害行为，对受到诽谤、诬告的党员、干部及时澄清、为其正名。坚持从严管理与保护激励相结合，建立容错纠错机制，旗帜鲜明为敢于担当的干部担当，为敢于负责的干部负责，形成激励奋发有为、鼓励干事创业的良好环境。

（四）深化基层组织建设，夯基筑底强堡垒。要坚持“落实到基层、落实靠基层”，聚焦提升基层组织政治功能、服务功能，加强基础性根本性建设，推动基层党组织全面进步、全面过硬。压实党建责任。坚持把抓好党建作为最大的政绩，落实党组织书记第一责任，逗硬执行“三级联述联评联考”制度，建好用活问题、责任、整改、成绩“四大清单”，完善党建工作责任体系。推进全域提升。创新加强农村、机关、国企、园区、社区、学校、社会组织等领域基层党组织建设。提升“苏施”党支部、边界区域党建、“党员四问”等党建品牌，探索党建“互联网+”模式，构建以基层党组织为核心的多元治理体系，持续加大基层基础保障投入，让基层党建更好地融入中心、服务大局。增强战斗能力。选优配强基层党组织带头人，大力培育“百乡千村好书记”，充分发挥第一书记“尖兵”作用，切实加强党员发展和教育管理工作，进一步增强引领发展、服务群众、推进脱贫、维护稳定的能力。

（五）深化党风廉洁建设，激浊扬清树新风。要坚定不移推进党风廉洁建设和反腐败斗争，健全定责、明责、履责、述责、追责“五位一体”责任体系，完善责任清单、述责述廉、社会评价等制度，惩治与预防并举，治标与治本并进，形成不敢腐、不能腐、不想腐的长效机制，建设“廉洁凉山”。弛而不息正风肃纪。认真贯彻中央八项规定精神，严格执行省州“十项规定”，着力防范和查处各种隐形、变异的“四风”问题，对苗头性、倾向性问题做到早发现、早提醒、早查处、早纠正，推动作风建设抓常抓细抓长，以优良党风政风引领民风社风。利剑高悬惩贪治腐。坚持以惩促治、以惩促防，无禁区、全覆盖、零容忍惩治腐败，全面推进县（市）巡察工作，深入开展脱贫攻坚“三大一严”专项行动，决不让腐败分子有任何藏身之地。从严加强党内监督。构建全面监督、专责监督、职能监督、日常监督、民主监督、社会监督相统一的监督体系，实践运用“四种形态”推进监督执纪，约束和规范权力运行，将制度的笼子扎得更加严密，做到有权必有责、有责要担当，用权受监督、失责必追究，促进公正用权、依法用权、为民用权、廉洁用权。持续深化廉洁教育。围绕“阳光凉山·清廉彝州”主题，发挥法纪教育基地等平台作用，深入推进廉洁文化建设，教育引导党员干部特别是领导干部加强廉洁自律，带头讲修养、讲道德、讲诚信、讲廉耻，以良好形象取信于民。

同志们！

今后五年，是激情燃烧、波澜壮阔的五年。凉山改革发展春潮激荡，乘风破浪正当其时。全州上下务必保持奋发图强、追赢赶超的比拼势头，百舸争流、千帆竞发，奋力开启跨越发展新航程。

今后五年，是攻坚克难、攻城拔寨的五年。凉山脱贫奔康开局就是决战，上阵就是冲刺。全州上下务必保持披荆斩棘、一往无前的战斗精神，百倍用心、千倍用力，奋力谱写全面小康新篇章。

今后五年，是书写辉煌、创造历史的五年。凉山正处在历史紧要关头，逆水行舟，不进则退。全州上下务必保持责无旁贷、舍我其谁的使命担当，百折不挠、不胜不休，奋力创造无愧于人民、无愧于时代的崭新业绩。

同志们，让我们紧密团结在以习近平同志为核心的党中央周围，在省委的坚强领导下，不忘初心、继续前进，团结带领全州各族人民埋头苦干、昂扬进取，为与全国全省同步实现全面小康，加快建设美丽幸福文明和谐新凉山而努力奋斗！

名词解释

1.“三大片区”：安宁河谷地区、大凉山彝区、木里藏区。

2.“两大类区”：加快发展区（西昌、德昌、会理、会东、宁南、雷波、冕宁、盐源、木里 9 个县市），综合扶贫开发区（普格、布拖、昭觉、金阳、美姑、甘洛、越西、喜德 8 个县）。

3.“一圈四群”：西昌经济圈，包括西昌、冕宁、德昌；东、西、南、北四个片区 16 个县相对独立的城镇群。

4.“四治并举”：治穷、治愚、治毒、治病。

5.“五管齐下”：教育、扶贫、禁毒、防艾、倡导现代文明生活方式。

6.“彝区十项扶贫工程”：彝家新寨建设、乡村道路畅通、水利建设、教育扶贫提升、职业技术培训、特色产业培育、农业新型经营主体构建、产业发展服务、卫生健康改善、现代文明普及。

7.“七个一批”：特色产业发展一批、创新就业致富一批、移民搬迁安置一批、低保政策兜底一批、医疗保障扶持一批、治毒戒毒救助一批、移风易俗巩固一批。

8.“法律七进”：进机关、进学校、进乡村、进社区、进寺庙、进企业、进单位。

9.“三州”：四川省凉山彝族自治州、云南省怒江傈僳族自治州、甘肃省临夏回族自治州。

10.“五新同步”：新村、新居、新产业、新农民、新生活。

11.“1+8”艾防中心：1个州级和布拖、金阳、美姑、普格、喜德、越西、甘洛、西昌等8个县（市）级艾滋病（重大疾病）公共卫生医疗救治中心。

12. 艾防“七大工程”：健康教育工程、高危行为干预工程、艾滋病感染者/病人综合服务工程、预防母婴传播工程、抗病毒治疗工程、预防医源性感染工程、能力建设工程。

13.“七进彝家”：推动法律、科技、文化、教育、卫生、计生、文明进彝家。

14.“三建四改五洗”：建庭院、建入户路、建沼气池，改水、改厨、改厕、改圈，洗脸、洗手、洗脚、洗澡、洗衣服。

15.“五个一”驻村帮扶：每个贫困村有1名县级领导联系、1个帮扶单位、1个驻村工作组、1名第一书记、1名农技员。

16.“6+9”对口帮扶：西昌帮扶普格、金阳、甘洛、越西，德昌帮扶盐源，会理帮扶布拖，会东帮扶喜德，宁南帮扶雷波，冕宁帮扶昭觉（11个贫困县中余下美姑、木里两县，分别由乐山市、攀枝花市帮扶）。

17.“1超6有”：年人均纯收入稳定超过国家扶贫标准且吃穿不愁；有义务教育保障，有基本医疗保障，有住房安全保障，有安全饮用水，有生活用电，有广播电视。

18.“1低7有”：贫困发生率低于3%；有集体经济收入，有硬化路，有学前教育机构，有医务室，有文化室，有民俗文化坝子，有通信网络。

19.“1低3有”：贫困发生率低于3%；乡乡有标准中心校，有达标卫生院，有便民服务中心。

20.“三去一降一补”：去产能、去库存、去杠杆、降成本、补短板。

21.“放管服”：简政放权、放管结合、优化服务。

22.“三权分置”：在坚持农村土地集体所有的前提下，促使承包权和经营权分离，形成所有权、承包权、经营权三权分置，经营权流转的格局。

23.“三山两湖两海”：泸山、螺髻山、灵山，泸沽湖、马湖，邛海、彝海。

24.“一核、两翼、四圈、多点”：一核，西昌旅游核心；两翼，西部特色风光风情旅游区、东部大凉山彝族文化生态旅游区；四圈，南、北、东、西部旅游经济圈；多点，培育一批县域旅游目的地和乡村旅游目的地。

25.“五个一”直接联系服务群众制度：每名州县领导干部分别联系1户企业、1个项目、1个乡镇、1个贫困村、1户贫困户。

26.“三级联述联评联考”：县（市）、乡、村党组织书记就抓基层党建工作情况分别向上一级党委进行专项述职，基层党组织、党员和群众代表对县（市）、乡、村党组织抓党建工作情况进行评议，把抓基层党建工作情况作为县（市）、乡、村党组织和部门党组（党委）领导班子、领导干部年度考核的重要内容。

27.“三大一严”：围绕脱贫攻坚开展廉政教育大宣讲、正风肃纪大督查、扶贫资金大检查、监督执纪严问责。

28.“四种形态”：经常开展批评和自我批评、约谈函询，让“红红脸、出出汗”成为常态；党纪轻处分、组织调整成为违纪处理的大多数；党纪重处分、重大职务调整的成为少数；严重违纪涉嫌违法立案审查的成为极少数。

在凉山彝族自治州第十一届人民代表大会第一次会议上工作报告

（2017年2月16日）

州人大常委会主任 王金铁

过去五年的工作回顾

过去五年，州十届人大常委会在州委的坚强领导下，高举中国特色社会主义伟大旗帜，以邓小平理论、“三个代表”重要思想、科学发展观为指导，深入学习贯彻习近平总书记系列重要讲话精神和党的十八大、省委全会、州委全会精神，按照“坚持党的领导，依法有效履职，切实保障民生，全力推动跨越”的工作主题，认真履行法律赋予的职权，为推进凉山依法治州进程提供坚强的法治保障。

一、依法行使民族地方立法权，不断完善地方法规

五年来，州十届人大常委会立足凉山实际，坚持科学立法、民主立法，不断完善立法工作程序，加强立法工作组织协调，拓展人民群众有序参与立法途径，大力推进地方立法工作。共起草和修改单行条例4部，颁布实施单行条例3部，开展立法调研10余部，参与全国、省人大常委会立法修改和征求意见100余部。

颁布实施《凉山彝族自治州会理历史文化名城保护条例》和《凉山彝族自治州施行〈兽药管理条例〉的变通规定》。《凉山彝族自治州会理历史文化名城保护条例》和《凉山彝族自治州施行〈兽药管理条例〉的变通规定》经凉山州第十届人民代表大会第一次会议通过后，州十届人大常委会按照有关报批和备案程序，报经四川省第十一届人民代

州人大常委会主任王金铁作人大常委会工作报告

表大会常务委员会第三十次会议批准，于2012年8月1日起正式颁布实施。《凉山彝族自治州会理历史文化名城保护条例》的颁布实施，对于凉山州进一步加强历史文化遗产的保护，合理、科学和永续利用好历史文化遗产资源，增强全社会的历史文化名城保护意识起到重要作用，同时也开启由州人大主导、县（市）人大及其常委会积极主动参与法规制定工作的地方立法新模式。《凉山彝族自治州施行〈兽药管理条例〉的变通规定》结合凉山实际，对国务院《兽药管理条例》中的部分条款进行变通规定，进一步加强兽药经营和使用管理，保障民族特色食品源的质量安全，维护公众健康，增强条例的实效性和针对性。

修订《凉山彝族自治州邛海保护条例》。为适应新形势下加强对邛海湖泊、河流、湿地及邛海流域生态环境的保护，可持续利用邛海流域环境资源，州十届人大常委会在深入调研、科学论证、广

泛征求各方意见建议的基础上，开展《凉山彝族自治州邛海保护条例》的修订工作。新修订的《条例》较原条例增加4章52条，不仅保留原条例中行之有效的条款，还将原条例实施过程中一些先进理念、成功做法以及邛海保护工作成果上升为法律规范，内容更丰富、详尽，操作性更强，为更好地保护邛海流域的生态环境提供法规依据。《凉山彝族自治州邛海保护条例（修订）》报经四川省第十二届人民代表大会常务委员会第十七次会议批准，于2015年10月1日起正式施行。

启动《凉山彝族自治州东西河飞机播种林区保护管理条例》的修订和《凉山彝族自治州立法条例（草案）》《凉山彝族自治州禁毒条例（草案）》的起草工作。《凉山彝族自治州东西河飞机播种林区保护管理条例（修订草案）》数易其稿，广泛征求社会各界意见、建议，并由州人大常委会进行两次会议审议。经州十届人大常委会第三十五次主任会议研究，认为该条例修订草案在林区区域界定、管理机构设置、经费保障等几个方面尚未实现突破，决定留待下一届人大及其常委会继续修订。《凉山彝族自治州立法条例（草案）》对自治州人民代表大会立法程序、常委会立法程序进行规范，已通过州十届人大常委会两次审议，并征求省人大有关专门委员会意见，决定提请本次大会审议。《凉山彝族自治州禁毒条例（草案）》已进入常委会审议程序。

认真做好地方法规清理和备案审查工作。为使地方性法规更加准确反映经济社会发展要求，适应凉山州全面深化改革和推进依法治州的需要，州人大常委会认真开展地方性法规清理和评估工作，对1981年以来州人大制定的18件地方性法规进行评估和清理。按照“有件必报”“有件必审”“有件必备”的要求，严格备案文件登记、初步审查、移送审查、审查工作联系、汇总反馈等工作环节，认真开展规范性文件的备案审查工作，推进备案审查工作常态化、规范化。五年来，共向省人大常委会报送州人大及其常委会作出的决议、决定75件，审查备案州人民政府报送的规范性文件56件，县（市）人民代表大会及其常务委员会报送的决议、决定等规范性文件900多件。

进一步加强地方立法能力建设。十八大以来，党中央、全国人大不断加强人大制度建设，特别是新修订的《中华人民共和国立法法》，明确规定设区的市和民族自治州的人大常委会，可以围绕“生态建设和环境保护、城乡建设管理、历史文化保护”等三个方面开展地方立法活动。州十届人大常委会按照这一法律规定，积极争取设立相应机构，加强常委会立法能力建设，搭建起州人大常委会实施地方立法的平台。紧紧围绕关系国计民生的重点领域和关键环节，开展艾滋病防治、大凉山特色农产品保护、农产品地理标志保护、西昌古城古镇保护等7部地方单行条例的立法前期调研工作，为下一步启动立法工作奠定基础。积极配合全国人大常委会和省人大常委会的立法活动，参与全国人大常委会开展的社区矫正等多部法律立法调研工作和省人大及其常委会开展的四川省专利保护条例等10余部法规的立法调研工作。在立法过程中，注重加强立法工作的宣传，使立法过程真正成为普及社会主义法治文化、推动全民守法的过程，不断提高全社会学法守法遵法用法意识。

二、依法行使监督权，不断提高监督实效

州十届人大常委会始终紧紧围绕州委中心工作和全州发展大局，抓住经济社会发展重大事项和关系群众切身利益、社会普遍关注的重大问题，按照“围绕中心、突出重点、讲求实效”的工作思路，拓展监督空间、创新监督载体、突出监督重点、增强监督实效，督促“一府两院”依法行政、公正司法，推动各项工作在法制化轨道上科学规范运行。

强化经济监督，全力助推全州经济跨越发展。五年来，州人大常委会始终把全力推进全州跨越发展作为履职重点，切实履行人大及其常委会监督职权，进一步加强对全州经济工作的监督。一是强化对计划执行情况监督。把对国民经济和社会发展计划执行情况的监督作为经济监督工作重中之重。每年听取和审议州人民政府关于本年度上半年国民经济和社会发展计划执行情况的报告；每次州

人代会召开前，对提交州人代会的计划报告认真组织初审及人代会中再审，及时提出审查意见建议。二是强化财政预决算审查监督。认真做好对预算草案的审查，提前介入财政预算草案的编制，及时了解政府制定预算收支计划情况和各部门对预算安排的意见建议，提出审查意见。坚持每年审查和批准2015年度州本级决算和本年度预算执行情况报告、2015年度州本级预算执行和其他财政收支情况审计工作报告，审查批准州本级年度预算调整方案和全州地方政府债务限额，同时，认真审议审计工作的专题报告，督促州人民政府依法理财、科学理财，严守财政纪律，严格预算执行。三是强化对国民经济和社会发展五年规划的监督。为促进五年规划的顺利实施，听取和审议州人民政府“十二五”规划实施情况的中期评估报告、“十二五”规划实施及“十三五”规划编制情况的报告，切实提高“十二五”规划实施和“十三五”规划编制透明度，加强对经济运行和社会各项事业发展的监督，有力助推全州经济健康持续发展。

强化工作监督，推进“一府两院”依法行政、公正司法。五年来，州人大常委会根据监督法的规定，每年选择若干关系改革发展稳定大局和群众切身利益、社会普遍关注的重大问题，有计划地安排听取和审议州人民政府、州中级人民法院和州人民检察院的专项工作报告。围绕经济社会发展的重点领域和关键环节，听取和审议州人民政府关于全州交通大会战推进情况、集体林权制度改革工作情况、水务工作情况、推进现代畜牧业发展情况、旅游发展情况、推进新型城镇化建设等专项工作报告。围绕法治凉山建设，听取和审议州人民政府“六五”普法启动工作、全州公安监管场所建设工作、推进依法行政等专项工作报告，州人民检察院民事行政检察工作、预防职务犯罪工作、监所检察工作、案件管理工作、检务公开工作的报告，州中级人民法院涉诉信访工作等专项工作报告。及时跟踪督促“一府两院”落实办理审议意见，做到审议意见条条得到落实，确保人大常委会依法监督工作落到实处，取得实效。

强化法律监督，确保法律法规在本行政区得到遵守和执行。五年来，州人大常委会每年有计划地对有关法律、法规实施情况组织执法检查，督促“一府两院”切实担负起法律法规实施主体的职责，加大对重点领域、重点地区、重点单位法律法规实施情况的监督力度。开展对献血法、烟草专卖法、食品安全法、传染病防治法、人民防空法、气象法、环境保护法、城乡规划法、消防法等20余部国家法律和地方法规、单行条例实施情况执法检查。每次开展执法检查后，认真梳理出执法检查中发现的问题和代表建议、意见，形成审议意见及时送交“一府两院”，加强整改落实，有力保障法律法规在凉山州得到有效遵守和执行。

强化方法创新，不断提高监督实效。五年来，州人大常委会不断探索有效的监督方式，进一步强化监督实效。一是常态化开展专题询问。把开展专题询问作为履行监督职权的重要手段，先后对凉山州义务教育发展、凉山州检务公开工作、凉山州“十二五”规划实施及“十三五”规划编制情况、凉山州重大传染病防治、凉山州国有资产保值增值情况等开展专题询问。专题询问的运用，丰富监督形式，深化监督内涵，提高监督实效，产生积极的社会反响。二是强化信访监督。高度重视人民群众来信来访工作，把信访工作纳入重要议事日程，坚持依法办访、为民办访，加强信访件的转办、交办和重点信访件的跟踪监督，努力搭建畅通反映社情民意、表达群众利益诉求的平台，认真督促有关部门解决信访热点问题和社会关注的焦点问题，切实维护人民群众合法权益，有效化解社会矛盾、维护社会和谐稳定。五年来，共受理来信来访3863件次，其中办理来信1379件，接待来访1110批2484人次，做到件件有着落、事事有交代。

三、依法行使决定权，不断推进决策民主进程

五年来，州十届人大常委会紧紧围绕州委重大战略决策，牢牢抓住事关全州经济社会发展根本性、全局性、长远性的重大事项，密切关注与人民群众切身利益相关的重大问题，把听取审议“一府两院”工作报告、审查计划、预算执行和批准本级决

算作为行使重大事项决定权的重点，选择带有全局性、长远性的重大问题，依法认真负责地作出决议决定75件。内容涉及财政、经济、普法、司法、人大工作等，努力把党的主张通过法定程序上升为国家意志和全州各族人民共同遵守的行为规范，进一步提高决策科学化民主化和法治化水平。

为认真贯彻落实好党的十八大提出的依法治国方略，州十届人大常委会紧紧围绕依法治国的阶段目标，适时作出《凉山彝族自治州第十届人民代表大会常务委员会关于推进依法治州的决议》，把《中共凉山州委关于凉山彝族自治州依法治州实施意见》的决策，通过人大法定程序，转变为全州人民的共同意志和自觉行动，把依法治州贯穿于全州经济建设、政治建设、文化建设、社会建设、生态文明建设的各个领域。紧紧围绕凉山扶贫攻坚、禁毒防艾、生态环境和资源开发与保护等工作重点难点，进一步细化任务、目标、措施、责任、检查、考核相关规定，作出《凉山州人大常委会关于进一步加强法治宣传教育的决议》，为推动凉山“七五”法治宣传教育工作提供法治保障。加强对州人大常委会作出的决议决定落实情况跟踪监督，开展对《关于实施凉山州优质烤烟生产可持续发展战略的决定》落实情况的执法调研，坚持每年听取一次州人民政府推进依法治州的情况报告，使人大及其常委会作出的决议决定得到认真贯彻落实。

四、依法行使选举任免权，不断强化法治意识

认真行使人事任免权。州十届人大常委会始终把依法任免国家机关工作人员作为坚持党的领导的重要内容，坚持党管干部和依法任免干部相统一的原则，以对党、对人民、对被任免人员高度负责的精神，不断完善和创新人事任免机制，规范人事任免程序，依法做好人事任免工作，共任免国家机关工作人员241人次。在履行人大常委会任免职权的过程中，常委会始终坚持任前资格审查“不缺位”，法律考试“要到位”，审议任命“重程序”，任后监督“不放松”。完善拟任命人员任前法律知识考试、正式就职时向宪法庄严宣誓制度，进一步提高新任命国家机关工作人员的法治意识。探索建立任期年度述职等制度，实施对政府组成人员和“两院”领导开展工作评议，监督国家机关工作人员依法履职。

加强对县乡人大换届选举指导。县乡人大换届工作启动以来，州十届人大常委会认真担负起对换届选举工作的指导职责，结合中央、省、州党委和全国、省人大常委会有关精神，健全和完善工作机制，明确职责分工，严格执行换届选举纪律，进一步加强对全州县（市）、乡镇人大换届选举工作的指导和工作联系。始终把严肃换届纪律和严守换届规矩放在首要位置，组织人大代表、人大常委会机关干部、选举工作人员等认真学习党中央关于换届选举的纪律要求，深入开展警示教育，筑牢思想防线、法纪红线和行为底线，确保换届选举风清气正。组织督导检查组，深入各县（市）督导检查，加强对全州县乡人大换届选举工作的指导和监督，确保县乡人大换届选举风清气正、有力有序开展。

五、加强代表联系工作，不断提高履职能力

加强人大代表履职能力建设。始终把提高代表履职能力作为一项重要任务，着力加强代表履职能力培训，先后对300余名代表开展形式多样的履职培训。通过培训，使新任代表对人民代表大会的性质、地位、作用以及自己肩负的责任、义务、权力，相关法律法规有充分的认识，履职意识得到增强，履职能力进一步提高。积极服务代表，为代表订阅学习资料，邀请省、州人大代表列席常委会会议，组织、协调和服务好代表视察、调研、执法检查等活动。坚持以州委中心工作、州政府的重点工作、人民群众关注的热点难点问题为切入点，围绕全州经济社会发展的关键环节和重点领域，采取州县联动、分组实施的办法，组织凉山州全国、省、州人大代表，深入各县（市）开展视察调研，为代表依法行权履职提供保障。

认真督办代表建议、批评和意见。州十届人大期间，共收到代表建议、批评和意见531件。为提高代表履职积极性，促进建议得到有效落实，州人大常委会在督办方式上不断探索，加大督办力度，推动代表建议办理工作取得实效。每次人代会闭会

后，及时会同有关单位对建议进行整理、登记，召开交办会，发出交办通知，明确承办单位，落实办理责任，规定办理时限，做到建议办理工作有章可循、有账可查，单位落实，责任落实。创新开展常委会领导领衔督办重点建议工作，对代表提出的建议进行分类梳理，把社会影响大、群众关注度高的建议确定为重点建议，分别由州人大常委会领导牵头，重点督办，着力推进代表建议办理工作，切实维护代表履职积极性，促进全州各项工作有效开展。通过这些新举措，使一些事关全州产业结构调整、基础设施建设、扶贫开发、教育科学文化医疗卫生和事关人民群众切身利益的建议得到落实，对推动凉山州经济社会发展发挥积极作用。

六、积极融入脱贫攻坚，全力推动全面小康建设

州十届人大常委会把贯彻落实中央、省委和州委脱贫攻坚决策部署作为重中之重，发挥自身优势，广泛组织动员，强化责任担当，为全州打赢脱贫攻坚这场硬仗贡献力量。

持续用力推动依法扶贫。成立执法检查组，深入凉山州11个国家扶贫工作重点县，对贯彻实施《四川省农村扶贫开发条例》情况进行执法检查。听取州人民政府关于全州脱贫攻坚工作情况的报告，组织代表开展脱贫攻坚执法调研和专题视察，确保脱贫攻坚各项决策部署得到贯彻落实。

广泛动员形成攻坚合力。深入开展“脱贫攻坚——人大代表再行动”，积极倡导全州3万余名各级人大代表通过对口帮扶、产业投资、教育培训等方式，为脱贫攻坚出招献力，并影响和带动更多社会力量广泛参与。坚持常委会组成人员联系代表制度，发出《凉山州人大常委会关于州十届人大常委会组成人员开展联系代表活动的通知》，要求组成人员进一步密切与人大代表的联系，注重听取和反映人民群众关心的热点难点问题。

真情帮扶彰显为民情怀。常委会领导和常委会机关按照州委统一部署和工作安排，深入基层、深入群众，指导所联系的县（市）及定点帮扶村，扎实开展调研督导，督促抓好精准脱贫规划制定、基础设施建设、特色产业发展等工作，积极协调争取政策、资金、项目等，有力推动所联系县（市）补齐短板、加快发展，为确保如期完成脱贫攻坚目标任务尽心尽力、尽职尽责。动员和组织州人大常委会机关工作人员，倾力帮扶联系村，力所能及出策出力，极大改善对口帮扶联系点的生产生活条件。

七、切实加强人大自身建设，不断强化履职保障能力

加强人大常委会自身建设，是依法履职的前提和保障。五年来，州十届人大常委会按照党的十八大精神，进一步加强人大自身建设，为推进人大各项工作与时俱进提供坚强有力保障。

加强思想作风建设。认真学习贯彻习近平总书记系列重要讲话精神，以思想作风建设为基础，始终把政治纪律和政治规矩挺在前面。按照政治上忠诚可靠、工作上勤奋敬业、作风上谦虚诚恳的要求，以争创学习型机关为目标，通过开展纪律作风教育整顿、深入学习实践科学发展观活动、伟大“中国梦”主题教育、党的群众路线教育实践活动、“三严三实”专题教育、“两学一做”学习教育等，大力加强人大常委会机关班子和队伍建设，不断提高机关干部职工的综合素质。

加强制度建设。州十届人大常委会结合自身实际，围绕强化履职能力、规范履职行为，狠抓制度建设。五年来，先后制定和修改完善凉山州人大常委会议事规则、主任会议议事规则、党组会议制度、常委会组成人员守则等制度，出台《凉山州人大常委会关于加强和规范人大代表活动的意见》《凉山州人民代表大会代表议案处理办法》《凉山州人大常委会任免国家机关工作人员办法》《凉山州人大常委会任命国家机关工作人员法律知识考试办法》《凉山州人大常委会会议审议意见的办理规定》《凉山州人大常委会专题询问办法》《凉山州国家工作人员宪法宣誓办法》等规范。这些制度和规范，以高标准对常委会工作提出具体要求，从制度上保障州人大常委会工作的正常、高效运行。

加强调查研究。州人大常委会紧紧围绕全州工作重点、改革发展难点、社会关注热点，选准议

题，深入开展调查研究，积极为全州经济社会发展建言谋策。五年来，州人大常委会围绕依法治州、经济建设、脱贫攻坚、民主法治建设、社会事业、生态建设和环境保护等方面的90多个课题，认真组织调研，提出大量有针对性和操作性强的思路对策和办法措施，为州人大常委会审议和作出有关决定决议，充分发挥人大职能作用提供决策依据。

加强人大制度宣传。积极探索人大宣传工作的特点和规律，完善工作机制，改进宣传方式，提高宣传实效。注重发挥新闻媒体的作用，及时宣传报道州人代会、常委会会议、主任会议及常委会开展的各项重要活动，全方位宣传人大履职行权的具体实践，使全社会全面了解人大工作，监督和支持人大工作。认真开展“宪法宣传日”活动，努力加强宪法和法律的宣传教育，提高全社会知法守法用法意识。利用法律法规颁布实施的节点，通过召开座谈会、开展常委会会前学法等方式，加强对新颁布法律法规的学习和宣传。

加强人大工作交流。州人大常委会密切与县（市）人大常委会和乡镇人大主席团的工作联系，坚持上下联动，形成推动人大工作创新发展有效合力。坚持每年举办一次全州人大常委会主任学习会，深入研讨交流新形势下人大工作，努力开创全州人大工作新局面。加强与“一府两院”的沟通联系，营造良性互动、和谐合作的工作氛围。积极参加上级人大常委会举办的相关工作座谈会、理论研讨会和学习培训会，广泛开展地方人大工作的联系和交流，相互交流经验，共同推进工作。

各位代表：州十届人大常委会肩负全州各族人民的重托，认真履行宪法和法律赋予的职权，在历届常委会奠定的良好工作基础上，不断与时俱进，各方面都取得新的进步，圆满完成州十届人大常委会的历史使命，圆满完成党和人民交给的任务。这是在中共凉山州委的正确领导下，州人大代表、常委会组成人员、各专门委员会和常委会办事工作机构辛勤努力的结果，是州人民政府、州中级人民法院、州人民检察院协同工作的结果，也是全州各级人大和广大人民群众大力支持的结果。在此，我谨代表州十届人大常委会，向全州各族人民及各级人大代表，向全州各级国家机关和社会各界所有关心支持人大工作的同志们，致以诚挚的敬意和衷心的感谢！

同时，我们也清醒看到，常委会工作与州委的要求和全州人民的期望还有一定差距，人大及其常委会的立法主导作用还需要进一步发挥，法规质量还需要进一步提高，监督实效需要进一步增强，服务代表的水平需要进一步提高，人大和人大代表密切联系群众的作用需要进一步发挥。这都需要在今后的工作中认真加以解决。

五年工作的主要体会

过去五年的履职历程和工作实践，为推进凉山州民主法治建设进程积累宝贵的经验，使我们对进一步坚持和完善人民代表大会制度，努力做好新形势下人大工作有更加深刻的认识和体会。

——必须坚持党的领导，确保人大工作正确政治方向。党的十八大以来，党中央就加强新形势下人大工作、坚持和完善人民代表大会制度，提出许多新思想、新论断、新要求。习近平总书记在庆祝全国人大成立60周年大会上，明确提出社会主义民主政治建设的根本方向、重大思路和重点任务，为我们全面加强地方人大工作和建设指明方向，提供根本遵循。省委人大工作会议从加强和改进地方立法工作、监督工作、决定重大事项及选举任免工作、代表工作等方面对做好新形势下的人大工作作出系统部署，明确加强人大工作的目标、任务和措施。州委进一步加强和改进对人大工作领导，支持人大依法履行职权、加强自身建设，召开人大工作会议，出台进一步加强人大工作和建设的意见，有力推动全州民主法治建设。五年来，州人大常委会始终把坚持党的领导放在首要位置，切实强化核心意识，牢固树立党的观念，自觉接受党的领导，把坚持党的领导贯穿于依法履职的全过程，落实到人大工作的各个方面。我们深刻体会到，党的领导是做好人大工作的根本保证，只有坚持党的领导、人民当家做主、依法治国有机统一，切实增强走中国特色社会主义政治发展道路的自觉性和坚定性，才能确保人大工作正确的政治方向。

——必须紧紧围绕“四个全面”战略布局，加强人大工作和建设。“四个全面”战略布局是我们党站在新的历史起点上，总结我国发展实践，适应新的发展要求，坚持和发展中国特色社会主义新探索新实践的重要成果。五年来，州人大常委会始终紧扣全州工作主题和改革发展稳定各项目标任务依法履行职责，保障州委重大决策部署落到实处，为推动精准扶贫和全面建成小康社会、全面深化改革、全面依法治州、全面从严治党提供坚强的法治保障。我们深刻体会到，做好地方人大工作，必须主动融入大局、服务大局，紧紧围绕推进“四个全面”战略布局，围绕州委中心工作，把“创新、协调、绿色、开放、共享”五大发展理念贯彻落实到立法、监督、代表等各项工作中，找准着力点，打开突破口，在服务发展中更好发挥人大的职能优势和组织优势。

——必须始终坚持人民主体地位，切实维护最广大人民的根本利益。人民代表大会制度是保障人民当家做主的根本政治制度。五年来，州人大常委会始终着力保障和改善民生，牢固树立人民利益高于一切、重于泰山的思想，把实现好、维护好、发展好最广大人民群众的根本利益，作为人大工作的出发点和归宿。我们深刻体会到，人大及其常委会只有坚持人民主体地位，坚持群众观点、群众路线，倾听群众呼声、反映群众意愿、顺应群众期待、自觉接受群众监督，才能更好地保障人民权益，更好地保证人民当家做主。

——必须紧密联系代表、服务代表，充分发挥人大代表作用。人大代表是国家权力机关组成人员，是人大工作的主体。五年来，州人大常委会高度重视代表工作，进一步发挥代表密切联系群众作用，大力推动代表保持与原选区选民和群众的密切联系，依法履行代表职责。我们深刻体会到，只有不断加强和改进代表工作，不断完善代表联系群众的工作制度，支持和保障代表按照代表法履行职责，才能充分发挥人大制度的特点和优势。

——必须大力加强常委会自身建设，不断夯实依法履职基础。加强人大自身建设，是提高常委会工作水平、做好人大各项工作、发挥地方国家权力机关作用的基础性工作。五年来，州人大常委会全面深入贯彻州委人大工作会议精神，大力加强自身建设，着力增强依法履职能力和工作活力，着力建设朝气蓬勃、务实高效、勤勉尽职的人大机关。我们深刻体会到，做好地方人大工作，必须坚持以思想建设为根本，制度建设为基础，组织建设为保证，作风建设为载体，依法履职，探索创新，努力把人大及其常委会建设成为切实承担起宪法和法律赋予职责的国家权力机关、依法履职的工作机关和密切联系群众的代表机关。

今后工作的建议

今后五年是凉山州脱贫攻坚、全面建成小康社会攻坚期、冲刺期，也是凉山大有可为的战略机遇期。州第八次党代会对凉山州未来五年发展作出战略部署，提出着力创新驱动、统筹协调、绿色生态、开放合作、共建共享，决战贫困迈向全面小康、转型跨越推进富民强州的战略举措和宏伟目标。新一届州人大及其常委会在全力推进州委发展战略的实施、奋力脱贫攻坚、加快建设美丽幸福文明和谐新凉山的过程中，肩负着十分重大的政治责任。我们要高举中国特色社会主义伟大旗帜，以邓小平理论、“三个代表”重要思想、科学发展观为指导，深入学习贯彻习近平总书记系列重要讲话精神，在中共凉山州委的坚强领导下，与时俱进、创新开拓，紧紧围绕推进“四个全面”战略布局，把“创新、协调、绿色、开放、共享”五大发展理念贯彻落实到立法、监督、代表等各项工作中，准确把握人大依法履职的切入点和着力点，全面提高推动凉山发展的能力和水平。

一是把党的领导贯穿到人大工作的全过程。不断增强党对人大及其常委会工作领导的政治自觉，牢固树立政治意识、大局意识、核心意识、看齐意识，努力通过法定程序实现党的主张和人民意志的有机统一，善于运用法律手段调整利益关系、推动改革发展，从制度上、法律上解决改革发展中带有根本性、全局性和长远性的问题，确保党的路线方针政策成为全社会一体遵循的法律规则。坚持把推动脱贫攻坚、决战决胜全面小康作为人大及其常委会各项工作的重中之重，充分运用人大立法、监督、重大事项讨论决定等职权，加强对全州脱贫攻坚的法律监督、工作监督，确保脱贫攻坚工作依法、有序推进。

二是加强和改进地方立法工作。把提高立法质量和立法队伍能力作为加强和改进立法工作的重点，坚持科学立法、民主立法、开门立法。准确把握凉山州经济社会发展阶段性特征，加快完善民族自治地方立法工作机制，扎实推进特色产业发展、优势资源开发、环境保护、民族文化传承、民生改善、社会治理等重点领域创新性和自主性立法，使地方立法更好地服务凉山州改革发展稳定各项工作。

三是完善监督工作机制。紧紧围绕经济社会发展的热点、工作推进的难点和人民群众反映的焦点，切实发挥人大监督职权，促进“一府两院”提高依法行政、公正司法水平。加大对重大项目和重大工程进展、重点领域改革、落实扶贫开发措施、民生事业发展等情况的监督力度，进一步强化监督落实和跟踪问效。加强对法院、检察院司法活动全过程监督，支持督促“两院”深化司法体制改革、规范司法行为、加强人权司法保障、提升司法公信力，规范和约束司法权力的行使，切实维护司法公信和法治权威。

四是做好决定重大事项和选举任免工作。进一步健全人大及其常委会讨论、决定重大事项制度，善于把党委重大决策部署通过人大法定程序转化为全州各族人民的共同意志。坚持党管干部原则与人大依法行使选举任免权有机统一，进一步规范人事任免程序、完善人事任免形式，保证党委推荐的人选经过法定程序成为国家机关工作人员。

五是全力支持和保障代表依法履行职责。进一步加强和改进代表工作，提高代表履职能力，通过人大代表更好地反映民意、集中民智、凝聚人心，动员和组织人民群众积极投身经济社会发展实践。高度重视人大代表议案、建议的办理，建立办理落实情况回访跟踪督查机制。健全代表述职制度，改进和规范代表活动方式，加强代表同人民群众的联系，切实保障代表履行职权。

六是切实加强人大自身建设。坚决维护以习近平同志为核心的党中央权威，牢固树立政治意识、大局意识、核心意识、看齐意识，把深入学习贯彻中央、省委和州委关于加强人大工作和建设的决策部署作为重要政治任务，切实把思想和行动统一到中央、省委和州委的要求上来，落实到人大依法履行职权和加强自身建设的实践中。进一步完善常委会运行机制、议事程序和工作制度，加强人大工作队伍建设。密切与县乡人大的联系，加强工作指导。进一步做好调查研究，切实加大对宪法法律、人大制度、人大工作的宣传力度。

各位代表，新时代赋予新使命，新起点呼唤新作为。我们坚信，新一届州人大及其常委会一定会肩负起全州各族人民的重托，担当起这一历史重任。让我们紧密团结在以习近平同志为核心的党中央周围，高举中国特色社会主义伟大旗帜，同心协力、真抓实干，以高度的政治责任感、奋发有为的精神状态和严谨务实的工作作风，奋力开创全州人大工作新局面，为落实“四个全面”战略布局、推进凉山脱贫攻坚、夺取全面建成小康社会新胜利作出新的更大贡献！

政府工作报告

——在凉山彝族自治州第十一届人民代表大会第一次会议上

（2017年2月14日）

州人民政府代理州长　苏嘎尔布

过去五年工作回顾

过去五年，是凉山州经历复杂严峻形势、经受巨大转型阵痛的五年，更是我们抢抓机遇攻坚克难、负重奋进加快崛起的五年。历经艰辛努力，凉山阔步迈进脱贫奔康新时代、豪迈踏上转型跨越新征程。

五年专注发展，经济实力明显壮大。地区生产总值由2011年的1000.1亿元增加到1403.9亿元，年均增长8.2%。人均地区生产总值由22044元增加到29549元，年均增长7.2%。规模以上工业增加值年均增长8%。全社会固定资产投资累计完成5083亿元，年均增长9.1%。社会消费品零售总额由299亿元增加到551亿元，年均增长13%。地方一般公共预算收入由80亿元增加到121亿元，年均增长8.6%。城乡居民人均可支配收入分别由16038元、5673元增加到25963元、10368元，年均增长9.7%、12.8%。县域经济发展活力增强，西昌跻身全国综合实力、最具投资潜力百强县，8个县（市）经济总量过五十亿元、4个县（市）超百亿元，"三大片区"差异发展、分工协作、功能互补的良好态势正在形成。民营经济增加值达768.7亿元，占地区生产总值的54.8%。

五年坚定转型，质量效益明显提升。三次产业结构由19.5：52.3：28.2调整为20.0：48.7：31.3。"4+1"战略性新兴产业加快发展，新增清洁

州政府代理州长苏嘎尔布作政府工作报告

能源装机2316.7万千瓦，东电凉山风电装备制造示范基地等项目建成投产。建筑业高速发展，总产值由32亿元增加到145亿元，年均增长35.3%。旅游业快速发展，邛海成为首批国家级旅游度假区，新创建国家A级旅游景区14个，旅游总收入由80.5亿元增加到301.6亿元，年均增长30.3%。新兴先导型服务业健康发展，银行存款余额、贷款余额和保险保费收入分别增长113.4%、102.9%、90.3%，电商交易额、社会物流总额累计分别达114.7亿元、1.2万亿元。农业农村经济稳步发展，粮食产量"十四连增"，农民收入"十四连快"，创建省级现代农业、畜牧业重点县和林业强县9个，"大凉山"特色农产品享誉全国。

五年改革创新，动力活力明显增强。以攀西国家战略资源创新开发试验区建设为带动，创建国家高新技术、省创新型企业30户，建成院士（专家）工作站、稀土产业技术研究院等创新平台

12个，实施重大科技攻关全球招标项目8个，荣获“全国科技进步考核先进州”称号，科技进步对经济增长的贡献率达46%。供给侧结构性改革取得积极进展，化解过剩产能794万吨，房地产市场平稳发展。完成改革事项205项，开展改革试点示范29项，新增市场主体5.28万户，“营改增”全面实施，农村土地承包经营权确权登记颁证224万亩，机关事业单位养老保险、机关公务用车、新一轮政府机构等改革顺利实施。开放型经济水平持续提升，国际交流合作、区域合作、厅（局）州和银政企合作不断深化，累计引进到位州外资金2426.5亿元，成功举办央视春晚凉山分会场演出、四川国际文化旅游节、西昌国际马拉松赛和帆船赛等重大活动，凉山的知名度、美誉度显著提升。

五年强基蓄势，发展条件明显改善。交通大会战成效显著，州到县三级以上公路全面畅通，建制村通村通达、通硬化路率分别达99.9%、64.2%，公路总里程由2.14万千米增加到2.7万千米，路面使用性能评价由“次等”上升为“中等”，新增提升水运航道500千米，西昌青山机场通航城市达13个。农田水利设施不断完善，建成大中型水利工程3个，整治病险水库169座，恢复新增蓄水能力556万立方米，新增有效灌面31.3万亩、节水灌面36.9万亩，建设高标准农田175.5万亩。新型城镇化加快推进，新增城镇建成区15平方千米，常住人口城镇化率达33.04%。信息基础设施建设提速，县（市）城区、重点乡镇和高速公路实现4G网络全覆盖。生态建设和环境保护切实加强，10个县纳入国家重点生态功能区，全州森林覆盖率达45.1%；省下达节能减排和环保目标任务全面完成，环境空气质量、主要流域水质均达到或优于国家标准；治理水土流失面积2146平方千米，完成地质灾害治理项目232个，避险搬迁安置1.28万户。

五年倾心为民，民生福祉明显增进。一般公共预算民生支出保持在65%左右。累计减少贫困人口70.98万人，贫困发生率由25.6%降至12%。十项民生工程、20件民生大事深入实施。城镇新增就业10.03万人，登记失业率控制在4.2%以内。社会保障提标扩面，特殊困难儿童、低保和农村“五保”应保尽保，重度残疾人护理补贴、困难残疾人生活补贴应发尽发。建成各类保障性住房和棚改房6.96万套，发放住房租赁补贴7.1万户，建成新村新寨2570个，改造农村危房15万户。解决137.96万农村人口的饮水安全问题，结束42万群众的无电历史。喜德特大洪灾和盐源、越西地震灾后重建任务全面完成。十五年免费教育全面实施，开办村级幼教点3060个、招收幼儿11.3万人，安宁河流域6县（市）实现义务教育基本均衡发展，招收“9+3”免费职教学生1.58万名，发放国开行生源地助学贷款2亿元、惠及家庭困难学生1.9万名。公立医院药品加成全面取消，艾滋病阳性检出率、母婴传播率、病死率分别下降0.5%、7.8%、1.5%，6岁以下贫困残疾儿童抢救性康复全免费，新农合参合率达99.6%，人口自然增长率控制在8.5‰以内。彝族火把节列入国家级非遗整体性保护试点，《彝海结盟》《彝红》等优秀文艺作品在国内外引起热烈反响。全民健身运动蓬勃开展，竞技体育屡创佳绩。

五年创新治理，社会建设明显进步。积极创建民族团结进步示范州，木里、西昌分别荣获“全国民族团结进步模范集体”“全国民族团结进步创建活动示范单位”称号。全面推进依法治州，加快建设平安凉山，创新网格化服务管理模式，健全网络舆情处置机制，社会治理水平不断提高。加强和改进信访工作，化解信访积案2939件，信访总量下降42.4%。强力推进禁毒攻坚，外流贩毒人数下降39.8%，金阳摘掉“全国毒品通报警示县”帽子，“绿色家园”累计收戒1720人。“四好”创建深入开展，婚丧嫁娶高额礼金和铺张浪费问题得到遏制。安全生产事故起数、死亡人数连续十年双下降，重特大安全生产事故连续十年零发生。西昌成为全省食品安全示范市，会东、宁南成为全省农产品质量安全监管示范县。成功创建全省双拥模范州。对台事务、保密、地方志、人民防空、档案、防震减灾、供销、语言文字、妇女儿童、红十字、气象、邮政通信等工作取得新成绩。

各位代表,刚刚过去的2016年,我们举全州之力打好经济增长"翻身仗"、脱贫攻坚"第一仗",实现"十三五"良好开局。地区生产总值增长6%,规模以上工业增加值增长2.4%,全社会固定资产投资增长3.6%,社会消费品零售总额增长10.9%,地方一般公共预算收入增长13%,城乡居民人均可支配收入分别增长7.8%、10%。454个贫困村退出、11.35万贫困人口脱贫。在这场艰苦卓绝的伟大战役中,全州广大干部职工舍身忘我、日夜奋战,各族群众自立自强、艰苦奋斗,社会各界倾情参与、鼎力支持,共同谱写感天动地、气壮山河的时代赞歌,尤其是6名干部以身殉职、24名干部光荣负伤,他们的英雄壮举,必将彪炳史册,激励我们奋勇前进。

各位代表,五年的奋斗与探索,我们深切感受到,推动凉山科学发展、转型跨越,必须牢牢把握以下原则:一是必须坚持发展第一要务。始终扭住发展不动摇,不断厚植发展新优势,奋力开辟发展新天地,用发展的办法解决凉山前进中的问题。二是必须坚持民生第一追求。始终不忘初心、以民为本,将政策向民生倾斜、财力向民生集中、服务向民生覆盖,让全州各族人民过上更加幸福美好的生活。三是必须坚持稳定第一责任。始终唱响民族团结主旋律,倍加珍惜、自觉维护和谐稳定的大好局面,合力谱写民族团结进步事业新篇章。四是必须坚持创新第一动力。始终把创新放在突出位置,协调推进全面创新改革试验,持续深化开放合作,为全州经济社会发展注入不竭动力。五是必须坚持法治第一保障。始终牢固树立法治理念、法治思维,加快建设法治政府,全面推进依法行政。六是必须坚持实干第一导向。始终把抓落实放在首位,撸起袖子加油干,甩开膀子拼命干,用干部艰辛奋斗换取群众幸福生活。

各位代表,过去五年取得的历史性成就,是党中央、国务院和省委、省政府亲切关怀的结果,是州委坚强领导的结果,是州人大及其常委会、州政协加强监督和大力支持的结果,是全州广大干部群众团结拼搏的结果。在此,我代表州人民政府,向全州各族人民,向人大代表、政协委员,向各民主党派、工商联、无党派人士、人民团体、中央和省驻州单位,向驻州部队指战员、武警官兵、政法干警和民兵预备役人员,向所有关心支持凉山经济社会发展的各界人士,表示衷心感谢并致以崇高敬意!

各位代表,在看到成绩的同时,我们也清醒地认识到,当前凉山州改革发展中还存在不少问题和挑战。脱贫攻坚任务艰巨,稳定脱贫压力巨大。经济下行压力依然较大,企稳向好的基础还不牢固,实体经济发展困难,新旧增长动能接续不足,新兴产业支撑作用不强。区域发展不平衡,城乡二元结构矛盾突出。基础设施总体滞后,公共服务短板突出。局部点位污染问题依然严重。改革发展过程中不和谐不稳定因素依然存在。政府工作与群众期待还有一定差距,庸政懒政怠政现象不同程度存在。我们将正视这些问题,认真加以改进,决不辜负全州各族人民的期望。

今后五年主要目标任务

今后五年,是凉山州困难矛盾的集中凸显期,也是多重政策红利加快释放的重大战略机遇期。州第八次党代会作出"决战贫困、转型跨越,加快建设美丽幸福文明和谐新凉山"的重大部署,描绘凉山未来五年发展的宏伟蓝图。我们要敢于担当、务实重行,传承创新、接力奋斗,努力开创经济社会事业发展新局面。

今后五年政府工作的总体要求是:高举中国特色社会主义伟大旗帜,坚持以邓小平理论、"三个代表"重要思想、科学发展观为指导,全面贯彻党的十八大和十八届三中、四中、五中、六中全会精神,认真落实以习近平同志为核心的党中央治国理政新理念新思想新战略,紧紧围绕"五位一体"总体布局和"四个全面"战略布局,按照省委、省政府和州委决策部署,坚持稳中求进工作总基调,深化产业强州、生态立州、开放兴州"三大战略",着力创新驱动、统筹协调、绿色生态、开放合作、共建共享,决战贫困迈向全面小康,转型跨越推进富民强州,打造世界级清洁能源基地、稀土钒钛战略资源创新应用基地、国际阳光康养休闲度假旅游目的地、全国重要的特色优质农产品基地、长江上游重要生态屏障，创建全国同步全面小康示范州、民族团结进步示范州，建设美丽幸福文明和谐新凉山。

今后五年全州经济社会发展主要预期目标是：脱贫摘帽任务全面完成。11个贫困县全部摘帽，1618个贫困村全部退出，52.83万贫困人口全部脱贫，80%以上的行政村建成新村、80%以上的农村群众入住新村，城乡居民收入接近全省平均水平。经济发展水平全面提升。保持高于全国全省的经济增速，经济总量超过2000亿元，现代产业体系基本形成，三次产业结构更加优化。区域竞争能力全面增强。努力建设具有世界影响力的科学中心、彝族文化中心，“四基地一屏障”总体建成，西部民族地区开放合作新高地基本建成。现代治理体系全面构建。城乡社会保障体系更加健全，基本公共服务更加完善，社会建设和治理水平明显提高，各项事业全面迈入法治轨道。

为把蓝图变为现实，我们将着力实施“六大行动”。

一是大力实施脱贫攻坚行动。聚焦“两不愁、三保障”和“四个好”脱贫目标，抓两头带中间，抓重点补短板，物质、精神脱贫并重，政府、市场、社会扶贫并举，突出抓好建房修路、产业富民、教育攻坚、卫生计生、禁毒防艾、“四好”创建等重点工作，密切与广东佛山、浙江湖州的东西扶贫协作，深化省内“11+11”对口帮扶、部门定点帮扶、“国企入凉”“万企帮万村”活动，加强州内“6+9”对口帮扶、“五个一”驻村帮扶，用好用足各类帮扶资源，强化扶贫项目资金审计稽查，建立完善贫困退出考核评估、督查问责等机制，精准扶贫、精准脱贫，实现“乡三有、村七有、户三有”，确保2017年安宁河流域6县（市）贫困村全部退出，2018年雷波、甘洛、盐源3县脱贫摘帽，2019年普格、越西、喜德、木里4县脱贫摘帽，2020年布拖、昭觉、金阳、美姑4县脱贫摘帽，夺取脱贫攻坚全面胜利。

二是大力实施改革创新行动。深入实施创新驱动发展战略，围绕产业链部署创新链、匹配资金链、提升价值链，深入推进攀西国家战略资源创新开发试验区建设，强化企业创新主体地位，加强与清华大学、上海交大、四川大学等高校的科研合作，力争建成国家、省级重点实验室和企业技术中心20个以上，加强创新人才队伍建设，全面推进大众创业、万众创新，初步形成具有凉山特色的区域创新体系，力争科技进步对经济增长的贡献率提高到50%以上。深入有效推进供给侧结构性改革，全面深化农业农村、国资国企、财税金融、行政管理、社会事业、社会治理等重点领域改革，基本形成系统完备、科学规范、运行有效的制度体系。深入实施质量强州战略，大力提升产品质量，着力打造凉山品牌。深入实施充分开放合作战略，主动融入“一带一路”、长江经济带等国家战略，强化营商环境建设，着力打造走出去的“大通道”、引进来的“强磁场”，务实开展对外交流合作，精准开展投资促进活动，加快培育竞争合作新优势。

三是大力实施产业升级行动。坚持优化存量、扩大增量、主动减量紧密结合，在改造提升、壮大规模、引领升级上下功夫，重点打造清洁能源、战略性新兴产业、绿色建筑、文化旅游、绿色特色农业5个千亿级产业集群，构建具有较强竞争力的现代产业体系。大力推进工业转型升级，改造提升黑色、有色、磷化工等传统产业，整装开发水风光清洁能源，加快发展钒钛稀土新材料、高端装备制造、新能源汽车、药品食品等战略性新兴产业；抓好“智慧凉山·云上西昌”建设，促进工业化与信息化融合发展；加快推进建筑工业化，培育壮大绿色建筑业。大力推进服务业转型升级，优先发展五大新兴先导型服务业，加快发展康养医疗、体育健身、文化创意、影视音乐等产业，优化提升传统服务业；突出抓好旅游首位产业，规划建设安宁河“农文旅”绿色走廊、香格里拉黄金走廊、金沙江高峡平湖休闲观光走廊、大凉山彝族文化体验区等旅游经济带，打造一批精品旅游景区、旅游通道、旅游城镇、旅游村寨，成功创建国家全域旅游示范区。大力推进农业转型升级，深化农业供给侧结构性改革，加快建设一批现代农林牧业重点县和示范县，组建特色农业产业联盟，精心打造田园综合体，完善农业标准化体系，推进农特产品精深加工，促进农村一、二、三产业融合发展，构建生态高效的农业产业体系。

四是大力实施基础提升行动。突出抓好交通、水利、电力、城镇等重大基础设施建设，加快构建功能完善、安全高效、保障有力的现代化基础设施体系。构筑“七高四铁”大通道，新建改建国省干线4646千米、农村公路1.5万千米，推进交通“建管养运”一体化发展；打通金沙江“黄金水道”大动脉，新建19个千吨级泊位，推进大型水电枢纽翻坝转运系统建设，力争通航里程达800千米、港口通过能力达600万吨以上；推动西昌青山机场升级为国际口岸机场，规划建设一批支线、通用机场，基本建成四川西南部综合立体交通枢纽。力争建成大桥水库灌区二期及引水入昌工程，盐源龙塘、喜德米市、西昌东河、会理横山、会东两岔河水库，宁南竹寿水库扩容8个大中型骨干水利工程；建成堤防167.8千米；新增、改善灌面46万亩；建设高标准农田142万亩。新建扩建骨干输变电工程113个，新建改造输电线路2.9万千米，构建安全可靠、经济高效、清洁环保的坚强电网。统筹抓好“气化凉山”“光网凉山”“宽带乡村”建设。开展县域“多规合一”规划编制，完善“一圈四群”城市规划，统筹新区发展和旧城改造，统筹地上地下空间利用，加快地下综合管廊和海绵城市建设，完善城镇管理体制，提升城镇品质，打造一批宜居宜业美丽县城和特色小镇，新增城镇建成区16平方千米，常住人口城镇化率达45%左右，建成幸福美丽新村2750个。

五是大力实施环境改善行动。牢固树立“绿水青山就是金山银山”理念，深入实施生态立州战略，全面加强生态建设和环境保护，加快建设美丽凉山，让绿色生态成为凉山最大的财富、最大的优势、最大的品牌、最普惠的民生福祉。持续开展大规模绿化凉山行动，抓好新一轮退耕还林还草、石漠化治理、湿地恢复、水土保持等重点生态工程建设，完成绿化造林1573万亩、退耕还草8.8万亩、封山育林50万亩，力争森林覆盖率达50%、国土绿化覆盖率达80%、草原综合植被盖度达86%、城市绿地率达35%。坚决打好污染防治“三大战役”，实施大气污染防治“五大工程”、水污染防治“四大工程”、土壤污染防治“三大工程”，切实解决环境污染突出问题。深化城乡环境综合治理，全面提升城乡面貌形象。加强生态文明机制建设，健全生态补偿机制，探索建立生态环境损害赔偿制度，加快建设企业环境信用体系，落实环境保护党政同责和“一岗双责”，加大环保督察执法力度，从严查处违纪违法行为。

六是大力实施民生建设行动。坚持民生投入只增不减，为群众办实事只增不减，让各族人民共享发展成果。深入实施重点民生工程，完善社会保障体系，推进城乡基本公共服务均等化。实施更加积极的就业政策，确保城镇新增就业7.5万人以上，登记失业率控制在4.2%以内。办好人民满意教育，深入推进彝区教育振兴行动和十五年免费教育计划，深化拓展“一村一幼”成果，深入实施“一乡一园”工程，全面实现县域义务教育基本均衡发展，学前三年毛入园率、义务教育巩固率、高中阶段毛入学率分别达90%、95%和90%以上，强化职业技术教育，积极支持西昌学院向应用型高校转变，办好民族教育和特殊教育。加快建设健康凉山，完善公共卫生服务体系，确保100%的县医院达到二级甲等水平、100%的乡镇卫生院和村卫生室标准化建设达标，加强重大传染病、地方病等疾病防治，推进中医、彝医等民族医药事业健康发展，鼓励和规范社会办医，提升人口计生服务水平。大力传承弘扬民族优秀文化，加快建设世界彝族文化中心，推动民族文化大繁荣大发展，打造民族文化强州。深化法治凉山、平安凉山建设，深入开展禁毒防艾人民战争，强化安全生产和食品药品监管，推进社会治理法治化、科学化、精细化，成功创建全国民族团结进步示范州，确保社会大局和谐稳定。

2017年重点工作

今年是实施“十三五”规划的重要一年，是脱贫攻坚的关键之年，也是新一届州人民政府履职的开局之年，做好今年工作至关重要。

今年政府工作的基本思路是：认真贯彻落实中央、省委经济工作会、省"两会"和州委经济工作暨脱贫攻坚工作会议精神，坚持稳中求进工作总基调，以提高发展质量和效益为中心，以推进供给侧结构性改革为主线，聚焦转型跨越"第一要务"、决战贫困"头等大事"，用发展新理念引领推动经济社会建设各项工作，努力实现全州经济整体性提升，开创脱贫决战决胜、经济转型跨越、社会和谐稳定新局面。

今年全州经济社会发展主要预期目标是：地区生产总值增长8%左右，规模以上工业增加值增长8%左右，建筑业增加值增长30%以上，全社会固定资产投资增长10%以上，地方一般公共预算收入增长10%左右，社会消费品零售总额增长10.5%左右，城乡居民人均可支配收入分别增长8%、10%左右，常住人口城镇化率提高1.5个百分点，城镇登记失业率控制在4.2%以内，居民消费价格涨幅控制在3%左右，人口自然增长率控制在10.5‰以内，完成省下达节能减排和环保目标任务。我们将重点抓好以下工作：

一、坚定不移推进脱贫攻坚，圆满完成年度减贫任务

坚持把脱贫攻坚作为"头等大事"，强化措施，精准施策，确保500个贫困村退出、13.47万贫困人口脱贫，安宁河流域六县（市）贫困村全部退出。

抓紧建房修路。建成彝家新寨222个、藏区新居1675户，易地扶贫搬迁50097人，实施农村安居工程2万户。建成通乡油路1464.7千米、通村通畅路3500千米，实现所有乡镇通油路、计划退出贫困村全部通硬化路，建成"溜索改桥"2座。实施城乡建设用地增减挂钩项目5000亩、土地开发整理项目5万亩。

加快产业培育。建设"1+X"林业生态产业基地470万亩，发展特色水果5.34万亩。建设马铃薯产业示范基地167万亩，推广"青薯9号"100万亩。种植蔬菜115万亩，其中新建大棚蔬菜基地1万亩。继续巩固培育现代烟草和蚕桑产业。打造全国乡村旅游扶贫重点村136个。新建乡村电商服务站120个。推进扶贫小额信贷、邮政金融立体扶贫、"两权"抵押贷款、"惠农保"、特色农业保险等金融扶贫试点工作。

改善公共服务。建成乡镇幼儿园202所；新建、改扩建寄宿制学校158所，推行"全寄宿制"办学模式，严格落实控辍保学责任制；发放国开行生源地助学贷款2亿元以上，资助家庭困难学生2.8万名；招收"9+3"免费职教学生4800名；培训乡村教师1万名。建成村卫生室500个，确保贫困患者县域内就诊率保持在95%以上、住院医疗费用全额报销。深化贫困地区生育秩序整治行动，确保全州政策外多孩率降到10%以内、10个重点县降到15%以内。推进低保政策与各项救助制度相衔接，实现农村低保保障线与国家扶贫标准线"两线合一"。

狠抓禁毒防艾。持续严打毒品犯罪，加强涉毒高危人员分级分类管控，强化"绿色家园"功能，推动乡镇（街道）、社区戒毒康复场所建设，积极探索戒毒脱毒有效措施，确保外流贩毒人数下降10%以上，吸毒人员管控率达95%，破获部省目标案件数增长10%，追缴已判决毒品犯罪分子涉案毒资额增长20%，社区戒毒康复执行率达80%，推动毒品戴帽县逐步降级。加快建设"1+8"艾防中心，突出抓好100个重点示范乡镇艾滋病防治工作，推动全州艾滋病疫情形势持续好转。

深化"四好"创建。全面开展"四好村""四好文明家庭"创建活动，引导群众积极参与"三建四改五洗"，养成好习惯、形成好风气。发挥农民夜校阵地作用，组织群众学法律、学政策、学技能，教育引导群众感恩奋进、移风易俗，推动现代文明蔚然成风。建成村文化室1296个，深入开展"文化惠民"行动，丰富群众精神文化生活。探索改进帮扶方式，激发贫困群众脱贫内生动力。

二、坚定不移稳定经济增长，全力推动经济持续向好发展

坚持把稳增长作为首要任务，巩固经济回升势头，加快调结构、转方式、促升级，推动全州经济由

恢复性增长向整体性提升。

全力扩大有效投资。深化“项目年”活动，完善项目推进机制，强化产业发展、基础设施、民生社会事业等重点领域投资，力争完成投资1250亿元。加强分类调度和要素保障，实施176个州级重点项目，加快在建项目进度，跟踪督促签约项目落地，力争提前开工一批纳入国家、省中长期规划的重大项目。加强项目储备，组建项目管理人才库，用好特殊支持政策，精心策划包装一批重大项目，确保项目动态储备总规模达8000亿元以上。

加快推进工业转型升级。突出抓好乌东德、白鹤滩、杨房沟水电站和雅砻江、金沙江风光水互补示范基地，万凯丰新能源汽车及储氢电池、江铜稀土磁性材料、重钢西昌矿业电解钛示范生产线、会理10万吨铅锌冶炼等项目建设，确保完成工业投资520亿元、技改投资180亿元。新增规上工业企业20户以上，推动金攀西稀土集团进入国家大型稀土企业集团行列。加大企业股份制改革力度，加快培育上市后备企业。推进遂宁·木里“飞地园区”、宁南茧丝绸产业化经营基地建设，力争将西昌钒钛、冕宁稀土、会理有色、德昌和甘洛工业集中区创建为省级开发区。大力发展装配式建筑，推动建筑业持续快速发展，新增建筑企业50户，确保全州建筑业产值突破200亿元。

大力发展现代服务业和旅游业。着力盘活存量、做大增量，推动服务业大突破大提升。加快建设20个服务业重大项目，重点培育20户龙头企业，新增60户规上限上企业。加大传统服务业发展支持力度，推动居民生活服务业转型升级。加快发展电商产业，办好“大凉山”特色产品网络交易会等活动，确保电商交易额突破80亿元。加快发展现代物流业，完善县乡村三级物流配送体系。统筹规划，大力发展健康产业。启动实施全域旅游发展规划，办好旅游节庆活动，力争旅游收入达350亿元以上。实施改善消费供给专项行动，积极培育新消费热点，营造放心舒心的消费环境，促进消费扩大升级。

着力推动绿色特色农业提质增效。大力发展设施、光伏等生态高效农业，加快壮大农村电商、休闲农业、乡村旅游等富民产业。创建3个省级以上特色农产品品牌。培育农业龙头企业4户、家庭农场260个、农民合作社200个，培训新型职业农民1200人，开展农民实用技术培训30万人，积极推广农业职业经理人制度。加快农业科技创新和推广应用，搭建区域性农业社会化服务平台。优化粮食种植结构，推进绿色高产创建，确保粮食生产能力达239万吨。抓好第三次全国农业普查。

三、坚定不移深化改革创新，加快培育转型发展新动能

坚持以供给侧结构性改革为主线，推进全面改革创新，深化开放合作，增强发展动力活力。

深入推进“三去一降一补”。稳妥推进西昌合力锌业、康西铜业环保搬迁，引导煤矿逐步关闭退出，坚决打击制售“地条钢”等违法行为。加强房地产市场引导，支持刚性和改善性购房需求，扩大住房公积金缴存面，打通商品房与保障房的转化通道，遏制投机炒作。扩大企业直接融资，开展市场化、法治化债转股，切实降低企业杠杆率。建立20亿元“两贷”资金，筹建50亿元财政支持基金，落实减税降费政策，用好电力优惠政策，加强铁路运输“路企”对接，切实降低企业成本。

全面深化重点领域改革。初步形成州、县（市）财权与支出责任划分基本框架，推进乡镇财政所规范化建设，支持地方性银行发展壮大。统筹推进农村土地征收、集体经营性建设用地入市、宅基地制度改革试点，落实承包土地“三权分置”办法；启动安宁河流域六县（市）农村产权制度改革试点，加快建设农村产权流转交易市场体系；深化供销合作社、国有林场林区改革；建立健全农业生产保险体系、农业水价形成机制。积极推进电力体制改革。有序推进价格、盐业和企事业单位公务用车等改革。

强化科技创新引领。申报实施20个重点科技攻关项目，加快推进15个省州科技成果转化项目，力争高新技术产业产值达50亿元。加强新能源创新联盟、稀土产业技术研究院建设，筹建茧丝绸、苦荞、畜禽等特色资源开发利用产业技术研究院或重点实验室。建成州创新创业孵化基地，新增省级科技企业孵化中心等各类创新创业载体10个。支持凉商和农民工返乡创业，吸引青年大学生、草根能人等创新创业。

提升开放合作水平。继续办好彝族火把节、西昌国际马拉松赛和帆船赛等活动，借力中外知名企业四川行、西部国际投资大会暨进出口商品展、海科会等平台精准招商，提高专业化招商水平，确保引进到位州外资金300亿元、省级平台签约资金400亿元。加快建设西昌铁路二类口岸，培育西昌钒钛、冕宁稀土等外向型产业园区和出口基地，深化对外经贸合作，完成货物进出口额2.6亿元、外资实际到位额1.36亿元。

推进国资国企改革发展。理直气壮做大做强国有企业，通过合并同类项、关停并转、整合重组等方式，进一步明晰现有企业功能定位和产业发展方向，打造一批专业化大企业大集团。组建以融资、资本运作、股权投资、金融产业为主业的资本运营公司，构建融资平台和产业投资功能明晰的"1+6+N"国有资本治理结构体系。着力在"三项制度"改革、股权多元化和混合所有制改革、国资监管等方面取得突破，提高国有资本配置运行效率，加快发展壮大国有经济。

促进民营经济健康发展。认真落实支持民营经济发展、鼓励社会投资和产权保护等政策措施，切实保护民营企业合法权益，营造公平竞争的市场化法治环境，增强民营企业发展信心。推动重点民营企业建立现代企业制度，积极培育行业龙头企业，促进中小微企业梯队成长。规范推广政府与社会资本合作模式，创新推进46个PPP项目。

四、坚定不移强化统筹协调，努力缩小区域城乡差距

坚持以城镇建设为载体，以重大基础设施建设为纽带，加快推进区域城乡一体化发展。

加快推进"三大片区"协调发展。统筹编制"三大片区"发展规划，强化基础设施、产业布局、市场体系、生态环保等方面的对接融合，促进要素空间资源高效配置、合理流动，增强发展的整体性、协调性、有效性。支持西昌加快建设现代化生态田园城市、川滇结合部区域性中心城市，增强首位带动作用。支持会理撤县设市，推进西昌德昌冕宁同城化、会理会东宁南一体化发展，加快建设西昌经济圈和安宁河谷经济带。支持大凉山彝区、木里藏区充分发挥特色资源优势，打造现代农林牧业重点县、示范县和旅游经济强县，加快建设国家生态文明示范区。

加快推进新型城镇化。新增城镇建成区3平方千米，常住人口城镇化率达34.54%。改造城镇危旧房棚户区9838户。巩固11个省级"百镇建设行动"试点镇建设成果。深入开展违法建筑整治五年行动，坚决查处违建行为。加快城镇基层管理综合行政执法体制改革，提升管理服务效能。深化农业转移人口市民化配套改革，健全财政转移支付与农业转移人口市民化挂钩机制，吸纳农业转移人口4000人。推动基础设施和公共服务向农村延伸，建成幸福美丽新村450个。

加快推进基础设施建设。加快建设G5京昆高速泸黄段扩容改造、峨汉高速甘洛段、西昌国省干线过境公路、成昆铁路峨米段扩能工程等项目，力争开工建设宜攀、乐西、永会3条高速公路，争取将西香高速公路纳入交通运输部"十三五"建设规划中期调整，新建改建国省干线301千米。开工建设大桥水库灌区二期及引水入昌工程、西昌东河水库，加快建设德昌和平水库，建成4座小型水库，整治病险水库20座，新增有效灌面5.99万亩、节水灌面2.4万亩，治理水土流失面积500平方千米，建设高标准农田12.6万亩。实施地质灾害治理项目25个，完成避险搬迁安置150户。

五、坚定不移保护生态环境，加快建设绿色美丽新家园

坚持绿色低碳循环发展，强力推进"环境质量提升年"各项工作，不断改善生态环境质量。

大力实施重点生态工程。完成营造林120万亩，重点区域绿化30万亩，人工种草400万亩。加强泸山及邛海流域、东西河飞播林区、水电库区、矿

山开发区等重点地区生态恢复,推进安宁河流域河湖公园建设。抓好12个国家重点生态功能区县建设,划定全州基本农田、林地和生态保护红线,建立红线管控负面清单,严格产业准入标准,强化各类开发活动管控。

重拳治理污染突出问题。大力整治企业偷排漏排超排,督促西昌钢钒公司等企业完成环保验收,划定城市高污染燃料禁燃区,全面淘汰10蒸吨以下燃煤小锅炉,加大机动车尾气污染治理力度。建立“河长制”“湖长制”、河流污染跨区域防控机制,实施工业污染源全面达标排放计划,推动农业污染源减排。突出抓好土壤重金属污染防治,规范处置医疗废物、废机油、废铅酸电池等危险废物。抓好11个县城生活污水处理厂、2个县城生活垃圾填埋场建设,扩大垃圾分类制度覆盖范围,加快畜禽养殖废弃物处理和资源化。妥善处置环保历史遗留问题。

加快发展绿色低碳循环经济。积极培育绿色环保产业,推进企业绿色化和园区循环化改造,启动实施“以电代煤、以电代油”行动,促进新能源汽车推广应用,大力发展绿色建筑和节能建筑。加强矿产资源开发管理,推进矿产资源全面节约和高效利用。推进公共机构节能降耗,实施能源、水资源、建设用地消耗总量和强度双控行动。开展低碳试点示范,培育碳排放权交易市场。开展领导干部自然资源资产离任审计试点工作。积极倡导绿色生产生活方式,大力弘扬生态文明价值理念。

六、坚定不移增进民生福祉,不断增强人民群众获得感、幸福感

坚持人民至上、民生优先,扎实办好民生实事,着力解决社会突出问题,切实维护社会公平正义,让发展更有温度、幸福更有质感。

扎实抓好重点民生工程。深入实施十项民生工程,继续办好20件民生大事。确保城镇新增就业1.5万人、就业困难对象再就业500人。转移输出农村劳动力125万人次,实现劳务收入195亿元。完善城乡居民基本养老保险制度,实施统一的城乡居民基本医疗保险制度,加强社保基金征缴管理。稳步提高工伤、医疗、生育、居民大病保障水平。建立困难群众生活保障协调机制,关爱老年人、困境儿童和农村留守儿童,依法保障妇女、未成年人、残疾人权益,加强特殊人群服务管理。完善社会救助和保障标准与物价上涨挂钩联动机制,保障低收入群众的基本生活。

加快发展社会事业。实现普格、雷波、甘洛、越西、喜德、盐源6县义务教育基本均衡发展,确保四川省民族幼儿师范高等专科学校备案招生,依托省彝文校建立中国彝族文化人才培养基地。启动实施“健康凉山”规划。加快建设州博物馆和文化馆新馆、州广播电视台彝语译制中心,新建8个县级文化馆、10个县级图书馆,支持民族文化影视作品创作生产,加快建设摩梭家园,编译出版《中国彝文典籍译丛》。抓好州档案馆新馆、县级综合档案馆建设。提升地方志开发利用水平。办好第五届州运会。

全面加强社会治理。广泛开展民族团结进步教育,依法管理民族、宗教事务。全面开展“七五”普法,扎实推进“法律七进”。完善立体化治安防控体系,依法查处非法行为,打击违法犯罪活动,开展外流犯罪专项整治,加强网络环境治理,严防暴力恐怖事件。推进信访工作制度改革,畅通群众诉求表达渠道,及时化解矛盾纠纷。充分发挥人民团体作用,积极支持社会组织依法有序参与社会治理。严格落实安全生产责任制,全面加强安全生产工作,加快建设安全生产区域性综合救援示范基地,组建矿山救护支队。健全食品、药品、农产品质量追溯制度,加大“双安双创”工作力度。加强政府债务风险防范,规范融资、担保、质押等行为。完善金融风险监测预警和应急处置机制,及时防范化解非法集资、互联网金融等风险。强化应急管理,提升防灾减灾救灾能力。加强政务、商务、社会诚信和司法公信建设。深化文明家庭、文明单位、文明城市创建活动。引导公益、慈善事业规范发展,办好“中国光彩事业凉山行”活动。做好对台事务、外事侨务工作。积极支持军队改革,深化军民融合发展,加强国防动员能力建设,做好优抚安置、双拥和人民防空工作。加强语言文字规范管理。抓好机构编制、保密、气象、水文监测等工作。

政府自身建设

过去五年,我们坚持依法行政、从严治政、廉洁从政,政府执行力和公信力进一步提升。自觉接受州人大及其常委会的法律监督、工作监督,主动接受州政协的民主监督,认真办理人大代表建议482件、政协委员提案1685件。全面推进政府信息公开,在全国少数民族自治州中率先开通政务微博发布厅,州政府门户网站建设走在全国前列。严格执行重大行政决策法定程序,规范行政执法行为,法治政府建设迈出新步伐。扎实开展党的群众路线教育实践活动、"三严三实"专题教育和"两学一做"学习教育,严格落实中央八项规定精神和省州十项规定,强力整治"四风"问题,"三公"经费同口径下降45.7%,政风行风持续好转。坚定不移推进政府系统党风廉洁建设和反腐败斗争,大力加强行政监察和审计监督,坚决查处违纪违法案件,提升政府清廉形象。

各位代表,决胜脱贫奔康、推进转型跨越,政府肩负的任务艰巨、责任重大。我们将增强"四个意识",坚定"四个自信",全面加强政府自身建设,不断提升治理能力,更好地为人民服务,努力让人民满意。

勇于担当抓落实。大力倡导敢于负责、真抓实干的担当精神,始终保持攻坚克难、奋力争先的进取精神,聚焦改革发展、脱贫攻坚主战场,知难而进、迎难而上、破难而行。进一步提高政府执行力,扑下身子抓落实,抓关键问题、抓实质内容、抓管用举措,一级抓一级,层层传导压力,切实做到部署的任务坚决落实、作出的承诺坚决兑现。进一步优化政府目标绩效考核管理,健全正向激励和容错纠错机制,大力营造想干事、敢干事、干成事的良好氛围。

规范严明守法度。深入实施《法治政府建设实施纲要》,加快把政府工作全面纳入法治轨道。加强和改进行政复议、行政应诉工作。积极推行法律顾问制度。自觉接受州人大及其常委会的执法检查和专题质询,完善重大决策向人大报告、重大事项向政协通报等制度,提高人大代表建议、政协委员提案的办理质量和水平。认真听取民主党派、工商联、无党派人士和各人民团体的意见,主动接受社会舆论监督。充分发挥新型智库作用,推进依法决策、民主决策、科学决策。

牢记宗旨勤为民。始终把人民利益放在最高位置、把人民满意作为最高追求,真心实意为群众排忧解难。创新政府服务管理,深化"放管服"改革,完善权力清单、责任清单,继续清理规范行政审批和公共服务事项。深化商事制度改革,开展"多证合一、一照一码"试点。推动"双随机、一公开"监管全覆盖,加强和完善事中事后监管。开工建设新的州市政务服务中心,全面推进"互联网+政务服务",推动网上政务大厅与实体政务大厅融合发展,逐步实现"一号申请、一窗受理、一网通办"。

从严治政重廉洁。认真落实政府系统党风廉洁建设主体责任和"一岗双责",深入推进清廉政府建设和反腐败斗争。深化廉政风险防控,进一步扎紧制度笼子。加大行政监察、审计监督力度,严厉查处腐败案件。加快构建"亲""清"新型政商关系,积极主动、依法依规服务市场主体。巩固"两学一做"学习教育成果,认真践行"三严三实",锲而不舍落实中央八项规定精神和省州十项规定,驰而不息整治"四风",坚决整肃"庸懒散浮拖",切实改进作风,树立新风。

各位代表,时代呼唤使命,奋斗成就伟业。让我们紧密团结在以习近平同志为核心的党中央周围,在省委、省政府和州委的坚强领导下,不忘初心,克难奋进,加快建设美丽幸福文明和谐新凉山,以优异成绩迎接党的十九大和省第十一次党代会胜利召开!

名词解释

1."三大片区":即安宁河谷地区、大凉山彝区和木里藏区。

2.“4+1”战略性新兴产业:即清洁能源、战略资源、装备制造、药品食品加信息化产业。

3.十五年免费教育:即在实行9年免费义务教育基础上,逐步免除3年学前教育保教费、3年普通高中学费,免费提供教科书。

4.“9+3”免费职教:即在9年义务教育的基础上,对彝区、藏区孩子提供3年的免费中职教育。

5.四好:即住上好房子、过上好日子、养成好习惯、形成好风气。

6.五位一体:即中共十八大对推进中国特色社会主义事业作出的经济建设、政治建设、文化建设、社会建设、生态文明建设总体布局。

7.四个全面:即全面建成小康社会、全面深化改革、全面依法治国、全面从严治党。

8.两不愁、三保障:“两不愁”即稳定实现农村贫困人口不愁吃、不愁穿,“三保障”即保障农村贫困人口义务教育、基本医疗、住房安全。

9.“11+11”对口帮扶:即由攀枝花市、乐山市、泸州市龙马潭区、江阳区、德阳市旌阳区、广汉市、什邡市、绵竹市、绵阳市涪城区、江油市、宜宾市翠屏区11个市区分别对口帮扶凉山州木里、美姑、普格、盐源、越西、金阳、喜德、甘洛、昭觉、布拖、雷波11个县。

10.“6+9”对口帮扶:即西昌市帮扶普格县、金阳县、甘洛县、越西县,德昌县帮扶盐源县,会理县帮扶布拖县,会东县帮扶喜德县,宁南县帮扶雷波县,冕宁县帮扶昭觉县。

11.“五个一”驻村帮扶:即每个贫困村有1名县级领导联系、1个帮扶单位、1个驻村工作组、1名第一书记、1名农技员。

12.乡三有、村七有、户三有:即乡乡有标准中心校、达标卫生院、便民服务中心,村村有硬化路、集体经济、学前教育设施、卫生室、文化室、民俗文化坝子、宽带网,户户有安全饮用水、生活用电、广播电视。

13.五大新兴先导型服务业:即电子商务业、现代物流业、现代金融业、科技服务业、养老健康服务业。

14.七高四铁:即G5京昆高速泸黄段扩容改造(力争2018年建成)、峨汉高速甘洛段(力争2020年建成)、乐山至西昌(力争2017年开工、2022年前建成)、宜宾至攀枝花(力争2017年开工、2022年前建成)、西昌至昭通(力争“十三五”期间开工)、永郎至会理(力争2017年开工、2022年前建成)、西昌至香格里拉(力争“十三五”期间开工)7条高速公路,成昆铁路峨米段扩能工程(力争2021年建成)、宜宾至西昌(力争“十三五”末开工)、昭通至攀枝花至大理(力争“十三五”期间开工)、泸定至甘洛至金阳(力争纳入省中长期规划)4条铁路。

15.多规合一:即统筹经济社会发展、城乡、土地利用、生态环境保护等规划,做好相互衔接,形成一个县(市)一本规划、一张蓝图。

16.一圈四群:即西昌经济圈和东、西、南、北四个片区城镇群。

17.三大战役:即大气、水、土壤污染防治三大战役。

18.五大工程:即减少工业污染物排放、抑制城市扬尘、压减煤炭消费总量、治理机动车船污染、控制秸秆焚烧工程。

19.四大工程:即严重污染水体整治、良好水体保护、水污染防治设施建设、饮用水环境安全保障工程。

20.三大工程:即土壤环境监测预警、土壤污染分类管控、土壤污染治理与修复工程。

21.1+X:“1”即核桃,“X”即其他适宜经济林木。

22.“两权”抵押贷款:即农村承包土地经营权抵押贷款和农民住房财产权抵押贷款。

23.“1+8”艾防中心:即州艾滋病医疗救治中心,西昌、普格、布拖、金阳、美姑、甘洛、越西、喜德8个艾滋病医疗救治点。

24.三建四改五洗:即建庭院、建入户路、建沼气池,改水、改厨、改厕、改圈,洗脸、洗手、洗脚、洗澡、洗衣服。

25.飞地园区:即园区建设的投资主体分属于两个不同行政区划的政府,由点对点的企业转移转变为区对区的产业转移,由单纯的资金承接转变为管理与项目的复合承接,项目投产后的产值指标、税收由园区所在地城市与投资城市共享。

26. 三去一降一补：即供给侧结构性改革的五大任务，具体指去产能、去库存、去杠杆、降成本、补短板。

27. “两贷”资金：即州委、州政府支持企业发展设立的应急转贷、复产委贷两个专项基金。

28. 三权分置：即在原有集体土地所有权和农民家庭承包经营权二权分离的基础上，将农民家庭承包经营权分解为承包权和经营权，从而实行所有权、承包权、经营权三权分置并行。

29.1+6+N：即构建1个集团（资本运营公司）、六大产业投资公司和若干个子公司。

30. 三项制度：即劳动、人事、分配三项制度。

31.PPP：即Public—Private—Partnership的缩写，指政府与社会资本合作，通过引入市场竞争和激励约束机制，发挥双方优势，提高公共产品或服务的质量和供给效率。

32. 法律七进：即开展法律进机关、进学校、进乡村、进社区、进寺庙、进企业、进单位活动。

33. 双安双创：即食品安全示范县创建、农产品质量安全监管示范县创建。

34. 四个意识：即政治意识、大局意识、核心意识、看齐意识。

35. 四个自信：即中国特色社会主义道路自信、理论自信、制度自信、文化自信。

36. 放管服：即简政放权、放管结合、优化服务。

37. 多证合一、一照一码：多证合一，即在企业工商营业执照、组织机构代码证、税务登记证、社会保险登记证、统计登记证“五证合一”改革的基础上，探索推动更多涉企证照与营业执照整合；一照一码，即将工商、质监、税务分别核发的不同证照，改为由一个部门核发加载法人和其他组织统一社会信用代码的营业执照。

38. 双随机、一公开：即在市场监管执法过程中随机抽取检查对象，随机选派执法检查人员，及时向社会公开抽查情况及查处结果。

在政协凉山彝族自治州第十二届委员会第一次会议上的工作报告

（2017年2月13日）

州政协主席　邓显祥

一、五年工作回顾

过去五年，是凉山州追赶跨越、转型突破的五年。面对严峻复杂的经济形势和艰巨繁重的发展任务，中共凉山州委团结带领全州各族人民，全面贯彻中央、省委重大决策部署，紧紧抓住发展、民生、稳定三件大事，负重拼搏、砥砺奋进，强力推进各项事业建设，取得丰硕成果。全州呈现经济持续增长、民生不断改善、民族团结和睦、社会和谐稳定、干部群众奋发有为的良好局面。

过去五年，也是凉山州政协事业不断创新发展的五年。政协凉山州第十一届委员会常务委员会高举爱国主义、社会主义旗帜，把握团结、民主主题，围绕改革、发展、民生主线，认真履行政治协商、民主监督、参政议政职能，为助推全州经济社会发展、促进社会和谐稳定，注入政协智慧，贡献政协力量，发挥应有作用，作出积极贡献，谱写出履职的精彩篇章。

（一）加强理论学习，政协共同思想基础得到新巩固。常委会始终坚持把加强思想政治建设、

州政协主席邓显祥作政协常委会工作报告

坚定正确政治方向、增进各党派团体和各族各界人士思想政治共识摆在各项工作的首位，采取召开理论学习中心组（扩大）学习会，主席学习会，举办专题讲座、全委会委员培训和常委会专题讲座等多种形式，认真学习中共十八大、十八届三中、四中、五中、六中全会和习近平总书记系列重要讲话精神，进一步巩固共同团结奋斗的思想政治基础，增进各党派团体和各族各界人士对中国特色社会主义道路、理论、制度的认同，对“两个一百年”的认同，对“五位一体”总体布局和“四个全面”战略布局的认同，毫不动摇地坚持中国共产党的领导，坚定不移走中国特色社会主义发展道路，自觉把思想和行动统一到中共中央和省州委的决策部署上来，始终保持政协工作的正确方向。

（二）围绕中心履职，政协助推经济社会发展作出新贡献。坚持把促进发展作为政协履行职能的第一要务，紧紧围绕州委、州政府中心工作，抓住影响和制约全州经济社会发展的重大问题，主动融入，尽心履职，积极为稳增长、调结构、促转型、保稳定献智出力。围绕中心协商议政。通过全体会议全面协商、常委会议专题协商、主席会议重点协商、专委会议对口协商，议大政、谋全局、献良策。召开全体会议5次，着重就全州国民经济和社会发展规划、政府工作报告等进行协商讨论，积极建言献策。召开专题议政性常委会14次，着重围绕开放兴州、文化繁荣、彝区发展、建设美丽凉山、转变经济发展方式、助推彝家新寨建设、推动新型城镇化建设、加快现代服务业发展、推进社会治理创新、做强做优大凉山农产品品牌、全面推进依法治州、助力脱贫攻坚、促进风电光伏产业健康发展、推进区域协调发展等主题开展协商议政，形成一批质量较高的建议案，为党委政府科学决策、民主决策提供参考和依据。召开主席会议35次，着重就常委会议政内容、有关人事安排、政协自身建设等进行协商。各专门委员会围绕经济、民生、文化、社会管理等方面的重要问题，与政府职能部门开展对口协商。五年来，常委会开展各种层次的协商议政活动167次，向州委、州政府提交专项建议报告77份，多数意见建议受到重视和采纳。突出重点深入调研。充分发挥政协智力密集优势，多形式、多渠道开展重点课题调研，努力为破解发展难题建言献策。五年来，组织开展专题调研86项，提交调研报告57份，其中邛海环境保护、促进民营经济发展、凉山民族聚居区小康社会建设、建立生态补偿机制、促进凉山旅游业突破发展、建设安宁河美丽富饶文明和谐绿色生态走廊等一批专题调研报告得到州委、州政府领导批示，许多建议意见得到采纳。

（三）践行为民宗旨，政协服务民生改善取得新成效。把助力脱贫攻坚作为履行职能的重大使命和服务民生改善的重要抓手，在各级政协组织和政协委员中持续开展“我为脱贫攻坚做件事”活动，坚持分级发动与典型示范相结合、精准建言与躬身践行相结合、协商议政与民主监督相结合，着力发挥职能优势和各界委员的主体作用、专委会的履职平台作用、机关的服务保障作用，围绕产业富民、基础设施、民生工程等调研协商、视察评议，开展产业扶贫、教育扶贫、科技扶贫、医疗扶贫、文化扶贫、生态扶贫等各具特色的帮扶活动，形成领导示范引领、委员广泛参与、县（市）政协积极响应、机关干部倾力服务的良好局面，倾情倾智倾力为贫困群众解难事办实事做好事。发挥智力密集优势，竭力为脱贫攻坚精准建言。组织委员赴贵州省黔西南州和毕节市考察学习精准脱贫工作，形成《学习贵州经验，推进凉山脱贫攻坚》考察报告上报州委被采纳。州政协十一届十五次常委会,围绕“助推精准脱贫”主题议政建言,会后形成《关于全力打好精准脱贫攻坚战,助推凉山州同步全面小康建设专题协商报告》上报州委受到重视。发挥联系广泛优势,主动为脱贫攻坚积聚力量。抓住全国政协调研组赴凉山调研之机,协调促成华中师范大学与凉山州签订校地战略合作框架协议,全面推动在人才培养引进、科技成果转化、项目合作对接等方面开展紧密合作,助力教育精准扶贫。目前,由华中师范大学与凉山州冕宁县合作办学的“华中师范大学冕宁附属中学”帮扶项目,已于去年7月在冕宁县奠基开建。发挥渠道畅通优势,积极为脱贫攻坚争取政策支持。通过驻州全国政协常委、委员,运用全国政协全会、常委例会等平台和提交提案、反映社情民意信息等渠道,抓住全国政协、各民主党派中央和省政协视察调研组来凉山视察调研契机,积极为争取国家和省特殊扶持政策支持鼓与呼。在全国政协、省政协全会上提交有关支持凉山脱贫攻坚和民族地区发展的提案9件,向九三学社中央调研组提供有关凉山脱贫攻坚的背景资料11份。发挥委员主体作用,倾力为贫困群众解难事办实事做好事。引导和动员广大政协委员发挥主体作用,积极投身“我为脱贫攻坚做件事”活动。据统计,自活动开展以来,州、县(市)政协机关为脱贫联点乡和极度贫困村协调解决帮扶资金4950余万元,受益群众26929人次;州、县(市)政协委员累计为贫困地区和贫困群众协调解决各类帮扶资金和物资价值8.4亿元,其中委员个人捐款198.8万元,参与活动委员达11958人次,为贫困群众办实事好事1927件,受惠群众达29.3万人次。

(四)强化监督问效,政协民主监督职能得到新拓展。发挥政协民主监督职能,探索监督形式,拓展监督渠道,增强监督实效,助推解决各界群众普遍关注的热点难点问题。认真做好提案工作。规范提案审查立案、提案办理考核等工作,建立完善主席会议成员牵头督办重点提案制度,更好地发挥提案的民主监督作用。五年来,共收到提案1886件,审查立案1701件,全部按时办结,委员满意和基本满意率达到100%。其中,主席会议成员牵头督办重点提案49件,有力地促进难点问题解决。有序开展民主评议。组织开展对州公安局、州交通局、州水务局、州规建局、州扶贫和移民工作局等部门的民主评议,分别形成评议报告上报州委,达到促进部门作风转变,助推困难问题解决,推动部门工作发展的良好效果。跟进搞好视察督查。聚焦各界群众关心关注的热点问题开展视察调研,组织委员重点围绕教育、医疗、就业、养老、社会保障、食品安全、灾后恢复重建、生态环境保护、城乡环境治理、新型城镇化建设、重点项目推进、实施交通大会战、未成年人权益保护等热点问题开展视察调研,促进一些改善民生决策部署、目标任务的落地落实。聚焦州委、州政府重大工作举措、重要决策贯彻执行情况和重要约束性指标的落实,主动跟进搞好督查督导。按照安排,主席会议成员率队分赴县(市)开展“党的群众路线教育实践活动”“开门红”“双过半”“精准扶贫、精准脱贫”等专项督查督导,为助推全州重点工作的推进和落实担当担责、尽职出力。

(五)探索履职创新,政协协商民主建设实现新突破。探索协商民主的实践路径和有效方法,不断创新和丰富经常性工作的内容和形式,着力提升履行职能的质量和效果。建立协商工作机制。认真贯彻中央《关于加强社会主义协商民主的意见》、中央办公厅《关于加强人民政协协商民主建设的实施意见的通知》和省委实施意见精神,协助州委制定《关于新形势下进一步加强和改进人民政协工作的实施意见》《年度协商计划》等规范性文件,健全完善政协协商工作机制制度,提升政协协商民主制度化、规范化、程序化水平。推动协商民主实践。围绕“引调大桥库水入昌工程建设”开展专题协商,取得明显实效,专题协商工作受到省政协和州委、州政府的充分肯定,协商成果被纳入党委政府决策,协商提出的意见建议对助推该项工程的立项建设起到重要作用。《人民政协报》《四川日报》《四川政协报》分别在头版对专题协商会议情况作报道，凉山日报社、凉山电视台对专题协商过程进行全程跟踪报道，引起广泛的社会影响和收到良好的社会效果。这次专题协商是我们认真贯彻中共十八大和十八届三中全会关于健全社会主义协商民主制度精神，全面推进协商民主广泛多层制度化发展的一次探路前行的具体实践，具有很强的示范和传导作用。

（六）凝聚各方力量，政协统战功能发挥展现新作为。突出统一战线、多党合作、民主政治特色，广泛开展联谊交流活动，增进思想政治共识，努力营造民主团结、和衷共济的社会氛围。加强与各民主党派、工商联和无党派人士的联系沟通、合作共事，定期召开民主党派、工商联负责人会议，共同协商全委会、常委会大会发言题目。支持民主党派、工商联、无党派人士在政协各种会议上发表意见建议，为他们履行职责、开展工作创造条件、提供帮助。五年来，州政协邀请各民主党派、工商联、无党派人士参加视察调研、督办重点提案303人次，安排他们在全体会议、常委会议、专题协商会议上作专题发言83人次。密切与港澳台侨胞和各族各界人士的联系与交流，举办新春茶话会、中秋联谊会，开展走访慰问，增进共识，深化互信，汇聚正能量。全面贯彻党的民族和宗教政策，引导各族各界人士和广大群众牢固树立“三个离不开”的思想，共同唱好“共产党好、社会主义好、改革开放好、伟大祖国好、各族人民好”的时代主旋律。充分发挥民族宗教界委员在建设和谐凉山中的积极作用，协助党委政府做好理顺情绪、协调关系、凝聚人心、维护稳定工作，努力促进民族团结、宗教和顺、社会和谐。注重发挥文史工作“存史、资政、团结、育人”的作用，编辑出版《感受凉山变迁》《凉山彝族自治州领导机构沿革暨发展战略概要》《凉山民俗》等文史专辑，留下宝贵的“亲历、亲见、亲闻”史料。成立凉山州政协书画院，助力文化艺术创作。

（七）坚持强基固本，政协履职能力建设取得新进展。适应新形势下政协事业发展的要求，切实加强政协自身建设，为履行职能奠定坚实基础。加强委员队伍建设。举办委员培训会4次，邀请全国政协部门领导和有关方面专家学者作专题培训，组织委员赴华中师范大学轮训，提高委员履职能力。举办常委会学习报告会15次，为委员知情明政提供帮助。健全委员服务联络考核机制，完善委员活动召集人制度，加强委员履职管理，严格会议考勤、“五个一”履职考核，增强委员履职积极性和主动性。加强专委会建设。修订完善专委会履职工作规定，推动专委会工作规范有序开展。把发挥专委会基础作用与突出界别特色有机结合起来，支持委员通过界别渠道联系群众，及时反映社会各界愿望诉求。建立健全对口联系制度，促进政协专委会与州直有关部门相互沟通、良性互动。加强机关建设。以深入开展党的群众路线教育实践活动、“三严三实”专题教育和“两学一做”学习教育为抓手，认真贯彻执行中央“八项规定”和省州“十项规定”，推动“学习型、服务型、效能型、创新型、和谐型、廉洁型”机关建设，不断提高服务保障能力，进一步形成锐意进取、合力干事、争创一流的良好氛围。

各位委员、各位同志，十一届州政协所取得的成绩，是中共凉山州委坚强领导的结果，是全州各级党委、人大、政府和社会各界大力支持的结果，是政协各参加单位、各级政协组织和广大政协委员团结奋斗的结果。在此，我代表十一届州政协常委会向大家表示衷心的感谢并致以崇高的敬意！

同时，必须清醒看到，与新形势新常态新任务的要求和广大委员、人民群众的期望相比，我们工作中还有许多需要改进和加强的方面。主要是：协商议题的选择还不够科学全面，调研还不够深入，协商建言成果应用有待进一步提升；民主监督职能仍是短板，有待进一步加强；民主党派、工商联和无党派人士在政协开展活动的机制和制度有待进一步完善；委员主体作用、专委会基础作用和政协界别优势有待进一步发挥。这些问题在今后的工作中有待进一步研究和解决。

二、五年实践经验总结

十一届州政协五年的工作实践，加深我们对人民政协性质、地位、作用的理解和认识，深化我们对政协工作方位、规律、特点的探索和把握。回顾总结五年工作，主要有以下几点经验和体会。

（一）必须坚持党的领导。坚持中国共产党的领导是人民政协的根本原则。五年来，中共凉山州委推出加强政治协商制度建设等一系列有力举措，切实加强和改善党对政协工作的领导，为凉山州政协事业发展提供坚强政治保证。实践证明，只有毫不动摇地坚持党对政协的领导，坚决贯彻执行党的路线方针政策，始终做到与党在思想上同心同德、目标上同心同向、行动上同心同行，人民政协事业才能沿着正确的方向不断前进。

（二）必须围绕中心履职。坚持围绕中心、服务大局是人民政协履行职能必须遵循的重要原则。五年来，州政协始终坚持围绕中心，从国际国内经济形势发展中认清大局，从中央和省委重大战略决策中理解大局，从州委、州政府中心任务中把握大局，把推动科学发展和促进社会和谐作为履行职能的重点，始终坚持与州委、州政府方向一致、目标一致、工作一致，切实做到州委、州政府工作推进到哪里，州政协工作就跟进到哪里，力量就汇聚到哪里。实践证明，只有在围绕中心中定位，在服务大局中尽责，政协工作才能找准方位，彰显价值，有为有位。

（三）必须切实关注民生。坚持履职为民是人民政协的根本宗旨。五年来，全州各级政协组织和广大政协委员牢固树立以人为本、履职为民理念，坚持传民生之声，聚民生之智，谋民生之利，解民生之忧，倾情、倾智、倾力服务民生改善。实践证明，只有牢固树立群众观点，广纳群言、广集民智、广惠民生，增进共识、增强合力，人民政协事业才能强基固本，行稳致远，蓬勃发展。

（四）必须凝聚智慧力量。凝心聚力是人民政协的最大组织优势。人民政协作为大团结大联合组织，是党和政府联系群众、团结各界的重要桥梁和纽带，是中华民族强大凝聚力的重要实现形式。实践证明，只有充分发挥人民政协团结各界、凝聚人心的优势和作用，才能充分调动各方面的积极和主动性、广泛凝聚各方面的智慧和力量，共同为实现党和国家奋斗目标而不懈努力。

（五）必须勇于开拓创新。坚持创新是人民政协事业发展的不竭动力。推动人民政协事业稳步发展，要始终坚持一切从实际出发，坚持解放思想，实事求是，与时俱进，用新的理论理解把握人民政协的工作方向和历史使命，把创新理念贯穿于履行职能的各项工作和各个环节。实践证明，只有不断推进人民政协理论创新、制度创新、工作创新，人民政协事业才能永葆生机与活力。

（六）必须加强自身建设。坚持不懈加强自身建设是人民政协事业永续发展的坚实基础。人民政协履行职能、发挥作用、体现价值，不是靠“说了算”，而是“说得对”，这就要求必须不断加强自身建设，提高工作的科学化水平。实践证明，面对不断变化的新形势、新任务和新挑战，只有不断加强自身建设，才能跟上时代步伐，把握时代脉搏，提高参政议政水平，不断开辟履行职能的新境界。

三、对今后工作的建议

中共凉山州第八次代表大会提出今后五年凉山州经济社会发展的总体要求、目标任务，描绘更为壮阔的发展蓝图。站在新的起点上，面对新形势新任务新要求，人民政协责任重大、使命光荣，大有可为。在此，我们向十二届州政协提出以下工作建议。

（一）突出“四个意识”，始终坚持人民政协事业发展的正确方向。深入学习贯彻中共十八大、十八届三中、四中、五中、六中全会和习近平总书记系列重要讲话精神，增强政治意识、大局意识、核心意识、看齐意识，把坚持和发展中国特色社会主义作为巩固共同思想政治基础的主轴，毫不动摇地坚持中国共产党的领导，坚持和完善中国共产党领导的多党合作和政治协商制度，自觉向党中央看齐，向党的理论和路线方针政策看齐，向党中央决策部署看齐，在思想上政治上行动上同以习近平同志为核心的党中央保持高度一致，始终保持政协工作正确的政治方向。

（二）突出“三大职能”，为助推决战贫困、转型跨越、加快建设美丽幸福文明和谐新凉山献计出力。把助推建设美丽幸福文明和谐新凉山作为履行政治协商、民主监督、参政议政职能的中心和重点，全面贯彻州第八次党代会决策部署，聚焦决战贫困、转型跨越、全面建成小康社会总体目标，围绕“十三五”经济社会发展的重大问题，全面深化改革、脱贫攻坚、转型跨越的难点问题，推动创新创造、绿色发展、开放合作等关键问题，深度调研、集中议政、有效监督，提出更多真知灼见，为助推经济社会发展、促进民生改善加劲给力。

（三）突出“两大主题”，广泛汇聚决战贫困、转型跨越、加快建设美丽幸福文明和谐新凉山的强大合力。牢牢把握团结和民主两大主题，充分发挥人民政协大团结大联合的组织优势，改进工作作风，密切联系群众，加强民主党派、工商联、民族宗教、港澳台侨人士工作，扩大团结面，增进共识度，画好同心圆，传递正能量，广泛汇聚决战贫困、转型跨越、加快建设美丽幸福文明和谐新凉山的各方力量，努力形成万众一心、同心同德、共创伟业的良好局面。

（四）突出“三化建设”，不断开创政协事业新局面。推进政治协商、民主监督、参政议政的制度化、规范化和程序化建设，是提高政协工作科学化水平的根本所在。要以制度化建设为核心，持续深化政协“三化建设”，严格政治协商程序，增强政治协商实效；拓展民主监督领域，扩大民主监督影响力；畅通参政议政渠道，提高参政议政能力，进一步推动形成“党委重视、政府支持、政协主动、各方配合”的政协工作良好格局。要加强政协委员队伍建设，强化担当精神，发挥主体作用，切实做到懂政协、会协商、善议政。要加强政协机关建设，持续推进“学习型、服务型、效能型、创新型、和谐型、廉洁型”机关建设，着力提高全局观念、服务意识，增强政务性服务能力和统筹协调能力，为政协有效履行职能、开展工作提供有力保障。

各位委员，各位同志，政协第十一届凉山彝族自治州委员会的职责任务已圆满完成，十二届州政协即将肩负起承前启后、继往开来的历史使命。回首过去，我们为十一届州政协取得的成绩感到欣慰和自豪；展望未来，我们对人民政协事业的发展充满信心和期待。让我们紧密团结在以习近平同志为核心的党中央周围，高举中国特色社会主义伟大旗帜，以邓小平理论、“三个代表”重要思想、科学发展观为指导，在中共凉山州委的坚强领导下，不忘初心、团结奋斗，把人民政协事业继续推向前进，为助推凉山决战贫困、转型跨越，加快建设美丽幸福文明和谐新凉山作出新的更大贡献！

凉山概况

LIANGSHAN OVERVIEW

凉山概况

Liangshan Overview

【概况】 凉山彝族自治州位于四川省西南部，北起大渡河与雅安市接壤，南至金沙江与云南省相望，东临云南省昭通市和四川省宜宾市、乐山市，西连甘孜藏族自治州。地处北纬26° 03' ~ 29° 18'，东经100° 03' ~ 103° 52'之间。全州辖区面积60423平方千米，辖西昌市、德昌、会理、会东、宁南、普格、布拖、昭觉、金阳、雷波、美姑、甘洛、越西、喜德、冕宁、盐源县和木里藏族自治县17个县（市）〔安宁河谷地区6个县（市）为汉族和少数民族杂居区，大凉山区域10个县为彝族聚居区，木里县是全国仅有的两个藏族自治县之一〕，410个乡（其中民族乡13个）、138个镇、8个街道办事处，122个社区、3765个行政村，19845个村民小组。境内居住着彝、汉、藏、回、苗、蒙古、傈僳、傣、纳西、布依、壮、白、满、土家等14个世居民族，总人口521.29万人，其中彝族人口占52.89%。是全国最大的彝族聚居区，是四川省民族类别最多、少数民族人口最多的地区。州府所在地西昌市，海拔1510米，冬暖夏凉，四季如春，天空洁净清朗，月亮晶莹皎洁，素有“月城”之称，被誉为“一座春天栖息的城市”，是中国优秀旅游城市、国家森林城市、中国航天城。

【地质地貌】 凉山地处川西南横断山系东北缘，界于四川盆地和云南高原之间，地质地貌复杂。地质构造位置处于扬子地台西南缘，居康滇地轴中段：表现为南北向构造—岩浆活动带；西部跨入盐源—丽江台缘凹陷及松潘—甘孜地槽褶皱系；其东部则为上扬子台坳。凉山处于中国东部地台区和西部地槽区的分界部位、太平洋构造域与特提斯构造域的交接部。

地势西北高、东南低。山脉多呈南北走向，岭谷相同，从东至西主要有小凉山、大凉山、小相岭、螺髻山、牦牛山、银屏山、柏林山、鲁南山等山脉，这些山脉分别属于大凉山山系、小相岭—鲁南山山系、大雪山山系。最高处为木里县恰朗多吉峰，海拔5958米；最低处为雷波县大岩洞金沙江谷底，海拔325米，相对高差5633米。境内以山地、高原为主，占全州辖区面积的90%以上，丘陵、盆地、平原不到10%。

【气候状况】 凉山属亚热带季风气候，气温日较差大，年较差小，冬无严寒，夏无酷暑。干雨季分明，立体气候显著。境内最热月为7月，最冷月为1月，无霜期187 ~ 301天。州内年平均气温10.4 ~ 19.1℃，年均积温最高6981.4℃，最低3664.7℃。年均日照时数为1084 ~ 2578小时。年降水量793 ~ 1166毫米，其水平分布为南部多于北部，东部多于西部。州府西昌，城区海拔1510米，年均气温17.2℃，冬无严寒，夏无酷暑。

【历史文化】 凉山自古就是通往祖国西南边陲的重要通道，是古代“南方丝绸之路”和“茶马古道”的必经之地，是藏羌彝走廊的重要组成部分。秦汉时期，中央王朝就在凉山设置郡县进行管理，唐、宋、元、明、清先后设置郡、州、司、府以及路、卫、厅、县等。这一地区，秦汉以前称古邛都国或邛都部落，汉称越嶲郡，隋唐称嶲州，南诏称建昌府，元称罗罗斯宣慰司，明为四川行都司，清称宁远府，民国称宁属。历史上许多著名人物如西汉司马迁、蜀汉诸葛亮、元世祖忽必烈、著名旅行家徐霞客、马可·波罗等都曾有在凉山游历、活动的记载。1935 年，中国工农红军长征过凉山，途经境内 10 个县（市），发生巧渡金沙江、会理会议、彝海结盟等重大历史事件。1950 年凉山解放，1952 年凉山彝族自治区人民政府正式成立。1956 年实行民主改革，凉山“一步跨千年”，由奴隶社会直接进入社会主义社会。1979 年，原凉山州和西昌地区合并，成立凉山彝族自治州，凉山迈入新的发展时期。

【自然资源】 凉山是攀西国家战略资源创新开发试验区的核心区，资源富集度高、组合性好、开发潜力巨大。水能资源：可开发量 6924 万千瓦，占全国的 15%、全省的 57%，国家在金沙江、雅砻江、大渡河“三江”流域规划建设的 14 座 100 万千瓦以上电站中，凉山占 10 座，总装机 5700 多万千瓦（其中金沙江白鹤滩、溪洛渡、乌东德 3 座千万千瓦级水电站分别是全世界已建和在建的第二大、第四大、第七大水电站），是国家“西电东送”的重要基地和骨干电源点，风电技术可开发量约 1500 万千瓦，光电经济技术可开发量约 500 万千瓦。生物资源：国家一级珍贵树种 8 种，国家二级珍贵树种 14 种。野生动物 661 种，鸟类 442 种，其中国家和省级重点保护野生动物 97 种。旅游资源：地处“大香格里拉旅游环线”腹心地带，有国家 A 级旅游景区 29 个（AAAA 级景区 9 个），邛海—泸山、螺髻山、泸沽湖、西昌卫星发射中心等闻名中外，西昌邛海是首批 17 家国家级旅游度假区之一，邛海湿地是全国最大的城市生态保护湿地、23 个重点建设的国家湿地公园之一。2013 年，凉山州被认定为省级旅游标准化示范州。农业资源：是四川三大林区、三大牧区之一，已建成全国优质烤烟综合标准化示范州和最大的苦荞麦、马铃薯、石榴生产基地以及四川最大的草食畜生产基地，被授予“中国苦荞之都”“中国茧丝之都”等称号。安宁河谷平原是四川第二大平原（960 平方千米），被誉为“川南粮仓”。烟叶、蚕茧、马铃薯、苦荞麦、花卉、水果等特色优质农产品享誉全国，是国家农业综合开发重点地区。矿产资源：已探明矿种 103 种，有相当储量的 60 种，特大型、大型矿床 30 处。其中轻稀土氧化物保有储量 27.8 亿千克，居全国第二位；有色金属矿产储量居全省第一；铁矿资源保有储量 1.5 万亿千克；钒钛磁铁矿储量 1.2 万亿千克，居全省第二。

【国民经济】 2016 年全州地区生产总值（GDP）达到 1403.92 亿元，增长 6.0%。其中：第一产业增加值 280.71 亿元，增长 4.2%，对经济增长的贡献率为 14.0%；第二产业增加值 684.15 亿元，增长 6.6%，对经济增长的贡献率达到 54.6%；第三产业增加值 439.06 亿元，增长 6.1%，对经济增长的贡献率为 31.4%。人均 GDP 达到 29549 元，比 2015 年增长 3.7%。三次产业比重为 20.0 ∶ 48.7 ∶ 31.3。

【民生状况】 2016 年，城镇居民人均可支配收入 25963 元，增长 7.8%，人均生活消费支出 17054 元，增长 5.8%。农村居民人均可支配收入 10368 元，比 2015 年净增 946 元，增长 10.0%，人均生活消费支出 8036 元，增长 8.8%。全州城乡居民年末储蓄余额 873.33 亿元，增长 14.2%，其中：城镇居民储蓄余额 582.62 亿元，增长 12.6%；农村居民储蓄余额 290.71 亿元，增长 17.5%。年末全州参加城乡居民基本养老保险的人数达到 192.96 万人，参加职工基本医疗保险人数 35.21 万人。全年新增城镇就业人员 2.19 万人，年末城镇登记失业率 3.72%。城镇纳入最低生活保障的人数 6.48 万人，保障金支出 2.16 亿元；农村纳入最低生活保障的人数 46.45 万人，保障金支出 9.40 亿元。全州共有各类养老服务机构 74 个，床位数 11602 张。

（供稿单位：史志办 / 审核：罗瑾 / 撰稿：杨莉洛世琼）

大事记

A CHRONICLE OF MAJOR EVENTS

1月

January

4日 凉山州脱贫攻坚决战决胜誓师大会在西昌召开。会上学习贯彻中央扶贫开发工作会议和全省脱贫攻坚大会精神，对落实州委七届七次全会部署、做好精准扶贫精准脱贫工作、坚决打赢脱贫攻坚战进行决战部署、誓师动员。州委书记林书成，州委副书记、州长罗凉清分别与17个县（市）签订脱贫攻坚目标责任书。

同日 2016全州现代烟草产业发展工作会在西昌举行。会议贯彻落实全国、全省烟叶工作会议精神，总结“十二五”凉山烟草工作成效，安排部署2016年现代烟草农业工作。

5—6日 中国共产党凉山彝族自治州第七届委员会第八次全体会议在西昌召开。会议认真贯彻中共十八届五中全会和省委十届七次全会精神，传达学习省委经济工作暨城市工作会议精神，审议通过《中共凉山州委关于制定国民经济和社会发展第十三个五年规划的建议》和《中共凉山州委关于全面创新改革驱动转型发展的决定》。

6日 凉山州与中国进出口银行四川省分行《合作备忘录》签约仪式在西昌举行。

同日 凉山州安全生产工作会议在西昌召开。

7日 全州旅游经济发展领导小组会在西昌召开，州委书记林书成出席并讲话，州委副书记、州长罗凉清主持会议。

8日 省国资委系统对口帮扶凉山暨国企凉山深化合作座谈会在成都举行。副省长刘捷出席并讲话，省政府副秘书长罗治平主持座谈会。

9—10日 在广州召开的中国马拉松年会上，西昌马拉松荣获“银牌赛事”和年度“特色赛事”两项殊荣。

11—13日 州委书记林书成率凉山州党政代表团赴北京市精准招商，促进产业合作。招商中，分别与中国冶金科工集团有限公司、清华大学、国家能源局、中国农业大学、北京科技大学、华谊兄弟实景娱乐等进行交流考察。

12日 凉山州职业技术学校顺利通过国家中职教育改革发展示范学校省级验收。

13日 州委书记林书成率凉山州党政代表团到中国农业大学、北京科技大学考察对接，拜访国家发改委大健康产业联盟办公室教授于小冬，推动州校合作，共商携手推进科技创新事宜。

同日 凉山州毒品问题综合治理暨毒品重点问题整治现场推进会在布拖县召开，州委副书记、州长罗凉清强调，要以对历史、对凉山州各族人民高度负责的使命感、责任感、紧迫感，树立必胜信念，采取非常之举，坚决打赢毒品治理这场硬仗。

14日 凉山州投资促进宣荐座谈会在北京举行。中国作家协会副主席、书记处书记吉狄马加出席并讲话，州委书记林书成致辞，副州长白云作招商项目推介。

14—15日 州委书记林书成率凉山党政代表团赴河北省、天津市回访大企业，推进精准招商，促进产业项目落实落地。

15日 州委副书记、州长罗凉清主持召开十届州政府第47次常务会议，研究审议《凉山州“十三五”规划纲要（送审稿）》《州委州政府关于加强新形势下民族工作的实施意见》。

16日 西昌市和德昌县被认定为省级义务教育发展基本均衡县。

17日 凉山·西昌大健康产业协会成立。

19日 攀枝花·凉山区域合作联席会议第五次会议在西昌召开。会议签署《“十三五”期间区域战略合作框架协议》。

20日 州委书记林书成主持召开七届州委第120次常委会议，学习贯彻习近平总书记在中央政治局“三严三实”专题民主生活会上的重要讲话精神，对照梳理、分析总结州委常委班子和全州“三严三实”专题教育开展情况，研究凉山州贯彻意见。

21日 西昌市袁家山经济适用房小区建设项目通过省绿标办组织的评审，获得二星级绿色建筑设计标识证书。该项目是凉山州第一个二星级绿色建筑，对全州绿色建筑的发展起到积极的示范推动作用。

22日 四川省工商联—凉山州人民政府知名民企与凉山深化合作暨“万企帮万村”座谈会在成都举行。省政协副主席、省工商联主席陈放出席并讲话。会上，州政府与省工商联签订战略合作协议。

24日 州委、州政府与雅砻江流域水电开发有限公司在成都召开雅砻江中下游水电开发2016年工作会。州委书记林书成、雅砻江公司董事长陈云华出席并讲话。

25日 州政府召开党外人士座谈会，就凉山州“十三五”发展规划纲要，听取州级各民主党派、州工商联主要负责人、无党派人士和宗教界人士的意见和建议。

25—28日 省第十二届人大四次会议在成都召开，凉山代表团先后认真审议省政府、省人大常委会等工作报告，“十三五”规划纲要草案及计划，《四川省人民代表大会及其常委会立法条例（草案）》等。

27日 “大凉山特色农产品2016成都新春年货推荐周”在成都高新区新会展中心举行启动仪式。州委副书记苏嘎尔布出席启动仪式，宣布大凉山特色农产品（成都）销售体验中心正式运营。州级相关部门及县（市）负责人参加活动。

同日 凉山州食品药品监督管理工作会议召开，副州长杨卉代表州政府与西昌市、会理县、昭觉县、甘洛县等县（市）签订《食品安全责任书》。

31日—2月3日 州政协十一届五次会议在西昌召开，会议应到委员407人，实到371人。

2月

February

1—4日 凉山州十届人大六次会议在西昌召开，大会应到代表397人，实到350人。

1日 州委书记林书成，州委副书记、州长罗凉清率慰问团看望慰问驻州部队和武警官兵。

同日 凉山州与中国移动四川公司在西昌签订战略合作框架协议。

3日 省委常委、常务副省长王宁率省委、省政府慰问团到喜德县开展春节慰问送温暖活动。

4日 州委书记林书成主持召开七届州委第121次常委会议，传达省十二届人大四次会议和省政协十一届四次会议精神，传达省纪委十届五次全会精神,听取全州安全生产工作情况汇报。

同日 州委、州政府在西昌召开“项目年”工作推进专题会。

5日 省发改委主任唐利民率队到凉山州冕宁、德昌等县调研产业园区建设、新能源开发等工作。

14日 州纪委七届六次全会在西昌召开。

同日 州委中心组学习(扩大)会议在西昌召开,中国纪检监察学院副院长李永忠作辅导报告。

15日 全州工业稳增长暨统计调查工作会在西昌召开。

同日 全州建筑业发展大会在西昌召开。

同日 凉山州与平安银行医疗健康文化旅游金融事业部及华谊兄弟实景娱乐在西昌举行座谈会。州委书记林书成,州委副书记、州长罗凉清出席并讲话。

16日 凉山州脱贫攻坚领导小组暨脱贫攻坚指挥部第一次全体会议在西昌召开,对全州的脱贫攻坚工作进行安排落实。

同日 州委副书记、州长罗凉清主持召开十届州政府第八次全体会议暨州政府廉政工作会议,强调要深入贯彻落实省委十届七次全会、省“两会”精神,围绕州委七届八次全会和州“两会”的部署要求,全力抓好2016年《政府工作报告》各项任务落实,深入推进凉山州政府系统党风廉政建设和反腐败工作。

同日 全州乡镇财政规范化建设推进会在西昌召开。会上,州政府与各县(市)签订目标责任书。

17日 凉山州与中国大健康产业联盟在西昌举行座谈会。会上,凉山州与西部智能国际产业园(贵州)开发管理公司签署战略合作协议。

17—19日 省委副书记、省长尹力赴攀枝花市和凉山州调研产业发展和脱贫攻坚工作,强调要立足优势资源和产业基础,积极推进落实供给侧结构性改革,抢抓发展新机遇,创造发展新优势,推动区域转型升级发展。

18日 州委中心组学习(扩大)会议在西昌召开,国家公众营养改善项目办公室主任、中国大健康产业联盟执行理事长于小冬,中国大健康产业联盟首席科学家、普利生生物科技开发有限公司总裁兼首席科学家张天佑作专题辅导报告。

同日 州委政法工作会议在西昌召开。

同日 州委书记林书成主持召开七届州委第122次常委会议,传达全省统战部长会议精神、省委藏区工作领导小组2016年第一次全体会议精神等。

20日 州委副书记、州长罗凉清在西昌会见省外事侨务办主任幕新海一行。原商务部亚洲司司长、原中国驻日本大使馆公使吕克俭,泰国正大集团农牧食品企业中国区副董事长谢毅、白宇飞、宋航参加会见。

22日 扶贫攻坚PPP凉山行论坛在西昌举行。中国PPP研究院理事长郑新立,国务院参事室特约研究员姚景源,中国PPP研究院院长贾康,雅仁和教育集团董事局主席、太平洋商学院院长严介和发表演讲。太平洋建设集团董事局主席严昊出席。

23—24日 省人大常委会副主任黄彦蓉、省政协副主席王正荣率省督导组对凉山州以推进项目建设为重点的经济工作进行专项督导,州委副书记、州长罗凉清参加督导。

24日 凉山州与川商返乡到凉山州创业客商在成都举行座谈会。州委书记林书成出席座谈会并致辞,副州长杨卉作投资推介。

25日 州委书记林书成主持召开七届州委第123次常委会议,审议州委《关于认真做好县(市)领导班子换届工作的通知》、《关于做好乡镇领导班子换届工作的通知》等。

同日 凉山州2016年第一批重点项目集中开工仪式在西昌举行,共开工重点项目83个,总投资163亿元。

25—26日 全州县乡换届工作暨组织部长会议在西昌召开。

26日 州委副书记、州长罗凉清在西昌主持召开十届州政府第48次常务会议。会议审议并原则通过《凉山州人民政府关于在公共服务领域推广政府与社会资本合作模式的实施意见》《凉山州人民政府与社会资本合作项目推进办法》《凉山州特殊困难儿童救助管理实施办法（修订稿）》。

27—28日 中共中央政治局委员、国务院副总理刘延东深入凉山州腹地，在凉山州西昌市、昭觉县进行实地调研，并召开座谈会听取四川甘孜州、阿坝州、凉山州以及四川整体的教育扶贫工作汇报。

29日—3月1日 州委书记林书成，州委副书记、州长罗凉清率凉山州党政代表团到上海市精准招商，深化与大企业、大集团合作，推动重大产业项目落实落地。在考察座谈会上，凉山州与五洲国际控股有限公司、中州集团签署凉山城镇电商综合体投资框架协议。

3月

March

1日 反映1935年5月红军长征过凉山彝区历史的电视剧《彝海结盟》在冕宁县彝海举行开机发布会。6月13日，电视剧《彝海结盟》在凉山冕宁县冶勒乡杀青。

2日 省安委会综合督查组赴凉山州督导检查安全生产工作。副州长白云参加座谈会，并向督查组作工作汇报。

5日 2015年度“感动凉山十大人物”暨“十佳美德少年”颁奖典礼在西昌金鹰大剧院举行。

8日 省委第一巡视组在昭觉县召开巡视工作动员会。会上，省委第一巡视组组长秦刚作动员讲话。

8—9日 副省长甘霖率队深入凉山州西昌、德昌、冕宁、喜德、越西等地，调研新能源开发、脱贫攻坚等工作。州委副书记、州长罗凉清，省政府副秘书长滕中平，州委副书记陈忠义分段参加调研。

12日 凉山州脱贫攻坚领导小组暨脱贫攻坚指挥部第二次全体会议在西昌召开，传达贯彻中央、省领导关于脱贫攻坚的重要讲话和指示批示精神，进一步安排部署凉山州脱贫攻坚工作，强调要以更加坚定的信心、更加饱满的热情、更加务实的作风、更加有力的举措决战决胜脱贫攻坚，确保圆满完成2016年各项任务。

15日 凉山三条高速公路同时获省政府批复。这三条高速公路分别是G4216线宜宾屏山新市至凉山金阳段高速公路、G4216线凉山金阳至凉山宁南段高速公路、G4216线凉山宁南至攀枝花段高速公路。

20日 州森林草原防火指挥部召开紧急会议，总结通报2016年凉山州森林草原防火工作情况，研究部署冕宁县泸沽镇王家祠“3·19”森林火灾扑救工作。

22日 凉山州安全生产“十三五”规划工作汇报会在西昌举行，国家安全监管总局原副局长杨元元出席并讲话。

23日 州委书记林书成主持召开州委常委会议，传达中共中央政治局委员、国务院副总理汪洋在参加十二届全国人大四次会议四川代表团审议时所作重要指示精神和省委书记王东明在3月14日专题会议上的重要讲话精神，研究凉山州贯彻意见。

同日 凉山州妇女第十次代表大会在西昌召开。

同日 凉山州与中国水利水电第七工程局在西昌举行战略合作框架协议签约仪式。

25日 雅安—凉山区域合作座谈会暨“十三五”战略合作协议签约仪式在西昌举行，副省长、雅安市委书记叶壮，州委书记林书成出席并讲话。

同日 凉山州乌蒙山片区区域发展与扶贫攻坚工作汇报会在西昌召开，国土资源部扶贫办主任刘晞出席会议并讲话。

同日 省委第一巡视组巡视凉山州动员会西昌召开。省委第一巡视组组长秦刚出席会议并作动员讲话，州委书记林书成出席会议并作表态发言。

27日 州委副书记、州长罗凉清在西昌会见浪潮集团执行总裁王柏华一行，进一步推动双方合作协议落实，加快云计算、大数据产业及智慧城市等项目建设进度。

28日 凉山、宜宾、攀枝花高速公路项目招商推介会在成都举行。副州长朱学雷出席推介会并表示，凉山州将以更加开放的姿态、更加优惠的政策、更加优良的建设环境、更加到位的服务，全力打造企地合作平台，实现互利双赢。

28日 凉山州在西昌举办推广政府与社会资本合作（PPP）模式专题培训。

31日 中共中央政治局常委、中央书记处书记刘云山到昭觉县调研脱贫攻坚工作。

同日 由中国人民银行凉山州中心支行主办，中国邮政储蓄银行凉山州分行承办的“代理个人信用报告自助查询”授牌仪式在西昌市举行，中国人民银行凉山州中心支行首批授权西昌市、会东县、盐源县、越西县、木里县、雷波县6个县（市）的8个商业银行营业网点向社会公众提供个人信用报告自助查询服务。

4月

April

1日 州委书记林书成主持召开七届州委第128次常委会议，传达贯彻中共中央政治局常委、中央书记处书记刘云山来凉山调研并召开脱贫攻坚座谈会重要指示精神，研究凉山州贯彻意见。

同日 中国彝语网上线仪式暨凉山广电全媒体推介会在西昌举行。

5日 州人大常委会召开贯彻实施《中华人民共和国食品安全法》执法检查动员会。副州长杨卉作关于贯彻实施《中华人民共和国食品安全法》的情况报告。

5—6日 州委书记林书成率州直相关部门负责人在会理县调研，检查指导贯彻落实中央和省委、州委决策部署，推动工业经济稳中向好、专注转型发展和精准脱贫等工作。

6日 州委副书记、州长罗凉清主持召开十届州政府第49次常务会议，听取一季度“开门红”完成情况汇报，研究部署下一步工作。会议审议并通过《凉山州人民政府行政复议制度》。

4月6日—5月6日 “一步跨千年——凉山彝族奴隶社会形态展”在厦门博物馆器物厅展出，免费向市民开放。

7日 州委全面深化改革领导小组在西昌召开第十二次会议。会议审议通过凉山州2016年改革工作要点、工作台账、重点改革任务清单、专项改革方案上会审议计划；审议《加快发展村级集体经济的指导意见（试行）》《加快实施城乡建设用地增减挂钩土地开发整理推进扶贫攻坚工作的意见》等10个专项改革方案。

同日 州脱贫攻坚领导小组暨脱贫攻坚指挥部第三次会议在西昌举行。会议传达学习中共中央政治局常委、中央书记处书记刘云山在凉山州调研时的重要讲话精神，总结前一阶段脱贫攻坚工作，研究部署下步工作。

7—9日 州委书记林书成率州直相关部门负责人在喜德、越西、甘洛三县调研，详细了解三县县域经济发展、精准扶贫精准脱贫等情况，推动中央和省委、州委决策部署落实落地。

10—11日 中央纪委监察部机关扶贫办主任白建文一行深入雷波县五官乡梅乙村、帕哈乡磨石村实地调研脱贫攻坚工作。

11日 在四川省委、省政府主办的2016中外知名企业四川行活动中，凉山州与中外知名企业合作项目签约仪式在成都举行。苏太华系、华谊兄弟实景娱乐有限公司、葛洲坝集团、天津中环电子信息集团有限公司等23家企业出席。签约仪式上，凉山州与苏太华系、葛洲坝集团、北控水务集团等企业签署合作框架协议21个，引资981亿元。

同日 2016四川花卉（果类）生态旅游节分会场暨德昌县桑葚樱桃节开幕。

12日 州委书记林书成在成都会见参加2016中外知名企业四川行的部分客商。汉能控股集团执行总裁、分布式能源事业群首席执行官冯电波，新希望集团有限公司四川区总裁、房地产事业部总裁张明贵等分别参加会见。

同日 州委书记林书成在成都会见鞍钢集团董事长、党委书记唐复平，攀钢集团董事长、党委书记张大德，州委副书记苏嘎尔布，州委常委、国资委书记胡坤及州经信委与西昌市负责人等参加会见。

同日 “四川·凉山彝海结盟党性教育学校”在冕宁县挂牌成立。

13—16 日 州委副书记、州长罗凉清率凉山州党政代表团到甘肃省定西市、天水市、陇南市等地考察学习精准扶贫、产业发展等方面的先进经验和做法。

14 日 全州农村村级集体经济发展工作电视电话会议在西昌召开。

15 日 省政协《加快我省民族地区教育发展》调研组在西昌听取凉山州工作汇报。副州长白云出席汇报会。

17 日 凉山州与赴凉山考察对接项目的企业在西昌举行座谈会，州委书记林书成出席并讲话。首善财富管理集团总裁孙久涛，北京鹿苑天闻投资顾问有限责任公司总裁、中国上市公司市值管理研究中心执行主任刘国芳等参加座谈会。

同日 中国地调局赴凉山州开展乌蒙山片区脱贫攻坚地质调查需求调研座谈会在西昌召开。

18—22 日 省人大常委会副主任刘道平率检查组到凉山州脱贫攻坚一线，对凉山州贯彻实施《四川省农村扶贫开发条例》情况开展执法检查。

19 日 省委常委、政法委书记、省禁毒委主任侍俊，副省长、省公安厅厅长、省禁毒委常务副主任邓勇率省级相关部门负责人，到凉山州盐源县调研“绿色家园”项目建设情况。

同日 州委书记林书成主持召开七届州委第137次常委会议，听取全州一季度经济运行情况汇报；传达学习中央、省委“两学一做”学习教育工作座谈会精神，研究凉山州贯彻意见。

19—20 日 全国地方志基层基础工作会议在凉山州西昌市召开。中央候补委员、中国社会科学院副院长、中国地方志指导小组常务副组长李培林出席会议，并作题为“强本固基创新发展，谱写地方志事业新华章”的讲话。

19—21 日 省委常委、政法委书记侍俊，副省长、省公安厅厅长邓勇赴凉山州调研，出席在西昌举行的全省重点整治暨打击突出毒品犯罪工作会议。州委书记林书成，州委副书记、州长罗凉清分段参加调研或会议。

22 日 全州“两学一做”学习教育工作座谈会在西昌召开。会议深入学习贯彻习近平总书记系列重要讲话精神，传达贯彻中央、省委“两学一做”学习教育工作座谈会精神，对在凉山州党员中开展“两学一做”学习教育进行动员部署。

同日 凉山彝族自治州创建全国民族团结进步示范州动员大会在西昌召开。

同日 州委书记林书成在冕宁县调研，检查指导一季度“开门红”、精准扶贫精准脱贫、富民产业培育等工作情况，研究安宁河谷“农、文、旅”休闲观光度假走廊建设。

25 日 凉山州与中央电视台财经频道在西昌举行座谈会。

27 日 安宁河谷发展战略及空间策略研究项目启动会在西昌召开。

5 月

May

1 日 全面实施营改增，营业税退出历史舞台。

2 日 州委副书记、州长罗凉清主持召开十届州政府第 50 次常务会议，审议并原则通过《凉山州人民政府与邮储银行四川省分行战略合作协议》等。

3 日 全州“第一书记”推进暨“四好”创建工作部署会议在西昌召开，对 2016 年全州脱贫攻坚、“第一书记”推进工作和“四好”创建工作进行安排部署。

4 日 凉山州精准脱贫专题讲座会在西昌举行，会议传达省委书记王东明在全省市厅级主要领导干部读书班上的重要讲话精神，邀请省扶贫和移民工作局、省财政厅、人民银行成都分行有关负责人就相关工作进行讲解。

6日 凉山州与邮储银行四川省分行在西昌签署战略合作协议。

9日 州委副书记、州长罗凉清在西昌主持召开十届州政府第51次常务会议，审议并原则通过《凉山州“十三五”移民扶贫搬迁工作指导意见》，强调要扎实抓好“十三五”移民扶贫搬迁工作，加快推进脱贫攻坚进程，促进区域协调发展，确保同步全面建成小康社会。

10日 “国企入凉”暨对口帮扶工作领导小组会议在西昌举行，省国资委党委书记、主任徐进出席并讲话。

同日 全州脱贫攻坚交通先行暨农村公路建设现场会在越西召开，州级相关部门、各县（市）负责人参加会议。会议通报交通大会战建设情况，安排部署第二轮“凉推”及“十三五”凉山州脱贫攻坚交通先行相关工作。

同日 省委脱贫攻坚工作第10专项督导组赴凉山调研督导座谈会在西昌召开。

13日 州委书记林书成主持召开七届州委第139次常委会议，审议《关于在全州党员中开展“学党章党规、学系列讲话，做合格党员”学习教育工作方案》等。

14日 乌蒙山片区区域发展与脱贫攻坚部际联席会议在西昌召开。国土资源部部长姜大明，国务院扶贫办主任刘永富出席并作讲话，省委副书记、省长尹力致辞。会间，国土资源部扶贫办与乌蒙山片区三省扶贫部门签署乌蒙山片区《建立联系工作机制合作备忘录》。16个国务院部委办局、26个定点扶贫的中央部门单位，深圳、珠海2个东西扶贫协作城市有关负责人，四川、贵州、云南省国土资源厅、扶贫办以及片区10个市（州）、38个县（市、区）人民政府负责人，国土资源部有关司局、单位和中国地质调查局负责人等应邀参加会议。

17日 州人大常委会执法检查组深入西昌市开展贯彻实施《中华人民共和国城乡规划法》《四川省城乡规划条例》《四川省人民代表大会常务委员会关于制止和查处违法建设的决定》的执法检查，并就检查结果与西昌市政府相关负责部门召开座谈会。

18日 中国·凉山旅游营销暨项目招商推介会在北京举行，州委书记林书成致辞，州委副书记、州长罗凉清作凉山投资招商和全域旅游营销推介。中国冶金科工集团有限公司、中国中铁股份有限公司等24家企业和旅行社负责人出席。

同日 由凉山州新闻出版局主办，凉山博物馆、凉山奴隶社会博物馆联合承办的凉山州第一次可移动文物普查成果展在凉山奴隶社会博物馆举行。

19日 云南省委常委、省委高校工委书记李培一行在西昌与凉山州就教育扶贫等工作举行座谈。

23日 省交通运输厅党组书记、厅长汪洋率督导组深入西昌市，督导汛期水上交通安全工作。副州长朱学雷陪同督导。

24日 中共中央政治局委员、国务院副总理、国务院扶贫开发领导小组组长汪洋在省委书记王东明，省委副书记、省长尹力等的陪同下，到凉山州布拖县沙洛乡拐乐村调研脱贫攻坚工作。州委书记林书成，州委副书记、州长罗凉清陪同调研，并就凉山州脱贫攻坚工作作汇报。

25日 成昆铁路峨眉至米易扩能工程西昌段开工仪式在西昌举行，州委书记林书成宣布开工。

27日 州委副书记、州长罗凉清主持召开十届州政府第52次常务会议，传达中共中央政治局委员、国务院副总理、国务院扶贫开发领导小组组长汪洋在凉山州调研时的重要指示精神，传达学习《四川省环境保护督察方案（试行）》，会议审议并原则通过《凉山州人民政府关于进一步加强全州国省干线公路养护管理工作的意见》。

28日 州委书记林书成在宁南县召开座谈会，听取工作情况汇报，调研指导当前经济社会发展、脱贫攻坚和干部队伍建设。

29 日 州委书记林书成在会东县调研并召开座谈会，部署指导当前经济社会发展、脱贫奔康、党的建设等工作，推动州委决策部署落地落实。

31 日 全国供销总社合作指导部副部长、雅安市委常委、副市长葛书院一行先后到州供销合作社、大凉山电子商务产业园区等地详细了解凉山州电子商务发展情况，并与凉山州座谈。

6 月

June

1—11 日 州委书记林书成率凉山州党政代表团赴津巴布韦、南非、纳米比亚考察访问，推动和深化凉山州与津巴布韦、南非、纳米比亚在烟草产业等领域的合作。

2—7 日 全国政协常委、副秘书长、九三学社中央常务副主席邵鸿，全国政协常委、提案委副主任、九三学社中央副主席赖明率九三学社中央调研组到凉山州盐源、昭觉、冕宁、德昌等县调研脱贫攻坚工作。

3 日 全州移民扶贫搬迁工作推进会在西昌召开，副州长肖春代表州政府与县、市政府签订《凉山州 2016 年度异地扶贫搬迁工程目标管理责任书》。

4 日 州脱贫攻坚领导小组暨脱贫攻坚指挥部第四次会议在西昌召开，贯彻落实副总理汪洋到凉山州调研时的重要讲话精神，研究部署全州极度贫困村脱贫攻坚工作。

7 日 省委常委、省委农工委主任、省委民工委副书记曲木史哈率队到凉山州调研检查统一战线工作和民族工作，要求凉山州以此次调研检查为契机，进一步贯彻落实好中央、省委的系列决策部署，推动凉山各项工作再上新台阶。

8 日 凉山州"四个好"家庭创建德昌试点推进会在德昌召开。州委常委、统战部部长达久木甲宣读《关于开展全州"四个好"家庭创建试点工作的通知》。

12 日 州委副书记、州长罗凉清在西昌主持召开十届州政府第 53 次常务会议，研究审议《凉山彝族自治州禁毒条例（审定稿）》《凉山州党政干部禁毒工作奖惩问责实施办法（试行）》，并原则通过《凉山州行政权力依法规范公开运行目标考核办法》。

14 日 凉山州食品药品监督管理局将全州第一张"SC"证（新版食品生产许可证）颁发给凉山州国林大自然笋业有限责任公司，标志凉山州正式启用新版食品生产许可证，旧版"QS"证在有效期届满前继续有效。

13—15 日 十届省政协副主席解洪深入凉山州西昌、德昌、会理、会东等地，调研凉山州现代烟草产业发展情况，并在西昌听取凉山州工作汇报。

16 日 全州艾滋病防治大会在西昌召开，国家卫计委疾控局艾防处处长焦振泉、省卫计委副巡视员彭杰出席并讲话。

17 日 全州旅游经济发展领导小组会在西昌召开。

18—21 日 州委副书记、州长罗凉清率凉山州党政代表团在河南、陕西开展投资促进活动，考察相关企业，并就务实推进合作进行深入沟通交流。

19 日 由中国档案学会、中国档案报社、中国社会福利基金会主办，喜德县人民政府、中国社会福利基金会授渔计划、四川省档案学校、四川省档案职业教育集团承办的"授渔计划精准扶贫一帮一助学行动"在喜德县启动。

21 日 驻州全国、省人大代表和部分州人大代表在西昌市企业、厂矿和施工现场，就"全面创新驱动，推动凉山工业转型发展"作专题调研

22 日 州委书记林书成，州委副书记、州长罗凉清等州级领导在西昌会见新疆特变电工新能源股份公司董事长、特变电工新疆新能源股份公司总经理张建新。

同日 驻州全国、省人大代表和部门州人大代表，在德昌县开展"全面创新驱动，推动凉山工业转型发展"专题调研。

23日 州委、州政府召开会议，专题研究城乡建设用地增减挂钩和土地开发整理、实行政府投资非经营性项目代建制及安宁河流域“农、文、旅”休闲度假走廊建设等重点工作。

同日 州委书记林书成主持召开七届州委第141次常委会议，传达省委和全省会议精神，研究凉山州贯彻意见；审议关于庆祝中国共产党成立95周年纪念活动和州委“七一”表扬优秀共产党员、优秀党务工作者、先进基层党组织和优秀驻村第一书记人员建议方案等事项。

24日 凉山州2016年第二批重点项目集中开工仪式在西昌举行。全州集中开工的重点项目有120个，总投资264.2亿元，年度计划完成投资96.8亿元。州直相关部门、相关县（市）负责人，部分项目业主和施工单位代表参加开工仪式，州委书记林书成宣布开工。

同日 州县域金融扶贫专题讲座会在西昌举行，武汉大学中国金融工程与风险管理研究中心主任、博士生导师叶永刚教授作《金融工程推动下的凉山州经济可持续发展》专题讲解。

25日 《安宁河谷发展战略与空间策划研究》初步成果汇报会在西昌举行，州委书记林书成出席并讲话，北京巅峰智业集团首席咨询顾问、投资决策委员会主任葛羿汇报相关情况。

26日 凉山州暨西昌市“6·26”禁毒法制宣传教育大会召开，焚烧各类毒品200千克，州委书记林书成下达销毁毒品命令，州人大常委会主任王金铁、州政协主席邓显祥出席，州委常委、州政法委书记杨文泉作禁毒宣传动员。

26—28日 大小凉山彝区脱贫攻坚（贫困村摘帽）现场推进会召开，省委农工委、省教育厅、省交通运输厅、省水利厅、省卫生计生委、省扶贫移民局，凉山州、乐山市、雅安市、攀枝花市负责人参加会，省委常委、农工委主任曲木史哈出席会议并讲话。州委书记林书成参加相关活动。州委副书记、州长罗凉清出席会议并作交流发言。会议强调要按照“两不愁三保障”和“四个好”目标要求，聚焦2016年大小凉山彝区432个摘帽村和8.8万减贫人口，进一步推动片区贫困村摘帽和贫困人口脱贫工作。会议期间，与会代表现场检查石棉、冕宁、喜德、昭觉县贫困村摘帽工作推进情况。

27日 2016西昌邛海“丝绸之路”国际诗歌周在西昌开幕。中国作家协会主席铁凝，省委常委、宣传部部长甘霖出席并讲话。

28日 “两学一做”学习教育第一专题暨州委中心组学习会议在西昌召开。

29日 凉山州庆祝中国共产党成立95周年大会在西昌召开。

同日 凉山州政府与国网四川省电力公司在成都签署战略合作协议。州委书记林书成，州委副书记、州长罗凉清，国网四川省电力公司总经理石玉东出席。

7月

July

1日 凉山州与省扶贫和移民工作局在成都举行座谈会。州委书记林书成，州委副书记、州长罗凉清，省政府副秘书长、省扶贫和移民工作局党组书记、局长张谷出席。

2日 凉山州与雅砻江流域水电开发有限公司在成都召开座谈会。州委书记林书成，州委副书记、州长罗凉清，雅砻江公司董事长陈云华出席。

6日 凉山州PPP模式工作推进会在西昌召开。

8日 凉山州分别与感知集团、华谊兄弟实景娱乐在西昌召开座谈会。

同日 全州工程建设领域暨经济适用住房专项清理整治工作会议在西昌召开，宣布《开展全州工程建设领域暨经济适用住房专项清理整治的工作方案》。

9日 中华全国供销合作总社合作指导部部长刘进喜一行到凉山州调研供销基层组织建设工作情况。

10日 中国社会科学院数量经济与技术经

济研究所研究员、中国社会科学院信息化研究中心（CIS）主任汪向东率专家组赴凉山州调研电子商务发展情况及电子商务扶贫工作。

11日 州委副书记、州长罗凉清在西昌主持召开十届州政府第54次常务会议，传达四川省科技创新科技奖励大会暨系统推进全面创新改革试验工作会议精神，研究凉山州新能源产业发展等事宜。会议审议并原则通过《凉山州人民政府关于加快新能源汽车推广应用促进新能源汽车产业发展的意见（送审稿）》《凉山州太阳能发电项目建设管理办法（试行）》《凉山州风力发电项目建设管理办法（试行）》。

13日 省委第一巡视组巡视凉山州情况反馈会在西昌召开。省委第一巡视组组长秦刚反馈巡视情况，州委书记林书成作表态发言。

14—15日 中央纪委秘书长杨晓超到中央纪委定点帮扶县雷波县，调研指导精准扶贫、精准脱贫工作。省委常委、省纪委书记王雁飞等陪同参加调研。

19日 “万企帮万村·光彩凉山行”活动在西昌举行。省委常委、统战部部长、省光彩会会长崔保华，省政协副主席、省工商联主席、省光彩会副会长陈放出席并讲话。

20日 凉山州新能源发展大会在西昌召开。

21日 电视剧《彝海结盟》座谈会在北京举行，省委常委、宣传部部长甘霖，中国作家协会副主席、书记处书记、电视剧《彝海结盟》监制吉狄马加，中共中央党史研究室原副主任、电视剧《彝海结盟》党史顾问谷安林，重大革命和历史题材影视创作领导小组成员仲呈祥、丁振海，电视剧《彝海结盟》特别顾问刘蒙出席座谈会，州委书记林书成在座谈会上发言。

同日 由成都市商务委、成都市农业委、凉山州商务局、凉山州农牧局联合举办的成都·凉山农商对接活动在西昌举行。

22日 凉山州与华中师范大学在西昌签署校地战略合作框架协议。

同日 西昌月色小镇举行开街仪式，州委书记林书成宣布开街。四川旅游发展集团有限责任公司、成都文化旅游发展集团有限责任公司、重庆市规划设计研究院的领导，西昌市、州级相关部门及部分企业负责人参加开街仪式。

23日 凉山州与四川师范大学在西昌签署校地战略合作框架协议，州委书记林书成，四川师范大学党委书记周介铭出席并讲话。

23—24日 省扶贫移民局、华中师范大学和凉山州共同举办的“教育文化均衡发展与凉山彝族地区精准扶贫”学术研讨会在西昌召开。州委副书记、州长罗凉清，华中师范大学党委书记马敏致辞。

24日 副州长杨卉、白云在西昌会见香港城市大学教授、校长、美国工程院院士、中国工程院外籍院士、俄罗斯工程院外籍院士郭位一行，就凉山州政府与香港城市大学签署战略合作框架协议的有关事宜进行商议。

同日 全州禁毒工作推进会议在西昌召开。

25日 州委全面深化改革领导小组在西昌召开第十三次会议。州委书记林书成主持会议并讲话。

26日 四川省凉山州、云南省怒江州、甘肃省临夏州在西昌举行第一次联席会议。国家发改委西部司副司长翟东升、国家民委监督检查司副司长李钟协出席并讲话。三州州长罗凉清、纳云德、马学礼代表三州共同签订《“十三五”期间战略合作框架协议》。

同日 四川·凉山西昌大健康产业研讨会召开。

同日 凉山州与中国科学院国家天文台在西昌举行座谈会。州委副书记、州长罗凉清，中国科学院月球与深空探测总体部主任刘晓群出席并讲话。科技部基础研究司副司长、副州长施遐，科技部基础研究司、国家天文台相关负责人参加座谈会。

27日 以“美丽四川、五彩凉山、度假天堂”为主题的2016四川国际文化旅游节在西昌市火把广场开幕。省政协副主席王正荣宣布开幕。州委副书记、州长罗凉清，亚太旅游组织首席执行官战略顾问张科德致辞。州委、州人大、州政府、州政协、凉山军分区领导出席2016四川国际文化旅游节的来宾参加点火仪式。

同日 2016四川国际文化旅游节暨凉山彝族火把狂欢体验活动西昌市投资促进友好合作签约仪式在西昌举行。

28日 中国凉山西昌邛海开海节在月色小镇举行，州委副书记、州长罗凉清宣布开海。

同日 西昌召开2016西昌邛海湿地国际马拉松赛新闻发布会，副州长白云出席会议并通报赛事准备情况。

8月

August

2日 副州长杨卉在西昌会见以色列驻华大使马腾一行，双方就拟成立“中国－以色列油橄榄国际合作中心”落地西昌进行洽谈。

2—4日 省委书记王东明率督导组赴凉山州蹲点督导脱贫攻坚工作，实地检查中央和省委脱贫攻坚各项部署要求落实情况。王东明在喜德县主持召开脱贫攻坚工作座谈会，对大小凉山彝区精准扶贫精准脱贫，特别是聚焦“两不愁三保障”和“四个好”目标、确保全面完成今年脱贫攻坚任务进行再强调再部署。州委书记林书成陪同调研，并汇报凉山州脱贫攻坚工作。

6日 零时22分，中国在西昌卫星发射中心用长征三号乙运载火箭成功将天通一号01星发射升空。该卫星是中国卫星移动通信系统首发星。

同日 凉山州2016年易地扶贫搬迁工程实施推进动员大会在西昌召开。会议深入贯彻中央、省易地扶贫搬迁重大部署，传达学习省委书记王东明在凉山州蹲点督导脱贫攻坚工作时的重要讲话精神，对凉山州易地扶贫搬迁工作进行安排部署。州委书记林书成，州委副书记、州长罗凉清出席并讲话。州政府领导参加会议。

7—9日 中共中央政治局委员、广东省委书记胡春华赴凉山州考察对接扶贫协作工作，并出席对口凉山州扶贫协作座谈会。省委书记王东明陪同考察并主持座谈会。四川省委常委、秘书长吴靖平，省委常委、农工委主任曲木史哈，副省长王铭晖，广东省珠海市委书记郭元强，佛山市委书记、市人大常委会主任鲁毅，州委书记林书成，州委副书记、州长罗凉清，广东省和四川省省直有关部门负责人参加座谈会。

7–10日 省委副书记、省长尹力率督导组赴凉山州木里县开展脱贫攻坚蹲点调研督导，实地检查中央和省委关于脱贫攻坚各项部署要求贯彻落实情况，推动精准扶贫精准脱贫工作进一步落实落地落细。

7–10日 省委副书记刘国中率督导组赴凉山州布拖县开展脱贫攻坚蹲点督导，实地了解中央和省委脱贫攻坚各项决策部署落实落地情况。

8日 中共中央政治局委员、广东省委书记胡春华在省委书记王东明、州委书记林书成，州委副书记、州长罗凉清陪同下，到普格县螺髻山镇洛博村珠海新村，考察珠海市援建项目进展情况，并与当地群众亲切交流。

9日 州脱贫攻坚领导小组暨脱贫攻坚指挥部第五次全体会议在西昌召开。会议传达学习中共中央政治局委员、广东省委书记胡春华，四川省委书记王东明在凉山州考察并召开广东省对口凉山州扶贫协作座谈会重要讲话精神，对进一步深化蹲点督导脱贫攻坚工作进行安排部署。州委书记林书成主持并讲话。州委副书记、州长罗凉清出席并传达重要讲话精神。

10—11日 佛山市党政代表团深入凉山州昭觉、布拖等县考察对接，并于11日在西昌召开座谈会，就加强佛山与凉山东西扶贫协作进行深入交流。凉山州、佛山市相关部门负责人参加考察和座谈。

11日 州委副书记苏嘎尔布陪同省委常委、宣传部部长甘霖到凉山日报社就脱贫攻坚、媒体转型发展等工作进行调研，州直相关部门负责人陪同调研。

13日 中国国民党革命委员会凉山州第六次暨西昌市第八次代表大会在西昌召开。

14日 州委书记林书成主持召开七届州委第148次常委会议，审议脱贫攻坚相关行动方案、推进方案、实施方案等事宜。

同日 中国民主建国会凉山州第六次西昌市第七次代表大会在西昌召开。

15日 中国共产党凉山彝族自治州第七届委员会第九次全体会议在西昌举行。会议深入贯彻中共十八届五中全会精神，传达学习省委十届八次全会精神，审议通过《中共凉山州委关于推进绿色发展建设美丽凉山的决定》《中共凉山州委七届九次全会关于召开中国共产党凉山彝族自治州第八次代表大会的决议》《中共凉山州委七届九次全会关于会理县撤县设市（县级）工作的决议》。

同日 州委组织召开脱贫攻坚专题工作会议。

16日 州委副书记、州长罗凉清在西昌主持召开十届州政府第九次全体会议，贯彻落实省委十届八次全会、省政府第八次全体会议、州委七届九次全会精神，以及最近中央、省领导到凉山考察调研和蹲点督导脱贫攻坚时的重要指示精神，总结上半年政府工作，安排部署下半年工作。

同日 凉山州人民政府与中铁二院工程集团有限责任公司战略合作协议签约仪式在西昌举行。州委副书记、州长罗凉清，中铁二院党委书记、董事长赵德义出席并代表双方签订协议。

18日 凉山州与省交投集团在西昌召开高速公路建设工作座谈会。州委书记林书成，省交投集团董事长、党委书记雷洪金出席并讲话。座谈会上，副州长朱学雷介绍凉山高速公路建设情况。

19日 凉山州学习贯彻省委十届八次全会精神宣讲报告会在西昌举行，州委书记林书成主持并讲话。省委宣讲团成员、省环保厅副厅长李岳东作宣讲报告。

同日 “两学一做”学习教育第二专题暨州委中心组学习会议在西昌召开。

21—26日 州委副书记陈忠义率凉山州党政代表团先后到巴中市、广安市和乐山市认真学习考察精准脱贫、产业发展、异地搬迁等方面的先进经验和做法。州扶贫移民局等州级相关部门负责人参加考察。

22日 凉山州与四川大学在西昌举行合作推进及定点扶贫工作座谈会，签署关于共同设立“四川大学－凉山州校州科技合作专项资金”协议。中国工程院院士、四川大学校长谢和平，州委书记林书成出席并讲话。州委副书记、州长罗凉清主持并与谢和平签署协议。

23日 国家重点研发计划“深部岩体力学与开采理论”项目启动会在西昌举行。中国工程院院士、四川大学校长谢和平作项目介绍。

同日 州委副书记、州长罗凉清在西昌主持召开十届州政府第55次常务会议，研究推广钢结构农房建筑等工作。

25日 州委副书记、州长罗凉清在西昌会见到凉山州调研脱贫攻坚工作的人民银行成都分行行长周晓强一行，并就金融精准扶贫等工作进行沟通交流。副州长肖春、秘书长石一鲁实参加会见。

同日 乐山市对口帮扶凉山州美姑县工作对接座谈会在美姑县召开。州委副书记、州长罗凉清，乐山市委副书记、市长张彤出席并讲话。

26日 州委书记林书成主持召开七届州委第150次常委会议，传达学习全省对口帮扶藏区彝区贫困县工作会议精神，研究凉山州贯彻意见。

同日 四川省人民政府与中国长江三峡集团公司在成都签署支持凉山彝区脱贫攻坚合作协议，三峡集团从2016年起至2019年共安排16亿元资金，以贫困村为单位，对四川凉山州、宜宾市、攀枝花市等彝区实施精准扶贫、精准脱贫工程。

同日 州委中心组学习（扩大）会议在西昌召开，民政部政策法规司司长陈百灵，州委常委刘俊文作专题辅导报告。

27日 省住房和城乡建设厅副巡视员谢伟率省脱贫攻坚领导小组办公室调研组赴凉山州就农村危房现状情况进行调研，并在西昌召开座谈会，听取凉山州农村危房改造工作情况汇报。副州长杨卉出席会议并讲话，副州长肖春主持会议。

同日 攀枝花市凉山州对口帮扶工作座谈会在木里县举行。州委书记林书成主持并讲话。攀枝花市委书记张剡出席并讲话。

同日 泸州市委书记蒋辅义率队到凉山州普格、盐源两县对接对口帮扶工作。

29日 州委副书记、州长罗凉清在西昌主持召开十届州政府第56次常务会议，研究整合城乡居民基本医疗保险制度等工作。会议审议并原则通过《凉山州人民政府关于整合城乡居民基本医疗保险制度的实施方案》《凉山州“十三五”新型城镇化规划》等。

同日 由来自美国、巴西、意大利、南非、比利时等18个不同国家和地区的35位海外华侨华人文化社团负责人组成的第21期“文化中国之旅”观摩团来凉山州考察观摩，并在西昌召开座谈会。

同日 州政府召开凉山州交通扶贫攻坚工作会，总结凉山州交通运输扶贫攻坚以来的工作，分析当前扶贫攻坚面临的形势，对新一轮扶贫攻坚战进行再动员、再部署、再推进，强调要打赢扶贫攻坚硬仗，为实现全面小康当好先行官。

29—30日 中央统战部副部长、国家民委主任、党组书记巴特尔深入凉山州西昌、昭觉等县（市）调研，强调要切实把思想认识统一到中央民族工作会议精神上来，以“四个全面”战略布局为引领，牢固树立和贯彻“五大发展理念”，不断加强和改进民族工作，促进各民族交往交流交融，加快民族地区全面建成小康社会步伐。省委常委、统战部部长崔保华，州委书记林书成，州委副书记、州长罗凉清，中央统战部七局局长沈阳，国家民委办公厅主任张京泽、研究室主任石玉钢，省委统战部副部长、省民宗委主任姚斌参加调研。

30日 州委书记林书成，州委副书记、州长罗凉清在西昌会见新疆天海集团、北京博海集团董事长李志民，中国林业科学院教授、中国核桃首席专家裴东。州委常委、国资委书记胡坤及州级相关部门负责人参加会见。

31日 凉山州依法治州工作推进会在西昌举行，贯彻落实依法治省工作推进会精神，总结2016年1—8月依法治州工作，安排部署下一步工作。

9月

September

1日 凉山州与佛山市在西昌召开扶贫协作工作座谈会，进一步贯彻落实广东对口四川凉山州扶贫协作座谈会精神，深化佛山凉山扶贫协作。州委书记林书成，州委副书记、州长罗凉清，佛山市委常委、市政府常务副市长蔡家华出席并讲话。州委常委、常务副州长冯斌，副州长肖春，州政府秘书长石一鲁实参加会议。

5日 水利部在其官方网站上公布国家水利风景区名单，邛海水利风景区正式成为国家水利风景区。

6日 州委中心组召开“加强换届风气监督”专题学习会。

同日 由四川省纪委、省委宣传部、省监察厅、省新闻出版广电局主办，省纠风办、四川广播电视台承办的‘阳光政务凉山行”活动在西昌举行。州委副书记、州长罗凉清率州级相关部门负责人值守该期“阳光政务”政风行风热线。

5—7日 省委常委、农工委主任曲木史哈，省政协副主席王正荣率调研督导组，在凉山州开展贯彻省委十届八次全会精神，推动绿色发展，攀西经济区经济稳增长调研督导。

5—7日 国家林业局森林公安局局长王海忠、国家林业局驻成都专员办专员黄建华、省森林公安局局长范成绪等一行到凉山州开展打击非法占用林地等涉林违法犯罪专项行动督查工作。副州长肖春向检查督导组一行汇报凉山州近年来林业改革、发展、保护和严厉打击非法占用林地等违法犯罪专项行动开展情况。

5—9日 省人民检察院检察长邓川率队深入凉山州雷波、美姑、金阳、木里、盐源等地，看望慰问基层检察干警，检查调研检察工作，并在西昌听取凉山州相关工作汇报。州委副书记、州长罗凉清出席汇报会。

9日 省住房和城乡建设厅在西昌召开凉山州脱贫攻坚住房建设质量安全督查指导工作会，传达省脱贫攻坚领导小组第三次会议精神，部署凉山州脱贫攻坚住房质量建设安全督查工作。

13日 第三届中国（雅安）攀西战略资源创新开发试验区投资推介会暨项目签约仪式在雅安市举行。副省长、雅安市委书记叶壮致辞。州委副书记、州长罗凉清率凉山州党政代表团出席，并作投资推介，州委常委、常务副州长冯斌，州政府秘书长石一鲁实参加推介会。

14日 凉山州脱贫攻坚领导小组暨脱贫攻坚指挥部办公室第一次全体会议在西昌召开。

18日 州委、州政府在西昌专题召开凉山州工业经济工作会议。

19日 全省高速公路项目集中开工动员大会凉山分会场暨凉山州第三批重点项目开工仪式在冕宁县举行，州委书记林书成出席并宣布开工。

同日 州委书记林书成，州委副书记、州长罗凉清在西昌会见华谊兄弟实景娱乐有限公司董事、总经理秦开宇，双方就加快推进华谊兄弟西昌电影小镇项目建设交换意见。

20日 凉山州“推进全面从严治党、巩固发展良好政治生态”宣讲会在西昌召开。

21日 州委书记林书成，州委副书记、州长罗凉清，州委副书记苏嘎尔布到第四届中国（绵阳）科技城国际科技博览会攀西经济区展馆凉山展厅检查布展情况。

同日 凉山州新能源创新联盟成立暨第一次会员代表大会在第四届中国（绵阳）科技城国际科技博览会上召开。省政府资政张作哈出席大会。

同日 州委副书记苏嘎尔布率领参加绵阳科博会的州级部门负责人，各县（市）科知局负责人到江油市考察学习其发展现代观光农业、农业科技示范和农旅一体化模式的经验和做法。

同日 中华职业教育社副总干事杨农一行赴凉山州调研指导职业教育工作并与凉山州在西昌召开座谈会，副州长白云汇报凉山州职业教育工作情况。

22日 第四届中国（绵阳）科技城国际科技博览会主题日活动——中国·凉山创新驱动绿色发展宣荐大会在绵阳举行。州委书记林书成出席并发表题为“将凉山建设成为有世界影响力的科学中心”的主旨演讲。

23日 凉山州政府与葛洲坝集团在成都签署《西昌至香格里拉高速公路（四川境）合作备忘录》。

同日 全省脱贫攻坚评估检查工作电视电话会议在成都举行。州委副书记、州长罗凉清在凉山分会场参加会议，并在全省会议结束后，第一时间对凉山州迎检工作进行安排部署。

24日 凉山彝族自治州西昌市南洋生态农业有限公司的“大凉山南洋食用玫瑰的深加工及产业链”项目获第十八届中国科协年会全国科技工作者创新创业大赛总决赛农林组金奖。

26日 州委书记林书成主持召开州委常委（扩大）会议，学习传达、细化落实全省脱贫攻坚评估检查工作电视电话会议精神，对凉山州脱贫攻坚迎检工作进行再发动、再部署。

27—28日 州委书记林书成率凉山党政代表团赴北京市，到中国中医科学院、中国林业科学研究院、北京晋源博海公司考察，对接项目，推动合作。

29日 国务院扶贫办在北京召开凉山州脱贫攻坚工作情况汇报会。国务院扶贫办主任刘永富，州委书记林书成出席会议。在听取凉山州脱贫攻坚工作情况后，刘永富指出，凉山是全国脱贫攻坚主战场，党中央、国务院十分重视、高度关注。要锁定“两不愁、三保障”，把“十三五”脱贫攻坚规划融入经济社会发展整体规划，规划制定实事求是、符合脱贫攻坚实际，推动扶贫开发项目与重大政策、重大项目、重大工程相衔接，脱贫攻坚规划与贫困地区基础设施建设、新型城镇化、特色产业发展、新农村建设等规划相融合，着力把各项工作抓实抓具体。

30日 2016凉山州暨西昌市烈士公祭活动在西昌烈士陵园举行。州委副书记、州长罗凉清，63790部队副司令员吴炜琦，州人大常委会主任王金铁，州委副书记苏嘎尔布等出席活动。

同日 州委副书记、州长罗凉清在西昌主持召开十届州政府第58次常务会议，审议并原则通过修订后的《凉山州科学技术奖励办法》，强调要积极应对新形势、新任务，深入实施创新驱动发展战略，进一步调动广大科技人员的积极性和创造性，全面推进大众创业、万众创新。

10月

October

8日 州委书记林书成主持召开七届州委第160次常委会议，传达学习《关于贯彻省委常委会第200次会议精神扎实做好第四季度工作的通知》《关于进一步严肃党内政治生活巩固发展良好政治生态的若干措施》，听取凉山州环保、安全生产和信访工作情况汇报。

9日 全州计划生育工作会议在西昌召开，州委常委、州政府常务副州长冯斌通报凉山州人口计生工作情况，对下一步工作进行安排部署。

10日 凉山州2016年第三季度脱贫攻坚述职会议在西昌召开，听取各县（市）、州级相关部门工作述职。州委书记林书成，州委副书记、州长罗凉清出席并讲话。

同日 省委常委黄新初带领省委办公厅、省国土资源厅、省住房城乡建设厅、省科技厅、省发展改革委等省级部门负责人组成的调研督导组到德昌县调研督导稳增长工作。

11日 佛山市与凉山州旅游文化教育交流合作座谈会在西昌召开。副州长肖春在会上作基本州情、脱贫攻坚和旅游文化教育等相关情况介绍。

12—13日 广东省发改委党组成员、副主任、省援藏援疆办主任陈志清一行到西昌、普格等地，调研东西扶贫协作工作开展情况，指出要加大对口凉山州帮扶力度，扩大覆盖面，全方位多方面支持凉山脱贫攻坚工作。州委常委、州政府常务副州长冯斌参加调研。

13日 中国人民解放军战略支援部队定点帮扶冕宁县彝海镇彝海村启动仪式在彝海畔举行。

13—15日 以全国人大常委会香港基本法委员会委员、香港执业大律师谭惠珠为团长的香港特别行政区第十二届全国人大代表赴四川省视察团一行，深入凉山州冕宁、西昌、昭觉等地，对经济社会发展、脱贫攻坚工作等情况开展视察调研。

17日 州委书记林书成主持召开七届州委第162次常委会议，传达学习全省脱贫攻坚考核暨“走基层”工作部署会议精神，传达省委书记王东明重要指示精神等。

18日 州委副书记、州长罗凉清主持召开十届州政府第59次常务会议，学习贯彻全省大规模绿化全川电视电话会议精神，安排部署绿化凉山相关工作。

18—20日 省委副书记刘国中到凉山州调研督导对口帮扶和脱贫攻坚进展情况，并在西昌主持召开大小凉山彝区和木里县省内对口帮扶工作汇报会，贯彻落实全省对口帮扶藏区彝区贫困县工作会议精神，研究部署下一步工作，确保年度脱贫目标任务如期完成。州委书记林书成，州委副书记、州长罗凉清参加相关活动。

19日 凉山州在西昌召开参加第十六届西博会电视电话动员会议。

21日 州委巡察工作动员大会在西昌召开。州委书记林书成出席并讲话，州委常委、组织部部长张伟主持并宣读《凉山州委关于成立巡察工作领导小组的通知》，州委常委、州纪委书记张力安排部署凉山州第一轮巡察工作。

22日 州政府在西昌召开大规模绿化凉山行动电视电话会议，贯彻落实全省大规模绿化全川电视电话会议和州委七届九次全会精神，安排部署绿化凉山行动相关工作。

24日 州政府在西昌召开凉山州农村公路建设工作推进会，再一次梳理2016年目标任务和存在的问题、困难，安排部署下一步工作。

同日 为纪念红军长征胜利80周年而创作的国家重大革命历史题材电视剧《彝海结盟》，在中央电视台电视剧频道正式开播。当天下午，《彝海结盟》央视首播新闻发布会在北京举行。

同日 州委副书记、州长罗凉清在西昌主持召开四川省第二届残疾人文化艺术节凉山州筹备委员会第二次全体会议。

25日 四川省暨凉山州妇联彝区洁美家庭巾帼行动启动仪式在西昌举行。省妇联主席吴旭，广东省妇联主席阎静萍等出席启动仪式。

同日 州政府在西昌召开全州农村公路建设工作推进会。会上，州政府与各县（市）政府签订2016年脱贫摘帽村通村硬化路建设责任书。

同日 中加合拍影片《我的圣途》在北京举办主题为“寻心’漫途，‘圣’势启程”的盛大首映发布会。

26日 凉山州与深圳市在深圳举行西昌—深圳首航招商引资推介会。深圳市委副书记、市长许勤，州委书记林书成出席并讲话。两市州相关部门、相关县（市）负责人参加座谈会。

同日 全州易地扶贫搬迁现场推进会在雷波县召开。

27日 凉山州与佛山市在佛山市召开东西扶贫协作座谈会，并签署《东西部扶贫协作框架协议》。凉山州委书记林书成，佛山市委书记、市人大常委会主任鲁毅出席并讲话。州委副书记、州长罗凉清，佛山市委副书记、市长朱伟签署框架协议并分别介绍两市州相关工作情况。两市州各市（区、县）、相关部门负责人参加活动。

30—31日 国家卫计委副主任崔丽带领国家调研组，深入凉山州昭觉、布拖等县调研艾滋病防治工作，并于31日在西昌召开座谈会听取相关工作情况汇报。

31日 全州城乡环境综合治理推进动员会议在西昌召开。

同日 大规模绿化凉山行动在全州各县（市）62个点同时启动。

11月

November

1日 州委副书记、州长罗凉清在西昌主持召开十届州政府第60次常务会议，研究消防事业发展、教育改革发展、绿化凉山行动等工作。

2日 四川·凉山投资宣荐暨项目签约仪式在第十六届中国西部国际博览会上举行。

同日 州政府与省级金融机构在成都签订战略合作协议。州委书记林书成出席并讲话。

3日 州委书记林书成在成都会见参加第十六届中国西部国际博览会的企业嘉宾。

4日 国企入凉暨对口帮扶凉山第二次联席会议在成都举行，副省长刘捷出席并讲话。

4—5日 国务院交通运输部党组书记杨传堂在凉山州昭觉、布拖、冕宁、西昌等县（市），调研交通建设及交通扶贫工作情况。

5日 州委书记林书成主持召开七届州委第164次常委（扩大）会议，传达学习中共十八届六中全会精神，传达学习全省脱贫攻坚领导小组第四次全体会议精神等，研究凉山州贯彻意见。

同日 “2016知名侨商西博行”的40多名知名侨商到凉山寻找商机。

同日 上午8：00，第三届西昌邛海湿地国际马拉松赛在西昌市火把广场鸣枪开跑，来自29个国家、34个省（市区）、429个城市的20618名运动员参加比赛。

7日 国务院安委会安全生产巡查工作会在西昌召开。会上，州委副书记、州长、安委会主任罗凉清汇报凉山州安全生产工作情况。

8日 华谊兄弟（西昌）电影小镇项目举行启动仪式，州委书记林书成，华谊兄弟传媒集团董事长王中军出席并致辞。

9日 凉山州与成都市在成都市签署区域合作框架协议。成都市委副书记、代市长罗强，州委副书记、州长罗凉清签署框架协议。

同日 凉山州与德阳市、绵阳市在成都签署耕地占补平衡指标流转战略合作协议。

10日 州委书记林书成，州委副书记、州长罗凉清到第四届四川农业博览会凉山展馆了解场馆布展、企业产品推介营销、“大凉山”特色农产品品牌建设等情况。

同日 州委副书记陈忠义率州委宣传部、州委农工委、州委目督办到德昌县小高镇安宁村、高峰村和巴洞镇松柏村专题调研“四个好”家庭创建试点工作推进情况。

同日 国务院安委会安全生产第六巡查组座谈会在西昌召开。

11日 四川省第二届残疾人文化艺术节在凉山州西昌火把广场开幕。省委副书记刘国中宣布开幕，副省长王铭晖，州委书记林书成致辞。全省21个市州残工委主任、1400余名残疾人代表、30位专家评委参加开幕式。

同日 “大凉山”鲜活农产品产销对接会，在成都市阿斯牛牛“大凉山”特色农产品体验店举行，州委副书记苏嘎尔布出席签约仪式，州内外160余家企业和经营主体负责人参加会议。

同日 州委书记林书成在西昌市调研凉山州重点项目推进工作情况，推动省、州关于“项目年”各项决策部署落地落实，并召开凉山州重点项目推进工作会议。

11—14日 四川省第二届残疾人文化艺术节在凉山州举行，此艺术节由省残联、省教育厅、省文化厅、省新闻出版广电局主办，凉山州人民政府承办。

14日 全州2016年度脱贫攻坚退出验收暨县（市）党委政府脱贫攻坚工作考核会议在西昌召开。会议审定《凉山州贫困县贫困村贫困户退出验收指导意见》和《2016年凉山州县（市）党委和政府脱贫攻坚工作考核实施方案》。

同日 凉山州与民盟中央调研组举行座谈，民盟中央副主席、全国政协常委、副秘书长、提案委副主任徐辉，民盟中央参政议政部副部长吴会劲出席。

同日 凉山州机关事务管理局举行揭牌仪式，州委常委、州政府常务副州长冯斌出席仪式并为凉山州机关事务管理局揭牌。

15—18日 国家土地督察成都局党组书记、局长董菊卉一行到凉山州布拖、美姑、德昌、西昌等县（市），对凉山州不动产统一登记制度落地实施、永久基本农田划定以及2015年土地例行督察后续整改等工作进行督察。18日，召开不动产统一登记落地实施督导情况通报会。四川省国土资源厅、州委编办、州监察局、州发改委、州经信委、州财政局、州国土局负责人及17个县（市）政府分管副县（市）长、国土资源局局长参加会议。

17日 凉山西昌投资推介说明会在成都举行。西昌市分别与中铁城市发展投资集团有限公司、中铁二十局集团有限公司等12家公司签订PPP框架协议12个，与浦发银行签订投融资项目1个，总金额362亿余元。西昌市、成都市级相关部门、州级相关部门负责人，150余家企业、旅行社负责人参加推介会。

18日 州委书记林书成主持召开七届州委第165次常委（扩大）会议，传达学习省委十届九次全会精神，研究凉山州贯彻意见。

同日 州委常委班子召开严肃换届纪律专题民主生活会。

同日 《彝文典籍集成·四川卷》（1—60辑）出版座谈会暨赠书仪式在西昌举行。国家出版基金规划管理办公室主任祁德树出席会议，四川民族出版社社长泽仁扎西主持会议。

25日 州委副书记陈忠义在州第八次党代会会场和代表驻地，检查指导党代会筹备工作，对即将召开的党代会各项会务工作进行安排部署。

同日 凉山州召开党外人士座谈会，就制定《中共凉山州委关于贯彻党的十八届六中全会精神加强和规范党内政治生活巩固发展良好政治生态的决定》，听取各民主党派、工商联和无党派人士的意见和建议。

26日 严肃换届纪律加强换届风气监督专题培训会在西昌召开。省委换届风气现场督导组相关人员到会指导。

同日 州委书记林书成主持召开七届州委第166次常委会议，传达学习《中共四川省委办公厅关于进一步严肃换届纪律的通知》等。

27—29日 中国共产党凉山彝族自治州第八次代表大会在西昌召开。省委换届工作指导组、换届风气现场督导组到会指导督导。州委书记林书成代表中国共产党凉山彝族自治州第七届委员会向大会作题为“决战贫困、转型跨越，为建设美丽幸福文明和谐新凉山而努力奋斗”的报告。大会选举州委委员、州委候补委员、州纪委委员。通过关于中国共产党凉山彝族自治州第七届委员会报告的决议、关于中国共产党凉山彝族自治州第七届纪律检查委员会工作报告的决议。大会批准林书成代表中共凉山州第七届委员会所作的报告。

28—30日 国家民委副主任、党组副书记刘慧带领国家民委委员单位联合调研组，到凉山州西昌市、冕宁县等地调研民族工作，并于30日在西昌召开座谈会，听取相关工作情况汇报。

28—30日 省委常委、省农工委主任曲木史哈到凉山州昭觉、喜德调研凉山州脱贫攻坚工作开展情况。

29日 中国共产党凉山彝族自治州第八届委员会第一次全体会议在西昌举行。全会选举产生中共凉山州第八届委员会书记、副书记、常务委员，批准中共凉山州第八届纪律检查委员会第一次全体会议选举产生的中共凉山州第八届纪律检查委员会书记、副书记、常务委员。全会选举产生新一届州委常委会。林书成当选为州委书记；苏嘎尔布、陈忠义、龙伟当选为州委副书记；张力、陈文、刘俊文、张伟、冯斌、阿石拉比、曾令举、沙文当选为州委常委。全会批准中共凉山州第八届纪律检查委员会第一次全体会议选举产生的中共凉山州第八届纪律检查委员会书记、副书记、常务委员。林书成作重要讲话。

同日 全州脱贫攻坚退出验收考核情况通报暨整改工作推进会在西昌召开。州脱贫攻坚指挥部成员单位主要负责人，各县（市）委书记、县（市）长、县（市）委分管副书记及扶贫移民局局长等参加会议。

12月

December

1日 州委副书记、代理州长苏嘎尔布在西昌调研艾滋病防治工作，代表州委、州政府看望慰问奋战在凉山州艾滋病防治工作一线的卫生工作者。

同日 凉山州与缅甸少数民族政党干部考察团在西昌举行座谈会。

同日 以“携手抗艾，重在预防”为主题的艾滋病宣传活动在西昌月城广场举行。

同日 全省大气水土壤污染防治“三大战役”重大项目集中开工凉山分会场活动在西昌举行。

4日 凉山州2016年“12·4”国家宪法日暨法治宣传月系列活动正式启动。

同日 省供销社党组书记、主任青理东，省供销社党组成员、机关党委书记周敏泉一行在越西县督导调研脱贫攻坚工作。

6日 凉山州学习贯彻中共十八届六中全会和省委十届九次全会精神宣讲报告会在西昌召开。省委宣讲团成员、省纪委副书记、省监察厅厅长、省预防腐败局局长黄昌明作报告。报告会以电视电话会议形式召开，各县（市）分别设立分会场。

7日 州委副书记、代理州长苏嘎尔布在西昌主持召开凉山州工业经济运行情况分析会。

同日 州级脱贫攻坚考核暨六有大数据平台监测部署会在西昌召开。

8日 凉山州专题召开脱贫攻坚验收考核工作电视电话会议。

同日 成都市文物考古研究所对外公布凉山州盐源县皈家堡64座新石器时代遗存，揭开古人入川后其中一条迁徙轨迹：川西高原的先民们，可能有一部分沿横断山脉南迁到今日的盐源盆地。

这些遗迹的出土，将川西南地区历史提早至少2000年。

同日　西昌邛海湿地生态观测站举行开工仪式。

10日　全州厅级党员领导干部专题警示教育活动在省法纪教育基地举行。州委、州人大常委会、州政府、州政协、州人民法院、州人民检察院厅级党员领导干部参加活动。

10—11日　州委书记林书成率凉山党政代表团到重庆市考察，对接项目，促进合作，为脱贫奔康、富民强州提供坚实的产业支撑。

11日　凉山州与重庆市国资系统在重庆召开座谈会。州委常委、州国资委书记胡坤介绍重庆市国资国企与凉山州合作情况。

12日　凉山西昌“冬春阳光之旅”暨招商引资推介会在重庆举行，州委书记林书成出席并讲话，州委常委阿石拉比主持推介会。州级相关部门、西昌市负责人，160余家企事业单位负责人参加推介会。

13日　国泰君安证券与凉山州“一司一县”对接帮扶座谈会在西昌召开。

13—15日　省委常委、省农工委主任曲木史哈，省政协副主席王正荣赴凉山州西昌、普格等县（市）调研督查经济发展、企业生产、城市建设、脱贫攻坚以及“走基层、送温暖”等相关工作，并在西昌召开座谈会，听取凉山州、攀枝花市工作情况汇报。省政协相关处室、省农工委、凉山州、攀枝花市和西昌市相关负责人参加调研或座谈会。

14日　凉山州与省测绘地理信息局成果对接暨新一轮战略合作协议签署仪式在西昌举行。

15日　凉山州与成都铁路局在西昌签署战略合作框架协议。州委书记林书成，成都铁路局局长宋修德、党委书记王晓州出席，副州长朱学雷主持并与成都铁路局总工程师徐涌签署战略合作框架协议；西昌市与成都铁路局相关处室签署合作协议和备忘录。

同日　四川省“上市公司三州行”凉山州活动在西昌举行。来自省内外的14家上市公司、10家机构、省级有关部门、州级相关部门、各县（市）相关负责人参加会议。

同日　凉山州与三峡集团公司在雷波举行脱贫攻坚座谈会。三峡集团公司相关部门、省扶贫移民局相关处室，州级相关部门、雷波县相关负责人参加会议。

16日　州委书记林书成主持召开八届州委第1次常委会议，传达加快推进全省民营经济发展大会精神，审议《凉山州“四个好”创建活动实施方案》。

18日　四川省文物考古研究院、凉山州博物馆召开考古成果通气会，透露重大考古成果。进行成昆铁路峨眉至米易段扩能工程线路的考古发掘工作中，在安宁河西岸发现20余处、绵延百余千米的罕见先秦时期聚落遗址。

19日　州委副书记、州政府代理州长苏嘎尔布在西昌主持召开十届州政府第62次常务会议，研究城市公立医院取消药品加成等事宜。会议审议并原则通过《凉山州城市公立医院取消药品加成补偿方案》《凉山州居住证管理实施办法》《凉山州行政机关重大行政决策合法性审查办法》《凉山州重大行政执法决定法治审核办法》。

同日　凉山州工商联（总商会）第五次会员代表大会在西昌召开。

19—20日　全省林业产业扶贫现场会在西昌召开。

20日　凉山州大气污染防治行动计划推进情况汇报会召开，向省督查组汇报2016年凉山州大气污染防治工作的开展情况。

同日　“万企帮万村·光彩凉山行健康到基层活动”捐赠仪式在西昌举行。

21日　全州村（社区）“两委”换届工作会议在西昌召开，安排部署村（社区）党组织换届工作。

同日　凉山州与省投资促进局督查组在西昌召开座谈会，副州长杨卉汇报凉山州近年省级投资促进平台活动签约项目推进落实情况。

21—22日　州委副书记、州政府代理州长苏嘎尔布带队到西昌、冕宁、德昌调研工业经济工作，推动州第八次党代会决策部署落地落实，深入了解工业企业发展、项目推进等方面情况。

22 日　凉山州与攀钢集团有限公司在西昌举行座谈会。

23 日　凉山州第二批土地综合整治项目暨喜德县则约沟小流域综合治理脱贫攻坚工程项目开工仪式在喜德县举行。

27 日　凉山州召开 2016 年度依法治省、法治政府建设暨“法律七进”考核工作汇报会，州委副书记龙伟作汇报。

28 日　2016 大凉山冬季阳光音乐季暨留恋大凉山音乐盛典在西昌开幕。副省长杨兴平出席开幕盛典。省文化厅、省新闻出版广电局、阿坝州、资阳市等有关领导参加开幕式。

同日　州脱贫攻坚领导小组暨脱贫攻坚指挥部第六次全体会议在西昌召开，会议以电视电话会议的形式召开。

同日　州委书记林书成主持召开八届州委第 2 次常委会议，传达学习省委经济工作会议精神，研究 2017 年全州经济工作。

同日　四川机场集团西昌机场公安分局移交协议签署暨凉山州公安局机场分局授牌仪式在西昌青山机场举行。副州长、州公安局局长周述为机场分局授牌并讲话。

28—29 日　副省长杨兴平赴凉山州调研教育事业发展，强调要加快教育事业发展，为凉山同步小康提供人才支撑。并检查督导春晚凉山分会场筹备情况，强调做细做好西昌春晚分会场各项工作，确保演出活动顺利进行。

29 日　州委全面深化改革领导小组召开第十四次会议。会议审议通过《实施全域旅游推进旅游首位产业的改革方案》《深化教育改革与发展的决定》等 9 个实施意见方案和决定。

同日　四川省教育厅副厅长洪流一行，在凉山州西昌市第十一小学、太河镇中心幼儿园、西昌市第一中学等，实地调研凉山州学校食堂食品安全工作，并召开座谈会。

30 日　由中国旅游演艺联盟联合中国民营演出联盟主办，凉山文化广播影视传媒集团有限公司、鼎盛文化产业投资公司承办的 2017 中国旅游演艺联盟年会暨文旅行业高峰论坛在西昌举行。

30—31 日　州委全面深化改革领导小组召开第十五次会议。会议审议州委深化改革领导小组贯彻落实《省委关于全面加强改革落实工作的意见》等情况报告，审议并通过《国有林场林区改革实施方案》《加强政党协商的实施意见》等 11 个实施方案和意见。

党 委

THE CPC LIANGSHAN YI AUTONOMOUS PREFECTURE COMMITTEE

综　　述

Overview

【概况】 2016年，州委认真贯彻刘云山、刘延东、汪洋、胡春华等领导在凉山调研时的重要指示精神，把中央和省委部署要求与州情实际紧密结合起来，不断优化凉山发展思路举措，千方百计稳定经济增长，下定决心调整产业结构，全力以赴脱贫攻坚，深入推进依法治州，从严从实正风肃纪。全州经济稳健增长，民生持续改善，民族团结进步，社会和谐稳定。

【全州经济发展】 切实加强党对经济工作的领导，严格落实州级领导联系重大项目和重点企业制度，分线分片调研督导重点工作落实，推动国家和省“稳增长”系列政策落实落地，在盘活存量、做大增量中推动经济恢复性增长，全州经济呈现止滑回升、持续向好发展态势。全年地区生产总值增长7%，地方一般公共预算收入增长10%，全社会固定资产投资增长7.2%；社会消费品零售总额增长10.7%，城镇、农村居民人均可支配收入分别增长7.9%、10.5%。

【经济结构调整】 2016年，州委精准发力稳增长，促转型，经济结构呈现积极变化。牢牢把握“稳中求进”总基调，突出项目驱动、投资拉动，“一企一策”化解企业生产经营困难，改造提升传统优势产业，大力培育新的经济增长点。装备制造业和新能源产业快速发展，电气机械和器材制造生产增长37.4倍，专用设备制造、金属制品生产分别增长40%、11.5%，风光电发电量分别增长78.8%、40.3%。建筑业迅猛发展，前三季度建筑业产值同比增长82.3%，对经济增长的贡献率达52.3%。有机农业、设施农业、光伏现代农业等生态高效农业加快培育，大凉山农产品商品率达90%。启动全域旅游规划，邛海入选首批国家级旅游度假区，安宁河谷960平方千米阳光休闲度假康养、金沙江大峡谷600千米高峡平湖观光休闲、“香格里拉黄金水上走廊”等旅游经济带抓紧规划布局，旅游产业占GDP比重达19.14%。电子商务、现代物流、对外贸易等发展迅速，服务业对经济增长的贡献率达73%。

【对外开放】 创新驱动促改革、扩开放，发展动力活力持续增强。依托攀西战略资源创新开发试验区建设系统推进全面创新改革，深入推进“创业凉山”、“互联网+”行动计划，累计建成稀土产业技术研究院等综合性科研平台14个，49家电商企业入驻大凉山电子商务产业园区，科技进步对经济增长的贡献率达到45.2%。全面落实重点领域关键环节改革举措，细化明确43项重点改革工作措施，统筹推进中央、省、州级29项改革试点示范，农业农村、国资国企、财税金融、教育卫生、行政管理等领域改革纵深推进。供给侧结构性改革取得积极进展，完成60家企业淘汰落后和化解过剩产能任务，90多万平方米商品房库存加快化解。积极融入“一带一路”、长江经济带国家战略，围绕产业发展、资源利用、技术创新等实施精准招商，成功举办四川国际文化旅游节、西昌国际马拉松赛、科博会凉山主题日等节展赛事活动，2016年共签约招商引资项目77个，协议引资504.4亿元，到位州外资金468.9亿元。

【基础设施建设】 2016年，夯实基础补短板，增后劲，加快突破发展瓶颈制约。加快构建四川南向出川大通道区域性综合交通枢纽，强力推进交通建设大会战，公路总里程增加到2.6万千米，实现州府到县主干线畅通，乡镇通畅率达82.5%，建制村通畅率达99.4%，成昆铁路扩能改造控制性工程取得重大进展，宜攀、西昭、西香、乐西、永会等高速公路项目前期工作加紧进行，G5京昆高速泸黄段改扩建启动实施，总投资超2000亿元、规划期投资403亿元的第二轮“凉推方案”全面启动。持续推进农田水利建设，大桥水库灌区二期、盐源龙塘水库等项目加快实施，治理水土流失面积2080平方千米，实施地质灾害治理项目205个，新增有效灌面48.66万亩。凉山电力“一张网”规划落地实施，县（市）城区和重点乡镇4G网络实现全覆盖。深入实施“绿化凉山行动”，全面开展大气、水、土壤污染防治，大力构建科学协调的发展空间、集约高效的生产空间、宜居适度的生活空间、山清水秀的生态空间，筑牢长江上游重要生态屏障，森林覆盖率达45.1%。

【城乡统筹发展】 科学有序建城镇、育新村，城乡统筹发展协调推进。牢固树立“推进新型城镇化就是稳增长、调结构、惠民生”理念，以人的城镇化为核心，统筹空间、规模、产业“三大结构”，生产、生活、生态“三大布局”，规划、建设、管理“三大环节”，发挥西昌首位城市带动作用，推动西昌、德昌、冕宁同城化发展，会理、会东、宁南一体化发展。支持有条件的县建设绿色城市、智慧城市、绿化模范县。培育一批特色鲜明的工业强镇、商贸重镇、旅游名镇。现代化生态田园西昌加快建设，会理撤县设市前期工作就绪，全域凉山“一圈四群”现代城镇体系基本形成，城镇化率提高到32.44%。推动城镇内涵提升式发展，西昌市省级海绵城市、省级中小城市综合改革配套、会理县省级宜居县城等试点及乡镇行政区划调整、农业转移人口市民化等工作有序推进，全州17个县（市）城区、80%的乡镇、60%的村庄达到“四化”标准。

【精准脱贫攻坚】 2016年，全面落实精准扶贫精准脱贫方略。坚持把脱贫攻坚作为最大的政治、最大的民生，锁定778个预脱贫村、16.48万人预减贫人口年度任务，瞄准“两不愁、三保障”“四个好”目标，深入推进“七个一批”行动计划、“18个扶贫专项”和住房、基础设施、产业、教育、卫计、禁毒防艾、农民夜校“6＋1”工作方案，抓落实的工作导向，坚持抓两头带中间，分类区分梯次推进脱贫攻坚；坚持抓重点补短板，集中力量解决突出困难问题；坚持抓基础谋长远，切实增强贫困群众内生动力；坚持抓机制强保障，汇聚形成脱贫攻坚强大合力。各级领导干部“州不离县，县不离乡，乡不离村”，推动各项工作落地落实落细，全年省下达的490个贫困村退出、11.32万人贫困人口脱贫任务圆满完成。

【社会和谐稳定】 深入推进法治凉山建设，依法维护社会和谐稳定的大好局面。牢固树立“富民强州兴凉，重在厉行法治”思想，围绕提升全域凉山治理体系和治理能力现代化，坚持问题导向，推进依法治州，切实把经济社会发展各项事业全面纳入法制化轨道。一是深入开展宣传教育，全民法治意识明显增强。推动群众性法治文化活动制度化、常态化，创新开展“法律七进”，强化法治主题宣传教育，深化“三下乡”活动，加强法治文化阵地建设，推动示范创建全覆盖。二是统筹推进依法治理，社会法治良序加快形成。针对不同区域、群体特点，分片区推进法治凉山建设。在安宁河谷地区，将依法治理与优势资源科学开发紧密结合起来，探索建立生态环境补偿机制和资源有偿使用制度，规范水电、矿产等优势资源开发秩序，大力发展法治经济。在大凉山彝区，集中开展法治宣传及惩治毒品犯罪等专项行动，推动各项工作进入法治化轨道。在木里藏区，全面开展“学法用法年”活动，突出依法治寺、反分维稳，完善落实木里长足发展长治久安“20条基本经验”，深化“文明和谐寺庙”创建，木里持续成为全国最稳定藏区之一。三是大力建设“平安凉山”，社会大局和谐稳定。坚持用群众工作统揽信访工作，推动领导接访、干部下访制度化、常态化，推进诉讼分离改革，建立“三调联动”机制，全州信访形势持续好转。依法加强社会面管控，健全立体化社会治安防控体系，深化网格化服务管理体系建设，保持对各类违法犯罪活动的严打高压态势，群众安全感、幸福感不断提升。实行最严格的安全生产责任制，扎实做好防汛抗灾、抢险救灾等工作，实现重特大安全事故“零发生”。

【党的全面建设】 全面推进从严治党各项部署落实，党员干部作风明显好转，各级领导班子凝聚力、战斗力明显提升，为经济社会发展提供坚强组织保障。一是坚持把思想建党放在第一位，突出抓好“两学一做”学习教育，拧紧党员干部思想“总开关”。紧扣“加快脱贫奔康、夯实执政基础、推动跨越发展、实现长治久安”主题，在全州10272个党组织、20.8万名党员中开展“两学一做”学习教育。广大党员干部争做合格党员，争当干事先锋、扶贫模范。二是突出抓好州县乡换届工作，锻造引领凉山发展的坚强执政骨干。坚持党管干部原则，鲜明好干部标准和“三重”导向，规范程序，发扬民主，从严把关，把想干事、能干事、会干事、干成事、不出事的干部选出来、用起来。新一届州委班子和17个县（市）、567个乡镇、5333名党委委员的选举全面实现组织意图，换届环境风清气正，领导班子和干部队伍活力全面增强。三是突出抓好党建工作责任落实，推动基层组织全面进步。严格落实党组织书记第一责任和“三级联述联评联考”制度，建立问题、责任、整改、成绩“四大清单”，探索党建“互联网+”模式，全面提升基层党建工作水平。转化提升软弱涣散村党组织508个，组建“苏施”党支部631个、边界区域联合党组织392个，15个工业园区全部建立党工委，非公企业和社会组织党组织覆盖率分别达76%、82%，“四型”党组织创建率达96.7%。大力培育“百乡千村好书记”，选派2072名优秀干部担任贫困村“第一书记”。四是突出抓好“廉洁凉山”建设，构建不敢腐、不能腐、不想腐的长效机制。坚持挺纪在前，积极开展纪委对同级党委常委会监督试点，持续深入推进作风建设，从严防范和查处各种隐形、变异的“四风”问题，教育党员干部严守党纪党规，不踏红线，不触底线。

（供稿单位：州委办／审核：周乃祥／撰稿：周卫平）

中国共产党凉山彝族自治州第八次代表大会

The 8th CPC Liangshan Yi Autonomous Prefecture Congress

【选举党代表】 2016年，全州共有中共党员20.8万人，共选举出席凉山州第八届党代会的代表498名。代表中，各级领导干部319人，占代表总数的64.1%；各方面生产和工作第一线代表179人，占 35.9%；妇女 128 人，占总数的 25.7%；少数民族 251 人，占总数的 50.4%。

【中国共产党凉山州第八次代表大会】 2016 年 11 月 26 日，州委在西昌召开严肃换届纪律，加强换届风气监督专题培训会。州委书记林书成主持并讲话。省委换届风气现场督导组相关人员到会指导。参加州第八次党代会的全体代表参加培训。

2016 年 11 月 26 日，中国共产党凉山彝族自治州第八次代表大会在西昌召开预备会议，林书成主持。会议通过大会议程、主席团成员名单、代表资格审查委员会成员名单、大会秘书长名单。

2016 年 11 月 27—29 日，中国共产党凉山彝族自治州第八次代表大会在西昌邛海宾馆召开。大会应到代表 498 人，实到 496 人，符合规定人数。林书成代表中国共产党凉山彝族自治州第七届委员会向大会作了题为“决战贫困、转型跨越，为建设美丽幸福文明和谐新凉山而努力奋斗”的报告。报告分五个部分：一、总结过去五年工作；二、展望未来五年发展；三、锁定脱贫奔康目标；四、加快转型跨越步伐；五、落实从严治党责任。州委副书记主持大会。大会充分肯定州第七次党代会以来的工作。大会还审议通过中共凉山州第七届纪律检查委员会工作报告、关于中国共产党凉山彝族自治州第七届委员会报告的决议、关于中国共产党凉山彝族自治州第七届纪律检查委员会工作报告的决议。大会批准林书成同志代表中共凉山州第七届委员会所作的报告。

大会选举产生中国共产党凉山彝族自治州第八届州委委员、州委候补委员、州纪律检查委员会委员。其中州委委员 62 人（按姓氏笔画为序）：马小宁、马廷贵、马燕灵（女，彝族）、子克拉格（彝族）、王永贵（彝族）、王荣华、王顺云、瓦西亚夫（彝族）、毛正文（彝族）、尹江涛（彝族）、邓天友、石一鲁实（彝族）、龙伟（彝族）、冯斌、达久木甲（彝族）、曲木伍牛（彝族）、曲木克古（彝族）、朱学雷、伍松（藏族）、刘宁、刘峰、刘若尘、刘俊文、刘晓博、苏嘎尔布（彝族）、李俊、李怀良、李德强、杨卉（女、彝族）、杨文泉、杨昌林（彝族）、杨腾斌（彝族）、肖正权（彝族）、何绍忠（彝族）、余明良、沙文（彝族）、沙英（女，彝族）、张力、张伟、张振国、阿石拉比（彝族）、陈文、陈华（彝族）、陈方勇、陈忠义、陈建生、环江红（白族）、范文清、林书成、罗古阿吉（彝族）、周述、周乃祥、赵勇、袁洪、高峰、郭均、黄玉超、商拉批（彝族）、曾令举（女）、赫绍洪（彝族）、蔡光阳（彝族）、黎平；州委候补委员 13 人（按得票多少为序，得票相同按姓氏笔画为序）：肖渝文、陈军、李云会（女）、沙马友古（彝族）、罗卫平、游开军、薛文贵（藏族）、沙科（彝族）、张邛林、蔡军（彝族）何建梅（女，彝族）、周大海（彝族）、龚灏；纪律检查委员会委员 45 名（按姓氏笔画为序）：万东升、王玉萍（女）、王建春（彝族）、毛金廷（彝族）、石芳（女，彝族）、卢建平（彝族）、白史且（彝族）、吉里列布（彝族）、伍春（女，藏族）、伍皎辉、刘刚、刘怡（女）、刘学强、刘家元、杜刚、巫阿琼（女，彝族）、李英（女，彝族）、李峰、李金智（彝族）、杨龙（彝族）、杨新、沙智明（彝族）、沙德康（回族）、沙马木机（彝族）、沈文忠（彝族）、宋和远、张力、张杰、张剑、张强、张国波、张泽加、张建西、范洪春、岭明（彝族）、屈祎、胡卫东（彝族）、姚云成、晏文飞、徐教林、殷德清（彝族）、黄武、黄西虎（回族）、韩树敏（女）、蔡忠。

【中国共产党凉山彝族自治州第八届委员会第一次全体会议】 11 月 29 日下午，中国共产党凉山彝族自治州第八届委员会第一次全体会议在西昌举行，林书成主持会议。全会选举产生中共凉山州第八届委员会书记、副书记、常务委员。林书成当选为州委书记；苏嘎尔布，陈忠义、龙伟当选为州委副书记；张力、陈文、刘俊文、张伟、冯斌、阿石拉比、曾令举、沙文当选为州委常委。全会批准中共凉山州第八届纪律检查委员会第一次全体会议选举产生的中共凉山州第八届纪律检查委员会书记、副书记、常务委员。

纪检监察

Discipline Inspection and Supervision

【概况】 2016年，全州纪检监察机关准确把握正风反腐新形势，围绕中心，服务大局，强化监督执纪问责，奋力推进廉洁凉山建设，全州纪检监察机关受理信访举报量下降11.6 %，群众满意度指数提升至83.96，不敢腐的震慑作用充分发挥，不能腐和不想腐的效应初步显现，党风廉政建设和反腐败工作取得明显成效。州纪委监察局荣获全州“先进基层党组织”，“创先争优”活动先进集体、党风廉政建设责任制先进单位、“四好”活动先进班子、全州“双联”及干部驻村帮扶工作先进单位、全州社会治安综合治理和平安建设先进单位、2016年度综合目标考核先进单位等殊荣。监督问责、执纪审查、宣传教育、脱贫攻坚“三大一严”专项行动等工作在省纪委会议上作经验交流发言。

【“两个责任”】 2016年，州纪委坚持把党风廉政建设与“五位一体”建设同研究、同部署、同督查，坚持和完善州委常委主体责任清单制度、层层“签字背书”制度、定期报告主体责任落实情况、常委会会前学纪等制度，构建定责、明责、履责、述责、追责“五责一体”工作体系。坚持“半年一检查、一年一考核、两年一表扬”奖惩激励机制，取消3个单位评先评优资格，约谈6个责任制考核和社会评价排名靠后的单位党组织主要负责人。州纪委认真落实党内监督专责，约谈县（市）党委、政府党组、州直部门党组（党委）和纪委（纪检组）主要负责人235人次，开展任前廉政谈话3805人次。全覆盖落实述责述廉制度，各级党组织书记和单位内设机构主要负责人向纪委（纪检组）述责述廉20789人次。坚持“一案双查”，倒逼责任落实，问责落实“两个责任”不力的领导干部27人。

【正风肃纪】 2016年，州纪委认真贯彻落实中央八项规定精神和省、州十项规定，在坚持中深化，在深化中坚持，紧盯重要节点、隐形变异，坚决防止“四风”反弹回潮。全州纪检监察机关开展作风督查209次，发现并督促整改问题266个，零容忍查处违反中央八项规定精神问题，立案28件，处分33人，通报曝光21件、26人。及时回应群众关切，对群众反映强烈的行业领域开展集中整顿，立案517件，处分533人，内部通报96件，公开曝光81件。围绕脱贫攻坚，持续深化“三大一严”专项行动，对全州2072个贫困村全覆盖开展廉政教育大宣讲，重点抽查脱贫项目151个、财政专项扶贫资金31.4亿元，发现整改问题43个，立案66件，处分58人，谈话函询99人。落实省委巡视整改，查处侵害烟农利益的烟叶收购站长、点长57人，查处领导干部干预项目招投标、从中索贿受贿等问题，立案14件，处分14人，移送司法机关8人，约谈函询135人。强化换届风气监督，严肃查处违反换届纪律问题，立案49件，处分63人，确保换届风清气正。

【纪律审查】 坚持把纪律挺在前面，实践运用“四种形态”，全面推行以审理为中心的执纪审查质量把关机制，创新实践“哑铃型”纪律审查模式，保持惩治腐败高压态势。全州纪检监察机关处置问题线索2662件，立案1366件，处分1378人，谈话函询或要求在民主生活会上作说明926人次，党纪轻处分或组织处理939人，党纪重处分或重大职务调整613人，严重违纪涉嫌违法立案审查146人，分别占“四种形态”的35.3%、35.8%、23.3%、5.6%。承办中央和省重要交办件9件，立案4件。处分4人，移送司法机关2人。办理省委巡视组交办件223件，立案22件，处分27人，移送司法机关1人。建立容错免责机制，为353名干部澄清问题。坚持惩处与保护相结合，注重执纪审查的政治、纪律和社会效果有机统一，回访教育受处分人员660人。

【巡察监督】 2016年10月21日，成立州委巡察工作领导小组，组建州委巡察办和5个巡察组，优选 8 名领导干部担任巡察办正副主任及巡察组正副组长，公开选调、抽调工作骨干 24 人，从州级部门推荐考察 10 名领导干部组建巡察组长库、50 名干部组建巡察人才库。分类推进县（市）巡察机构设置，各县（市）党委共组建 17 个巡察办、39 个巡察组，加快巡察制度建设，推动巡察监督向基层延伸。落实“常规巡察全覆盖、专项巡察多领域、巡察‘回头看’常态化”要求，突出政治巡察，深化“四个着力”，采取“州带县”“一托N”“点穴式”等方式，开展泸沽湖旅游景区“两违”问题和换届风气专项巡察，发现问题线索 215 件，移交问题线索 116 件。根据巡察移交问题线索立案 7 件，给予党纪处分 37 人，移送司法机关 1 人，诫勉谈话 2 人，初步发挥巡察利剑震慑作用。

【源头治理】 贯彻积极预防战略，建立执纪审查和预防腐败承接联动机制，对 20 个案发单位开展查防承接联动治理。完善廉政风险防控机制，动态调整廉政风险点 240 余个，制定完善防控措施 160 条、规章制度 50 项。加强行权运行电子监察，对行权平台运行推动不力的 14 个县和 9 个州直部门进行书面函询，对 12 个县和 18 个州直部门分管领导进行集体约谈，持续强化权力运行制约监督。着力加强媒体监督、群众监督和自我监督，举办“阳光政务”节目 31 期、全媒体直播“阳光问廉”节目 2 期，协办省《阳光政务》政风行风热线栏目凉山行，督促有关部门解决或整改问题 43 个。围绕“阳光凉山·清廉彝州”主题，打造“一书、一片、一网站、一中心”警示教育品牌，组织 1.8 万名干部到州法纪教育中心接受教育。

【纪律检查体制改革】 2016 年，全州推进县（市）纪委内设机构和职能调整，全面落实“8+1”内设机构改革方案，新增办案机构 17 个，成立法纪教育中心 17 个，新增事业编制 67 人，从事监督执纪问责机构和人员分别达 78.5%、76.9%。采取单独派驻和综合派驻相结合，积极推进派驻纪检机构改革。落实“两为主”要求，分类建立纪委书记、副书记和纪检组组长、副组长备用人选库，实现提名和考察以上级纪委会同组织部门为主；健全完善问题线索处置办法、重大事项请示报告、重点工作分别约谈、交叉办案、提级办案、目标考核等制度，推动查办腐败案件以上级纪委领导为主。加强反腐败协作，司法机关、审计机关、组织部门向纪检监察机关移送案件 322 件、324 人。

【机关扶贫】 聚力帮扶定点联系的雷波县精准脱贫，选派委局机关 2 名年轻干部分别担任汶水镇颜家湾村、铜厂沟村驻村“第一书记”，牵头协调争取项目资金 4600 余万元、社会扶贫募捐资金 150 余万元，出资 26 万余元帮扶建档立卡贫困户 55 户，启动异地搬迁安置 83 户，完成 20 户彝家新寨、35 户房屋功能改善、47 户危房改造、15.5 千米通村公路硬化、12.7 千米道路防护栏、10 千米新建改建饮水等基础工程，引导贫困户养殖山羊 1200 余只，种植核桃 2400 余亩、白茶 2 万余株。

【队伍建设】 扎实推进“两学一做”学习教育和机关“双创”活动，集中开展“学习领会习近平总书记重要讲话精神”教育活动，以治理和防止“四气”为重点，教育引导纪检监察干部严守政治纪律和政治规矩，保持谦抑的品格，坚守忠诚、干净、担当。落实“四个提名考察办法”，坚持在党的干部队伍“大池子”中统筹考虑纪检监察干部，圆满完成州、县（市）、乡（镇）三级纪委班子换届工作。强化培训提升素质，先后选派 25 批 38 名干部参加上级纪委业务培训；举办纪检监察干部业务培训班 9 期，培训 1100 余人次；开展新任县（市）、乡（镇）纪委班子成员集体廉政谈话、集中培训和业务测试。注重正向激励树标杆，向中央纪委和省纪委推荐嘉奖 3 名纪检监察干部、1 个先进集体。坚持严管厚爱，解决“灯下黑”问题，受理涉及纪检监察干部信访举报线索 26 件，立案 16 件，处分 17 人，约谈、函询、诫勉谈话 7 人。

（供稿单位：州纪委 / 审核：姚云成 / 撰稿：税洪昌）

组织工作

Organization Work

【概况】 2016年,州委组织部认真贯彻落实中央、省委和州委决策部署,始终突出决战贫困、决胜小康的现实紧迫性,坚持组织工作职能与"五大发展理念"融汇,不断深化党的建设和干部人事制度改革,较好地完成各项目标任务,为加快建设美丽幸福文明和谐新凉山提供坚强组织保证和人才支撑。

【换届工作】 2016年,州委和县(市)领导班子换届选举工作圆满结束,人事安排100%实现组织意图。在乡镇领导班子换届中,集中调整科级干部431人,全州567个乡镇选举产生4804名党委委员。在县(市)领导班子换届中,全省范围统筹选拔17名年轻干部,州内跨行业跨领域选拔近50名优秀年轻干部到县(市)党政班子任职。17个县(市)调配"四套班子"及法检"两长"496人,继续提名148人,新提名348人。换届后17个县(市)党政班子年龄、学历等方面显著优化。

【领导班子和干部队伍建设】 进一步规范干部选任工作。制定出台《凉山州干部选拔任用工作操作规程》,认真贯彻新修订的《党政领导干部选拔任用工作条例》,严格执行《凉山州进一步规范选人用人工作的实施意见》等"1+7"配套文件,规范细化干部选任环节程序。州委常委会共研究干部357人,其中提拔领导职务57人,平级交流调整49人。落实县级领导班子和领导干部差异化标准及结构模型化选配办法、综合分析研判和综合考核评价实施办法,深入解掌握州级部门、县(市)领导班子运行情况、整体结构和领导干部履职情况、作风表现。大力实施"1+5"优秀干部人才递进培养计划,全州县(市)领导班子换届中,130名优秀后备干部人才被提拔重用到县级领导岗位,乡镇换届中1192名优秀年轻干部被提拔重用到乡镇领导岗位,118名优秀年轻干部被提拔交流到县级部门领导岗位。从11个贫困县特别是边远贫困乡镇,分批选派218名优秀年轻干部到省直部门、省内经济发达区县顶岗挂职锻炼。从安宁河流域县(市)统筹选派10名具有乡镇领导工作经历的优秀年轻干部,到脱贫攻坚重点乡镇担任党委书记;从州级部门选派30名,从县(市)选派70名优秀年轻干部到计划生育和禁毒防艾重点乡镇挂任党委专职副书记;县级机关选拔34名优秀年轻干部,到脱贫重点乡镇担任党委书记。打破身份限制,从乡镇事业编制人员、驻村"第一书记"、优秀村干部、大学生村干部等基层"四类人员"中公开选拔乡科级领导干部376人,从服务基层项目人员和优秀村干部、优秀工人、农民中考试录用乡镇机关公务员201名,占全省1/7,创历年新高。

【干部人事制度改革】 着力推动干部能上能下渠道逐步畅通。认真学习贯彻《推进领导干部能上能下若干规定(试行)》《四川省推进领导干部能上能下实施办法》,完善《凉山州县级领导班子和领导干部综合分析研判实施办法》,将党建目标责任制、脱贫攻坚、禁毒防艾、月考年评等方面的考核结果与年终综合分析研判有机结合起来,建立干部考核实绩台账,切实考准考实"下"的干部。出台《凉山州推进领导干部能上能下实施细则(试行)》,按照标准考核、初拟对象、调查核实、结论认定、提出建议、研究决定、实施调整的程序。注重表扬激励干部,州委在"七一"表扬100名优秀共产党员、60名优秀党务工作者、100名优秀驻村"第一书记",成功推荐表彰全国优秀共产党员1人、推荐省委表彰优秀共产党员9人、优秀党务工作者5人。探索实施《凉山州干部职工"家庭团聚工程"》,积极稳妥解决干部职工长期两地分居问题。严格执行县以下机关公务员职务与职级并行制度,全年研究干部晋升正县级40人。

【干部教育】 2016年,州委组织部在干部队伍教育工作中,紧扣"四个全面"战略布局和“十三五”规划，抓好新常态新理念培训，提高各级干部政治素质和专业能力。深入实施能力素质提升工程，灵活采取“集中教学＋专题辅导＋外出考察＋基地实践＋分组学习讨论”方式，分层分类组织开展培训130期，培训1.09万人次，实现基层党组织书记和党务干部全覆盖。坚持党校培训与高校、社会培训机构有机结合，在清华大学、浙江大学、重庆大学举办重点专题培训班8期，共培训干部600余人。选派70批444人次参加中央党校、全国组织干部学院、省委党校等国内外知名学院的学习培训。选派3个批次3人参加境外专题培训。打造西昌生态文明建设、航天科技教育及红色革命培训基地，挂牌成立四川凉山会理会议党性教育学校、四川凉山彝海结盟党性教育学校，依托凉山特色资源开展党性教育培训。组织3次共877人参加拟任县处级党政领导职务政治理论水平任职资格考试，协助做好省委党校凉山教学点2016年414名研究生招考、政审工作，完成11名县级干部的学历学位变更工作。

【干部监督】 围绕换届工作，全面落实干部“双向谈心谈话”制度，严格执行《凉山州县处级干部“不严不实”行为表现及处理办法》和《干部选拔任用“一评议、两核查、两公示”实施办法》等6个干部监督工作文件，对全州县级、科级干部常态化全覆盖开展月考年评，推进干部选任监督管理制度化建设。全面落实中央组织部《关于组织人事部门对领导干部进行提醒、函询、诫勉的实施细则》，深入贯彻执行干部任用四项监督制度，强化经常性提醒、函询力度，共函询领导干部179人，提醒党委（党组）整改问题68件。严格执行中组部《关于加强干部选拔任用纪实工作的若干意见》和省委组织部《党政领导干部选拔任用工作纪实办法（试行）》，常态化开展选人用人“5+3”、“三超两乱”、“企业兼职”、“带病提拔”倒查和“裸官”清理等专项整治。集中对2015年度“带病提拔”的党政领导干部选拔任用过程进行倒查，协助省委组织部对5名县处级干部进行倒查；责成所涉及倒查对象范围的县（市）委组织部，对6名科级干部进行倒查。受理群众来信来访举报147件，接待群众来访举报15人次，对24起反映违反换届人事纪律的举报及时组织力量进行认真查核，对省委组织部交办的44件立项督办件进行调查回复。

【基层党建】 持续开展“分类提升大行动”，倒排确定588个整顿对象，及时调整不胜任现职、工作不在状态的125名村党组织书记，3747个村全覆盖建立村务监督委员会。分层建立2219个非公有制企业和968个社会组织“五个清”台账，“两新”组织覆盖率分别达到53.4%、60.2%。全力推进“决战贫困·党员在行动”计划，州管党费划拨300万元，确定落实贫困村示范项目2200余个、示范对象4700余名。稳步强化保障投入，足额兑现村、社区3万元、5万元工作经费和5万元、10万元的服务群众专项经费。全面推行“一述四评”模式，开展党组织书记抓党建工作述职评议考核，建立健全党委（党组）班子成员向本级党组织报告履行党建工作责任制。坚持“苏施”统筹、域内优选、共同培养、规范提高原则，全年发展党员5204人。深入实施党员教育培训全覆盖计划，树立党员创业明星500余人，培训基层党员4万余人次。深化“走基层”“双报到”活动，机关党员干部集中深入基层一线蹲点3轮以上，与困难群众结对29.6万个，帮助解决困难问题10万余个，协调落实项目663个，为群众办实事1.2万件。全州第一书记累计制定脱贫计划2900余个，确定发展目标13000余个，启动发展项目5100余个，协调落实各项资金4.36亿元。创新开展第一书记倒排整顿提升行动，倒排确定107名整顿对象，召回7人，提拔重用226人。加大正向激励，择优选拔119名第一书记进入乡镇领导班子，“七一”期间，集中评选表扬300余人。统筹整合村支部活动室、村小幼教点等资源，投入1577万元，在全省率先开办农民夜校，实现贫困村、贫困群众100%覆盖，累计开展培训4645期，参训30.8万人次。

【人才队伍建设】 持续开展“百千万”和“万名乡土人才”培训工程，培训300名企业管理人才、大学生创业者，培训藏（彝）区1000名教师和1000名医务工作者，培训10000名农村实用人才。实施“英才计划”，共回引100多名本籍专业技术人才。引进中央民大博士研究生、西南民大副教授1人，到县（市）党政班子任职；通过公开考聘、直接到省内外高校考核选聘等方式，引进各类专业人才700余人。积极开展2016年省“千人计划”申报工作，实现凉山州省“千人计划”零的突破。从985、211高校引进急需紧缺专业选调生32名，招录普通选调生61人。对接省委，认真组织实施“对口帮扶藏区彝区”干部人才工作，接收对口帮扶干部334人，全州选派73名干部人才到省级部门、省内发达区县挂职，接收安排中央国家机关、省级部门下派的49名干部人才。

按照每人每月800元人才津贴、每人每年840元保健费的标准，为管理期内省州学术技术带头人、省优专家、省特级教师、国务院政府特殊津贴专家和州拔尖人才发放津补贴和保健费共162万余元。

【主题教育活动】 “两学一做”学习教育有序推进。制定《学习教育工作规范》，扎实开展党员组织关系集中排查工作和“双找双配套”活动，排查失联党员545人，劝退、除名20人。持续开展“党员政治生日”活动，抓严抓实“三会一课”，着力落实党员领导干部双重组织生活制度，推动学习教育落细落小、常态长效。围绕“四个专题”，分级举办80余期示范培训班、专题辅导班，持续开展思想理论、法纪、警示、先进典型、革命传统和民族团结“六项教育”，组织开展两轮身边先进典型大宣讲，分批组织6000余名基层党员干部到州法纪教育中心接受现场教育。出台《凉山州党政机关等8个领域党员10种不合格典型表现》，梳理汇总不合格典型表现并制定整改措施，强力整顿588个软弱涣散党组织。印发《关于在“两学一做”学习教育中开展三项整改“回头看”的

州委常委、组织部部长、州委党校校长张伟调研冕宁县“两学一做”学习教育开展情况

通知》，切实巩固提升整改成果，着力构建“十个常态长效”。广泛开展“我为党旗添光彩”活动和“共产党员示范行动”，评选命名州级示范岗200个、示范团队100个、示范单位60个。全面开展“党员四问”活动，创新“五讲党课”方式，组织3000余名党员领导干部、1万余名党组织书记、100余名第一书记、300余名先进模范讲党课2万余场次。

【自身建设】 紧扣“革命化、专业化、规范化、常态化”不断加强自身建设。深入开展“五带五争”活动，组织机关干部职工通过参观州法纪教育中心、观看廉政警示教育片等方式开展党风廉政教育4次，利用“组工干部周末学习会”“组工干部月讲堂”平台，部机关3个“楼层党支部”开展思想政治、廉洁自律教育10次。全年分期分批选派300余人次组工干部赴州外省内、省外参加各类学习培训交流，部机关选派10人到清华大学、江西干部学院等地跟班培训。修订完善《组织部机关制度汇编》《目标管理办法》等管理制度，加强组工干部行为监督约束规范。完成“大组工网”分级保护建设项目工程，建立涉密计算机打印、刻录、对外信息交互登记表和外部数据资料导入涉密计算机审批记录表，健全完善各项保密制度。围绕“两学一做”学习教育“四个专题”，部班子召开专题学习会6次。选派3名党员干部到木里县李子坪乡

白草坪村、乔瓦镇锄头湾村和昭觉县支尔莫乡勒尔村蹲点帮助工作，协调民生建设项目12个，涉及资金1000余万元。部机关全体党员干部分批次到白草坪村开展“走基层·送温暖”活动，协调州水务局、州移动公司、好医生药业集团帮助解决生产用水难、手机信号差、产业发展难等问题。

（供稿单位：州委组织部／审核：张剑／撰稿：李忠海）

宣传工作

Publicity Work

【概况】 2016年，全州宣传思想文化战线深入学习宣传贯彻习近平总书记系列重要讲话精神，牢固树立政治意识、大局意识、核心意识和看齐意识，围绕坚持中国道路、弘扬中国精神、凝聚中国力量，充分发挥思想引领、舆论推动、精神激励和文化支撑作用，为推动全州脱贫攻坚、转型跨越，加快建设美丽幸福文明和谐新凉山提供有力的理论支撑、思想保证、精神动力和文化条件。

【理论武装】 持续把学习宣传贯彻习近平总书记系列重要讲话精神引向深入，突出领导干部这个“关键少数”，健全完善党委中心组学习制度，结合“两学一做”活动，形成“一条主线、十二项专题”的学习安排。全年共举行州委中心组学习会14次，完成党委中心组“六个一”模式的集中学习3次，参学率在95%以上。深入开展州、县、乡、村四级联动宣讲，创新思路，大胆尝试创作国学经典情景宣讲，编制《凉山脱贫攻坚农民夜校培训大纲》，利用农民夜校、“三下乡”等平台，更好地推动理论宣讲进机关、进企业、进工厂、进学校、进寺庙、进村社，州级领导60余人次、县级领导500余人次、科级干部1200余人次、其他宣讲骨干和基层干部3000余人次参与大宣讲17000余场，直接受众360万人，党员覆盖面达98%。组织征订《习近平总书记系列重要讲话读本（2016年版）》等理论学习辅导资料11万余册，编印6000余册州委中心组学习参考资料并分发至州委中心组成员、州直各部门和各县（市）。

【意识形态】 把意识形态工作作为党的建设和政权建设重要内容，明确各级党委（党组）意识形态工作的主体责任和基本职责，定期研判意识形态工作，加强责任落实监督检查。落实党管媒体要求，严守政治纪律和政治规矩，坚持政治家办报、办刊、办台、办网，牢牢掌握媒体宣传的领导权、管理权和话语权。突出爱国、守法、感恩基调，加强藏区意识形态工作，确保藏区和谐稳定。把互联网作为宣传思想工作重要阵地，大力发展以“凉山快讯”“凉山党政参考”为代表的本土手机媒体，全国首个彝语手机报上线运行，全州党政机关、企事业单位和人民团体政务公众账号有170余个。坚持依法管网治网，建立健全网络安全和信息化工作统筹协调机制，切实增强主动性，掌握主动权，打好主动仗，较好地处置《悬崖上的村庄》《四川最穷的地方有多穷？孩子十年没吃过肉》等舆情，使客观真实报道成为主流舆论走向。

【舆论引导】 认真学习贯彻习近平总书记在党的新闻舆论工作座谈会上的重要讲话精神，坚持团结稳定鼓劲和正面宣传为主，对中共十八届六中全会，省委十届九次全会，州委七届九次、十次全会和州八次党代会等会议精神进行深入细致的宣传，为全州发展营造良好氛围。精心策划组织“发展新常态”“脱贫攻坚”“幸福美丽新村”“四好创建”等系列主题宣传，充分展示“十二五”期间特别是中共十八大后的发展成就，准确解读“十三五”规划和全州全面推进脱贫攻坚的决策部署。重视回应群众期盼，疏导公众情绪，通达社情民意，有的放矢搞好舆论监督。改进创新对外宣传，深入挖掘凉山特色、凉山元素、凉山实践，利用好国际文化旅游节、西博会、科博会等有利平台，充分展示凉山大山大水大资源、改革发展新形象新成效。大力开展“纪念红军长征胜利80周年”“行进凉山·精彩故事”“2016年四川国际文化旅游节”“2016邛海湿地国际马拉松赛”“帆船赛”“海外华文媒体美丽四川凉山行”“大凉山冬季阳光音乐季”等大型主题采访活动,讲好凉山故事,传播凉山声音。

【核心价值观建设】 深入实施《凉山州社会主义核心价值观建设“3554”工程实施方案》,发挥示范引领作用,设立州国税局、盐源县卫城镇大堰沟村、西昌市海河社区居民委员会等10个社会主义核心价值观建设示范点。持续深化精神文明创建,文明城市(县城)、文明校园、文明村、文明户等创建工作稳步推进。深入推进“四好”创建工作,引导群众积极践行社会主义核心价值观,促进文明乡风的形成。广泛开展先进典型评选,1户家庭荣获“全国最美家庭”称号,1人荣获“中国好人”称号,14人荣获“四川好人”称号,1人荣获全省“最美警察”称号,2人荣获全省“最美医生”称号,53人荣登“凉山好人榜”。组织开展全民读书教育活动、国学经典诵读活动等主题实践活动,继续加强“道德讲堂”规范化建设工作。扎实开展学雷锋主题实践活动,组织开展志愿服务活动10万余次。建成155所乡村学校少年宫,组织开展各类未成年人道德实践活动5000余次。

【文化建设】 大力建设文化设施,积极推进公共文化服务示范站点建设“五十百千”工程,建成16个公共图书馆、5个公共美术馆、18个公共文化馆、3745个农家书屋。完成文化惠民扶贫项目投资1.6亿元,其中州委宣传部投资2931万元,完成766个幸福美丽新村(社区)文化院坝建设计划。深入开展“深入生活、扎根人民”主题实践活动,大凉山惠民音乐会、“艺术感恩大地”千乡播梦行动、文化科技卫生“三下乡”、“欢乐藏区行”暨“法律七进”等活动“遍地开花”。倾心打造文艺精品,大型民族歌剧《彝红》继续热演,34集电视剧《彝海结盟》顺利完成并在央视八套黄金强档播出。原生态彝族母语故事片《我的圣途》在国际国内电影节上广受好评。完成大型电视纪录片《彝问》的拍摄工作。大凉山第一台彝文化旅游风情实景剧《阿惹妞》正式推出。圆满完成2017年央视春晚凉山分会场工作,实现主题突出、规模宏大、特色鲜明、影响巨大的目标,充分彰显“凉山特色、四川风格、中国气派、国际水准”。

【作风建设】 教育引导宣传思想文化战线领导班子和干部队伍牢固树立政治意识、大局意识、核心意识、看齐意识,在思想上、政治上、行动上始终同以习近平总书记为核心的党中央保持高度一致。在全州新闻战线持续深入开展“三项学习教育”活动、“走转改”活动和“两学一做”学习教育,扎实开展习近平总书记在党的新闻舆论工作座谈会上讲话精神的专题学习讨论活动。加大干部教育培训力度,举办凉山州新闻发言人及舆情引导培训班,选派州级机关宣传文化单位负责人、县(市)宣传部负责人、乡镇宣传委员和文化专干,参加中宣部和省举办的专题培训班。以党建工作为抓手,严肃党内政治生活,强化党内监督,着力构建惩防体系,派出优秀干部到联点村任第一书记,落实“一帮一”帮扶举措,下沉基层开展帮扶工作,以此促进干部队伍作风转变。

(供稿单位:州委宣传部/审核:刘长猛/撰稿:宋兴龙)

统战工作

United Front Work

【概况】 2016年,州委统战部深入学习贯彻习近平总书记系列重要讲话精神和中央、省委、州委关于统一战线一系列决策部署,充分凝聚统一战线智慧力量,围绕中心服务大局、聚集“四个全面”献计出力,充分发挥统一战线广大成员积极作用,全州统战工作取得新成绩。

【思想政治建设】 坚持政治引导,凝心聚力,组织全州统一战线广大成员深入学习贯彻中共十八大和十八届四中、五中、六中全会，省委十届八次、九次全会，州委七届九次、十次全会和州第八次党代会精神，切实统一思想、凝聚人心、汇聚力量。把学习贯彻中央、省委、州委统战工作会议和习近平总书记系列重要讲话精神及《中国共产党统一战线工作条例（试行）》（简称《条例》）、《四川省〈中国共产党统一战线工作条例（试行）〉实施细则》（简称《实施细则》）、《中共凉山州委关于贯彻〈中国共产党统一战线工作条例（试行）〉和〈四川省〈中国共产党统一战线工作条例（试行）〉实施细则〉的实施意见》（简称《实施意见》）作为全州统一战线首要政治任务，结合正在开展的“两学一做”学习教育，把贯彻落实《条例》《实施细则》《实施意见》情况作为评价全州统战部门工作水平和作风的重要标准，以严的态度、实的精神，认真学习宣传和贯彻落实。全州统战系统和统一战线广大成员思想行动进一步统一到中央、省委、州委的决策部署上。全面贯彻落实中央、省委、州委关于统一战线一系列决策部署，州委办下发《关于做好迎接中央、省委统一战线工作领导小组调研检查工作的通知》，制定《迎接中央、省委统一战线工作领导小组调研检查责任分工方案》，积极自查整改，在综合各县（市）和州级相关部门自查报告的基础上，形成《中共凉山州委关于贯彻落实中央、省委关于统一战线工作一系列决策部署情况的自查报告》，经州委审定后报省委统战部。在全州党外干部中创新开展“同心促廉·廉洁从政”主题教育活动，深入开展“两学一做”学习教育。切实加强教育培训，结合实际制定《“两学一做”学习教育工作方案》和《2016年党支部学习计划》，召开动员大会，积极开展正面教育和“四问”活动，深入开展学习讨论，深刻领会实施“三大发展战略”、全面创新改革、脱贫攻坚、依法治州、“十三五”发展等重大部署，切实增强贯彻落实中央、省委、州委关于统一战线一系列决策部署的自觉性和坚定性。

【党外代表人士队伍建设】 坚持州委常委联系民主党派和党外代表人士制度、州政府相关部门对口联系各民主党派州委和州工商联制度，13名州委领导联系27名民主党派、无党派代表人士，21个州政府部门对口联系各民主党派州委和州工商联。认真学习贯彻《中共中央关于加强政党协商的实施意见》和《中共四川省委关于加强政党协商的实施意见》，深入基层一线调查研究，结合实际草拟《中共凉山州委关于加强政党协商的实施意见》，在征求12个州级相关部门（单位）和4个民主党派州委意见后，报州委办政策法规科进行合法性审查，经部务会议研究同意，报州委深化改革组办公室，并经州委审定下发执行。协助州委制订《2016年度中共凉山州委同各民主党派州委政党协商计划》，明确协商内容、形式、程序，落实调研经费，支持民主党派、工商联和无党派人士开展考察调研、建言献策，召开调研成果汇报会专题听取调研成果汇报。州委《中国共产党凉山彝族自治州第八次代表大会上的报告》、州政府《政府工作报告》等涉及全州经济社会发展的文件和有关人事安排，按程序征求各民主党派州委、州工商联、无党派代表人士的意见；州委、州政府召开研究部署全州经济社会发展工作的会议，邀请各民主党派州委负责人参加；对全州重大工作推进情况的视察调研，邀请担任人大代表、政协委员的民主党派人员参与。州委全年召开或委托州委统战部召开情况通报会、征求意见会9次；在全国、省、州“两会”上，民主党派人大代表和政协委员提交提案、议案389件，14件被列为重点提案；民主党派、工商联、无党派代表人士120人次参与全州重大工作视察调研，提出意见、建议250余条。坚持“四个一样”原则，建立每个民主党派领导班子8名后备干部人才库。主动帮助各民主党派州委解决办公、编制、职级待遇等方面的困难和问题。成立以州委常委、统战部部长为组长的换届工作领导小组，制定《关于协助各民主党派州（市）委搞好换届工作的实施意见》，严把政策界限，严格工作程序，严肃换届纪律，扎实开展换届各项工作。民革、民建、九三学社州级组织圆满完成换届工作。积极推进党外代表人士“六个共同”培养使用工作机制创新，在分类建立6个领域630名副科级以上党外人士、200名党外代表人士、54名县处级无党派人士信息数据库的基础上，对州级95名、县级49名正科职党外干部基础数据进行补充登记。全省党外干部实践锻炼凉山基地正式成立，3名州外的优秀党外干部到凉山州挂职锻炼，凉山州选派1名党外干部到省党外干部实践锻炼——成都基地挂职锻炼。加强教育培训，提高能力素质，先后选派1名党外干部参加中央统战部藏区党外知识分子研修班培训，8名党外代表人士分别参加全省党外人大代表班、政协委员班培训，8名党外干部分别参加全省县属局级党外干部研修班、县处级党外干部研修班培训，8名党外代表人士分别参加全省民主党派干部班、无党派人士班、藏区党外知识分子班、新的社会阶层党外代表班、中华职教社党外代表班培训。推荐20名科研院所、企事业单位、新经济组织、新社会组织、非公有制经济组织中的少数民族人士和新的社会阶层代表人士进入省委统战部党外代表人士数据库，夯实党外代表人士队伍建设工作基础。凉山州党外知识分子联谊会正式成立，选举产生第一届领导班子，吸纳会员115人，制定《新的社会阶层人士调查工作方案》，全州依法登记的社会组织1646个，其中州级292个；律师行业协会1个，会员311人，其中代表人士19人；登记在册新媒体企业7户，从业人员146人，其中代表人士6人。制定《政协凉山彝族自治州第十二届委员会委员、常委人事安排方案》，报经省委统战部批准和州委审定。加强党外人大代表候选人的推荐、党外政协委员的提名工作，严格按程序提出符合条件的党外州人大代表、州政协党外委员初步建议人选，认真组织考察、公示，征求监察部门和相关单位的意见，认真开展综合评价，与各民主党派、工商联和无党派代表人士协商，在征求州委组织部和州政协党组意见后报八届州委第五次常委会审定。对县（市）政协换届人事安排方案进行审核把关，指导17个县（市）完成政协换届工作。

【民族宗教工作】 2016年，认真贯彻中央、省委民族工作会议精神和《中共中央关于加强和改进新形势下民族工作的意见》，大力宣传党的民族宗教政策和《中华人民共和国民族区域自治法》，增进“五个认同”。充分发挥“彝海结盟”纪念馆、凉山彝族奴隶社会博物馆等民族团结教育基地作用，广泛开展民族团结进步“六进”活动，及时妥善处理涉及民族因素的矛盾纠纷，“三个离不开”思想深深扎根民族地区。加大少数民族干部培养、选拔和使用力度，全州少数民族党员74022人、占党员总数的39.5%；党政机关少数民族干部11787人，占干部总数的42.4%；少数民族人才75.4万人，占人才总数的33%。认真贯彻落实中央第六次西藏工作座谈会和省委藏区工作会议精神，继续深化“领导联系、县乡结对、部门包寺、干部联僧”工作，完善寺庙依法管理“十四条”规定、寺庙僧人入寺管理等12项制度，健全佛事活动社会稳定风险评估、报批审核、应急处突、情报信息研判、社会影响评价等制度体系，严格执行“三个一律不准”，坚持“两真两严”治理机制，实行网格化管理。积极开展“学法守法年”“教风建设年”“送文化、送法律进寺庙”等活动，充分发挥“马背（摩托）宣传队”骨干作用，320名队员持证上岗，深入藏区进村入寺开展普法宣传。协同推进藏区“六大民生计划”实施。深入推进攀枝花市和浙江省湖州市对口援藏工作，争取两个市的援藏资金4126万元，实施援藏项目15个。州财政设立每年1000万元的专项资金支持木里藏区新居建设。深入推进藏传佛教文明和谐寺庙创建，全面开展寺庙达标升级督查，巩固2座省级文明和谐寺庙，13座寺庙升级为州级文明和谐寺庙。组织民管会主任十余人到青海、甘肃学习交流，组织教职人员4批次20余人次参加省委统战部培训。积极帮助宗教界人士解决生活、医疗、社保等方面的困难和问题。全年无严重危害社会稳定的刑事案件、重大公共安全事故及重大群体性事件发生，无僧人参与达赖“庆生”活动，木里长治久安、长足发展“20条基本经验”在全省藏区县推广，木里藏区持续成为全国最稳定藏区之一。

【经济联络工作】 继续实行州级领导联系企业制度，在州委、州政府支持中小微企业发展42条政策措施基础上，进一步制定支持工业企业稳增长促发展的8条意见，建立民营经济发展联席会议制度，将重点民营企业纳入州级领导干部“五个一”联系点制度进行联系帮扶，帮助企业进一步理清发展思路，明确发展目标，解决实际困难，助推非公有制企业加快转型升级。全州民营企业1.62万家、个体工商户14.12万户，从业人员31万人。非公有制经济增加值768.69亿元，占GDP比重达54.8%。持续在全州非公有制经济人士中开展以“信念、信任、信心、信誉”为主要内容和以“守法诚信、坚定信心”为重点的理想信念教育实践活动，举办理想信念报告会3场。增强非公有制经济人士对中国特色社会主义的信念、对党和政府的信任、对企业发展的信心、对社会的信誉，进一步增强法制意识、诚信意识、危机意识和风险防范意识。切实加大教育培训力度，着力培育新一代优秀企业家，安排3名民营企业家参加在新西兰举行的优秀企业家培训班培训；选派3名商会党组织负责人分别在井冈山、遵义参加企业、商会党组织建设培训；组织州工商联班子成员参加在攀枝花举行的西南片区商会改革培训会；组织州工商联主席参加省社会主义学院党外政协委员班培训；选派2名新生代企业家在中央社会主义学院学习培训；安排2名木里藏族企业家参加省委统战部在浙江大学举办的培训；组织5批次共40余名非公有制经济人士参加“智汇四川·同心讲堂”教育培训。在州“两会”上，非公有制经济人士政协委员提交提案、议案20件。在州委非公有制经济综合党委所属基层党组织中开展“双强六好”和“四型”党组织创建活动，实行目标管理，推动分类提升，对在州工商局注册登记的3384户企业进行摸底调查，建立“五个清”台账，清理流动党员326人、失联党员12人，深入基层党支部开展党建工作督导点评16批次。深入开展“两学一做”学习教育，举办学习培训会6场（次），培训基层党组织负责人160人次，864名在职党员认真开展“重温入党誓词、作出庄严承诺”主题党日活动。加强党员队伍建设，在所属非公有制经济党组织中设立党员示范岗68个、示范团队5个、示范单位10个，选举3名非公有制经济党员为州第八次党代会代表，全年发展新党员35人、入党积极分子30人。组织1名党委书记、4名党支部书记分别参加省委、州委组织部举办的专题培训。积极开展“走基层”送温暖活动，慰问贫困党员26人、老党员5人，送去慰问金20000元。积极深入企业、商会调研，协助解决实际困难，调研走访企业80余家、商会7家。德昌县志能稀土公司、四川好医生攀西药业公司、西昌市达达商贸公司被评为全省优秀民营企业，西昌市、雷波县被评为促进民营经济发展工作先进单位，西昌市工商联被评为全国“五好”县级工商联，会理县工商联被评为全省“五好”县级工商联。在省委统战部协调下，法国DLBT集团董事长罗兰·布朗一行于1月和8月到西昌考察康养项目，初步达成开发协议。加拿大福慧教育基金会会长谢国雄一行先后到西昌、会理、美姑、昭觉、金阳、布拖6个县（市）开展扶贫助学探访活动，开办“福星班”和“女子班”。截至年底，资助学生4400余人，捐助金额8000余万元。推荐4名贫困学生到成都香港“李锦记”希望厨师班学习，选派14名非公有制经济人士参加香港中小企业博览会，推荐2名留欧美人员参加四川省欧美同学会。

【换届工作】 成立以州委常委、统战部部长为组长的第五届凉山州工商联（总商会）换届工作领导小组，制定《第五届凉山州工商联（总商会）换届方案》，报州委同意后执行，下发《关于认真做好州工商联第五次会员代表大会代表和执委、常委人选推荐工作的通知》，对非公有制经济代表人士常委、执委、代表名额和推荐条件、产生办法、推荐程序等作出明确规定，召开换届动员会，安排部署换届工作。召开州工商联换届大会，选举产生第五届凉山州工商联（总商会）领导班子，顺利实现工作交接。

【精准脱贫工作】 州委统战部对口帮扶美姑县牛牛坝乡阿波觉村，选派1名优秀青年干部担任第一书记，组成工作组深入该村调研，结合实际制定《关于对口帮扶美姑县牛牛坝乡阿波觉村精准帮扶规划》和《定点帮扶美姑县牛牛坝乡阿波觉村2016年度帮扶计划》。2016年，主要领导和相关领导带领工作组9批次深入美姑县检查指导脱贫攻坚工作。积极开展2016年贫困村退出验收工作。州委统战部自筹资金10万元，在阿波觉村实施"借羊还羊"项目；协调资金410万元，实施"民族团结示范村"项目、通村通组公路建设、发展产业等项目；筹集资金1万元，为村两委购置办公设备；"走基层"慰问贫困群众200余户，送去价值20万元的慰问品。

【自身建设】 严格执行中央八项规定和省、州"十项规定"，以"三严三实"和"好干部"标准，切实加强思想政治建设、领导班子建设、干部队伍建设和机关制度建设，进一步创新统战工作方式方法，努力提高科学决策、民主决策和统筹兼顾的能力，以"政治坚定、业务精通、作风过硬"为目标的统战干部队伍建设工作取得新成绩。围绕统一战线工作重点、难点问题开展调查研究，形成高质量的实践创新课题调研报告4篇、理论创新课题调研报告5篇。其中《学习贯彻落实〈中国共产党统一战线工作条例（试行）〉及四川省〈实施细则〉的做法及成效》《创新开展"同心促廉·廉洁从政"主题教育活动，确保党外干部队伍健康成长》荣获2016年度全省统战工作实践创新优秀成果奖，《凉山民主改革经验及启示》《藏区维护稳定重点难点问题研究》《青年一代党外人士统战工作研究》荣获2016年度全省统战理论政策研究成果三等奖。州委统战部被评为2016年度全省统战信息工作先进单位、2016年度州直部门综合目标绩效考评先进单位。安全、消防、保密、统计、宣传、信访、财务、公车、档案、老干部等工作取得新成绩。

（供稿单位：州委统战部／审核：高旦珠／撰稿：陈敏）

州直机关党建工作

Party Building of Offices Directly under the CPC Liangshan Yi Autonomous Prefecture Committee

【概况】 2016年，州直机关工委和机关各级党组织认真学习贯彻中共十八届四中、五中、六中全会精神和习近平总书记系列重要讲话精神，以开展"两学一做"学习教育为契机，贯穿从严治党主线，紧扣"服务中心、建设队伍"两大任务，不断加强机关党的思想建设、组织建设、作风建设、反腐倡廉建设和制度建设，不断增强机关党员干部践行"五大发展理念"的积极性、主动性、创造性。

【思想建设】 以"两学一做"学习教育为契机，加强思想建设。以中心组理论学习、"三会一课"、组织生活会、换届专题民主会等形式把学习贯彻习近平总书记系列重要讲话精神进一步引向深入，切实用讲话精神武装头脑、指导实践、推动工作。州县两级机关主要负责人到各基层党组织上党课2624场（次），到扶贫联系点讲党课1567场（次）；机关党组织书记讲党课2585场（次）。州县两级机关共举办支部书记、党务骨干培训班338场次，培训8402人（次）。州直工委首次对州直机关583名基层党支部书记开展"两学一做"学习教育进行全覆盖培训，对67名机关党务干部和县（市）直工委书记进行专题教育培训。

【作风建设】 州委、州政府调整州级领导干部"五个一"联系分工，加强精准扶贫工作指导，州四大班子主要领导分别联系指导17个县（市）4个片区；其余36名州级领导以11名州委常委牵头，联系11个国家扶贫开发工作重点县；其他州级领导联系指导6个非重点县（市）。年初，由州人大常委会、州政协领导及工委负责人带队，分赴各县（市），对各县（市）和州直部门开展帮扶工作督查及2015年度考核；对贫困县社会经济发展实绩考核干部驻村帮扶工作进行核查。动员和组织各方力量，形成帮扶工作强大合力。省直以上单位由25个增至105个，州级新增帮扶单位22个。2072个建卡贫困村第一书记驻村开展帮扶工作。州直机关通过“五个一”帮扶机制、“走基层”等活动务实开展，上下联动，合力推进脱贫攻坚进程。全州共确定帮扶项目6274个，总投资达56.5亿元。扶持种养植业1487个，协助成立专业合作社2213个，受益贫困户达46576户。新建住房22618户，危房改造18398户。全年全州522个帮扶贫困户退出。

【组织建设】 推行机关党组织负责人集中述职报告制度，把领导班子创“四好”活动、基层党组织分类大提升等工作有机结合，完成对州直机关93个直属机关党建工作、94个部门领导班子创“四好”工作和113个部门的党风廉政建设工作的考核。发展党员73人，组织培训入党积极分子113人。责令398个基层党组织重新核定2008年以后党费缴纳基数并补交党费，共追缴党费267.5万元。州直机关党组织负责人对2015年度履职情况进行述职，州委党校等15个单位党组织负责人进行现场集中述职。州委常委、州委秘书长、州直机关工委书记龙伟主持会议并对现场述职的党组织负责人工作情况进行点评。“七一”前夕，召开州直机关纪念建党95周年暨“创先争优”总结表扬大会，对10个关心支持机关党务工作先进党组（党委）、80个先进基层党组织、160名优秀共产党员、80名优秀党务工作者进行表扬。

【反腐倡廉建设】 贯彻从严管党治党新要求，养成严守政治纪律和政治规矩好风气。全年组织州直机关4248名党员干部到州法纪教育中心接受廉政教育。深入开展“三大一严”专项督查、“违规收送礼金”专项行动。坚持把纪律挺在前面，实践运用“四种形态”，抓好州直机关纪律审查工作，保持反腐高压态势。2016年，州直机关共接受信访举报141件，处置反映问题线索115件，其中谈话函询类57件，占处置总量49.6%，超过“五类线索”处置标准的要求，立案16件，全部结案，给予党政纪处分14人，上缴涉案金额58.6万元。按照党组织隶属关系和处分管理权限，州直纪工委全年对州直机关5名党员干部给予相应的党纪处分决定，其中享受副县级1人，科级及以下4人；党内警告处分1人，严重警告处分1人，留党察看2人，开除党籍1人。向上级纪委提出党纪处分处理意见25人。认真开展纪律处分执行情况专项检查，印发文件要求州直机关开展自查整改工作，发现并整改问题3类6个，开展2015年度受处分人员回访教育3人，恢复党员权利1人。

【统战、群团工作】 以党建带群建，抓好统战、群团工作。在州直机关开展2016年“四新”（新理念、新形象、新作为、新跨越）机关文化建设主题讲堂活动。全年成功举办4季，共93个单位、320名党员干部参加。把城乡环境综合治理“进机关”工作与全国民族团结进步创建活动示范州、全国文明城市、双拥模范城等创建活动结合起来，不断深化环境优美示范建设。组织83个州级机关、部门捐款101万余元，各单位自筹550余万元，全部用于对口帮扶点的困难群众，确保建档立卡贫困户和其他困难群众安全温暖过冬。全年共协助9个工会进行换届选举，新建立工会4个。州直基层工会组织共101个，工会会员6534人。开展丰富多彩的文体活动。

【宣传工作】 在《凉山日报》开设《凉山党建》专栏，宣传州直机关工委和机关各级党组织工作的主要动态。其中，凉山日报宣传29次、凉山快讯·党政参考宣传13次,凉山电视台宣传14次,《时代先锋》杂志宣传8次,四川机关党建网站宣传25次。

(供稿单位:州直机关工委/审核:杨太荣/撰稿:王佳)

机构编制

Institution Establishment

【概况】 2016年,全州机构编制工作紧紧围绕“四个全面”战略布局,牢固树立和贯彻“五大发展理念”,以“围绕一条主线、注重两个坚持、突出三大重点”的工作思路,抓住深化改革这条主线,注重坚持“围绕中心、服务大局”和“严控总量、盘活存量、优化结构、增减平衡”的工作要求,突出深化行政管理体制改革,持续推进简政放权,优化配置机构、编制、资源三大重点工作,在改革发展、服务中心、规范管理和提升能力水平方面取得可喜成绩。凉山州的行政权力责任清单、政务信息等工作获得省委编办通报表彰,2个县(市)和2人被省委编办、省人社厅分别表彰为先进集体和先进个人,1人被省委编办表彰为最佳干部。

【服务中心大局】 充分发挥职能作用,创新“加、减、乘、除”管理体系,即聚合资源优势做“加法”、倒逼盘活资源做“减法”、健全职责体系做“乘法”、政事分开做“除法”,以机构编制资源的科学配置,全力服务州委、州政府中心工作。围绕脱贫攻坚,为州、县(市)扶贫工作机构充实力量,11个贫困县扶贫移民局均增核领导职数。围绕禁毒防艾、交通大会战、纪检改革、民生工程等,先后推动公安警力下沉,加强艾滋病防治局、海事管理机构力量。下达17个县(市)共1760名县级事业编制,设置消防中队、中心敬老院等机构,加强和完善公共服务体系,提高公益服务和保障能力。

【行政审批制度改革】 严格遵循“职责法定、问题导向、便民高效、公开透明”的基本原则和“权责对应、权责一致”的基本要求,狠抓“三报三审三回三确认”工作流程和“清责、减责、制责、晒责”四个关键环节,认真完成准备部署、自查清理、审核确认、公布清单和总结完善等工作。截至2016年10月底,凉山州作为省首批地区顺利完成编制并公布行政权力责任清单的市州,实现对象覆盖州级所有行权部门(单位)和范围覆盖所有行政权力事项两个“全覆盖”。全州公布权责清单109960项,其中州级6152项,县(市)级103808项。及时制定出台《凉山州权责清单动态管理办法实施细则》,确保权责清单动态调整常态化。该项工作得到省政府充分肯定。

【相对集中行政许可权改革试点】 按照“总体设计、先易后难、分步实施、分领域推进”的工作思路,及时研究拟订凉山州《指导意见》并上报工作方案。整合州、县(市)农业(除农机监理外)、畜牧、水产渔政、动物卫生监督执法职责和队伍,组建统一的农牧渔综合执法机构。集中17个县(市)食品药品、工商、质量监管执法资源,组建统一的食品药品和工商质量监管综合执法机构。在农牧渔和食药工商质量监管执法领域分别撤销32个和28个机构,确保一个领域只有一支执法队伍。完善行政执法程序,建立信息共享、社会参与、信用监管、“双随机、一公开”、执法监督机制和规范财政管理制度。

【旅游景区、工业园区管理机构体制机制改革】 对邛海泸山风景名胜区管理局、摩梭家园暨泸沽湖旅游景区管理局、螺髻山旅游景区管理局3个机构的管理体制进行积极探索和研究,提出一系列改革建议。开展“园政合一”体制机制改革试点,探索制定园区管委会和所在乡镇实行“园政合一”的管理体制。积极开展政府机构职能转变和机构改革检查评估和继续深化经济发达镇行政管理体制改革。

【事业单位分类改革】 截至2016年11月底,全州共有事业单位5174个,应分类事业单位5159个,已分类事业单位4615个,其中行政类53个,公益一类4437个,公益二类121个,生产经营类4个;未分类544个。加强撤、并、减力度,共清理核销"僵尸"单位84个,比2012年底机构数减少63个,核减收回事业编制297人。强化事业单位公益属性,全州新设立106个事业单位,除食品药品和工商质量监管、农牧渔综合执法大队外,其余104个事业单位均明确类别。积极推进部分事业单位改革,将州部分中职学校由部门管理调整为由州教育局统一管理,州妇幼保健计划生育服务中心和州中西医结合医院内设机构进一步规范,新华书店转企改制、国有林场和检验检测相关改革有序推进。

【机构编制管理】 以"两个不突破"和"一个确保"为总要求,以"严控总量、盘活存量、增减平衡、分级负责"的原则,不断创新机构编制管理。严格执行机构编制"三个一"规定,坚持审批机构编制事宜先行调研、控编5%管理等制度,机构编制实行精细化管理。整合运行机构编制统计系统和实名制系统,实现"基本统计+专项调查",不断提高机构编制和人员信息的准确性、真实性和完整性。

【深化控编减编】 将控编减编执行情况纳入各级党委、政府年度目标绩效考核内容和党政主要领导干部经济责任审计内容。积极开展控编减编专项督查,及时指出和纠正县(市)控编减编工作中存在的不足和问题,有力促进控编减编方案执行到位。扎实开展"吃空饷"人员清理,州县共清理出四类"吃空饷"单位48家,共67人,核减"吃空饷"编制66名,收回涉及48家单位空余编制599名。

【事业单位登记管理】 截至2016年底,全州具备独立法人条件的事业单位5130个,已登记事业单位4818个,已登记数占全州事业单位总数的93.9%,网上登记事业单位4802个,网2015年度报告数4620个,年度报告公示率为96.2%;积极督促指导全州各县(市)事登局和州级有关部门开展网上域名注册管理。全州注册域名6865个,注册覆盖率110.8%,全省排名第三。有序推进全州机关、群团及事业单位统一社会信用代码赋码颁证工作。全州事业单位赋码颁证工作已完成56.4%以上,机关、群团赋码颁证已完成33%以上。积极督促指导并已基本完成对盐源县职业技术中学法人治理结构建设试点改革,实现全州事业单位法人治理结构建设试点改革"零"的突破。

【自身建设】 扎实开展"两学一做"学习教育,共组织集中学习30余次,主要领导带头讲党课2次,其余班子成员作党课辅导6次(党风廉政教育2次),组织专题学习讨论5次,共编印宣传简报26期,在报刊、网络上发表文章60余篇。积极开展"双联"及干部驻村帮扶,州委编办领导先后7次带队深入冕宁县和爱乡了解情况,慰问群众,共谋发展大计。2016年,先后为和爱乡星火村33家贫困建卡户送去146套棉衣裤、156床棉被、200桶食用油、200袋大米和干部职工捐赠的慰问金7000元;向基层群众就州委"两学一做"和中共十八届六中全会精神进行面对面、一对一、心交心的宣传宣讲;积极协调有关部门落实项目资金50余万元,用于解决星火村产业发展问题。

(供稿单位:州委编办/审核:李蓉/撰稿:倪春彬)

政策研究
Policy Research

【概况】 州委政研室是为州委决策服务、从事综合性调查研究的部门。2016年,下设综合秘书科、政治科、经济科、社会事业科、政策法规科,州委改革办公室设于政研室,协调推进凉山州全面深化改革工作。

【改革办工作】 研究制定《2016年度改革工作要点》,突出供给侧结构性改革、培育新经济增长点、农业农村改革和扶贫开发、国资国企改革等重要领域,大力推进城乡建设用地增减挂钩试点、精准招商、建筑工业化、村级集体经济发展等重要改革事项。研究制定《2016年度改革台账》,细化落实239项改革任务,梳理《2016年度重点改革任务清单》,明确年度重点改革事项43项。对照州委七届七次、八次全会和州委深改组会议作出的重要改革决策部署,梳理新增改革事项39项。建立深改组会议议程“5+N”制度,每次会议均确定一个主题,采取“5+N”形式规范议程,全年共召开4次深改组会议。建立常态化工作联动机制,及时召开专项小组联络员会议、专项小组办公室联席会议、县(市)改革办主任会议、重大改革工作现场推进会。建立改革督察督办机制,制定《改革工作督察办法》,细化职责分工,明确督察内容、督察方法、督察流程和结果应用等。建立改革绩效考核全覆盖制度,探索推进分类考核形式。编制《专项方案上会审议计划》,明确拟上会审议的专项改革方案41个,分别确定牵头州领导、责任部门、上会时间等要素。细化专项方案出台流程,明确出台专项方案的10个环节,密切配合牵头部门做好方案拟定、讨论研究、征求意见、要素审核、合法性审查等工作。在合法性审查中建立“绿色通道”,前置开展合法性审查。全年共审议通过43个专项方案,超额完成年初确定的目标任务。主动承接、统筹推进中央、省在凉山州布局的改革试点35项,年底前完成9项。比选州级试点示范,经州委深改组会议研究,确定西昌市建筑产业现代化试点等15项试点示范。每项试点示范均明确一个专项小组、一名牵头领导、一个主体部门、一个责任县(市)落实工作责任,制定一个实施方案,落实一定工作经费,安排一年试点时间强化工作保障。全州综合行政执法体制改革试点、会理县宜居县城建设试点等13项正在稳妥推进,民族地区学前教育改革、西昌市网格化管理服务和会东县撤乡建并镇工作等15项基本完成试点任务。将改革工作纳入州委“大督查”范畴,每年集中1个月时间开展全面督察。强化对账督察,所有年度台账任务及时核账对账销账。全州239项年度改革任务有224项已经完成或完成年度改革工作,15项待中央、省部署后实施。开展改革工作“回头看”,梳理健全改革进度清单,将到2020年的改革任务细化为666项,所有改革事项有205项已完成,占总任务的30.8%。开展专项方案评估督察,客观反映专项方案实施情况、取得成效、创新经验、存在问题及原因等,提出下步思路及措施。逗硬督察抓整改,以督察实现反查倒逼、持续加压。起草《中共凉山州委关于全面加强改革落实工作的实施意见》,经州委深改组会议审议通过并印发实施,进一步提高抓改革落实工作的制度化、规范化、科学化水平。9月8日,在会东县召开全州贯彻州委全面加强改革落实实施意见精神暨重大改革工作现场推进会。协调相关部门及时制定已出台专项改革方案年度推进计划,落实专项工作经费、具体工作人员,适时召现场会、办公会、协调推进会抓推进落实。年度43项重大改革事项在扎实推进中取得显著成效。编发和报送《凉山改革动态》《凉山改革专报》43期。《“一村一幼”补彝区教育短板》《凉山州因地制宜探索发展村级集体经济新途径》《西昌市出台“去库存”10条措施》等6篇被四川《改革动态》、中央改革办《改革情况交流》采用。《人民日报》、央视《新闻联播》等媒体、栏目报道“一村一幼”、西昌邛海湿地生态文明改革建设等改革经验,西昌市“创建邛海湿地品牌,打造生态文明示范”入选“2016四川十大改革转型发展案例提名奖”,“创新思路全面深化毒品治理·凉山行动”入选“平安四川”——寻找2016十大公安改革案例。初步构建起宣传部门、改革办、主要媒体“三位一体”的改革宣传联席会议制度。举行全州改革工作首次新闻发布会。

【重大政策研究工作】 2016年,政研室完成州委七届八次、九次、十次全委会重大政策性文件起草任务。牵头起草《关于制定国民经济和社会发展第十三个五年规划的建议》《关于全面创新改革驱动转型发展的决定》《关于推进绿色发展建设美丽凉山的决定》《关于加强和规范党内政治生活严格党内监督巩固发展良好政治生态的决定》。

【重大课题研究工作】 协调服务州领导完成23个重大课题调研，对一些课题提供意见、建议和基础材料，协助完成调查研究、资料分析、文稿撰写等工作。服务州委主要领导和相关领导完成牵头重大课题研究，形成《让绿水青山长驻美丽凉山》《区域经济视角下探索构建安宁河谷经济带升级版》等系列调研成果。立足于恢复性增长、脱贫攻坚等领域，组织完成《提振精气神、激发新动能，全力打好全州经济恢复性增长翻身仗》《扭住问题、攻坚破难，坚定走好凉山特色脱贫奔康之路》等一批重大课题研究报告。

【室内课题研究工作】 聚焦区域经济协调发展、经济恢复性增长等发展瓶颈问题，组织人员外出考察调研，深入基层、群众、企业和扶贫攻坚一线开展调研，形成《关于建设安宁河流域“农、文、旅”休闲度假走廊的调研思考》《关于加快发展村级集体经济的指导意见》《工业视角下凉山实体经济降本减负的调研思考》《加快油橄榄产业发展助力脱贫奔康》等一批重要研究成果，为推动全州重点工作落实提供务实建议。协调指导各县（市）、州级部门工作开展调研，形成《适应新常态、增添新举措，推动西昌经济社会持续科学有序发展》《对凉山州加快易地扶贫搬迁的思考》等34篇成果。

【文稿信息服务工作】 2016年，州委政研室围绕州委全委会、常委扩大会、党外人士座谈会，州委深改组会、改革推进会、现场会、工作汇报会等，高质量完成有关州委领导的主持词、讲话、工作汇报等文稿材料。认真学习、综合研究省委下发征求意见的《推进绿色发展建设美丽四川的决定》《关于加强和规范党内政治生活严格党内监督巩固发展良好政治生态的决定》等文稿，统筹汇总相关意见，立足凉山实际提出修改意见、建议。对相关部门起草的《州第八次党代会工作报告》《政府工作报告》《凉山州相对集中行政许可权改革试点工作意见》等征求意见稿提出修改意见、建议。把做好决策信息服务作为发挥参谋作用的重要抓手，有针对性地对中央和省出台的一些重要政策文件进行学习思考和重点解读，并结合凉山州稳增长和脱贫攻坚实际，及时组织完成《突出“五大重点”，加快推进农业供给侧结构性改革》《让贫困群众共享资源开发“红利”——〈贫困地区水电矿产资源开发收益扶贫改革试点方案〉学习与思考》等系列政策解读和工作建议。注重调研成果和改革典型经验汇编，全年组织编发《领导参阅》59期、《政研通报》8期、《学习与研究——凉山州领导干部调研文汇（2016年）》及《凉山州推进绿色发展资料选编》《改革开放再出发》《全面深化改革资料选编》等文集7本，努力将调研成果转化为决策的参考建议。

【队伍建设】 2016年，召开中心组学习会12次、支委学习会15次、全体党员学习大会50余次，全面学习《中国共产党章程》和《中国共产党廉洁自律准则》《中国共产党纪律处分条例》等党内法规，系统学习中共十八大和十八届三中、四中、五中、六中全会精神，省、州系列重要会议和州第八次党代会精神，深入学习习近平总书记系列重要讲话精神。持续强化对布拖县乌科乡洛呷村的对口帮扶，采取主任“1联5”、班子成员“1联4”、其他干部职工“1联2”的形式，对71户贫困户实行全覆盖挂钩帮扶。因地制宜发展富民增收产业，全年为贫困群众送去帮扶慰问物资合计20万元；协调投入项目资金近40万元，实施安全饮水、进村入户路硬化等项目。引导干部职工深入基层单位、基层群众开展蹲点调研、解剖麻雀，在实践中努力提高调查研究、思考探索能力和文稿写作水平；注重在脱贫攻坚工作一线锻炼干部，选派第一书记、禁毒防艾计生专职副书记、各1人；严格执行换届纪律，1名副主任交流到县上任职；优化干部队伍结构，认真贯彻《党政领导干部选拔任用工作条例》，4月，面向社会公开遴选干部4人，新提任科长2人、副科长2人。

（供稿单位：州委政研室／审核：马孝林　李文静／撰稿：郭先泽　边林）

保密工作
Confidentiality Work

【概况】 2016年，全州保密系统围绕"四个全面"战略布局，以学习贯彻中央关于加强和改进保密工作的意见和省委实施意见为主线，以"十三五"时期全州保密事业谋篇布局为契机，以落实保密工作责任制为抓手，加强组织领导，强化"三大管理"，夯实基础建设，努力推进保密工作转型升级。

【三大管理】 定密管理方面，利用各类保密培训会议、保密检查加大对定密工作的培训指导和督促检查，做好定密责任人确定、定密授权工作，搞好定密、降密、解密事项的自查清理统计和报备工作。网络保密管理方面，严格落实党政机关和涉密单位网络保密管理规定和涉密网络分级保护管理制度，对涉密网络密级确定、标准建设、运维保障和信息流转等全过程实行监控。积极配合省保密局技术测评中心完成全州纪检系统涉密网络建设指导和分级保护现场测评工作。全年全州在涉密人员管理方面审查确定涉密岗位2000余个、涉密人员2000余人。加强涉密人员动态管理，抓好上岗、在岗、离岗等环节保密监管；积极完善涉密人员报备工作，加强涉密人员出入境管理。

【宣传培训】 启动"七五"保密法制教育，组织全州保密系统专兼职干部212人，分两期分别赴上海复旦大学国家保密学院和江西干部学院进行保密培训，第一次实现保密干部异地高校培训历史新突破；先后为全州纪检系统、公务员初任、公安干警、环保系统、群工系统等开展保密培训。全年全州共培训各类人员近万人。保密宣传以悬挂横幅、发放宣传资料、举办专题讲座、播放保密警示教育片等形式加强保密法规宣传。关注"保密观"微信公众号4000余人，持续做好学刊用刊工作，订阅《保密工作》2313份。征订《红色往事：镌刻在红旗上的保密故事》等保密宣传资料2145册。

【法治建设】 严格执行保密法规制度，规范保密行政审查审批，州保密局初步梳理规范行政权力13项，其中行政处罚2项，行政强制3项，行政确认3项，行政检查2项，其他权力3项。各县（市）也建立健全保密行政管理权力清单和责任清单。开展规范性文件审查和备案工作，研究修订《凉山州涉密载体回收销毁管理办法》《凉山州保密工作问责办法》等规范性文件。

【指导管理】 重点加强对党政机关、涉密单位和重点行业、领域的指导管理，开展重点涉密单位周边安全保密环境检查和专项治理，建立军地保密联系工作机制。严格涉密工程、涉密载体印制资质、涉密信息系统集成资质的审查审批工作。依法加强对政府信息公开保密审查的指导监督。全州保密行政管理部门参加人事、财政、教育、卫生、司法等考试的保密指导监督116人次。完成全州17个县（市）和州级各部门的计算机提醒标识发放工作，全州发放张贴标识涉密近2000张、非涉密近4万张。

【监督检查】 健全完善工作机制，加强经常性监督检查，有计划地开展涉密测绘成果、国家统一考试、机关单位网站、重点骨干网络等保密管理专项检查。全面组织开展保密自查自评，涉密工程项目、互联网门户网站等保密管理"三项工作"保密督查，重要军事设施周边环境安全保密督查，涉密资质单位随机抽查。推进保密案件查处工作标准化建设。建立健全保密部门与检察、公安、国安等机关查处泄密案件的协同配合机制，严格执行泄密案件报告制度，加大典型案件通报力度。全年查处违规案件6起，责任人受到党内警告处分1人，通报批评和诫勉谈话11人。

【保密技防】 整合资源和力量，加强沟通协调，统筹推进保密系统信息化建设，优化保密技术装备配备，充分发挥保密技术监管平台作用，建设完成凉山州保密预警中心，进一步提升全州网络保密管理技术手段。全年开展党委、政府重要会议，重要部门、重要涉密场所保密技术检查检测工作保密技术服务70余场次。通过政府门户网站保密检查平台对州政府门户网站、互联网网站、论坛等站点进行保密检查检测。涉密计算机必要技术措施全覆盖安装。扎实抓好涉密载体销毁工作，清退销毁涉密文件7500余份，其他纸质载体20余吨，硬盘、U盘、光盘100多个。

【机关建设】 切实加强全州保密机构和队伍建设。落实国家保密局、财政部《关于进一步加强地方保密工作的通知》要求，确保保密工作所需经费列入同级财政预算。保密系统组织机构建设、干部队伍建设、基础设施建设和技术装备配备等方面取得新的成绩。在全局党员中扎实开展“两学一做”学习教育，认真组织开展学习习近平总书记系列重要讲话精神，把思想教育、党性分析、整改落实、立规执纪结合起来，教育引导党员干部加强党性修养，改进工作作风，为完成业务目标任务、推动保密工作迈上新台阶提供强有力的思想和组织保证。大力实施精准扶贫、精准脱贫战略，从教育、智力、产业、设施等方面，力所能及地帮助联系的贫困村、贫困户解决困难。2016年，以“两学一做”专题教育为强大动力，统筹推进各项工作，精神文明建设、思想政治建设、依法治州、深化改革、信访、组织人事、综治、禁毒防艾、信息、编制等重要保障工作都取得较好的成绩。

【会议情况】 3月24日，七届州委第124次常委会专题听取省委保密委全体（扩大）会议和全省保密工作会议情况汇报，并就认真贯彻落实两个会议精神，结合凉山州实际，从迅速做好会议精神的传达和学习、突出抓好全州重点保密工作、加大督查督办工作力度、加强机构队伍建设等4个方面提出贯彻意见。4月25日，组织召开州委保密委员会全体会议。4月27日，组织召开全州保密工作会议，州委常委、秘书长龙伟出席会议并作讲话，全面安排部署2016年全州保密工作。7月6日，四川省部分市州及区（县、市）保密局局长座谈会在凉山州召开。凉山州、攀枝花、市保密局及区县保密局局长40余人参会。省保密局局长刘永剑出席。

（供稿单位：州保密局／审核：伍斌／撰稿：何丹）

群众工作

Mass Work

【概况】 2016年，凉山州群众信访工作坚持目标导向和问题导向相结合，深化信访工作制度改革，推进法治化建设，开展“信访基础业务提升年”活动，打造阳光信访、责任信访、法治信访、开放信访、和谐信访，驱动信访形势持续稳中向好。

【来信来访、网络投诉受理和督查督办】 全年全州共受理群众来信来访10796件（人）次，同比上升25.8%，其中接待来访1396批、9328人次，分别同比上升4.4%、26.8%；集体上访339批、7321人次，分别同比上升11.1%、31.3%。州、县（市）两级共受理群众来信1468件，同比上升19.3%，其中联名信91件、重复信822件。凉山州群众进京上访70批、96人次，分别同比下降6.6%、12.7%，其中进京非正常上访45批、45人次，批次、人次分别同比下降34.8%；到省上访204批、417人次，分别同比上升108.2%、41.8%，其中赴省集体访16批、119人次，同比下降7.1%、27.3%。办理中央、省级交办件144件，到期结案率100%；州本级立案交办174件，到期结案率100%，息诉罢访率达82.5%；办理复查复核案件25件，已办结25件，办结率100%。全年全州共受理网上信访506件，同比上升2.4%；其中受理人民网地方领导留言248件，省委书记信箱19件，省长信箱127件，国投办转送案件29件、交办案件32件，省信访局投诉受理平台转送案件65件。

【强化领导责任】 州委书记林书成主持召开七届州委第137次常委会议和第160次常委会议，传达学习全省信访工作会议精神，听取凉山州信访工作汇报，部署全州信访工作；3月23日和9月7日，州委书记林书成到州群众来访接待中心接待上访群众，通过远程视频平台检查各县（市）群工局工作情况。原州委副书记、州长罗凉清多次主持召开专题信访工作会议，研究部署涉及民生领域的疑难复杂信访问题，两次到州群众来访接待中心接访，带头带案下访。州四大班子领导接待群众来访54批、431人次，妥善解决43件；县（市）领导接访639批、4292人次，有效解决问题520件。州委副书记、代理州长苏嘎尔布亲自安排信访工作，对重大信访问题和重要敏感时段信访工作亲自协调把关，推动重大信访问题解决；其他分管领导认真履行“一岗双责”。17个县（市）、州直重点部门经常召开党委常委会议、党组会议、政府常务会议或专题会议，安排部署信访工作。

【“走基层工作”】 认真落实中办、国办《关于完善矛盾纠纷多元化解机制的意见》，健全信访风险预警防控机制，落实重大敏感信息通报制度，加强矛盾纠纷和信访问题排查，把问题化解在基层，解决在萌芽状态。全年共排查重大涉稳矛盾纠纷266件，有效化解202件，化解率75.9%。在“走基层”活动中，全州各级领导干部主动接访，带案下访，进村寻问题，入户解难题，确保信访事项案结事。全州各级党政领导班子成员落实领导包案责任制，承担、督办重大疑难信访积案，化解“骨头案”“钉子案”“无头案”，收到“包一件、化一件、稳一片”效果。全年各级领导共包案化解298件信访事项，其中，州级领导包案19件，全部按期结案，息诉息访16件。

【信息化建设】 州、县（市）视频接访系统全面建成，规划设计的139个重点乡镇全部延伸到位，全州视频接访系统通过验收并投入使用，全方位、广覆盖的网上信访工作体系初具规模。开通州、县（市）党政主要领导信箱、群众投诉受理平台和“凉山信访”网站，初步形成“信、访、网、电”四位一体，以网上受理为重要载体的诉求表达格局。各级信访工作机构和有权处理机关受理办理的群众来信、来访和网上投诉全部纳入网上流转，基本实现信访信息全录入、基础业务全流转、统计数据全生成、办理过程全公开。对省委书记、省长信箱、州委书记、州长信箱及人民网“留言板”办理回复，做到“件件有着落、事事有回音”。全年全州共受理网上信访506件，同比上升2.4%。

【依法信访】 一是开展越级走访专项治理活动。4月8日起，在全州开展为期两个月的越级走访专项治理活动，加强矛盾纠纷和信访问题排查，推动各地分类分级做好越级走访专项治理工作。二是完善非正常上访联动处置工作机制。配齐配强驻京驻蓉工作力量，加强重大活动、重要节点和敏感期间信访工作，确保依法规范处置。三是坚持依法规范信访秩序。各级各部门认真执行州人民法院、州人民检察院、州公安局、州司法局《关于依法处理违法上访行为的指导意见》，依法打击上访活动中的违法犯罪行为，促进信访秩序持续好转，全年全州共依法惩治违法上访人员17人，判处有期徒刑3人，行政拘留3人，治安训诫11人。

【积案化解】 认真落实信访工作约谈、责任倒查和向组织部门通报情况制度，压实有权处理信访问题部门主体责任，以问责问效推动问题解决；加大“三跨三分离”信访事项协调力度，实行台账式管理，落实主办责任和协办责任，加强沟通协商，推动信访积案难案化解。采取集中梳理排查、综合施策攻坚、统筹实地督查等方式，使用特殊疑难信访专项资金，推进积案化解。使用中央特殊疑难信访问题专项资金132万元，各县（市）配套303.3万元，化解信访积案44件；使用州专项资金60万元，化解特殊疑难信访积案11件。完善群工部门与相关部门相互参与、密切协作的常态化督查机制，4月18日至5月28日，州信访联席办组建5个督查组，深入17个县（市），通过实地查看现场、约见信访人、查阅案卷材料、听取汇报和约谈责任地区相关单位工作人员等方式，对省委巡视组交办的103件案件和省、州交办的81件积案难案进行实地督导检查，推动各地有效化解长期积累的信访积案难案45件。同时，对重点和热点信访问题采取随时实地督查的方式，推进信访工作的开展。2016年，省交办的33件信访积案，已办结33件，息诉息访27件，息诉息访率81.8%；州信联办自行梳理排查的88件信访积案，已全部办结，息访息访71件，息诉息访率达80.7%。

【机制建设】 一是探索工作机制。对已多次处理、信访人仍不满意的信访事项，特别是终而不结的涉法涉诉案件，邀请人大代表、政协委员、法律工作者等第三方参与评议，鼓励和吸引不同领域、不同行业具有专业知识的专家学者和具有丰富实践经验的群众代表组成群众信访工作专家库参与信访工作，提升信访工作公信力、群众满意率。2016年6月，建成由30个州直部门推荐的50名相关领域专家学者、党员代表、人大代表、政协委员、离退休老干部、基层群众代表、法律人士、信访群众组成的信访事项第三方评议专家库。完善信访工作向组织部门通报、约谈和责任倒查、预警信息通报、集体访应急处置、第三方评议等一系列制度和办法，推动信访工作制度化、规范化、法治化。二是全面提升能力。2016年10月，对州委群工局全体干部、17个县（市）群工局干部、20个州级重点部门和15家重点国有企业分管信访工作负责人及专兼职信访干部开展培训，提高处理信访事项的能力。同时，开展“两学一做”活动，加强理论学习和党性教育。“七一”前夕，群工局党支部开展知识竞赛、重温入党誓词、召开座谈会、组织收看中国共产党成立95周年大会等系列活动。发挥工会、妇联等群团组织作用，规范开展职工文体活动，加强机关文化建设。按照年初党风廉政建设工作方案，2016年8月，群工局纪检员分别对全局中层干部和重要岗位工作人员进行廉政谈话，进一步强调各科室及重要岗位人员的廉政建设职责。同时，严明党的政治纪律和政治规矩，中层以上干部全部签订党风廉政责任书。健全党员直接联系服务群众、第一书记驻村帮扶工作制度；走访慰问建卡贫困户、贫困党员和五保户。提升社会治理能力，配合全州网格化服务管理工作。

（供稿单位：州委群工局／审核：杨成华／撰稿：张志杨）

精神文明建设

Spiritual Civilization Construction

【概况】 2016年，全州深入学习贯彻习近平总书记系列重要讲话精神，紧紧围绕凉山州经济社会发展大局，以培育和践行社会主义核心价值观为主线，深入开展新农村“四个好”家庭创建活动、公民道德建设、未成年人思想道德建设、群众性精神文明创建活动、志愿服务活动等各项工作，为打赢扶贫攻坚战，实现与全国全省同步小康的奋斗目标提供强大思想保证、精神动力和文化条件。

【新农村“四个好”家庭创建活动】 将新农村“四个好”家庭创建作为全州脱贫攻坚重要抓手，强化组织领导，抓好载体建设，探索创建措施，有序推进新农村“四个好”家庭创建活动。一是在州脱贫攻坚指挥部移风易俗组中成立领导小组，制定下发《关于新农村“四个好”家庭创建工作的意见（试行）》，对“四个好”家庭创建标准进行量化，明确县（市）2016年目标任务。二是紧紧围绕培育新型农民、培育优良家风、培育文明乡风、培育优美环境四个方面，组织开展中国梦、社会主义核心价值观、党和政府强农惠农福农政策、法律法规、文明礼仪、禁毒防艾知识、现代农业技术、创业就业技能培训等宣传活动2万余场，刊播刊载“四个好”家庭创建活动新闻稿件5000余篇；大力推进建庭院、建入户路、建沼气池和改水、改厨、改厕、改圈活动，以及城乡环境综合治理、农村垃圾“无害化”处理等专项整治工作，促进村容村貌整洁有序；在农村、学校深入开展以洗手、洗脸、洗脚、洗澡、洗衣被为主要内容的个人卫生习惯养成教育活动；全州3000余个村修改完善村规民约，评选表彰一批州级、县（市）级的“四个好”家庭创建示范户。三是确定德昌县、昭觉县的6个村作为州级试点村，在州级相关部门指导配合下，探索出“1334”创建模式和“579”工作模式。

【公民道德建设】 举办凉山州首届广播电视公益广告创作大赛，评选出汉语电视类一等奖4个、二等奖6个、三等奖7个、汉语、彝语广播类一等奖2个、二等奖3个、三等奖2个；在全州各级电视台共播放社会主义核心价值观宣传内容1500余次；刊载公益广告254版；电台播放公益广告2000余次，总长560分钟；开展公共场所公益广告宣传3万余次。以“我们的节日”为主题，在传统节日期间，组织开展群众性文体活动4000余场次，参与群众600多万人次。以强化宣传发动、开展信用评价、开展集中整治、创建“无传销城市”、推进“百城万店无假货”等活动为载体，深入开展道德领域突出问题专项教育和治理工作，强化社会诚信建设，提升全社会整体道德水平。全州共开展食品药品、消费领域、质量领域等专项整治行动30余次，发放各类宣传资料20余万份，458人纳入失信被执行人名单，25人被限制高消费，1人被限制出境。抓住道德教化这个基础性环节，深入开展“身边好人”推荐评选活动，全年共选树“中国好人”1人、“四川好人”14人、“凉山好人”53人，“全国最美家庭”1户、“全省最美警察”1人、“全省最美医生”2人，开展“身边好人”巡讲活动785场，参与群众达53.3万人次。在全州选树10个州级社会主义核心价值观示范单位。

【未成年人思想道德建设】 加强已建成的107所中央和省级乡村学校少年宫管理和使用，并争取上级支持，投入720万元，在11个贫困县新建中央彩票公益金支持的乡村学校少年宫项目48个；投入28万元，在西昌市航天学校建设州级青少年心理成长指导中心；指导普格、昭觉2所学校开展学生浴室试点建设工作，推进学生行为习惯养成教育，阻断不良习惯代际传递。深化与相关部门的协调配合，出动执法人数3347人次，查处违法经营户32户，取缔“黑网吧”27户，收缴盗版淫秽书刊200余册、音像制品50余张。检查校园周边餐饮食品店701家，疏导食品流动摊贩134家，责令整改12户，全面清除质量不合格及过期的食品。组织开展“做一个有道德的人”、“清明祭英烈”、青少年读书教育活动、优秀童谣评选、中华经典诵读、“童眼看世界”等主题教育实践活动6000余场（次），参与学生达200万人次；推荐上报优秀童谣15首，推荐的2名少年荣获全省“美德少年”称号；派出21名优秀学生和2名老师参加省文明办组织的青少年读书活动夏令营；多名学生和老师在全省未成年人系列活动中获奖。

【群众性精神文明创建】 加强对西昌市创建全国文明城市的指导力度，协助西昌市形成全国文明城市创建“六张清单”，以定制化的方式，落实工作职责和任务，推动全国文明城市创建工作的深入开展。指导西昌市、德昌县、越西县开展第四届四川省文明城市创建工作。强化10个新申创省级（最佳）文明单位和5个文明村镇的业务指导力度，并顺利通过省检查组现场检查。以美丽乡村建设和7个省级“新家园、新生活、新风尚”示范村项目建设为载体，抓住民风建设和环境整治两个重点，开展农村生活垃圾专项治理、城乡环境综合治理，以及文明村镇、文明集市、文明城镇创建等工作，促进农村精神文明建设工作的深入开展。

【志愿服务工作】 争取省上支持，先后投入123万元，在全州建立61个社区（乡镇）标准化志愿服务站，并解决11个贫困县“学雷锋爱心联盟”活动经费，不断夯实基层志愿服务平台。制定下发《关于加强基层志愿服务站建设的通知》，明确基层志愿服务站的职能职责，规范志愿者管理工作，探索奖励激励机制建立，并与四川文明网合作，开通志愿者管理平台。组织开展“党员社区义工日”“幸福凉山·青年志愿服务活动”“银色人才十大志愿服务活动”“健康文明新生活宣传志愿服务行动”“三支一扶”等具有凉山特色的主题志愿服务活动10万余次，参与志愿者达60余万人次，服务群众200余万人次，提供服务咨询8万余次，清扫街巷近2000条，清除“牛皮癣”6万余条，开展文明劝导活动3543次，捐赠生活用品和捐助款1000余万元。积极参与“四川志愿携手圆梦”系列主题活动，美姑县的日伟举荣获全省“十大最美志愿者”称号，团州委的“青艾天使乡村社工志愿服务项目”被评为全省“十佳志愿服务项目”，4人荣获全省“百名优秀志愿者”称号。10人在全省知识竞赛中获奖，1人在全省征文活动中获三等奖。11个贫困县的11个农村学校获得省文明办“圆梦村小C+”项目支持的电脑11台。

【全州文明办主任会】 5月13日，全州文明办主任会在西昌召开，会议总结2015年度工作，对2016年工作进行安排部署，与17个县（市）文明办签定2016年目标责任书。

【省民族地区文明城市创建推进会】 6月16日，全省民族地区文明城市创建推进会在西昌召开，凉山、甘孜、阿坝、攀枝花、乐山、雅安、宜宾等7个市（州）文明办主任、创建科科长共计30余人参加会议，省文明办创建处处长王伟出席会议，并就深化民族地区文明城市创建工作提出要求。与会代表在参会期间，现场考察西昌市创建文明城市的情况，交流创建经验。

【全州乡村学校少年宫项目建设推进暨项目负责人培训会】 12月29日，全州乡村学校少年宫项目建设推进暨项目负责人培训会在甘洛县召开，通过现场参观、大会交流、业务培训等方式，对相关县（市）文明办、教育局负责人和48所项目学校校长进行培训，促进项目管理能力的提升。

【“两学一做”主题教育活动】 通过集中学习党章党规、学习系列讲话，以及开展“四个专题讨论”、“重温入党志愿、重温入党誓词”、“党员四问”、召开民主生活会、撰写对照检查材料等方式，引导党员对照党章党纪要求，进一步查找自身不足，争做合格党员。

【“挂包帮”和“走基层”活动】 选派年轻干部到帮扶村担任第一书记，筹措13.2万元，为帮扶村群众购置棉被、粮油、洗涤用品和核桃树苗、花椒苗、鸡苗等生活生产用品，推动帮扶村脱贫攻坚工作的深入开展。

【集体荣誉】 2016年1月，凉山州文明办先后被省文明办评为全省公民道德建设工作先进单位、网络文明传播先进单位4月；被省文明办评为“道德的力量·第四届四川省道德模范公益微电影创作活动”优秀组织奖；8月，被省文明办评为全省志愿服务宣传报道先进集体；9月，被第二十三届全国青少年爱国主义读书教育活动组委会评为组织特等奖，同月被精神文明报社评为四川省精神文明建设宣传报道先进单位。

（供稿单位：州精神文明办／审核：宋海音／撰稿：杨斌）

对外宣传
International Publicity

【概况】 2016年，全州对外宣传工作紧紧围绕州委、州政府中心工作，坚持团结稳定鼓劲、正面宣传为主，坚持成风化人、凝心聚力、连接中外，精心组织重大外宣活动，扎实推进新闻发布和舆论引导工作，创新改进网上宣传，着力传播凉山声音，讲好凉山故事，提升凉山形象，为加快建设美丽富饶文明和谐新凉山营造较为有利的外部舆论环境。

【重大外宣活动】 一是四川国际文化旅游节宣传。围绕“美丽四川、五彩凉山、度假天堂”主题，周密部署，大胆创新，切实推进各项宣传工作。在成都举办2016四川国际文化旅游节新闻发布会，70余家主流新闻媒体参加发布会。组织30家中央和省级媒体赴会理古城、螺髻山景区、灵山—彝海景区、邛泸景区等开展“走进五彩凉山·度假天堂”大型采访活动，推出100余篇报道。中央电视台《新闻联播》、新华社、人民网以“2016四川国际文化旅游节在凉山开幕”等为题，对文化旅游节进行多次报道。中国新闻社推出8篇系列专题报道。中央人民广播电台、《光明日报》、《工人日报》、《科技日报》、《农民日报》、新浪、搜狐、网易、凤凰网、四川卫视等80余家知名媒体全程参与宣传报道。据不完全统计，全国性媒体对四川国际文化旅游节活动相关原创报道超过500条，网络转载超过11000条次。创新网络新媒体宣传形式，在央视网、中国网和凉山州境内网站面向全球进行网络直播，仅开幕式就有来自美国、澳大利亚等16个国家34.46万人次观看直播。营造市区浓厚外宣氛围，在青山机场等交通要道设置具有浓郁民俗特色的大型广告70余幅、公交站台顶广告30幅、公交站台灯箱广告33幅、指路牌30幅、交通隔离栏看板广告191幅。在181辆公交车、各大型LED显示屏投放旅游形象宣传片。二是第十六届西博会宣传。按照会前提早预热，会中持续跟踪，会后同时出击的宣传思路，坚持宣传造势、经济唱戏，增强凉山州对外宣传工作的亲和力、感染力和吸引力，取得良好效果。着重以“四川·凉山彝族自治州投资宣荐暨投资说明会”为由头，在中国新闻网、《四川日报》、《华西都市报》、《成都商报》等几大平台进行《一流投资环境赢得青睐 西博会凉山签下215亿元投资大单》等十余个专版（专题）宣传报道。通过中新社在《世界侨报》、香港新闻传媒网、日本华商网等30家海外华文媒体进行报道。邀请新华网、人民网、中央人民广播电台、中国网、凤凰网、今日头条、四川电视台等40余家媒体参与凉山西博会宣传报道工作，集中推出《四川凉山西博会签约29个项目总金额超215亿》等100余篇（条）报道，转载转发达到1700余篇（条）。制作凉山西博会、农博会专题手机H5页面，在西博会会场和展馆推广宣传。三是重大主题宣传活动。以红军长征胜利80周年为契机，切实做好红军长征经过凉山系列宣传报道，协调60余批300余名主流媒体记者赴凉山采访报道，新华社、《人民日报》等中央媒体形成《“彝海结盟”擎起民族团结的鲜明旗帜》等一系列有分量的报道。切实做好精准脱贫系列报道，在中央和省级主流媒体形成《脱贫有多难，凉山有多拼》等大批正面报道。邀请40余家媒体参加西昌邛海湿地国际马拉松赛新闻发布会，切实做好赛事宣传工作。围绕四川省第二届残疾人艺术节活动，在成都组织召开艺术节新闻发布会，并邀请30

2016四川国际文化旅游节新闻发布会现场

余名主流媒体记者到凉山州采访报道，全面展现凉山州残疾人事业成就。

【新闻发布工作】 加大正面发布力度，将新闻发布作为保障信息公开和争取舆论主导权的重要渠道，围绕重大活动、突发事件、民生工作等热点难点问题组织新闻发布会，在州内外召开全州全面深化改革工作等23场新闻发布会，参加中央、省州媒体475家（次），发布各类新闻通稿115篇。出台系列文件，进一步明确州级部门、17个县（市）政府新闻发言人职能和问责机制，建立全州对外宣传和新闻发布工作联席会议机制。加强新闻发言人培训，在中国传媒大学举办全州政府新闻发言人培训班，组织州级重点部门、17个县（市）政府新闻发言人、新闻办主任等60余人参加培训，国内顶尖新闻传播专家进行专题授课。

【州外媒体服务与管理】 完善州外记者管理协调处置机制，细化突发事件记者管理原则。按照《新闻记者证管理办法》，严格把好州外媒体记者资质审核关，切实维护全州新闻采访工作总体秩序。突出寓管理于服务，进一步简化审批流程，为采访工作提供必要便利与服务，2016年到访州外记者1300余人次。加强驻州记者站管理，充分发挥其宣传优势，川报凉山分社在《四川日报》、四川在线等累计刊发报道800余篇；《四川经济日报》《华西都市报》《成都商报》凉山站刊发报道均在150条以上。

【互联网宣传管理】 加强网上正面宣传，以中国彝州新闻网、凉山新闻网、无限凉山网、四川在线凉山频道等网站为重点，围绕重大工作、重大主题，精心策划宣传，凝聚网民共识。加强政务微博微信矩阵建设，建设网上发布平台矩阵，着力构建全州政务公众号矩阵，全州各级各部门建立微博公众号305个、微信公众号269个，及时开展发布权威信息、突发事件回应、便民政务服务等工作。"大凉山"公众号被评为"2016年四川省创新服务政务新媒体"。深入开展网络安全宣传周活动，共发放宣传材料10920份，手机短信推送量逾20万条，学校举办网络安全讲座45场，线上参与人数11550人，在全州范围内营造网络安全人人有责、人人参与的良好氛围。加大网站管理力度，严格落实先审后上制度。做好"链接举报中心网站并公布网站受理举报方式"工作，重点新闻网站、各县（市）网站均在网站首页及重要位置链接国家、省举报中心网站。

（供稿单位：州委外宣办／审核：格及依呷／撰稿：阿俄小沙）

史志工作

Work of Chronicles

【概况】 2016年，全州史志工作紧紧围绕州委、州政府的工作目标与全省党史工作和地方志工作安排，以贯彻落实党史工作"三个意见"和地方志工作"两《条例》一《办法》两《意见》三《规划》"为抓手，以"文化强州"为引领，突出"存史、资政、育人、服务"四个核心，积极发挥记载历史、传承文明、资治育人作用，各项工作取得新进展、新成效，为推进凉山转型跨越发展、全面脱贫奔康提供历史借鉴和智力支持。全年州史志办先后4次在全国、全省地方志工作会议上就组织保障、信息宣传、年鉴编纂作交流发言；全州共有8项党史成果荣获四川省党史学科优秀成果奖；16项地方志成果荣获四川省第十七次地方志优秀成果奖；14项史志成果荣获凉山州第十五次哲学社会科学优秀科研成果奖。州史志办先后荣获2016年度全省地方志系统"依法治志成效突出单位"与"服务经济社会发展工作成效突出单位""2015年度州级党政机关、事业单位优秀'四好'领导班子""2015年度州直机关党建目标考核优秀党组织""2015年度党委（党组）中心组理论学习先进单位""2015年州直机关纪检监察信息工作先进单位""2015年州直机关党建信息工作先进单位”“2015 年度优秀派驻纪检组”“2015 年全州档案工作先进单位”等荣誉称号。

【领导批示】 2016 年，州委、州政府分管领导多次听取史志工作汇报，研究解决存在困难和问题。各县（市）不断强化对史志工作的领导，党委、政府主要领导或分管领导亲自过问史志工作，看望慰问史志干部。国家、省、州多位领导对凉山史志工作作出重要批示，肯定成绩，提出希望，全州史志干部备受鼓舞，干事创业激情进一步激发。4 月 19—20 日，全国地方志基层基础工作会议首次在凉山州召开。中央候补委员、中国社会科学院副院长、中国地方志指导小组常务副组长李培林，省政府党组成员、资政张作哈，省地方志办党组书记、主任马小彬等领导出席会议。会议期间，李培林作出“凉山地方志的基础基层工作成绩显著，代表中指组对广大基层地方志工作者表示敬意，望再接再厉，为地方文化发展不断做出新贡献”的重要批示；张作哈作出“编史修志、服务大局，团结奋进、再上台阶，凉山方志工作成绩显著而迎来全国地方志基层基础工作会议在西昌召开，可喜可贺”的重要批示；马小彬作出“凉山地方志工作在州委、州政府的高度重视支持下，州史志办坚持依法治志，拓展思路，‘凉山实践’为全省民族地区地方志工作及全省方志系统积累经验，迎来首次全国地方志基层基础工作会议在凉山召开，得到中指组领导肯定，值得各地学习借鉴”的重要批示。4 月 1 日，州委书记林书成作出“‘治天下者以史为鉴，治郡国者以志为鉴 。’地方志是一项传承历史、展现当今、启引未来的重要事业。全州各级地方志部门紧紧围绕全州‘五位一体’建设和‘四个全面’战略布局，持续深入推进地方志编纂、管理和开发利用工作，为服务凉山经济社会发展提供有力的历史借鉴及智力支撑。希望全州地方志工作部门充分发挥志鉴资政、存史、教化功能，依法履行地方志工作职能，真实记录凉山脱贫奔康、富民强州的历史进程，系统编纂出无愧于时代、无愧于人民的精品佳志，为加快创建全国同步全面小康示范州、民族团结进步示范州作出新的更大贡献”的重要批示。

【第十三个五年发展规划】 2016 年 11 月中旬，经州委同意，州委办公室印发凉山州第一个党史工作发展规划——《凉山州党史工作发展规划（2016—2020 年）》。3 月底，经州政府同意，州政府办公室印发凉山州第一个地方志工作发展规划——《凉山州地方志事业第十三个五年发展规划（2016—2020 年）》。 两个规划分别明确未来五年凉山州党史工作和地方志工作的指导思想、基本原则、工作目标、主要任务以及保障措施，是谋划未来五年全州史志事业科学发展的重要工作指导和重要政策依据。各县（市）认真学习领会规划精神和要求，越西、美姑等县结合实际，积极制定规划或实施意见。

【党史工作】《中国共产党凉山历史（1978—2012）》（三卷）于 11 月底报送省委党史研究室终审。凉山州首部记录凉山各级党组织执政实践的年度资料性文献《中国共产党凉山执政实录（2014）》于 4 月上旬出版发行。积极开展资政服务，完成《关于加强凉山州红色旅游资源保护和开发利用的对策建议》资政报告，州委副书记龙伟就资政报告作出批示，给予充分肯定。全面完成省委党史研究室《图说长征》课题组“红一方面军过凉山”图片及文字报送和审核任务，按时完成《中共四川省委执政实录（2015）》、《四川省红色旅游》凉山州文字及图片报送和审核工作。县（市）党史编写蓬勃开展，地方党史和党委执政实录编写全面启动。《中国共产党德昌历史（1935—1978）》出版发行。《中国共产党会东历史》（一卷）即将送审，二卷正在总纂，三卷编写已经启动。《中国共产党冕宁历史（1950—1978）》、《中国共产党会理历史》（一卷）、《中国共产党盐源历史（1950—1978）》、《中国共产党木里历史（1950—1978）》、《中国共产党西昌历史》（一、二卷）即将完成初稿，《木里县党史》

（二卷）编写已经启动。普格、昭觉、布拖、雷波等县启动党史基本著作编写。木里、会理、德昌、美姑、普格、昭觉、会东、冕宁等县2015年执政实录已交付出版，西昌、雷波等县（市）2015年执政实录即将交付出版，甘洛、盐源等县正在加快推进编写工作。《冕宁红军故事》《中国共产党美姑县代表大会文献选编（1966—2011）》出版，《中国共产党西昌组织史（2008—2015）》完成初稿，《奋进跨越（越西建县65周年回眸）》《难忘的岁月（红军长征在越西）》等一批党史著作加快推进编写。州委召开常委会，研究部署纪念红军长征胜利暨“彝海结盟”80周年宣传文化系列活动。5月下旬，州史志办与州委组织部、州委宣传部、州直机关工委、州教育局、州国资委、团州委联合下发观影通知，州级各部门、各企事业单位和各县（市）组织7700余名党员干部观看党史宣教片《没有共产党，就没有新中国》。6月初，结合“两学一做”学习教育，州史志办与州委组织部、州委宣传部、州直机关工委联合行文，在全州党员干部中开展“学党史、知党情、强党性、感党恩”党史知识竞赛活动。截至7月31日活动结束，全州17个县（市）和159个州级部门（单位）共有63747名党员干部参加竞赛。会理等8个县、州纪委机关等22个州级部门（单位）受到通报表扬。凉山州首个党性教育学校四川凉山彝海结盟党性教育学校在冕宁县委党校挂牌成立，积极探索党性教育新模式。借助新闻媒体强化党史宣传教育力度。越西县大力开展党史“七进”活动，受教人数5800余人次。打造史志宣传新平台，全县4560名干部群众开通“越西史志”微信。宁南县举办“永远跟党走”文艺晚会，3000余名干部群众观看演出。普格等县举办庆祝建党95周年歌咏比赛。

【地方志工作】 一是在全州两级第二轮志书编纂工作提前完成后，全州史志部门及时转移工作重点，积极推进部门志、乡镇志、行业志等编纂。州级部门志编修扎实推进，《凉山民盟志》出版发行，《四川煤炭工业志·凉山篇》《凉山州体育志》启动编纂，《凉山州国家税务局志》《凉山州老干部工作志》《中共凉山州委政法委志》《凉山州工会志》等正抓紧编纂。州科知局的《科技大事记》《科技年鉴》正加快编写。西昌市将乡镇志、部门志编修纳入目标督查，有20部部门（乡镇）志完成送审稿。宁南县把2016年确定为“部门志编纂年”，《宁南县工业志》等6部部门志通过评审验收。《美姑大风顶国家级自然保护区管理志》《西昌市财政志》《木里藏族自治县政协志》《盐源县军事志》《昭觉县司法行政志》《宁南县审计志》《昭觉县城乡规划和住房保障志》《越西县工会志》《冕宁县漫水湾镇志》已经出版。《中国名镇志丛书·螺髻山镇》等一批部门、乡镇、行业志书启动编纂，大多数县（市）完成《乡镇简志》编纂上报工作。《喜德县志（1986—2006）》（彝文版）试点工作扎实推进，已完成20余万字的彝文翻译稿。二是年鉴工作坚持常编常新，突出针对性、实用性，《凉山年鉴（2016）》交付出版。各县（市）采取有力举措，提早启动2016年年鉴编纂工作，绝大多数县（市）年鉴已出版或陆续交付出版，总体实现“一年一鉴、公开出版”的目标任务。会东、金阳等县强化年鉴编纂工作，将年鉴稿件报送任务纳入全县综合目标绩效管理考核和政务“大督查”工作内容。三是各级地方志工作机构紧紧围绕党委政府中心工作和社会热点，有针对性地开展具有地域特征和民族特色的地情文化研究开发，积极为党委、政府和社会服务。州政协文史委启动《凉山民俗》文史资料专辑收录工作。盐源县史志办提供《盐源彝族道德礼仪》等4篇民风民俗文稿。木里县《俄亚纳西民俗文化调查与研究》成功入选四川民族地区历史文化研究课题。《美姑毕摩文化》《美姑南红》《宁南布依》《白鹤新论》等一批具有鲜明地域特色的地情书籍期刊相继出版。盐源县完成《盐源三费总章》（清·同治）等旧志影印工作。《水韵·越西》编纂加快推进。西昌市完成《西昌县志》《宁远府志》古籍整理，新建的市方志馆已进入室内布展,邛海湿地宣教中心自2015年底试开放以来已接待5000余人次。会东县编纂的《老家——记乌东德水电站拆迁村落》已付印。甘洛县《开明进步的彝族末代土司——岭光电》编纂完成。冕宁县为中央电视台拍摄的《长征》《大会师》等红色影视剧提供丰富翔实的史料。四是州史志办印发《关于转发〈四川省地方志工作办公室关于开展地方志集中宣传工作的通知〉的通知》,积极引导全州各地各部门创新形式和载体,持续深入开展依法治志宣传教育活动,进一步夯实依法治志的社会基础。全州各县(市)制定地方志宣传工作方案,明确宣传内容、时间、形式和要求,集中开展地方志工作宣传活动。重点加强"两《条例》一《办法》两《意见》三《规划》"、全国地方志基层基础工作会议、全省地方志宣传信息暨期刊工作座谈会精神,特别是总书记习近平和总理李克强、副总理刘延东关于加强地方志工作的系列重要讲话和批示精神的宣传学习。会理、木里、甘洛等县创新开展"笔尖上的方志""指尖上的方志""镜头里的方志"等地方志系列主题宣传活动,取得明显成效。木里县启动以"读史志,知县情,爱家乡,做贡献"为主题的地方志书籍成果"进校园"活动。美姑县在县电视台分时段播放地方志工作法规和修志成果。雷波县刊印发放中央、省、州主要领导对地方志工作的重要批示精神和地方志法规、制度、意见和规划等,供全县干部学习。

【全国地方志工作会议】 2016年4月19—20日,全国地方志基层基础工作会议在凉山州隆重召开。中央候补委员、中国社会科学院副院长、中国地方志指导小组常务副组长李培林出席会议,并作题为"强本固基创新发展,谱写地方志事业新华章"的讲话。省人民政府党组成员、资政张作哈出席会议并致辞。州委常委、州委秘书长龙伟,副州长肖春出席会议,龙伟代表州委、州政府作题为"树牢官责意识强保障,坚持依法治志促发展"的大会经验交流。来自全国31个省(自治区、直辖市)、新疆生产建设兵团的省市县三级地方志工作机构负责人和参加全省地方志宣传信息暨期刊工作座谈会的全体人员共180余位代表参加会议。

【全省地方志宣传信息暨期刊工作座谈会】 2016年4月18日,全省地方志宣传信息暨期刊工作座谈会在凉山州召开。州委常委、州委秘书长龙伟,副州长肖春出席会议,肖春代表州政府致辞。省地方志办公室党组书记、主任马小彬出席会议并作重要讲话。省地方志办公室党组成员、机关党委书记王孝平主持会议。州史志办作大会交流发言。全省21个市(州)地方志办公室负责人、方志期刊通讯员、部分县(市、区)方志期刊主编、凉山州17个县(市)史志办主任共80余人参加会议。

【全州史志工作会议】 州委、州政府在大力精简部门工作会议的情况下,于5月12日连续第五年专门召开全州史志工作会议,州四大班子分管联系领导出席会议,各县(市)、州级各部门分管领导和各县(市)史志部门负责人参加会议。会后,各地各部门及时召开会议传达会议精神,研究落实史志工作。

【全州史志办主任会议】 12月5日,州史志办专门召开全州史志办主任会议,组织学习党史工作和地方志工作两个《规划》,交流工作经验,总结安排史志工作,确保全年史志工作目标任务完成。

【机构队伍建设】 各地认真贯彻落实全国、全省、全州史志工作会议精神,积极增加和调剂编制,配齐班子,建强队伍。州史志办1名副主任交流到雷波县任县委常委、组织部部长;美姑县面向全省考录2名工作人员;会理县调配史志办主任,增调1名工作人员;普格县调配史志办主任,抽调1名工作人员;西昌市委党史研究室调配1名工作人员;昭觉县考录1名工作人员;宁南县增加1名参公编制;盐源县增加2名参公编制;喜德县增加2名参公编制,并配备1名班子副职,面向全省考录2名工作人员;木里县新增3名参公编制,县史志办主任在换届时升任县人大常委会副主任。

【党建工作】 明确州史志办党组和党支部党建责任,制订计划,明确分工,落实责任,扎实推进机关党的建设。积极开展建党95周年纪念活动,州史志办班子成员分别领读学习《党章》《中国共产党廉洁自律准则》《中国共产党纪律处分条例》《关于新形势下党内政治生活若干准则》《中国共产党党内监督条例》等条例规章,组织党员观看党史宣教片,重温党的光荣历史。"七一"前夕,对2015年度机关优秀公务员、优秀党务工作者、优秀党员、优秀工勤人员进行表彰奖励。

【党风廉政建设】 严格落实"一岗双责",制定《党风廉政建设和反腐败工作意见》,层层签订目标责任书,构建严明规范的责任体系。加强思想建设不松懈,组织干部职工认真学习习近平、王岐山在十八届中央纪委六次全会上的重要讲话精神,观看反腐倡廉警示教育片,筑牢干部职工思想防线。严格执行中央八项规定、省委和州委"十项规定",推进正风肃纪工作常态化。制定行政权力运行流程图和廉政风险监控点,促进行政权力规范运行。

【扶贫工作】 认真贯彻落实州委、州政府关于脱贫攻坚工作的部署和要求,办班子成员和下派联系点的第一书记坚持深入一线,驻点开展帮扶,积极协助越西县尔觉乡彩洛村抓好脱贫攻坚工作。单位和干部职工积极捐款1万元用于帮扶工作,为联系村注入村级集体经济发展启动资金5000元,协调送去价值5万多元的衣被、毛巾等暖冬物资,协调立项解决通村公路建设资金260万元,扶贫工作受到充分肯定。

(供稿单位:州史志办/审核:尹克发/撰稿:肖元东)

老干部工作
Work on Retired Cadres

【概况】 2016年,全州老干部工作部门在各级党委(党组)的领导下,深入学习贯彻习近平总书记系列重要讲话精神,落实全面从严治党要求,以习近平总书记对老干部工作的重要指示统揽工作,提高谋划和推进工作的站位和境界,从政治和全局的高度,以战略和长远的视野把握、谋划,开拓进取,真抓实干,推动老干部工作取得新进展、新成效。

【学习贯彻全国老干部工作表彰大会精神】 全州各级老干部工作部门通过召开座谈会、研讨会、培训会、专家辅导等方式,认真组织全州离退休干部和老干部工作者深入学习、深刻领会习近平总书记在全国老干部工作先进集体和先进工作者表彰大会上作出重要指示,切实把习近平总书记对老干部工作者的殷切期望和重要要求转化为推动老干事业发展的务实举措和实践成效,做到内化于心、外化于行。

【学习贯彻落实《意见》】 中央办公厅、国务院办公厅下发的《关于进一步加强和改进离退休干部工作的意见》(中办发〔2016〕3号)(简称《意见》)是自1982年老干部退休制度建立以来,第一个以中办、国办名义印发的老干部工作综合性文件,为做好新形势下离退休干部工作进一步指明方向,提供重要遵循,具有重要的指导意义。学习宣传、贯彻落实好《意见》是老干部工作部门的一项重要任务。一是采取中心组学习、务虚研讨、专题培训等方式,全面领会和准确把握文件精神,统一思想,深化认识,切实增强贯彻执行的自觉性。二是扎实开展学习宣讲报告活动。2016年5月31日,省委老干部局副巡视员蒲洪地向各(市)委老干部局局长、州级部门单位分管领导和科(处)长或工作人员、部分离退休干部代

表300多人宣讲报告中办发〔2016〕3号文件的出台背景、重要意义、主要内容、精神实质以及四川省贯彻落实中央文件精神的《实施意见》(川委办〔2016〕22号)内容。7月,州委老干部局分成9个宣讲报告组,深入各县(市)进行宣讲报告,同时对老干部工作进行调研和检查。三是抓紧研究制定实施细则和配套措施。结合凉山的实际,及时起草中共凉山州委办公室、凉山州人民政府办公室《关于进一步加强和改进离退休干部工作的实施意见(代拟稿)》,11月6日,州委组织部部务会审议通过,待州委常委会讨论研究出台。

【两项待遇落实】 全面落实政治待遇。一是为全州副县级及以上离退休干部征订2837份《晚霞》杂志和《凉山日报》。二是举办通报情况会。8月3日,组织召开2016年上半年全州经济社会发展情况通报会。州委常委、常务副州长冯斌通报情况。州委常委、组织部部长张伟主持会议。三是参观考察。4月7日,组织27名实职州级退休老领导和地厅级离休干部代表赴攀枝花市米易县阳光车旅自驾游营地、岐黄养生大院参观考察康养产业建设发展情况。9月7日,组织22名实职州级退休老领导和地厅级离休干部代表,考察调研布拖县脱贫攻坚情况。四是邀请参加重要会议和重大决策部署征求意见、建议。吉木约达、周文安、邹大明、陈其中4名老领导列席州第八次党代会;罗国清、丁文华受邀参加凉山州学习贯彻中共十八届六中全会和省委十届九次全会精神宣讲报告会;八一仁青、罗国清、谢以才、朱盛科等州老领导及部分县级退休干部,集中讨论《中共凉山州委关于贯彻党的十八届六中全会精神加强和规范党内政治生活巩固发展良好政治生态的决定(征求意见稿)》;印发《州委书记林书成在州第八次党代会上的工作报告(讨论稿)》给县级以上离退休干部代表征求意见、建议。五是走访慰问易安离休干部。10月,州委老干部局分成3个慰问组分赴山西、云南等地上门看望慰问张洪彬等15名离休干部。六是组织开展"党纪党规铭我心"竞赛活动。2016年5—8月,组织全州离退休干部和老干部工作者参加全省"党纪党规铭我心"知识竞赛书面答题,5000多名离退休干部和老干部工作者参与。七是组织开展"长征精神耀四川、全面小康作贡献"演讲比赛。选拔出2名队员(1名老干部工作者、1名离退休干部代表),于8月代表凉山州参加雅安片区赛,分获二等奖和三等奖。八是组织参加全省老干部系统"家规家训格言、家风故事"优秀作品评选活动。征集家规家训格言21条、好家风故事5个、好家风社风照片8幅参加全省评选,1封家书荣获全省好家风故事奖。全面落实生活待遇。一是完善巩固离休干部离休费保障机制、医药费保障机制、财政支持机制"三个机制"确保有效运转和各项生活待遇按规定有效落实。二是共享改革发展成果。贯彻落实《省委组织部、省委老干部局关于提高我省部分离休干部待遇的通知》精神,全州6名离休干部提高享受正厅级工资、医疗待遇;6名离休干部提高享受副厅级工资、医疗待遇。贯彻落实离退休干部增加基本离退休费标准、边远地区补贴标准;落实兑现州属企业离休干部享受绩效目标考核奖(生活补贴);做好新中国成立初期参加革命工作部分退休干部给予适当照顾事宜和稳定工作;巩固完善离退休干部生活特殊困难帮扶,德昌、会理、会东、宁南、美姑5个县建立离退休干部特殊困难帮扶机制。2016年,州本级为21名有特殊困难离退休干部和离休干部无工作遗孀发放帮扶资金6.37万元。三是坚持州本级驻西昌城区离休干部赠送生日蛋糕精神慰藉关怀机制。四是认真抓好纪念红军长征胜利80周年期间,对土地革命战争时期及以前参加革命工作的离休干部走访慰问和发放一次性补助工作。州委书记林书成带队走访慰问刘延凯。

【两项建设】 各级老干部工作部门始终把加强思想引领作为首位工作任务抓好抓实,引导广大离退休干部珍惜光荣历史,不忘革命初心,永葆政治本色,做全面从严治党的坚定支持者和模范执行者。坚持用中国特色社会主义理论武装离退休干部党员的头脑。通过思想教育、形势政策教育、政治纪律教育等，让离退休干部党员牢固树立政治意识、大局意识、核心意识、看齐意识，自觉在思想上政治上行动上始终与习近平为核心的党中央保持高度一致，自觉坚决维护党中央的权威和党中央集中统一领导。各级党委（党组）按照全面从严治党要求，进一步规范和加强离退休干部党建工作机构建设，探索成立离退休干部党委（工委），负责对离退休干部党建工作进行指导、督导和检查。加强组织覆盖和创新组织设置。按照有利于教育管理、有利于参加组织活动、有利于发挥作用的原则，根据离退休干部党员的身体、年龄状况和居住地的分布情况，合理设置离退休干部党支部，确保每一位离退休干部党员都编入党的一个基层组织。重点探索在离退休干部集中居住地、活动学习场所、兴趣爱好团体、社团组织中建立基层党组织或临时党组织，把离退休干部党组织建成坚强的战斗堡垒，把老干部工作领域建成巩固的思想阵地。对全州离退休干部党员和党组织建设、工作经费保障等情况进行调查摸底。2016 年，全州离退休干部党员 1.2 万多人，离休干部党支部 5 个，离退休干部合建党支部 225 个，与在职合建党支部 924 个，社区或村联建党支部 138 个。

【调研、宣传、信息、信访工作】 多层次、多角度宣传老干部工作，扩大宣传面和影响力。州委组织部副部长、老干部局局长杨国敏撰写的《深入研读、准确把握精髓〈进一步加强和改进离退休干部工作意见〉——凉山老干部工作抢抓新机遇应对新挑战》《弘扬长征精神彰显发展能量》理论文章分别在《凉山日报》《凉山党校》发表；《四川省老干部工作信息》、《晚霞》杂志、省委老干部局网站采用工作信息 40 篇；《凉山日报》“夕阳红·银色天地”老干部工作专栏刊发报道 50 余篇，其他综合报道 24 篇；中共凉山州委老干部局微信公众平台发布工作信息 41 条；编辑养生保健知识专刊《网上养生参考》12 期、《生活养生小报》12 期，印制发放 3000 余份。全州各级老干部工作部门加强信访工作，始终坚持带着责任抓实共性问题、带着感情解决特殊问题，着力维护老干部的正当利益，最大限度地让老干部共享改革发展成果。加强老干部思想教育引导，注重疏导老干部情绪，化解矛盾，消除隔阂，有力维护老干部队伍的稳定。

【正能量活动】 各级老干部工作部门以“展示阳光心态、体验美好生活、畅谈发展变化”为主题，深入开展正能量系列活动，精心谋划，周密部署，引导组织全州广大老干部发挥独特优势和作用，助力凉山脱贫攻坚、同步奔康中，用亲身经历讲述凉山改革发展变化，用积极声音影响社会舆论，维护党和政府形象。一是组织开展“红色故事我来说”活动。州级各部门（单位）围绕“传承红色文化、弘扬宝贵精神、坚定理想信念”活动主题，把“红色故事我来说”融入离退休干部党员“两学一做”学习教育中。老干部结合亲身经历，用朴实生动的语言，讲述革命战争年代对自己一生有重要影响的人和事，讲述社会主义建设时期几十年如一日为群众解决难题、办好事实事的典型事例，讲述离退休后不为名利、无私奉献，继续服务社会的感人故事。二是举办“康养产业发展之我见”互动专题讲座。9 月 27 日，与凉山日报社联合举办“健康老人·阳光康养”互动专题讲座。凉山州第一人民医院主管营养师但泽霞主讲《老年人的膳食营养》，西昌观海湾阆悦苑国际颐养中心院长张奥娜主讲《机构养老和居家养老》。200 多名离退休干部认真聆听，并互动交流。三是组织开展“我看彝州新变化”征文活动。离退休干部踊跃参与此次征集活动，用诗词、散文、随笔等文学形式记述中共十八大后凉山经济社会各项事业发展新成就新气象新变化。收集稿件 30 篇，从多角度表达对党和家乡的无限热爱。四是组织开展“寻找最美老干部”活动。全州各级各部门推荐报送“最美老干部”候选人 45 名、“最美老干部团体”候选组织 27 个。州委老干部局评委会根据事迹材料评选出15名“最美老干部”、2个“最美老干部团体”，进行通报表扬。五是组织开展“银色旅游”志愿活动。4月、11月，组织凉山“银色旅游”志愿者分别深入邛海泸山景区、冕宁灵山景区考察调研。撰写5篇调研文章、拍摄26幅展示景区特色亮点的作品。

【自身建设】 坚持从严从实合向发力，弘扬“安专迷”精神，激发广大老干部工作者以事业为先、以责任为重、以奉献为荣，用心用情、满腔热忱地为老干部服务，努力在平凡的岗位上做出不平凡的业绩。一是深入扎实开展“两学一做”学习教育，把全面从严治党落实到支部确，落实每名党员。突出问题导向，带着问题学，针对问题改。二是加强学习培训和实践锻炼。10月，州、县（市）委老干部局和部分州级部门（单位）的98名老干部工作专兼职人员在浙江大学继续教育学院参加浙江大学凉山州老干部工作创新管理专题培训班。三是扎实抓好驻村帮扶工作，更加积极主动服务脱贫攻坚。州委组织部副部长、州委老干部局局长杨国敏带领班子成员4次深入大花乡大花村调研扶贫攻坚各项工作，逐一上门走访76户建档立卡贫困户，与贫困户共商帮扶措施，着力解决扶贫工作中难题。第一书记阿加尼哈为大花村制定贫困户分布图、精准扶贫减贫任务表、贫困村基础设施任务表、富民产业发展任务图、基础设施建设需求表、整村脱贫作战图、扶贫重点工作推进图等，脱贫攻坚工作有序有力有效推进。四是加强党风廉政建设和精神文明建设。压紧压实管党治党政治责任，认真落实“两个责任”“一岗双责”，强化“一把手”主体责任。严守政治规矩和政治纪律，持续开展思想政治教育、法制教育、廉政教育、警示教育，不断筑牢拒腐防变的思想道德防线，强化“不敢”“不能”“不想”的机制制度。抓实经常性谈心谈话提醒，强化日常监督、约束预防。加强政治文化、职业文化、廉政文化、法治文化、和谐文化建设，培育奋进的机关精神、文明的机关风尚、良好的机关形象。

【荣誉】 州经济和信息化委员会离退休人员工作科涂强被中共中央组织部、人力资源社会保障部授予“全国先进老干部工作者”荣誉称号。州委老干部局被州委、州政府评为2016年度全州“挂包帮”及百乡教育扶贫工程先进集体（一等奖）。

（供稿单位：州委老干部局／审核：杨国敏／撰稿：王人伟）

党校工作

Work of Party School

【概况】 2016年，凉山州委党校认真学习贯彻《中共中央关于加强和改进新形势下党校工作的意见》《中共四川省委关于加强和改进新形势下党校工作的实施意见》，按照全国全省党校工作会议精神，坚持围绕中心，服务大局，持续推进大规模培训干部、大幅度提高干部素质战略任务，圆满完成州委下达的干部培训任务。

【干部培训】 坚持党校姓党和质量立校，深化教学改革，突出理论教育和党性教育主业主课，不断提升教学质量和突出培训实效。一是围绕中心大局，完成培训任务。全年共举办各级各类轮训培训班19期，轮训培训干部1435人，其中主体班4期，轮训培训干部338人，其他各类专题培训班15期，轮训培训干部1097人。同时，全校共有134人次教师到各县（市）及州级相关部门宣讲，

省委党校常务副校长李新在凉山调研指导工作

培训各级各类干部13300余人。录取四川省委党校法学、公共管理、区域经济专业在职研究生101人,连续8年荣获省委党校在职研究生招生和综合目标管理先进单位。二是突出主业主课,优化教学布局。结合学科建设和培训需求,优化教学布局,共开设干部教育课程资源六大类型107个专题。理论教育和党性教育在教学安排中占总课时的70%,其中,党性教育占总课时的40%。着眼于夯实学员理论功底、培养学员战略思维、开阔学员世界眼光进行课程设计,每学期专题更新率达30%。三是创新教学方式,提升教学质量。不断创新教学方式,因时而进,因势而新,全面推行2小时讲授、0.5小时互动的"2+0.5"教学方法。推行党校联合培训方式,与冕宁县委党校、会理县委党校打造彝海结盟和会理会议现场教学基地,州委党校负责制订教学计划,设计课程内容,准备教学资料,选派骨干教师到现场开展教学指导和教学支持,冕宁县委党校和会理县委党校负责提供教学素材,实现资源的有效整合和共建共享,大力提升党性教育吸引力和感染力。

【科研工作】 始终加强科研咨政研究和社会调研工作,打造新型智库,提升决策服务能力和教学服务水平。一是聚焦重大问题,提升科研层次。加强重大课题研究,首次申报国家社科基金课题,力争实现科研课题新突破。申报多项省级课题,立项国家民委人文社科重点研究基地中国彝学研究中心重大研究项目1项、一般项目1项,有力提升科研层次。二是聚焦重点工作,强化决策咨询。积极参与党委、政府重要决策研究,配合职能部门开展对策性研究,推出高质量、具有现实意义的科研成果,1篇科研文章得到省委书记王东明重要批示,实现决策咨询的重要突破。立项州决咨委课题3项,为党委、政府提供有力决策咨询。1篇调研文章被州委办刊用,并提交州委常委参阅,发挥参谋助手作用。三是聚焦重要课题,推进成果转化。州委党校被遴选为省委党校、省行政学院7个"智库研究基地"之一,全年共申报科研课题43项,立项26项。在州级以上刊物发表学术理论文章49篇,其中,省级刊物12篇,州级刊物37篇。编撰刊印《凉山党校》4期。荣获凉山州第十五次哲学社会优秀科研成果奖一等奖1项、二等奖2项、三等奖6项。荣获省委党校系统调研课题优秀奖3项、州委党校系统调研课题优秀奖4项。荣获第三届四川省"治蜀兴川"论坛一等奖2项、二等奖1项。荣获2015年度凉山州机关党建理论研讨论文评选一等奖1项、三等奖4项,实现教学内容科研成果全覆盖,为教学提供有力理论支撑和智力支持。

【队伍建设】 大力实施人才强校战略,培养优秀青年教师,强化队伍建设,提升队伍活力。一是加大引进力度,优化教师队伍结构。面向全国高校引进硕士研究生4人,其中,清华硕士1人,其余3人均为985、211大学硕士,优化教师队伍结构。研究生以上学历教师达到30%,35岁以下骨干教师达到43%。二是加大培养力度,提升教师队伍素质。大力实施"素质提升工程",邀请省委党校教授叶黔达、彭穗宁,国家二级播音员杨林海等为教师讲授如何讲好党校理论课、党性教育课,语言技巧等。选派30人次学科带头人、骨干教师、青年教师到上级党校、行政学院深造,到高校做访问学习,形成一批有影响力、有知名度的教师队伍,一批在教学岗位上崭露头角的青年教师。三是加大指导力度,提高教师授课质量。加强对青年教师的指导,从提纲制作、教学方法、教学技巧、课件制作、授课礼仪、授课过程等方面提出基本技术规范。集中开展新专题备课试讲,让青年教师更准确把握党校教学规律、教学定位,提高青年教师授课质量,青年教师嫫思雨在8个省26所党校角逐的2016年西南地区市州党校青年教师教学竞赛中荣获三等奖佳绩。

【后勤保障】 坚持从严管理、高效运转,强化后勤保障,服务中心工作。一是后勤服务保障工作有序开展。加强政务管理,做好档案、保密、组织人事、保卫、老干工作。加强校园基础设施建设，共投入资金70余万元，改善教学大楼设施设备，为教师和学员提供便利。投入资金11万余元打造图书室，推进电子阅览、期刊阅览、图书阅览一体化。深入开展创建省级文明单位工作，并以94分的高分顺利通过检查验收。被评为防震减灾目标管理先进单位。二是校园信息化建设有效推进。加强校园网络调试，强化校园网站管理，被评为全州网络信息工作先进集体。圆满完成四川省2016年上半年拟任县处级党政领导职务政治理论水平任职资格考试（凉山考点）、凉山州2016年选拔副县级领导干部考试，考试场次15场，参考1370人。参加世界银行和CDDLN远程培训3次，培训学员124人次。采编、刻录远程教学节目62个，为县级党校提供远程视频105个。三是有力推动扶贫攻坚工作。把扶贫工作作为一项重要工作，常抓不懈。"一把手"到帮扶村蹲点调研7次，领导班子轮流到帮扶村开展调研、慰问13人次，全校深入帮扶村调研、宣讲共计62人次。全年协调资金254万元，加强基础扶贫、产业扶贫、教育扶贫。募集22万元社会捐赠物资，单位自行投入资金20余万元，分别在春节、儿童节开展慰问帮扶。被评为全州"双联"先进集体。

【机关党建】 坚持党要管党、从严治党，增强机关凝聚力、战斗力，为学校中心工作有效运转提供组织保障。一是深入推进"两学一做"学习教育。开展专题学习辅导研讨60次，领导干部和支部书记讲党课20次，普通党员讲体会81次；查摆问题138个，列出整改措施168条、服务承诺182个。被评为中心学习组先进单位、全州党史知识竞赛活动先进单位、党建信息工作先进单位。二是不断强化党务工作。加强党员党组织关系排查，为98名党员建立党员基本信息登记卡和党员日常管理纪实表。深入开展创先争优活动，开展学雷锋志愿服务3次、党员义工清扫卫生8次。在全州纪念建党95周年活动中，校机关党委被评为州直机关先进基层党组织，推荐表彰全州优秀党员1人、党员示范岗1个。三是持续深化党风廉政建设。加强廉政教育，开展学习、示范教育20次，组织64名党员参观法纪教育中心。签订"党风廉政建设管理目标责任书"21份、"党员干部不违规收送礼金承诺书"67份。进一步强化权力运行公开透明，树立廉政形象，营造风清气正的政治生态环境。被评为党建目标考核优秀单位。

（供稿单位：州委党校／审核：马尚萍／撰稿：王海燕）

报社工作
Work of Newspaper Office

【概况】 2016年，凉山日报报社党委、编委团结带领全社职工攻坚克难、锐意创新，紧紧围绕州委、州政府的中心工作，坚持正确的舆论导向，深入开展"两学一做"学习教育，狠抓干部作风建设，扎实开展新闻宣传工作。《凉山日报》全媒体发展方兴未艾，全年广告收入迎难止滑，报纸、手机报发行取得新突破，新媒体平台建设实现新进展，报社各项工作实现持续、平稳、和谐的发展。

【宣传策划】 "十三五"时期，是凉山脱贫奔康，与全国全省同步实现全面小康的最后冲刺时期。凉山是农业大州，也是全国集中连片的贫困地区之一。"党媒姓党"，坚持正确舆论导向，是对《凉山日报》最基本的政治要求；围绕州委、州政府的战略部署和中心工作是凉山日报最基本的宣传任务。2016年后，《凉山日报》社先后策划"第二届我陪父母逛春天""寻找凉山幸福美丽新村·助推四个好家庭创建""火红大凉山——脱贫攻坚进行时""开展两学一做，推进脱贫奔康"等一系列大型宣传报道。通过活动促融合，以创新求突破，走出一条民族地区党报发展的特色之路。

【平台建设】 凉山日报社在《凉山日报》彝、汉文版、《凉山城市新报》三张纸媒的基础上，迅速搭建一批新媒体平台，即以凉山新闻网、凉山云报为主干，搭建以手机报产品、微信公众号为支撑的新媒体矩阵，尽可能多地覆盖区域内外人群。截至2016年底，凉山日报社旗下已拥有3报、1刊、1网、2公司、1厂和12个新媒体产品矩阵。其中，四川手机报·凉山党政参考有用户9.16万，四川手机报·便民信息有用户8.9万人，凉山快讯有用户2万人，《凉山日报》《凉山城市新报》官方微博粉丝数7万人，凉山日报微报、凉山阳光（微信公众号）粉丝超过6万人，凉山云报（移动客户端）用户数5万人，四川彝语语音手机报有用户8.05万人，四川手机报·快读凉山有用户8.05万人。

【内容建设】 2016年，报社"一把手"亲自抓内容建设，整合人力、物力、财力，统筹协调各部门，形成合力，用适合新媒体的语言、产品支撑新媒体发展。打通产品的横向联系，实现产品的共享，实现各平台、各种人力资源的互补。打通新媒体与传统媒体各板块之间的联系，解决人力资源和创意人才不足的问题。同时，突出服务性，把宣传对象和合作单位当成单位的客户来对待，工作的重心就是让党委、政府这个最大的客户满意，将《凉山日报》全媒体打造成为推动凉山工作的服务平台，把报社变成新闻资讯的提供商。2016年，凉山日报社先后推出四川手机报·快读凉山，推出直播凉山视频栏目，改版彝语语音手机报，量身定做电子书、微杂志产品，不断提高可读性、服务性、影响力。

【报业经营】 凉山日报社与四川新闻网合作，发挥党报优势，平衡眼前利益与长远利益，解决手机报产品订阅难的问题。通过政府主导，部门配合，四川手机报·凉山党政参考、快读凉山、彝语语音手机报发行取得新突破。同时，经营活动中加强创新和策划，统筹兼顾，既夯实《凉山日报》《凉山城市新报》等纸媒基础，又用好用活新媒体集群，注重利用新媒体产品植入冠名广告、商家营销，多搞活动，多拍视频，多做专题，扩大赢利，不断提升《凉山日报》全媒体的影响力。全年报社经营毛收入达2100万元。在报纸发行上，全年《凉山日报》汉文版完成发行43600份；《凉山城市新报》完成发行25846份，彝文版完成发行5330份。

【队伍建设】 报社继续致力于建设学习型的单位，通过走出去、请进来、以老带新、自主培训等多种形式，先后组织编辑部中层以上干部及采编人员赴成都、鄂尔多斯、兴义、十堰、内江、遂宁等地考察学习，派出编辑、记者到省新闻出版局组织的培训班学习，取长补短，开阔视野和眼界，进一步提高综合素质。成功举行"庆祝第17个中国记者节凉山日报社走湿地活动"，成功举办凉山日报社微视频沙龙，展示编辑记者的风采，提升队伍形象。继续实施记者驻站锻炼机制，德昌、越西、会东3县均派驻记者，培养年轻人肯吃苦、能付出的敬业精神。

【反腐倡廉】 报社扎实开展"两学一做"学习教育活动，严格执行中央八项规定、省州"十项规定"，深入开展驻村帮扶活动，用心走基层，真情解民忧，务实转作风，取得良好成效。认真履行党建工作"第一责任人"职责，严格落实党建工作责任制，把党建工作目标任务层层分解落实，并以解决"四风"问题为重点，加强新闻采编从业人员职业道德教育，强力落实《关于新闻采编人员从业管理的规定》，大力倡导廉洁自律，力戒奢靡之风。报社纪委从严落实"一岗双责"，推行全社中层以上干部向纪委述责述廉制度。全面履行监督执纪职责，全面落实州委《建立健全惩治和预防腐败体系2013—2017工作实施细则》，深化惩防体系建设，在财务收支、经营管理、项目招投标等方面始终做到公正、公开、透明，报社党风廉政建设和反腐倡廉工作取得新进展，各项工作步入新常态。

【群团工作】 报社充分发挥工会、团委、妇委会、老协作为党委密切联系群众的桥梁和纽带作用，抓好党建带工建、团建、妇建工作;继续开展好民族团结、人员培训、治安、计生、卫生等工作,加强精神文明建设,增强大家的凝聚力和战斗力,形成团结和谐的氛围,促进工作的开展。

【精准扶贫】 凉山日报社总编辑龙德华、党委书记兰年尔轨多次深入到美姑县依洛拉达乡调研、指导工作,对帮扶点库莫村的精准扶贫工作加大工作力度,制订全乡、库莫村的脱贫规划和发展规划,咬定目标,精准施策,助推脱贫攻坚。经过多方筹措资金近50万元修建的库莫村小学于2016年6月竣工,并于2016年9月投入使用。积极发展核桃、花椒产业,为库莫村的33户建卡贫困户购买33只美姑黑山羊基础母羊,购买2只美姑黑山羊基础母羊作为村集体经济发展。积极开展送温暖活动,赠送价值近4万元的春节慰问品,包括大米、棉被和700套“五洗工程”的用具。

(供稿单位:凉山日报社/审核:刘昌烈/撰稿:唐刚)

关心下一代工作

Work of Caring for the Next Generation

【概况】 2016年,全州关心下一代工作坚持“急党政所急、想青少年所需、尽关工委所能”的工作方针,突出立德树人、帮扶助困、固本强基三大工作重点,倾情竭力,主动作为,被评为全省关心下一代工作先进单位,于2016年4月在四川省关心下一代会议上受到表彰。

【领导调研】 2016年3月17日,省关工委执行主任张中伟,省关工委副主任、副秘书长、关心下一代基金会理事长刘华军,省关心下一代基金会秘书长杨忠廷一行调研凉山州关心下一代工作。执行主任张中伟在调研中指出,州委、州政府对关心下一代工作高度重视,特别在扶贫攻坚中消除贫困的代际传递,在精准扶贫、精准关爱上做了大量工作。州关工委积极配合民政、教育、政法等部门,依靠社区和乡村,把“爱心助孤”项目纳入工作的重中之重,做到法定监护落实到人、困难救助落实到人、结对关爱落实到人。凉山的孤儿及特殊困难儿童大量分布在农村,州关工委要充分发挥基层关工委组织和“五老”志愿者力量,把“爱心助孤”项目落实好,把钱用在刀刃上,让这些弱势困难儿童充分享受阳光雨露,幸福健康快乐成长。

【暖冬行动】 2016年12月1日,四川省关工委“老少牵手,温暖童心”暖冬行动启动仪式在凉山州普格县五道箐乡中心校举行。省关工委执行主任张中伟,省关工委常务副主任陈官权,省关工委副主任、省关心下一代基金会理事长刘华军,省关心下一代基金会秘书长杨忠廷等领导一行带着对凉山各族青少年的关心,在州委常委、组织部部长、关工委主任张伟的陪同下深入凉山,为普格县五道箐乡中心校“风景园林爱心班”的学生送去御冬棉被。

【基层组织建设】 全州17个县(市)和所有的乡(镇、街道)村(社区)关工委组织全覆盖,全州关工委组织达7488个。继续抓实创建“六好”基层关工委活动,进一步巩固基层组织建设各项成果,使基层工作常态化、规范化、长效化。截至2016年底,安宁河流域县(市)实现“六好”基层关工委达到已建关工委组织的60%以上,民族聚居县实现“六好”基层关工委达到已建关工委组织的40%以上。在三年基层组织建设年中,州委、州政府“两办”下发的《关于加强全州关心下一代工作基层组织建设的意见》以制度的形式进一步规范全州关工委机构设置和关工委执行主任、常务副主任的换任机制。

【“五老”志愿者】 全州关工委针对“五老”的个体特点,积极整合资源,先后成立州、县(市)五老志愿者协会。全州有各类“五老”志愿者团队819

个，建档挂牌的“五老”志愿者骨干25246人。这些“五老”志愿者，进乡镇，进村组，进学校，进企业，进社区，围绕州委、州政府中心工作，以禁毒防艾、彝区健康文明新生活、革命历史传统教育、遵纪守法、讲文明树新风等为主题，为全州广大青少年带去“精神食粮”，受到各级党委、政府的充分肯定和社会各界的高度认可和赞扬，彰显“五老”队伍的政治效应和社会效应。截至2016年底，开展宣讲活动750余场次，受益青少年53万余人次。

【关爱活动】 全州以治穷先治愚、扶贫要扶智为目标，加强对青少年的思想扶贫、精神扶贫、知识扶贫和思想道德教育。每年开展各种关爱活动200余场次，受教育的青少年有18万余人次。一是积极争取省关工委支持，雅砻江流域水电开发有限公司捐赠100万元，开展精准扶贫、爱心助孤行动，惠及232个极度贫困村2191名特殊困难儿童；二是联合州邮政局、州烟草公司在喜德县贺波乡依兹觉小学开展价值4万多元的爱心书包发放活动；三是与省新闻出版局、州关心下一代基金会在“六一”前夕开展赠书活动，共向40所学校赠送价值40万元的图书；四是与上海同一苍穹下基金会合作，募集66.96万元，资助516名孩子上学；五是7月15—17日，四川省“铭记两史、践行三爱”万名青少年夏令营凉山分营活动在盐源县举行，夏令营的举办，使孩子们了解家乡的变化，培养爱家乡的情感，激发他们更加爱学习、爱劳动、爱祖国，更加不怕困难，积极向上，勤奋学习，健康快乐生活，努力成长为德智体美全面发展的社会主义事业合格建设者和可靠接班人。暑假期间，州关工委还推荐4名学生到北京参加中国关工委组织的“中华大家园”关爱各族儿童夏令营，推荐7名学生和3名教师参加全国“中华魂”主题教育活动表彰大会暨夏令营活动。

【关心下一代基金会】 全年关心下一代基金会总收入400.25万元，总支出420.05万元，安排实施项目51个，建立关爱活动室、爱心浴室、留守儿童之家等青少年活动阵地33个，帮扶“五失”青少年、特殊困难儿童近2万人。

（供稿单位：州关工委办／审核：饶云一／撰稿：邱天）

人 大

LIANGSHAN YI AUTONOMOUS PREFECTURE PEOPLE'S CONGRESS

综　　述

Overview

【概况】 2016年是"十三五"规划的开局之年，也是全面建成小康社会决胜阶段的启航之年。全年在州委的坚强领导下，州人大常委会全面贯彻中共十八大和十八届三中、四中、五中、六中全会精神，深入学习贯彻习近平总书记系列重要讲话精神，认真落实州委七届八次全会决策部署和州委人大工作会议精神，始终坚持党的领导、人民当家做主、依法治国有机统一，紧紧围绕"四个全面"战略布局，牢固树立和贯彻落实创新、协调、绿色、开放、共享的发展理念，切实履行宪法法律赋予的职权，不断加强人大工作和建设，奋力推进凉山各项事业健康发展，圆满完成州十届人大六次会议确定的各项任务。

【自身建设】 州人大常委会党组紧密结合人大工作实际，突出人大工作特点，严格按照中央和省、州党委的统一部署，深入研究谋划，加强沟通协调，注重统筹安排，组织机关干部职工认真开展"两学一做"学习教育。州人大常委会党组成员率先垂范，带头参加和接受教育，带头讲党课。通过学习教育，机关党员干部思想上受到一次深刻教育和洗礼，进一步增强政治意识、大局意识、核心意识、看齐意识，进一步树立清风正气，严守政治纪律、政治规矩，进一步强化宗旨观念，勇于担当作为，提高贯彻执行中央和省、州党委决策部署的自觉性和坚定性，强化为民务实清廉的价值追求，提高班子的凝聚力和战斗力，提升作风建设制度化科学化水平。把党风廉政建设和反腐败工作部署落实到位，切实增强干部职工的规矩意识和底线思维，努力实现干部清正、为政清廉、政治清明，为州人大常委会依法履职提供可靠的政治纪律保障。

州十届人大六次会议

The 6th Plenary Session of the 10th Liangshan Yi Autonomous Prefecture People' s Congress

【概况】 2016年2月1—4日，凉山彝族自治州第十届人民代表大会第六次会议在西昌召开。398名代表出席会议。不是州十届人大代表的州委，州九届人大常委会、州人民政府、州政协领导，驻州部队主官，部分驻州全国人大代表，州委有关部门负责人，州人大专门委员会和州人大常委会办事工作机构负责人，州人民政府秘书长，州人民政府工作部门负责人，州人民政府直属单位及有关部门负责人，州中级人民法院、州人民检察院及派出机构负责人，不是州人大代表的县（市）人民法院、检察院负责人，中央、省驻州有关单位负责人，群团系统负责人和特邀老领导，共139人列席会议。大会的指导思想是：高举中国特色社会主义伟大旗帜，以邓小平理论、“三个代表”重要思想、科学发展观为指导思想，深入贯彻习近平总书记系列重要讲话精神，全面落实中共十八大和十八届三中、四中、五中全会及州委七届八次全会、州委人大工作会议部署，团结动员全州各族人民，紧紧围绕决胜全面小康，牢固树立和贯彻落实创新、协调、绿色、开放、共享发展理念，协调推进“五位一体”总体布局和“四个全面”战略布局，为谱写同步全面小康建设新篇章，加快建设美丽幸福文明和谐新凉山而努力奋斗。会议听取和审议政府、计划、财政、人大常委会、法院、检察院等工作报告，审查批准2016年凉山州国民经济和社会发展计划，审查批准2016年州本级财政预算。中共凉山州委书记林书成在大会上作总结讲话。

【会议议程】 一、听取和审查凉山彝族自治州人民政府工作报告；二、审查和批准《凉山彝族自治州国民经济和社会发展第十三个五年规划纲要》；三、审查凉山彝族自治州2015年国民经济和社会发展计划执行情况及2016年计划草案的报告，批准凉山彝族自治州2016年国民经济和发展计划；四、审查凉山彝族自治州2015年财政预算执行情况和2016年财政预算草案的报告，批准2016年州本级财政预算；五、听取和审查凉山彝族自治州人民代表大会常务委员会工作报告；六、听取和审查凉山彝族自治州中级人民法院工作报告；七、听取和审查凉山彝族自治州人民检察院工作报告；八、其他。

【代表议案和建议】 大会共收到各代表团和10人以上代表联名提出的议案12件，州人大各专门委员会分别举行全体会议，按照有关法律规定和此次会议关于议案的规定，对收到的议案进行审查，报经人大主席团审查通过，西昌代表团提出的“关于修订《凉山彝族自治州大桥水库工程管理条例》”的议案（第1号）与王明雯等18名代表联名提出的“关于修订《凉山彝族自治州大桥水库工程管理条例》”的议案（第7号）并为一件，雷波代表团提出的“关于制定《凉山彝族自治州马湖风景名胜区保护条例》”的议案（第6号），列为大会议案。其余9件议案转为建议、批评和意见，连同此次会议收到的代表对各方面工作提出的建议、批评和意见54件，共计建议、批评和意见63件。会后，由州人大常委会代表工作部门整理归类，交州人民政府和有关机关、组织研究办理，研究办理结果均在闭会后6个月内答复代表。

【会议决议决定】 大会形成决议：一、关于政府工作报告的决议；二、关于《凉山彝族自治州国民经济和社会发展第十三个五年规划纲要》的决议；三、关于凉山彝族自治州2015年国民经济和社会发展计划执行情况及2016年计划的决议；四、关于凉山彝族自治州2015年财政预算执行情况和2016年财政预算的决议；五、关于凉山彝族自治州人民代表大会常务委员会工作报告的决议；六、关于凉山彝族自治州中级人民法院工作报告的决议；七、关于凉山彝族自治州人民检察院工作报告的决议。

州人大常委会会议

Meetings of the Standing Committee of Liangshan Yi Autonomous Prefecture People’s Congress

【概况】 2016年，凉山州十届人大常委会共举行7次全体会议，通过《凉山彝族自治州人民代表大会常务委员会关于进一步加强法制宣传教育的决议》，通过凉山州人大常委会关于召开凉山彝族自治州第十一届人民代表大会第一次会议的决定;传达四川省第十二届人民代表大会第四次会议精神、四川省第十二届人民代表大会常务委员会第二十四次至第三十次会议精神;审查批准凉山州2015年州本级财政决算;审查批准2016年州本级财政预算调整方案及全州地方政府债务限额。听取和审议"一府两院"工作报告11个、州人大常委会执法检查组执法检查报告2个,审议法规草案1个。采取联组审议的方式,对全州重大传染病防控情况、国有资产监督管理情况开展专题询问。依法任免国家机关工作人员62人次,其中任40人、免15人、接受辞职7人,决定代理3人。接受辞去省十二届人大代表1人,补选省十二届人大代表1人;通过对1名省、州人大代表因涉嫌犯罪采取强制措施,接受辞去州十届人大代表1人。规范向宪法宣誓工作,新任命的国家机关工作人员任命后向宪法进行庄严宣誓。

【常委会第二十六次会议】 2016年1月18日,凉山州十届人大常委会举行第二十六次会议。会议听取关于凉山彝族自治州第十届人民代表大会第六次会议筹备情况报告;审议通过凉山彝族自治州第十届人民代表大会第六次会议议程草案、凉山彝族自治州第十届人民代表大会第六次会议主席团和秘书长名单草案,决定凉山彝族自治州第十届人民代表大会第六次会议列席人员名单,审议通过凉山彝族自治州第十届人民代表大会常务委员会代表资格审查委员会关于代表变动情况及补选代表的代表资格审查报告。审议通过凉山彝族自治州人民代表大会常务委员会工作报告稿。通过关于翟占一辞去四川省第十二届人民代表大会代表职务请求的决定。听取州人民政府关于2014年度州本级预算执行和其他财政收支审计结果落实情况的报告。进行人事任免。

【常委会第二十七次会议】 2016年4月26日,凉山州十届人大常委会举行第二十七次会议。会前学习组织法、代表法、选举法;传达四川省十二届人大常委会第二十四次会议精神。听取州人大常委会法制工作委员会关于2015年开展规范性文件备案审查工作的情况报告。会议决定接受胡云辞去凉山彝族自治州人民政府副州长职务的请求。根据州人民政府州长罗凉清的提名,决定任命冯斌、陈日发为凉山彝族自治州人民政府副州长。进行其他人事任免。

【常委会第二十八次会议】 2016年6月8日,凉山州十届人大常委会举行第二十八次会议。会议传达四川省十二届人大常委会第二十五、第二十六次会议精神;听取凉山州人民政府关于2016年脱贫攻坚工作实施情况报告、关于生态文明建设和环境保护工作情况报告。听取和审议州人大常委会执法检查组关于检查《中华人民共和国食品安全法》贯彻实施情况的报告。会议决定,接受余毅辞去凉山彝族自治州人民政府副州长职务的请求。进行人事任免。

【常委会第二十九次会议】 2016年8月16日—17日,凉山州十届人大常委会举行第二十九次会议。会议传达四川省十二届人大常委会第二十七次会议精神;会议审议《凉山彝族自治州立法条例(初审稿)》;听取和审议州人民政府关于2016年1—6月国民经济和社会发展计划执行情况的报告、关于2015年财政决算和2016年1—6月财政预算执行情况的报告、关于2015年州本级预算执行和其他财政收支审计工作的报告,听取州人大财经委关于凉山州2015年州本级财政决算审查结果的报告,审查批准2015年州本级财政决算。听取和审议州人民政府关于凉山州传染病防控的情况报告,并对凉山州重大传染病防控情况开展专题询问。听取和审议州人大常委会执法检查组关于检查《中华人民共和国城乡规划法》实施情况的报告。会议决定,接受施遐辞去凉山彝族自治州人民政府副州长的职务。进行人事任免。

【常委会第三十次会议】 2016年10月31日—11

月1日，凉山州十届人大常委会举行第三十次会议。会议召开前对《中华人民共和国食品安全法》进行学习辅导。会议传达四川省十二届人大常委会第二十八次会议精神。审议《凉山彝族自治州立法条例（二审稿）》；听取和审议州人民政府关于2016年财政预算调整方案及全州地方政府债务限额的报告，听取和审议州人大财经委关于全州2016年财政预算调整方案及全州地方政府债务限额的审查报告，审查批准2016年州本级财政预算调整方案及全州地方政府债务限额；审议通过《凉山彝族自治州人民代表大会常务委员会关于进一步加强法治宣传教育的决议》；听取和审议州人民政府关于"1+X"林业生态产业发展情况的报告；根据州人民政府州长罗凉清的提名，决定任命葛承书为凉山彝族自治州人民政府副州长。

【常委会第三十一次会议】 2016年11月19日，凉山州十届人大常委会举行第三十一次会议。根据州人民政府州长罗凉清的提名，决定任命苏嘎尔布、李大勇为凉山彝族自治州人民政府副州长；根据州中级人民法院院长刘宁的提请，任命范文清为凉山彝族自治州中级人民法院副院长、审判委员会委员、审判员；根据州人民检察院检察长米滨的提请，任命刘宁为凉山彝族自治州人民检察院副检察长、检察委员会委员、检察员。会议决定，苏嘎尔布为凉山彝族自治州人民政府代理州长，范文清为凉山彝族自治州中级人民法院代理院长，刘宁为凉山彝族自治州人民检察院代理检察长。并进行其他人事任免。

【常委会第三十二次会议】 2016年12月28—29日，凉山州十届人大常委会举行第三十二次会议。会议传达四川省十二届人大常委会第二十九次、第三十次会议精神。会议审议通过关于召开凉山彝族自治州第十一届人民代表大会第一次会议的决定。听取和审议凉山州人民政府关于州十届人大六次会议代表建议、批评和意见办理情况的报告；听取和审议州人民政府关于凉山州国有资产监督管理情况的报告，并以联组会议形式对凉山州国有资产监管情况开展专题询问；会议听取和审议州人大常委会人事代表工作委员会关于州十届人大六次会议代表建议、批评和意见处理情况的报告；审议通过州人大农业委员会关于州十届人大六次会议主席团交付审议的代表提出的议案审议结果的报告；审议通过州人大城乡建设环境资源保护委员会关于州十届人大六次会议主席团交付审议的代表提出的议案审议结果的报告。表决通过，补选达久木甲为四川省第十二届人民代表大会代表。进行人事任免。

立法工作
Legislation Work

【概况】 2016年，州人大常委会认真贯彻落实《凉山彝族自治州依法治州实施意见》，坚持问题导向，抓住提高立法质量这个关键，加强立法工作组织协调，完善立法工作机制和程序，多渠道扩大公众的有序参与和意愿表达，推进民主立法和科学立法，充分发挥立法引领和推动作用。

【立法调研】 2016年，州人大常委会围绕凉山经济社会发展的重点领域和关键环节，认真制定年度立法计划，开展大凉山特色农产品品牌保护条例、禁毒条例等地方立法前调研。开展对《凉山彝族自治州扶贫开发条例》和《凉山彝族自治州艾滋病防治条例》地方立法调研和论证工作。积极参与全国人大常委会和省人大常委会的立法活动，对下发征求意见的《中华人民共和国网络安全法（草案）》等20余部法律、法规草案进行认真讨论，广泛征求意见，结合凉山实际，上报修改意见和建议。

【立法工作】 2016年，开展《凉山彝族自治州禁毒条例（草案）》起草工作；起草《凉山彝族自治州立法条例（草案）》，经州十届人大常委会第二十九次、第三十次会议审议，决定提请州十一届人大一次会议审议。继续开展对《凉山彝族自治州东西河飞机播种林区保护管理条例（修订草案）》的审议工作。

【法律宣传】 2016年，州人大常委会加强立法工作的宣传，使立法过程真正成为普及社会主义法治文化、推动全民守法的过程，不断提高全社会学法守法遵法用法意识。通过《凉山彝族自治州人民代表大会常务委员会关于进一步加强法治宣传教育决议》，针对凉山扶贫攻坚、禁毒防艾、生态环境和资源开发与保护工作的重点、难点，进一步细化法制宣传任务目标、措施、责任、检查、考核等相关规定，为推动凉山“七五”普法宣传教育工作提供有力保障。利用“国家宪法日”等法律宣传节点，大力开展以宪法为重点的法制宣传教育。利用《人民权力报》、凉山电视台、《凉山日报》等媒体，加强对宪法、法律和法规贯彻实施的宣传，州人大常委会宣传工作受到省人大常委会办公厅表彰。

监督工作

Supervision Work

【概况】 2016年，州人大常委会探索建立有效的监督工作机制，完善监督工作方式方法，加强对“一府两院”执法、司法工作的监督，确保法律法规得到有效实施，行政权、审判权、检察权得到正确行使。

【法律监督】 2016年，州人大常委会把执法检查作为监督工作的重点，围绕人民群众普遍关心的热点、难点问题和全州经济社会发展的重点，认真开展执法检查，依法保证宪法、法律、行政法规和上级人大及其常委会决议在凉山州行政区域内得到遵守和执行。开展对食品安全法、城乡规划法及城乡规划条例等法律法规实施情况的执法检查；配合全国、省人大常委会开展对四川省农村扶贫开发条例等法律法规实施情况的执法检查。组织对电力法、安全生产法及电力设施保护和供用秩序维护条例等法律法规实施情况进行执法调研。结合执法检查中发现的问题，提出有针对性的意见和建议，并通过听取审议意见落实办理情况的方式，督促“一府两院”认真改进，进一步强化对法律法规在全州贯彻实施的监督。

【工作监督】 2016年，州人大常委会围绕督促“一府两院”依法行政、公正司法，通过听取和审议工作报告、开展专题询问等方式，认真开展对“一府两院”的工作监督。听取州人民政府关于全州2016年脱贫攻坚工作实施情况、生态文明建设和环境保护工作情况报告，听取和审议全州重大传染疾病防控情况、“1+X”林业生态产业发展情况、国有资产监督管理情况、地方政府债务限额、财政预算调整等报告和计划、财政、审计等常规工作报告，审查批准2015年州本级财政决算，审查批准2016年州本级预算调整方案及全州地方政府债务限额。把开展专题询问作为常态化工作，对全州重大传染疾病防控情况、国有资产监督管理情况开展专题询问，切实增强监督的实效性。

【规范性文件备案审查】 创新规范性文件备案审查工作方式，印发《关于进一步做好规范性文件备案审查工作的通知》，对报备内容、时间、数量和方式提出明确、具体的要求，并在每次常委会上将州人民政府、各县（市）人大常委会规范性文件报备情况予以通报，得到省人大常委会充分肯定，在全省两期《立法参阅》上进行宣传和推广。全年备案审查州人民政府报送的13件规范性文件、各县（市）人大常委会报送的156件规范性文件，向省人大常委会报送州人大及其常委会作出的决议、决定18件。

【信访工作】 2016年，把做好人大常委会信访工作作为监督工作的一个重点，高度重视和认真办理人民群众来信来访，全年共办理来信来访815件次，其中来信244件、来访571人次，做到“事事有交代、件件有着落”，切实解决一些事关群众切身利益的问题，维护人民群众的合法权益和社会和谐稳定。

【综述】 抓住事关全州经济社会发展根本性、全局性、长远性的重大事项，密切关注与人民群众切身利益相关的重大问题，把听取审议“一府两院”工作报告、审查计划和预算作为行使重大事项决定权的重点，依法作出凉山州人大常委会关于进一步加强法治宣传教育的决议及其他决议决定共8个，努力使州委重大决策部署通过州人大的法定程序上升为全州人民的共同意志和自觉行动。

坚持党管干部和人大依法任免相统一，不断完善人事任免机制，加强干部监督，圆满实现党委的人事主张，充分反映人民意愿。依法任免国家机关工作人员62人次，其中任命40人、免职15人、接受辞职7人，决定代理3人；接受辞去省十二届人大代表1人，补选省十二届人大代表1人。通过对1名省、州人大代表因涉嫌犯罪采取强制措施、1名州人大代表辞去州十届人大代表职务。规范宪法宣誓工作，对新任命的国家机关工作人员进行任命后向宪法进行庄严宣誓。

代表工作
Deputy Work

【概况】 充分尊重代表主体地位，坚持把密切联系代表、发挥代表作用作为提高人大工作水平的基础，不断加强和改进代表工作。

【办理代表议案及建议】 把做好代表议案及建议督办工作作为推进依法行政、解决民生难题的重要抓手，着力在规范办理工作、提高办理质量上下功夫。通过与提出建议的代表召开座谈会、面对面征求意见建议、向代表发放征求意见表等方式，进一步提高办理满意率。在州十届人大六次会议上，代表们提出议案3件，由于内容相同，合并成2件议案，已办理完毕；代表提出的63件建议也已全部办理并答复代表，议案及建议审议结果的报告已经州十届人大常委会第三十二次会议审议通过。

【开展闭会期间代表活动】 2016年，组织部分全国、省、州人大代表赴西昌市、德昌县，对全面创新驱动、推进凉山工业转型升级进行集中视察；到盐源、木里集中视察扶贫攻坚工作。组织部分州人大代表到冕宁县，对代表提出的关于修订《凉山彝族自治州大桥水库工程管理条例》的议案办理情况进行视察。委托各县（市）人大常委会、凉山军分区政治部组织凉山州选区州人大代表，围绕重大项目建设、扶贫脱贫、民生改善、环境保护等人民群众普遍关心的热点、难点问题，开展丰富多彩的调研和视察活动。积极实施“扶贫攻坚——人大代表再行动”活动，倡导全州各级人大代表积极参与扶贫攻坚工作。

【代表履职能力建设】 2016年，认真做好代表培训工作，积极组织省、州人大代表到全国人大会议中心、厦门国家会计学院和省人大常委会培训中心参加培训学习，为州人大常委会组成人员和人大代表订阅有关学习资料，坚持邀请省、州人大代表和部分乡镇人大主席列席州人大常委会会议，进一步提高代表依法履职能力。

【指导县乡人大换届选举】 2016年，组织县（市）人大常委会相关部门负责人到全国人大常委会培训中心和省人大常委会培训中心举办的县乡人大常委会换届选举务实培训会进行培训；召开全州换届选举工作动员会暨培训会，对全州县乡人大常委会换届选举工作进行动员部署和业务培训；制定《中共凉山州人大常委会党组关于做好凉山州十一届人民代表大会代表选举工作的意见》，由中共凉山州委转发全州各县（市）委、县（市）人大常委会贯彻执行；加强对县乡人大常委会换届选举工作的检查指导，确保依法按程序选好各级人大代表，努力营造风清气正的选举工作氛围，为新一届州、县、乡人大工作打好基础。

调查研究
Survey and Research

【概况】 切实把调查研究作为依法履职的重点，由州人大常委会领导牵头，各专门委员会和办事工作机构具体配合，结合工作实际，针对全州经济社会发展的重点领域和热点、难点问题开展调研。通过组织有关部门赴州外交流学习、召开调研工作座谈会等形式，加强交流学习，借鉴先进经验。州人大常委会领导、各专工委专题调研涉及20多个方面，在《领导参阅》《凉山经济》《凉山人大》《凉山州人大常委会调研成果汇编》《人大调研与建议》等刊物上发表20多篇调研文章。紧扣州委工作部署，扎实开展“五个一”“挂包帮”“走基层”“大督查”活动，切实推动一批老百姓关注的热点、难点问题得到解决。特别是州委七届八次全会召开后，州人大常委会领导分别带头开展对口扶贫联系工作，为扶贫脱贫工作积极出谋划策，认真帮助解决困难问题，有力助推全州脱贫攻坚工作。

【上级人大到凉山视察调研】 2016年2月23—24日，省人大常委会副主任黄彦蓉、省政协副主席王正荣率省督导组对凉山州以推进项目建设为重点的经济工作进行专项督导。罗凉清、王金铁、邓显祥，苏嘎尔布参加督导。省教育厅副厅长戴作安，胡云、何绍忠、蒋若枫，州人大常委会秘书长康曦，州政府秘书长石一鲁实，州政协秘书长邹学军，州级相关部门及西昌市、德昌县、冕宁县负责人参加督导或座谈。2016年4月18—22日，省人大常委会副主任刘道平率检查组到凉山州脱贫攻坚一线，对凉山州贯彻实施《四川省农村扶贫开发条例》情况开展执法检查。罗凉清作汇报，王金铁出席汇报会。省人大常委会委员、内司委主任严铁桥，省人大常委会委员、人代工委主任肖萍，钟承先，海来木呷，康曦出席会议。肖春主持会议。2016年6月21日，驻州全国、省人大代表和部分州人大代表在西昌市企业、厂矿和施工现场，就“全面创新驱动，推动凉山工业转型发展”作专题调研。王金铁、苏嘎尔布、海来木呷、李军、米滨、州人大常委会秘书长康曦等近30名全国、省、州人大常委会代表参加调研。2016年6月22日，驻州全国、省人大常委会代表和部门州人大常委会代表，在德昌县开展“全面创新驱动，推动凉山工业转型发展”专题调研。王金铁，苏嘎尔布、海来木呷、米滨，州人大常委会秘书长康曦等全国、省、州人大常委会代表参加调研。2016年10月13—15日，以全国人大常委会香港基本法委员会委员、香港执业大律师谭惠珠为团长的香港特别行政区第十二届全国人大代表赴四川省视察团一行，深入凉山州冕宁、西昌、昭觉等地，对经济社会发展、脱贫攻坚工作等情况开展视察调研。省人大常委会副主任刘道平，罗凉清，王金铁参加相关活动。全国人大常委会办公厅、省人大常委会相关负责人陪同视察。州人大常委会秘书长康曦，州政府秘书长石一鲁实、州政协秘书长邹学军，州级相关部门负责人参加相关活动。

财政经济委员会
Financial and Economic Committee

【工作监督】 2016年，提请州人大常委会听取和审议州人民政府专项工作报告6个，即州人民政府关于2014年州本级财政预算执行及其他财政收支审计结果落实情况的报告、州人民政府关于2016年1—6月国民经济和社会发展计划执行情况的报告、州人民政府关于2015年财政决算及2016年1—6月财政预算执行情况的报告、州人民政府关于2015年州本级预算执行及其他财政收支审计工作的报告、州人民政府关于凉山州2016年财政预算调整方案及全州地方政府债务限额情况的报告、州人民政府关于国有资产监督管理情况的报告；提请州人大常委会开展对全州国有资产监督管理情况的专题询问。完成关于2015年州本级财政决算的审查报告、凉山州2016年财政预算调整方案及全州地方政府债务限额的审查报告。提请州十届人大常委会会议审查和批准2016年州本级预算调整方案及全州地方政府债务限额、2015年州本级财政决算。为提高常委会对专项工作报告审议质量，州人大财经委坚持在提请州人大常委会审议专项工作报告前，深入开展会前调研，认真组织对各专项工作报告的预审，要求报告单位认真研究落实修改意见，负责地向州人大常委会提交一份高质量工作报告。在审议中，常委会组成人员中财经委员会委员率先作系统发言，引导会议围绕重点集中进行审议，使专项工作报告审得深、审得透，切中要害，切实解决专项工作存在的主要问题。同时组织对提交州十届人大六次会议的州人民政府关于计划、财政工作报告的初审，并结合会上各代表团审议意见，向州十届人大六次会议主席团作关于州人民政府2016年计划、财政预算草案审查结果的报告。

【法律监督】 2016年，同州人大常委会预工委，在州人大常委会分管领导率领下，深入西昌、冕宁、喜德、德昌等市县，对安全生产法、电力法及电力设施保护和供用秩序维护条例贯彻实施情况进行专题调研，全面了解全州电力生产安全法律法规实施情况及执行中存在的困难和问题，并及时形成调研报告，报送州委，交送州人民政府及有关职能部门研究办理，切实加强电力输送安全保护，推进凉山经济持续快速健康发展。

【工作调研】 在州人大常委会分管领导率领下，会同州人大常委会预工委深入德昌县，对全州电子商务发展情况开展调研；赴广东对新预算法贯彻实施及新形势下招商引资工作进行学习考察，形成《围绕中心履行职责 坚持创新推进工作》学习考察报告，报送州委，交送州人民政府及有关职能部门，对新预算法在全州贯彻实施、推进新常态下全州招商引资工作发挥积极作用；赴云南省对加强预算审查监督和新常态下烟草产业发展进行学习考察，形成《更新理念 勇于担当 依法加强预算审查监督》学习考察报告，报送州委，交送州人民政府研究参考，对新常态下加快烟草支柱产业发展发挥积极作用。在州人大常委会分管领导率领下，深入盐源、木里等县，开展对《凉推方案》实施情况的专题调研，要求认真研究解决全州交通大会战中面临的困难和问题，尽快改善全州交通状况。组织州人大财经委委员赴雅砻江水电开发有限公司考察学习，深入杨房沟电站，对加快水电开发、提升全州财力进行专题调研。随同州人大常委会分管领导多次到会东开展扶贫开发工作调研，进行脱贫攻坚检查督促，并竭力为所联系的贫困村、贫困户协调解决发展中的困难和问题。

【工作交流】 会同州人大常委会预工委参加全省人大财经工作座谈会和全省人大预算审查监督工作座谈会。热情接待到凉山州考察的全国各地人大常委会财经委的客人，相互交流经验，共同推进人大常委会工作。

民族法制宗教外事侨务委员会

Ethnic, Legislative, Religious, Foreign and Overseas Chinese Affairs Committee

【立法工作】 一是组织编制州十届人大常委会2016年度的立法规划。委员会以增强立法的针对性、及时性、系统性和可操作性，不断提高立法质量为重点，广泛征求州人大常委会各专门委员会、州政府各职能部门的意见，研究草拟涉及制定立法条例、禁毒条例；修订东西河飞播林区保护条例；开展制定艾滋病防治条例立法调研项目，经提请州人大常委会会议审议通过后实施。立法计划的制定,有力地推进立法工作的有序开展。二是完成立法条例的起草、修改征求意见以及提请常委会会议审议工作。为进一步规范自治州的立法活动,不断提高立法质量,有效发挥地方立法对改革发展的引领和推动作用,推进依法治州,委员会与州人大常委会及其常委会有关工作办事机构密切配合,依据宪法、民族区域自治法、立法法等法律的规定,结合全州立法工作的实际,在总结全州立法工作经验的基础上,起草《凉山彝族自治州立法条例(征求意见稿)》,在广泛征求有关方面意见建议并作认真修改后提请州十届人大常委会第二十九次会议进行初审。之后,委员会再次组织各专门委员会、常委会工作办事机构以及州政府法制办对征求意见稿进行认真的座谈讨论,并结合常委会会议提出的修改意见和建议,作进一步的修改和完善,形成二审稿,提交州人大常委会第三十次会议审议,形成草案。第二次审议后,委员会按照有关立法程序规定,将草案报送省人大有关专门委员会以及省级有关部门征求意见,并报中共凉山州委审查。在此基础上,对草案再作进一步的修改,力求为州十一届人大一次会议提交一个高质量的法规案。三是组织并积极参与法规修订和立法调研工作。委员会作为立法工作的重要部门,与有关专门委员会、常委会法工委密切配合,认真开展对东西河飞机播种林区保护管理条例的修订工作。为保证修订工作的质量,广泛征求有关机关、相关县(市)以及社会各界的意见和建议,多次召开修订讨论会、座谈会,并征求省人大有关专门委员会、省级有关部门的意见、建议。在做好制定和修订条例工作的同时,委员会还组织对全州自治条例是否进行修订开展调研,并积极与有关专门委员会配合,认真开展大桥水库工程保护管理条例修订和制定艾滋病防治等法规的立法调研,提出意见和建议。四是积极参与全国人大常委会和省人大常委会的立法。委员会与有关专门委员会、常委会法工委密切合作,组织有关方面和人员对下发全州征求意见的网络安全法草案以及村委会组织法实施办法修订草案、立法条例草案、固体废物污染环境防治条例草案等法律、法规草案进行研究,并上报修改意见和建议。

【工作调研】 一是加强法律法规执行情况的执法检查和调研。按照常委会的统一安排和部署,委员会参与开展对省扶贫开发条例贯彻实施情况的执法检查。深入普格、木里、盐源等县,就省扶贫开发条例贯彻执行情况进行检查,提出意见和建议。二是开展对全州城镇化进程中的民族工作的调研。根据全国人大常委会民委和省人大常委会的部署,委员会于2016年6月组织州级有关部门和部分县(市)就国务院制定实施民族区域自治法配套法规情况和城镇化进程中的民族工作情况开展调研,重点围绕城镇化进程中民族工作出现的新情况、新问题进行。7月上旬,以全国人大常委会民委副主任委员云峰为组长的全国人大常委会专题调研组赴全州调研。调研组深入西昌市安哈镇,就基础设施建设、脱贫攻坚、民生改善、民族文化及民族特色保护等方面的事项进行实地调研,并对完善配套法规建设,加大基本公共服务力度,抓好特困地区和特困群众精准扶贫,加强民族干部队伍建设和人才培养等提出意见和建议。三是围绕新形势下如何开展外事侨务工作进行调研。为了解新形势、新阶段外侨事务工作中出现的新情况、新问题,按照省人大常委会外侨委的统一部署,委员会于2016年10月,配合省人大常委会外侨委开展全州在“十三五”规划中如何体现“一带一路”战略,促进发展的情况的调研。

【扶贫帮困】 2016年,大力开展精准扶贫、“五个一”联系工作。委员会协助常委会领导赴木里县上麦地乡和下麦地村、唐央乡和里多村开展精准扶贫和“五个一”联系工作,深入联系县、乡、村、组、户、企业、项目工程地开展调研,与县、乡、村、组干部、村民、企业经营管理人员广泛座谈交流,了解存在的困难和问题，共商改进和发展的办法和措施，协调有关方面为联系乡解决水利基础设施建设、道路建设、民族团结进步新村建设示范工程等项目和资金，还为联系户解决道路、房屋修缮、种植和养殖产业项目、子女读书等问题，逢年过节还为联系户送去粮食、食油、棉衣、棉被等生活必需品以及慰问金。

农业委员会

Agricultural Committee

【立法工作】 2016年，对《凉山彝族自治州东西河飞机播种林区保护管理条例》进行修订。组织有关部门广泛听取意见，深入现场进行调研，认真研究解决修订过程存在的主要问题，该条例将提请州人大常委会继续审议。组织州人大常委会相关委员会、州级有关部门就全州特色农产品保护立法工作进行认真讨论研究，赴云南省相关市州学习考察农产品品牌保护与开发的先进经验，对制定《凉山彝族自治州大凉山特色农产品品牌保护条例》提出继续进行立法前期调研、论证工作。组织有关部门、专家对省人大常委会农业与农村委员会交付的《四川省水利工程管理条例》法规草案进行认真讨论，并及时上报修改意见。

【监督工作】 一是开展《四川省农村扶贫开发条例》执法检查。根据省人大常委会关于对《四川省农村扶贫开发条例》（以下简称《条例》）贯彻实施情况开展执法检查的要求，3月14—23日，州人大常委会执法检查组，在州扶贫和移民局、州林业局、州农牧局陪同下，深入到木里、盐源、普格、布拖、金阳5个县对《条例》的贯彻落实情况进行执法检查。二是配合省人大常委会对全州贯彻实施《四川省农村扶贫开发条例》情况进行执法检查。三是提请州人大常委会听取和审议州人民政府关于全州“1+X”林业生态产业发展情况的专题报告，会后将审议意见交州人民政府研究处理。

【调研工作】 2016年，一是配合省人大农业与农村委员会深入雷波、盐源、冕宁开展《四川省大型水库移民工作条例》《四川省森林防火条例》立法情况调研。二是组织有关部门、专家在州人大常委会分管主任率领下，深入到会理、德昌、喜德、甘洛、冕宁、雷波、美姑、昭觉等县对全州“1+X”林业生态产业发展情况进行调研。三是协同州人大常委会民法宗外侨委在州人大常委会分管主任率领下，赴广东对全州外出农民工生产生活情况进行调研。四是组织州人大常委会代表在州人大常委会分管主任率领下，在州级有关职能部门负责人陪同下，到冕宁县对西昌代表团及王明雯等18名代表提出的关于修订《凉山彝族自治州大桥水库工程管理条例》的议案办理情况进行专题调研。

【工作联系】 （一）加强与对口部门联系。一是年初召开对口部门工作座谈会，通报农委2015年工作情况，征求对口部门意见，安排布置2016年工作任务；二是参加对口部门的重要工作会议，了解工作情况。（二）加强与省人大常委会农业与农村委员会和各兄弟市州农（工）委的联系。积极参加省人大农业工作座谈会，并在会上就全州发展千万亩核桃产业是同步奔康的首要选择作交流发言，得到省人大常委会分管领导、省人大常委会农业与农村委员会及与会人员的高度评价。省林业厅主要负责人批示：“十三五”将大力支持凉山发展核桃产业。参加全省市州人大常委会农业工作联系会，专题围绕当前脱贫攻坚、农民增收致富进行交流发言。（三）根据州人大常委会机关党组分工，负责州人大常委会机关扶贫帮乡和极度贫困村帮扶工作。开展宣讲中共十八届三中、四中、五中和省委十届七次、州委七届七次全会精神及送温暖活动，积极协调相关部门落实解决帮扶资金村道硬化资金，使帮扶乡的基础设施和公益设施产业发展建设得到更进一步改善。

教育科学文化卫生委员会

Education, Science, Culture and Public Health Committee

【立法工作】 委员会根据立法形势任务的要求，以及州人大常委会的立法部署，把推动经济转型驱动和促进民生改善作为重点，积极投入立法工作。一是深入开展艾滋病防治地方立法前调研工作，到河南驻马店等地对艾滋病防治地方立法工作进行深入的考察和认真学习。二是积极参与《凉山彝族自治州东西河飞机播种林区保护管理条例》的修订审议。

【监督工作】 一是开展食品安全法执法检查。根据州人大常委会2016年监督计划，结合《四川省人大常委会办公厅关于开展食品安全法执法检查的通知》，州人大常委会执法检查组于2016年3月29日至4月13日，对德昌县、冕宁县贯彻实施食品安全法的情况进行暗访，对盐源县、西昌市、甘洛县、越西县22个食品生产企业车间、城乡农贸市场、大型超市、餐饮服务、学校食堂、单位食堂、大型餐厅、乡村等食品生产经营单位的食品安全法宣传、培训，食品安全监管体系建设，农村群宴和食品安全专项整治等进行检查，执法检查结束后，及时形成执法检查报告，向四川省人大教科文卫委员会及州十届人大常委会主任会议和常委会报告，经常委会审议以后，形成审议意见交州人民政府研究处理。二是组织对重大传染病防治工作情况的专题询问。提请凉山州十届人大常委会第二十九次会议听取州人民政府关于凉山州重大传染病防控情况的报告后，以联组会议形式，开展全州重大传染病防治情况专题询问。常委会组成人员围绕艾滋病等重大传染病防治，对重大传染病防治措施、防治经费投入和使用监管等十个方面人民群众关心的热点、难点问题进行询问。

【调研工作】 一是针对全州学前教育滞后的情况，开展幼教调研。深入昭觉、盐源等县调研“一村一幼”等教育工作。二是为更好地开展食品安全法执法检查，到州食药监局开展食品安全法执法检查前期专题调研。三是加快艾滋病防治地方立法调研。深入昭觉、布拖等县对艾滋病防治情况进行地方立法前调研。四是根据州人大常委会2016年度的工作安排，深入西昌、甘洛、越西等重点县（市），对全州体育产业发展的情况、体育产业发展中面临的困难和问题等进行深入调研，广泛听取各方面意见和建议，形成《凉山州体育产业发展情况调研报告》。

【工作联系】 一是完善与对口联系单位的联系制度。在工作中加强与对口部门的工作联系，参加联系部门的相关会议，召开2016年凉山州人大教科文卫委员会工作座谈会，更加深入地了解联系部门的工作，提高监督的针对性和实效性。二是紧紧围绕州委的脱贫攻坚这个中心，服从和服务于全州脱贫攻坚奔康大局，积极参加州人大常委会机关对盐源县平川镇海子村“挂、包、帮”精准扶贫工作，积极协调和努力推进“一村一幼”、村卫生室、文化室、“村村通”等建设，更好地解决该村人民群众上学难、看病难等实际问题，加强禁毒防艾工作等的帮扶，为群众办实事、办好事，为凉山脱贫攻坚、加快全面小康贡献自己的力量。三是协助常委会领导开展“五个一”联系点的各项工作。参与常委会领导联系村精准扶贫方案的制定和帮扶困难农户工作。四是做好外地人大到凉山调研协调工作，相互交流工作经验，传递人大工作信息。

城乡建设环境资源保护委员会

Urban and Rural Construction and Environmental and Resources Protection Committee

【法律监督】 一是协助常委会组织开展对《中华人民共和国城乡规划法》《四川省城乡规划条例》《四川省人民代表大会常务委员会关于制止和查处违法建设的决定》实施情况的执法检查。按照州人大常委会2016年监督工作计划，委员会协助州人大常委会开展对《中华人民共和国城乡规划法》等相关法律法规贯彻实施情况的执法检查。检查前，委员会及时拟定执法检查方案，对执法检查工作进行详尽的安排部署。两个执法检查组于2016年5月17—26日，分别深入西昌市、德昌县、冕宁县、会理县和喜德县进行重点检查，同时，委托其余12个县人大常委会自行开展执法检查。检查结束后，及时形成执法检查报告，并提请州十届人大常委会第二十九次会议听取和审议。会后，及时将审议意见交州人民政府研究处理，并对其落实情况进行跟踪监督。二是受省人大常委会委托，组织执法检查组对全州贯彻实施《中华人民共和国环境保护法》《中华人民共和国大气污染防治法》《四川省城乡环境综合治理条例》的情况进行检查，检查组深入乡镇、县城城区、城乡接合部、垃圾填埋场（点）、污水处理站等地实地察看。检查结束后，及时形成执法检查报告上报省人大常委会。

【工作监督】 为严守资源环境生态红线，保护和谐自然生态环境；大力推进实施“绿化凉山行动”，全面动员打好大气污染防治攻坚战；着力构建绿色发展生态体系，促进全域凉山绿色发展。2016年6月，提请州人大常委会听取和审议《凉山州人民政府关于生态文明建设和环境保护工作情况的报告》。会后及时将审议意见交州人民政府研究处理，并加强跟踪监督，确保审议意见落到实处。提请州人大常委会听取和审议《凉山州人民政府关于全州推进新型城镇化建设工作情况的报告》。常委会审议后，形成审议意见交州人民政府及相关部门研究处理。委员会通过听取汇报、召开座谈会等方式对审议意见的办理落实情况进行跟踪督办，并对州人民政府提交的《关于落实州人大常委会对全州推进新型城镇化建设工作情况报告审议意见的报告》进行认真审查，提交州十届人大常委会第二十九次会议。

【工作调研】 一是开展全州地质灾害防治工作情况的专题调研。根据州人大常委会2016年度调研工作计划，在州人大常委会分管领导率领下，在州级有关职能部门负责人陪同下，深入全州各县（市）及重点工程建设项目、大型矿山企业，对全州贯彻落实地质灾害防治条例及地质灾害防治工作情况开展专题调研，形成《关于凉山州地质灾害防治工作情况的调研报告》。二是开展推进凉山全域旅游发展的学习考察调研。为进一步解放思想，开阔思路，学习借鉴先进地区旅游发展经验，加快凉山旅游跨越发展。2016年6月，委员会和州旅游局负责人及有关人员一行，赴云南、贵州、广西等地考察学习。调研结束后，形成专题调研报告报送州人大常委会，并就如何加快凉山旅游产业发展进行深入研讨。

【督办代表议案】 州十届人大六次会议主席团交付州人大城乡建设环境资源保护委员会审议的议案1件，即雷波县代表团提出的《关于制定〈凉山彝族自治州马湖风景名胜区保护条例〉的议案》。委员会经过调查研究和征求有关部门意见，对该议案进行审议。该条例立法的条件已基本具备，经州十届人大常委会第四十九次主任会议研究决定，将《凉山彝族自治州马湖风景名胜区保护条例》列入2016年州人大常委会立法计划，并责成雷波县做好立法前期相关工作。州十届人大六次会议上，美姑代表团提出的《关于加快玛瑙资源开发利用与保护工作的议案》，经州人大相关委员会审议，转为建议、批评和意见。委员会收到此建议后，高度重视，先后采取走访了解和召开座谈会等形式，对玛瑙资源的保护和开发利用等情况进行调查了解，认为制定相关地方性法规、依法保护和开发利用玛瑙资源很有必要，但制定相关条例尚需做大量的调查研究和可行性论证等工作，立法条件暂不成熟，待条件成熟时再立法。同时以凉人城环资〔2016〕9号文件书面答复代表，代表表示理解。

【法制宣传】 围绕宣传贯彻新修订的环境保护

法和中央《关于加快推进生态文明建设的意见》,结合国家实施《大气污染防治行动计划》,以"向污染宣战,让蓝天常在"这一主题,按照省人大常委会城环资委的要求,委员会及时向政府有关部门、人大代表及干部群众发放宣传资料,普及环保知识,宣传相关环保法律法规,组织并收集在大气污染防治、水资源环境保护、城乡环境综合治理等方面的稿件,报送省人大常委会城环资委,在相关刊物上刊登报道。通过宣传,对提高广大干部群众的环境保护意识和环保法制观念,提升干部群众参与环境保护的自觉性和主动性起到积极的促进作用。

【工作交流】 一是参加2016年四川省人大城乡建设环境资源保护工作座谈会,在会上作题为"以生态环境保护为工作重点,推进绿色发展建设美丽凉山"的大会交流发言。二是热情接待省内外、人大常委会考察组到川的考察调研,并积极做好相关协调服务和接待工作。

【其他工作】 2016年,协同州人大常委会分管领导深入所联系的乡村、企业、项目和贫困户家中,看望慰问贫困户,帮助贫困户解决子女上学资金。协调和帮助所联系的企业、项目解决生产经营、项目推进中的困难问题,指导和帮助所联系乡村解决基础设施、产业发展、公共服务等具体问题,协调帮助落实西昌市民胜乡长梁村道路建设资金,解决村民出行难、发展难的问题。

内务司法委员会

Internal and Judicial Affairs Committee

【立法工作】 2016年,按照《中华人民共和国民族区域自治法》赋予凉山彝族自治州的地方立法权限,依据立法法"不抵触,有特色,可操作"的原则,坚持科学立法、开门立法和民主立法。一是针对凉山严峻的毒情形势,内司委按照州委和州人大常委会的统一部署,提前介入凉山禁毒条例的起草、调研、论证工作。分别在1月和4月与州人大常委会法工委共同组织州公安局、"绿色家园"等相关部门赴云南、新疆等省区外开展考察、交流、学习兄弟市州有关制定禁毒立法工作的成熟经验。多次参加州委政法委组织的《凉山彝族自治州禁毒条例(草案)》起草研讨会议,及州政府法制办开展的《凉山彝族自治州禁毒条例(草案)》听证会,及时对政府相关部门在禁毒条例的起草过程中提出意见和建议,夯实条例实施基础。针对条例(草案)在起草过程中存在的问题,及时在全国人大常委会法工委组织的立法法学习培训中向相关部门的领导和专家请教,及时与省人大常委会内司委开展对接。目前,州政府相关部门已起草完成《凉山彝族自治州禁毒条例(草案)》,州人大常委会内司委正按程序开展对条例(草案)的必要性和可行性审查。二是认真办理有关法律法规的征求意见工作。针对省人大常委会及其有关专门委员会和州人大常委会的关于征求《四川省地方立法条例(草案)》《凉山彝族自治州地方立法条例(草案)》《四川省多元化解纠纷促进条例(一审稿征求意见稿)》《凉山州国家工作人员宪法宣誓办法(草案)》等意见的函,内司委组织有关单位和人员进行认真讨论、修改,并及时上报修改意见。

【监督工作】 2016年,参加州十届人大常委会开展的食品安全法、城乡规划法等执法检查。跟踪督促州人民检察院落实办理《州十届人大常委会第二十二次会议对〈全州检察机关监所检察工作情况报告〉的审议意见》,对所形成的情况报告进行认真审查。与州委宣传部、司法局共同筹办"12·4"宪法宣传日大型活动。

【开展重大事项决定工作】 认真探索重大事项决定权与立法权相结合,在起草常委会相关重大事项决定草案时,力求使重大事项决定的法律效力得到实质性体现,使重大事项决定实施更具有可操作性和可检查性。在州人大常委会将《凉山州人大常委会关于进一步开展法治宣传教育的决议》纳入 2016 年的重大事项后，内司委深入调查研究，针对凉山扶贫攻坚、禁毒防艾、生态环境和资源开发与保护工作的重点和难点，在起草决议草案时，进一步细化任务、目标、措施、责任、检查、考核相关规定，广泛征求意见，力求法治宣传教育具有地方性法规属性，为推动凉山“七五”法治宣传教育工作提供有力保障，为州十届人大常委会第三十次会议上通过《凉山彝族自治州人民代表大会常务委员会关于进一步开展法治宣传教育的决议》做好基础性工作。

【工作调研】 自觉将内司委工作融入人大及其常委会的全局工作之中，紧紧围绕法治凉山建设安排专项调研课题。完成全州交警车辆管理情况专项调研课题，形成调查报告。配合省人大常委会内司委开展关于多元化纠纷解决机制地方立法调研、省人大开展对“两院”司法改革调研。使全国、省人大及其常委会对基层相关工作的实情有较为深入的了解。积极参加州委、州人大常委会、州政府组织的专项工作调研、督查和视察。撰写调查报告及信息通报 2 篇。

【其他工作】 初审州人民法院、州人民检察院提请州十届人民代表大会听取和审查的工作报告。完成省人大常委会内司委和州人大常委会临时交办的工作。积极参加精准扶贫，脱贫攻坚。先后参加州人大常委会组织的到盐源县平川镇定点扶贫村的扶贫工作，配合联系领导到冕宁、盐源、会理开展“五个一”扶贫和督导，配合省人大内司委到盐源县开展精准扶贫。

（供稿单位：州人大常委会办公室 / 审核：刘建蓉 / 撰稿：赵忠恺）

政　府

LIANGSHAN YI AUTONOMOUS PREFECTURE PEOPLE'S GOVERNMENT

综　述

Overview

【概况】 2016年，面对复杂严峻形势，凉山州人民政府认真贯彻党中央国务院、省委、省政府和州委决策部署，坚持稳中求进工作总基调，全面贯彻新发展理念，团结带领全州各族干部群众抢抓机遇，攻坚克难，负重奋进，加快崛起，举全州之力打好经济增长“翻身仗”、脱贫攻坚“第一仗”，各项事业稳步推进，“十三五”实现良好开局。

【综合经济】 2016年，凉山州实现地区生产总值1403.9亿元，增长6%；三次产业结构为20.0∶48.7∶31.3；人均GDP达到29549元，增长3.7%；民营经济增加值768.69亿元，增长5.6%。社会消费品零售总额551.4亿元，增长10.9%。地方一般公共预算收入121亿元，增长13%。城镇居民农村居民人均可支配收入达25963元、10368元，分别增长7.8%、10%。

【第一产业】 2016年，凉山州实现第一产业增加值280.7亿元，增长4.2%，对经济增长的贡献率为14%。农业农村经济稳步发展，粮食产量实现“十四连增”，农民收入实现“十四连快”，累计创建省级现代农业、畜牧业重点县和林业强县9个，“大凉山”特色农产品享誉全国。

【第二产业】 2016年，凉山州实现第二产业增加值684.2亿元，增长6.6%，对经济增长的贡献率为54.6%。规模以上工业企业达328个，规模以上工业增加值增长2.4%。“4+1”战略性新兴产业加快发展，东电凉山风电装备制造示范基地等项目建成投产。建筑业高速发展，全社会建筑业实现增加值208.3亿元，增长17.8%。

【第三产业】 2016年，凉山州实现第三产业增加值439亿元，增长6.1%，对经济增长的贡献率为31.4%。旅游业快速发展，邛海成为首批国家级旅游度假区，实现旅游总收入301.6亿元，增长19.9%。新兴先导型服务业健康发展，全社会金融机构各项存款余额1652.5亿元，增长10.7%；各项贷款余额749.8亿元，增长7%。电商交易额、社会物流总额累计分别达114.7亿元、1.2万亿元。

【脱贫攻坚】 2016年，凉山州坚持脱贫攻坚“头等大事”，聚焦“两不愁、三保障”和“四个好”目标，全力推进脱贫攻坚，高质量完成454个贫困村退出、11.35万人贫困人口脱贫年度任务。

【项目投资】 2016年，凉山州深化“项目年”建设，以重大产业、重大基础设施和民生设施项目为重点，大力推进项目建设，强力拉动全州经济稳定增长。全年共有施工项目998个，完成全社会固定资产投资1111.5亿元，增长3.6%。

【改革开放】 2016年，凉山州全面深化改革创新，不断扩大对外开放。以攀西国家战略资源创新开发试验区建设为带动，累计创建国家高新技术、省创新型企业30户，建成院士（专家）工作站、稀土产业技术研究院等创新平台12个，实施重大科技攻关全球招标项目8个，科技进步对经济增长的贡献率达46%。累计完成改革事项205项，开展改革试点示范29项，“营改增”全面实施，农业农村、机关公务用车等改革顺利实施。国际交流合作、区域合作、厅（局）州和银政企合作不断深化，引进到位州外资金499.8亿元，成功举办央视春晚凉山分会场演出、四川国际文化旅游节、西昌国际马拉松赛和帆船赛等重大活动，凉山的知名度、美誉度显著提升。

【基础建设】 2016年，凉山州全力推进基础设施建设，着力破解制约经济社会发展的瓶颈。交通大会战成效显著，州到县三级以上公路全面畅通，建制村村村通达、通硬化路率分别达99.9%、64.2%，公路达2.7万千米，路面使用性能评价由“次等”上升为“中等”，西昌青山机场通航城市达13个。农田水利设施不断完善，建成大中型水利工程3个，建设高标准农田20.9万亩。新型城镇化加快推进，常住人口城镇化率达33%。信息基础设施建设提速，县（市）城区、重点乡镇和高速公路实现4G网络全覆盖。

【民生改善】 2016年，凉山州持续加强保障和改善民生。十项民生工程和20件民生实事深入实施。新增城镇就业人员2.19万人，城镇登记失业率3.7%。社会保障提标扩面，特殊困难儿童、低保和农村“五保”应保尽保，重度残疾人护理补贴、困难残疾人生活补贴应发尽发。累计建成各类保障性住房和棚改房6.96万套，发放住房租赁补贴7.1万户，建成新村新寨2570个，解决138万农村人口的饮水安全问题，结束42万名群众的无电历史。喜德特大洪灾和盐源、越西地震灾后重建任务全面完成。

【社会事业】 2016年，凉山州全面推进社会事业发展进步。十五年免费教育全面实施，开办村级幼教点3060个，招收幼儿11.3万人，安宁河流域6个县（市）实现义务教育基本均衡发展，招收“9+3”免费职教学生4673人。公立医院药品加成全面取消，艾滋病阳性检出率、母婴传播率、病死率分别下降0.5%、7.8%、1.5%，6岁以下贫困残疾儿童抢救性康复全免费，新农合参合率达99.6%，人口自然增长率控制在8.5‰以内。彝族火把节列入国家级非遗整体性保护试点，《彝海结盟》等优秀文艺作品在国内外引起热烈反响。全民健身运动蓬勃开展，竞技体育屡创佳绩。

【社会治理】 2016年，凉山州全面加强和创新社会治理。凉山州推进依法治州，加快建设平安凉山，创新网格化服务管理模式，健全网络舆情处置机制，社会治理水平不断提高。加强和改进信访工作，信访总量下降42.4%。强力推进禁毒攻坚，外流贩毒人数下降39.8%，“绿色家园”累计收戒1720人。“四好”创建深入开展，婚丧嫁娶高额礼金和铺张浪费问题得到遏制。安全生产事故起数、死亡人数连续十年双下降，重特大安全生产事故连续十年零发生。西昌成为全省食品安全示范市，会东、宁南成为全省农产品质量安全监管示范县。在全国30个少数民族自治州中率先成功创建为省级双拥模范州。全国民族团结进步示范州创建加快推进。

【生态建设】 2016年,凉山州切实加强生态建设和环境保护。大力开展绿化凉山行动,全年完成造林面积24.3万公顷,全州森林覆盖率达45.1%,累计10个县纳入国家重点生态功能区。顶住经济下行压力淘汰高能耗、高污染产业,累计化解过剩产能794万吨,省下达节能减排和环保目标任务全面完成,环境空气质量、主要流域水质均达到或优于国家标准;治理水土流失面积443平方千米,完成地质灾害治理项目20个,避险搬迁安置3703户。

【自身建设】 2016年,凉山州人民政府坚持依法行政、从严治政、廉洁从政,政府执行力和公信力进一步提升。自觉接受州人大及其常委会的法律监督、工作监督,主动接受州政协的民主监督,认真办理人大代表建议和政协委员提案。全面推进政府信息公开,州政府门户网站建设走在全国前列。严格执行重大行政决策法定程序,规范行政执法行为,法治政府建设迈出新步伐。扎实开展"两学一做"学习教育,严格落实中央八项规定精神和省、州"十项规定","三公"经费同口径下降45.7%,政风行风持续好转。坚定不移推进政府系统党风廉洁建设和反腐败斗争,大力加强行政监察和审计监督,坚决查处违纪违法案件,政府清廉形象明显提升。

(供稿单位:州政府办/审核:骆国兴/撰稿:马日体)

发展改革
Development and Reform

【概况】 2016年,州发改委牢固树立和贯彻落实"五大发展理念",始终保持专注发展、转型发展定力,坚持稳中求进工作总基调,以脱贫攻坚为统领,着力稳增长、调结构、促改革、惠民生,狠抓投资稳增长,强化规划的谋划和实施、强化重大问题研究及发展形势的监测预测,强化重大项目建设,扎实推进攀西开发、以工代赈、易地扶贫搬迁,严格落实各项价格调控措施,加强粮食管理,较好地完成各项工作任务,有力促进全州经济社会持续健康发展。

【重大问题研究】 2016年,州发改委加大经济运行分析,加强经济形势研判,坚持开展季度、半年度、年度经济运行形势预测分析。编制完成《抓项目扩投资 拉动全州经济加速回升》《对加快推进攀西战略资源创新试验区建设的思考》《凉山州"十三五"经济增长速度及其支撑条件分析》《对凉山州易地扶贫搬迁工作的几点思考》等调研报告及政策建议。

【编制规划】 2016年,州发改委围绕2020年与全国全省同步全面建成小康社会的奋斗目标,根据州委《关于制定国民经济和社会发展第十三个五年规划的建议》,编制完成《凉山州国民经济和社会发展第十三个五年规划纲要》,并经州十届人大六次会议审议通过。指导各县(市)完成"十三五"规划纲要编制工作,并经各县人民代表大会批准通过。积极配合州级相关部门,加快推进21个"十三五"重点专项规划编制工作。

【重大项目和投资】 2016年,州发改委按照"项目年"安排部署,制定《凉山州人民政府关于做好2016年全州重点项目工作的通知》并下发至各县(市)人民政府及州级有关部门。140个州级重点项目累计完成投资571亿元,占年度计划的101.1%。修订出台《凉山州人民政府关于印发凉山州非经营性政府投资项目代建管理办法的通知》,进一步加强凉山州非经营性政府投资项目的代建管理。年内举行4次项目集中开工仪式,集中开工项目382个,总投资676.2亿元,年度完成投资261.1亿元。全年全社会固定资产投资完成1111.5亿元,增长3.6%。

【基础设施建设】 2016年,州发改委全力推进G5京昆高速公路泸沽至黄联关段扩容改造工程。建设水运“一条龙”，大力整治金沙江向家坝库区航道，加快溪洛渡库区金沙口、塘房坝、岳家码头等3个作业区建设，推进溪洛渡枢纽翻坝转运系统、布拖白石滩作业区、攀西地区水上应急救援基地等项目前期工作，力争“十三五”末金沙江下游航道全线畅通、全州内河航道突破1000千米。进行G5京昆高速公路泸沽至黄联关段加宽改建工程可行性研究报告以及8条国道专线改建项目的转报和对省道S221线盐源泸沽湖过境改线工程可行性研究报告等项目的批复。在机场水运方面，收集汇总报送通用航空机场布局意向调研表等相关资料，参与《四川省通用机场布局规划（2016—2030年）》征求意见稿回复工作，提出相关建议。成昆铁路峨眉至米易段扩能工程全线开工建设，凉山州境内共有12个标段。完成《征地拆迁补偿安置实施细则》批复工作。土地交付、房屋拆迁工作有序推进。引进社会资本投资，采取BOO（建设—拥有—经营）建设模式加快推进宜西铁路建设。

【资金争取】 2016年，州发改委围绕助推全州脱贫攻坚和转型发展，准确把握国家投资政策和方向，抢抓机遇，创新作为，以项目为依托，大力争取上级各类建设资金。共争取到位资金74.61亿元。一是加大中央、省无偿资金争取力度。全年共争取中央、省预算内投资15.28亿元，争取易地扶贫搬迁省级贴息补助资金6.11亿元。二是加大专项建设基金争取力度。精准对接国家重点投向，做深做细做实前期工作。全年争取国家专项建设基金35.15亿元（不含2015年25.7亿元）。三是争取易地扶贫搬迁长期低息贷款18.07亿元。

【扶贫攻坚】 一是狠抓以工代赈和易地扶贫搬迁项目规划和实施。全年共争取以工代赈和易地扶贫搬迁项目482个，争取易地扶贫搬迁工程建设资金309039万元，在全州17个县（市）的399个安置点组织实施，实施搬迁安置13113户、51618人。二是加快推进基础扶贫和生态扶贫两大专项工程建设。做好省委、省政府支持凉山17条扶持政策中取消公益性项目州县配套、重大项目纳入省规划、干线公路和农村公路建设等工作在两大专项实施方案中的落实工作。加快推进贫困地区两大专项工程中交通、水利、电力、通信、生态建设保护、生态资源利用、人居环境改善、防灾减灾避灾等八大类项目建设。三是协助推进广东（佛山）对口凉山扶贫协作。通过会议、座谈、实地考察调研等方式，开展一系列工作，配合佛山工作组在援助资金、政府扶贫和市场合作、人才培养、劳务输出等方面达成工作共识。投入资金1.1亿元，为贫困农户建设住房。

【深化改革】 一是深入推进简政放权。及时下放审批权限9项，并按照核准目录，逐项落实到位。制定印发《凉山州企业投资建设项目并联审批实施方案》，初步实现“统一接件、同步办理、联合审查、限时办结”的并联审批目标。完善投资项目在线审批监管。二是推进资源要素配置市场化改革。发挥凉山州电力资源优势，积极争取2016年全州留存电量计划指标和直购电试点政策。积极搭建银政企合作平台，进一步建立完善多层次中小企业信用担保体系建设。加强运输协调，切实保障重点企业和大宗产品运输畅通。三是深化投融资体制改革。明确政府投资只投向社会公益服务、公共基础设施、农业农村、生态环境保护、社会管理等公共领域。编制三年滚动政府投资计划。鼓励政府和社会资本合作。在州财政局新组建PPP推进中心，制定下发《关于在公共服务领域推广政府与社会资本合作模式的实施意见》《凉山州政府与社会资本合作项目推进办法》，推动一大批PPP项目的实施。四是创新民营经济发展机制体制。全面取消年检年审，精简行政审批事项，按规定下放和明确核准权限。制订投资项目审批核准前置要件目录，向社会公布，充分激发民间投资活力。积极协调解决民营企业项目工作中遇到的问题和困难，支持民营企业申报国家专项基金。五是全面完成公务用车制度改革。实施完成州级机关以及除木里县外的各县（市）车改工作。州级机关保留公务用车全部实现标识化，基本完成公车改革后期封存车辆的拍卖工作。

【西部开发和攀西开发】 2016年，一是抓好国家发改委西部开发司组织的东部地区对口支援西部地区人才培训工作。积极与北京、天津、广州、深圳、杭州、烟台、苏州、厦门等8个省市衔接合作，全年共培训各类人才达110人次。二是扎实推进攀西战略资源创新开发试验区建设。全年共争取“攀西战略资源创新开发专项资金”2590万元。配合雅安市积极筹备“第三届中国（雅安）攀西战略资源创新开发试验区投资大会”，圆满完成“试验区建设成果展”相关工作。与攀枝花、雅安市共同编制完成《攀西战略资源创新开发试验区系统推进全面创新改革试验方案》，并经省委办公厅印发实施。攀西试验区被纳入全面创新改革试验全省“3+2”重点区域范畴。成立《凉山州全面创新改革试验工作推进领导小组》，承担全面创新改革相关工作。牵头起草完成“凉山州系统推进全面创新改革试验工作实施方案”。认真完成全州全面创新改革试验工作开展情况分析、总结、计划、信息报送等日常工作。完成“重钢1000万吨采选扩建工程”等重点项目的（转报）核准工作。

【能源建设】 2016年，全州能源产业（不含“三江”干流大型水电）完成投资145.25亿元。全年新增投产中小水电装机44.5万千瓦、完成投资60亿元；全州地方中小水电建成装机达584.5万千瓦，在建约165.5万千瓦，正开展前期工作项目约250万千瓦。全年新增投产风电场装机29.7万千瓦、光伏电站42万千瓦，完成新能源项目投资60亿元。全州已建成风电场装机108.8万千瓦、光伏项目装机75万千瓦，在建风电装机195.9万千瓦、光伏项目装机3万千瓦，正在加快推进前期工作的风电和光伏储备项目装机分别超过700万千瓦和500万千瓦。加快推进电力输送平台建设，切实做好电力服务和保障民生，努力提升电网供电质量。全年各电压等级输变电工程共计完成投资25亿元。中缅天然气管道攀枝花—凉山支线项目前期工作加快推进；全州城镇燃气管网首个项目——冕宁县LNG储配站项目建成投产，将可为冕宁县工业园区提供LNG供气。

【节能减排】 一是建立健全节能减排工作机制，以省政府下达凉山州2016年的年度节能目标下降3%为依据，结合各县（市）2015年度节能目标的完成情况，及时提出分解凉山州2016年度节能目标建议，强化各县（市）的年度节能目标责任。二是严格节能评估审查。全州各县（市）发改部门完成固定资产投资项目节能评估审查435个，州级完成评估审查105个。三是积极开展节能宣传周活动。在全州17个县（市）全方位、多角度的开展节能宣传周和低碳日活动。四是狠抓项目申报衔接工作。衔接争取到西昌等9个县（市）的垃圾污水处理项目2016年中央预算内投资补助8020万元；衔接争取到甘洛污水处理等项目，获省预算内投资补助1500万元，用于项目资金配套。

【法制机关建设和招投标监管】 一是对涉及发改委的行政审批（行政许可）、行政处罚、行政检查、行政奖励和其他行政权力等行政权力事项再次进行全面清理。经清理，州发改委共有行政权力126项，其中行政审批6项、行政处罚103项、行政检查4项、行政奖励1项和其他行政权力12项。州发改委行政权力清单已经十届州政府第42次常务会议审议通过，并已全部录入行政权力运行平台上线运行，接受社会监督。二是完善工作制度，依法高效执法。办结雷波县谷堆乡通乡油路工程等2件行政复议。全年共查处物价、粮食违法案件7件，实施经济制裁27.51万元，其中没收违法所得20.16万元，退还用户4.66万元，罚款2.69万元；查处招投标违法案件5件，其中罚款3件，行政罚款301.215万元，有力保障物价稳定，维护招投标市场秩序。三是规范标准文件，依法备案与处理投诉。

印发《凉山州发展和改革委员会关于〈凉山州人民政府关于进一步加强国家投资工程建设项目招标投标工作的意见〉实施中有关具体问题解释的通知》。2016年,全州核准备案招标项目268个,项目资金132.55亿元;备案项目比选175个,项目资金5.86亿元;备案代理机构比选123个,涉及资金68.33亿元。会同行业主管部门处理投诉5个,有力推进项目顺利实施。

【价格调控】 全年全州价格总水平仍呈低位运行态势,CPI累计上涨1.7%,较全国、全省分别低0.3个百分点、0.2个百分点,完成全年消费价格涨幅控制在3%以内的目标。重点领域价格改革稳步推进。开展景区门票价格专项整治,启动邛海国家湿地公园门票定价程序相关工作。开展定调价成本监审,完成监审项目5个。着力强化全州建材市场价格监管工作,确保易地扶贫搬迁工程建设有序推进。加强价格监督检查,维护市场价格秩序。

【粮食管理】 2016年,全州完成粮食收购6.24万吨、销售7万吨,保证商品周转粮最低2万吨库存量,完成军粮供应1000吨。全州国有粮食企业不发生新的亏损,全年实现利润48万元。做好全州粮油储存管理工作,保证"四无"粮油比例在95%以上。加强储备粮及粮油市场监管,完成对社会粮食监管检查4次,对全州100%库存粮油进行检查。完成2016年粮食安全省长责任制考核前期准备工作。抓好粮食安全生产,认真落实党政同责、"一岗双责"。

【自身建设】 一是以"两学一做"专题教育为主线,大力推进学习型党组织建设。二是按照干部选拔任用的程序规定,完成18名人员的选拔任用,充分调动广大干部职工的工作积极性。顺利考调3名机关工作人员,面向全国公开考试招聘5名州经济研究所专业技术人员。三是不断强化党风廉政建设。认真履行"两个责任""一岗双责"和切实增强践行"三严三实"要求的思想自觉和行动自觉,努力在深化"四风"整治、巩固和拓展党的群众路线教育实践活动成果上见实效。

(供稿单位:州发改委/审核:刘锋/撰稿:王宁)

攀西资源开发工作

Development of Panxi Resources

【概况】 2016年,州攀西资源开发办公室抢抓新一轮西部大开发、攀西战略资源创新开发试验区建设和国家发改委、国家民委《关于支持四川省凉山彝族自治州云南省怒江傈僳族自治州甘肃省临夏回族自治州加快建设小康社会进程的若干意见》(以下简称《三州若干意见》)及省委、省政府《关于支持大小凉山彝区深入推进扶贫攻坚加快建设全面小康社会进程的意见》等重大政策机遇,紧紧围绕州委、州政府中心工作,牢固树立和贯彻落实创新、协调、绿色、开放、共享的新发展理念,认真履行攀西资源开发工作职责,较好完成各项工作任务。

【攀西战略资源创新开发试验区建设】 州攀西资源开发办重点围绕抓好提升科技创新能力、推动重大产业项目建设、做好关键要素保障、推进全面创新改革等主要工作,进一步加快推进试验区建设工作上新台阶。一是按照省攀西试验区建设工作领导小组工作安排,积极配合攀西战略资源创新开发试验区"十三五"规划编制工作组,深入州内试验区主要工业园区、重点企业调查研究,在认真总结试验区"十二五"规划执行情况及建设工作推进情况基础上,编制完成攀西试验区"十三五"规划(送审稿),同时,根据省全面创新改革试验工作办公室工作计划,会同攀枝花、雅安两市,共同起草、编制完成《攀西战略资源创新开发试验区系统推进全面创新改革试验方案》,省委、省政府以川委厅〔2016〕56号文印发实施,攀西试验区被纳入全面创新改革试验全省“3+2”重点区域范畴。二是坚持以项目带动产业发展，加强对在建项目的协调服务，积极配合项目业主加快重点产业项目工作进度。对西昌矿业有限公司1000万吨/年钒钛磁铁矿采选扩建工程、秀水河矿业有限公司秀水河铁矿技改扩能工程、江铜稀土有限责任公司2000吨/年高性能钕铁硼永磁材料等重点项目进行新（转报）核准；对江铜稀土有限责任公司重晶石、萤石资源深加工项目、斯特林每年4万台发动机和每年1万吨锂电池三元正极材料等项目进行备案。积极创造条件，促进重钢西昌矿业有限公司每年1000万吨钒钛磁铁矿采选扩建工程、秀水河矿业有限公司秀水河铁矿技改扩能工程项目、江铜稀土有限责任公司重晶石、萤石资源深加工等项目陆续开工建设；在建的“年产10万吨离子膜烧碱装置技术改造”等项目进展顺利，拟建的“重钢西昌矿业有限公司200万吨/年电解钛”等项目前期推进顺利。三是坚持把创新摆在全州发展全局的核心位置，充分发挥科技创新在全面创新中的引领作用，强化企业创新主体地位，突破一批事关试验区发展的核心关键技术，支持培育创新型企业加快成长，富铈稀土永磁材料批量化制备关键技术研究、四川氟碳铈矿硝酸体系工艺及氟和钍资源的回收利用两个重大科技攻关项目纳入并顺利完成攀西试验区第三批全球招标；牦牛坪稀土矿产资源综合利用关键技术研究项目、汽车面板全流程工艺控制集成技术研究等全球招标科技攻关项目科研工作推进顺利，部分项目已取得阶段性科研成果。凉山稀土产业技术研究院项目建设进展顺利；稀土材料产品研发中心、攀西钒钛固废资源综合利用技术中心两个项目也按照计划在抓紧实施中。四是与雅安、攀枝花精心筹划组织，共同承办第三届中国（雅安）攀西战略资源创新开发试验区投资大会，试验区建设成果展、项目签约仪式、碲铋产业发展论坛、专家院士攀西行等重大活动，取得预期效果，促进部分重点项目签约落地，进一步扩大试验区影响力。五是试验区钒钛、稀土资源税改革政策落地，由从量计征转为从价计征。解决建设过程中部分企业、项目用地及环保指标不足的实际问题。通过留存电量的合理利用，以及直购电试点企业不断增加，加上钒钛、稀土相关大宗商品市场回暖，多数企业扭亏为盈或大幅降低亏损，两大行业主要企业生产基本恢复。中缅天然气管道攀凉段完成科研、规划方案论证等工作，待核准后开工建设。全年共争取国家、省支持攀西试验区建设资金5100万元。

【西部人才培训】 2016年，针对凉山州经济社会发展所需人才短缺等问题，从参训主题、参训对象、参训人数等方面，结合凉山人才需求实际，认真制定培训方案，编制上报东部城市对口支持西部地区人才培训年度计划，加强与国家发展改革委和四川省发展改革委的汇报衔接，积极争取人才培训指标。按照国家发展改革委东部城市对口支持西部地区人才培训计划安排，围绕开放型经济发展与产业结构升级、园区规划建设与招商引资、新农村建设与产业发展、法制建设与依法行政、社区管理与社区建设、特色农业及加工产业发展、城镇化与新农村建设协调推进、产业转型升级与县域经济等13个专题，抓好国家发改委西部开发司组织的东部地区对口支援西部地区人才培训工作。积极与北京、天津、广州、深圳、杭州、烟台、苏州、厦门等8个省市衔接合作，全年共培训各类人才140人次。

【《三州若干意见》推进实施】 一是加强《三州若干意见》政策对接落实工作。把贯彻落实国家、省给予的政策作为工作的重中之重，及时梳理凉山州贯彻落实《三州若干意见》推进工作中存在的困难问题，形成《凉山州〈三州若干意见〉贯彻落实情况的汇报》《凉山州关于近期请求协调解决支持有关事项的请示》报送国家发展改革委，请求给予支持。加强对请求事项的跟踪落实。2016年11月，国家发展改革委办公厅以发改办厅〔2016〕2490号文对凉山州请求支持事项进行函复，并表示，为进一步推进《三州若干意见》落实，形成支持“三州”发展的长效工作机制，国家发改委将以“一事一议”方式，每年帮助各州解决2~3个需要国家发展改革委协调解决的重要事项和发展问题。二是积极争取《三州若干意见》的解密工作。2015年，国家发展改革委、国家民委印发《关于支持四川省凉山彝族自治州云南省怒江傈僳族自治州甘肃省临夏回族自治州加快建设小康社会进程的若干意见》时，为有利于《三州若干意见》的贯彻落实，从2016年上半年开始，经多次向国家发展改革委汇报，要求解密。国家发展改革委于8月按程序启动《三州若干意见》的解密工作，12月完成解密程序，并以发改西部〔2016〕2575号文公开印发《三州若干意见》。三是加强与云南怒江州、甘肃省临夏州交流与合作。按照州委、州政府和凉山州2016年四川国际文化旅游节筹备领导小组的统一安排，负责四川省凉山州、云南省怒江州、甘肃省临夏州贯彻落实国家发展改革委、国家民委《三州若干意见》推进工作第一次联席会议筹备工作。通过精心组织筹备，圆满完成州委、州政府和州2016年四川国际文化旅游节筹备领导小组交办的会议筹备任务。三州第一次联席会议上，凉山、怒江、临夏三州签订《“十三五”期间战略合作框架协议》。三州第一次联席会议结束后，及时形成《四川省凉山州云南省怒江州甘肃省临夏州第一次联席会议》资料汇编。四是加强《三州若干意见》目标任务的落实工作。为认真贯彻落实《三州若干意见》(公开版，发改西部〔2016〕2575号)及省委、省政府有关文件精神，按州委、州政府加快全面小康建设的安排，及时组织力量完成《关于基础设施建设攻坚的实施方案》编写工作和配合相关部门完成《关于加快推进基本公共服务均等化的实施方案》《关于加快发展特色产业的实施方案》《关于生态环境保护和建设的实施方案》《关于积极扩大对内对外开放以合作促发展的实施方案》《关于积极深化改革创新激发区域经济活力的实施方案》等工作，州政府以凉府办发〔2016〕59号文印发实施，进一步落实各部门目标责任。

【安宁河谷地区跨越式发展】 按照《安宁河谷地区跨越式发展规划(2010—2020)》要求，以扩大开放领域、强化区域合作、增进发展活力、促进区域发展为出发点和落脚点，依托战略资源创新开发、旅游产业发展，强化中心城市带动，统筹推进安宁河谷核心区交通联动、产业联动、空间联动、设施共享、城乡一体、生态建设等重要领域建设，圆满完成2016年各项目标任务。7个县(市)完成地区生产总值1049.8亿元，占全州的74.8%。完成固定资产投资788.1亿元，占全州的70.9%；地方一般公共预算收入70.16亿元，占全州的57.98%；社会消费品零售总额450.5亿元，占全州的81.7%。安宁河谷地区在全州发展中的核心支撑和辐射带动作用依然强劲。

(供稿单位：攀西开发办/审核：刘锋/撰稿：陈昌友)

民　　政
Civil Affairs

【概况】 2016年，在州委、州政府的正确领导下，全州各级民政部门认真贯彻落实中央、省委、州委全会和全国、全省民政工作会议精神，紧紧围绕州委、州政府中心工作和下达的目标任务，以创新、协调、绿色、开放、共享发展理念为指引，以保障和改善民生为主线，全面落实脱贫攻坚各项任务，切实加强民政基础设施和公共服务能力建设，积极推进基层社会治理体系创新建设，全面深化民政领域改革，推动全州民政事业的加快改革发展，各项民政工作再上新台阶。州民政局先后荣获“双联及干部驻村帮扶工作先进集体”和“禁毒工作先进集体”等9项荣誉奖励，综合绩效目标考核排名位列各州级部门前列。

【社会救助】 农村低保兜底。全面启动“农村低保兜底”工作，经过3个月的集中核定，完成兜底数据复核认定工作，共核定“兜底”对象13.1万人，为下步工作全面开展打牢基础。积极推进农村低保标准与扶贫标准“两线合一”，按照扶贫标准补差，为43.3万名计划脱贫人口中低保人口发放特殊生活补贴6740.38万元，促使这部分困难对象保障水平提前实现“两线合一”。

城乡低保。城乡低保信息平台全面投入使用，信息科学化水平进一步提升，持续实现“应保尽保”，全州共210575户、529321人纳入保障，发放城乡低保金11.5亿元，城乡月人均补助水平分别提高到262.3元和150.5元。

医疗救助。城乡医疗救助力度进一步加大，共救助对象65.46万人次、支出救助金1.22亿元，政策范围内住院自负费用平均救助比例达到70%以上。困难居民重特大疾病医疗救助制度进一步完善，累计救助1619人次，支出救助资金463.7万元，人均救助水平达2864元/人次。

农村五保户供养。2016年，全州农村五保户集中供养和分散供养标准分别达400~600元和300~400元，共1.97万名对象纳入保障。

临时救助。2016年，救助力度进一步增大，共救助困难家庭8979户，发放临时生活救助金1723.87万元，户均救助水平达1919元。“救急难”试点工作稳步推进，支出救助资金173.79万元，帮助1338户困难群众解决急难问题。

【防灾减灾救灾】 2016年，全州全年共下拨救灾资金4493.6万元，成功应对美姑“6·26”山体滑坡等洪涝、冰雹、泥石流自然灾害32起，妥善安置受灾群众42.32万人次，其中紧急转移安置受灾群众5514人次，恢复重建住房533户1280间，维修加固住房9406户14819间，全力保障灾区人民的基本生活。新建乡镇救灾物资储备点90个，全州累计建成总数达165个，投入资金1500万元，采购衣物、棉被等减灾救灾物资12万套（件）充实物资储备，应急保障能力全面提升，能够同时保障80万受灾群众在12小时内得到初步救助。进一步完善和落实全州自然灾害信息统计制度，加强与相关部门的沟通，严格执行汛期24小时值班制度，开展灾害信息员集中培训1020人次，不断规范灾情信息上报，保证重大灾害信息上报的时效性和准确性。积极开展“全国综合减灾示范社区”创建活动，喜德、布拖、盐源、越西4个县创建申报材料已报至民政部审核。凉山州减灾中心获批成立，救灾减灾机构建设得到进一步加强。

【社会福利】 2016年，全州下拨州本级福彩公益金930万元，用于养老服务体系基础设施建设，新增民办机构床位450张，改造公办养老机构床位671张，新建城乡社区日间照料中心32个。制定实施《凉山州养老机构非法集资行为清理和处置工作方案》，集中开展3次养老服务机构安全隐患排查整治工作，下拨资金50万元用于消防安全设施设备购置，极大消除养老服务机构安全生产隐患。凉山州《居家养老服务工作推进方案》制定实施，采用政府购买服务为全州困难家庭失能老人和80周岁以上高龄老人提供助餐、助浴、助洁、助急、助医等居家服务，并鼓励社会力量开展家政照料、医疗保健、护理康复、精神慰藉、应急救助等上门服务，居家养老服务惠及老年人5.73万人。老年人高龄补贴制度惠及全州34720名80周岁以上老年人，共发放高龄补贴3200万元。与人保凉山分公司联合启动老年人意外伤害保险工作，投保人数有600余人。全面落实困难残疾人员补贴制度，人均补贴标准达60元/月，全年共为34261名对象发

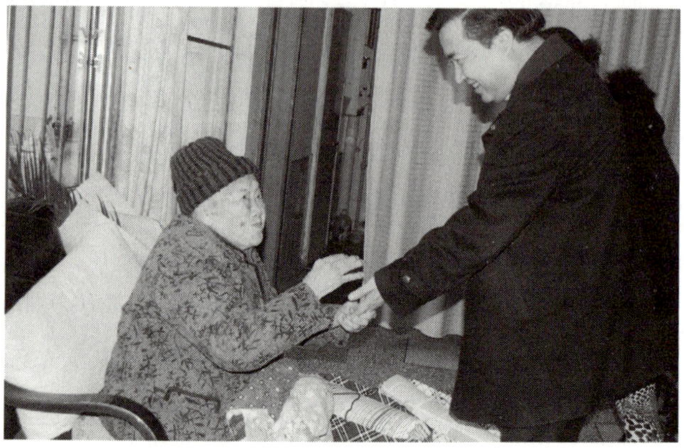

慰问百岁老人

放补助金2446.02万元，同时制定2017—2020年提标计划，将按照每年提高10元的标准提高补助水平，到2020年达到100元/月。全州福利彩票共销售2.8亿元，募集州本级慈善事业发展公益金2520万元，为解决困难群众“就医难”“上学难”等问题做出积极贡献。

【困境儿童救助】 2016年，州民政局制定印发《关于进一步加强全州儿童福利服务指导中心工作的意见》和《凉山州各级儿童福利服务指导中心工作职责》，启动《凉山州加强困境儿童保障工作的实施办法》编制工作，困境儿童救助保障机制进一步完善。全州6959名孤儿（含艾滋病病毒感染儿童）分别按照机构供养1246元/月和分散养育748元/月的标准纳入保障机制。19072名特殊困难儿童纳入“特殊补贴+低保”保障机制，城乡人均救助标准分别达到460元/月和350元/月。继续在金阳、昭觉、布拖县的30个村开展“百县千村”基层儿童福利服务体系建设试点工作，探索建立儿童信息报告监测反馈机制、儿童福利台账机制、儿童帮扶机制、多部门联动机制“四个机制”，加强由城乡社区干部和人员组成的基层儿童福利服务队伍建设。继续深入开展贫困家庭“先心病”患儿救治行动，完成271名“先心病”患儿的免费救治，开展孤残儿童手术康复“明天计划”，帮助7名脑瘫儿童接受康复训练。

【基层政权建设】 2016年，成立州、县两级第十届村（居）民委员换届选举工作指导小组，制定印发《关于认真做好第十届村（居）民委员会换届选举工作的通知》，全面启动第十届村（居）民委员会换届选举筹备工作。制定出台《关于开展农村社区建设试点工作的实施方案》，确定第一批试点村23个。进一步建立完善基层政府及其派出机关、自治组织、城乡居民沟通协调机制和村（居）民会议、村（居）民代表会议、协商议事会等议事制度，探索建立公众参与利益调处、社区社会组织内部治理、驻社区单位共建机制，村民自治能力和水平进一步提升。以“依法治村（社区）示范单位”等先进创建工作为载体，引导和促进村民委员会进一步修订完善村民自治章程和村规民约。全州共创建“村民自治模范”县（市）2个、乡镇83个、村659个，创建省级“依法治村（社区）示范单位”2个、国家级“和谐社区建设示范单位”1个、省级“和谐社区建设示范单位”5个。

【社会组织管理】 2016年，制定印发《关于全面加强凉山州社会组织服务管理工作的指导意见》《关于成立凉山州强化社会组织管理暨群团组织参与社会治理协调小组的通知》《关于印发凉山州“州县乡村”四级社会组织服务中心（站）建设方案的通知》等系列制度文件，初步形成覆盖全州、保障有力、运行顺畅、服务规范、管理有效的“州县乡村”四级社会组织管理体系框架。凉山州社会组织服务中心获批成立，为正科级公益一类事业单位，核定人员编制5人，全州社会组织服务管理机构建设进一步加强。坚持依法行政，严格社会组织审批登记。2016年，州民政局共审批成立州本级社会组织72个，变更70个，注销17个，州本级社会组织共有285个，全州社会组织总数达1766个。全面加强社会组织年检工作，州本级社会组织275个参加年检，年检率达98%，依法撤销未参检或年检不合格的社会组织19个。制定下发《关于印发凉山州行业协会商会与行政机关脱钩实施方案》《关于成立凉山州行业协会商会与行政机关脱勾联合工作组的通知》，行业协会商会与行政机关脱钩试点，政府部门向社会组织转移职能、购买服务等工作稳妥推进。制定《社会组织参与扶贫工作方案》，在全州社会组织范围内开展“扶贫日”捐助活动，指导凉山州扶贫开发协会等3个社会组织参与扶贫工作，共筹集资金1800余万元，启动实施“一对一”资助贫困学生、帮助困难儿童和残疾人等项目，受益群众6万余人次。

【抚恤优待】 2016年，按时完成重点优抚对象数据更新、报批和录入工作，共纳入优抚对象12984人，发放各项补助8416.07万元，全部实现打卡直发，未发生挪用、截留等行为，优抚工作政务公开面达100%。凉山州民政优抚医疗“一站式”服务管理信息系统建成投用，重点优抚对象医疗费用“一站式”即时结算工作加快推进，就医就诊“绿色通道”开通运行，住院费用减免等政策全面落实，有效解决重点优抚对象就医难、报账难问题。伤残抚恤及评（调）残工作依法规范推进，完成21名国家机关工作人员、人民警察和伤残军人评（调）残鉴定、申报工作，完成16名转业、退伍残疾军人的残疾抚恤关系转接。双拥共建活动深入推进。成功举办“9·30”烈士公祭和纪念红军长征胜利80周年等活动，开展各类慰问、座谈会议300余场次，为驻军驻训部队、武警官兵、烈军属、老复员军人和残疾军人发放慰问品（金）357.67万元；积极协调驻军驻训部队组织官兵参与春季植树造林、抢险救灾、城乡环境综合治理、帮困助学等活动，全力支持地方经济社会发展；凉山州成功创建“全国双拥模范州”，成为全国32个少数民族地区唯一获得该荣誉称号的地区，西昌市连续6届荣获“全国双拥模范城”称号。

【退役士兵安置】 2016年，全州共接收退役义务士兵和士官761人，发放自主就业一次性地方经济补助1519.6万元，接收安置率达100%。积极开展退役士兵职业教育和技能培训，符合条件退役士兵就业培育政策知晓率100%、参训率96%、结业合格率98%、就业率96%。军休干部政治和生活待遇有效落实，全年接收军休人员5人，接收安置率达100%。军供保障能力和服务质量不断提高，优质、快速、准确、安全、保密服务水平进一步提升。涉军群体总体稳定。

【区划地名】 2016年，按照凉山新型工业化、城镇化发展战略，全面加强行政区划调整，完成《凉山州2016年乡镇行政区划调整方案》的制定和申报，全州16个县（市）计划撤并行政乡243个，新设乡镇（街道）109个。有4个县部分乡镇行政区划调整方案获批。积极对接上级民政部门，支持会理撤县建市工作。第二次全国地名普查工作完成17个县（市）基础资料搜集工作，收录地名词条7万余条，录入整理界线、界桩数据1375条，采集外业数据7400条。配合完成凉山州与雅安、甘孜10条市州界线和10条州内县界联检任务。平安边界创建活动形式更加规范丰富，进一步实现边界地区和谐稳定。

【社会事务】 全面落实《党员干部带头推动殡葬改革的实施意见》《实施惠民殡葬政策免除城乡困难群众基本殡葬服务费的通知》等殡葬改革和惠民措施，凉山籍城乡低保、农村五保、重点优抚对象等困难群众全部纳入减免范围，节地生态安葬、绿色殡葬奖补激励机制基本建立，殡葬行风建设、殡葬监管和行政执法力度持续加强，有效实现各类责任事故“零发生”。农村“三留守”摸底排查工作全面完成，全州共21669名留守儿童、12320名留守妇女、12599名留守老人纳入关爱体系，统计上报2016—2020年农村留守儿童关爱保护设施建设项目27个。婚姻和收养登记依法规范进行，全州共办理结婚登记24125件、离婚登记3263件、收养登记33件，合格率均为100%。

（供稿单位：州民政局/审核人：陈浩梁/编稿人：苏天雄）

人力资源和社会保障
Human Resources and Social Security

【概况】 2016年，凉山州人力资源和社会保障工作紧紧围绕“五位一体”总体布局和“四个全面”战略布局，按照州委、州政府决策部署，将“两学一做”学习教育与系统自身建设相结合，坚持“民生为本、人才优先”工作主线，主动融入全州经济转型跨越发展、脱贫决战决胜、社会和谐稳定的发展大局，依法履行人社职能，全面深化人社改革，严格依法行政，推进扶贫攻坚，人力资源和社会保障事业健康持续发展，为促进全州经济发展、民生改善与社会和谐作出积极贡献。

【法治人社】 围绕部门中心工作，坚持问题导向和目标导向，以创新法治建设机制体制为突破口，强化法治宣传教育，完善行政服务机制，积极推进依法行政，认真落实行政执法监督责任制，全州人社系统法治建设保持良好态势。以人力资源和社会保障政策法规主题宣传年活动为抓手，综合运用各种宣传手段，深入开展多层次、多渠道、多形式的法治宣传，全州人社系统共发放宣传手册和宣传单30万余份，录制宣传片5部，制作宣传海报800余张，书写宣传标语360余条，悬挂宣传横幅80余条，电子显示屏滚动播出信息820余条，接受群众咨询132680余人次，组织干部群众1.2万人参加人社政策知识竞赛活动，参加人数在全省前列。开展系统干部行政复议应诉及依法行政主题系列培训，培训180余人次。清理规范行政权力事项、公共服务事项、随机抽查事项和责任事项四个清单，深化行政审批改革，推动行政权力动态调整并在网上依法规范公开运行，2016年运行案例3665件，在全省人社系统和所有州级部门中排名靠前。畅通行政复议渠道，完善行政应诉制度和矛盾纠纷化解机制，2016年办理行政复议案件18件，出庭应诉14次。规范门户网站管理和建设，加强和改进政务信息公开，局门户网站发布信息440条（篇）。

州人社局举办依法行政培训

【就业促进】 全面落实更加积极的就业政策，结合全州脱贫攻坚工作，积极探索建立经济发展和就业促进联动机制，坚持以培训促进就业、创业带动就业、服务保障就业、调控稳定就业，全州就业局势稳定。2016年，全州城镇新增就业21890人，下岗失业人员再就业4900人，就业困难人员再就业1602人，城镇登记失业率控制在3.72%以内；转移输出农村剩余劳动力121.63万人；引领或促进大学生创新创业720人，兑现创业补贴212万元，推荐“山里淘”项目参加四川省就业服务管理局举办的“聚焦就业扶贫 对接创业资源”创业大赛，获得现代农业组三等奖，凉山籍大学生杨雪在全国科技工作者创新创业大赛中获得金奖；举办专场招聘会64场，提供岗位63600个，签订就业（意向）协议17210人，其中，就业扶贫专场招聘会30场，提供岗位51363个，贫困人口进场45855人次，达成意向13408人；送岗位信息下乡入村65场，提供岗位11169个。开发公益性岗位5439个，安置5397人；发放小额担保贷款857万元。

【社会保障】 实施机关事业单位养老保险制度改革，启动城乡居民医疗保险制度整合，加强门诊特殊疾病省内异地就医联网即时结算和城乡居民大病保险工作，全面启动疾病应急救助工作，五项社会保险统一征缴和社会保障卡发行工作有序推进，社会保障能力稳步提升。2016年，全州基本养老、基本医疗、工伤、失业、生育五大社会保险参保129.84万人，城乡居民养老保险参保192.96万人，共征收各类社会保险基金85.16亿元，支出95.78亿元，社保卡发行量达276万人。严格执行养老、失业、工伤保险费率调整政策，全州企业职工基本养老保险单位缴费比例从20%降低为19%，工伤保险平均费率从1.1%调整为0.68%，失业保险缴费费率下调至1%。落实企业职工基本养老保险费补缴、缓缴政策，为4842人办理补缴养老保险费9215.66万元，为凉山州益门煤矿等5家生产经营困难企业缓缴养老保险费6523.19万元。

【人才队伍建设】 围绕凉山水电、矿冶、绿色、旅游、民族文化五大支柱产业发展和项目建设，充分发挥人力资源优势，以扩大总量和提升素质为重点，深入实施人才强州战略。2016 年，全州有享受国务院特殊津贴专家 34 人、省学术和技术带头人 2 人、省优专家 23 人、省特级教师 118 人、州学术和技术带头人 275 人、州学术和技术带头人后备人选 1532 人、州级拔尖人才 417 人。推荐 2163 人参加高级专业技术职务任职资格的评审，评审通过 3300 余人的中级专业技术职务任职资格，开展农村实用技术职称评（认）定工作，312 人取得助理农技师 / 农技推广员资格，64 人取得农技师资格。助力推进州委“1+X”生态产业规模化、标准化、产业化、品牌化发展，500 名林业专业人才纳入事业单位考核聘用范围；招募“三支一扶”高校毕业生 48 人。组织川大华西医院、省农科院、省林科院等 9 家单位 13 名专家深入布拖、会理、会东三县，开展“四川省专家服务团精准扶贫——大小凉山彝区行”活动。开展 34825 人次的职业技能鉴定颁证。引进国外管理、技术人才项目 3 项，办理外国专家来川工作许可 18 人次，首次实施 EO 引智项目，凉山州第一人民医院成功申报心脏介入治疗及骨科治疗两个 EO 项目。接收大中专毕业生学籍档案 14624 份，接收大中专毕业生报到 9857 人。

【收入分配】 推进机关事业单位基本养老保险制度改革，为全州 104492 名机关事业单位工作人员调整基本工资标准和 460 名离休人员增加离休费。实施全进入员额的 687 人法官、检察官重新套改工资制度改革。落实艰苦边远地区津贴，人民警察警衔津贴，环境保护监测津贴，林业、农业有毒有害保健津贴和畜牧兽医医疗卫生津贴工作。企业离退休人员基本养老金已连续 12 年调高，全州 92338 名企业退休人员人均月增加 219.10 元，调整后人均每月达 2326 元。全州最低工资标准调整为每月 1380 元，每日 63.4 元。

【人事制度改革】 认真落实《中华人民共和国公务员法》，坚持凡进必考，积极推进公务员职务与职级并行改革，组织“四级联考”公开考录公务员和人民警察 558 人。进一步完善事业单位岗位设置、岗位管理和人员聘用工作，审批考试和考核招聘 4191 个岗位，完成 1030 个单位 46839 个岗位设置。实施中小学教师职称改革，新考录 1223 名中小学教师。考试招聘木里藏区“9+3”毕业生 18 人。做好企业军转干部解困维稳工作，安置、培训 56 名军队转业干部。制定《凉山州州级机关公务用车制度改革司勤人员安置办法》，妥善安置州级 104 个单位的 458 名涉改司勤人员，指导 16 个县（市）做好公务用车改革司勤人员安置工作。2016 年，共组织人事考试笔试 19 项 24 次，参考考生 56039 人，考试科次 107841 科。人事考试“四核实、五严查”“指纹比对终身倒查制”及公务员“月考年评”等工作得到国家公务员局充分肯定。

【劳动监察】 2016 年，州人社局会同工会等有关部门加大《中华人民共和国劳动合同法》执法力度，抓住水电、建筑、矿产等优势资源开发重点行业，继续探索农民工工资周薪制，加大劳动监察执法、劳动关系协调和争议调解仲裁力度，开展劳动用工、农民工工资支付、社会保险欺诈及人力资源市场清理整顿等专项检查，着力推进农民工工资支付保障、劳动合同和集体合同攻坚计划等制度落实。2016 年，全州规模以上企业劳动合同签订率 94.79%。受理劳动人事争议案件 1258 件，涉及职工 1399 人，涉案金额 5016.59 万元。检查用人单位 975 户，办理劳动监察案件 157 件，清理拖欠农民工工资 3470 余万元，涉及劳动者 3589 人。办理工伤认定 822 起、劳动能力鉴定 471 件。

【培训教育】 开展公务员初任培训 9 期、培训 932 人；组织全州 1.8 万名公务员（参公人员）参加“提升脱贫奔康能力 做人民满意公务员”培训；举办中级职称计算机培训 3 期、培训 297 人；举办“三支一扶”岗前培训 1 期、培训 43 人；承办 2016 年艾滋病防治政策与知识高级研修班，6个市州113名中高级专业技术人员参加；专业技术人员公需科目继续教育网络培训11561人次。牵头实施《凉山州就业技能培训扶贫专项方案》，认真落实“3+12”劳动技能培训扶贫。2016年，培训贫困人口32326人，其中人社系统培训23800人。

【表彰奖励】 全年共审核上报省部级160个先进集体、259名先进个人。表彰2016年度凉山州“十佳禁毒重点整治先进集体”“十佳禁毒工作标兵”“十佳缉毒执法标兵”“十佳驻村禁毒专职副书记”等四个“十佳”。组织凉山州代表参加全省“4·20”芦山强烈地震灾后恢复重建先进集体和先进个人表彰大会。凉山州劳动监察大队获人力资源社会保障部、国家工商总局授予的“2016年全国清理整顿人力资源市场秩序专项行动取得突出成绩单位”称号。

【自身建设】 一是结合“两学一做”学习教育，明确全州人社系统“建设一流钢班子，带好一流铁队伍，打造一流硬基础，开创一流新业绩，树立一流好形象”奋斗目标，坚持党组成员带头弘扬“明理怀信、忠诚担当、坚韧致远、心忧天下、清正廉洁”的人社精神，认真开展每周一次的人社政策法规大培训和“本岗重点关键工作二十问”，着力提升人社干部法治思维能力和业务政策水平。切实加强政风行风建设，梳理规范人力资源社会保障领域面向群众的公共服务事项，制定办事指南，积极推行“守规矩、立即办、马上好”办事要求，凡是对于中央省州政策明确规定、干部群众合法诉求、扶贫攻坚重大事项，做到公示前置、简化流程、立说立行、立竿见影。二是加强人社干部队伍思想政治建设，强化人社干部教育培训和监督管理。2016年，人社局机关及直属事业单位选拔科级干部3人、公招工作人员12人。组织干部职工赴井冈山进行“理想信念”教育培训，开展到西昌市烈士陵园“缅怀革命先烈，重温入党誓词”组织生活，落实在职人员参加“全国人社系统干部在学习”等一系列活动。政风行风建设满意度调查名列全省人社系统第三；党风廉政建设目标考核名列98个州级部门第八；州政府综合目标考核名列第十。

（供稿单位：州人社局/审核：罗卫平 王建芳 程勇/撰稿：沙马瓦作）

民族宗教
Ethnic and Religious Affairs

【概况】 2016年，凉山州民族工作深入发展，稳中有进，宗教工作以法治的方式持续推进，民族团结、宗教和顺、社会和谐，各项工作取得显著成效。在州政府综合目标考核中名列第18位，进入州政府先进单位序列；连续四年被州直工委表彰为“四好”活动优秀单位；被州直工委评为关心支持机关党务工作先进党组、先进基层党组织；“双联”及干部驻村帮扶工作被州委、州政府评为先进集体；被省民宗委评为全省民族宗教工作综合绩效先进单位；民族宗教信息工作被省民宗委通报表扬为先进集体；民政工作被州政府办表彰为社会组织工作先进单位。

【项目资金管理】 一是用好少数民族发展资金，夯实发展基础。大力实施2015年度省级、州级少数民族发展资金项目70个，资金2450万元。2016年度下达省级、州级少数民族发展资金项目88个，资金2760万元，为少数民族特色村寨建设、农村村道建设提供良好的资金保障。二是用好“两项资金”，增强贫困群众内生动力。2016年，围绕解决各族群众住房难、行路难、饮水难、增收难、上学难问题，实施跨年度项目147个，资金9170万元。三是用好“四件套”和“二选一”项目资金，引导群众转变观念。2016年，发放彝家新生活行动室内设施“四件套”14642套，价值4392.6万元；采购发放现代文明新生活“二选一”14642台套（其中电视机6550台、太阳能热水器8092套），价值2828.4

万元；为10个彝区县新增储水塔9651台，价值453.5万元。

【宗教事务及境外藏胞管理】 一是加强法制宣传。召开全省宗教工作会议宣贯会，开展“法律进寺庙”培训，全州各宗教团体负责人、教职人员代表共计100余人参会。举办宗教界法律知识创建活动培训会，五大宗教团体负责人和教职人员30余人参加。省民宗委领导深入木里县开展全国宗教工作会议精神宣讲，引导宗教界人士正确看待国法与教规的关系，自觉在法律范围内开展活动。二是做好管理服务。严密组织，圆满完成“天主教西昌教区祝圣主教”活动，得到四川省委常委、统战部部长崔保华的充分肯定并给予重要批示。对天主教、基督教私自设立聚会点进行排查，规范穆斯林标识，掌握斋月动态，严厉打击“全能神”“法轮功”等邪教组织。召开五大宗教2016年春节慰问座谈会，为五大教派协会划拨工作经费15万元，向相关教职人员发放慰问金及生活补贴2.2万元，走访慰问木里大寺、康坞大寺等藏传佛教寺庙，送去慰问金1万元，切实帮助宗教界解决实际困难和问题。三是加强自身建设。会同州委统战部联合下发《关于做好全州宗教团体换届工作的指导意见》，审定各团体《换届工作请示和方案》，协助五大教派顺利完成换届工作。指导宗教团体、活动场所、教职人员开展和谐寺观教堂创建活动，组织宗教界进行爱国爱教培训，开展“爱国爱教、同心同行”主题教育活动，进一步树立宗教教职人员恪守职责、爱国爱教、端正品行的意识。2016年，冕宁县灵山寺被国家宗教局评为全国和谐寺观教堂先进集体。四是做好对国外藏胞工作。进一步加大对凉山州探亲、朝佛、旅游、投资、捐赠的审批和接待管理、调研、宣传、重点联系等各项工作力度，共计审批9人次。加强信息情报工作，广辟情报信息渠道，严格出入境人员的管理。走访慰问定居和滞留藏胞，完成《境外藏胞国内亲属现状调研报告》，建立健全完善的人头档案，不断扩大反分裂斗争的统一战线。

【民族研究及社会事业】 2016年，组织开展“凉山州水电开发及移民安置调查”科研课题的研究，对凉山州水电工程规模、地区环境变化情况以及水电开发中少数民族文化传承保护进行调查研究。完成“凉山水电开发与移民”“凉山州水电开发中少数民族文化”“凉山州民族文化传承保护调查”“凉山州世居少数民族节庆文化调查”等课题。《凉山民族研究丛书》第五辑公开出版发行，《凉山民族研究丛书》第六辑、2016年《凉山民族研究》年刊、《北部方言圣乍土语彝族谜语》印刷出版。

【民族团结进步示范州创建】 一是抓好机制建设，强化高位推动民族团结创建工作。2016年初，州委、州政府《关于加强新形势下民族工作的实施意见》《关于印发贯彻落实〈中共凉山州委、凉山州人民政府关于加强新形势下民族工作的实施意见〉责任分工方案的通知》的实施，为全面推进民族工作奠定坚实基础。2016年4月，州委召开争创全国民族团结进步示范州动员大会，会上就创建全国民族团结示范州工作进行安排部署。州委、州政府出台《关于进一步开展民族团结进步创建活动的实施意见》《开展民族团结进步示范州创建活动2016年工作推进方案》，调整充实创建领导机构和创建办工作人员，划拨创建专项经费1020万元，并把创建工作纳入年终考核的重要内容。二是抓好宣传强化，开展民族团结宣传月活动。在全州范围开展户外宣传，集中组织媒体宣传，按照电台有声、电视有影、报刊有文要求，在凉山电视台报道民族团结进步活动5次、《凉山日报》刊登凉山州民族团结创建工作综述、专题文章等3篇，在微信、微博上转发民族团结进步先进典型事迹等。连续3天在月城广场、凉山民族体育场等地宣传展示，宣传党的民族政策、法律法规。共悬挂横幅5条，制作50块永久性宣传牌，发放宣传文化衫1000件、宣传文化帽1000顶、无纺布文化手提袋3000个、宣传资料3000份，编印民族团结进步创建工作《辅导读本》和《宣传手册》各5000册，出动宣传车1辆，参加宣传志愿者10人。三是扎实开展民族团结“六进”活动。会同州委宣传部、州委统战部，首次在全州开展示范单位评选活动。3月，分别对17个县（市）和48个州直部门共150个申报州级民族团结进步示范单位的创建工作进行检查验收。首批命名119个州级示范单位。西昌市、昭觉县、木里藏族自治县被四川省纳入全省民族团结进步创建活动试点县。西昌市被国家民委命名为第四批“全国民族团结进步创建活动示范市”；州国税局、西昌市春城社区等机关、社区、企业、乡镇村、寺庙9个单位被四川省命名为第三批“全省民族团结进步创建活动示范单位”。11月7—15日，州民宗委会同州委宣传部、州直工委及州县域经济学会等相关部门一行9人赴云南省昆明市、大理州、西双版纳州考察学习民族团结进步创建工作，形成《关于赴云南省昆明市、大理州、西双版纳州考察学习民族团结进步创建工作的报告》，为各县（市）和单位搭建学习、交流的平台。四是加强发展少数民族社会文化事业。州民宗委会同相关部门做好第五届全国少数民族文艺会演凉山州剧目的组织参演工作，《彝红》获得汇演剧目银奖。在“6·26”“12·1”等重要时间节点由党组成员带队分三次深入禁毒联系点昭觉县竹核乡开展禁毒防艾宣传教育活动，布置宣传展板20块，发放禁毒防艾宣传文化衫200件、宣传文化帽200顶、无纺布文化手提袋200个、宣传资料500份，让“远离毒品，珍爱生命”更加深入人心。

【扶贫帮困】 2016年，紧紧围绕帮扶方案，在积极与省州有关部门和县委、县政府协调47万元通村入户项目及170万元彝家新寨建设项目的基础上，安排少数民族发展资金特色村寨项目100万元，用于房屋改造；针对贫困村产业结构单一的实际，从“两项”资金中投入农牧业增收项目150万元，用于发展核桃产业；协调10万元无息贷款，用于农户发展产业，帮助村委会因地制宜建立种植基地。全体干部职工共向贫困村五保户、贫困户等捐款5.36万元，赠送价值3.12万元的120床棉被、价值1.102万元的58件大衣及价值1.2万元的15件去感热口服液。

【党风廉政建设】 2016年，专题研究部署2016年党风廉政建设工作6次，制定《凉山州民宗委2016年党风廉政建设和反腐败工作要点》《凉山州民宗委党组党风廉政建设主体责任清单》，签订党风廉政建设责任书落实责任。党组书记带头上廉政党课1次，纪检组组长上廉政党课4次；开展反腐倡廉形势和警示教育9次，组织党员干部到州法纪教育中心开展警示教育活动、到“彝海结盟”地冕宁开展“重温入党誓词、唱革命歌曲”活动。抓好制度的完善和执行，全年完善并建立相关制度12个。

【政务信息】 2016年，健全完善编发《凉山州民宗委制度汇编》，内容涵盖基本组织制度类、党组织工作类、党风廉政建设类、民主管理类等40多项制度，扎实推进工作的规范化。全年向国家民委、省民族宗教委、州委、州政府报送信息188条。国家民委信息采用得分97分，在全国57个信息直报点中排名第18位，在四川省3个信息直报点中排名第一，圆满完成州委、州政府信息目标任务。编辑《凉山州民宗委信息半月刊》9期，简报31期，推动有关热点、难点问题的解决。

（供稿单位：州民宗委／审核：杨磊／撰稿：李娅）

外事侨务

Foreign and Overseas Chinese Affairs

【概况】 2016年，州外侨办、州侨联、州对外友协围绕“产业强州、生态立州、开放兴州”发展战略，充分利用四川国际文化旅游节等活动平台，务实推进凉山多层次、多领域开展对外交流与合作。圆满完成四川国际文化旅游节的外宾邀请、接待、翻译等工作。促成西昌市与卡斯特罗德尔里奥市签订建立友好合作城市意向协议、西昌瑞浓油橄榄开发有限责任公司与西班牙薇薇比索油橄榄企业签订合作意向协议。涉外管理扎实有序，侨务引援、外侨服务及侨务基础性工作稳步发展。全年通过各种渠道引进海内外各类捐助资金1126.33万元。凉山州外事侨务办公室是凉山州委外事工作领导小组的办事机构，为州政府工作部门。凉山州归国华侨联合会、凉山州人民对外友好协会设在州外事侨务办公室内。凉山州国际交流中心为州外侨办下设全额拨款事业单位。全办共有干部职工23人，其中州外事侨务办公室8人，州归国华侨联合会3人，州人民对外友好协会5人，州国际交流中心7人。

【对外交流与合作】 2016年6月1—11日，州委书记林书成率凉山州党政代表团赴津巴布韦、南非、纳米比亚考察访问，推动和深化凉山与津巴布韦、南非、纳米比亚在烟草产业等领域的合作。代表团一行先后与津巴布韦烟草研究院、中国天泽烟草公司驻津巴布韦公司、南非豪登省经济发展署、云南红云红河集团东方烟草公司驻纳米比亚公司、环球烟草公司驻南非公司、南非沃米亚化肥有限责任公司进行座谈交流，实地参观考察津巴布韦等国烟叶育苗、分级、拍卖现场，了解津巴布韦等国的优质烟叶生产技术。代表团向外方详细介绍凉山州的经济社会发展情况和烟草产业发展现状，并就相关优势产业进行推介。通过此次访问，代表团与津巴布韦等国的烟草行业就开展烟草技术合作进行充分交流，达成广泛共识，为推进和深化下一步的合作奠定良好基础。

2016年8月15—25日，四川省组织开展的“文化中国·锦绣四川”欧洲行活动，在省委常委曲木史哈的率领下，相继在英国、荷兰和奥地利举办。凉山州歌舞团抽调16名演职骨干组成一支精干力量，代表四川省参加此次巡回访演活动。州歌舞团立足凉山独具魅力的民族文化，历时半年，精心编排打造能充分展示凉山州民族文化特色的十多个精品节目，先后进行12场巡演和联欢活动，受到当地民众的热烈欢迎。同时有以色列驻华大使马腾、英国驻重庆总领馆总领事洪婷娜、德国驻华大使馆经济处负责人吕帆及荷兰农业协会及马铃薯相关企业到凉山州考察访问，就凉山州与以色列在油橄榄产业领域开展合作十年的成果、“中国——以色列油橄榄国际合作中心”落地凉山的情况进行实地考察；推动英国与凉山州开展医疗、教育等方面的合作进行深入交流；推动德国与凉山州在新能源、新材料、装备制造和观光旅游等方面开展合作进行商谈；与荷兰在马铃薯品种选育、技术交流、设备引进、人才交流等方面的合作进行商讨。

2016年8月29—30日，国务院侨办组织的第21期海外华侨华人文化社团“文化中国之旅”观摩团在凉山州进行文化交流考察。共有来自加拿大、美国、德国、意大利等17个国家的30家海外文化社团负责人及国侨办、省外侨办有关负责人共30余人参加此次文化交流考察活动。通过在凉山的考察活动，观摩团一行切实感受到凉山绚丽多彩的民族文化和团结进步的民族风貌，进一步加深对凉山民族文化的认识和了解，增进彼此之间的友谊，促进双方专业文化团体的交流，为促进凉山与海外的文化交流搭建新的平台和桥梁。

2016年11月4—6日，由中国侨商联合会组织的2016“知名侨商西博行”考察团在凉山州开展考察洽谈活动，共有来自加拿大、新西兰、意大利、阿根廷等7个国家和中国香港地区的20多个行业的侨商组织代表和中国侨商联合会的有关负责人参加。活动期间，围绕旅游产业和康养项目进行产业推介。

7月10—15日四川毅华国际文化交流中心组织8名澳大利亚、美国籍英语专家团队和四川省外国语大学成都学院、西南民族大学研究生学院的7名志愿者，在四川毅华国际文化交流中心和州对外友协工作人员的陪同下，赴金阳县开展中小学英语教师培训，并举办英语夏令营活动。来自金阳县县城中小学和各乡镇的40名骨干英语教师参加培训。通过培训，不仅提高参训英语教师的英语能力，而且拓宽英语教师的教学方法。

2016年12月1—3日，应中共中央对外联络部邀请，由缅甸若开民族党、掸族民主联盟、德昂（布朗）民族党、勃欧民族阵线、傈僳民族发展党等五党代表组成的少数民族政党干部考察团一行20人，在若开民族党总书记吞昂觉的率领下到凉山考察访问。代表团考察成—凉工业园区、中泽新技术开发有限公司、贾佳民民族创意设计有限公司、拓鑫城市园林绿化工程有限公司等一、二、三产业以及安哈彝家新寨，并与州委、州政府举行座谈，了解全州招商引资、基层党组织带领各族群众打造特色产业、发展传承民族文化、脱贫奔康的实践和成果。凉山州社会和谐发展、民族团结进步的良好局面，得到中联部和外方代表团的高度赞扬。

在2016四川国际文化旅游节期间，共邀请到14个国家和地区的62名外侨嘉宾参加2016四川国际文化旅游节。其中，有外国驻成都、重庆、昆明、广州的领事官员11人，有外国和外国在华企业代表19人，侨企代表13人。西班牙卡斯特罗德尔里奥市市长率领的政府代表团专程从西班牙前来参加国际文化旅游节。此次国际文化旅游节是凉山举办国际性活动以来邀请到的国家最多、来宾人数最多、层次最高的一次。文化旅游节期间，精心组织省、州领导集体会见并宴请中外嘉宾，举办凉山州与西班牙卡斯特罗德尔里奥市油橄榄产业座谈会，组织外侨嘉宾开展一系列政务考察活动，达到充分展示凉山良好形象、广泛宣传凉山丰富多彩又独具魅力的民族文化、促进国际产业合作、涵养外事侨务资源的目的。借助国际文化旅游节的平台，使凉山州与外国领馆、外国企业和侨资企业建立联系；通过与各国使领事馆官员的接触和交流，为下一步的广泛合作达成共识。同时，通过与西班牙卡斯特罗德尔里奥市举办油橄榄产业座谈会，与西班牙卡斯特罗德尔里奥市在油橄榄产业领域开展合作达成共识，促成西昌瑞浓油橄榄开发有限责任公司与西班牙薇薇比索油橄榄企业签订合作意向协议，在油橄榄种植技术引进、品种选育、新产品开发和销售等方面开展合作；促成西昌市与卡斯特罗德尔里奥市签订建立友好合作城市意向协议，并对下一步双方开展旅游、教育、文化方面的合作达成共识。

【涉外管理与服务】 一是严格按照省外侨办因公出国（境）审核程序，规范因公出国（境）手续办理，认真做到“经费先行”、出访前和出访后公示，及时收回护照和通行证；严控出国计划，实现量化管理。全年全州共审核办理因公出国（境）40人次。其中，党政人员因公出国17人次，出境2人次。二是先后为昭觉县医院、昭觉县青年创业中心、西昌正大酒业、凉山人生百味餐饮有限公司等单位邀请短期到州访问交流外国专家或专业人士35人次，主要开展医疗、教育、专业实习及餐饮服务等友好交流活动。为参加2016西昌邛海湿地国际马拉松赛的20名外籍运动员办理邀请手续，并协助相关部门认真做好比赛期间外籍运动员的安全管理工作。协调荷兰RTL、俄罗斯电视一台、英国BBC等外媒到凉山采访申请。深入普格县荞窝农场调查了解并协调处理香港客商拟在荞窝农场投资过程中遇到的土地纠纷问题。在外交部领保中心、驻缅曼德勒总领馆和省外侨办的支持下，妥善处置凉山州公民因国内经济纠纷在缅甸羁押一事。积极配合相关部门完成“2016西昌邛海‘丝绸之路’国际诗歌周”的相关工作。

【侨务工作】 2016年，州外侨办通过各种渠道先后引进香港慈恩基金会、香港基督教协进会、中国华侨公益基金会及浙江新华爱心教育基金会等海内外慈善组织、机构在凉山州贫困地区开展“捡回珍珠计划”“走进高中计划”“女童班”“儿童班”“薪火工程”“树人班”等扶贫项目，引进援助资金达到1126.33万元，捐建学校17所，资助孤儿、贫困学生2107人，为凉山州贫困地区的脱贫攻坚提供有力支持。根据凉山经济社会发展情况和各县（市）招商引资需求，在广泛调研基础上，协同相关部门和单位认真做好招商项目的可行性论证、储备和对外推介等工作；主动对接侨商，引进四川曙光集团，就新能源、康养产业等项目与西昌市进行对接洽谈。通过参加首届全球川商返乡发展大会、第十四届东盟华商会等活动，积极开展招商引资工作。认真开展春节送温暖慰问归侨侨眷活动，共协调筹集资金69650元，走访慰问全州12个县、市老病困归侨侨眷共162户，为他们送去慰问金和购物卡。认真开展为侨企服务工作，就正大酒业面临的问题主动向州、市领导反映；向中国侨联推荐“好医生”药业董事长耿福能为中国侨界贡献奖（创新人才）人选。为西昌市北城街道办事处府街社区争取到省外侨办社区侨法宣传经费1万元用于开展社区侨法宣传。根据省外侨办的安排，在全州范围内开展为期3个月的侨情摸底调查，掌握凉山州归侨侨眷、华侨、外籍华人、港澳同胞、留学人员及其亲属的基本情况，进一步完善全州侨情资料数据库；掌握凉山州贫困归侨侨眷家庭基本情况，为贫困归侨侨眷的精准扶贫、精准脱贫提供准确情况。对全州范围内的8家侨资企业的基本经营情况进行调研，了解凉山州侨资企业的经营发展现状。开展侨捐项目专项检查工作，先后到西昌、冕宁、喜德三县（市）对近年来引进的12个侨捐项目实施情况进行专项督查。州侨联积极组织州二医院医疗专家深入盐源县大河乡开展“2016年侨爱工程——送温暖医疗凉山义诊活动”，为来自全乡7个村的500多名群众进行义诊，并向就诊群众发放价值3.5万元的药品。同时，开展侨法、禁毒防艾宣传活动，发放侨法、禁毒防艾及农村实用法律宣传资料2500余份。

（供稿单位：州外侨办／审核：卓雪梅／撰稿：王团）

扶贫移民工作
Poverty Alleviation and Immigrant

【概况】 2016年，全州扶贫移民系统干部认真学习贯彻落实中央、省、州扶贫移民工作决策部署，扎实开展“两学一做”学习教育，全力实施精准扶贫、精准脱贫，依法推进大中型水利水电工程移民，全州扶贫移民各项工作取得显著成效。在年度考核中，荣获全省扶贫移民系统优良单位、州级综合目标绩效考核先进单位、农村经济发展目标综合考核先进单位、全州党委信息工作二等奖等荣誉。组织召开凉山州脱贫攻坚领导小组暨脱贫攻坚指挥部第一至五次全体会议和州脱贫攻坚指挥部办公室第一次全体会议、2016年彝家新寨现场会（金阳）、州第三方评估意见反馈会议、省脱贫攻坚领导小组评估检查整改会议、全州脱贫攻坚退出验收考核工作动员会议等，及时安排部署相关工作。编制完成《大凉山彝区“十项扶贫工程”2016年实施方案》、《大凉山2016年彝区外彝族乡彝家新寨实施方案》，指导17个县（市）编制完成“十三五”脱贫攻坚规划、2016年778个贫困村脱贫攻坚规划方案，确定脱贫攻坚目标任务。配合做好乌蒙山片区部际协调会，省人大常委会到凉山督查调研《四川省农村扶贫开发条例》、省明察暗访反馈意见整改落实有关工作。完成全州202个极度贫困村的调研工作，落实41名州级领导联系49个极度贫困村监测点、144名县级领导帮扶153个极度贫困村工作。根据国家和省出台的办法和方案，及时制定全州贫困人口脱贫、贫困村退出、贫困县摘帽的相关指标、内容及措施办法，拟定《凉山州脱贫攻坚领导小组暨脱贫攻坚指挥部议事规则》《凉山州脱贫攻坚领导小组暨脱贫攻坚指挥部办公室运行规则》《凉山州脱贫攻坚领导小组暨脱贫攻坚指挥部办公室工作职责及领导分工方案》《凉山州2016年度县（市）党委和政府脱贫攻坚考核办法》《关于加快推进安宁河谷地区六县（市）脱贫攻坚进程的意见》等，为各县（市）开展脱贫攻坚，打赢脱贫攻坚战提供基本遵循意见。

【专项扶贫】 2016年，全州共投入财政扶贫资金216559.7万元，其中省以上资金165154.7万元、州配套资金14300万元、县配套资金37105万元。完成彝家新寨建设241个村、住房建设20034户，解决20034户用电困难，新建商贸活动场所241个。完成藏区连片开发产业发展和基础设施项目5个。

【社会扶贫】 一是定点扶贫方面。9个中央国家机关、85个省级扶贫单位、126个州级单位、1296个县级单位和社会团体,共投入帮扶资金35645万元,投入帮扶项目650个,帮助引进项目110个,资助贫困学生14759人,培训各类人员92546人次。二是对口帮扶方面。东西扶贫协作投入资金14478万元(珠海市2004万元,佛山市11000万元,湖州市1474万元),实施援建项目79个,举办培训班9期,培训人数787人次;省内11个县(市、区)对口帮扶凉山11个贫困县,投入资金11180万元,实施援建项目85个;州内“4+5”对口帮扶,投入帮扶资金562万元,派驻干部52人,实施帮扶项目3个。三是干部驻村帮扶方面。“五个一”制度帮扶人员累计入村开展工作1.3万次,走访群众7.8万人次,帮助培育产业4765个,解决困难问题1.1万个。四是其他方面。统筹协调推进三峡捐资14亿元,助推凉山脱贫攻坚工作;为318名贫困生发放助学金63.6万元;“扶贫日”系列活动募集到资金2887万元;16702户贫困户获得31276万元扶贫小额贷款;大力挖掘并宣传扶贫先进事迹,向省推荐的美姑县文学艺术联合会主席候播乃拖、甘洛村第一书记俄木尔批荣获“四川十大扶贫好人”提名奖,凉山州扶贫开发协会荣获首届“四川十大扶贫爱心组织”称号。

【综合扶贫】 全年省下达大凉山彝区“十项扶贫工程”资金88.41亿元,实施彝家新寨建设、乡村道路畅通与大交通建设、农田水利建设、教育扶贫提升、职业技术培训、特色产业培育、农业新型经营主体构建、产业发展服务、卫生健康改善、现代文明普及等46个大项、88个小项建设任务。

【扶贫解困】 组织实施专项扶贫、社会扶贫、综合扶贫各类项目改善贫困地区贫困人口的生产生活条件,贫困村面貌发生变化,按照贫困村退出“一低七有”,贫困户脱贫“一高”“两不愁、三保障”“三有”“四个好”的标准,经国家、省组织的第三方考核评估确认,实现454个贫困村退出,11.35万名贫困人口脱贫。

【建档立卡】 一是全面落实“六个精准”要求,先后开展4次精准识别“回头看”活动,严格“两公示一公告”等识别程序和识别标准识别贫困人口,截至2015年底,全州共识别农村贫困人口48.7万人;启动开展2016年扶贫对象调整工作,累计新增贫困人口15.47万人。二是加快推进国家子系统和省脱贫攻坚“六有”大数据平台建设,将脱贫攻坚月报、财政金融扶贫、省内外对口帮扶等工作全部纳入系统进行动态管理,确保贫困对象管理科学化、信息化。三是强化痕迹管理,建立贫困户收支登记簿,客观反映贫困户收支情况,为第三方考核评估提供重要依据。四是加强省“五个一批”和州“七个一批”归类,年初认定贫困人口特色产业发展一批25万2913人、创新创业致富一批2万942人、低保政策兜底一批10万6484人、医疗保障扶持一批2万8677人、移民搬迁安置一批23.8553万人、治毒戒毒救助一批8735人、移风易俗巩固一批48万7034人。

【移民规划安置】 一是溪洛渡水电站,搬迁安置金阳、布拖移民448人,完成支莫路公路、麻地湾公路、对坪车渡码头等7个专业项目复建工程。二是向家坝水电站,完成新增影响区82人的永久性搬迁安置工作及渡口车渡码头专业项目复建工程。三是锦屏一级水电站,搬迁安置一至三期新增973人(盐源906人,木里67人),配合设计部门完成一、二、三期新增滑坡塌岸的规划设计,完成第四期新增滑坡塌岸实物指标调查及范围界定报告审查,并启动相关移民的应急避险工作,建设完成古柏安置点内基础设施及对外交通道路等工程,成功验收锦屏库区中村吊桥,开展移民项目及资金清理。四是官地水电站,继续补差兑付盐源县和西昌市的农村移民个人补偿补助费,完成审计移民安置资金及金厂坝滑坡塌岸治理涉及的移民遗留问题扫尾工作。五是杨房沟水电站,启动库区移民搬迁,完成围堰区库底清理任务及大江截流阶段移民安置验收工作。六是白鹤滩水电站,《白鹤滩水电站移民安置规划大纲》于9月28日获省政府批复,完成移民安置规划报告审查。七是基本完成乌东德水电站移民搬迁安置前期准备工作，启动瀑布沟水电站涉及甘洛县房屋及附属设施补差工作，完善立洲、卡基娃水电站移民搬迁安置及专业项目迁复建扫尾工作，完成麦日电站规划大纲的审查、坤顺电站规划报告的审查，启动固增电站移民安置等相关工作。

【移民后期扶持】 一是配合编制的《凉山州大中型水库2015年移民后期扶持政策实施情况监测评估报告》经省审定合格，《凉山州移民后期扶持“十三五”规划报告》（规划资金71006.68万元）已经州级审查，待省局审查批复。二是完成德昌县第一批避险解困项目工程及和平水库截流阶段建设征地移民安置验收，完成德昌、冕宁、西昌三县（市）涉及大桥水库灌溉二期工程的实物指标调查，完成盐源县龙塘水库的实物指标调查，完成《西昌东河水库建设征地实物调查细则及工作方案》的审查。三是下达2016年规划项目259个、资金9268万元，其中水库库区基金（切块）扶持项目145个、资金4604万元，特困移民集体脱困项目114个，资金4664万元。四是核减水库移民191人，新增2015年新建3个水库工程的移民2583人全部获批，并完成2016年全州后期扶持移民基本数据入库工作。五是完成州本级移民技能培训210人，17个县（市）开展水库移民生产生活技能及种养殖业培训4776人。六是完成并上报全州2016年移民直补资金计划9268.97万元，及水利部、省财政厅等规定的有关工作，并协助州发改委下达14个县（市）2017年易地扶贫搬迁分县搬迁计划。

【移民信访稳定】 深入各县（市）开展信访积案化解和信访复查工作，全年共接待扶贫移民来访46批、469人次，其中5人以上的17批、372人次，办理来信50件，办结46件。共排查出扶贫移民信访积案4件，化解2件，复查水电移民等信访事项5起。全州未出现扶贫移民大的群体事件和非法到省到京上访事件，确保扶贫移民整体稳定，促进全州扶贫移民工作的顺利开展。

【队伍建设】 一是由州扶贫移民局局长兼任州政府副秘书长，11个贫困县扶贫工作机构主要负责人兼任同级政府党组成员、政府办副主任，6个非重点县（市）扶贫工作机构主要负责人兼任同级政府党组成员或政府办副主任，同时公开遴选14名工作人员充实到局内各科室，扶贫移民工作力量进一步增强。二是深入开展“两学一做”学习教育，组织党员集中学习25次，开展专题讨论4次，前往会理县红军长征过会理纪念馆、文史馆和档案馆接受红色文化教育，党员的宗旨意识进一步增强。三是学习贯彻《中国共产党章程》《中国共产党廉洁自律准则》《中国共产党纪律处分条例》等，在局机关廉政文化专栏适时更新有关内容，组织党员集中观看警示教育片，党员的纪律意识进一步增强，年内无一人违规违纪。

（供稿单位：州扶贫移民局／审核：王永贵／撰稿：董红兵）

安全生产监督管理

Production Safety Supervision and Management

【概况】 2016年，凉山州安监局牢固树立科学发展观，强化安全生产红线意识和底线思维，始终把人民生命财产安全放在首位，坚持“安全第一、预防为主、综合治理”的方针，以“遏制较重特大事故发生，减少一般事故，着力提升全州本质安全水平”为目标，按照“标本兼治、重在治本”的原则，完善制度，强化责任，加强管理，严格监管，切实抓好各项工作，努力推动全州安全生产形势持续稳定好转，为全州经济社会又好又快发展提供有力的安全保障。全年全州共发生各类生产安全事故123起，死亡112人；发生较大生产安全事故6起，死亡26人；非煤矿山、水上交通、铁路交通、危险化学品、烟花爆竹、特种设备、农业机械等行业领域未发生生产经营性安全事故；生产安全事故死亡人数和较大事故起数均在省下达基数范围内。

【工作部署】 以深化党政同责、一岗双责为重点，不断加强安全生产工作领导，完善安全生产责任体制机制，建立健全党政领导、部门行业监管、社会参与和企业主体的安全生产责任体系，进一步明确各部门、各单位的安全生产职责，并着力向乡镇、村组基层一线延伸，实现“五个全覆盖”和企业安全生产主体责任“五落实、五到位”。州委、州政府始终把安全生产工作摆上重要议事日程，与中心工作同安排、同部署、同落实、同检查、同考核。年初印发《凉山州2016年度安全生产工作重点任务分解表》，将全州安全生产监管职责任务明确细化落实到各县（市）党委、政府和州级各部门。州政府与各县（市）、各部门，各县（市）政府与辖区内乡镇、部门和高危行业企业及规模以上生产经营单位签订安全生产责任书，将安全生产纳入各级各部门目标考核重要内容，确保安全生产“三个必须”原则落实到位。全年共召开5次全州安全生产工作电视电话会议暨州政府安委会全体成员会议，认真传达贯彻落实中央、省关于安全生产决策部署，确保全州安全生产工作有力有效开展。

【强化监管】 2016年，州安监局认真按照国家安监总局和省安监局的安排部署，深入推进道路交通、煤矿、非煤矿山、危险化学品、消防、建筑施工、人员密集场所等重点行业领域的安全监管工作，深入排查治理各生产经营单位及其工艺系统、基础设施、技术装备、作业环境、防控手段和制度建设、培训教育、安全管理等方面存在的隐患和问题，把安全生产工作的有关要求落实到管理岗位、基层监管岗位及操作层面。排查一般隐患4487起，整改4447起，整改率99.1%；排查并整改完毕重大隐患1起（省挂牌督办）；及时整改省政府安委会汛期安全生产第八督查组和安全大检查第二十督查组督查发现的问题及隐患45条。完成11个关闭煤矿矿井水患普查工作；完成600余家高危行业网格化监管，正在建立非煤矿山安全生产信息数据库、信息档案和三维激光扫描；道路交通综合治理进一步加强，设置各类“双超”联合执勤点627处次，检查货车13.51万次，查处超限货车7643辆，非法改拼装货车1423台次，切割恢复货车原型453台次。

【宣传培训】 2016年，州安监局认真组织各级领导干部和生产经营单位主要负责人及安全管理人员深入学习中央、省、州及主要领导关于安全生产的重要指示精神，准确把握和领会《中华人民共和国安全生产法》、《中共中央 国务院关于安全生产领域改革发展的意见》、“党政同责 一岗双责”、安全生产“三个必须”、安全生产“五级五覆盖”和“五落实五到位”的新要求，进一步强化红线意识。深入开展安全生产“大讲堂”、安全生产宣讲、安全生产月“宣传咨询日”、安全法治“七进”等活动，编印《安全生产法》《安全知识读本》《安全社区家藏知识》手册1万余份，发放安全环保袋、围裙、雨伞、鼠标垫、扇子等印有安全文化宣传语的产品1万余份，发放食品药品安全常识、交通安全、消防安全、职业健康安全、建筑安全等法律法规节选和安全常识宣传单2万余份，受教育群众近万人次。结合安全社区建设，广泛开展送安全知识、文艺节目和安全警示教育等下基层活动，把安全法治和安全文化产品送到基层，不断增强全社会支持参与依法治安的意识。同时，重点针对企业开展管理人员及特种作业人员安全技术培训，培训各类人员4606人次，有效提高企业一线人员安全防护意识和技能。

【依法治安】 一是将新安全生产法纳入依法治州和“七五”普法主要内容，确保新安全生产法宣贯工作有序推进，安全生产法治建设水平进一步提高，依法安全监管成为常态，依法治安向纵深推进。二是安全监管领域改革取得进展，重点监管和综合监管双管齐下，监管办法更加有效；以风险管理为主线的安全生产责任体系建设启动试点，安全监管体制机制日趋完善。三是加强专项监察执法，依法查处违法违规行为。对12个县（市）的非煤矿山（尾矿库）、烟花爆竹、民爆物品、危险化学品、水电、风电、桥梁建设施工、客运、建材生产、烟草、供水等63家生产经营单位进行检查，查出存在的安全隐患420项，出具现场检查记录12份，发出限期整改指令书12份，对11个违反安全生产法律法规的生产经营单位实施行政处罚，处罚金额逾15万元。

【夯实基础】 一是以乡镇安监站和交管办建设为重点，切实加强基层乡镇、村组安全生产机构建设，逐步建立健全州、县（市）、乡镇、村、组安全监管"三级机构五级网络"，安全监管向基层乡镇、村延伸，全州574个乡镇全部建立安监站（所）和交管办，配备近2000名兼职安全监管人员；在村社一级建立安委会，在组一级明确安全信息员和协管员，通过监管网络的建设，搭建起基层落实安全生产目标、任务、责任和措施的平台。乡镇、村两级覆盖率达100%，实现"五级五覆盖"。二是积极推进州应急救援指挥平台和区域性综合应急救援示范基地建设，已完成项目可行性研究，土地审批等工作正在加紧进行；州政府设立应急委员会，根据全州应急管理工作的实际需要，下设9个专项应急指挥机构；进一步加强应急预案的分级分类优化指导，健全预报预警、应急处置以及协调联动机制；将所有重大危险源纳入登记和24小时监控，确保一旦发生险情，能够及时开展应急处置。三是加强安全社区建设，全州建成4个省级安全社区，在国家、省、州共备案安全社区25个。四是在安宁河流域六县（市）中小学试点推进全国中小学安全及保障教育普及工程。

【职业健康】 2016年，州安监局认真贯彻落实《用人单位职业病危害防治八条规定》，督促指导用人单位从责任体系、规章制度、管理机构、个人防护、教育培训、健康监护、应急管理等10个方面开展建设。加强建设项目职业卫生"三同时"监管工作，全州建设项目职业病危害预评价备案1家，预评价审核11家，职业病防护设施设计审查4家，职业病防护设施设计竣工验收4家。深入开展职业卫生执法，监督检查用人单位416家，发现问题隐患812项，责令当场改正328项，责令限期改正484项。大力推进职业病危害项目申报工作，全州申报企业数达483家，待审查的企业有16家，在填报的企业有133家。已备案的企业中，接触职业病危害的总人数为30781人，其中接触粉尘类21548人、接触化学性危害5521人、接触物理性危害14245人、接触放射性危害87人、接触其他类危害777人。全州开展职业卫生监管人员业务18期，296人；企业培训29期，1877人。

（供稿单位：州安监局／审核：木呷杰布／撰稿：陈蕾）

语言文字工作

Languages and Words Work

【概况】 2016年，州语委根据语言文字的服务功能，为社会和为人民群众服务，进一步创新工作方式，加强工作举措，规范管理语言文字、推广使用彝族语言文字，规范管理社会用字、抢救保护古籍、培训测试普通话等方面取得显著成效。

【语言文字规范管理和彝语文推广使用工作】 2016年，推进会东、会理城镇街道彝、汉文社会用字规范化进程；着力全州大型广告、标语及宣传横幅彝汉双文化落地工作机制；认真纠错西昌市彝文社会用字；指导县（市）强化对广告公司等社会用字制作单位的监管；针对西昌至泸沽湖旅游环线出现的彝文社会用字乱象，督促西昌市、源盐县进行清理整治。依法依规，拓宽渠道，全面推广使用彝族语言文字。关注州内彝族语言文字教育教学，在深入田野调查的基础上，针对当前彝族语言文字教育教学现状与困难，撰拟《凉山州彝语文教育教学现状及对策建议》，以提案和政务调研形式报送相关单位与部门；积极协助四川农商银行，完成招录柜员彝（藏）语面试工作；参加四川省民族宗教委系统依法行政能力建设专题研讨班学习，提高依法行政能力与水平。根据《中华人民共和国民族区域自治法》中关于鼓励各民族互学语言文字的规定，结合四川彝族地区各民族之间，特别是彝、汉民族之间互学语言风气较浓的实际，为推进各民族共同团结奋斗、共同繁荣发展，推动四川彝区民族团结和谐，助推精准扶贫内生动力，成功举办四川省第四届彝汉双语演讲比赛。积极开展第19届全国推广普通话宣传周活动。组织协调开展中国语言资源保护工程西昌方言点发音人的征召工作，认真协调并参与西昌市工作，完成发文、实施方案制定、发音人征召公告和发音人初选面试等工作，为省专家组后期录制的顺利开展奠定基础。编写《凉山彝族自治州农民夜校助力脱贫攻坚普通话及彝语文培训大纲及讲义》，作为农民夜校培训教材。旨在通过培训学习，帮助民族地区贫困群众在学习实用技术中先过语言关，更好地学习政策、知识、技术，早日脱贫致富。完成两期《良善语文工作》的编辑出版工作。陪同省语委办主任苏萍一行深入西昌市，就城市语言文字评估和语言资源保护工程等方面的工作进行专题调研。完成《教育部语用司全国普通话普及情况调查表》的填报及“国培计划（2016）”语言文字规范标准培训项目参训学员的选送工作。承担“国培计划（2016）——少数民族双语教师普通话培训班”西昌学院培训班的授课任务。普通话培训测试取得新突破。结合本地实际，以党政机关、学校和社会窗口服务从业者为重点开展普通话培训测试工作，全州共培训851人次。在州内4个县（市）6所中职学校和每月15日固定测试，全年共开展28期、5028人次的普通话培训测试工作，其中社会人员967人、教师374人、学生3687人。受测人数比2015年同期有较大增长，超额完成年初制定的“全年受测人数达3000人”的工作计划。

【古籍抢救保护和编译出版工作】 2016年，州语委出版发行《中国彝文典籍译丛》（彝汉文对照版）第8辑；征集并组织审定新词术语500余条。翻译公章、牌匾等社会用字3000余条。凉山州古籍成果在广西参加“民族遗珍 书香中国”中国少数民族古籍珍品暨保护成果展全国巡展活动。征集、誊抄彝文古籍30多卷；征集、抄录《凉山古彝语词典》词条500多条，超额完成年初任务。为螺髻山管理局、州农行、州文明办等翻译近2万字资料。为州委、州人大常委会翻译换届选举相关资料10余万字。翻译第三次全国农业普查宣传标语、口号及对联2万字。为西昌市疾控中心翻译5000字。翻译扶贫资料5000多字。为西昌市新华书店翻译标识牌100余条。誊抄经书23卷。

【脱贫攻坚】 2016年，根据中央、省委和州委的有关精神，结合州语委实际，选派第一书记驻点扶贫联络点——木里县克尔乡彭姑村，通过建档立卡、调研制定扶贫项目、协调扶贫资金等方式开展脱贫攻坚相关工作。制定《2016—2020年凉山州语委帮扶木里县克尔乡彭姑村驻村帮扶规划》《2016年帮扶工作计划》《州语委帮扶驻村第一书记工作制度》等。经常深入脱贫攻坚联系点木里县克尔乡彭姑村，给村民宣讲大政方针，慰问贫困户，指导脱贫攻坚工作，积极解决基层群众实际问题。州语委积极与州有关单位协调，解决彭姑村30万元的饮水工程资金。2016年8月，语委党组书记、主任一行5人深入脱贫攻坚联系点木里县克尔乡彭姑村，指导脱贫攻坚工作，给村送去州语委支持发展村集体经济的2万元现金，慰问当地的贫困户，并为47户贫困户送去慰问金6000余元。11月，州语委又为彭姑村协调解决价值2万元的桌椅等办公设备，为该村顺利退出贫困村作积极努力。同时，分管领导把职工捐款购成米、油，在彝族年前送到贫困群众手中。

【改革工作】 2016年，进一步依法加强彝族语言文字的推广使用工作。积极组织各级相关部门学习、宣传、刊播《中华人民共和国民族区域自治法》和《凉山彝族自治州彝族语言文字工作条例》，并纳入党组与职工大会学法内容。与西昌学院彝语语言文化学院积极探索，制定《彝语标准音水平测试大纲（试行）》，首先在西昌学院彝语语言文化学院探索实施。依法加强彝族语言文字使用的规范管理。督导会理、会东两县社会用字规范管理工作。继续开展凉山彝语信息库建设的筹备工作。

（供稿单位：州语委 / 审核：贾瓦盘加 / 撰稿：格娘阿衣）

对台工作
Taiwan Affairs

【对台宣传】 2016年，州台办紧扣凉山州对台工作实际，面对两岸关系发展的新形势，积极开展对台宣传工作，努力营造全社会关心、支持、共同开展对台工作的良好氛围。一是全国、全省对台工作会议召开后，及时拟写《全州对台工作会议传达汇报提纲》，书面向州委、州政府主要领导汇报会议精神。3月23日，州委常委专题听取对台工作汇报，并对贯彻落实会议精神，抓好年度各项工作进行全面部署。4月15日，全州对台工作会议在西昌召开。会议传达贯彻2016年全省对台工作会议精神和州委关于对台工作部署，总结安排凉山州对台工作。州委常委、统战部部长达久木甲出席会议并讲话，副州长肖春主持会议。州委对台领导小组成员单位负责人、17个县（市）党委或政府分管领导和台办主任参加会议。二是全年共撰写对台宣传稿件37篇，被中国台湾网、国台办网站、《四川对台工作》、《凉山日报》等新闻媒体采用稿件17篇，撰写对台调研文章1篇。扎实开展涉台教育，台办领导坚持参加两月一次的台联理事会例会，组织理事们认真学习中央领导有关台湾问题的论述和国务院一系列对台工作政策规定，大力宣传党的对台方针政策，向台胞台属分析解读台海局势，宣传党和国家对台大政方针，通报介绍全州经济社会发展情况，深化涉台宣传教育的内涵。

【对台经贸】 2016年，州台办始终把对台招商引资工作发展突出位置抓好，以对台招商、服务台企、关爱台商为抓手，深化凉山与台湾经贸合作，推动凉山州“十三五”时期经济发展。一是精心组织凉山州农民合作社赴台参展。4月，凉山州精选、组织9家企业和1家农民合作社布展“2016年海峡两岸食品展览会”，携带“大凉山”产品系列共120余种农产品参展。会展期间，共发放《“大凉山”特色农业产业招商推介项目》200余本、宣传资料3000余份、名片1200余张，收集1000余家台湾知名涉农企业地址、电话、邮箱、经营范围，近100家企业、客商愿进一步开展深度了解、交流，为下一步开展农业产业合作奠定基础。正中食品公司产品引起台湾食品界关注，达成意向协议78家，涉及金额6000余万元。玖源火腿达成意向协议52家，涉及金额4000余万元。经营西班牙火腿的巴西企业对玖源火腿极为关注，合作意愿强烈。元升、玖玖爱、三合、百门食用菌，环太、中泽、小平合作社核桃均达成多份意向性协议。二是进一步做好台胞权益保护工作。台办定期走访州内台资企业，深入开展“服务台商大走访”活动，切实维护州内台商、台胞的合法权益。台办领导多次带队深入州内台资企业——冕宁元升农业科技有限公司进行调研，实地查看油橄榄基地，了解油橄榄苗圃、已移栽成活的油橄榄以及挂果油橄榄的长势，仔细听取公司负责人台胞林春福介绍种植情况，最终形成《冕宁元升农业科技有限公司发展情况调研》的调研报告。

【对台交往交流】 2016年，州台办依托地方特色资源，拓宽工作思路，推动凉台交流合作不断深入发展，全年共接待到凉山州探亲、旅游、考察、学术交流的台湾同胞90人，协助58人办理赴台。一是精心办好重大宣传活动，扩大凉山在岛内知晓度。2016年，台湾中国电视公司《大陆寻奇》栏目摄制组在凉山采访拍摄《大陆寻奇——走近凉山》电视专题片。台办专题研究摄制组对接待工作进行安排部署，州委常委、统战部部长达久木甲作出批示，要求以州委的名义召集州级相关部门负责人和相关县（市）宣传部部长召开协调会议，专题安排部署摄制组在凉山期间的拍摄工作。4月15日—5月9日，摄制组深入西昌、木里、盐源、昭觉、布拖、美姑、雷波、喜德、甘洛等9个县（市）采访拍摄。二是强化对台交流的规范管理。10月16—21日，州第二人民医院根据省卫生厅与国际专业服务机构达成的长期合作协议，邀请MSI机构康复专家台胞廖正智、陈立蓉在凉山州第二人民医院开展临床康复工作交流。交流活动开展期间，台办深入到州第二人民医院看望到凉山进行学术交流的台胞，并要求州第二人民医院认真做好台胞到凉山开展学术交流的服务工作。三是继续做好涉台事务的归口管理。严格按照中央的有关政策规定，把好政策关，对凉山州5名赴台探亲、旅游的州管干部进行行前返后教育工作，对凉山州民族中学、西昌市第一中学教师赴台进行行前教育和归后总结。对台胞台属来信来访建立健全信访稳定工作机制，畅通信访渠道，强化工作措施，切实提高化解矛盾、应对复杂事件的处置应变能力，确保涉台维稳工作落到实处，营造和谐稳定的社会环境。四是高度重视对台胞捐赠资金的管理使用和监管工作。认真完成每学年助学资金发放和管理，督促县（市）台办做好台账，用好助学资金。2016年4月15日，及时发放2015学年台胞彭荫刚捐资助学款30000元，昭觉、美姑、金阳、雷波、普格、木里6个县60名学习成绩优异的贫困学生受助。

【队伍建设】 2016年，州台办以抓机关建设为提振干部精气神、助推对台工作深入开展的重要抓手，把机关建设作为一项任务贯穿于对台工作始终，振奋机关干部勤勉务实精神，端正工作作风，全办风貌焕然一新。深入贯彻落实《中国共产党廉洁自律准则》《中国共产党纪律处分条例》，认真开展“两学一做”学习教育活动。组织副科级以上党员干部、州台联理事等到州法纪教育中心参观，接受法纪警示教育；组织全体党员干部认真学习许大勇、王家元先进事迹，在机关大力营造学先进、比先进的良好氛围；组织全体党员干部观看中共党史宣教片《没有共产党就没有新中国》。结合对台工作实际，扎实推进对口帮扶工作。严格按照“两不愁”“三保障”“四个好”目标和“六个精准”的要求，对莫红村进行全面排查，摸清情况，开展“回头看”，逐户检查脱贫情况，精准施策。每月安排领导班子成员分批率队开展蹲点督导，随时掌握工作进度，及时协调解决问题。协调台胞彭荫刚捐资助学款1.5万元，解决该村30名贫困建卡户子女读书难问题，台办、台联职工捐款1万元作为莫红村集体经济发展启动资金，并为该村39户建卡贫困户送去凉山州台办副科级以上干部捐款4500元。

（供稿单位：州委台办 / 审核：杨少波 / 撰稿：何瑛）

档案工作
Archives Work

【概况】 2016年，全州各级档案部门紧紧围绕党和政府工作大局，认真贯彻落实中共中央办公厅、国务院办公厅《关于加强和改进新形势下档案工作的意见》，省委办公厅、省政府办公厅《关于加强和改进新形势下档案工作的实施意见》和州委办公室、州政府办公室《关于加强和改进新形势下档案工作的实施意见》精神，依法履行档案事业行政管理和档案保管利用两大职能，在主要工作和创新项目方面都取得较为显著的成绩，全面并超额完成全年档案工作各项目标任务，实现“十三五”档案事业发展的开门红，被州政府评为2016年全州档案工作先进单位。

【法治建设】 2016年，州档案局做好《四川省国家档案馆管理办法》《档案管理违法违纪行为处分规定》宣传贯彻工作。组织参加“6·9”国际档案日、"12·4"国家宪法日法制宣传活动,全州档案系统参与上街宣传,发放宣传资料7020份、宣传环保袋2000个,接受现场咨询510余人次。对行政权力事项、行政权力责任清单进行清理优化并报送州法制办审批,对行政权力运行平台的流程图、事项管理、监察事项等进行完善,做到行政权力运行公开、行政审批规范运行。做好规范性文件的修订、清理工作,草拟州委办公室、州政府办公室印发的《关于进一步加强和改进新形势下档案工作的实施意见》并按规定程序做好备案审查工作。完善行政执法机制,有效监督档案法律法规的贯彻实施,深入推进依法行政,全面提升全州档案管理水平。根据《中华人民共和国档案法》和《四川省档案管理条例》,组织开展档案工作执法检查,对州级20个单位档案工作进行抽查,对全州19个重点建设项目档案工作进行专项执法检查。

【服务经济社会发展】 2016年,州档案局加强对全州政法系统档案工作的监督指导,收集、管理、利用好对国家、法人、公民维护合法权益具有法律凭证的档案。出台《凉山州档案局关于做好全州政府机构改革中档案处置工作的通知》,做好改革中的档案处置和利用工作。州档案局对州卫计委、州扶贫和移民局、州农牧局3个机构合并的单位进行现场业务指导和执法检查。全州档案系统对69个新设立单位开展档案业务指导234人次。认真贯彻落实国家档案局第10号令《企业文件材料归档范围和档案保管期限规定》,完成州属金融文化企业文件材料归档范围和档案保管期限表的编制审核工作。州档案局联合州国资委对州本级5家国有企业进行规范化管理和指导,对重组的凉山州矿业公司也开展指导。加强企业电子文件归档和电子档案管理业务指导,逐步推进全州企业档案工作信息化建设。开展"项目档案工作服务年"活动,州档案局组成重点建设项目档案督查组,对德昌天保二期、和平水库、会东农村饮水等19个重点建设项目档案进行督查和现场指导。抓好城建、移民档案工作,强化产业园区档案工作。全年出动106人次,指导机关单位89个,共指导165次。指导州农业学校、凉山民师校、农科所、紧急救援中心等单位推进档案工作的规范化建设。完成27个州级机关、企业、科级事业单位的复查认定工作。认真贯彻落实农业部、国家档案局《农村土地承包经营权确权登记颁证档案管理办法》,一是利用执法检查和重点项目督查,对凉山州农牧局、会理县农牧局的土地承包经营权确权登记颁证工作进展情况进行了解,指导农村土地承包经营权确权登记颁证档案工作。二是在行政区域内开展农村土地承包经营权确权登记颁证档案管理工作调研并形成调研报告。继续做好社保、医保等民生档案业务指导和验收工作。州档案局对西昌、德昌、会理三县的医保档案进行考评验收,并到州医保局对医保档案进行检查指导。加大民生档案收集接收进馆力度,优先开展民生档案数字化整理,州档案馆主要对劳动、民政、计生等利用率较高的民生档案进行数字化整理。

【服务扶贫开发】 2016年,州档案局转发《四川省脱贫攻坚领导小组办公室、四川省档案局关于进一步加强精准扶贫档案工作的意见》和《四川省扶贫开发项目档案管理细则》,进一步加强精准扶贫档案工作的管理,完善精准扶贫档案工作机制,指导建立县、村、户减贫档案,确保精准扶贫档案收集齐全、整理规范、保管安全和有效利用,实现精准扶贫档案规范化管理。同时,积极争取国家档案局在凉山州举办一期档案人员扶贫档案工作专题培训,赴西昌、会理、会东、德昌等县(市)督促检查精准扶贫档案工作,全面真实记录凉山州精准扶贫工作历程。

【"三个体系"建设】 一是加强档案资源体系建设。依法做好到期档案的接收进馆,对已到档案接收年限的档案。州档案局根据州档案馆老馆当前可容纳馆藏容量,接收州交通局文书档案共544卷、资料(书籍)30册。完成国家、省重点档案抢救任务。深入开展彝族毕摩文献档案申报《世界记忆名录》和《世界记忆亚太地区名录》工作，进一步改善彝族毕摩文献档案的收集、保护和利用条件。二是加强档案利用体系建设。全州各级档案馆不断建立健全档案馆检索体系，严格执行档案利用“零收费”，采取来函、来电、来馆和网上查询利用等多种方式，主动提供档案资政服务。全年州档案馆共接待来函、来电、来馆和网上查询利用3218人次，利用档案28169卷次。三是加强档案安全体系建设。州档案馆库房制度完善，管理规范。按照档案管理“八防”要求，定期对档案进行检查，做好库房清洁、恒温恒湿、消防安全等工作，确保档案实体和信息安全。

【数字档案馆建设】 2016年，州档案局推进数字档案馆（室）建设示范试点工作。依托四川省电子文档管理系统和凉山州电子文件管理系统，基本实现对部分数字档案的收、管、存、用等功能。全年完成存量档案数字化加工4447卷（盒），案卷级目录4380条，文件级目录62052条，44万余页。开展电子档案归档管理和进馆工作。制定电子档案接收进馆实施计划，加强凉山州电子文件管理系统平台建设，基本具备电子档案在线或离线接收进馆的条件。加强档案门户网站等平台建设。做好“凉山档案”网站日常检查工作，网站全年运行安全、稳定。及时更新网站栏目、官方微博内容，对重点领域信息进行发布，全年更新网站数据375条，凉山州政府信息公开数据126条，微博更新数据103条。在四川省政府门户网站和凉山州政府门户网站开辟“典藏凉山”档案专栏，专题更新数据各32条。

【档案宣传与档案文化建设】 2016年，州档案局围绕党委政府中心工作和重大事项，对馆藏档案资源进行系统整理、深度开发，通过推出电子读物、图书、档案文献等编研成果，策划系列专题展览和大型主题宣传等形式，为群众提供丰富多样的档案文化服务。州档案局编研公开出版《典藏凉山》。县（市）档案局编研出版《184师在凉山》等20余部优秀档案文化产品。全州各级档案馆充分发挥档案馆爱国主义教育基地作用，积极推进中小学档案教育社会实践基地建设，围绕红军长征胜利80周年，利用馆藏革命历史档案和红军长征过凉山档案资源开展红色爱国主义宣传和展览。州档案馆和会理等县（市）档案馆在年内举办展览12次，接待参观人数15124人次。充分利用报纸、电视、广播电台等传统媒体宣传档案工作。主办出版《凉山档案》杂志3期，《凉山日报》专刊《凉山档案》出版24期，播出《典藏凉山》专题片73期。7月，州档案局在凉山州政府门户网站制作开通“典藏凉山”档案电视专题片专栏，省政府门户网站添加“典藏凉山”专栏链接，凉山档案文化宣传平台宣传覆盖面更广。由州档案局主笔的《金沙江上送红军》《“红军万里长征”的首次提出》《彝海结盟的光辉见证》在《中国档案报》刊登。《凉山日报》刊发宣传稿件62篇。

【自身建设】 2016年，州档案局加强基层党组织建设和领导班子建设、干部人才队伍建设，努力提高档案干部职工的综合素质。结合“两学一做”专题教育，狠抓档案系统班子建设，在凝聚力量、强化合力、率先垂范、以身作则等方面下功夫，做文章，见成效。组织州档案局职称改革领导小组成员对全州77名档案工作者进行职称评定。全面落实“两个责任”，严格遵守和执行中央八项规定和省、州“十项规定”，把党风廉政建设落到实处。加强政风行风建设，开辟“两学一做”和“创建全国民族团结示范州”宣传专栏，深化机关文化建设。州档案局组织全州档案人员338人参加培训，其中自办培训班1期，共199人参训；组织38人参加省档案学校、省档案局举办的各类培训班；组织101人参加国家档案局凉山州档案干部培训班。修订完善《凉山州档案局制度汇编》，提高机关运行效率。加强调研、信息等工作，圆满完成省档案局下达的调研、信息报送及采用等任务。

（供稿单位：州档案局／审核：杨宏／撰稿：殷小琴）

政务服务

Governmental Affairs Service

【概况】 2016年，州政务服务中心全体人员不断强化内部管理，提升服务质量，完善制度规范。通过重新优化更新行政审批办理流程方式，2016年，州政务服务中心共受理行政审批事项24353件、公共服务事项1823271件，综合效能指标显示，按时办结率为99.91%，较2015年增长1.03%；现场办结率为99.99%，较2015年增长0.05%；提前办结率为99.86%，较2015年增长0.22%；群众满意率为100%。各部门窗口行政审批事项办理提速，达到省政府规定，比平均法定时限提速50%以上，现场办结率、群众满意率和评议率均在98%以上。2016年，州公共资源交易服务中心工程招投标进场交易项目874项，招投标控制价63.4873亿元，中标额57.9347亿元，节资额6.5527亿元、节资率10.33%。组建后，州公共资源交易服务中心工程招投标累计进场交易项目3813项，招投标控制价388.2954亿元，中标额344.4147亿元，节资额44.6427亿元，节资率11.5%。

【政务服务标准化】 一是在州委、州政府重视下，政务服务机构管理人员、窗口工作人员着装实行统一，州政务服务大厅管理进一步规范。2016年，州政务服务中心出台《政务服务中心着装要求及行为规范》，还充分利用每周一次素质教育培训课，专门请老师对工作人员服务礼仪、衣着言行等进行集中教育培训，积极开展普通话和文明服务方面的培训，要求全体工作人员做到耐心热情、文明用语、微笑服务，通过一系列素质教育培训，使政务服务中心规范化管理水平有较大提升。二是在加强对部门窗口工作人员的管理教育力度和业务培训的基础上，客观公正地对部门窗口及工作人员进行考核。2016年，州政务服务中心重新修订出台《部门窗口及工作人员考核工作实施方案》《整体入驻中心窗口部门管理办法》《政务服务大厅巡查制度》等规章制度，加强对窗口工作人员的管理考核。先后举办两期业务培训会，使窗口工作人员及各县（市）政务服务中心工作人员业务素质有明显进步。三是及时了解并解决企业、群众和部门窗口及工作人员的困难和问题。州政务服务中心于7月组织工商、民政、商务等窗口首席代表召开沟通协调会，针对群众对办理事项的疑问进行解释协调。同时，州政务服务中心会同凉山州委组织部、凉山州人力资源和社会保障局出台《政务服务中心窗口工作人员管理暂行办法》要求各部门把优秀的干部派到中心窗口接受考验和锻炼，文件明确在窗口工作视为在基层锻炼，特别优秀的可推荐部门及组织人事部门。

【并联审批】 2016年，州政务服务中心收集汇编州本级多联联审目录、办事指南，制定凉山州多级联审工作运行机制并有序开展多级联审工作。省、市（州）、县（市、区）三级纵向联动审批事项目录（第一批）共涉及12个部门34个大项19个小项，所有事项的办事指南已收集完毕，联审工作按照“一窗受理，内部流转；并行启动，同步审批；及时转外，联合勘验；限时办理，快捷送达”的总体要求和程序，制定《凉山州人民政府政务服务中心关于省、州、县（市）多级纵向联动审批工作运行机制方案》。截至2016年12月，全州17个县（市）中有10个县（市）已开通并可办件，州本级已接件办结联审件310件，各县（市）办结联审件145件，办件量较2015年增长33%。

【网上政务服务大厅建设】 2016年，州政务服务中心严格要求州级各部门窗口将部门行政审批项目及公共服务事项等相关数据进行优化后，录入网上政务服务大厅。同时要求各部门配强配齐窗口工作人员，加强人员值守，做好接受群众在线交流、咨询相关办事程序、下载所需表格、式样文本等工作，逐步推进网上行政审批工作及公共服务事项。代政府拟稿出台《凉山州简化优化公共服务流程方便基层群众办事创业工作方案》，推广“互联网

+政务服务”，加强统筹协调，强化配合协作，以凉山州建立政务云为契机，整合公共服务信息资源，构建全州公共服务数据交换平台，加快推动跨部门、跨区域、跨行业信息网上互通共享、校验核对，变“群众来回跑”为“部门协同办”。

【公共资源交易】 2016年，州公共资源交易服务中心在进行州级中心人员、机构整合的同时，认真学习相关文件，在先后两次对全州17个县（市）公共资源交易服务中心建设运行情况、人员编制情况进行全面摸底，征求县（市）交易中心意见，了解周边市州整合思路后，与州委编办等部门进行多次衔接协调，参照《四川省整合建立统一的公共资源交易平台实施方案》，结合凉山州实际拟制以“统一平台系统、统一交易规则、统一服务标准”为主要内容的《凉山州整合建立统一的公共资源交易平台实施方案》（简称《方案》），并于3月中旬按州政府领导要求征求州委编办、发改、财政、国资、国土、审计、监察等部门及各县（市）意见，并根据反馈意见对《方案》进行修改。2016年4月，《凉山州整合建立统一的公共资源交易平台实施方案》由州政府办公室下发各县（市）及州级各部门。2016年5月19日，州政府秘书长石一鲁实主持召开州公共资源交易管理委员会各成员单位负责人、涉及整合进入州公共资源交易服务中心的各单位人员参加的州公共资源交易服务中心及交易平台整合工作会议，标志着州公共资源交易服务中心人员整合工作基本完成。

【党建工作】 一是加强组织建设，做到班子建设落实、思想建设落实、组织建设落实、制度建设落实、阵地建设落实；二是开展“两学一做”学习教育，做到思想认识到位、学习教育到位、聚焦目标到位、作风整改到位、解决问题到位；三是深入推进精神文明建设工作，形成环境整洁、管理有序、品质提升、发展优化、素质提高的良好局面；四是以开展“五彩凉山党旗红”活动为抓手，创新服务机制，创先争优工作取得成效。

【帮乡扶贫】 2016年，州政务服务中心将“双联”及干部驻村等帮扶工作列入全年重点工作，为确保帮扶工作落实到位，采取五条保障措施：一是深化思想认识，加强组织领导。认真学习贯彻省、州扶贫工作会议精神，充分认识开展干部驻村帮扶在推进全州扶贫开发、加快贫困区域和贫困群众脱贫致富步伐、培养锻炼年轻干部、加快农村基层组织建设等方面的重大意义，进一步增强抓好扶贫开发工作的使命感、紧迫感和责任感，摆在突出位置，强化组织领导，层层落实责任，由中心“一把手”亲自抓，中心副主任牵头负责具体协调工作，指导帮扶村分析致贫原因，摸清帮扶需求，理清发展思路，明确帮扶责任，落实帮扶措施。二是选派干部驻村，搞好协调联络。派1名干部到帮扶村驻村担任第一书记，指导编制实施扶贫规划，收集民意和掌握干部群众发展意见。中心主动关心帮助驻村干部，每月听取一次工作汇报，及时了解工作开展情况，切实帮助实际困难。三是坚持上下联动，形成帮扶合力。发挥好州、县两级政务服务部门在联村帮户和驻村帮扶中的联动作用。每周做好经常性走访调查、上下沟通、事务协调和项目落地等相关工作；对收集重建中的民情问题及时汇总分析，做好问题解决、复杂问题上报和政策解释工作，把问题解决在基层；统筹好州政务服务中心和县（市）政务服务中心干部职工直接联系服务群众工作，充分发挥本系统帮扶资源，由中心驻村帮扶干部每月收集、整理一次帮扶村面临的困难和问题，能协调解决的帮助解决，不能解决的按规定上报。四是建立工作机制，定期分析研究。每年把帮扶村的村组干部和县、镇驻村工作组的领导请到一起座谈，了解联系村重建中的困难和问题，共同研究解决的办法；积极帮助帮扶村解决在项目协调、政策争取和资金落实等方面遇到的难题，帮助困难群众解决生产生活、脱贫致富和长远发展等方面遇到的难题。五是坚持注重实效，统筹抓好落实。坚决反对形式主义，注重帮扶工作实绩。坚持把干部驻村帮扶工作与部门联村帮户、“走基层”等联系服务群众工作有机结合起来，全力整合资金、规划等资源，同抓同部署，统筹攻坚扶贫。推动干部驻村规范化、制度化、常态化，确保帮扶工作取得明显成效。全年中心赴瓦都乡先锋村开展帮扶工作5次，其中“一把手”带队帮扶3次，共送去帮扶资金1.2万元，防寒服、棉被各60套，大米、食用油等价值1万元的生活物资，切实解决帮扶乡群众的实际困难。

（供稿单位：州政务中心／审核：王蕾／撰稿：王溢华）

机关事务管理

Government Office Affairs Administration

【概况】 2016年，按照《中共凉山机构编制委员会关于规范州机关事务管理机构设置相关事项的通知》（凉编委〔2016〕4号），将中共凉山州委、凉山州人民政府接待办公室更名设置为凉山彝族自治州机关事务管理局。下设办公室、国有资产管理科、公共机构节能管理科、公务用车管理科、公务服务管理科、人事科6个科室和凉山州接待服务中心、凉山州州级机关公务用车服务中心2个事业单位。2016年11月15日，凉山彝族自治州机关事务管理局正式挂牌成立，并坚持业务工作与机构改革同抓共促，全面贯彻执行《机关事务管理条例》《党政机关国内公务接待管理规定》，稳步推进机构改革，以“重节俭、求精细、树形象、上水平”为核心，切实规范政务接待，优化服务质量，提升服务水平，充分发挥政务接待为地方政治、经济服务的职能，接待工作得到来宾和各级领导的高度赞扬和肯定。全年圆满完成各项工作目标任务，为推动全州脱贫攻坚进程，加快凉山全域全面发展做出贡献。

【机构改革】 根据形势需要，按照《机关事务管理条例》对机关事务工作要集中统一管理的要求，2016年全面启动凉山州机关事务管理机构改革工作。2016年9月，原州接待办开始组建州机关事务管理局，抽调业务骨干组成专项工作组，采取外出考察、借鉴学习、专题研究等方式，认真细致拟定州局“三定”规定。积极对接财政、发改、国土等部门，协调交叉职责，厘清职责权限，明确主要承担国有资产、公务用车、公务接待、公共机构节能、经费运行、后勤服务管理等《机关事务管理条例》赋予的职能职责。核定行政编制20名，内设科室6个，副县级以上领导职数4名、科级领导职数7名；下属事业单位2个，核定事业编制28名。同时，州编办下发《关于规范县（市）机关事务管理机构设置的通知》，全面启动各县（市）机关事务管理局筹建和规范工作。

【政务接待】 把政务接待作为推广、宣传凉山州的平台，通过优质的政务服务，充分展示凉山的正面形象，吸引更多领导和各界人士关心凉山的脱贫攻坚和发展事业。全年完成州本级接待任务356批、5463人次，接待规格、人数都比往年有所上升。圆满完成中共中央政治局常委刘云山，中共中央政治局委员、国务院副总理刘延东，中共中央政治局委员、国务院副总理汪洋，中共中央政治局委员、广东省委书记胡春华，全国政协副主席、农工党中央常务副主席刘晓峰，中共中央政治局原委员、全国政协原副主席杨汝岱，最高人民检察院原检察长贾春旺等中央领导和省委书记王东明、省长尹力等省领导赴凉山州调研指导脱贫攻坚等工作的政务接待任务。完成大型区域性会议和各类大型活动20批、1035人次，其中影响较大的有2016四川国际文化旅游节、2016西昌邛海国际马拉松赛、四川省第二届残疾人文化艺术节、2016年大凉山冬季阳光音乐季暨“留念大凉山”音乐盛典、2017年春晚凉山分会场等。接待赴凉山考察交流的雅安市党政代表团、攀枝花市党政代表团、广东省佛山市党政代表团等，做好凉山州党政代表团出访甘肃兰州、定西和四川巴中、广安等9个市和省国资委、省工商联等部门的保障服务。在这些政务服务过程中，州机关事务管理局拓展服务功能，搭建推销凉山州“大山大水大资源”品牌的良好平台，通过热情、周到、细致的服务，抓住各种时机充分宣传凉山各民族的热情和风貌，展示凉山的大好形象和优越舒适的投资环境。

【规范管理】 加强规范执行，切实推进公务接待工作规范有序。围绕“重节俭、求精细、树形象、上水平”要求，加强全州接待系统接待流程培训，进一步规范凉山州公务接待工作。一是进一步简化迎送陪同。以“有利公务、简化仪式”为原则，根据不同级别的接待对象和考察调研内容，合理安排陪同人员，不悬挂标语横幅，不铺设迎宾地毯。二是从严控制考察调研车辆。根据考察调研内容和地点，采取分段陪同的方式，严格限制陪同人员和车辆，特别是大型接待，尽可能使用载客量大的巴士，减少考察车辆。三是从简控制考察调研点现场布置。以不影响考察调研点正常工作、生产或经营为前提，按照“整洁简朴而不失内涵”的原则安排参观、考察点，不刻意布置参观、考察现场；同时，坚决杜绝把考察点或会议安排到景区景点。四是进一步明确接待标准。住宿方面，统一安排公务接待对象入住定点接待酒店，房间内不摆花篮、鲜花，不增配高档生活用品，实现住宿费来宾自结；餐饮方面，对就餐形式、菜品、水酒消费、陪餐人数等作出更为严格、细致的规定，就餐一般以吃自助餐为主，不上高档菜肴、水酒，菜品以凉山特色家常菜为主，兼顾客人饮食习惯、忌禁，合理搭配。五是进一步规范接待经费支出。实行公务接待经费年度预算控制，并严格执行。严格执行下单与签章相分离、审单与签单相制约的“双分离双制约”和派出单位公函、任务派遣单、审批单、消费清单、发票“五单”齐全报销制，严格接待经费事前、事中、事后控制审核，坚持一事一报、一事一批、一事一核，并全面启动推行公务结算卡，进一步规范财务管理。

【自身建设】 坚持从严管党治党方针，认真开展“两学一做”学习教育，严格落实党建责任制，狠抓思想政治建设、“四好”班子创建，加强政治理论学习，切实增强干部职工政治意识、大局意识、核心意识、看齐意识。以机关事务管理局筹建为契机，以从严管理、正风肃纪为核心，开展“学习大提升”活动，建立学习制度，制订学习计划，通过每周五职工学习会、“职工讲堂”、党员夜校等学习载体和工作微信群（QQ 群）等多形式交流互通学习平台，倡导局机关干部职工养成爱读书、好学习的良好氛围，不断提升干部职工队伍综合素质。

【扶贫工作】 认真落实州委、州政府脱贫攻坚总体部署，带着感情，带着责任，深入基层，深入群众，开展联乡帮扶工作。坚持“五个一”工作制度，主要领导坚持带头经常性深入帮扶点美姑县拖木乡库合莫村开展扶贫工作。全体干部职工与贫困群众“一对一”结成帮扶对子。与美姑县相关部门对接协商，促成拖木乡觉洛河桥修建的意向。深入调研全乡教育现状，了解掌握存在的困难和问题，为拖木乡中心校送去一体机、打印机、电脑等办公用品和儿童节慰问品等。大力开展彝区健康文明新生活宣传教育活动，宣传禁毒防艾知识，引导彝区群众移风易俗，养成良好的卫生习惯和健康文明的行为习惯。组织单位干部职工开展“走基层、送温暖”活动，为拖木乡库合莫村贫困群众、贫困党员送去价值 2.4 万元御寒棉被，送去职工募捐慰问金 8000 余元，并开展农民夜校养殖技术专题培训。

【集体荣誉】 2016 年，州机关事务管理局被评为全省 2016 年度机关事务管理工作先进单位、全省 2016 年度政务接待工作先进集体、全省 2016 年度“1001 任务”先进集体、2016 四川国际文化旅游节先进集体、2016 年全州“双联”工作先进集体、四川省第二届残疾人文化艺术节先进集体、2016 邛海湿地国际马拉松赛先进单位。

（供稿单位：州接待办 / 审核：王建蜀 / 撰稿：许恒）

政府门户网站建设

Construction of Governmental Portal Website

【电子政务外网建设】 2016年，州本级电子政务网外网以专网覆盖为主，互联网安全接入为辅，实现100%覆盖，使用政务外网统一互联网出口的州级单位占接入单位总数的60.1%。州本级接入政务外网的终端2400余台，超过1100个用户通过安全接入平台接入政务外网。截至2016年12月，外网覆盖全州1005个县级部门，实现县级四大班子及行政机关全覆盖，有465个乡镇接入该县（市）的政务外网，占全州乡镇总数的80.59%；共覆盖174个村组及社区。“横向到边、纵向到底”的格局基本形成。

【大数据平台建设】 运用大数据分析技术，将凉山州行政权力依法规范公开运行平台、门户网站群系统、宏观经济数据库、外网基础设施核心设备的数据进行统一存放与建模分析，用图片\图表的形式展现各种系统的运行和情况，便于管理人员分析利用，初步构建凉山州电子政务外网的大数据平台。

【灾备与数字证书应用】 依托中国电信西部信息中心资源构建的凉山州电子政务外网灾备系统已正式上线运行，通过云DNS、数据实时同步等技术手段，实现州政府门户网站群、凉山州协同办公平台等重要业务系统的远程数据备份和州政府门户网站的应用级灾备。国家电子政务外网数字证书体系已为凉山州行政机关协同办公系统、凉山州行政权力依法规范公开运行系统发放数字证书2747个（USBKEY），较2015年增加1147个；发放软证书1133个，较2015年新增333个。

【运维管理】 2016年，州信息中心首次以州政府办的名义向各县（市）人民政府、州级有关部门印发《全州政府系统2016年电子政务外网重点工作安排》，以紧密围绕全州政府工作大局为出发点，力求分阶段、分步骤地解决凉山州电子政务外网建设、运维、管理中普遍存在的问题。同时，根据国家、省对电子政务网络运维管理绩效考核的有关要求，结合凉山州电子政务统一网络平台建设运维实际，制定《凉山州电子政务统一网络平台服务质量评估办法（试行）》。该办法着重对服务提供商在电子政务网络、网络安全、数据中心、应急处置、运维管理规范与文档编制、外包服务等领域的服务质量情况进行量化评估，也为下一步全面推进州、县两级电子政务绩效评估工作，逐步实现电子政务全过程绩效管理迈出坚实的第一步。

（供稿单位：州信息中心/审核：涂刚/撰稿：郭菲）

政 协

THE CPPCC LIANGSHAN YI AUTONOMOUS PREFECTURE COMMITTEE

综 述
Overview

【概况】 2016年，政协凉山州第十一届委员会常务委员会高举爱国主义、社会主义旗帜，把握团结、民主主题，围绕改革、发展、民生主线，认真履行政治协商、民主监督、参政议政职能，为助推全州经济社会发展、促进社会和谐稳定，注入政协智慧，贡献政协力量，发挥应有作用，做出积极贡献，谱写出履职的精彩篇章。

【理论学习】 2016年，州政协常委会始终坚持把加强思想政治建设、坚定正确政治方向、增进各党派团体和各族各界人士思想政治共识摆在各项工作的首位，采取召开理论学习中心组（扩大）学习会、主席学习会，举办专题讲座、全委会委员培训和常委会专题讲座等多种形式，认真学习中共十八大，十八届三中、四中、五中、六中全会和习近平总书记系列重要讲话精神，进一步巩固共同团结奋斗的思想政治基础，增进各党派团体和各族各界人士对中国特色社会主义道路、理论、制度的认同，对“两个一百年”的认同，对“五位一体”总体布局和“四个全面”战略布局的认同，毫不动摇地坚持中国共产党的领导，坚定不移走中国特色社会主义发展道路，自觉把思想和行动统一到中共中央和省、州委的决策部署上来，始终保持政协工作的正确方向。

【参政议政】 2016年，州政协围绕中心履职，助推经济社会发展，坚持把促进发展作为政协履行职能的第一要务，紧紧围绕州委、州政府中心工作，主动融入，尽心履职。围绕中心协商议政。召开全体会议，着重就全州国民经济和社会发展规划、政府工作报告等进行协商讨论，积极建言献策。召开专题议政性常委会会议2次，着重围绕促进风电光伏产业健康发展、推进区域协调发展等主题开展协商议政，形成质量较高的建议提案，为党委政府科学决策、民主决策提供参考和依据。突出重点深入调研。组织建设安宁河美丽富饶文明和谐绿色生态走廊专题调研，建言报告得到州委、州政府领导批示，建议意见得到采纳。

【服务民生】 把助力脱贫攻坚作为政协履行职能的重大使命和服务民生的重要抓手，围绕产业富民、基础设施、民生工程等方面，倾情倾智倾力为贫困群众解难事办实事做好事。第一是发挥联系广泛优势，主动为脱贫攻坚积聚力量。协调促成华中师范大学与凉山州签订校地战略合作框架协议，全面推动在人才培养引进、科技成果转化、项目合作对接等方面开展紧密合作，助力教育精准扶贫。“华中师范大学冕宁附属中学”帮扶项目已奠基开建。第二是发挥渠道畅通优势，积极为脱贫攻坚争取政策支持。通过驻州全国政协常委、委员，运用全国政协全会、常委例会等平台和提交提案、反映社情民意信息等渠道，抓住全国政协、各民主党派中央和省政协视察调研组到凉山视察调研契机，积极为争取国家和省特殊扶持政策支持鼓与呼。在全国政协、省政协全会上提交有关支持凉山脱贫攻坚和民族地区发展的提案 9 件，向九三学社中央调研组提供有关凉山脱贫攻坚的背景资料 11 份。第三是发挥委员主体作用，倾力为贫困群众解难事办实事做好事。深入开展“我为脱贫攻坚做件事”活动，据统计，自活动开展以来，州、县（市）政协机关为脱贫联点乡和极度贫困村协调解决帮扶资金 4950 余万元，受益群众 26929 人次；州、县（市）政协委员累计为贫困地区和贫困群众协调解决各类帮扶资金和物资价值 8.4 亿元，其中委员个人捐款 198.8 万元，参与活动委员达 11958 人次，为贫困群众办实事好事 1927 件，受惠群众达 29.3 万人次。

【民主监督】 2016 年，州政协发挥政协民主监督职能，探索监督形式，拓展监督渠道，增强监督实效，助推解决各界群众普遍关注的热点难点问题。有序开展民主评议。组织开展对州扶贫和移民工作局民主评议，形成评议报告上报州委，达到促进部门作风转变，助推困难问题解决，推动部门工作发展的良好效果。跟进搞好视察督查。聚焦各界群众关心关注的热点问题开展视察调研，组织委员重点围绕教育、医疗、养老、社会保障、生态环境保护、城乡环境治理、重点项目推进等热点问题开展视察调研，促进一些改善民生决策部署、目标任务的落地落实。主席会议成员率队分赴县（市）开展“精准扶贫、精准脱贫”等专项督查督导，为助推全州重点工作的推进和落实担当担责，尽职出力。

【统战工作】 2016 年，州政协突出统一战线、多党合作、民主政治特色，广泛开展联谊交流活动，增进思想政治共识，努力营造民主团结、和衷共济的社会氛围。加强与各民主党派、工商联和无党派人士的联系沟通、合作共事，定期召开民主党派、工商联负责人会议，共同协商全委会、常委会大会发言题目。支持民主党派、工商联、无党派人士在政协各种会议上发表意见、建议，为他们履行职责、开展工作创造条件、提供帮助。密切与港澳台侨胞和各族各界人士的联系与交流，举办新春茶话会、中秋联谊会，开展走访慰问，增进共识，深化互信，汇聚正能量。全面贯彻党的民族和宗教政策，引导各族各界人士和广大群众牢固树立“三个离不开”的思想，共同唱好“共产党好、社会主义好、改革开放好、伟大祖国好、各族人民好”的时代主旋律。充分发挥民族宗教界委员在建设和谐凉山中的积极作用，协助党委政府做好理顺情绪、协调关系、凝聚人心、维护稳定工作，努力促进民族团结、宗教和顺、社会和谐。编辑出版《凉山民俗》等文史专辑，留下宝贵的亲历、亲见、亲闻史料。

【自身建设】 2016 年，州政协加强委员队伍建设。组织委员赴华中师范大学轮训，提高委员履职能力。举办常委会学习报告会 3 次，为委员知情明政提供帮助。健全委员服务联络考核机制，完善委员活动召集人制度，加强委员履职管理，严格会议考勤、“五个一”履职考核，增强委员履职积极性和主动性。加强专委会建设。把发挥专委会基础作用与突出界别特色有机结合起来，支持委员通过界别渠道联系群众，及时反映社会各界愿望诉求。加强机关建设。以深入“两学一做”学习教育为抓手，认真贯彻执行中央八项规定和省、州“十项规定”，推动学习型、服务型、效能型、创新型、和谐型、廉洁型机关建设，不断提高服务保障能力，进一步形成锐意进取、合力干事、争创一流的良好氛围。

重要会议

Important Meetings

【全体会议】 2016年1月31日—2月3日，中国人民政治协商会议凉山彝族自治州第十一届委员会第五次会议在西昌召开。

受政协凉山彝族自治州第十一届委员会常务委员会委托，邓显祥作常委会工作报告。邓显祥说，2015年，在中共凉山州委的坚强领导下，政协凉山州委员会及其常务委员会紧紧围绕州委、州政府中心工作和全州改革发展稳定大局，充分发挥人民政协优势，协商建言，聚力凝智，积极助力"四个全面"凉山实践，为推动全州经济社会持续平稳健康发展作出应有的贡献。邓显祥从坚定正确政治方向，凝聚各族各界共识；聚焦重大问题议政，助推经济社会发展；主动服务民生改善，促进社会和谐稳定；坚持团结民主主题，广泛凝聚各方力量；推进机制制度创新，提高协商民主实效；加强政协自身建设，提高履职能力水平等六个方面总结一年来的工作。

受政协凉山彝族自治州第十一届委员会常务委员会委托，熊仿秋向大会报告州政协第十一届四次会议以来提案工作情况。全年共提出提案370件，经审查立案330件，作为意见转有关部门处理的32件，截至2015年底，所有提案（意见）全部按时办复，答复满意和基本满意率达100%。

州民革、州民盟、州民建、州九三学社、州工商联代表先后发言。

会议赞同州长罗凉清所作的政府工作报告，赞同州中级人民法院工作报告、州人民检察院工作报告以及其他报告。会议批准邓显祥主席代表十一届州政协常务委员会所作的工作报告，批准熊仿秋代表十一届州政协常务委员会所作的提案工作情况的报告。会议选举王阿呷为政协凉山州第十一届委员会副主席。中共凉山州委书记林书成作重要讲话。

【常委会会议】 2016年1月21日，十一届州政协第十八次常委会会议在西昌召开。会议传达学习州委七届八次全会精神，听取州人民政府关于州政协十一届四次会议提案办理情况的通报，审议并原则通过州政协常委会工作报告和提案工作报告，审议并通过州政协十一届五次会议有关事项，对2015年度州直机关领导班子开展"四好"活动情况进行民主测评。州政协主席邓显祥出席会议并讲话，副州长朱学雷应邀出席会议，州政协副主席香根·边玛仁青、熊仿秋、季晓静、蒋若枫、马报、杨洪清、苏燕凌、王萌，秘书长邹学军出席会议。各县（市）政协主席，州级有关部门负责人，部分驻州全国，省政协委员，州政协机关有关负责人列席会议。

2016年1月31日，十一届州政协第十九次常委会会议在西昌召开。会议听取人事事项说明；审议通过候选人建议名单、选举办法和总监票员、监票员、总计票员、计票员建议名单，提交州政协十一届五次会议分组会议审议。州政协主席邓显祥主持会议。州政协副主席香根·边玛仁青、熊仿秋、季晓静、蒋若枫、马报、宋光明、杨洪清、苏燕凌、王萌，州政协秘书长邹学军，大会副秘书长卢强出席会议。

2016年6月24日，十一届州政协第二十次常委会会议在西昌召开。会议听取州人民政府关于全州风电光伏产业发展情况的通报；听取并通过州政协关于"贯彻创新发展理念，促进凉山州风电光伏产业健康发展"的专题协商报告；审议并通过政协凉山州十一届五次会议提案审查情况的报告；与会人员围绕凉山州风电光伏产业健康发展展开专题协商，积极建言献策。州政协主席邓显祥出席会议并讲话；州委副书记苏嘎尔布，州委常委、常务副州长冯斌出席会议；州人大常委会副主任周斌应邀出席会议；州政协副主席熊仿秋、季晓静、王阿呷、蒋若枫、马报、宋光明、杨洪清、苏燕凌、王萌，秘书长邹学军出席会议。州民盟、州工商联、州发改委、州经信委、会理县政协、昭觉县政协、盐源县政协做大会发言。各县（市）政协主席，州级有关部门负责人，部分驻州全国、省政协委员，州政协机关有关负责人列席会议。

2016年10月26日，十一届州政协第二十一次常委会会议在西昌召开。会议传达省政协“我为扶贫攻坚做件事”工作推进现场会精神，听取州政府通报全州区域发展情况、州纪委通报全州党风廉政建设和反腐败工作情况、州人民检察院通报全州查办贪污贿赂犯罪工作情况。与会人员围绕“推进区域协调发展，加快凉山脱贫奔康”主题，开展专题协商，积极建言献策。会议通过《推进区域协调发展，加快凉山脱贫奔康》调研报告。州政协主席邓显祥出席会议并讲话。全国政协常委、州决咨委主任阿什老轨，州委常委、纪委书记张力，州人大常委会副主任钟承先，副州长朱学雷，州人民检察院检察长米滨应邀出席会议。州政协副主席熊仿秋、季晓静、王阿呷、蒋若枫、宋光明、苏燕凌，秘书长邹学军出席会议。州直有关部门负责人，部分驻凉山全国、省政协委员和群众代表列席会议。

【主席会议】 2016年1月15日，十一届州政协第二十八次主席会议在西昌召开。会议研究讨论政协凉山州第十一届委员会常务委员会工作报告；研究讨论政协凉山州第十一届委员会常务委员会关于十一届四次会议以来提案工作情况的报告；研究讨论政协凉山州第十一届委员会第五次会议有关事项；审议通过州政协十一届十八次常委会会议议题，确定州政协十一届十八次常委会会议于2016年1月21日在西昌召开；研究落实2016年新春茶话会有关事项。州政协主席邓显祥主持会议并讲话。州政协副主席季晓静、蒋若枫、马报、苏燕凌、王萌，秘书长邹学军出席会议。

2016年1月30日，十一届州政协第二十九次主席会议在西昌召开。会议研究十一届州政协五次会议相关工作。

2016年2月23日，十一届州政协第三十次主席会议在西昌召开。会议组织学习《中国共产党地方委员会工作条例》；学习传达省政协十一届四次全会精神；学习传达州纪委七届六次全会精神；分解落实2016年目标任务，对2016年的重点工作进行安排部署。州政协主席邓显祥主持会议并讲话。州政协副主席熊仿秋、季晓静、王阿呷、蒋若枫、马报、宋光明、杨洪清、苏燕凌、王萌，秘书长邹学军出席会议。

2016年4月29日，十一届州政协第三十一次主席会议在西昌召开。会议研究通过全年州政协10件重点督办提案。州政协十一届五次会议以来共收到提案315件。根据《政协凉山州委员会提案工作条例》的规定，州政协提案委员会对收到的提案进行认真严格的初审和复审，共立案284件，从中遴选并确定10件重点督办的提案，分别是《关于进一步加大安宁河流域生态环境建设的建议》《关于切实贯彻公交优先战略，提升西昌公交服务质量的建议》《关于推进安宁河流域阳光康养业与乡村生态旅游捆绑式发展的建议》《关于加强学前教育师资队伍建设的建议》《关于做好凉山全域大电网规划的建议》《关于加大凉山州财政购买公共服务力度的建议》《关于加强凉山乡镇基层食品药品监管工作的建议》《关于新农村建设中应保护乡村文化的建议》《关于加大建筑行业挂靠现象治理力度的建议》《关于加强资源优化配置促进工业止滑回升的建议》等。该10件重点提案将由州政协主席、副主席牵头督办。州政协主席邓显祥主持会议并讲话。州政协副主席熊仿秋、季晓静、王阿呷、蒋若枫、马报、杨洪清、苏燕凌，秘书长邹学军出席会议。

2016年6月7日，十一届州政协第三十二次主席会议在西昌召开。会议传达省政协十一届第十四次常委会议精神；传达全国政协常委、提案委副主任、九三学社中央副主席赖明到凉山调研精准脱贫工作时的重要讲话精神；通报州政协委员、州政协机关干部赴华东师大培训情况；会议审议通过州政协十一届二十次常委会会议议题，确定州政协十一届二十次常委会会议于2016年6月24日在西昌召开。州政协主席邓显祥主持会议并讲话。州政协副主席熊仿秋、王阿呷、蒋若枫、马报、宋光明、杨洪清、苏燕凌、王萌出席会议。

2016年6月23日，十一届州政协第三十三次主席会议在西昌召开。会议研究政协凉山州十一届第二十次常委会会议有关工作；研究讨论州政协机关财务工作；研究人事事项。州政协主席会议成员参加会议。

2016年8月3日，十一届州政协第三十四次主席会议在西昌召开。会议学习习近平总书记在建党95周年纪念大会上的讲话精神；学习习近平总书记在宁夏视察时的讲话精神；传达学习全州上半年工作述职会议精神；安排部署州政协巡视问题整改工作。州政协主席邓显祥主持会议并讲话。州政协副主席熊仿秋、季晓静、王阿呷、蒋若枫、马报、宋光明、杨洪清、苏燕凌、王萌，州政协秘书长邹学军出席会议。

2016年10月9日，十一届州政协第三十五次主席会议在西昌召开。会议传达学习省政协十一届第十五次常委会会议精神；研究州政协十一届第二十一次常委会会议有关事项，确定州政协十一届第二十一次常委会会议于10月26日在西昌召开，会期一天；听取省委巡视组对州政协提出的问题整改情况汇报。州政协主席邓显祥主持会议并讲话。州政协副主席季晓静、王阿呷、马报、宋光明、杨洪清，州政协秘书长邹学军出席会议。

【其他会议】 2016年1月11日，州政协党组书记、主席邓显祥主持召开州政协党组2016年第二次（扩大）会议，会议传达学习州委七届八次全会精神，安排部署2016年的各项工作。州政协党组副书记、副主席季晓静，州政协党组成员、副主席马报、杨洪清、苏燕凌，州政协党组成员、秘书长邹学军出席会议。

2月1日，州委书记林书成参加州政协十一届五次会议第一组讨论。在认真听取发言后，林书成对大家提出的意见建议予以肯定。他指出，过去一年，面对严峻复杂的宏观经济形势，州委、州政府始终保持定力、积极应对，坚持转型发展和脱贫攻坚“两手抓”，统筹推进各项工作，经济社会各项事业取得新进展、新突破，全州经济实现止滑回升，结构调整呈现积极变化，新兴主导产业加快培育，精准扶贫、精准脱贫深入实施，城乡基础设施显著改善，开放合作水平不断提升，安定和谐、团结和睦的大好局面进一步巩固，山清水秀、风清气朗的清新政治生态总体形成，实现“十二五”圆满收官，为“十三五”发展奠定坚实基础。州政协主席邓显祥参加讨论。

3月28日，省政协副主席高烽在凉山调研指导脱贫攻坚工作，并在西昌听取凉山州有关工作情况汇报。州政协主席邓显祥出席汇报会并介绍凉山州脱贫攻坚工作和州政协助力脱贫攻坚工作情况。省政协副秘书长、办公厅主任何顺洪，省政协地方政协联络委副主任覃涌，州政协副主席熊仿秋、季晓静、蒋若枫、宋光明、王萌出席汇报会。

4月8—9日，全州政协主席学习会在雷波召开，会议传达学习全国“两会”精神，听取雷波县经济社会发展情况介绍。州政协党组书记、主席邓显祥出席会议并讲话，他强调，要进一步强化学习意识，牢固树立不断学习、终身学习的理念，加强学习，履职尽责，奋发有为，为推进全域凉山全面可协调发展再立新功、再创佳绩。会议期间，与会人员深入雷波县工厂企业、乡镇村组，全面调研雷波经济社会发展、彝家新寨和脱贫攻坚工作。

4月15日下午，省政协“加快我省民族地区教育发展”调研组在西昌听取凉山州工作汇报。省政协教育委员会主任周国良、州政协主席邓显祥出席汇报会。会前，调研组深入布拖、昭觉、普格、宁南等县进行深入考察调研。省政协教育委员会副主任高林远、林强、唐晓艳，副州长白云，州政协副主席王阿呷、杨洪清出席汇报会。

4月29日，州政协党组书记、主席邓显祥在西昌主持召开州政协党组2016年第七次会议，会议传达贯彻中央、省委、州委“两学一做”学习教育工作座谈会精神，研究州政协“两学一做”学习教育实施方案。州政协党组副书记、副主席季晓静，州政协党组成员、副主席王阿呷、蒋若枫、马报、杨洪清、苏燕凌，州政协党组成员、秘书长邹学军出席会议。

4月29日，州政协机关召开“两学一做”学习教育工作动员会，州政协主席邓显祥出席会议并讲话，强调要全面贯彻落实中央、省委和州委相关会议精神，动员广大党员干部职工切实把思想和行动统一到中央、省委和州委部署要求上来，全面加强和改进政协工作特别是州政协党组、机关党组、党支部工作，为协力打赢脱贫奔康攻坚战、决胜同步全面小康贡献应有的力量。州政协副主席季晓静、王阿呷、蒋若枫、马报、杨洪清、苏燕凌，州政协秘书长邹学军出席会议。

5月13日，凉山州政协党组书记、主席邓显祥率州政府、州政协、州教育局相关部门负责人在武汉市就凉山州与华中师大教育签署全面合作框架协议召开座谈会。华中师大党委书记马敏出席座谈会并讲话。州政协副主席王阿呷，州政协秘书长邹学军，州政协提案委员会、教科文卫体委员会负责人出席座谈会。

6月1日，省政协组织委员到昭觉县尼地乡开展助推脱贫攻坚捐赠活动，为基层单位和贫困群众捐款捐物、奉献爱心，助力精准脱贫。省政协副主席高烽出席并讲话，他强调，要把“凉山彝区所需”和“政协所能”紧密结合，把“灵活多样的形式”和“做深做实的要求”紧密结合，做一些政协委员力所能及的实事，从而带动整个社会层面关注和参与凉山精准脱贫攻坚，为凉山打赢脱贫攻坚决战做贡献。州政协主席邓显祥出席并讲话。

6月2—6日，全国政协常委、副秘书长、九三学社中央常务副主席邵鸿，全国政协常委、提案委副主任、九三学社中央副主席赖明率九三学社中央调研组到盐源、昭觉、冕宁、德昌等县调研脱贫攻坚工作。省政协副主席翟占一、州政协主席邓显祥参加调研。

6月7日，九三学社中央赴凉山州调研精准脱贫工作座谈会在西昌召开。全国政协常委、提案委副主任、九三学社中央副主席赖明，省政协副主席翟占一，州委副书记、州长罗凉清，州人大常委会主任王金铁，州政协主席邓显祥，州委副书记苏嘎尔布出席。座谈会上，凉山州、省旅游发展委、省民宗委、省扶贫移民局先后发言，汇报凉山州精准脱贫情况。九三学社中央副秘书长兼参政议政部部长赵勇，九三学社中央办公厅主任苟红旗，清华大学社会科学学院人类学与民族学研究中心主任、九三学社社员张小军，四川省文化厅副厅长、九三学社社员彭翊；省政协秘书长王建军，省政协副秘书长、办公厅主任何顺洪，九三学社四川省委专职副主委沈光明，省民宗委副主任甘映平，省旅游发展委副主任郑学炳，省扶贫移民局副巡视员张海鹏；州政协副主席、九三学社凉山州委主委熊仿秋，州政协副主席蒋若枫，州政府秘书长石一鲁实，乐山市峨边县、马边县和州级相关部门负责人参加座谈。

7月12—13日，全国政协常委、提案委主任孙淦率领全国政协“发展四川彝区、藏区特色旅游，推动民族地区脱贫致富”重点提案督办调研组，深入西昌、普格，调研旅游产业发展情况。孙淦强调，旅游产业既是“无烟”产业，更是富民惠民的好产业，凉山要充分利用自身得天独厚的旅游资源，大力发展旅游产业，实现可持续发展，切实帮助群众增收，助力民族地区脱贫致富奔康。全国政协委员、提案委委员马儒沛、李军、张少农、胡凌云、黄文平、宋家慧，全国政协委员、提案委委员、台盟中央常委、秘书长张宁，全国政协常委阿什老轨，国家旅游局规划财务司副司长张西龙，国务院扶贫办开发指导司副巡视员张洪波，省政协提案委主任何大新，省政协副秘书长李华峰，省政协提案委专职副主任石敏，州政协副主席苏燕凌陪同调研。

9月14日上午，在中秋佳节来临之际，州政协在西昌举行中秋茶话会。州人大常委会主任王金铁、州政协主席邓显祥、州委副书记苏嘎尔布、全国政协常委阿什老轨等领导，与驻西昌全国、省、州政协委员代表，港澳同胞、台湾同胞、海外侨胞代表，民主党派、工商联和社会各界人士欢聚一堂，共叙友情，共话发展，共庆佳节。邓显祥在会上致辞，他代表州政协向大家致以诚挚的问候和美好的祝愿。苏嘎尔布在讲话中代表州委、州政府向大家致以诚挚的问候和节日的祝福。州领导达久木甲、龙伟、陈日发、刘俊文、熊正林、刘建蓉、周述、季晓静、王阿呷、蒋若枫、宋光明、杨洪清、苏燕凌、邹学军，州人民法院院长刘宁出席会议。

9月27—28日，省政协十一届第十五次常委会在成都召开，围绕“推进实施精准扶贫、精准脱贫，决胜全面小康”开展专题协商。州政协主席邓显祥在会上发言时指出，要进一步从政策、项目、资金等方面加大对凉山的支持力度，助力凉山打赢脱贫攻坚战，助推凉山到2020年与全国、全省同步建成小康社会。

11月2日，州政协主席邓显祥在西昌主持召开州政协机关全体干部职工大会，传达学习中共十八届六中全会精神，举行“走基层、送温暖”捐款活动。州政协主席邓显祥，州政协副主席蒋若枫、马报、苏燕凌，州政协秘书长邹学军等为贫困群众捐款。州政协机关的干部纷纷奉献爱心，以实际行动支持全州脱贫攻坚工作向纵深推进，州政协机关总计捐款达到21000元。

11月8日上午，州政协民主评议州扶贫和移民工作局工作总结大会在西昌举行。评议工作启动以来，评议组先后深入西昌、木里、昭觉、冕宁等十二个县（市），通过座谈、走访调研、听汇报、察实情、开展问卷调查等方式，比较客观全面地掌握有关情况后，评议组通过召开会议，梳理意见、建议，形成评议报告，认为州扶贫和移民工作局紧紧围绕“精准扶贫、依法移民”工作主线，不断加大工作力度，强化工作举措，明确工作责任，创新体制机制，全力推进扶贫移民工作取得阶段性成效，为凉山经济社会发展、脱贫奔康做出积极贡献。通过问卷调查，干部群众对州扶贫和移民工作局工作、全州扶贫移民系统干部职工形象和工作态度，以及扶贫移民工作的满意度分别为95.6%、90.3%和92%。州政协党组书记、主席邓显祥出席会议并讲话。州委常委、统战部部长达久木甲，副州长肖春，州政协副主席季晓静、马报，秘书长邹学军出席会议。

12月5日上午，州政协在西昌召开机关全体干部职工大会，学习贯彻州第八次党代会和全州脱贫攻坚退出验收考核情况通报暨整改工作推进会议精神。州政协主席邓显祥主持会议并讲话，强调要切实增强“四个意识”，在新一届州委的坚强领导下，充分发挥优势，积极主动作为，找准着力方向，明确履职重点，把智慧和力量凝聚到实现州第八次党代会确定的奋斗目标和工作任务上来。州政协副主席季晓静、王阿呷、蒋若枫、马报、杨洪清、苏燕凌，州政协秘书长邹学军出席会议。

12月9日上午，全州政协秘书长办公室主任暨政协新闻宣传工作会议在西昌召开。州政协主席邓显祥出席会议并讲话，强调要以高度的政治自觉、思想自觉和行动自觉，履行好协调和服务职责，讲政治、守规矩，树标杆、当表率，确保党委和政协党组、主席会议决策部署落到实处、见到实效。州政协副主席蒋若枫、秘书长邹学军出席会议。

12月23日，州政协党组书记、主席邓显祥带领部分州政协委员和州级相关部门负责人，采取深入实地调研和召开座谈会的方式，就州政协十一届五次会议1号重点提案的办理情况进行督办。州政协副主席蒋若枫一同视察并主持座谈会。

12月30日，凉山州在西昌召开安宁河片区脱贫攻坚工作座谈会。州政协主席邓显祥出席会议并讲话，强调要继续按照州委、州政府决策部署和各县既定思路目标，满怀激情，攻坚克难，坚定不移地发展好县域经济，坚定不移地巩固好脱贫攻坚成果，为全州决战决胜脱贫攻坚和全面建成小康社会作表率、作示范、做贡献。州政协党组副书记杨文泉，州政协副主席季晓静、蒋若枫，州政协秘书长邹学军出席，冕宁、德昌、会理、会东、宁南和州级相关部门负责人参加。

提案工作

Proposal Work

2016年，州政协共提出提案315件，经审查立案284件，作为意见转有关部门处理的29件。其中党派团体提案108件，委员和个人联名提案207件。分送40多个承办单位办理。州委、州政府、州政协高度重视提案办理工作，将办理工作纳入部门绩效管理考核，对提案办理承诺事项落实情况进行跟踪督查；各承办单位、协办单位把提案办理工作与开展“两学一做”学习教育紧密结合，积极推动提案办理的落实。截至2016年12月底，立案提案（意见）已全部办复。办理结果为：已经解决或采纳的152件，计划解决或采纳的150件，短期内不具备条件采纳落实的13件，基本满意率为100%。其中，主席会议成员牵头督办重点提案10件，有力地促进难点问题解决。总的来看，提案质量较高，办理水平提升，工作务求实效。广大政协委员和政协各参加单位，认真履行职责，提案选题准确，建议切实可行，为促进全州经济社会发展和民生改善发挥重要作用。

（供稿单位：州政协办／审核：谢宁／撰稿：郭斌　谭先友　蒲林恒）

军 事

MILITARY

凉山军分区

Liangshan Military Sub-command

【概况】 2016年，凉山军分区党委认真贯彻党中央、中央军委和习主席决策部署，紧紧围绕实现党在新形势下的强军目标，认真落实政治建军、改革强军、依法治军要求，着眼有效履行“五部”职能，狠抓各项工作落实，部队和民兵预备役建设整体推进、科学发展。

【思想政治建设】 2016年，凉山军分区党委深入学习贯彻习主席系列重要讲话精神，扎实开展网上集训、“改革强军”主题教育和“合编合力合心”专题教育。结合改革进程，广泛组织“新体制、新职能、新使命”和“政治工作发挥生命线作用”大讨论，不断强化拥护支持改革的共识共为，军分区独立连和情报站顺利移交西部战区陆军。对军分区心理战分队进行结构调整，投入30余万元补充装备器材，组织开展培训和点验。加大全民国防教育力度，组织开展第十六个全民国防教育日、《中华人民共和国国防教育法》颁布实施15周年和“军事夏令营”等系列活动。

【军事斗争准备】 2016年，深入开展职能使命教育，修订完善军分区作战预案和各类抢险救灾预案，组织实案化演练。依托“国防通”信息平台，组织召开凉山州重点民兵应急营点验大会。投入20余万元，对军分区作战值班室视频监控系统进行升级改造。组织首长机关和分队全要素开展拉练演练，组织各类集训4期，培训专业技术骨干400余人，接受省军区军事训练抽考取得较好成绩。组织部队和民兵6800余人次扑灭森林火灾20余起，参与山洪泥石流抢险7起。出动官兵和民兵1200余人次，配合完成14次大型活动安保执勤、治安巡逻任务。强化国防动员，圆满完成征兵工作和27500余名新生军训任务。

【安全稳定工作】 2016年，突出“六个管好”，深入开展“条令学习月”“检查教育周”“安全大检查”“百日安全”等活动，完善《军分区正规化建设与管理实施细则》。注重敏感时期和重点部位安全管理，组织开展民兵武器装备仓库应对突发情况针对性演练。加大安全隐患排查整治力度，定期组织综合检查和专项清理，发现纠治安全问题67项。强化信息保密安全，抓好防间保密专项教育，落实集中文印和文电资料流转登记等制度。加强预防犯罪工作力度，协助地方党委、政府做好军队复转退人员稳控工作。

【后装综合保障】 2016年，稳步推进停止对外有偿服务，全区共清理房地产租赁项目77个，按计划关停68个。扎实开展财务工作自查自纠，对全区2013年以来经费使用管理情况进行全面清查，补齐手续凭证1959张，涉及金额1808万元，补交清退不当款项344.89万元。开展经济适用住房清理专项整治，按要求分步骤落实整改查出的7个方面问题。申请经费75万元，对军分区办公楼进行维修整治。扎实开展民兵武器装备仓库专项清理整治活动，共清理核查弹药300余万发，武器5400多支（挺、具、门）。

【参建参治工作】 持续开展脱贫帮困“三个一”活动。全区投入资金300余万元，为63个联系村实施脱贫项目79个，修建硬化村组公路134千米、蓄水池10个，修缮灌溉水渠13.6千米，捐赠养殖牲畜200余头、经济农作物2.3万余株，援建乡（村）小学11所，修复教室30余间，捐赠课桌椅1300余套。广泛开展“彝区健康文明新生活”运动，帮助创建文明村8个、文明家庭173户。牵头组织召开军地座谈会，形成解决瓦吉木训练场历史遗留问题的初步方案。协助完成州委、州政府立项投资的36集电视剧《彝海结盟》拍摄任务。积极参与凉山州暨西昌市申报创建新一轮全国双拥模范城活动，西昌市成功创建全国双拥模范城。

【干部队伍建设】 认真学习中共十八届六中全会精神，深入贯彻《准则》《条例》，完善党员领导干部教育管理《意见》和机关组织生活制度《规范》。结合“两学一做”学习教育，认真开展“三严三实”专题教育整顿“回头看”，高质量召开专题民主生活会。加大正风肃纪力度，结合肃清郭徐流毒影响专题教育，组织党委执纪情况监督检查，对发现的3个方面问题逐一进行整改。突出干部队伍结构优化和作风建设，组织49名党员领导干部填报个人事项，对33名营以下干部进行调整，选送2名干部入军队院校培训，14名计划安置干部得到妥善安置。

（供稿单位：凉山军分区 / 审核：申伟　叶佩　撰稿：谭守平）

武警凉山州支队

Liangshan Prefecture Detachment of the Chinese People’s Armed Police Force

【概况】 2016年，武警凉山州支队坚持以习近平总书记系列重要讲话精神为统领，坚定看齐追随，坚持稳中求进，突出整风整改，紧盯基层基础，聚焦练兵备战，有序推进工作，圆满完成任务，部队安全稳定，全面建设稳步向上。统筹推进“三项重大学习教育”活动，深入学习习主席系列重要讲话，全面彻底肃清郭徐流毒影响，扎实开展基层风气专项整治和党费收缴专项检查，严密组织纪念中国共产党成立95周年、红军长征胜利80周年纪念活动，风清气正的政治生态进一步得到巩固纯正。注重培树强军文化，用好“四会”优秀政治教练员评比、强军故事会比赛等有效平台，成功举办支队首届军事体育运动会，逐步规范基层政治文化环境。持续开展干部队伍“三学一强”大练基本功活动，充分运用“三个研究”“一帮一、一对红”等载体抓手，全年转化重点关注人员110人，解决官兵家庭涉法问题4起，慰问补助特困官兵和困难党员32人、金额3.2万元，为官兵积极投身强军实践提供强大的精神动力。支队被总队表彰为新闻宣传工作先进单位。

【中心任务】 大抓练兵备战，中心任务完成更加圆满。紧紧扭住“八落实”和“六种组训模式”两个抓手，突出新增科目训练，精心组织首长机关带机动大队拉动和应急救援分队野外训练，牵头组织川西片区“卫士-16”演习，以“魔鬼周”极限训练和总队特勤排、应急班集中驻训带动部队实战化训练，特勤排比武获得片区第二名的好成绩。加快教练员队伍建设，先后组织集训4类11批次，集训官兵674人次，编写不同类别478个课目教案，评定支队“四会”教练员76人，4人获评总队优秀教练员。结合实际推开“研究哨位、研究哨兵”活动，大力推进“五防一体化”建设，会东中队实现整体搬迁，昭觉、布拖、越西等目标新建加快推进，雷波、美姑2处目标AB门改造上勤，木里看守所完成“监外院”建设，大抓专勤专训、专哨专训、专情专训，组勤执勤能力得到有效提升，西昌、甘洛中队分别成功处置一起嫌犯企图脱逃冲监事件，宁南县中队被总队表彰为十大执勤标兵中队。全年共出动兵力7000余人次，圆满完成各类临时勤务105起，特别是刘云山等党和国家领导莅临凉山视察重大临时警卫勤务、跨区长途武装押解、冕宁“3·23”灭火、雷波“4·20”处突、美姑“6·26”救援、越西“7·14”抢险及火把节、马拉松和春晚分会场安保等任务完成圆满，31名官兵立功受奖。

【行政管理】 牢树底线思维，部队安全发展更加有序。持续强化法治思维，立足“三个根本性转变”，大力开展“条令法规学习日”、“学规范、用规范”活动和“两真两好”密切内部关系专项教育整顿。修订完善支队《兵员管理细则》《士官日常考评实施细则》《基层精细化管理规定》《手机使用管理规定》，跟进抓好常态化落实，部队正规化精细化管理水平进一步提升。充分用好安全大检查和“百日安全竞赛”等载体抓手，排查整治安全隐患474处，投入70余万元推进营区安防设施建设，并统一制作安全警示、标识牌、学习柜和手机存放柜266件（套）。支队被总队表彰为安全工作先进单位。

【基层建设】 狠抓固本工程，基层建设基础更加牢固。始终把纲要作为抓基层建设的根本大法，注重用纲要规范党委机关按纲指导秩序，严格落实常委包片、科室挂钩和蹲队住班制度，安排18名机关干部分6批次蹲点住班，常委深入基层实地检查指导均在90天以上，一中队、二中队、九中队、十中队、宁南中队、普格中队、冕宁中队、美姑中队、盐源中队、警通中队、勤务汽车中队被评为基层建设先进中队，木里中队被评为标兵中队，一大队被总队表彰为基层建设先进大队。着力选准配强基层党委、支部班子，优化结构，做到性格、优势和经验互补，从源头上提高组织建设的起点，先后2次召开基层党委书记联席会，分析基层建设形势，把脉定向，大队“七助两向一靠前”作用进一步发挥。不断加大精准帮建力度，下发《支队党委分类指导包片挂钩暨精准帮建实施方案》，区分6个类型实施指导帮建，一队一策、一队一案开展党支部整顿，3个中间层单位跨入先进行列，3个连续5年以上未创先单位实现“脱贫摘帽”。

【后勤保障】 注重提质增效，后勤综合保障更加有力。按照“后勤变前勤”指示要求，不断完善“一组五队”常态应急保障力量，为17个县（市）中队购买应急班运兵车，将部分战备物资器材前置藏区任务分队，较好实现保障一线、保障任务、保障急需。深入开展行业风气专项整治、军委和武警党委巡视组回访巡视问题整治、财务清查、枪弹专项整治及车辆年检年审，后勤保障秩序和质量效益大幅提高。结合开展“伙食管理精细年”活动，“6211”和“1126”饮食保障模式落实严格。投入经费19万元，组织干部、炊事员、士官和随军家属体检。组织后勤专业兵集训4期，培养专业骨干162人。严格车辆静动态管理，全年动用车辆8000余台次，安全行车46万余千米。协调推进7个单位立项新建，完成军械库改建以及西昌、德昌、冕宁中队“三化”改造，做好锦屏、官地水电站驻警营房建设前期准备工作。

【班子建设】 盯住“关键少数”，党委班子建设更加坚强。持续强化理论武装，深入学习习主席重大战略思想和从严治党一系列新规新纪，完成7个专题的学习，撰写研讨文章18篇，班子成员把握方向的能力、思维的层次和依法决策的水平不断增强。坚持在贯彻民主集中制中巩固班子团结，提高决策质量，管住权力运用，全年研究各类建设和大项经费186项，调整配备18个基层党委、支部班子，提升33人，调整35人，官兵满意服气，经得起检验。严肃党内政治生活，结合“两学一做”教育活动，党委一班人带头承诺践诺，带头过双重组织生活，带头剖析整改问题，为部队当好榜样、树好形象。坚持整风整改纵深推进，加强经常性党性检视，常态化肃清郭徐流毒影响，自觉接受军委纪委明察暗访组检查，严实作风得到进一步巩固和强化。

（供稿单位：武警凉山州支队／审核：黄江华／撰稿：张经国）

武警凉山州森林支队

Liangshan Prefecture Forest Detachment of the Chinese People's Armed Police Force

【概况】 2016年，支队各级着眼践行强军目标，牢牢把握稳中求进总基调，认真贯彻落实上级党委决策部署，着力在举旗铸魂、聚焦中心、安全发展、强基固本、正风肃纪等方面下功夫，求实效，部队全面建设呈现稳步发展、整体提高的良好态势。

【思想政治】 着眼强化政治引领，深入学习领会习主席系列重要讲话精神，严密组织两项重大教育和经常性教育，扎实开展庆祝建党95周年、“党纪条规学习月”等系列活动，大力宣扬全军优秀共产党员、“绿色卫士”侯正超典型事迹，全面彻底肃清郭伯雄徐才厚影响，官兵维护核心、看齐追随的信念更加坚定自觉。突出做好经常性思想工作，个别人排查做法被《武警政工通讯》刊发。助力扶贫攻坚，援建“警民连心桥”、蔬菜大棚。参拍《彝海结盟》电视剧。支队军民融合发展、争做“彝海结盟”新传人和全军优秀共产党员侯正超先进事迹在军内外广泛宣传，320篇稿件被省部级以上媒体刊用，进一步扩大部队影响。

【中心任务】 始终坚持中心居中，严格落实党委会议事制度，统一规范，集中会审各级各类方案预案，补充战备器材，正规战备秩序，探索总结出“四组”战斗模式与“三互”“三帮一带”融合，形成“平战一体”的战斗编成。支队被纳入地方应急救援体系。坚持在大项任务中磨炼应急指挥能力，结合冬季野营拉练、“卫士－16”演习和野外驻训，狠抓首长机关训练，坚持以任务需求牵引实战化训练落实，五中队一班在指挥部建制班军事比武中荣获团体第二名、两个单项第一名的优异成绩，王二强被推荐上报为全军军事训练先进个人。落实指挥部“一个驻防”、“三项勤务”和“三个进入”指示，不等不靠打好防火灭火主动仗。年内圆满完成5起森林火灾扑救、1次千里跨区增援和3次防火执勤任务。

【行政管理】 认真贯彻落实安全工作“八个规范”，严格执行“八严六禁”纪律规定，注重抓好条令、条例常态学习，扎实开展“严纪律、治‘四涉’、刹‘三松’”、“统思想、尽职责、严纪律、保安全”、士官队伍“爱岗尽责、遵规守纪、模范带头”暨武器弹药管理教育整顿整训、“百日安全竞赛”等活动，严密组织安全隐患排查和保密专项清查，加装机关营区刀刺网和监控系统，设计制作配发手机使用专柜、定制保密手机、安装安全过滤平台，官兵科技创安、文化创安、依法创安意识进一步增强，确保部队安全稳定。新兵“第二适应期”教育管理做法被总队转发。

【后勤保障】 按照“后勤变前勤”指示要求，严格落实后勤战备制度，组织后勤专业训练和综合保障演练，应急保障能力明显增强。从严落实党委管财、预算管理、财务内控、经费审批等制度，财经管理进一步正规。扎实开展“伙食精细管理年”活动，因地制宜发展“两业”生产，依托地方组织炊事员培训，全面推行“1126”和“6211”饮食保障模式，官兵伙食满意率均在95%以上。组织官兵及家属健康体检，定制便装袋，升级改造驻西昌单位篮球场和士官公寓，封闭机关围墙，隔离办公区、家属区，扩建驻西昌大队车库，扩容网络学习室，建设文体器材室，维修太阳能，更换彩钢瓦，有序推进警（士）官保障性住房和木里大队营房翻建工程。

【班子建设】 坚持用习近平总书记重要讲话精神武装头脑，大力加强班子能力、先进性和纯洁性建设。以参加上级理论轮训为推手，认真组织党委中心组带机关理论学习，扎实开展民主集中制教育，认真召开专题民主生活会，严格落实双重组织生活制度和党委统一的集体领导下的首长分工负责制，科学决策、依法决策、民主决策能力进一步提升。注重抓好党风廉政和反腐倡廉建设，深入开展行业风气整顿和基层风气建设专项整治，敏感问题处理上全程落实“四公开”，坚持阳光透明操作。全年调整配备干部11人，选取士官43人，选送技术学兵37人，推荐士兵考生13人。

【基层建设】 深入学习领会《纲要》《三十条》和指挥部依法抓建工作机制，认真抓好按纲抓建“八件事”落实，巩固转化总队《纲要》暨党支部书记培训成果，狠抓经常性应用性培训，提升按纲抓建能力。严密组织蹲点调研帮建、季度检查考核、“双向讲评”、半年初评和年终总结，科学运用日查、周审、月评、季考加强过程控制，有力推进基层全面建设稳步协调发展。在总队年终检查考核中，木里大队、直属大队名列第一、第三，五中队、六中队名列第二、第三。

【奖励情况】 支队直属大队二中队班长侯正超被中央军委表彰为全军优秀共产党员；支队被武警总部表彰为“连续14年无执勤事故、无行政事故、无刑事案件、无职务犯罪”单位和“暑期百日安全竞赛活动优胜单位”；支队原政委刘永刚被武警总部表彰为优秀基层主官；支队政治处俱乐部主任程雪力被表彰为士官优秀人才奖二等奖、中国武警新闻奖先进个人；支队被家森林防火指挥部、国家林业局表彰为2013—2015年度全国森林防火工作先进单位；支队原司令部参谋韩长宇被国家森林防火指挥部、国家林业局表彰为2013—2015年度全国森林防火工作先进个人；支队被国家森林防火指挥部表彰为基层建设先进支队和新闻宣传工作先进单位；支队党委被国家森林防火指挥部表彰为先进支队党委；支队木里大队五中队被国家森林防火指挥部表彰为基层建设标兵中队；支队木里大队五中队党支部被国家森林防火指挥部表彰为先进基层党组织；支队直属大队一中队记国家森林防火指挥部集体二等功1次；支队木里大队五中队一班记国家森林防火指挥部集体三等功1次；支队木里大队五中队一班被表彰为建制班比武优胜单位；支队直属大队二中队班长侯正超、木里大队五中队一班班长王二强分别记国家森林防火指挥部个人二等功1次；支队木里大队五中队一班副班长黄凯、战士徐宝分别记国家森林防火指挥部个人三等功1次；支队直属大队二中队班长侯正超被国家森林防火指挥部表彰为第四届“绿色卫士”；支队直属大队一中队中队长刘飞被国家森林防火指挥部表彰为优秀教练员；木里大队被总队表彰为基层建设先进大队；直属大队一中队、木里大队六中队被总队表彰为基层建设先进中队；西昌大队四中队被总队表彰为进步明显中队；支队司令部被总队表彰为先进司令部；支队后勤处被总队表彰为先进后勤处；支队直属大队一中队党支部、木里大队六中队党支部被总队表彰为先进基层党组织；支队木里大队团总支、西昌大队三中队团支部被总队表彰为先进团组织；参谋长程成记总队嘉奖1次。

（供稿单位：武警凉山州森林支队 / 审核：张宏伟 夏传金 张永强 / 撰稿：吴彬）

公安消防
Public Security and Firefighting

【概况】 2016年，凉山州公安消防支队党委以党的十八大和十八届三中、四中、五中、六中全会精神为指引，紧紧围绕“夯实基础年和创先争优”的工作基调，苦练基本功，找准发力点，寻求突破口，圆满完成各项工作任务，持续推动凉山消防事业提档升级，全力确保火灾形势和部队内部安全稳定。

【军魂培育】 2016年严格落实党委中心组学习制定，制定下发《党委中心组学习计划》《思想政治教育计划》，组织党委中心组学习12次，党委书记亲授党课、廉政课，多次邀请党建专家讲座授课。组织“读书、送书、完善图书室”活动，开展集中送书1次、读书分享会2次。扎实开展“两学一做”等主题教育，组织开展“手抄党章”、“七一”表彰、重走长征路、参观红色教育基地等活动。坚持从优待警，制定党委为基层办实事计划，组织官兵家属集中座谈，安排90%的官兵探亲休假，协调4名官兵子女入学。通过教育引导，全州消防官兵始终高举旗帜，拥护核心，听党指挥，铸就永远忠诚、永不变色的政治品格。

【领导重视】 各级党委政府以“五个一”机制为牵引，州县两级全部召开消防工作会，签订目标责任书，部署全年消防工作，开展消防工作考核。州政府出台《凉山州“十三五”消防事业发展规划》，常务会研究消防工作1次，督导检查1次，发文部署8次。州长罗凉清检查指导1次，批示肯定3次，听取汇报3次。州消安委召开联席会议4次，联合检查6次，发文部署8次。

【火灾防控】 创新农村火灾防控，提出“责任、联防、宣传、队伍、装备和保险”六大平台建设和“116”工作模式。创新重点单位监管，分“三步走”探索建设消防视频监控，成功打造试点单位1家。扎实开展今冬明春火灾防控、夏季消防大检查等专项行动，严格落实“每日一查”。全年检查单位1.6万家，整改火灾隐患4793处，临时查封188家，责令“三停”174家，行政处罚470起，罚款164万元，拘留72人，7项执法数据同比分别上升74%、28%、166%、391%、2266%、66%、12%。全州发生火灾298起，死亡6人，同比2015年大幅下降。圆满完成四川国际旅游节、彝族国际火把节、西昌国际马拉松赛、邛海国际帆船赛等重大活动消防安保任务，全州连续20年无重特大火灾。

【灭火救援】 2016年，注重力量壮大，年初下达专职队员招录任务，协调州公安局、州编办出台配套性规定，获批成立事业编制中队14支，新增事业编制109个，新增队员168人，是省政府要求的3倍，经验做法得到公安部在全国推广。坚持按纲施训，出台《冬春军事训练实施方案》《军事业务训练工作计划》《新兵第二阶段教育训练计划》等文件，建立“四大”练兵体系，扎实开展辖区“六熟悉”，组织集训、比武、考核8期，开展实战演练120余次。投入80万元完成训练塔实战化改造，可进行40多个科目训练。加强全勤指挥部建设，修订全勤指挥部建设规定，建立完善等级调派机制。投入140余万元完成作战指挥中心改造，多个指挥决策辅助系统安装完成，多功能指挥车配备到位。全州处置警情950起，抢救被困人员275人，疏散被困人员1283人，抢救财产价值478万元，参战人员零伤亡，特别是成功扑救西昌核心商业区高层建筑火灾，出警快、损失小，受到公安部领导专门肯定。

【基础建设】 基础设施方面，昭觉、普格消防站建成入住，盐源、布拖、雷波、越西、会东、甘洛6个消防站完成主体建设，培训基地完成用地选址、土地预审和项目立项，官兵公寓房争取到位资金920万元，支队在全省后勤座谈会作经验发言。车辆装备方面，州县两级共投入3500万元，配备各类车辆17台、器材0.8万件（套），大型供水车、排烟照明车、新型举高车、先进运兵车等尖端车辆装备列装部队，正在采购高原型饮食保障车、舱式宿营车；争取公安部帮扶到位1辆行政车、3辆城市主战消防车和9辆抢险救援车。

【消防宣传】坚持“每周一宣”，充分利用电视、网络、广播、党校等途径，形成点线面立体宣传格局。突出彝汉藏三语宣传，印制农村防火手册23.5万册、学生消防读本10万余册，覆盖30%的农户和17个县（市）城区学校。注重“三微”宣传，坚持每日发布微博微信，粉丝近10万。斥资20万元拍摄微电影《彝火》，社会反响强烈。开展“119”消防宣传周活动，创新举办家庭消防安全“五晒”网络直播，在线观看人数超过2万。巧借凉山彝族原创音乐基地创造宣传歌曲，打造具有彝族特色的宣传品牌。注重典型火灾宣传，制作火灾警示专题片2部。全年消防宣传方式更多、力度更大、范围更广、针对性更强，群众消防安全意识明显提升。

【纪律作风】教育防腐，自主开发学党纪App软件，创新开展“廉政90分钟”，专家廉政授课与法纪基地警示教育相结合，廉政考试人人过关。制度治腐，落实党委主体责任、纪委监督责任和领导干部“一岗双责”，执法干部全部电视公开述廉，审验人员随机抽选，重点敏感事项20%由纪委核查，外部聘请20名监督员全天候监督，不留制度空间。严查纠腐，认真落实公安部巡视反馈意见，开展亲属涉消、审计、财务等专项清查，发现线索8个，立案调查2个，2名主官被廉政提醒谈话。

【荣誉】州武警消防支队参加全省评比，获得学条例歌咏比赛第一、条令考试第二、学党纪考试第三、企业专职队比武团体第三、火灾案例一等奖、微电影二等奖、微党课三等奖、夏防考评“优秀”、“先进纪委”和财务管理“先进支队”等荣誉，总体工作历史首次进入全省前十。

（供稿单位：武警消防支队／审核：赵春明／撰稿：罗勇）

人民防空
Civil Air Defense

【概况】2016年，凉山州人防紧紧围绕“战时防空、平时服务、应急支援”职能使命，坚持“长期准备、重点建设、平战结合”方针，以“两学一做”专题教育为契机，以人防“六个一”项目建设为抓手，狠抓重点工作落实，推动人防工作又好又快发展。人防组织指挥、宣传和教育、工程建设与管理等工作不断加强，实现平战结合收入13万元，征收防空地下室易地建设费1700多万元。编制完成会理、宁南、雷波、甘洛、冕宁、盐源6个县的防空袭方案，建成宁南、木里、雷波3个县人防机动指挥所，组建冕宁县人防应急救援队伍，新增防空警报器7台，多次邀请专家为州委党校县干班、中青班学员讲授人防知识，在《凉山日报》出刊《凉山人防专刊》7期，有效提高干部群众的国防观念和人防意识。不断加强人防机关“准军事化”建设，大力加强社会管理综合治理、城乡环境综合整治工作，努力搞好机关精神文明建设。结合“两学一做”专题教育，进一步解决党员队伍在思想、组织、作风、纪律等方面存在的问题，保持和发展党的先进性和纯洁性，保证人防队伍风清气正，不断提高人防机关拒腐防变能力。

【工程建设】维护管理现有人防工事，做到防火、防汛安全无事故。搞好人防工事的开发利用，实现平战结合收入13万元。加强结合民用建筑修建防空地下室工作，依法征收防空地下室易地建设费1700余万元。

【宣传教育】坚持以人防政策、法律法规、国防形势和人防知识为主要内容，充分运用凉山人民广播电台、《凉山日报》、《四川人防杂志》等媒体阵地加强人民防空宣传教育。分别于4月、11月两次邀请专家到州委党校，为县干班、中青班学员讲授人防知识，进一步提高党员领导干部的国防观念和人防意识。在《凉山日报》出刊《凉山人防专刊》7期，大力宣传人防法律法规政策及人防工作取得的成就，全面营造重视人防、关心人防、支持人防的浓厚氛围。

【党风廉政建设】 州人防办党组认真履行党风廉政建设主体责任，纪检组认真履行监督责任，下发2016年党风廉政建设和反腐败工作的意见，成立廉政风险防空机制建设领导小组，明确“一把手”是第一责任人，负总责；领导班子成员按照“一岗双责”要求抓好职责范围内的惩防体系建设工作，纪检组协助党组抓好任务分解实施，各科室及人员认真查找岗位职责、业务流程、制度机制、外部环境等风险点。形成齐抓共管、各司其职、人人有责、合力推进惩防工作的良好局面。2016年，西昌市人防办被评为全国人民防空先进单位，州人防办被评为四川省人防系统先进集体。

【脱贫攻坚】 认真贯彻落实省、州“领导挂点、部门包村、干部帮扶”活动精神，扎实做好扶贫联系点的脱贫攻坚工作，先后投资修建学生浴室，购买文体用品、进行村道维修，还结合村实际调整产业结构，大力发展养殖业和经济作物。全办职工积极捐款捐物，切实帮助贫困户解决实际困难，为2018年如期实现脱贫任务打下坚实基础。

【机关“准军事化”建设】 坚持以构建和谐人防为目标，以班子能力建设为核心，以队伍素质建设为重点、各类教育培训为手段，加快推进人防机关“准军事化”建设。认真贯彻落实中央八项规定和省、州“十项规定”，针对干部管理、党风廉政建设、工作纪律等方面的问题，修改完善单位规章制度，规范机关工作秩序和工作行为，加强机关文秘、保密安全、档案管理等工作，按照规定做好公文起草、审核、制发和信息网络安全防护、档案规范化管理等工作，机关行政行为规范，无失泄密、行政责任事故和安全稳定问题发生。扎实开展“四好”班子创建活动，坚持民主集中制，注重班子团结，积极开展批评与自我批评，关心干部职工工作和生活，整个系统形成风清气正的良好局面。

（供稿单位：州人防办／审核：魏锦光／撰稿：刘国勇）

民主党派·工商联

NON-CPC PARTIES & FEDERATION OF INDUSTRY AND COMMERCE

民　　革

Liangshan Prefecture Committee of the Revolutionary Committee of the Chinese Kuomintang

【概况】 2016年，中国国民党革命委员会凉山州、西昌市委员会换届，在换届中充分发扬民主、严格组织程序、严肃换届风气，各项工作有力有序推进，顺利召开民革凉山州第六次、西昌市第八次代表大会，选举产生民革凉山州第六届、西昌市第八届委员会及其领导班子，一批新人员进入新一届委员会，优化年龄梯次和人员结构，为凉山民革事业持续健康发展奠定基础。民革凉山州、西昌市委员会下辖6个基层支部，设组织部、宣传部、办公室及参政议政、经济社会服务、老龄工作、祖国统一联谊、青年工作、妇女工作等6个工作委员会。机关办公室有编制2人，在编专职干部2人。截至2016年底，民革凉山州、西昌市委员会共有党员278人，大专以上学历223人，中高级职称158人。委员会由17人组成，主委肖春，副主委徐艺、马阿依、张进，秘书长张进（兼）。民革凉山州、西昌市委按照《凉山州各民主党派州委关于加强班子建设座谈会纪要》精神，着力班子成员、支部委员会成员学习常态化，进一步强化“五种能力”建设。不断强化班子成员共识，加强班子成员与各支部、党员的联系，带动支部班子，形成班子团结和谐、党内人心凝聚的良好局面。组织基础不断夯实，全年考察发展新党员12人，其中大专学历1人，大学本科学历10人，研究生学历1人，中级以上职称4人，副科级干部3人，新党员整体素质进一步提高，发展人数再创新高。稳步推进干部培训工作，两名民革州市委班子成员先后参加中共四川省委统战部组织的干部培训活动；两名新党员参加民革省委新党员培训学习；1名机关干部按照中共西昌市委组织部统一安排，在市群众工作局短期挂职锻炼。

【思想建设】 认真学习贯彻中共十八大和十八届三中、四中、五中、六中全会精神，以邓小平理论、“三个代表”重要思想、科学发展观为指导，深入学习习近平总书记系列重要讲话精神，始终在思想和行动上与中共凉山州委、西昌市委保持高度一致。把“坚持和发展中国特色社会主义学习实践活动”作为提升整体素质、加强自身建设的重要抓手和载体。在民革凉山州、西昌市委员会领导干部和支部领导干部中,通过理论学习、实践分析和问题查找,不断强化学习实践的内容和目标,然后再通过领导干部和骨干党员的思想和行动传导,带动普通党员主动积极参与学习实践活动,全年共印发学习文件、资料 26 期。同时,围绕中国特色社会主义理论和实践的发展,不断深化对当前经济社会发展新常态、新形势的认识和理解,不断增强接受中国共产党领导的自觉性和坚定性,提升对参政党职能的认识深刻程度,以履行党员义务和进一步提高履职能力建设为主线,认真贯彻落实学习实践活动的各项具体目标。民革中央副主席田惠光,民革四川省委副主委郑学炳、曹丰平,秘书长许晓辉先后前往凉山检查指导工作。宣传工作始终坚持"三贴近"原则,为民革州、市委全局工作提供有力的思想保证、精神动力和舆论支持。深入开展舆论宣传,编印《凉山民革》杂志合刊两期,30 余篇信息简报及文学作品被《四川民革》杂志和四川民革网站、《凉山日报》、《航天作家》、《西昌月》等报刊采用。民革凉山州委员会办公室被州政协评为 2012—2016 全州政协新闻宣传工作先进单位。民革中央团结报社"凝心聚力十三五·团结行活动"采访到西昌,对凉山民革开展的"博爱·光明行动"、禁毒防艾宣传活动进行深入的采访报道。协助民革四川省委会宣传处,在西昌举办民革四川省委 2016 年特约编辑暨宣传干部培训班。

【参政议政】 全年收集提案信息 315 条。在省政协全会上提交提案 2 件,均立案;在州政协全会上提交集体提案 32 件,立案 31 件,立案率达 97%。其中,王才英、张强撰写的《关于加大建筑行业挂靠现象治理力度的建议》被州政协确定为重点提案,由州政协副主席苏燕凌牵头督办,并召开督办座谈会;在市政协全会上提交集体提案 30 件,立案 24 件,立案率为 80%。民革西昌市委员会被市政协评为提案工作先进集体。同时,民革界别的州、市政协委员共提交提案、建议近 40 件,立案率为 85%。深入开展调研,课题质量不断提升。共计承担州、市统战部安排的调研课题 5 个,承担凉山州决策咨询委员会安排的重点调研课题《西昌市康养产业与乡村旅游融合发展的思考》,受到州决策咨询委员会的好评。编辑印刷《2012—2016 凉山民革参政议政成果集》,全面系统地展示五年来凉山民革围绕时代主题、发展重心、民生诉求,积极参政议政、建言献策的整体风貌。

【经济社会服务】 对口帮扶西昌市民胜乡麻棚村,通过开展"产业(核桃、畜牧农林产业)+ 教育扶贫(学前教育协调)+ 医疗(博爱·光明行动)"系列活动,创新精准扶贫模式,实现帮扶工作的多点、多面、多区域互动,顺利完成全年目标任务。开展医疗救助。协调建设村级卫生室,为全村 322 户 1112 人开展眼健康医疗救助。捐赠扶贫物资。开展"六一"儿童节慰问活动,共计捐赠衣物、学习用品 700 套,同时开展面向全村村民的"走家到户"慰问活动,初步摸清贫困人口底数。启动对口帮扶。社会服务委与各支部协作联动,多次开展实地调研,将全村 7 个贫困村组进行分包,各支部分别对口帮扶 1 个村,社会服务委对口帮扶 1 个村。以农业产业化为目标,帮助贫困农户发展核桃产业,结合凉山州"1+X"扶贫产业规划,进行专业性技术指导,并在基础设施援建、产业形成策划等方面给予帮扶。创新方式,深入推进"博爱·健康行动"。继续在凉山州开展"博爱·光明"活动,实施免费白内障复明手术 300 例,为 1000 名贫困学生免费配镜,为 5 万名贫困群众免费普查建档。在全州范围内开展"翼状胬肉爱心补贴手术活动",700 名贫困群众受益。在民革四川省委领导下,与民革南充市委协作联动,开展"博爱·健康·四川行动",救治椎间孔病患者 200 人;启动全眼病贫困救治公益活动,计划实施 1000 例;在成都双流、天府新区、大邑县开展白内障复明、近视眼贫困救治、科普教育等公益活动,计划实施 1000 例,活动有序推进。继续组织民革党员和社会爱心志愿者开展"禁毒防艾"科普宣传活动。深入开展关爱抗战老兵、关爱残疾儿童公益活动,在西昌、德昌、越西、普格、会理等县(市)开展宣传、关爱活动15场(次),受众达10000余人。

【祖统联谊工作】 继续开展清明节为抗战烈士扫墓活动,缅怀英烈,继承传统。召开中秋节民革台侨属座谈会,邀请州台联相关人员就台海形势新变化作深入讲解,认真学习习近平总书记关于两岸关系发展的系列讲话精神,切实贯彻中共中央对台工作的方针政策,进一步凝聚反对“台独”的共识和力量。以纪念孙中山先生诞辰150周年活动为契机,号召民革党员积极撰写纪念文章,范寿验的稿件入选民革四川省委《纪念孙中山先生诞辰150周年文集》。鼓励支持党员“走出去”,宣传祖国伟大成就、凉山西昌巨大变化,与台海亲人积极开展感情交流。同时通过党员赴台观光、探亲访友,加深感情。民革州、市委在积极促进社会联谊工作中,与时俱进,在“四个转型”之中,积极探索涉台参政方面的新路径、新方法。

【青年与老年党员工作】 全年看望生病住院老党员14人次,为3位去世老党员送去花圈,并举行悼念缅怀活动。持续开展“健康知识讲座”,就肝脏保护等问题为老党员提供医疗咨询。组织开展“重阳节”联谊关爱活动,为28名75岁以上的老干部祝寿,为6对夫妻举行婚庆活动。狠抓针对性政治学习,强化党内思想建设,加强青年党员的纪律性要求,青委会与老龄委在月城广场联合开展“三五”学雷锋活动,为100余人咨询义诊;开展“五四下基层”活动,按照工作计划完成青年党员献爱心联谊活动。在青年党员中开展“多动笔、写一写”活动,围绕“中国梦”让青年党员的激情与智慧在民革的舞台上展现,从而凝聚青年党员的力量。青委会与老龄委联合开展“互帮互学”活动,共同为凝聚党内人心、促进团结和谐做出表率。举行“三八”巾帼建功表彰活动,激励凉山民革全体女党员以学习提升素质,以有为实现发展,以饱满的热情和最佳的工作状态在本职工作岗位上建功立业。

(供稿单位:民革/审核:肖春/撰稿:张强)

民　盟

Liangshan Prefecture Committee of the China Democratic League

【概况】 2016年,盟州委树立“人才是第一资源”观念,从多党合作事业可持续发展大局出发,以建设高素质的参政党地方组织为目标,壮大骨干盟员队伍,创新模式,组织建设展现新风貌。

【组织发展】 重点发展一批热爱民盟事业、符合民盟特点、具备较高知识层次的代表性人士和新社会阶层的优秀人才入盟,增强盟组织活力,保持良好发展势头。全年发展新盟员15人(高级职称1人),平均年龄41岁,发展率3.3%。截至2016年底,全州盟员总数为468人,平均年龄53.5岁。换届工作遵循《中国民主同盟章程》和《凉山州各民主党派州(市)委关于做好换届工作座谈会纪要》相关规定,按照民盟四川省委和中共凉山州委统战部的有关要求,2月23日,召开换届工作动员大会;3月7日,成立由主委为组长,各副主委、秘书长为副组长,州委组织部负责人、机关专职干部为成员的民盟凉山州委换届工作领导小组,在民盟州委机关设立换届工作办公室,由驻会副主委任办公室主任;4月14日,向民盟四川省委、中共凉山州委统战部报送换届工作方案(其内容包括指导思想、基本原则、工作程序、换届纪律、领导班子的职数和领导机构规模、任职年限、提名界限、候选人条件、代表大会的产生、选举办法和步骤、代表的名额及规模、换届时间、会议议程等)。上半年完成凉山民盟15个基层支部的换届工作,并推选出拟出席下一届代表大会的代表和拟任民盟凉山州第六届西昌市第十四届委员会委员候选人。5月8日,盟省委副主委易敏利率省委组织处龙勇一行到凉山,当天下午召开专门会议。会上,盟州委主委代表班子及个人报告五年的工作,各副主委、秘书长分别述职述廉,在盟省委组织处的指导下进行测评、谈话推荐;10月13日,盟省委主委、省政协副主席赵振铣,副主委易敏利一行到凉山就换届工作进行调研，找相关人员谈话，并召开全州盟员大会。全州现有1个基层委员会，1个总支，16个基层支部。进一步健全支部工作和组织生活制度，推进盟务工作的规范化和常态化。6月，省委常委曲木史哈、省委统战部副部长张富国一行调研督察组到西昌二中调研基层统战工作，参观民盟二中支部的盟员活动室，听取支部建设和盟员履职情况汇报，给予充分肯定。7月，在喜德县召开骨干盟员培训大会，着力提高基层领导班子的能力建设。培训重点对象为盟州、市委委员、各部室负责人及基层委员会、总支及支部支委以上人员。在喜德县委的支持下，与会人员视察调研县城新区规划、贺波洛乡脱贫攻坚、光明镇灾后恢复重建、拉克乡"一村一幼"、敬老院建设、彝家新寨建设和移风易俗工作。培训会上，州委统战部纪检专员罗小英作《中国共产党领导的多党合作和政治协商制度》讲座；主委刘建蓉回顾全州组织建设工作，并作《不忘初心，建设高素质参政党地方组织》的专题报告；副主委贺新宇作参政议政辅导报告；张荣义、姜凌燕、贺建强结合培训心得和视察调研所感进行交流发言。9月，协调江苏民盟组织开展"江苏民盟烛光支教凉山行"活动，组织西昌市四合乡中心校教师及盟内教育界人士听取泰州特级教师的教学示范课，开展教学交流，共庆教师节。10月，组织盟内老盟员开展联谊活动，通过歌曲大合唱、才艺比拼、诗歌朗诵及时事政治、民盟知识有奖抢答等形式，欢度重阳节。各基层支部开展的活动也形式多样。如西昌学院基层委员会组织所属3个支部与会理总支开展盟务交流活动；机关支部结合节庆活动开展健康知识讲座；民中支部组织盟员参加中坝中学教学帮扶活动等。注重抓机制的完善和制度的创新，努力创造规范有序的工作环境。进一步规范内部管理，完善财经制度，提高资金使用效益。积极关心离退休老盟员、生病住院及家庭困难的盟员，上门拜访或到医院探望，表达盟组织的关心关爱，并认真听取盟员心声。全体职工发扬团结协作、齐心协力的精神，统筹协调各部委室工作，协力做好各项会务、活动的安排，完成全年各项文秘工作，确保盟机关的正常运行。广大盟员立足本职，爱岗敬业，将个人专长与造福社会相结合，在工作中取得新的成绩。盟员中，23人分别荣获中国地震局"全国市县防震减灾人员考核先进工作者"，州委、州政府"凉山州'一轮凉推'建设工作先进个人"，州、县（市）级"先进工作者""学术技术带头人及后备人选""优秀教师""优秀教育工作者""高考优秀教师""优秀指导教师奖""优秀班主任"等称号。1人荣获国家知识产权局授权发明专利1项。12人分别荣获凉山州科技进步一等奖、二等奖、三等奖，全州优秀政务调研成果二等奖、三等奖，凉山州第十五次哲学社会科学优秀科研成果二等奖、三等奖。11名盟员参与出版专著，主研省、州级和西昌学院级科研课题，并在核心期刊、省级以上刊物发表论文。

【参政议政】 2016年，盟州委坚持把发展作为参政党的第一要务。坚持"以人为本、参政为民"的理念，牢固树立和贯彻落实"五大发展观念"，立足以脱贫攻坚为统领，着力稳增长、调结构、促改革、惠民生、防风险，助推全域凉山全面发展工作大局，深入开展调查研究，建诤言、献良策，参政议政取得新成效。一是参加州、市政府工作报告征求意见座谈会、双月座谈会、情况通报会、专题研讨会、民主评议会等共计50余次。做到知情资政，明确目标，同时就全州经济社会发展中的一些重大问题，及时向党委、政府提出意见和建议，为推动凉山州民主政治建设发挥的作用。二是在省、州、县（市）"两会"期间，共提交人大会常委会建议15件，政协提案、建议138件（其中集体提案51件）。具体为四川省人大十二届四次会议建议7件；西昌市人大九届五次会议建议8件，其中《关于整合高中教育资源，提高教育质量》《关于尽快启动城市环线建设，缓解交通拥堵》2件为重点建议；四川省政协十一届四次会议提案7件；凉山州政协十一届五次会议集体提案16件，个人提案31件，其中《关于切实贯彻公交优先战略，提升西昌公交服务质量的提案》《关于加强凉山乡镇基层食品药品监管工作的建议》为重点提案；西昌市九届四次会议，集体提案6件，个人提案30件，建议20件，其中《有效缓解西昌城区交通拥堵问题的建议》《关于打击毒品犯罪的几点建议》为重点提案；会理县政协十三届五次会议集体提案19件，其中《关于雨季前清除城河、西河、金江河河底淤泥的提案》《关于抓紧推进会理县精神病专科医院建设促进精神卫生事业发展的建议》为重点提案；会东县政协十二届五次会议集体提案10件，个人提案7件，其中《关于加大对城区学校门前游动摊点经营行为整治力度的建议》《关于改善会东县城道路拥堵的建议》为重点提案。三是深入基层调研，着重参政实效。调研报告《西昌城区交通拥堵问题的调研分析与对策研究》在州政协十一届五次全会上发言。调研报告《深入贯彻创新理念，促进凉山州风电光伏产业健康发展》在州政协十一届二十次常委会上发言。调研报告《主动融入"一带一路"，促进凉山区域发展》在州政协十一届二十一次常委会上发言。积极配合民盟攀枝花市委，组成《关于促进我省民族地区教育均衡发展的建议》联合调研组，与凉山州教育局座谈，深入昭觉县普诗中学、西昌市民族中学、川兴三合小学调研，形成专题报告，上报民盟省委。陪同民盟中央副主席徐辉率领的调研工作组在凉山开展教育扶贫调研，为促进凉山彝区教育发展献计出力。四是重视和加强参政议政骨干队伍建设，充分发挥盟省委特约信息员，盟内人大代表、政协委员的积极性，并鼓励和调动广大盟员参与到参政议政工作中。所上报的信息中，《建议多举措化解民间投资增速下滑困境》被民盟中央采用，《二孩政策实施后儿科医生愈加短缺的现象应予重视》被省政协采用，《失地农民生活保障存在的问题及建议》被省委统战部采用，《建议解决好公共法律服务供给不足问题》《关于"二孩政策"后基础教育师资变化的对策建议》《建议解决我省职务犯罪中律师会见难的问题》3条信息被盟省委采用。

【社会服务】 2016年，盟州委按照"体现民盟特色，践行为民宗旨，统筹各方资源，服务地方发展"的工作原则，拓展学习实践活动，整合资源，社会服务收获新成果。一是联合各级盟组织延伸社会服务领域。协调江苏民盟组织到凉山进行支教活动，无锡、泰州、江阴三地的盟员为西昌市四合乡中心校和两所村小学捐赠3间电子阅览室，泰州民盟教育专家对3所村小学50名教师进行培训。基于"互联网+教育"的发展趋势，依托民盟中央远程教育"烛光行动"——千校计划，推荐会理2所中学、会东1所中学建立教育资源信息共享平台；会理科技支部邀请川师大民盟委员会及民主党派负责人一行30人参与会理脱贫攻坚，提供农特产品包装设计和旅游产品设计作品11件，意见、建议80多条。两地盟组织携手在会理县启动教育扶贫项目，向学校捐赠图书，为"一村一幼"教师和部分中小学教师开展体育舞蹈和健美操培训，惠及22个乡镇、58个贫困村。二是发挥自身优势，注重帮扶实效。在盟员和基层支部募集扶贫款1.2万元，用于甘洛县普昌镇足木村扶持养殖业的首批产业发展基金。向喜德县拉克乡敬老院捐赠爱心款5000元。会东支部联系到位帮扶资金100多万元；"国际扶贫日"，支部盟员捐款3150元；组织盟员送医下乡，为铁柳镇村民开展义诊活动，赠送害虫诱捕器200余套。民中支部组织盟员到冕宁县后山乡桃园村八组贫困农户家进行走访，捐助3000元现金。会理卫生支部组织由会理县医院骨干医师为主体的专家组7人到益门开展义诊及作相关业务学术讲座，就诊群众210人。会理科技支部在县强制戒毒拘留所建立"黄丝带"帮教基地，进一步推动戒毒和帮教工作创新发展。三是基层支部倾情服务社会。科技支部协调中国社会福利基金会蓝豹救援队分别在德昌县阿月镇光辉小学、木里县牦牛坪乡下坪子村小学开展"壹基金川西南联合救援网络2016年冬季爱心温暖包"捐赠活动，发放"温暖包"155套，价值6万余元。医卫支部、科技支部协调英国救助儿童会，继续在西昌开展以儿童为中心的避难场所、宣传展板、电教设备、学生活动室、应急救援箱等"五大工程"活动，累计投入资金28万元。西昌学院基金委员会对杉树公益基金凉山支教教师40人专门进行心理学、教育学培训。二中支部积极协调索玛花支教团为西昌二中贫困学生50人捐资十多万元。医卫支部在布拖县医院对口支援期间，协调州一医院医技科“精准扶贫捐赠布拖县医院CT造影剂50瓶”项目，指导县医院开展CT增强检查，促成县医院加入凉山州影像远程会诊系统。学院三支部组织盟员教师为德昌30名乡镇企业困难职工、贫困农民工开展技能培训，取得劳务品牌培训合格证书。会理科技支部协调企业为会理县普隆乡莲花村孤儿、县实验中学贫困生捐款5000元。

【自身建设】 盟州委坚持把思想建设放在自身建设的首位，以坚持和发展中国特色社会主义学习实践活动为主线，以继承和发扬民盟优良传统为抓手，以增强盟的凝聚力为目标，充分发挥各基层组织、部委室作用，深化学习实践活动，凝聚共识，思想建设迈上新台阶。一是坚持以党为师，有序推进学习实践活动。在学习实践活动领导小组的领导下，结合中国共产党“两学一做”活动，学习中国特色社会主义理论体系，学习多党合作的光辉历史和民盟的优良传统，准确把握“坚持和发展中国特色社会主义”的丰富内涵和内在要求。通过学习实践活动，增强三个自信（即道路自信、制度自信、理论自信），达到“三个提高”（即广大盟员的思想认识显著提高，骨干队伍的整体素质显著提高，各级领导班子成员的“五个能力”显著提高），努力把凉山民盟建设成为高素质的地方参政党组织。二是不忘合作初心，传承优良传统。通过挖掘、整理、抢救民盟历史等系列活动，做好盟史抢救整理工作。《民盟凉山志（1945—2015）》和《凉大忆旧》正式出版。编辑出版过程中，盟州委编撰领导小组精心组织，各部室、各专委会、各支部积极参与，在全盟形成求真务实、凝心聚力、团结协作的良好氛围。丰富传统教育的内容，让广大盟员牢记民盟先烈与中共亲密合作、共同奋斗的光荣历史。三是弘扬社会正能量，树立大宣传格局。以盟务工作的优秀成果丰富宣传内容，以先进的人物事例引导盟员，不断提升盟的影响力。其一，重视网络平台运用，实现新闻报道的多元化和快捷性；其二，以《凉山盟讯》作为宣传阵地，采用文字、图片等多种宣传载体，及时报道重要会议、参政议政成果、盟务动态、学习体会等；其三，不断加强与州、市政协、电视台、报社和网络等公众媒体的联系和沟通，拓宽宣传渠道，扩大宣传范围。全年报送信息81条，盟员接受州市电台和日报采访23人次。

【荣誉】 在参政议政方面，民盟凉山州委被评为四川民盟调查研究工作先进集体，冯和平被评为四川民盟反映社情民意信息先进个人。民盟西昌市委被西昌市政协被评为提案先进集体，冯和平、刘效成、柴湘蓉被评为提案先进个人。社会服务工作方面，盟州委被评为四川民盟2012—2016年社会服务先进集体。宣传工作方面，民盟凉山州委被评为2012–2016年全州政协新闻宣传工作先进单位。民盟凉山州委，会理科技支部、西昌学院一支部被评为四川民盟“坚持和发展中国特色社会主义学习实践活动”优秀集体，李龙、郑琼茹被评为四川民盟2016年度思想宣传工作先进个人。

（供稿单位：民盟 / 审核：刘建蓉 / 撰稿：李龙）

民　建

Liangshan Prefecture Committee of the China National Democratic Construction Association

【概况】 2016年，民建凉山州委、西昌市委团结带领各基层支部和广大会员，不断加强自身建设、履行参政党职能。委员会由17人组成，主委王萌，副主委余堂辉、黄德斌、杨晓莉、罗伦才，秘书长王玉华。委员会下设13个基层支部，六部一室。发展会员继续坚持“三个为主”的方针，全年发展会员20人。截至2016年底，共有会员369人，平均年龄54.1岁，其中女会员152人，在职会员265人，经济界会员261人，大专以上学历233人，中高级职称

160人。会员中任各级人大代表的8人、政协委员27人。机关编制2人。

【自身建设】 民建州委、民建市委以思想建设为根本,认真开展坚持和发展中国特色社会主义学习实践活动,组织会员深入学习贯彻中共十八届五中、六中全会精神和习近平总书记系列讲话精神,建党95周年、纪念长征胜利80周年讲话精神,认真贯彻省、州、市重要会议精神及民建成立70周年纪念大会精神,引导会员把思想和行动统一到中共中央、省委、州委、市委和民建中央、省委重大决策部署上来,积极投身于“十三五”开局和脱贫攻坚伟大实践。深入学习中国特色社会主义理论体系、统一战线工作条例、多党合作历史和理论等。在会员中深入开展“两学一做”活动、“与党同行”征文、“不忘合作初心,继续携手前进”专题教育活动。2016年,民建州委、民建市委经过精心筹备,充分协商,严格组织程序,严肃换届纪律,完成换届任务,8月14日,民建凉山州第六次暨西昌市第七次代表大会召开,选举产生民建凉山州第六届、西昌市第七届委员会和领导班子,较好实现新老交替和政治交接,为开创民建工作新局面打下良好基础。各支部认真贯彻全国基层组织会议精神,继续推进基层组织生活制度化、民主化、多样化建设。机关一支部、医卫支部将社会服务与组织生活相结合,组织会员开展爱心公益活动。委员会采取多种形式和渠道,加大会员分层培训力度。全年选送会员到中央社院、中央统战部干部培训中心、民建中央、井冈山干部培训基地、省直机关党校、民建省委、资阳社院培训30余人次,积极加强党外代表人士和后备干部人才库建设。2016年是州、市人大、政协换届年,根据州、市统战部要求,民建州委、民建市委严格坚持党的领导和民主协商程序,充分发扬民主,广泛听取各方意见,切实把好州、市人大代表和政协委员推选关,认真做好推荐、考察工作。完成《“政党协商”初探》等3篇理论研究课题成果,并参加民建省委各类工作会等会议交流。各类媒体60余次对民建凉山州委、民建西昌市委会务工作及会员风采进行报道,扩大其影响。以“三严三实”促“四型”机关建设,组织开展老会员,困难会员春节慰问,生病会员温暖关怀,过世会员吊唁,“三·八”妇女节活动,老年会员欢度重阳节等活动,进一步增强活力和凝聚力。2016年,被民建省委评为组织工作先进单位。

【参政议政】 2016年,民建州委、民建市委领导班子及各级人大代表、政协委员参加调研、协商会、提案办理会等100余人次,分别就州、市“十三五”规划,州第八次党代会工作报告征求意见稿,州政府工作报告征求意见稿,西昌市精准扶贫工作,2016国际文化旅游节重点项目建设等主题协商发言得到重视和采纳。特约监督员和行风评议代表认真履行职责,积极参加聘请单位活动,坦诚进言,发挥应有作用。民建州委、民建市委深入实际调研,广泛收集反映社情民意。全年共完成《抓住机会,破解难题,加快区域经济协调发展》《新常态下西昌市第三产业转型升级方式研究》等7篇调研报告,分别在州政协全委会和常委会上发言,1篇被民建中央采用。同时,民建州委、民建市委配合民建省委开展调研,积极协调州发改委及经信委、教育、财政、统计等部门,完成“职业教育发展”、“藏彝走廊经济带建设”课题在凉山的调研。2016年民建州委、民建市委在州、市“两会”共提交提案78件,其中集体提案29件。内容涉及环境保护、交通建设、城市规划、教育等方面,质量和数量较往年均有所提高。其中《关于进一步加大安宁河流域生态环境建设的建议》被州政协列为一号重点提案,由政协主席督办,州发改委作为承办单位,州林业、环保、国土、水务等部门作为协办单位,进一步加大工作力度,全力打造安宁河谷绿色生态走廊。同时,该提案被民建省委采用。《关于我省稀土资源开发问题的提案》被省政协十一届四次会议采用。《打击两抢两盗一诈骗,维护西昌社会和谐安定的提案》被市政协列为重点提案,召开专门提案督办会。2016年,民建被市政协评为提案工作先进集体。张睿被评为民建省委社情民意先进个人,花映莲、代越秀被评为政协西昌市第九届委员会优秀政协委员，罗伦才被评为2016市政协提案先进个人，张富翠被评为2016年市人大建议先进个人。

【社会服务】 2016年，民建州委、民建市委领导多次率队赴精准扶贫对口联系点——西昌市荞地乡白塔村调研督导、走访慰问，多次研究精准脱贫工作，并为该村协调村道建设资金60万元，用于路面硬化，助力该村脱贫摘帽。主委王萌多次带领州、市调研组到西昌市响水乡、民胜乡等6个乡和雷波县大坪乡对脱贫攻坚工作进行调研督查，确保贫困户早日脱贫奔康。积极协助参与民建省委在盐源县开展的“教育扶凉”工作，并启动相关衔接工作。注重社会服务与参政议政紧密结合，在社会服务工作实践中，积极调研，深入解社情民意，形成《关于引导和提高精准扶贫过程贫困户积极性的建议》《关于搞好养殖产业扶贫的建议》等多篇提案，积极为脱贫致富建言献策。根据民建中央“中华思源工程扶贫基金会”的内容及凉山实际，民建州、市委每年都积极向民建中央、省委为凉山州争取扶贫项目。继2015年为昭觉县积极争取3台“思源救护”救护车，2016年积极协调，先后为盐源县、木里县、普格县、越西县、甘洛县、金阳县医院申请“思源救护”救护车16辆，帮助改善贫困县少救护车辆的状况，提高当地急救能力。在民建州委、民建市委的带动下，各基层支部和会员坚持尽力而为、量力而行原则，积极开展捐资助学等公益活动。医卫支部到巴汝乡开展“暖冬送温暖”活动，为贫困学生捐赠冬衣。机关一支部到西昌救助站看望失依儿童，赠送学习用品。会员企业吸纳就业3400人，会员企业安置下岗职工、退役军人及农村剩余劳动力500余人。会员刘越飞、陈浩、李昌海、蔡佳良等积极开展爱心捐助活动，累计捐款30余万元。宋坚忠退休后坚持为农民工培训养殖技能，先后6期，共培训400余人次，85%获得就业资格证。会员何勇组织的西昌中青会爱心团，整合各界爱心人士力量，以资助凉山优秀贫困生为主，累计捐款25.2万元，资助学生105人。会员李蕖长期坚持义务到敬老院照顾老人，奉献爱心。2016年，机关三支部被评为全省社会服务工作先进单位，李昌海被评为民建全国社会服务工作先进个人，宋坚忠被评为民建全省社会服务工作先进个人。

【荣誉】 花映莲被中国个体劳动者协会评为全国先进个体工商户；罗伦才被评为四川省拔尖中医师；主持的两项科研项目分获凉山州科学技术奖一等奖、二等奖；潘天春参与的科研项目获得凉山州科学技术奖一等奖；杨曦被评为西昌市劳模；马娅丽被评为西昌市优秀教师；李磊被评为凉山州红盾春雷行动先进个人；吕显惠被评为凉山州农行建功立业合格标兵。

（供稿单位：民建／审核：王盟／撰稿：张武霞）

九三学社

Liangshan Prefecture Committee of the Jiu San Society

【概况】 2016年，九三学社凉山州暨西昌市委在中共凉山州委、中共西昌市委、社省委的领导下，在州委、市委统战部的具体指导下，认真学习中共中央、省委、州委文件精神，围绕党委政府的中心工作，探索创新，切实履行民主监督、参政议政职责，为打赢脱贫攻坚战、实现凉山同步全面小康做出贡献。

【思想建设】 组织社员收看中共十八届六中全会实况。通过观看，社员们认识到中共十八届六中全会聚焦党建问题是民心所向、大势所趋；对于各级领导干部而言，当务之急是要从自身做起，不折不扣的落实全面从严治党战略。组织社员收看孙中山先生诞辰150周年纪念大会，深切缅怀孙中山为民族独立、社会进步、人民幸福而不懈奋斗的光辉一生。采用座谈会、诗、书、画等多种形式，传承九三优良传统，倡导“民主与科学”。作品陆续刊登在《九三凉山社讯》上。社州委、社市委组成考察组，于11月上旬赴社泸州市委、资阳市委和省直属巴中委员会进行调研、学习、考察活动。学习交流社务工作经验、“精准脱贫”工作经验,同时参观巴中市川陕革命根据地红军石刻陈列园。

【换届工作】认真学习、全面领会并贯彻省委统战部、州委统战部换届工作座谈纪要精神,学习《九三学社章程》中关于选拔干部的相关规定,统一思想,精心组织,周密部署,确保换届工作顺利完成。成立换届工作领导小组和办公室。领导小组全面把握换届工作和进程,由熊仿秋主委担任组长负责换届全面工作,柴豫蓉、张林祥、林建华、徐嘉莉、王明雯担任副组长;领导小组办公室下设在社州委、社市委机关,具体负责衔接、协调、服务等工作。领导小组和办公室多次召开会议,专题研究换届工作并具体落实换届的组织、资料、后勤等各项工作。5月1日前,西昌学院基层委员会及各支社换届工作完成。根据《九三学社四川省委员会关于2016年市级组织换届工作的意见》、中共凉山州委统战部关于2016年《凉山州各民主党派州(市)委换届工作座谈会纪要》及《九三学社凉山州暨西昌市委员会换届方案》(以下简称《方案》)精神,5月7日,社州委、社市委召开由社州市委委员、支社主委、州市人大代表、政协委员、机关干部参与的述职测评和民主推荐会。会议由社省委秘书长刘虹主持,社州市委主委、副主委、秘书长分别在会上就本届工作进行述职,参会人员以无记名投票方式,对领导班子及成员进行测评;同时按照要求,以无记名投票方式推荐出新一届委员会领导班子成员建议名单。随后,社省委领导、组织处负责人及州市委统战部领导分别与参会人员进行个别谈话,广泛征求意见,推荐出新一届委员会领导班子成员建议名单,由中共凉山州市委组织部、统战部等部门联合进行考察,经社省委和社凉山州委研究批准。按照《方案》规定,经各支社推荐,社州委、社市委召开委员扩大会议,多次讨论研究,民主推荐由17人组成的新一届委员会委员候选人,上报州委统战部、社省委,经批准,确定正式委员候选人名单。按照《方案》要求,民主选举出出席此次大会的代表88人;经社州委、社市委员会委员(扩大)会议推荐并确定提名代表15人。代表大会共有代表103人。其中:科技界代表38人,占37%;医卫界代表27人,占26%;教育界代表25人,占24%;其他13人,占12%;女代表50人,占49%;具有高级职称的代表59人,占58%;30—60岁的代表81人,占78%;代表总体结构合理,代表性强。选举和提名产生的103名代表,资格有效。8月15日,代表大会在西昌隆重召开。大会应到代表103名,实到会代表80名。会议审议通过主委熊仿秋所作的《坚定信念 凝聚共识 为实现中国梦凉山篇章贡献力量》工作报告;选举产生九三学社凉山州第六届暨西昌市第七届委员会;通过《九三学社凉山州第六次暨西昌市第七次代表大会决议》。选举产生17名新一届州市委委员,17名委员是(以姓氏笔画为序)于泽军、王明雯、王军、李万友、李晓秋、刘勇、肖俊、张林祥、陈奕、陈长波、陈默然、赵彤、林建华、徐嘉莉、熊仿秋、魏来科、戴莉。熊仿秋当选为九三学社凉山州第六届暨西昌市第七届委员会主任委员,张林祥、林建华、徐嘉莉、王明雯当选为副主任委员,任命林建华兼任秘书长。新一届委员会委员平均年龄48岁,女委员8人,男委员9人,学历职称较高,结构合理。

【组织建设】召开主委会议、委员扩大会议,明确领导班子成员分工。成立青年委员会,确定社讯编辑部、参政议政室、组织部、科技部、组宣部、办公室、妇委会、老龄委等部门负责人。安排班子成员及机关专职干部5人9批次分别参加社中央、省委统战部、社省委、州委统战部在中央社会主义学院、上海复旦大学、广州中山电子科技大学等地举办的培训班学习,提高政治素质和履职能力。按照“德才兼备”的原则,选拔使用优秀人才,2016年发展新社员6人,其中,高级职称1人,中级职称3人,本科5人,硕士1人,平均年龄36岁。组织机关工作人员参加社省委、九三中央的学习培训,参观巴中市川陕革命根据地红军石刻陈列园,接受红色革命教育,规范管理、改进作风,把机关建设成为“九三之家”，在后勤保障、上传下达、联系社员上获得好评。

【参政议政】 围绕中心服务大局，参政议政成效显著。社州市委始终围绕党委、政府中心工作和民生问题，认真贯彻“创新、协调、绿色、开放、共享”五大发展理念，把握“稳中求进”工作总基调，紧扣州委、州政府高度关注、人民群众普遍关心的重点、热点、难点问题积极建言献策。在“两会”召开前夕，社州委、社市委组织部分人大代表、政协委员、支社主委前往西昌钢钒公司、黄水乡调研，参观现代化生产车间、风力发电，与公司党政班子、乡村组干部及村民代表座谈，听取他们对企业转型、环境保护、新村建设、产业发展、政府工作的意见、建议。社州委、社市委及各级人大代表、政协委员在全国、省、州、市（县）“两会”上提交议案、提案、建议111件，其中全国人大代表议案5件、建议5件；四川省人大代表建议7件，省政协提案2件；凉山州人大代表议案1件、建议7件，州政协集体提案25件、个人提案10件；西昌市人大代表建议4件，市政协集体提案16件、个人提案18件；会理县人大代表建议2件，县政协集体提案9件。其中王明雯在十二届全国人民代表大会第四次会议上提交的《关于在十三五交通发展规划中给予四川重点支持，加大交通精准扶贫力度的建议》被全国人大确定为2016年重点督办建议，由交通部牵头办理，全国人大民族委员会督办。《关于大力发展实体经济，增加财政税收的建议》确定为重点提案，《严格控制凉山州超计划生育的建议》引起州委高度重视，《关于在泸山、邛海保护区实施重大建设项目前进行人大听征会制度的议案》确定为重点议案，并作为泸山、邛海景区建设、保护、管理的常态措施。在州委统战部和州委政研室确定的3个调研课题基础上，根据九三界别特点和社员优势，结合党委政府中心工作和州政协常委会谏言主题、市委双月座谈会专题，又自立4个课题，对每个课题都落实课题组成员，制定调研计划，保证课题经费。1.大凉山彝区学前教育面临的困难和对策建议。2.从供给侧转型升级凉山矿冶业。3.建立凉山电资源开发利益共享长效机制。4.加大农村信息化建设，带动农村经济发展。5.关于加快健全重特大疾病医疗保险和救助制度的建议。6.大凉山通村公路面临的困难及对策。7.安宁河流域自主搬迁面临的管理问题及对策建议。社州市委班子成员积极参加各级党委、政府、人大、政协、统战部和有关部门召开的民主协商会、暑期学习会、双月座谈会、情况通报会、秘书长联系会、工作会及各种视察、调研活动，征求意见会，参与重大事项的协商讨论。在政协凉山州第十一届委员会第五次会议上，副主委张林祥代表九三学社凉山州委作题为“加强领导、集中力量、整合资金，推进大桥水库引水入昌工程建设”的大会发言。在政协凉山州第十一届常委会第二十次会议上，州政协与社州市委参会人员，围绕凉山州风电光伏产业健康发展展开专题协商，积极建言献策。社凉山州委提交《凉山州光伏发电存在的问题及建议》的书面发言材料，并提出保护好森林、草地，发挥好风电光伏产业在精准脱贫中的作用，壮大村级集体经济等建议。

【社会服务】 2016年，深入基层关注民生，社会服务取得新进展。社州委、社市委继续搞好“五个一”联系、项目科技服务与定点帮扶工作。州政协副主席、社州市委主委熊仿秋多次到“五个一”联系点冕宁县宏模乡开展帮扶工作，到元升油橄榄种植和加工基地进行实地查看，与负责人交谈解情况，邀请州科技局局长周大海去冕宁县元升油橄榄种植基地实地调研，协调以申请科技创新项目的形式，通过专家评审，给基地一个科研项目，项目资金15万元，已申报并下达；同时到油橄榄基地，与公司技术人员商量，利用物理或生物方式防治病虫发生的方法和技术，加强油橄榄的绿色种植；与企业负责人联系，鼓励将油橄榄种植和加工做成冕宁县农业产业化支柱项目；到冕宁县宏莫乡拉白村，为当地贫困群众送去适合当地土壤和气候条件的200千克杂交玉米种子、160千克优良土豆种子、高产稳产杂交玉米种子“凉单4号”200千克、高产抗病商品性好的马铃薯新品种“青薯9号”种薯200千克，发给联系的拉白村60户贫困户，平均每户可种植1亩以上，并带领凉山州西昌农科所和九三学社科技人员到玉米和马铃薯种植地进行现场技术指导，由村农技员种植观察、繁种留种，已收获的品种表现好、产量高；为联系的贫困户送去慰问金2000元；到宏莫乡和新、老党委书记、乡长以及拉白村支书和村主任，作情况解与沟通，希望当地干部和贫困户要坚定脱贫信心，立足当地实际，发挥自身优势，抓好产业发展，力争宏模乡的富农增收工作再上一个新台阶；督导脱贫验收工作顺利进行，经申请州政府有关部门协调解决给予拉白村27万元补助款已到位，用于脱贫验收工作的查漏补缺，主要解决村“七有”不足的地方，如民俗文化坝子、村民活动室、图书室中的红白喜事办理，体育、文化设施、路灯、宣传栏等的完善工作；与州委督导组到冕宁县大桥镇、彝海乡等地看望慰问贫困户，联系修桥等项目，帮助乡、村理清发展思路；每季度1次，去彝海乡、惠安乡、大桥镇、拖乌等乡村，走村串户开展脱贫工作；到布拖县、普格县，多个乡村、贫困户家里、学校、企业等督导脱贫及“双过半”工作；参加会东县的脱贫验收工；抓好扶贫产业和助农增收等工作。社州市委副主委张林祥为推进贫困户早日脱贫，结合开展走基层活动，为贫困户购买米、油、种子、化肥等生活必需品和农用物资，帮助他们发展生产，改善生活；投入1.14万元，为阿兹觉乡4个幼教点购买70套幼儿午休床，解决66名入园儿童午休难题；组织投入4.8万元，购买3950只鸡苗，免费发送给79户贫困户进行养殖，户均50只；组织全校师生向阿兹觉乡捐款捐物，为阿兹觉乡捐赠2万元扶贫开发经费；协助学校为阿兹觉籍10名在农校就读学生免除学杂费，发放生活补助，减轻贫困户的家庭负担；组织阿兹觉乡基层工作人员、农技人员到农校培训，学习种养殖知识，以便更好地服务群众，推动产业发展。社州市委30余名社员（如陈默然、陈开兰等），充分发扬不怕苦、不怕累的精神，到贫困乡当住村农技员，以便更好地服务群众，为贫困户传授种养殖知识，为解决脱贫增收、推动产业发展献计出力。10月，社州市委副主委兼秘书长林建华、副主委徐嘉莉偕部分委员、社员一行（15人）赴西昌市琅环乡进行精准扶贫和社会服务活动。此次活动以“九琅合作”为平台，向社州市委一直定点帮扶建卡联系的12户精准扶贫建档上卡农户赠送价值3000余元的32袋高效复合肥，并向农户介绍化肥的科学使用知识；以“百名专家进乡村入学堂”活动为平台，由社州市委原副主委、妇委会主委、州民中高级讲师柴豫蓉为琅环乡中心小学的100多名学生上“禁毒防艾从娃娃抓起”宣讲课，通过毒品的危害、什么是毒品、怎样防范毒品、毒品与艾滋病的关系、交什么样的朋友等话题和学生互动交流，深入浅出，给小学生们上一堂生动、易于理解的禁毒防艾专题课程；以“国际科学与和平周”活动为平台，组织社医务专家徐嘉莉、戴莉、彭红霞、陈长波、朱远彩在琅环乡卫生院进行义诊及疑难杂症的咨询，并向看病咨询的老乡赠送健康卫生宣传手册；义诊后，州一医院儿科专家徐嘉莉结合临床实际，对琅环乡卫生院医生、护士进行“严重过敏反应”等常见实用临床针对性医疗技术培训，帮助卫生院医护人员提高临床重要医疗技术水平。12月，社州市委及西昌学院基层委员会一行7人结合2016年的调研课题，赴冕宁县调研“一村一幼”实施情况。调研小组一行在冕宁县教育局副局长喻华，基教股股长付俊梅的陪同下，先后走访彝海镇中心校、勒帕小学、拖乌乡鲁坝村等幼教点，为两个幼儿园送去价值1500余元的幼儿图书和玩具。为贯彻落实省委统战部、省脱贫攻坚领导小组办公室《关于支持各民主党派省委开展脱贫攻坚民主监督工作的实施方案》和《四川统一战线教育扶贫凉山行动方案》精神，社州市委副主委、州农校副校长张林祥一行于12月7—9日，陪同社省委专职副主委沈光明调研组一同赴雷波县开展脱贫攻坚民主监督和教育扶贫工作的调研、教育扶贫项目的对接工作。充分发挥九三学社在农业、医疗、教育等方面的人才优势和智力密集特点，走基层，重实际，定点帮扶，积极参与精准扶贫，送科技下乡，送教育下乡，送医疗下乡。

【获奖情况】 九三学社凉山州暨西昌市委员会被九三学社四川省委员会评为2016年组织工作、参政议政工作、社会服务工作、机关建设工作先进集体。九三学社西昌市委被西昌市政协评为2016年度提案工作先进集体。

（供稿单位：九三学社／审核：熊仿秋／撰稿：于泽军）

工商联

Liangshan Federation of Industry and Commerce

【概况】 2016年，州工商联深入学习贯彻中共十八大，十八届三中、四中、五中、六中全会，中央统战工作会议和习近平总书记系列重要讲话精神，按照省工商联和州委、州政府的工作部署，以促进"两个健康"为主题，以"两学一做"、脱贫攻坚为目标，以调查研究为抓手，着力在强化非公有制经济人士思想政治工作、服务经济建设、参与社会管理创新、加强自身建设上狠下功夫，完成全年各项工作任务。

【学习贯彻会议精神】 3月初，州委统战部、州工商联联合下发《关于深入学习贯彻习近平总书记在全国政协民建、工商联委员联组会议上重要讲话精神的通知》，要求各县（市）委统战部、工商联和商会组织要深刻认识习近平总书记重要讲话的重大意义，引导广大干部和非公有制经济人士全面深入学习贯彻习近平总书记重要讲话精神，通过举办座谈会、研讨班等多种形式，交流学习心得和体会，切实把思想和行动统一到习近平总书记重要讲话精神上来；以习近平总书记重要讲话精神为指导，切实加强工商联领导班子和自身建设，推进工作创新。3月14日，州工商联组织召开机关干部职工会议，学习习近平总书记在全国政协民建、工商联界委员联组会上重要讲话，传达学习全州统战部长会议精神。

【促进"两个健康"】 搭建政企沟通平台，促进民企健康发展。1月，州工商联组织州内部分民营企业和非公有制经济人士代表，对州政府23个职能部门2015年服务民营经济发展情况进行集中测评。州评议领导小组成员和民营企业、非公经济人士、民营企业党组织代表及被评议的23个政府职能部门负责人，共120余人参加会议。狠抓教育培训，促进非公经济人士健康成长。选派2名民营企业家参加在新西兰进行的优秀企业家培训。选派2名商会党组织负责人分别在井冈山、遵义参加企业、商会党组织建设培训。5月，州工商联领导率队参加在攀枝花举行的西南片区商会改革培训会。11月初，州政协副主席、州工商联主席参加省社会主义学院的非党政协委员培训。9月，副主席刘昌全参加省委党校为期1个月的民族领导干部培训。强化典型信息宣传。充分利用广播、电视、报刊、网络等媒体，大力宣传报道民营企业和民营企业家在转型升级、守法诚信、履行社会责任等方面的先进典型事例，特别是通过宣传报道省州直属商（协）会、民营企业家积极参与"万企帮万村"精准扶贫行动、"走基层、送温暖"、"扶贫济困"、"捐助助学"、"禁毒防艾"等活动，引导更多的非公有制经济人士加入到脱贫攻坚行动中来。州工商联向省工商联和州委办报送各类信息98篇。"借台唱戏"促进招商引资。1月，州委常委、州委统战部部长达久木甲，副州长杨卉，州政协副主席、州工商联主席宋光明出席四川广东商会在成都世纪城会议中心举办的以"创新、协调、绿色、开放、共享"发展为主题的2016新春团拜会。副州长杨卉在会上向1000余名民营企业家介绍凉山的优势资源、产业项目、优惠政策和良好的服务环境之后，推出招商项目150个，引资规模达1531.38亿元。热忱欢迎各位企业家到凉山考察指导，零距离感受凉山的民族风情、秀美山川、丰富资源和广阔市场，找准企业发展与凉山经济发展的契合点，不断拓展合作领域，提高合作水平，扩大合作成果。11月，成都凉山商会动员组织27名企业家赴会理、德昌两县考察对接投资项目。帮助商会企业回报家乡，回乡投资兴业，共谋发展。创新方式，搭建平台，促进交流与合作。州工商联利用外地商（协）会、企业到凉山投资考察，省直属商（协）会、省重点企业“万企帮万村”精准扶贫行动及“走出去”的机会，促进商（协）会、企业家之间的交流，寻找商机，共谋发展。还专门邀请州投资促进局为到凉山考察投资的商（协）会、企业作投资说明推介，进行招商引资。2016年，共接待贵州省六盘水市工商联（总商会）、黔南州工商联（总商会）、成都市工商联（总商会）、乐山市工商联（总商会）、德阳市工商联（总商会）、四川云南商会、四川化妆品商会、科技装备业商会等16家商（协）会，启阳集团、科甲集团、天友集团等20多家企业，接待企业家200多人次。组织部分商会负责人、企业家参加“西博会”“农博会”，应邀参加在云南楚雄州举办的毗邻州市联席会议。全年共组织招商引资项目推介会9场次。

【调研工作】 2016年，在中央“两会”期间，州工商联发动机关干部、民营企业家政协委员向州政协报送提案、议案20件，内容涉及民营经济发展、经济建设、社会建设、文化建设、生态文明建设等，所提提案、议案得到有关州领导和部门的高度重视。2月，州政协副主席、州工商联主席宋光明在州政协十一届五次会议上代表工商联作题为“关于提振民营企业家信心助推新常态下凉山州民营经济健康发展的建议”的发言。6月，在州政协第20次常委会上，州工商联副主席刘昌全代表州工商联，作题为“关于加快凉山州风电光伏产业发展的建议”的发言 。围绕经济建设、社会建设、生态建设、新型城镇建设、民营经济发展、文化产业发展、商会建设、企业党建和民生改善等领域和行业加强调研。共形成5篇调研报告，超额完成州委、州政府下达的调研任务。州工商联还在系统内评选推荐6篇优秀调研文章参加全省工商联系统优秀调研成果评选。

【精准扶贫】 州工商联积极响应全国工商联、国务院扶贫办、中国光彩会启动“万企帮万村”精准扶贫行动，成立凉山州“万企帮万村”精准扶贫行动领导小组，印发《凉山州“万企帮万村”精准扶贫实施方案》，明确帮扶对象范围、目标任务、帮扶原则、帮扶途径、时间进度、保障措施等。全州各级工商联积极引导和动员州内154家民营企业和商（协）会参与精准扶贫。1月22日，省工商联与凉山州政府在成都签订战略合作协议。4月26日，召开民营企业“‘万企帮万村’·光彩凉山行”动员部署大会。邀请25个省工商联直属行业商（协）会、23家省级异地商会和57家重点民营企业负责人参会。省工商联组织动员48家商（协）会、57家省重点民营企业对口帮扶凉山州11个贫困县的153个贫困村。州委、州政府成立“万企帮万村·光彩凉山行”协调推进领导小组，负责“万企帮万村·光彩凉山行”工作的组织领导、统筹协调、优化环境、提供支持等工作。按照省工商联《关于商（协）会和重点民营企业结对帮扶凉山州11个贫困县部分建档立卡贫困村的通知》，凉山州相关县委、县政府及部门负责人先后对105个商（协）会和重点民营企业采取互动联系、上门拜访、推荐县情、商讨帮扶等措施，尽快推进帮扶工作落实、落地。7月19日，组织130多家企业到凉山开展“万企帮万村·光彩凉山行”活动。“万企帮万村·光彩凉山行”主题大会由省委统战部副部长、省工商联书记钟家霖主持，省委常委、统战部部长崔保华，省政协副主席、省工商联主席陈放出席会议并作重要讲话。此次活动中，民营企业爱心捐款538.5万元，捐赠价值1687万元的物资；签订产业发展项目12个，签约资金39.08亿元。截至10月底，参与凉山精准扶贫的州内企业、省直属商（协）会、省重点民营企业已达259家，帮扶全州288个贫困村。截至2016年底，全州已有138个贫困村6095户贫困户得到实际的帮扶。其中有7个村是极度贫困村。省级重点企业中有38家企业和商协会做具体的帮扶项目，涉及帮扶贫困村47个，实投资金1018.56万元。本地企业中已有121家开展帮扶，占总数的78.57%，涉及帮扶贫困村90个，实投资金765.6544万元。3月，在中华红丝带基金的组织下，捐资4500万元在昭觉县修建一所"万达爱心学校"。万达爱心学校占地51亩，是一所包括小学和初中的全日制寄宿学校，实行公办民助、九年一贯制，主要招收农村地区特殊困难儿童，建成后招生规模将达到2000人。学校建设计划总投资4500万元，其中万达集团捐资2500万元，昭觉县投入1740万元，完成撤迁、征地补偿、电力动迁、布线、场地"五通一平"等各项工作。3月10日，在昭觉县举行开工奠基仪式。8月10—19日，陪同中华红丝带基金秘书长王悦鹏、副秘书长张林一行，对中华红丝带基金援建凉山州的项目进行督导。"万企帮万村"精准扶贫行动开展顺利，成效显著。省直属商（协）会、重点民营企业陆续进入凉山开展调研帮扶工作，州工商联积极配合，在认真做好对接、服务、保障的同时，还与商（协）会、企业一道深入到贫困村进行调研，签订村企共建协议，制定帮扶措施。全年共深入30多个贫困村开展调研和帮扶工作。深入扎实做好对口帮扶工作。州工商联要按照州委、州政府的安排部署，与州台办一道，结合"走基层、送温暖"活动，切实抓好扶贫联系点的精准扶贫工作。州工商联副主席刘昌全率机关干部职工赴雷波县扶贫联系点——莫红乡莫红村开展"走基层 送温暖"活动，调研脱贫攻坚工作，并慰问结对帮扶贫困群众，送去慰问金3500元。

【自身建设】 2016年，州工商联按照中央、省州委的统一部署和要求，州工商联党组专门召开会议研究"两学一做"学习教育活动相关工作。州工商联成立《凉山州工商联"两学一做"学习教育活动领导小组》，组织全体党员干部采取个人自学、集中培训、专题辅导、集体研讨等形式学习《中国共产党章程》《中国共产党廉洁自律准则》《中国共产党纪律处分条例》等党纪党规以及《行政机关公务员处分条例》等规章制度；学习《习近平关于党风廉政建设和反腐败斗争论述摘编》和《习近平关于严明党的纪律和规矩论述摘编》；学习习总书记系列重要讲话精神等。重点是习近平总书记在全国政协民建、工商联委员联组会议上重要讲话精神。4月，组织单位全体干部职工参观凉山州法纪中心，观看警示教育片，进一步筑牢防线，提高拒腐防变能力。大力推进县级工商联建设，按照《2015年"五好"县级工商联建设工作实施方案》，经过初审、复核，推荐会理县、德昌县工商联为省级"五好"县级工商联。通过省工商联评审，会理县工商联被评为"五好"县级工商联。通过全国工商联评审，西昌市工商联被评定为全国"五好"县级工商联。指导凉山州成都商会筹备组完成商会领导班子人选考察、大会筹备等工作。5月25日，在西昌召开成立大会。成都市工商联主席孙明、党组书记范晓宏到会祝贺。

（供稿单位：州工商联／审核：宋光明／撰稿：邹学琼）

群 团

MASS ORGANIZATIONS

工 会

Liangshan Federation of Trade Unions

【概况】 2016年，全州各级工会组织紧紧围绕发展、民生、稳定三件大事，立足工会实际，在凉山经济社会发展全局中精心谋划推动工会工作开展。

【改革发展】 一是强化职工思想教育引导。充分利用《凉山工运》季刊、《凉山日报》工运专刊和州总工会门户网站等宣传阵地，在职工群众中积极宣传中央、省州委重大会议精神，广泛开展理想信念教育、爱国主义教育、民族团结进步教育和“四德”教育，积极引导职工自觉践行社会主义核心价值观。大力开展文体活动，凝聚职工力量，4月25—27日，州总工会举办庆“五一”暨全州第二届职工羽毛球运动会，全州26支代表队167名运动员参加。二是广泛开展劳动竞赛。深入开展“践行新理念，建功‘十三五’”“中国梦·劳动美”等主题竞赛活动，广泛开展“我学、我练、我能”女职工提素建功活动，引导职工牢固树立并积极践行创新、协调、绿色、开放、共享五大发展理念，激发劳动热情和创造潜能，在改革发展一线建功立业。辖区内企业参赛面达97.36%，职工参与率达91.06%，参赛职工21万余人次。三是大力弘扬劳模精神。认真做好劳模服务管理工作，及时发放省部级“劳模三金”131万余元，为349名州级劳模发放春节慰问金34.9万元，为44名州级困难劳模发放生活补助金8.8万元。组织19名全国劳模和238名省部级劳模进行健康体检，组织45名州级以上劳模赴井冈山和海南等地进行疗休养，大力宣传劳模先进事迹，以劳模精神引领广大职工立足岗位、建功立业。

【改善民生】 一是扎实开展专项帮扶工作。全年全州共筹集、协调各类帮扶资金2345万元，帮扶困难职工（农民工）共5.3万余人次。扎实做好困难职工帮扶工作，认真开展困难职工档案清理，将15300余名困难职工实名登记入库，搭建起精准帮扶管理平台，按照生活救助、医疗救助、助学救助每户500元，职业培训每户1000元的标准，实行分类分层帮扶，实现15300余名建档困难职工帮扶全覆盖。投入资金177.6万元，培训农民工1776人，促进就业508人。深入开展“四季送”活动。慰问企业269个，困难职工4547人；联合相关单位举办专场招聘会17场，提供职业介绍免费服务17280人，跨地区有组织劳务输出10550人，本地企业吸纳农村劳动者4684人，继续深化"金秋助学"活动，筹措专项资金80余万元，共资助200余名贫困学生上大学。二是大力开展职工互助保障工作。全州16361人参加职工互助保险，赔保512人次，赔付金额51.5万元；4279名女职工办理女职工大病互助保险，为74名患病女职工进行赔付，赔付金额109万元。开展女职工关爱行动，175名困难女职工（农民工）得到关爱。临时生活（医疗）救助15人，救助资金7.7万元。投入资金20万元，实施关爱癌症病人救助项目，救助困难职工20户。三是积极参与扶贫攻坚。州总工会协调雅砻江流域水电开发公司、省电力公司等4家省属企业投入资金700余万元，先后在昭觉、布拖、盐源等10个县（市）边远贫困山区的14所小学援助新建教学楼、教师宿舍、厕所、操场、浴室、食堂等基础设施，截至2016年底，已全面完工并投入使用，6000余名师生受益。认真开展联系帮扶普格县洛乌沟乡跃进村工作，募集捐款22817元（其中：单位捐款12800元，职工捐款9900元，社会捐款117元），为该村送去种羊30只，为贫困群众送去价值12800元的脸盆、毛巾、牙膏、香皂、扫把等用品和卫生清洁用具；价值1.2万余元的棉被，为村活动室送去价值1万元的图书。投入资金10万元，在禁毒防艾工作联系点布拖县乌依乡开展禁毒防艾工作，为24户戒毒康复者、艾滋病患者、极度贫困者"三类人员"购买发放48只母羊，通过"借羊还羊、轮流养殖"方式（每户养殖2只，待产出2只羊羔后，将种羊退还，并安排给其他三类人员养殖），引导其自力更生，勤劳致富，早日脱贫奔康。

【职工权益保障】 一是维护职工民主权。依法推动企业普遍开展工资集体协商，共签订合同2715个，覆盖职工151784人，建会企业工资集体协商建制率达91.03%。深入推进厂务公开民主管理规范化、标准化建设，切实保障职工知情权、参与权、表达权和监督权，全州已建工会的企业厂务公开率98.2%，职代会建制率99%。二是维护职工生命健康权。扎实开展"安康杯"竞赛活动，433家企业的4401个班组，62004名职工参加竞赛，规模以上企业开展率达100%。全州规模以上企业签订职业病防治专项合同率达100%。切实维护女职工合法权益，《女职工权益保护专项集体合同》签订企业3426家，覆盖女职工40984人，签订率达90.30%。三是维护职工劳动保障权。州、县（市）总工会联合人事劳动等部门对市政、水利、交通、餐饮、矿山、制造等行业343户企业及个体户遵守劳动用工和社会保险法律法规情况开展联合执法大检查，涉及职工27800余人；查出拖欠工资237万元，欠缴社保费72万元，并限期整改落实。州总工会组织各县（市）总工会赴苏州、深圳、珠海等七市，开展"关爱外出农民工行动"，切实维护农民工合法权益。认真做好信访工作，全年共受理法律援助案件20件，结案17件，帮助137名受援人挽回经济损失549.5万元。四是大力开展法治宣传。深入推进法律"七进"活动，大力开展"七五"普法宣传，开展农民工专项法律知识讲座70余场，开展法律工作培训班210场次，发放宣传资料14万余份、法律援助便民卡3.1万张，受众达50余万人次。

【自身建设】 一是不断加强基层工会组织建设。截至2016年底，全州基层工会数达4704个，涵盖单位7295个，工会会员32.9万人，全总数据库中企业建会率达95.5%，职工入会率达到98.9%。全面落实会员实名制管理工作，建会企业"双亮"活动开展面达到91%，"规范化"建设面达到87%，打造一批基层工会规范化建设示范点。"职工之家""会员评家"活动深入开展，"会员评家"活动面在86%以上。按照省州1∶1的比例，州总工会配套落实108.96万元资金作为乡镇（街道）、社区基层工会补助经费，基层工会组织建设不断得到加强。二是财务经审工作得到强化。依法科学足额收取工会经费，全年实现总收入6104.8万元，同比增加922.6万元，增长15%，在经济下行的情况下，工会经费实现四年连续增长，并连续被全国总工会评为地市级工会财务工作先进单位。全州各级工会经审会共组织完成121项审计，审计查出问题280个，提出审计意见275条，整改255条，整改率达到92.8%，确保工会资产安全和保值增值。三是阵地基础建设稳步推进。截至2016年底，已建成州级“三中心”及越西、喜德、宁南、会理、昭觉、金阳、木里等7个县级“三中心”，正加紧推进美姑、甘洛、冕宁、雷波、德昌、布拖等6个县级工会“三中心”建设，力争“十三五”期间实现17县（市）全覆盖。四是干部作风进一步转变。认真开展“两学一做”学习教育工作，努力践行党的群众路线和“三严三实”要求，鲜明讲政治、守纪律、守规矩导向，全面加强班子队伍建设，扎实推进党风廉政建设，增强工会干部政治意识、大局意识、核心意识、看齐意识，营造工会系统清新政治生态。加大干部培训力度，45人参加全国总工会、省总工会培训5期；州总工会组织开展培训3期，培训600余人。州总工会出台《关于进一步加强社会化工会工作者队伍建设的意见》，全面加强社会化工会工作者队伍建设，不断充实工会干部队伍力量。

（供稿单位：州总工会／审核：王英／撰稿：吴恒）

共青团

Liangshan Prefecture Committee of the Communist Youth League of China

【概况】 2016年，共青团凉山州委在中共凉山州委和共青团四川省委的正确领导下，围绕党政中心开展工作，求真务实，开拓进取，团结带领全州广大团员青年开创凉山共青团工作新局面，为推进凉山追赶跨越脱贫奔康作出积极贡献。

【思想建设】 2016年，团州委坚持把青少年思想政治引领作为团的主要任务之一，以社会主义核心价值观为内容，通过广泛开展多种主题教育活动，引导全州广大青少年听党话、跟党走。一是强化主题教育实践。全州各级团组织充分利用主题团日、队日、升国旗仪式等，广泛开展“我为社会主义核心价值观代言”“民族精神代代传”“非遗文化进校园”“重走红军长征路”等主题实践教育活动百场，影响覆盖青少年7万人次，引导青少年树立正确的世界观、人生观和价值观，坚定跟党走中国特色社会主义道路的决心。围绕脱贫攻坚要求，在喜德县瓦尔学校启动凉山共青团“小手牵大手、文明伴成长”主题活动，在全州青少年中开启文明青少年评选和文明礼仪劝导等活动，教育引导青少年养成健康文明行为习惯，进而带动家长养成良好文明习惯，主动移风易俗。在2016年5月4日召开凉山州纪念五四运动97周年暨精准脱贫青年勇当先推进会。继承和发扬五四精神，推进脱贫攻坚。全州各地少先队和团组织都举行承五四精神，展青春风采集体离队入团仪式，进一步提高凉山学生的团员意识，增强团员荣誉感。开展“两学一做”主题党日活动、“手抄党章60日”、党章辅导报告会、观看教育影片等活动，知党爱党，增强政治意识、大局意识、核心意识、看齐意识，增强责任感和使命感。二是继续巩固报刊、电视、广播、网站等传统媒体宣传工作，运用互联网方式，拓展宣传实效。继续在《凉山日报》上开设《共青之声》专栏，2016年专版共12期。全州共青团系统建立实名微信微博平台40个，开展青年之声互动交流100次。组建17支700名青年网宣志愿者队伍，积极参与全州重大网络舆情的正面引导工作，直接影响覆盖29万名青少年。共青团凉山州委新浪微博在全国地市级团组织微博账号综合影响力中稳居前50强。截至12月31日，团州委微信粉丝数3674个，微博粉丝数282个，共推送信息74条；《青年之声》专栏入驻专家616位，回答青年提问8795条。做到青年资讯、热点新闻及时发布，青年需求及时满足，青年困难及时帮助。

【青少年工作】 2016年，团州委找准共青团工作在服务党政大局和服务青年中的切入点和着力点，深入推进共青团各项品牌建设，充分发挥职能作用，为经济社会发展做出贡献。一是深化禁毒防艾工作。州、县、乡、村四级禁毒防艾骨干体系初步形成，建立州级和县级青少年禁毒教育基地33个。强势推进“禁毒防艾乡村社工”项目，在普格、越西、昭觉三县招募专职禁毒防艾社工30名，加大对涉毒青年、艾滋病患者和艾滋病致孤儿童群体的随访调查、心理关怀、动员服药介入工作，成效明显，该项目被评为全省十佳志愿服务项目。建立“绿色家园共青书屋”，捐赠图书2000册，价值6万元。切实帮助绿色家园戒毒青年通过读书活动开展理想信念教育、感恩教育，坚定戒毒信心。在昭觉、普格、越西三县开展禁毒防艾乡村行文艺巡演活动，通过文艺演出等形式提高广大青少年识毒、拒毒、防毒意识，受教育人数3万多人。在全州各地中小学校开展“争做文明阳光无毒青少年”禁毒防艾系列活动，通过宣誓承诺、防艾脱口秀演讲、走进戒毒所、观看影片等形式，禁毒防艾知识教育。在“6·26”“12·1”等重要节点以快闪活动、发放宣传单、设置展板等形式，开展禁毒防艾宣传教育，引导广大青少年积极参与全州禁毒防艾攻坚工作。二是推进志愿服务工作。开展“助残阳光行动”和“关爱农民工子女关爱行动”，组织志愿者开展学业辅导、扶贫助困、心理咨询、一对一志愿帮扶等工作。在春运期间开展以“青春志愿行、温暖回家路”为主题的志愿服务，服务历时14天，为13万人次旅客开展各类帮扶。选派200名“一村一幼”志愿者以接力方式，奔赴昭觉、美姑、雷波等县幼儿教学点开展支教志愿服务。组织青年志愿者前往西昌市西乡乡一所民办特殊教育学校开展阳光助残志愿服务，通过趣味运动会，发放糖果、棉被、文体用具等物品给儿童们送去祝福与关爱。承接四川国际文化旅游节、四川省第二届残疾人文化艺术节、第三届西昌邛海湿地国际马拉松赛志愿服务工作，共组织3000名志愿者积极参与。六是招募西部志愿者126人开展服务。全州青年志愿服务工作多次获中央、省有关部门和州表彰。三是推动青年就业创业。通过“逐梦计划”为待业青年提供281个就业见习岗位，已有42名大学毕业生选择到合适岗位。开展青年电商技能培训3期，培训200人。组织开展民族地区女大学生就业结构因素的问卷调查工作。通过四川省青年创业就业促进计划（SYE）项目，为16个创业项目提供143万元免息免担保免抵押的创业贷款扶持。与州电视台共同启动2016年度凉山州十大创新创业青年先锋评选活动。完成凉山州（西昌）青年创业孵化中心全面建设，并于10月正式营运。正式启动第四届青年创业初赛、复赛。邀请青创工场创始人兼CEO姜鹏博士以“最美创业时代遇到创业的你”为主题开展青年创业分享辅导报告，与大家共同探讨创新创业精神的时代内涵和重要意义，点燃创业梦想与激情。四是强化青少年维权保障。进一步探索“五步工作法”推进重点人群管理，推动全州重点青少年群体关爱工作扩面、提质、增效。在寒假期间开展“青春自护、平安春节”自护教育活动，围绕心理健康、人身安全、防范意外伤害和侵害行为等内容展开，开展活动20场，受教育青少年3000人，发放宣传资料3万份。切实履行预防青少年犯罪办公室和未成年人保护办公室职责，协调部门资源，深入开展与人大代表、政协委员“面对面”活动，提交议案和提案，畅通共青团与人大代表、政协委员交流沟通渠道，为反映青年要求搭建有效平台。五是开展青少年群体关爱活动。通过“幸福凉山暖冬关爱”活动，关心帮助全州5000名特殊困难儿童完成新年心愿。通过“双百育才”“新东方专项助学金”“草芦助学金”“索玛花助学网”“我要上大学”等助学活动资助663名州内贫困学生113.3万元。组织开展“凉山州2016年姚基金希望小学篮球季”公益活动，组织34所希望小学参赛。四是落实帮扶金阳县日克地村至乡政府的道路硬化项目。

【团干队伍建设】 一是夯实团的组织建设。顺应青年流动分布的新特点，扎实推动团的基层组织建设，继续在组织结构、组织形式、组织特色、组织活动等方面创新、创优、创效，扩大团的工作有效覆盖面。突出学校团建的基础性地位，针对中学共青团工作进行实地调研，召开凉山州中学共青团工作会议，狠抓学校共青团工作，全面加强学校基础性团务规范化建设。坚持不懈地抓好城乡区域化团建工作，推进宾馆餐饮、商贸流通、金融服务等青年分布相对集中领域的团建工作，出台非公经济团建工作意见。积极创新基层团组织设置模式，灵活设置团的基层组织。二是强化团干和团员队伍建设。在全州团组织中开展“学党章党规、学系列讲话、做合格党员”专题教育活动，通过开展主题党日、团日活动，开展党员“四问”活动，开展“五个专题”学习讨论，开展专题组织生活会，开展民主评议党员等，高标准、严要求、经常性地抓好团干部思想政治建设。通过组织“全州团干部理论读书班”，部分团干部赴井冈山、复旦大学等参加培训，提高团干部能力素质，2016 年共培训团干部 200 名。加大对县级团干部和重点工作安排协管考核，督促检查力度，推行团干部履职情况季报制度、重点工作情况“双通报”制度。着眼于增强团员的代表性、先进性和荣誉感，从入口处控制增量、保证质量。严格入团标准和程序，从出口处推优入党，优化存量，严格组织生活，严格教育管理，严肃团内执纪，开展增强团员意识主题教育活动，执行戴团徽、唱团歌、过团日和“三会两制一课”制度，引导广大团员青年立足岗位创先争优，充分发挥先锋模范示范引领作用。

（供稿单位：团州委／审核：何建梅／撰稿：黄晓波）

妇 联

Liangshan Women’s Federation

【凉山州妇女第十次代表大会】 2016 年 3 月 23 日至 25 日在西昌召开，正式代表 330 人，特邀代表 20 人，州妇联主席马燕灵代表九届执委会作题为“凝聚巾帼力量 积极开拓创新 团结带领广大妇女为凉山同步全面建成小康社会而努力奋斗”的工作报告。会议通过差额预选，等额正式选举的方式，从 57 名候选人中选举产生 55 名十届执委。在随后召开的凉山州妇联十届一次执委会议上，选举马燕灵为主席，安荣会、伍春、雷琼、罗阿呷、刘怡、郝东焰、杨晓莉、马剑霞等 8 人为副主席，王迎春、白秀英、吉戈莫阿牛、吉列么惹扎、汤学莲、苏彬、李玉国、补尔莫各惹、陈慧英、莫燕等 10 人为常务委员。

【妇联自身职能建设】 2016 年，州妇联制定《凉山州妇联发挥妇联界别作用暂行管理办法》，将兼职副主席和十届执委组建为妇女与法律、妇女与社会保障、妇女与决策和管理、妇女与经济、妇女与文教卫生五个界别。各界别从党委政府重视、广大妇女关心、社会关注度高的问题出发积极开展工作，不断提升妇联参与社会治理的能力。通过开展法律维权走基层巡回宣讲和机关事业单位女职工生育医疗保险报销，“一村一幼”实施情况等方面开展调研，并就如何加强和改进党的群团建设，进一步增强妇联政治性、先进性、群众性，去除机关化、行政化、贵族化、娱乐化等方面提出意见、建议。

【拓展妇女创业空间】 2016 年，州妇联 联合发改、人社等 9 个部门制定《关于大力发展妇女居家灵活就业的意见》，重点扶持彝绣、漆器、冕宁挑花等多个品牌，培育国家级、省级非物质文化遗产传承人、技能大师 4 人，技能大师工作室 1 个，培养女企业家贾巴子则和阿牛阿呷成为凉山州彝绣女能人，促进其企业带动 500 余名妇女创业就业。创新“公司 + 基地 + 绣娘”等发展模式，通过建基地、抓培训、聚资源等措施，引导妇女自谋职业、自主创业、灵活就业。协助省妇联举办“川针引线·巧手致富”展览，在北京中国妇女儿童博物馆展出凉山彝族服饰、漆器、银饰、精品彝绣片等民族特色产品，宣传彝族刺绣传承创新，现场签订大量订单。结合精准扶贫和妇女居家灵活就业，开展“巧手绣彩·创业脱贫”——2016 大凉山妇女手工编织大赛暨工艺品展。搭建农村妇女就业平台，举办“凉山州妇女电子商务培训班”，培训100名农村妇女，引导农村妇女拓宽农特产品网络销售渠道。

【开展精准扶贫】 大力实施巾帼脱贫行动，对732名建档立卡贫困妇女开展电子商务就业创业孵化、种养殖技术、彝绣技能等培训。启动“培育好习惯好风气——彝区洁美家庭巾帼行动”，接收广东省“爱心企业”捐赠资金259.5万元，为凉山州12万户建档立卡贫困妇女家庭捐赠“五洗”用品。倡导告别陈规陋习和不文明行为，向全州广大妇女群众发出开展“养成好习惯形成好风气——彝区洁美家庭巾帼行动”倡议。在西昌樟木、响水两乡组织68名贫困妇女参加养老护理员与月嫂技能培训。号召女企业家学习州女企业家协会副会长杨静参与全州精准扶贫事迹。派出优秀年轻干部任喜德县乐武乡呷子村第一书记，为呷子村52户精准贫困户送去7万余元过冬物资和生活用品。自筹资金15万元，其中10万元为呷子村52户精准贫困户购买能繁母猪52头，5万元用于该村民俗文化坝子建设。协调2万余元资金为该村200余头繁殖母猪购买保险。努力改善呷子村群众的居住条件和环境，完成新建房屋42户，改扩建48户。为乐武乡低保、五保、留守儿童发放1000余件羽绒服、200余个洗漱袋，并资助1万元慰问金。“六一”儿童节为乐武乡中心校孩子们送去价值4万余元的学习文具、体育用品等节日礼物；表彰慰问该乡10名品学兼优的贫困女童和5名女童孤儿。深入金阳县南瓦乡地洛村洛波组慰问和看望泥石流受灾困难群众，州县妇联为受灾群众送去价值11万余元物资，为该村300余名群众现场进行禁毒防艾、健康文明新生活、打拐防拐、返乡农民工维权等知识的宣讲。

【寻找“最美家庭”】 寻找“最美家庭”已成为全州妇联系统弘扬家庭美德、凝聚社会正能量、培育和践行社会主义核心价值观的一个响亮品牌。州妇联协同州委宣传部、州文明办、州网信办继续开展2016年全州寻找“最美家庭”活动，评选出州级“最美家庭”44户，其中昭觉县罗军家庭和会理县彭远美家庭当选四川省“最美家庭”，会东县胡应平家庭当选全国“最美家庭”。进一步挖掘和树立一批文明和谐家庭典范，引领广大干部群众争做中华民族传统美德的传承者和社会主义核心价值观的践行者。

【庆祝“三八”妇女节】 评选表彰69名州“三八红旗手”、23个“三八红旗集体”。组织州级行政、企事业单位开展庆“三八”巾帼健身比赛，组织州级机关84支队伍参加活动。开展“三八维权周”宣传教育活动。营造积极有为、奋发向上的节日氛围，激励广大妇女主动作为、争当先进、建功立业，充分发挥“半边天”的作用。

【推进男女平等基本国策】 州妇联在州委党校主体班开展四期男女平等基本国策专题讲座，部分县（市）妇联也积极推动在党校（行政学院）和各项干部培训中开设党的妇女工作理论政策课程。在金阳、越西、美姑、昭觉等县开展巾帼维权法律大讲堂活动。结合《中反家庭暴力法》大力开展反家暴宣传活动，举办首届“反家庭暴力、幸福使者、母亲课堂”培训班，17个县（市）妇联主席、办公室主任、乡镇妇联主席代表及家长共300余人参加培训。在州妇联在州民政救助站挂牌成立全州第一家反家庭暴力庇护中心，免费为遭受家暴侵害的受害人提供的临时庇护救助场所和心理疏导，进一步完善反家暴工作救助链。

【开办掌上凉山“妇女之声”栏目】 为适应新形势，构建妇联大宣传格局，在建设凉山妇联微信公众号的基础上，与凉山广播电视台合作，在“掌上凉山”平台开辟“妇女之声”专栏，举办一期120人参加的全州妇联系统宣传工作培训会，为社会各界了解妇联工作动态、关注妇女儿童维权、支持妇女儿童事业发展提供良好平台，该项工作在全省妇联宣传工作会议上作为先进典型进行交流发言。

【"禁毒防艾"宣传教育】 制定《凉山州妇联2016年艾滋病防治工作实施方案》，将农村妇女"面对面"艾滋病防治知识宣传教育工作纳入全州妇联系统年度考核。对育龄妇女进行调查登记，动员孕产妇住院分娩，有效控制艾滋病母婴传播。"6·26"国际禁毒日、"12·1"世界艾滋病防治宣传日，州、县（市）两级妇联共开展禁毒宣传教育活动24场次，发放宣传资料7万份，接待现场咨询7万余名，受教群众达11万余人。

【推进"妇女儿童关爱"行动】 以"关爱女性健康、传播爱心事业、造福社会福祉"为主题举办"关爱女性保障计划"培训，为广大妇女、提供预防、检查、治疗"一站式"健康服务。召开"两纲"工作重难点指标分析会，就"两纲"实施过程中出现的妇女常见病筛查率、农村集中式供水受益人口比重、农村卫生厕所普及率等部分重要指标完成难度较大的问题进行认真的梳理和分析。开展"两癌"宣传救助，全年共救助农村贫困妇女"两癌"患者52人，给予人均1万元补助。向雷波县永盛乡1名身患尿毒症的贫困母亲、会东县堵格镇1名患宫颈癌的贫困母亲各资助3000元救助金。

（供稿单位：州妇联 / 审核：马燕灵　雷琼 / 撰稿：吴邦华）

科　协

Liangshan Association for Science and Technology

【概况】 2016年，州科协充分发挥科协全委会和"四服务一加强"职责定位作用，认真贯彻全国"科技三会"精神，围绕中心、服务大局，助推精准扶贫和科技创新主战场，发挥"基层科普行动计划"项目资金和"科普照亮山村行动计划"的助推作用，创新工作载体和手段，推动自身建设和转型发展，机关党建和"两学一做"学习教育、党风廉政建设、工会建设、法制建设、民族团结、县（市）科协"创新争先"等各项工作取得实效，为全州全面建设小康做出贡献。

【四届五次全委会】 2016年11月，州科协主要领导调整，根据州委提名，杨斌拟任州科协主席，根据凉山州科协实施《中国科学技术协会章程》规定，召开四届五次全委会。会上，通过等额选举，杨斌当选为州科协主席，周庆宇、黄春莉、李列平（兼）、刘健（兼）、蔡光泽（兼）当选为副主席，宋永国任秘书长。常委17人，委员36人。机构设置为一正两副，内设纪检组、办公室、学会部、普及部、民科队、青少年科技活动中心。

【贯彻全国"科技三会"精神】 7月22日，州委办《通知》召开2016年度凉山州科协工作会暨全州"银会合作"推进会。17个县（市）委分管领导、各县（市）邮储银行行长、17个县（市）科协主席、州级学会秘书长参加会议。会议由副州长肖春主持，州委常委、州总工会主席龙伟到会讲话。会上，杨斌传达全国"科技三会"精神，并对上半年科协工作进行总结，对下半年工作进行安排部署。州邮储银行行长对凉山州2016年"银会合作"情况进行通报。会上，副州长肖春宣读州委办、州政府办对第七届凉山州自然科学优秀学术论文通报表扬。会上，州委常委龙伟对2016年科协工作取得的成绩给予肯定，并对科协下一步工作提出要求。

【项目资金管理】 一是积极争取项目资金，开展科普惠农工作。全州开展2016年国家、省级"基层科普行动计划"项目申报工作，获得资金257万元，对9个农村专业技术协会、5个科普示范基地、5名农村科普带头人、3个科普示范社区进行奖补；争取2016年省级科普经费185万元，完善"凉山州基层科普行动计划项目库"。二是有序推进"科普照亮山村行动"，助力大凉山精准脱贫。积极整合国家、省级项目资金和省、州级科普经费，以项目捆绑方式，全力推进“科普照亮山村计划”。由县（市）科协牵头，瞄准脱贫产业，大力开展核桃、马铃薯、荞麦、山羊种养殖技术指导及培训工作，助推科技扶贫；实施“科普进彝家”行动，开展各种专题科普活动，引导贫困群众转变落后观念，破除陈规陋习，养成现代文明生活方式，树立勤学善用科学技术、苦干实干勤劳致富的良好习惯，推动“四好”家庭创建。发挥优势，在帮扶点昭觉县色底乡马母乃拖村实施“借羊还羊”项目；积极搭建平台，引进企业在该村发展玫瑰种植及饲养“玫瑰鸡”项目，帮助贫困村民发展产业，增收致富。三是推进“银会合作”，发展壮大农村专业技术协会。积极做好农技协（协会会员、科普基地、种养大户）与金融机构的牵线搭桥，深入开展“银会合作”，解决他们在发展生产中的资金瓶颈问题。全州100余个农技协进入“银会合作”数据库，2016年累计发放笔数550笔，累计发放金额3443.3万元。四是积极开展企业科技信息人才服务，为经济社会发展提供科技支撑。对全州院士（专家）工作站及企业科协开展深度问卷调研活动，全面了解各企业科协在开展“讲、比”活动中所存在的困难和问题，进一步掌握各院士（专家）工作站建站单位的组织管理情况、建站后成效以及存在的问题、意见和建议等情况；对凉山州新建的院士（专家）工作站德昌元坤果业、大桥水电、会理马鞍坪公司等进行实地调研，为申报省级院士（专家）工作站和建立全国示范院士（专家）工作站打下基础；稳步推进金桥工程工作，推荐上报“会东县山松农业森林食品研发中心建设”“会东县淌塘铜矿深部采矿工艺优化”“舍饲条件下美姑山羊日粮配合关键技术研究与应用”等5个项目作为全省第二十五批金桥工程项目备选项目进行登记。引领科技人员积极参与“双创”工作，全省科技精英大赛凉山初赛圆满结束，推荐优胜者2名代表凉山参加省赛。最终凉山州推荐的“大凉山南洋食用玫瑰深加工及产业链”项目在四川省首届科技工作者创新创业大赛中获一等奖，获全国科技工作者创新创业大赛金奖，成为大赛农林组唯一的金奖。

【科普全民科学素质纲要】 一是编制“十三五”《纲要》规划，建立长效工作机制。牵头拟定《〈凉山州全民科学素质行动计划纲要（2016-2020）〉实施意见（初稿）》，做好《凉山州“十三五”公民科学素质建设重大项目规划表》呈报州发改委；州政府召开全州全民科学素质工作领导小组联席会议推进会，副州长肖春对全州全民科学素质工作进行部署，提出要求。2016年9月，副州长肖春代表州政府与17个县（市）政府签订2016年《纲要》实施工作目标责任书，并建议州委督察室对全州全民科学素质工作进展情况开展督查。二是大力开展科普活动，提升全民科学素质工作。以2016年“科技、文化、卫生三下乡”“科技活动周”活动为契机，围绕“创新引领 共享发展”主题，组织科研机构、州级学会（协会）的科技人员以及科普志愿者，深入会东、德昌等县开展科技服务；认真组织开展“中国流动科技馆”巡展活动，今年在盐源、雷波、金阳、木里4个县开展流动科技馆巡展工作，服务公众40多万人次；在喜德、德昌两县分别开展“科普大篷车进校园”活动，在木里藏区开展“青少年科普阅读行动”。继续开展“全国科普日”活动，组织州市相关单位40余家、约110人参加，共发放宣传资料14600余份，制作科普展板2块，为近万名市民群众提供科普咨询服务。三是积极开展科技教育活动，努力提升青少年科学素质。成功举办第31届凉山州青少年科技创新大赛，吸引16个县（市）270所中小学校、幼儿园、职业学校的8万多名师生踊跃参与，参赛作品达853项，共评出获奖项目714项、“十佳”优秀科技辅导员10人、县（市）级优秀组织奖30个、基层优秀组织奖30个。推荐优秀项目91项参加省赛，共获省奖73项（一等奖9项、二等奖25项、三等奖39项），获奖率高达80%，其中3项（不含科学影像作品）入选第31届全国青少年科技创新大赛。提前举办第32届凉山州青少年科技创新大赛,共评出获奖项目654项,大赛终评展示会于12月9—10日在宁南县举办。积极组织全州青少年参加第二十四届四川省青少年科技辅导员论文征集活动，2016年青少年高校科学营四川分营活动,西昌一中20名学生参加中国科协、教育部组织开展的2016年全国青少年高校科学营活动。协助普格县举办2016年青少年科技辅导员培训班,进一步提升该县教育系统科技辅导员的科技指导能力和开展青少年科技活动实践的能力。全州青少年科技活动得到进一步落实。四是加强科普阵地建设,推进科普宣传多元化、信息化。结合各县实际情况,完成西昌、会东两县的“社区微型科技馆”建设,西昌市1所社区科普大学建设,宁南、甘洛、越西3个县级科普视讯中心建设;完成昭觉县色底乡等10所学校建立桌面式科技馆,超额完成年初的计划任务。积极争取州委、州政府的支持,主动加强与州发改委的汇报与沟通,推动“凉山科技馆”项目列入“十三五”规划;加强对科普“站栏员”、电子科普画廊的建设和管理,定期更新宣传内容,积极发挥作用;积极推动县(市)“科普远程视讯中心”建设;积极推进“互联网+科协”科普信息化建设,依托凉山州科协网站、凉山科协微博、微信公众号等网络渠道开展科普宣传。五是开展科普示范创建活动。积极创建“全国科普示范县”,会理、宁南于2016年2月被中国科协命名为“2016—2020年度全国科普示范县”。积极申报省级科普示范社区,西昌、冕宁、会东、会理、德昌、喜德、甘洛、昭觉县(市)8个社区被省科协命名为四川省科普示范社区。大力开展州级科普示范创建工作，2016年创建科普示范乡镇、社区、村、协会和基地各10个,共计50个。与州教育局联合在全州范围内开展凉山州第五批青少年科技教育示范学校和凉山州防震减灾科普示范学校的创建工作。冕宁县城厢镇中心小学校、甘洛县民族寄宿制学校等10所学校成功创建为凉山州第五批青少年科技教育示范学校。昭觉县工农兵小学、金阳县天台小学等8所学校成功创建为州级防震减灾科普示范学校。

【平台搭建】 一是加强对州属学会的管理和指导。督促学会按时做好年检工作,及时与相关部门协调沟通学会在发展、年检中出现的新情况、新问题,进一步指导学会做好党建工作,坚定科技工作者跟党走的信念。继续在州级学会中开展示范创建工作,州图书馆和州电机工程学会2个学会为2016年凉山州科协“示范学会”。至此,凉山州科协“示范学会”已达到8个。二是推送学术交流平台。积极引导、推荐广大科技工作者参加省级相关学术论坛活动,开展《四川省科学技术协会第八届四川省博士专家论坛及论文》和《中西南学会学研究第34届年会论文》征集活动,编印《凉山州第七届自然科学优秀学术论文集》。三是积极开展科技人才评优举荐工作和农村实用技术职称评(认)定工作。推荐州畜科所柳茜、西昌学院戴红燕等参加全国求是杰出青年成果转化奖候选人、全国优秀科技工作者评选。组织召开高级职称评审会,评审专家本着严谨认真从严原则开展评审工作，10名申报者中有8人通过农村实用技术高级职称评审。各县(市)科协共评(认)定初级职称300人、中级职称45人。

【自身建设】 一是强化科技工作者的政治引领。组织全州科协组织及广大科技人员系统学习中央、省委和州委关于加强和改进党的群团工作的意见和习近平总书记在中央群团工作会议上重要讲话,引导科协干部在政治上始终与党中央保持高度一致,当好党和政府联系科技工作者的桥梁和纽带。二是强化科协干部的改革创新意识。组织全体干部职工深入学习《科协系统深化改革方案》,主动适应经济发展新常态,增强改革创新转型发展意识,改进工作作风,提高工作水平,推进科协工作转型发展。三是加强科协基层组织建设。着力扩大企业、高校、科研院所和工业园区科协组织的覆盖面,指导普格豪吉鸡精有限公司建立科协组织。农技协、基地健康发展拓展融资渠道和营销渠道。鼓励和支持农技协、示范基地开展新品种推广、新技术培训等农技社会化服务，更好发挥其示范引领和辐射带动作用。

（供稿单位：州科协／审核：杨斌／撰稿：宋永国）

文　联

Liangshan Federation of Literature and Art Circles

【概况】 2016年，凉山州文联深入贯彻落实中共十八届六中全会精神、省委十届九次会议精神、州八次党代会会议精神、习近平总书记在全国文艺工作座谈会上的重要讲话精神以及《中共中央关于繁荣发展社会主义文艺的意见》，紧紧围绕州委、州政府的中心工作，践行社会主义核心价值观，认真履行联络、指导、协调、服务、组织、维权的职能，以构建凉山和谐文化、建设民族文化强州、繁荣凉山文学艺术事业和出作品、出人才为根本任务，抓学习，抓创作，抓活动，各项工作稳步推进，文学艺术创作精彩纷呈，整体工作再上新台阶。全联编制25人，其中行政编制6人，机关后勤服务事业编制1人，凉山文学编辑部、民研室事业编制17人，领导职数3人，非领导职数1人。下属10个文艺家协会，即音乐家协会（州会员186人、省会员58人、全国会员15人）、舞蹈家协会（州会员127人、省会员45人、全国会员11人）、作家协会（州会员179人、省会员56人、全国会员10人）、美术家协会（州会员205人、省会员40人、全国会员5人）、书法家协会（州会员398人、省会员60人、全国会员9人）、摄影家协会（州会员128人、省会员45人、全国会员20人）、影视戏剧家协会（州会员72人、省会员20人、全国会员2人）、民间文艺家协会（州会员168人、省会员48人、全国会员9人）、曲艺家协会（州会员54人、省会员12人）、评论家协会（州会员40人）。

【理论学习】 2016年，州文联把学习贯彻好中共十八届六中全会精神、省委十届九次会议精神、州八次党代会会议精神、习近平总书记在全国文艺工作座谈会上的重要讲话精神以及《中共中央关于繁荣发展社会主义文艺的意见》，及“两学一做”专题教育作为重要政治任务和理论学习的重要内容。先后组织召开学习会、座谈会、民主生活会等进行集中学习。在学习中，坚持自学与集中学习相结合，学习与工作相结合，做到“两不误、两促进”。一是按照“学习要精，学有所用”的要求，以解决实际问题；二是围绕文艺界关心的热点、难点、焦点问题，确定学习主题，狠抓学习内容的落实；三是紧密结合“两学一做”学习教育活动进行学习；四是结合习近平总书记在文艺工作座谈会上的重要讲话精神以及《中共中央关于繁荣发展社会主义文艺的意见》进行学习。特别在“两学一做”专题学习教育活动的学习中，班子成员认为，“两学一做”学习教育将作为2016年党建工作的龙头任务，领导班子成员必须先学先做，对照“三严三实”的要求，要做好表率，尽职尽责，对党忠诚，争做“讲政治、重公道、业务精、作风好”的领导干部。在对习近平总书记在文艺工作座谈会上的重要讲话精神以及《中共中央关于繁荣发展社会主义文艺的意见》的专题学习中，党组要求大家要把思想和行动统一到讲话精神上来，准确把握文艺的重要地位和作用以及文艺为人民和社会主义服务的根本方向，用社会主义核心价值观来引领文艺创作，将创作生产优秀作品作为文艺工作的中心环节，把创新精神贯穿到文艺创作生产的全过程中，将文艺工作的社会效益放在首位，生产出更多社会效益和经济效益相统一的作品。通过学习，大家增强把加强社会主义核心价值体系建设作为文艺工作和文联工作根本要求的责任感；增强把植根人民、服务人民作为文艺创作的出发点和落脚点的方向感；增强团结凝聚一大批德艺双馨文艺人才，促进文艺事业大发展大繁荣的光荣感；增强不断提高文联工作科学化水平，不断提高文联组织的吸引力、凝聚力、向心力及主动性和自觉性。

【班子建设】 一是坚决反对有令不行、有禁不止、各行其是，坚持在政治上、思想上、行动上始终同党中央保持高度一致，不折不扣地贯彻执行州委、州政府的决策、决定。二是班子内部严格实行集体领导与个人分工负责相结合，坚持分工负责、各司其职，班子成员在工作上分工不分家，团结协作，密切配合，组织和带领全体干部职工共同完成各项目标任务。班子成员间大事讲原则，小事讲风格，多沟通交流，多理解支持，真正做到携手共进。三是能够正确处理好集体领导与个人分工的关系，正确处理好班子作用与依靠集体智慧的关系。在研究工作时，坚持按照议事制度集体决策，不搞“一言堂”，坚持做到重大事项由全体干部讨论决定并督促实施。主要领导带头执行民主集中制原则，带头维护和增强班子的团结；班子成员顾全大局，相互尊重，相互支持，相互谅解，取长补短，做到互相补台不拆台。坚持“三重一大”事项由集体研究决定。

【人才培养】 2016年，州文联在文艺人才选拔上，完成专业技术人员的选拔及各类人才推荐等工作，按照州委组织部、宣传部、统战部，州人社局以及四川省文联相关要求，推荐2名首届文艺巴蜀名家后备人选，推送2名文艺家参加中国文联第二期少数民族地区文艺骨干研修班，选送2人参加中国作家协会在北京举办的鲁迅文学院业务培训。向州委有关部门推荐艺术家担任州人大代表、州政协委员等。充分利用各类国家级、省级展演、比赛和评奖，为优秀人才提供展示机会。配合开展全省音乐、舞蹈考级工作，从中发现和培养人才。吸收优秀文艺工作者加入州级文艺家协会，积极推荐凉山州各文艺家协会优秀会员加入省级文艺家协会。

【阵地建设】 一是进一步办好《凉山文学》彝文版和汉文版。在办刊中，按照习近平总书记在文艺工作座谈会上的重要讲话精神的要求，坚持“为人民服务、为社会主义服务”的根本方向，坚持将社会效益放在第一位，坚持面向社会，以培养文学新人为己任，自觉坚守中华民族精神家园，坚定文化自信，突出民族特色。全年，《凉山文学》编辑部保质保量按时出版发行10期，其中汉文版6期，彝文版4期。二是与云南楚雄州、红河州和贵州毕节地区文联联办《彝族文学报》，一年共编发12期，稿件30多万字。三是出版《凉山书法》4期、出版《凉山摄影报》12期，每期1500份。

【文艺活动】 一是按照州委宣传部、省文联文艺三下乡的有关精神，2016年初，州文联组织书法家协会、美术家协会与州、市宣传部和市文联在步行街开展为群众义务书写春联活动。州市美术家协会、书法家协会共30名书画家现场为群众义务写春联约1000副，作画几十余幅。二是州文联积极参与承办“2016西昌·邛海‘丝绸之路’国际诗歌周”。6月27日至7月1日，在四川凉山州西昌市举行的国际诗歌周邀请国内杰出诗人以及国外30个国家和地区的百余位著名诗人到西昌市进行对话与交流。中国作家协会主席、著名作家铁凝，中国作家协会副主席、著名诗人吉狄马加，四川省委常委、宣传部部长甘霖，四川省作家协会主席阿来，四川省作家协会党组书记邹瑾，州委书记林书成，州长罗凉清，欧洲诗歌与艺术荷马奖评委会主席达里尤斯兹·特玛斯兹·莱贝达，土耳其作协前主席阿涛·贝赫拉姆格鲁，利马国际诗歌节主席雷纳托·桑多瓦尔·巴希加卢波等出席。此次大型诗歌交流活动，由中国作家协会诗歌委员会、中国少数民族作家学会、《诗刊》社、四川作家协会、凉山彝族自治州人民政府、凉山彝族自治州文化广电新闻出版局、凉山彝族自治州文联、凉山州作家协会等承办。三是由凉山州文联、凉山州曲艺家协会共同选送的彝汉双语节目《趣说火把节》经四川省曲艺家协会推荐，作为唯一节目代表四川凉山参加7月9—11日，由中国文联、国家民委、中国曲艺家协会等共同在内蒙古呼和浩特市举办的第六届全国少数民族曲艺展演活动。经过专家评审选定，在50多个推荐节目里，共有全国17个省、自治区和直辖市18个少数民族的34个具有浓郁少数民族特色的节目参加展演。《趣说火把节》是以彝汉双语表演节目，大家都能听懂，加上通过风趣幽默的形式，展现出在党和国家的领导下彝族火把节的魅力，深受评委和群众的欢迎和好评。四是州文联积极组织州文艺评论家协会向省文联组织推荐优秀作品参加“中国文艺评论2016年度推优活动”，作品《这次诺奖，是对非虚构的褒奖》作为全省向全国推选的3个作品之一，被推选到中国文艺评论家协会，凉山州文联获得省文联的“中国文艺评论2016年度推优活动”组织推荐工作优秀单位表彰。五是州文联积极组织州音乐家协会开展音乐考级工作。8月，全州有668名考生参加考级，625名合格，取得中国音协考委会颁发的证书，成绩合格率达到92%。考级工作组织有序，措施得力，受到省考委的表彰和社会各界的一致好评。六是与州委宣传部、州文化广电新闻出版局共同主办“中秋月圆赞英模长征路再出发”纪念红军长征80周年中秋晚会。七是协助凉山州残联，参与四川省第二届残疾人艺术节有关活动。

【文艺创作】 2016年，全州作家协会会员200余人次先后在市、州、省、全国报纸杂志和网络上发表包括小说、散文、诗歌、文艺评论、微电影、楹联、歌词等体裁的文学作品2600余件，创作的文学作品除了在本土的《晚晴报》《邛泸诗词》《西昌知青》《航天城作家》《西昌月》《品味西昌》《凉山文学》《凉山日报》《凉山城市新报》《彝族文学报》《凉山群艺》《新报》《彝海》等地方文艺及报刊发表外，还在全国、全省的《诗刊》《中华辞赋》《星星》《诗词月刊》《星星·诗词》《诗词》《中华传奇》《四川散文》《四川群文》《西南商报》《秋水诗刊》《德阳散文》等各类文学文艺报刊及中国作家网、中华辞赋网、四川散文网等网络上发表。其中小说100余篇，散文1000余篇，诗歌千余首，评论数十篇，楹联百余副，歌词100余首，快板数篇。6月，州音协组队参加省音协在南充市举办的四川省首届流行音乐邀请赛，凉山州选手获得个人组二等奖2个、三等奖2个，组合二等奖1个、三等奖2个、组织奖1个。在2016年评选颁奖的“唱响四川——百姓喜欢的歌曲”音乐创作工程中，凉山州词曲作家倮伍拉且、戴伐钟、吉古夫铁、克惹丹夫的作品分获一、二、三等奖。由凉山州文联主席倮伍拉且作词、陈川作曲的歌曲《情深意更长》荣获第十届中国音乐金钟奖。组织20件国画作品参加“中泽杯首届油橄榄书画展览”。组织60余名摄影家的120幅作品在四川美术馆展出，四川美术馆首次专题展览摄影作品。组织凉山州300余幅摄影作品参加毕节彝族摄影大赛、北京摄影周等摄影比赛并获得佳绩。1件作品获得“第二届群英璀璨四川省群文美术、书法、摄影优秀作品展”优秀奖。1件作品获“长征杯”既纪念毛泽东诞辰120周年书画活动二等奖。由凉山广播电视台制作的广播与电视节目共获奖项23个（其中《加油赵成超》获中国对农电视节目一等奖；《鸟人》获金熊猫纪录片提名奖、第四届人文中国纪录片优秀奖；广播音乐节目《回到山间，回到原野——莫西子诗专辑》荣获四川广播电视节目奖优秀奖），其中省级政府优秀奖4个、提名奖4个、州级政府奖优秀奖11个、全国性专业类（如中国电视艺术家协会、中广协会等）奖项3个。组织人员完成翻译整理《彝族传世经典克智》《典藏凉山彝族民歌》《阿苏拉则的传说》《当代彝文学史》等重要书目的编写工作，同时积极配合有关人员对藏羌彝文化产业走廊（四川区域）文化资源分布丛书《凉山州卷》的编写审译工作。由四川省民协、凉山州民协、美姑县文联选送的美姑县毕摩乐队代表四川参赛，参赛节目《毕摩指路经》因彝族毕摩文化浓郁、寓意吉祥，备受好评，表演者阿铁所日、曲比拉火、的的阿哈荣获西部山歌会比赛“十佳歌手”，四川省民协获优秀组织奖。此次西部山歌会活动的开展对展示和促进西部地区民歌的抢救、保护与传承起着重要的作用。3篇文艺评论文章被收入四川省文艺评论家协会主编的《评论四川2000—2015》中，由四川文艺出版社出版。十多位评论家积极发挥各自所长，在民族文化、地域诗歌、非物质文化遗产、书籍版本、美术书法等方面发表文艺评论80多篇。

【送文艺下乡】 一是坚持惠民音乐会，以凉山州音乐家协会会员为主的州歌舞团及各业余音乐表演团体开展公益演出活动，长年坚持为群众演出，普及音乐，提升群众音乐素养。凉山音乐家付出艰辛的劳动，成为西昌的文化品牌。二是以凉山州音乐家协会会员为主的州歌舞团推出“艺术感恩天地、千乡播梦计划”送文化下乡演出活动，2016 年共演出 50 多场，涉及 30 多个乡镇，深受群众的喜爱和好评。三是结合“深入生活、扎根人民”活动。组织文艺家 30 余人深入各县、乡、村进行文艺书画交流创作及专题培训活动，组织画家参与社会公益机构举办的助残、助学、助困等公益奉献活动。为人民奉献最优秀的作品。

【精准扶贫】 一是充分认识“挂包帮”“精准扶贫”工作的重大意义。文联机关高度重视、加强领导、精心组织，以严和实的精神，扎实推进有关工作。二是做到严以用权。在确定扶贫对象中坚持用权为民，守住公与私的分界线。三是严格执行工作纪律。把“挂包帮”“精准扶贫”工作与“两学一做”专题学习教育紧密结合，坚决反对“四风”。四是有序开展遍访工作。文联机关精心制订工作方案，建立工作机制，抓好统筹协调，由单位主要领导带队分期分批遍访挂联村户。五是着力解决实际问题。通过广泛开展入户调查、民情恳谈，为精准扶贫、精准脱贫奠定基础。2016 年，州文联“精准扶贫”领导小组完成规定的“一帮一”“送温暖”等动作，同时根据自身实际与乡党委、政府一起开展好禁毒防艾工作，“四好”家庭创建工作，总结禁毒防艾工作的好经验、好做法，并结合“两学一做”专题学习教育活动、领导干部“五个一”联系制度等做好基层文艺工作的调研工作，并把调研成果融入联点村的扶贫工作中，充实图书室，丰富文化生活。一年内，“挂包帮”领导小组一行共为联点乡送去价值 3000 元的物资及慰问金。

（供稿单位：州文联 / 审核：龙德华 / 撰稿：沈英）

残　　联

Liangshan Disabled Persons' Federation

【概况】 2016 年，凉山州残疾人工作依法履行“代表、服务、管理”职能，继续以解决残疾人“生存、发展、维权”为工作抓手，以“量体裁衣”式残疾人服务（以下简称“量服”）的工作方法做好残疾人社会保障服务和专项服务工作，着力抓好民生工程等重点项目实施，进一步保障和改善残疾人民生，推进残疾人全面小康进程，全州残疾人事业发展取得新进展。

【四川省第二届残疾人文化艺术节】 四川省第二届残疾人文化艺术节（以下简称“艺术节”）由省残联、省教育厅、省文化厅、省新闻出版广电局主办，凉山州人民政府承办。艺术节于 2016 年 11 月 11 日开幕，11 月 14 日闭幕。州委、州政府组织成立工作专班精心制定艺术节承办工作方案，把任务和责任全面分解落实到相关领导、各县（市）和州直各相关部门（单位）。组建由州委书记林书成和州委副书记、州长罗凉清任主任的四川省第二届残疾人文化艺术节凉山州筹备委员会（以下简称“筹委会”），统筹推进艺术节各项筹备工作。在省组委会的指导下，筹委会数次召开全体会议认真谋划部署，压紧压实任务和责任，研究解决存在的问题；充分调动全州各方力量，积极协调省内各市州、州内各县（市）及州直有关部门（单位），先后投入上千名工作人员开展前期筹备、开闭幕式演出、比赛场馆和展馆搭建、后勤、安保、接待、志愿者服务、宣传等相关工作。2016 年 11 月 11 日晚，艺术节在西昌市火把广场盛大开幕。省委副书记刘国中，第二届残疾人文化艺术节组委会主任、省政府副省长王铭晖等省领导以及省级 32 个厅局、20 个市州的领导出席开幕式。州长罗凉清主持开幕式，州委书记林书成致辞，副省长王铭晖在开幕式上讲话。省委副书记刘国中宣布艺术节开幕。融合特殊艺术风采和凉山州民族文化魅力的开幕式文艺演出获得省、州出席领导的充分肯定和高度评价，实现艺术节系列活动的开门红。全省21个市州和四川核工业残联的1400余名演职人员、385个节目参加书法、美术、摄影、工艺品、舞蹈、声乐、器乐、语言和微电影9个大类的集中展示展演展评。同时，全省残疾人文化艺术发展成果展展馆在火把广场开馆，包括省级展馆、21个市州和四川核工业展馆在内的23个展馆通过具有浓郁地方特色的活态展示、实物陈列、图文视频、高科技VR技术等形式，向公众展示全省五年来残疾人特殊文化艺术发展成果以及各地残疾人事业的巨大发展。11月12日上午，州委书记林书成、州长罗凉清、州人大常委会主任王金铁陪同省委副书记刘国中、副省长王铭晖及省残工委成员单位负责人巡馆。该届艺术节最终产生金奖18个、银奖36个、铜奖72个。凉山州选送的30个参赛节目和作品在该届艺术节当中获得金奖3个、银奖5个、铜奖4个、优秀奖18个，奖项总数位列22个代表团第1位，凉山州还获得组织工作奖一等奖。

【康复工作】 2016年，州、县（市）残联加大宣传力度，普及康复知识；勤走基层，入户调研，掌握残疾人康复需求；与卫生计生部门配合开展筛查技术培训，加大筛查力度；多方筹措加大康复项目经费投入；加强项目和资金管理，合理分配康复目标任务，严格审核项目实施机构，签订项目责任书，专项资金按照“统筹规划、合理安排、专款专用、讲求实效”的原则进行分配和管理，保障资金使用效率。全年全州共为109766名残疾人提供255255项次康复医疗、功能训练、辅助器具适配、残疾预防及康复知识宣讲等康复服务，其中，完成0~6岁残疾儿童扶贫专项康复救助103人，贫困家庭脑瘫儿童康复救助122人，为贫困残疾人适配亟须的基本型辅助器具8648件，贫困家庭听力残疾儿童康复救助176人，完成智力残疾儿童抢救性康复救助79例，贫困精神病患者免费服药377人、住院治疗189人，完成盲人定向行走训练315人、白内障复明手术703例。积极培训社区康复协调员，充分依托乡镇（街道）、村（社区）基层医疗康复机构开展康复服务。加强二代残疾人证核发管理，截至年底，全州残疾人证办证率达到40%。

【就业工作】 2016年，州残联继续实施残疾人居家灵活就业工程，结合实际开发电子商务、盲人按摩、手工业、种植和养殖业等残疾人居家灵活就业项目，帮助广大残疾人创业，实现就业。全年全州帮助30854名残疾人实现居家灵活就业。加强残疾人职业技能和实用技术培训工作，州残联在考察市场、了解残疾人需求后举办首期残疾人电子商务培训班，对来自11个县（市）的79名残疾人进行培训。全年全州对831人次残疾人进行职业技能培训，对17433人次残疾人进行农村实用技术培训。做好按比例安置残疾人就业工作，与地税部门共享机构残疾人用工和残保金征收数据，准确审核用人情况和征收残疾人就业保障金。全年全州残疾人就业保障金征收入库5828.4万元，同比增长12.1%，其中州本级征收入库1329万元，同比增长41%。

【教育工作】 进一步做好适龄残疾儿童少年入学工作，州、县（市）残联重点监控“量服”平台“未入学适龄残疾儿童少年”指标，加强与同级教育行政部门的沟通协调，摸清适龄残疾儿童少年底数，针对未入学残疾儿童少年的具体情况，推动教育部门制定“一人一案”的教育安置方案，保障适龄残疾儿童少年接受义务教育。加强为残疾考生提供合理便利服务，帮助1名参加高考的听力一级残疾考生申请合理便利服务。进一步加大对残疾学生的资助力度，全州为2022人次的在校残疾学生提供教育资助，为761人次的残疾人在校子女提供教育资助，其中州本级投入50万元资助173名在校残疾学生和贫困残疾人家庭的在校子女。

【社会保障工作】 截至2016年底，全州残疾人参加城乡居民社会养老保险84206人，参加城镇居民基本医疗保险 8888 人，参加新型农村合作医疗保险 112748 人，参加城镇职工社会保险 1974 人。继续实施重度残疾人护理补贴制度，积极落实州和县（市）级配套资金，做好申报和审核工作，确保“应补尽补”。全州为 50439 名重度残疾人发放护理补贴。配合民政部门实施困难残疾人生活补贴制度。继续实施“阳光家园计划”，州本级资助集中托养机构 3 家，集中托养 100 名残疾人；全州为 1239 名居家托养的三级智力、精神残疾人给予补贴。继续做好贫困残疾人家庭无障碍改造和残疾人燃油补贴发放工作。全州为 123 户残疾人家庭实施无障碍改造，为 380 名残疾人发放机动轮椅车燃油补贴。

【扶贫工作】 积极推动残疾人脱贫攻坚融入党委政府工作大局，充分依靠党委政府对残疾人进行精准扶贫脱贫。按照“一人一策”的方法，确保所有普惠政策对残疾人全覆盖，不漏一人，不漏一项；在各地实施的“七个一批”和各个专项扶贫方案中，在重大政策制度和项目、资金安排上积极为贫困残疾人争取叠加特惠，给予贫困残疾人重点和优先帮扶。2016 年开始，全省对残疾人扶贫对象实施生活费补贴。全州残联系统与民政、扶贫、移民、财政等部门密切配合，制定具体实施办法，及时下拨补贴资金，保障补贴及时足额发放。全州共对 6674 名残疾人扶贫对象实行生活费补贴。继续实施“贫困残疾人扶贫解困”民生工程，扶持 5409 名农村残疾人发展生产。

【宣传文体工作】 2016 年，州残联以承办四川省第二届残疾人文化艺术节为契机，开展好残疾人群众文化活动，为具有特殊文化特长的残疾人搭建展示平台，丰富残疾人文化生活。组织实施好残疾人群众性体育运动，购置体育器材，对“量服”平台有需求的残疾人家庭实施以送器材、送方法、送服务为主要内容的“康复体育进家庭项目”。全州为 11009 名残疾人提供入户康复（健身）体育服务。以承办四川省第二届残疾人文化艺术节为契机，积极协调中央、省及州内外主流媒体对凉山州民族文化和特殊艺术进行深入宣传报道。用好《凉山日报》专刊《凉山残联》、州残联网站和微信公众号平台，宣传党的残疾人事业，弘扬人道主义思想，营造良好舆论氛围。

【维权信访工作】 2016 年，州残联通过“量服”平台全面掌握残疾人现实利益需求和权益保障诉求信息，加强对平台数据的分析和研究，出台针对残疾人的制度性安排和权益保障性政策。结合“七五”普法规划，广泛开展涉及残疾人权益保护的法律、法规宣传活动。做好信访维权工作，把残疾人信访维权工作纳入议事日程，实现残疾人信访信息化。残疾人来信来访案件，做到件件有落实、事事有回音，切实维护残疾人合法权益。

【综合服务设施建设】 做好各县（市）残疾人服务中心的后续建设和投入使用工作，充分利用和发挥好残疾人流动服务车的作用，更好地为残疾人服务。

【组织建设工作】 进一步加强残疾人基层组织规范化服务建设，落实和健全“三公开一公示”制度，配齐、配强乡镇（街道）残联理事长和村（社区）残协主席，推进乡、村两级残疾人专职委员配备，加强残疾人干部培训和管理。

【残疾人服务】 认真贯彻落实省委十届四次、六次、七次全会和 2016 年省政府工作报告提出的“深化‘量体裁衣’式残疾人服务”的要求，按照川委厅 7 号文件所确定的目标和路径及省残联深化“量服”的“1+12”方案安排和部署，以“智慧量服”为载体，进一步深化常态的入户调研机制、以需求为导向的“一人一策”服务机制、以残疾人直接监督为主的新型监督机制、信息化管理和实据量化决策机制等“量服”四大机制，掌握残疾人的基本情况，了解他们的生活情况、发展要求和在康复、教育、就业、文化体育等方面的具体需要，以问题和需求为导向，为残疾人提供有针对性的个性化服务。同时，实施“机构量服”，并在宁南县进行“开放量服”试点。全年全州“量服”信息平台入库残疾人数达到12.33万人，共采集127.62万项（次）残疾人需求信息，为12.31万名残疾人提供各类服务93.58万项次。

【帮扶工作】 2016年，州残联领导班子高度重视“双联”“驻村帮扶”工作，多次召开党组会议研究部署帮扶工作，选派1名工作能力强、有一定协调能力的“第一书记”驻盐源县长柏乡扶马村帮扶。充分调动贫困户参与扶贫开发的积极性和主观能动性，下拨7万元专项资金开展“借羊还羊”项目；扎实开展“1+X”经果产业发展，2016年新增核桃、花椒合计786.5亩；通过加强实用技能培训及鼓励外出务工，增加贫困家庭收入；结合残联系统“温暖万家行”活动，为贫困群众送去棉被71床、大米71袋、清油71桶，价值人民币2.5万元；安装村民健身器材；开办农民夜校；协调、监督施工方认真开展村通公路硬化工作；出资为村“两委”购买价值2.7万元办公桌椅、文件柜等；在“走基层、助推四个好”主题实践活动中，为扶马村贫困群众送去脸盆、牙刷、牙膏、毛巾、棉被共计116套（折合人民币2万余元）；组织职工捐资4000元，为村幼儿园购买太阳能。

【荣誉】 2016年，州残联荣获四川省第二届残疾人文化艺术节组织奖一等奖、四川省0~6岁残疾儿童筛查工作先进单位、2016年度全省市（州）残联绩效考核优胜单位、2016年度“量服组联”工作成绩突出单位、2016年度全省残疾人宣传、文化、体育工作成绩突出单位、承办四川省第二届残疾人文化艺术节先进集体、2016年度全州残疾人工作先进单位、2016年度凉山州慈善工作先进单位、2016年全州档案工作先进单位、2016年度州直机关党建目标考核优秀党组织等荣誉。

（供稿单位：州残联 / 审核：张建英 / 撰稿：杨宓）

社科联

Liangshan Federation of Social Science Association

【第十五次社会科学优秀科研成果评选】 2016年是两年一届的全州社科优秀科研成果评奖年，年初即印发文件至全州，进入二季度，共收到参评成果300余项，经过初审、登记，交由两组专家评审组分头进行评审，7月上旬初评结束，共有117个作品入围，其中一等奖6项，二等奖21项，三等奖54项，优秀奖36项。其中《一个考古文化交汇区的发现——凉山考古四十年（上下册）》《重视民间社会资源开发　探索彝区社会治理创新》《凉山唐代三城考》《凉山彝族漆器文化研究》《达巴文化》《四川彝族习惯法及案例研究》等分获一等奖，这些研究成果集中体现凉山历史、宗教、民族、考古、民间技艺传承等方面的内容，代表此次评奖的最高学术水平，并具有浓郁的地域和民族特色。

【凉山州民族文化研究基金规划立项】 2016年，州社科联按照早规划早安排的原则，凉山州民族文化研究基金于春节后启动并于4月结束。在基金的规划立项过程中，严格按照《基金规划管理办法》，并报凉山州民族文化研究基金规划管理工作领导小组研究审定，具体安排出版资助项目11项，一般研究课题7项、委托项目4项、县（市）项目3项，共计25项，共安排资金95万元。出版资助《安宁河谷古代经济开发史》（专著）、《微吟集》（专著）、《大凉山阿都情歌选译》（专著）、《凉山民族研究》（丛书第5辑）、《凉山彝族古籍定级测试》（专著）、《凉山彝族火把节》（专辑）、《彝医基础理论》（专著）、《旅程上》（专著）、《彝族克智中的生态文学审美研究》（专著）、《藏族尔苏口传经典抢救、整理与研究》（专著）等。

【省社科普及基地建设】 2016年，州社科联推会理绿陶文化开发有限公司申报省社科普及基地工作。会理绿陶文化开发有限公司的会理绿釉陶瓷制作技艺为四川省非物质文化遗产，绿陶文化开发有限公司是其技艺传习基地。其掌门人韩进富是四川省工艺美术大师，会理绿釉陶瓷制作技艺代表性传承人，毕生都在研究绿陶的发展与历史，创新创造性地恢复绿陶制作技艺，是川西南有代表性传承的陶艺家。近年来，会理绿陶文化开发有限公司紧紧围绕“传承绿陶文化，弘扬民族精神”开展工作。完成体验基地历史展示厅、精品展示厅、绿陶文化体验区、古窑保护区等的建设与陈列布展，采用多媒体与高科技相结合的展陈手段，全方位、多角度地展示会理绿陶发展的光辉历程。共接待大中小学生 3 万人次，现役军人（含伤残军人）、离退休干部 2.6 万人次，70 岁以上老年人达 1 万人次。申报项目通过省社科联科普部的实地查看及评估，以及专家评审及答辩程序后，已经正式获得省社科联第六批“四川省社会科学普及基地”称号。

【科普工作】 2016 年，州社科联结合凉山州开展的健康文明新生活运动，有针对性地继续深入开展社科知识普及工作，培养群众崇尚科学、反对迷信、昂扬向上的精神风貌；大力提倡移风易俗、破除陈规陋习、改变落后生产生活方式的健康文明新生活和新风尚。2016 年，州社科联继续开展科普活动。从 3 月起，定期推出《彝学讲坛》一期，全年共制作播出的专题节目有《彝族尔比尔吉》《彝族习惯法》《彝汉双语教学》《彝族史诗“勒俄特依”》《彝族十月太阳历》《彝族文学概况》《彝族毕摩文化》《彝族克哲》等。

【基层社科联建设】 继续加强对全州各社科类学会、协会、研究会的管理和工作指导，积极为他们排忧解难，搞好服务。进一步充实完善县（市）基层社科联机构建设，全州 17 个县（市）已经全部挂牌成立社科联，并落实专人负责社科工作。

【出版及会议工作】 编辑出版《凉山社会科学》杂志 4 期；积极筹备由中央民族大学西部发展研究中心主办、州社科联承办的凉山彝族乡村发展理论与实践高峰座谈会相关事宜。

（供稿单位：州社科联 / 审核：哈小华 / 撰稿：王风）

红十字会

Liangshan Branch of the Red Cross Society of China

【概况】 2016 年，凉山州红十字会坚持以《中华人民共和国红十字会法》为依据，秉承“人道、博爱、奉献”的红十字精神，本着“保护人的生命和健康，发扬人道主义精神，促进和平进步事业”的宗旨，遵循红十字“救死扶伤、扶危济困、敬老助残、助人为乐”的方针，结合凉山实际开展工作。

【核心业务】 一是积极开展救助工作。开展新春博爱送温暖活动中，共接收四川省红十字会价值 687888 万元的物资，严格按照发放要求，全部发放到受灾、贫困群众手中，惠及 14 个县（市），受益 4496 户、13488 人。二是积极开展应急救护培训。联合凉山州紧急救援中心对西昌学院大学生及西昌东大医院全院一线医疗医技人员 500 余人进行急救知识培训。三是积极开展志愿服务。州红十字会指导红十字冠名医院凉山州一医院“中国南丁格尔志愿服务队”的护理服务志愿者们走进凉山州儿童福利院、邛海国际老年社区、盐源县、锦屏电力管理局等地，为老年人、儿童、居民等进行疾病知识普及、急救技能培训、心理咨询指导等。四是在得知凉山州有一名志愿者的造血干细胞与患者匹配后，第一时间取得联系，并及时协调好医院，进行高配、体检等，10 月 17 日，在四川省人民医院，童启蒙为一名 15 岁白血病儿童成功地捐献造血干细胞。童启蒙成为凉山州捐献造血干细胞第 1 例、四川省捐献造血干细胞第 108 例、全国献造血干细胞第 6016 例。

【社会宣传】 “5·8”红十字周期间，在家佳超购显示屏、达达春天百货显示屏以及秒赚手机广告上循环播放红十字心肺复苏知识技能宣传片。在第15个全国安全生产宣传咨询日,通过现场演示、发放传单、咨询等形式,向社会公众集中宣传安全生产方针政策、法律法规、安全知识。“扶贫日”活动当天,向广大群众进行扶贫政策宣传,共发放宣传资料500余份(册),募集捐款近3000元。把红十字精神与西昌学院德育教育融为一体,组织开展红十字会进校园活动,西昌学院红十字志愿服务总队累计已有志愿者4000余名。

【项目管理】 一是成功申报红基会“六个核桃·读书慧”公益基金书库项目2个,分别在昭觉县和美姑县;二是以昭觉县火波主村申请到“博爱家园——精准扶贫”项目资金35万元。三是成功申请中国红十字基金会小天使及天使阳光公益金项目救助凉山州贫困患儿17人,救助金额累计53万元。四是佛山市红十字会向凉山州红十字会捐资10万元支持全州红十字事业发展,其中8万元用于购买“博爱送万家”物资,2万元用于购买应急救护培训急救包。

(供稿单位:州红十字会/审核:李建军/撰稿:孙云华)

法 治

GOVERNED BY LAW

政法工作

Political and Law Work

【维护社会稳定】 2016年，州委政法委把藏区维稳作为全州政法工作的重中之重，进一步完善州、县、乡、村四级维稳工作体系，深化“木里实践”二十条基本经验，认真落实“两真两严”措施，深入开展“联寺联僧”“和谐寺庙”创建活动，木里县持续成为全国最稳定藏区之一。加强全州涉稳重点人员、密集场所、重点区域、重点部位管控，完善州、县（市）联勤联动处置机制，强化32个环州咽喉要道巡逻盘查，破获首起涉嫌暴恐音视频案件。深入排查化解不稳定因素，开展重大风险评估288件，编报各类预警性情报信息875条。侦破“凉山贫困地区小孩十年未吃肉”等39件网络谣言案件和首例网络组织卖淫案，处置有害信息2129条，开展舆情导控78次，“黑客类案件侦查取证工作”在全省作经验交流。完成中央领导视察凉山、国际马拉松赛等各类重大安保任务。

【平安凉山建设】 2016年，全州共立刑事案件9916件，同比下降7.2%；破案3414件，破案率同比上升2.3%；刑事拘留3997人，追网逃199人，查处治安案件16729件、16200人，同比分别上升0.8%、4.9%；依法批捕各类犯罪嫌疑人3220人，起诉3887人；法院受理各类案件28557件，审结23426件。道路交通、消防、监管、危爆物品、寄递物流清理整顿行动深入推进，未发生影响重大的群死群伤安全事故，公共安全管理形势可控。全力推进矛盾纠纷源头防范化解，成功调解各类纠纷25834件，全州“民转刑”命案同比下降44%。网格化服务管理不断深化，社会治安防控体系建设有序推进，全州社会治安综合治理水平大力提升。

【禁毒攻坚行动】 2016年，州委政法委始终坚持把禁毒工作作为全州政法工作的首要任务，作为公安工作的中心任务，大力实施外流贩毒整治、破案攻坚、戒治转化、预教管控、堵源截流“五大行动”，破获毒品刑事案件1236件，惩处1613人，缴获各类毒品550.5千克，破获部省级目标案件42件，破获外流贩毒案件169件。查获凉山籍外流贩毒人员777人，同比下降49.3%。破获贩毒团伙65个，抓获幕后老板、集资人140人。判处1170名毒品犯罪被告人，重刑率达到10.6%。取得破案数、打处数、缴毒数、追赃数持续上升，外流贩毒数大幅下降，平台建设不断突破的“四升一降一突破”阶段性成效，各项禁毒指标领跑全省，23条措施被国家禁毒办转发各地学习，金阳县摘掉外流贩毒挂牌整治帽子。启动《凉山彝族自治州禁毒条例》立法工作，制定出台《党政干部奖惩问责办法》《关于办理毒品违法犯罪案件适用法律若干问题的指导意见》等14个配套文件。推广“支部+协会+家族”“十户联保”禁毒模式，建立吸毒人员、贩毒人员、外出务工人员三本基础台账，落实“五长”管控责任，与全国10个省19个地区签订《禁毒工作区域合作协议》。挂牌整治通报60个毒情严重乡镇，向毒品危害重点村派驻禁毒专职副书记，积极推进毒品预防教育和源头治理，群众对禁毒工作的满意度达94.08%，创历史新高。

【法治凉山建设】 2016年，州委政法委深入推进执法司法公正，制定《凉山州领导干部干预司法活动、插手具体案件处理的记录、通报和责任追究实施意见》，落实办案质量终身负责制和错案责任倒查制。继续落实人民陪审员倍增计划，全州人民陪审员893人，超过基层法官总数的140%。积极推行司法体制改革，组织开展司法责任制改革，完成396名法官、291名检察官入额遴选。开展以审判为中心的刑事诉讼制度改革，冕宁刑事诉讼涉案财物管理处置试点“1+3+N”管理模式在全省推广。持续推进快速办理轻微刑事案件协作，开展“两年内基本解决执行难”工作。全面实施大凉山彝区、木里藏区和安宁河谷三大片区差异化普法策略，成功举办四川省第三届“治蜀兴川”法治论坛。积极主动服务地方经济发展，制定下发《全州政法机关保障绿色发展建设美丽凉山实施意见》，开展司法救助和涉执救助83件、146人，为264名经济困难的当事人减、免、缓诉讼费268.56万元，为近千名农民工讨回欠薪456万元，办理法律援助案件2476件，落实法律援助经费118万元，较2015年同比增长49%。接受社区服刑人员5640人，重新犯罪率控制在0.2%以内。

州委书记林书成，州委副书记苏嘎尔布会见公安英模代表

【政法队伍建设】 2016年，州委政法委深入开展“两学一做”学习教育，加强政法队伍思想政治建设，结合实战大力开展学习讨论、比武竞赛、挂职锻炼、资质考试等能力素质建设。建立健全政法领导违纪案件双向双层信息沟通机制，组建128人的作风监督员队伍，大力开展政法领域侵害群众利益的不正之风和腐败问题专项整治。聚焦执行政令、执法办案、公正司法、服务群众、纪律作风5个方面的突出问题，州委政法委函询5人，公安机关禁闭3人、停止执行职务15人。优化配强政法机关领导班子，一批年富力强、工作经验丰富的人员充实到政法领导岗位。牢牢把握政法宣传工作主动权，通过各类媒体刊载信息1650篇（条），其中国家级、省级媒体刊载326篇（条），最大限度凝聚和传递政法工作正能量。2016年，全州政法系统129个集体、527人受到各级各类表彰，其中11个集体、1名个人荣立二等功，4个集体、104人荣立三等功，涌现出“最美人民警察”解古依格等一批先进典型。

（供稿单位：州政法委／审核：米色尔海／撰稿：张雁）

公　安
Public Security

【概况】 2016年，全州公安工作综合评价首次达到全省中游水平，经侦、技侦、网安、法制、督察等警种业务工作达到全省一流水平，州公安局在全省目标绩效考核中荣获二等奖，被省厅记集体三等功；在州级部门目标绩效管理考核中排第2名，完成“三年三步走”第一阶段的目标任务。

【惩治犯罪】 2016年，州公安机关扎实推进“平安凉山”建设，严厉惩治违法犯罪活动，全年侦破刑事案件3414件，破案率同比上升2.3%，刑事拘留3997人，提请逮捕2766人，“追网逃”199人；查处治安案件16729件、16200人，同比分别上升0.8%、4.9%。全年全州命案发案99件，侦破97件，破案率97.98%，连续四年突破94%大关。破获部督“6·18”哈马尔吉团伙贩婴案，抓获涉案团伙成员78人，解救被拐婴幼儿14人。西昌“4·30”抢劫黄金案，抓获犯罪嫌疑人5人，追回被抢黄金1300克，挽回损失30余万元。美姑“5·11”网络诈骗案，追回被诈骗资金687000元。全年全州破获侵财犯罪案件1255件，惩治1113人、起诉871人，同比分别上升3.4%、6.3%、11.9%。破获经济犯罪案件108件，惩治163人，挽回经济损失1.032亿元。侦破“食药环”案件9件，惩治14人。

【禁毒工作】 2016年，州公安局深入推进“毒品治理·凉山行动”，扎实开展破案攻坚、外流贩毒整治、堵源截流、收戒转化、预教管控“五大行动”，强化组织、纪律、能力、机制、后勤“五项保障”，禁毒攻坚取得阶段性成效。全年全州破获毒品刑事案件1236件。取得惩治毒品犯罪嫌疑人数、缴毒数、查处吸毒人员数、破获部省目标案件数同比上升，外流贩毒人数同比大幅下降的“四升一降”显著成绩。创新禁毒工作理念。将禁毒工作上升为党政工程、民生工程，纳入对各县（市）党政绩效考评、领导政绩考核、州目标督促重大事项。搭建专班，借智院校，深化毒品问题治理的系统性、整体性研究，明确“七个更”的毒品问题治理理念，州、县、乡三级禁毒办公室实体化运行，创新禁毒组织形态，构建全党动员、全民动手的禁毒工作大格局，大打禁毒人民战争。充分发挥打击防范的主体责任。聚焦幕后深挖和毒资追缴，向两头打击延伸，强化情报获取、手段支撑、法律支持，全力以赴攻坚大要案件，侦破部省目标案件44件，抓获幕后老板和集资人144人，惩治境外贩毒人员19人，冻结银行存款773万元，查扣涉毒资金248.6万元、房产3套、车辆46台，打处成效创历史新高。建立覆盖“陆邮空网”立体查缉体系，打造州、县（市）两层防毒圈，加快9个固定毒品查缉站点建设，17台流动查缉车投入实战，分级成立民辅警达780人的查缉大队和中队，破获运输毒品案件513件，同比上升160.4%。深入开展源头治理。夯实禁吸戒治与预防教育两大禁毒基石，对吸毒人员开展大排查、大收戒、大管控、大帮扶工作，将8735名贫困吸毒人员优先列为戒治转化和脱贫帮扶对象，加快推进总投资7.5亿元、占地1.5公顷、容量1万人的集强制戒毒、社区戒毒、康复安置“三位一体”的“绿色家园”建设进度，推广西昌市戒毒康复中心模式。全面启动“千校万生”禁毒防艾教育培训活动，完成全州“双百”培训，打造100所示范学校、培养100名专业教师的目标任务。

【安全管理】 一是深入推进道路交通安全综合治理。全年全州发生较大交通事故、死亡人数、万车死亡率，同比事故上升50%、死亡人数上升25%、万车死亡率下降3.3%，交通安全形势总体可控。二是全面加强治安管理。强化民爆化危物品生产、运输、储存、使用等环节的监管力度，侦获涉枪涉爆案件53件，查处违法犯罪嫌疑人87人；收缴各类枪支1217支、各类子弹21060发、非法炸药3103.5千克、烟火药2.4千克、非法雷管789枚、手榴弹24枚，民爆化危物品“零丢失、零被盗”。三是强化火灾防控。全面开展火灾隐患大排查、大整改，发生火灾起数、死亡人数同比分别下降13%、90%，火灾形势总体可控，未发生群死群伤火灾事故。四是狠抓监管场所管理。制定出台《凉山州公安监管工作奖惩问责实施办法》，建成覆盖全州55个监管场所的监控联网指挥中心，整改监管场所安全隐患 186 处，没有发生一起脱逃和非正常死亡案（事）件，全州监管场所安全稳定。五是完成各项警保卫任务。完成四川国际文化旅游节等重大安保任务 40 次，执行警卫任务 9 次。

【法治建设】 2016 年，成立凉山州执法管理委员会，加强执法监督，严格落实民警执法持证上岗制度，取得中级、高级执法资格民警同比分别上升 13.5%、66.7%。全州 70% 的执法场所完成升级改造，一线民警执法记录仪配备率达 98.7%，涉案财物管理中心和证据保管中心建设有序推进。冕宁县刑事诉讼涉案财物管理中心在全省示范推广，会理县被评为全省县级公安机关执法质量优秀单位，彝区公安机关"德古"调解模式得到上级肯定和群众好评。

【基层基础建设】 一是夯实公安基础。新建成监管场所 5 个、县级公安机关业务技术用房 2 个。落实到位州本级监管中心配套资金，争取到特巡警基地建设经费，网安、技侦手段全面升级建设，各项执法执勤装备不断改善。二是大力推进公安信息化建设。建成卡口点位 97 个，完成 89.8 %；完成全州 17 个县（市）天网监控整合，实现全州监管平台、卡口平台、州局局机关视频监控平台、交警支队监控平台的对接，整合前端天网点位 1276 个，初步建成图像深度应用实战平台，实现视频简单编辑、视频检索、视频浓缩、图像增强等功能，信息化建设应用能力明显提升。

【队伍建设】 一是抓思想引领，筑牢忠诚品质。坚持政治建警，注重将思想政治建设成果转化为内生动力。深化"三严三实"专题教育，推进"两学一做"学习教育。二是抓班子建设，培养领导能力。争取州委出台加强政法队伍建设四条意见，选准配强 15 名新任县（市）公安局局长。选拔 69 名副科级干部赴广东警官学院培训，选派 5 名少数民族干部到省厅、成都市局挂职，研究出台领导干部能力提升规划。三是抓教育培训，提升队伍素质。组织开展为期三个月的纪律作风教育和警务技能训练活动。完成省厅 1455 名民警的战训任务，组训 2 期 400 名骨干辅警和 1 期 90 名派出所所长，组织 1 期 69 名青年优秀干部培训班、1 期 72 人心理危机干预培训班，组织 500 余名民警外出学习、跟班作业。夺得全省警体运动会总团体第 7 名，全省经侦比武荣获第三名。四是抓机制创新，激发队伍活力。对机关各警种部门的领导职数、警力、辅警和经费、车辆、装备等重新编制分配，台账管理。对规章制度进行全面清理修订，保留 29 个，完善 14 个，新制定 8 个，废止 1 个。全面推行机关"瘦身"，削减州局警力编制 106 个，分配给禁毒任务较重的县级公安局。出台《关于规范全州公安民警调动、辞职工作的通知》，严格民警调动审批，有效解决警力流失严重的问题。开展辅警队伍管理改革工作，率先在全省使用警务辅助人员网上管理系统。五是抓两个主体责任落实，从严管理队伍。全面落实党风廉政建设责任制，严肃查处民警违纪违法行为，全州公安机关领导和民警未出现重大违法违纪问题。六是抓公共关系，提振队伍形象。各类媒体刊发新闻报道 1240 篇，召开新闻发布会 7 次，利用微信、微博平台开展宣传报道 1880 次。七是落实荣誉制度，实施暖警、爱警工程。提升民警职业荣誉感，全力推动民警廉租房、周转房建设，全面落实新增警衔工资、车改补贴和关爱老干部等要求。八是坚持向基层倾斜，及时表彰奖励。全州公安机关 77 个集体、558 人立功受奖。

（供稿单位：州公安局 / 审核：刘行勇　欧景岩 / 撰稿：陈正阳）

检　　察

Procuratorate

【概况】 2016 年，全州检察机关 108 个集体和 383 人次受到各级表彰，涌现出"全国检察机关清理纠正久押不决案件工作先进集体"、"全州禁毒工作先进单位”以及全省检察机关二等功个人、禁毒工作先进个人等一批先进，布拖县人民检察院被最高检察院授予第六届“全国先进基层检察院”荣誉称号。

【队伍建设】2016年，州人民检察院扎实开展“学党章党规、学系列讲话，做合格党员”教育主题活动，丰富活动载体，通过上党课，干警大会、支部会议、专题讨论会、学习座谈会、“主题党日”、知识竞赛、演讲比赛、实地参观学习、重温入党誓词等形式承诺、践诺，激发干警创先争优的意识。大力实施“钢班子带铁队伍”工程，大胆启用优秀年轻干部。3名优秀青年被提拔担任基层院检察长，1名基层院检察长被推荐担任县委常委、县政法委书记，14名检察长岗位交流，5名优秀干警到贫困村任驻村第一书记、禁毒第一书记和到重点乡（镇）任计划生育党委第一副书记。加强检察官人才队伍建设，配齐配强院领导班子和州院检委会委员，遴选12名优秀专长人才和1名选调生充实州院检察人才队伍。有计划、有组织地推进司法体制改革工作，制定《凉山州检察机关首轮检察官入额遴选工作实施方案》等规定，全州首轮入额检察官291人。规范基层检察院建设水平，西昌、德昌、宁南、会东、美姑、金阳、喜德七县人民检察院检察长向州院述职述廉。扎实推进教育培训工作，坚持每月一次以上的党组中心组学习制度，州人民检察院2名副检察长分别参加省委、州委党校举办的县级领导干部培训班，2名党组成员参加高检院、省人民检察院举办的领导素能培训，全州194名检察机关业务骨干到浙江大学参加凉山州人民检察机关综合素能提升培训，150余名干警参加高检院、省人民检察院、州委组织部举办的电子检务、同步录音录像、控申、依法治国等专题培训。坚持文化育检，机关党委带头践行“激情奋进、创新追赶、团结和谐、健康廉政”的检察文化理念，开展“廉洁文化书画摄影展览”、“义务植树活动”、“迎新春、送文化”春联征集暨原创检察歌曲征集活动优秀作品评选、“阳光成长、与法同行”散文作品征集活动优秀作品征集及评选等活动。强化新闻媒体宣传，积极探索“互联网＋检务”新模式，全州两级院初步形成以门户网站、微博、微信、手机客户端、短信平台为主要阵地的互联互通一体化新媒体平台体系，设立新闻发言人27人，在各级媒体上刊播稿件585条（篇、幅），发布检察机关查办职务犯罪案件等重要信息400余条，官方微博发布信息12469条，微信发布信息4855条，新闻客户端发布信息3505条，转发省人民检察院、高检院等新媒体信息8362条。

【反贪污贿赂】2016年，州人民检察院细化工作措施，优化办案结构，整合办案力量，重点查办发生在领导机关和领导干部中的职务犯罪。全年共查处县处级领导干部要案9件、9人，科级领导干部案件13件、13人。着力抓好集中整治和加强预防扶贫领域职务犯罪专项工作，立案查处惠民扶贫领域贪污贿赂犯罪18件、23人，立案查办水务系统惠民工程项目贪污贿赂犯罪7件、7人，立案查办经适房建设中的贪污贿赂犯罪10件、10人。认真开展惩治行贿犯罪专项行动，立案查办行贿犯罪11件、11人。完善社会化预防工作格局，积极开展举报宣传周、检察开放日、个案预防等活动，形成专题预防报告9篇，提出预防检察建议21件，行贿犯罪档案查询2885件。利用“两微一端”、“检务公开”平台公开查办案件信息，开创“预防职务犯罪邮路”，配合有关单位开展以案释法、警示教育等专题讲座和重大工程建设项目跟踪服务。与州公安局、四川移动通信凉山分公司签订绿色通道协议，与医保、社保等部门达成拉专线联网的意向协议，着力提升信息化环境下的办案能力。全年受理贪污贿赂案件线索103件，立案查办贪污贿赂案件47件、55人。

【反渎职侵权】2016年，州人民检察院充分发挥全州侦查办案一体化工作机制，以查处扶贫惠民领域职务犯罪为重点，加强与公安、审计、安监等行政机关的联系配合，运用同步介入重大责任事故调查机制、重大复杂案件提前介入和专案会商等制度，积极查办安全责任事故背后的渎职犯罪、惠农扶贫领域职务犯罪等案件，依法介入有影响的重大安全事故调查12起，受理渎职侵权犯罪线索20件，初查14件，立案6件、8人，其中大案4件、4人。

【侦查监督】 2016年，州人民检察院围绕侦查监督三项职责，会同有关部门深入开展反渗透、反颠覆、反分裂、反恐怖斗争，进一步加大对非法集资，组织，领导传销，偷税骗税，金融诈骗，制贩假币，生产销售假冒伪劣产品，侵犯知识产权等犯罪的惩治力度，深化“两抢一盗一诈骗”和“突出治安问题整治”专项活动战果，积极参与综治维稳、破坏环境资源和食品药品安全犯罪等专项监督活动，受理侦查机关提请审查逮捕各类刑事犯罪案件2578件、3811人，审查后批准或决定逮捕2285件、3220人，不批准逮捕570人。办理侦查机关提请延长侦查羁押期限案件52件、128人，着力强化侦查活动和立案监督工作，介入职务犯罪案件侦查52件，发出继续侦查取证意见书10份，监督侦查机关立案15件，纠正漏捕30人，提出纠正侦查活动违法23件次。着力抓好“两法衔接”工作，建议行政执法机关移送涉嫌犯罪案件15件、18人。在第四届全省检察机关侦查监督业务竞赛中，1名干警被评为全省侦查监督业务能手。

【公诉检察】 2016年，州人民检察院立足公诉职能核心，依法指控犯罪。全州两级检察机关公诉部门共受理各类刑事案件3454件、5230人，经审查依法提起公诉2969件、4281人，不起诉138件、243人。积极参与禁毒斗争，审查起诉毒品案件1423件、2115人，重大毒品案件181件、486人，在第29个国际禁毒日期间，州人民检察院结合凉山工作实际拍摄的禁毒微电影《阿依的太阳》，荣获省检察院未检微电影一等奖。全州289名干警参加禁毒法制宣传教育大会，90余名检察干警分别走进22所中、小学，1.9万余名学生接受禁毒预防教育，驻村禁毒书记深入21个村开展禁毒宣教活动。州人民检察院提起公诉涉毒犯罪人数最多的刘某等13人贩卖、运输毒品案，涉案毒品数量最大的安某等7人运输毒品41883.9克案等4起重大毒品犯罪案件依法公开宣判。认真履行监督职能，纠正漏诉183人，书面提出纠正侦查活动违法46件，纠正审判活动违法8件，派员出席一、二审法庭2567件。依法审查人民法院刑事判决、裁定等法律文书2037份，办理抗诉案件12件、21人。

【民事行政检察】 2016年，州人民检察院认真开展“民事行政案件质量评查”“基层民事行政检察工作推进年”“关于开展执行案款集中清理工作”等专项活动，与凉山州律师协会会签《关于加强联系协助，进一步畅通民事行政案件申诉渠道的意见》，自行编印民事行政检察宣传手册，重点对法院审判活动中案件受理、庭审程序等关键节点开展监督，保证司法公正。州人民检察院民行处监督的历时3年的西昌市西郊乡农村合作基金会诉桥道遂建筑工程公司借款纠纷一案，中院以“错误执行案外人财产，依法应当承担赔偿责任”向赔偿请求人罗某作出国家赔偿129万余元建议，该案被省人民检察院作为开展执行监督的经典案件上报高检院。在依法办理民事行政诉讼结果监督案件中，成功监督多起借贷纠纷案，对涉嫌帮助伪造证据的5名当事人依法作出有罪不起诉。积极探索开展行政执法违法活动监督，通过检察建议、督促履职、纠正违法等方式，对行政机关及其工作人员违法行使职权或不行使职权行为进行监督。2016年，两级民事行政检察部门受理各类民事行政检察监督案件101件，经审查，提请省院抗诉3件，对人民法院虚假诉讼案件发出再审检察建议案件2件，对19件不支持监督申请决定案件作息诉，对人民法院审判程序违法案件向同级人民法院发出检察建议9件，对人民法院执行活动违法监督案件发出检察建议7件，办理督促行政机关依法履行职责案件17件，办理支持农民工起诉案件27件，为农民工等弱势群体追讨工资25万余元。

【刑事执行检察】 2016年,州人民检察院认真履行刑事执行监督职责,查办盐源监狱欧某等人受贿案,受理监管单位移送审查起诉的又犯罪案件3件、3人,审查后提起公诉3件、3人。集中清理判处实刑罪犯未执行刑罚、财产刑执行等专项活动,查出因监狱拒收被羁押在看守所的罪犯71人,监督公安机关对1名被撤销缓刑、14名未收监执行的罪犯及时收监,查出审前未羁押判处实刑未执行刑罚的罪犯48人。与凉山州中级人民法院、州公安局、州司法局共同签署《财产刑执行监督的暂行办法(试行)》,依法对尚未执行完毕的财产刑执行案件、涉案款物处置不当以及法院的财产刑执行立案、执行活动、变更执行等活动进行监督纠正。审查监管单位呈报的减刑2751人、假释52人、暂予监外执行2人,清理解决久押不决案件60人,被最高人民检察院评为“清理纠正久押不决案件工作专项活动”先进集体。认真开展监外执行检察和监管场所执法工作检察,受理被监管人及其近亲属的来信、来访22件,对监外执行违法或不当情况提出书面纠正意见47次,向监管单位提出书面纠正违法通知书178件。死刑执行临场监督14次,办理羁押必要性审查案件24件,办理指定居所监视居住执行监督案件12件,办理强制医疗监督2件。

【控告申诉】 2016年,州人民检察院坚持首办责任制、检察长接待日制度和视频接访工作,接待群众来信来访及批处理交办案件54件,视频接访3件次。与州司法局共同会签《律师参与化解和代理涉检信访案件实施办法(试行)》。受州司法局指派,四川明炬凉山律师事务所主任罗伟军作为第三方,对1件不服不起诉决定案件进行公开答复。严格按照保密规定对举报线索统一管理,统一受理,专人登记、分流、督办和催办,受理控告举报案件线索177件。围绕“加强举报人的保护,惩治群众身边腐败”的宣传主题深入企业、社区、乡村,利用彝、藏、汉等双语开展举报宣传活动,制作宣传展板86块,发放宣传资料11000余份(册)。突出权利救济保障职能,认真开展刑事申诉检察工作,共受理申诉案件线索73件,办理申诉案件23件,办理救助案件16件,发放救助金13.25万元。

【环境资源检察】 2016年,州人民检察院依法打击各类破坏环境资源刑事犯罪,受理公安机关提请批准逮捕破坏环境资源类刑事案件25件、42人,依法批准逮捕20件、31人,不捕5件、11人,依法开展羁押必要性审查2件、2人。受理公安机关移送审查起诉破坏环境资源类刑事案件65件、95人,审查后提起公诉49件、61人,依法作出不起诉9件、10人,派员出席二审法庭案件7件。开展涉环境资源类职务犯罪打击和预防,立案查处涉林职务犯罪3件、3人。扎实开展“破坏环境资源犯罪专项监督”“严厉打击非法占用林地违法犯罪行为”等专项活动,通过“两法衔接”信息共享平台建议生态环境资源领域的行政执法部门移送公安机关立案侦查3件,发出《检察建议书》15件、《纠正违法通知书》7件,受理公安机关移送审查起诉的非法占用林地案件22件、26人,引导侦查取证51件次,引导规范固定证据材料200余份,监督公安机关移送起诉案件1件、1人。

【案件管理】 2016年,州人民检察院依托统一业务应用系统对案件办理实行网上全程同步监控。两级院案件管理部门受理各类案件5270件,接收卷宗9917册,送案审核2062件,完成电子案件卷宗3232件9731卷581429页,发流程监控260份。开展以冕宁县人民检察院为试点的刑事诉讼涉案财物管理处置工作,建立涉案财物集中管理的9项措施和制度。与州司法局、州律协联合召开“建新型律检关系、促法治凉山建设”座谈会,依托网上预约平台和“电子卷宗”资源,保障律师及时查阅电子卷宗。接待律师网上预约129件,受理律师异地阅卷5件,提供案件信息查询299次。深入开展公开办案流程、推送检务公开信息等服务,公开案件程序性信息4657条、法律文书1279份、重要信息123件。

【法律政策研究】 2016 年，州人民检察院组织全州检察机关参加省法学会组织的“关于征集第三届四川省‘治蜀兴川’法治论坛论文”等各类主题征文活动，编撰《检察调研》《检察队伍建设》等内部刊物。全州共撰写各类检察理论和检察实务调研 300 余篇，选送典型案例 7 件，法律适用 3 件。进一步规范检委会工作，制定《凉山州人民检察院检察委员会例会暨会议学习制度》，检察院检察委员会例会制度实现常态化。全州两级检察院共召开检察委员会会议 150 次，组织检察委员会会前学习 60 余次，讨论各类议题 270 件，审查基层院检察委员会纪要备 143 次，检委会规范化工作经验在全省作交流发言。

【人民监督】 2016 年，州人民检察院扎实做好代表委员联络工作，邀请代表委员参加座谈会、检察开放日、案件公开审查等检察开放日活动，认真办理代表委员意见建议和提案、转交案件，在门户网站设立代表委员联络平台，新建凉山州代表委员微信群，形成沟通顺畅 、信息共享、联动推进的代表联络工作机制。完善人民监督员制度，通过邀请人民监督员、特约检察员参加检察长会议和听庭评议等形式开展执法监督活动，州院首次邀请律师、人民监督员、人大代表参与化解涉检信访案件，人民监督员监督 11 种情形案件 9 件、9 人。

【保障工作】 以服务检察工作全局为中心，全州两级法警部门组织开展以体能、技能、基础理论为主要内容的警务勤务实战演练，38 名司法警察参加轮训培训，举办全省检察机关司法警察凉山片区技能比武，建立完善检察机关在侦查讯问、询问过程中突发事件的处置及保障公诉人出庭安全的措施，参与自侦办案 54 件，参与刑检办案 85 件，出警 690 余人次，警务协助案件 5 件。进一步规范签收、审核、拟办、呈批、呈阅、承办、催办、归档管理等收文管理工作，认真做好检察文稿质量、检察档案管理、保密工作、会务工作等基础工作，接收处理各类文件、信息、材料 6550 件次，组织参加各种会议 215 人次，起草审核人大报告、全州检察长会议讲话等重要文稿 199 篇。认真开展司法会计鉴定、法医文证审查等工作，办理检验鉴定 10 件、文证审查 15 件、技术协助 138 件，司法鉴定实验室通过 CNAS 认可。

（供稿单位：州人民检察院 / 审核：沙马伟古 / 撰稿：王昆梅）

法　院
Court

【概况】 2016 年，全州法院共受理各类案件 29916 件，同比下降 1.07%；审执结 28647 件，结案率为 95.75%，同比下降 0.22%。其中，州人民法院受理各类案件 5917 件，同比上升 6.82%；审执结 5787 件，结案率为 97.8%，同比上升 5.43%。

【刑事审判】 2016 年，全州共受理各类刑事案件 3354 件，同比上升 13.93%。审结 3255 件，结案率为 97.05%，同比上升 18.54%。审结故意杀人、抢劫、爆炸等犯罪案件 173 件、229 人。审结毒品犯罪案件 1154 件、1450 人，判处 5 年以上有期徒刑直至死刑 201 人，重刑适用率达 13.86%。审结“两抢一盗”、“破坏‘三电’设施”和拐卖妇女儿童犯罪案件 441 件、641 人。审结合同诈骗、非法吸收公众存款等涉众型犯罪案件 10 件、16 人。审结贪污、受贿、挪用公款等职务犯罪案件 124 件、134 人。

【民商事审判】 2016 年，全州共受理各类民商事案件 17295 件，同比下降 9.32%。审结 16624 件，结案率为 96.12%，同比下降 7.77%。依法审结重组兼并、破产改制、产权股权转让等案件 10 件，工作成效受到州委肯定。审结涉及水电、矿产资源开发、建设工程施工、房地产交易、企业承包租赁、金融借贷等合同纠纷案件 3457 件，诉讼标的额 16.57 亿元。审结劳动合同、损害赔偿等涉民生案件 1093 件，涉案标的 0.51 额亿元。审结农村土地承包、农民工合法权益等涉“三农”纠纷案件105件,诉讼标的额414万元。深入开展“民事、刑事、行政三合一”试点工作,依法审结知识产权案件7件。积极开展家事审判试点工作,审结婚姻、继承、赡养等家庭纠纷案件3518件。

【行政审判】 2016年,全州共受理各类行政案件407件,同比上升53.01%。审结386件,结案率为94.84%,同比上升65.67%。判决撤销或变更行政行为、确认行政行为违法、责令履行法定职责案件16件。维持或确认行政机关行政行为52件。当事人主动撤回起诉20件。向相关单位和部门发出《法院情况专报》8期。发布上一年度《行政审判白皮书》,促进政府部门严格依法依程序行权。

【执行工作】 一是成立全州人民法院“基本解决执行难”暨“执行案款清理”工作领导小组,制定《关于力争两年基本解决执行难的工作方案》,结合实际,确立全州17个县(市)法院分别在一年、二年内力争基本解决执行难。召开基本解决执行难问题推进工作新闻发布会以及工作部署推进视频会议。认真贯彻落实四川省依法治省领导小组《关于“两年内基本解决四川执行难”工作意见》,州中级人民法院及时向州委专题报告,制定下发凉山州《关于“两年基本解决执行难”工作的意见》。二是协助组织召开凉山州执行工作联席会议。深入开展“惩失信、反规避、打拒执”,“执行百日攻坚”等专项执行活动。共受理各类执行案件5257件,同比上升10.42%。执结4784件,结案率为91%,同比上升6.67%。加强执行信息化、规范化建设。全州法院全部建成执行指挥中心,实现音视频互联互通。三是建成“总对总”“点对点”网络查控系统,与公安机关及十余家金融机构实现网上查控。认真开展“执行规范年”活动,联合州人民检察院成立执行案款清理工作协调小组,全面清理执行案款,切实做到执行案款底数清、情况明,清理积案152件,清理案款1450万元。落实执行查控专人负责制,做到查询一次一登记,控制一次一审批,所有查控均全程留痕。四是规范执行案件流程节点管理,统一应用全国办案平台,强化执行公开平台建设,不断完善失信惩戒机制,加大失信惩戒力度,对相关执行信息通过网络、电视、LED显示屏等形式及时发布。严格执行省高级人民法院《关于落实“五个严禁”严格网络执行查控纪律的通知》切实规范网络查控行为。纳入失信被执行人名单789人,公开曝光“老赖”223人,限制高消费125人,限制出境84人,司法拘留105人,移送公安机关追究刑事责任6人,检察机关起诉1人。继续开展涉民生专项执行和为农民工等弱势群体解决执行难“司法大拜年”活动,执结案件211件,集中兑付2091.14万元。州法院率先以公开竞价方式将丰田普拉多、尼桑牌日产皮卡车辆在淘宝网上拍卖成功,溢价率近50%,充分保障当事人的权益。

【司法为民】 一是积极回应人民群众关切,严格执行“立案登记制”,切实解决立案难问题,2015年5月1日后共接待立案群众36164人,登记立案35541件。注重源头治理,化解涉诉信访积案25件、涉执信访案件37件。二是加大司法救助力度。对788名经济困难的当事人减、免、缓缴诉讼费385万元,对83件案件146名当事人给予司法救助116万元。三是强化法治宣传教育。以法律七进为载体,深入开展各类法治宣传活动200余场次,发送各种宣传资料10万余份,解答群众咨询7000余件次。四是积极参与脱贫攻坚。全州法院选派43名优秀青年干警挂职扶贫村任第一书记,结对帮扶困难群众2340余人。主动协调、筹措资金100余万元,发动干警捐款20余万元,解决联系点、帮扶村以及群众的实际困难。大力推进禁毒防艾工作,选派34名干警驻村担任禁毒专职副书记。

【司法公开】 全州法院在中国裁判文书网上公布生效裁判文书11937份。通过法院网站、短信平台,发布工作动态、重大案件等信息2万余条。通过法院官方微博,以图文、视频直播庭审56件。召开新闻发布会45次,及时向社会公布重要工作部署和重大案件审理情况。采取听证、公开审理以及在互联网上公示提请减刑、假释建议书和裁判文书等方式，规范减刑假释案件审理工作，严格依照法律程序审理减刑、假释案件3404件。召开国有大型企业、金融企业座谈会和律师恳谈会，主动听取企业、律师对法院工作的意见建议，着力构建相互支持、相互监督、良性互动的新型工作关系。积极开展“庭审开放日”“邀请代表、委员进法院”等活动，邀请人大代表、政协委员视察工作、观摩庭审，参与法院“司法大拜年”执行案款兑现活动、进行座谈等，及时听取代表、委员对法院工作的意见和建议，认真整改回复。制作《法院要情专报》向代表和委员赠阅。通过短信平台向代表、委员及时发送法院工作动态、重大案件审理情况等信息，不断增进代表、委员对法院工作的了解与支持。

【司法改革】 一是认真贯彻落实中央、省委、州委和省高级人民法院的安排部署，积极推进以法官员额制、司法责任制为核心的司法改革，进一步完善审判制度机制取得积极成效。积极推进法官员额制改革。按照“以案定额”与“以岗定额”相结合的原则，结合管辖范围、案件类型、办案数量等特点，通过考试、考核、审查，在全州法院择优遴选396名法官入额。完成全州766名法官职务套改工作，对全州法院23名初任法官进行资格审查。二是全面落实司法责任制。按照各司其职、相互配合、立审执相分离的要求，坚持法官人数与案件数量基本均衡原则，合理设置办案团队。制定《办案人员权力清单》《落实司法责任制实施办法》，进一步规范、健全监督管理机制，严格追究办案责任。州法院已设置11个办案团队（刑事2个、民事4个、执行1个、立案1个、审监1个、行政1个、综合团队1个），完成法官、法官助理、书记员调配工作。三是分设民商事专委会和刑事专委会，建立刑事、民事专业法官会议制度，为重大、疑难刑事、民事案件法律适用、处理思路提供参考性专业咨询意见。四是推进“以审判为中心”的诉讼制度改革。推进庭审实质化改革试点工作，州中级人民法院和试点法院庭审实质化审理案件5件，4名证人、6名侦查人员、5名鉴定人出庭作证，在查明事实、认定证据、保护诉权、公正裁判中发挥积极作用。五是规范涉案财物管理工作，制定《涉案物品管理办法》《涉案物品出入库管理办法》。州中级人民法院和冕宁县人民法院76件涉案财物已入库集中统一管理，有效防止涉案财物管理不规范现象。冕宁县人民法院的经验被省委政法委推广。六是深化多元化纠纷解决机制改革。大力推进交通、保险等专业性、行业性调解组织建设，着力构建诉讼和调解相结合的纠纷解决机制。2016年，全州法院共调撤民商事案件10099件，调撤率达60.75%，始终保持全省前列。

【队伍建设】 2016年，州中级人民法院坚持从严治院，努力打造过硬法院队伍。认真开展“两学一做”学习教育。全州法院严格按照省委、州委和省人民法院部署，成立领导小组，制订实施方案，及时召开动员大会。各支部制订学习计划，组织全体干警认真学习习近平总书记系列重要讲话、《中国共产党章程》、《中国共产党廉洁自律准则》、《中国共产党纪律处分条例》、《九项规定》等。开展“重温入党志愿，重温入党誓词”活动。院领导带头上党课，党组成员在分管部门党支部以及联系基层法院讲党课。加强司法能力建设。组织全州法院干警458人次参加上级法院培训，自主组织1814人次进行“彝汉双语”和专业法律知识培训，开展各类网络培训1660人次。组织全州法院干警分15批到西南政法大学进行培训。加强党风廉政建设。坚持每年春节后的第一个工作日举行“廉洁司法教育日”活动，组织全州法院干警观看廉政警示教育片，受教育干警3000余人次。开展审务督察、司法巡查15次，认真办理群众来信来访举报57件，对违反工作纪律的12人进行诫勉谈话及函询约谈，始终对违法违纪行为实行“零容忍”。州人民法院干警撰写《少数民族地区毒品犯罪特征、症结及应对》一文，获得“四川省第三届治蜀兴川法治论坛（凉山）”一等奖并作交流发言；撰写《以法治方式构建多元化纠纷解决机制的探索》一文，获得“四川省第三届治蜀兴川法治论坛（自贡）”优秀奖。州中级人民法院政治部被评为全国法院先进集体，民三庭庭长袁荃被评为全国法院优秀法官及全国法院系统党建工作先进个人，审监庭因在特赦工作中表现突出被省法院荣记集体三等功，刑二庭因在缉毒执法工作中表现突出被凉山州人民政府荣记集体二等功，分管刑事的副院长冯成、刑二庭审判员唐建被州政府荣记个人二等功。

（供稿单位：州人民法院／审核：冯成／撰稿：张黎）

司法行政

Judicial Administration

【概况】 2016年，凉山州司法行政系统认真贯彻落实中央和省州决策部署，紧扣“围绕中心、服务大局，深化改革、创新发展，健全机制、优化效能，规范管理、铸强队伍”主线，坚持法治引领，以深入实施“五大司法为民工程”、突出抓好法治扶贫工作为重点，强基础、补短板，促规范、谋发展，着力为凉山决战脱贫攻坚、同步全面建设小康提供优质高效的法律服务和法治保障。

【法治扶贫】 2016年，凉山州司法行政系统坚持围绕中心、主动作为，探索推行法治扶贫“253”工作模式，以《服务和保障扶贫开发攻坚十九条措施》《全面加强禁毒防艾法治宣传教育深化推进“法律七进”工作方案》“两个方案”为引领，以法治宣传育民、法律服务便民、法律援助惠民、人民调解和民、特殊人群帮教安民“五大司法工程”为重点，以健全组织领导、目标考核、督导检查“三个机制”为保障，充分发挥司法行政职能作用，服务和保障凉山脱贫攻坚。实施“一乡镇一法治辅导站”等贫困地区普法“五个一”行动，建立乡镇法治辅导站168个，培养“法律明白人”6596人。将法治元素融入幸福美丽新村建设，打造法治文化新村24个。推进“一村一法律顾问”工作，为260个贫困村选派法律顾问。优选9名律师组建法律服务团，对口帮扶木里藏区。对建档立卡贫困人口申请法律援助，免除经济困难审查，实行案件受理、指派、办理“三优先”服务。加强贫困乡村调解组织建设，创建规范化调委会853个。开展“德古”调解规范化管理试点工作，构建适合彝区实际的矛盾纠纷多元化化解机制。强化社区矫正和安置帮教措施，落实救助、扶持等政策1269人次，严防因贫再犯罪发生。围绕攻坚扶贫中心工作，积极发挥禁毒防艾职能，选派50名司法行政干警赴州内毒品整治重点村任驻村禁毒第一书记，扎根一线开展毒品犯罪防治和禁毒宣传教育工作。

【普法依法治理】 凉山州司法行政系统认真总结“六五”普法经验做法，坚持“五动并驱”深入推进“法律七进”，“三大片区”差异化普法深化实施，“七五”普法实现良好开局。一是清单驱动。立足州情实际制定禁毒防艾宣传等13项任务清单，以目标考核推动法律“七进”落到实处。采取送法下乡、双语宣传等形式，组织开展各类法治宣传活动2000余场次。二是部门联动。落实“谁执法谁普法”责任制，明确42个州级部门的普法内容和责任，抓住“6·26”“12·4”等重要时间节点，组织开展禁毒防艾、国家宪法日等十一项法治宣传教育主题活动。三是示范带动。深化先进典型选树工作，甘洛县被评为全国“六五”普法先进县。规范法律“七进”工作和法治文化阵地建设标准，培育打造7个省级法律“七进”示范点、4个省级法治教育示范基地。四是警示触动。选取11个典型案例编印禁毒宣传口袋读本1万册，免费发放给群众。组织在校学生、领导干部等开展现身说法警示教育活动128场（次），受教育6万余人次。五是媒体推动。打造《法治凉山》《法治在线》等品牌普法栏目，开通普法“两微一端”及法治手机报，推动法治宣传多元、全域覆盖。

【法律援助】 2016年，凉山州司法行政系统持续实施州、县、乡三级服务网络全覆盖工程，新建规范化县级法律援助接待受理厅2个、乡镇法律援助工作站12个。推进服务网络向州外延伸，规范2个驻北京法律援助工作站运行，新建驻上海、深圳法律援助工作站，签订成都—凉山法律援助异地协作协议。落实值班值守制度，提升“12348”法律服务热线平台服务质量。突出重点群体维权，开展农民工讨薪维权专项活动。全年共办理法律援助案件2476件；提供法律咨询服务12893人次；服务受援群众17845人次，同比增长20.7%；完成省、州下达目标的297.4%。

【社会治理】 2016年，凉山州司法行政系统深入开展调解能手、星级调委会、等级调解员评定工作，加大行业性、专业性调委会建设力度。全州获评“全省五星级人民调解委员会”3个、“全省首席人民调解员”3人、“全省人民调解能手”8人。积极推广“三三”调解制度和“随手调”工作，成功化解各类纠纷案件16773件。开展“社区矫正规范化建设年”活动，优化社区矫正调查评估、交付执行、教育管理、解除矫正等重点环节工作流程，加强社区矫正工作机构和人员建设，强化社区矫正人员教育监管，确保2142名社区服刑人员再犯罪率低于0.2%。健全安置帮教工作协作机制，落实信息核查、出所前衔接等制度，刑满释放人员得到安全有效管理，重新犯罪率控制在2%以内。

【法律服务】 凉山州司法行政系统着力加强律师执业监管和权利保障，积极引导律师参与公益法律服务，律师共办理诉讼和非诉讼案件8000余件，办理法律援助案件1000余件。积极支持律师参政议政，11名律师担任州县“两代表一委员”。开展公证行业“执业为民、便民惠民”活动，办理公证案件9139件。加强司法鉴定机构、队伍和执法规范化建设，办理司法鉴定案件2495件。启动基层法律服务工作者发展工作，办理诉讼和非诉讼案件2500余件。首次全面推行人脸识别系统，司法考试报考人数达1040人，创历史新高。

【基层基础建设】 凉山州司法行政系统深化巩固“百所规范化司法所”建设成效，对前期全州建成的110所规范化司法所进一步进行规范，紧扣“九大工作职能”，配齐工作人员，落实培训机制，完善工作制度，进一步发挥基层司法行政职能作用。立足凉山州情实际，探索片区中心司法所建设，对规范化司法所的办公用房、设施装备、标识标牌等作进一步细化，对司法所人员管理、工作流程、业务边界等制度机制作进一步完善，着力夯实司法行政工作基础。全州共完成144个规范化司法所建设。

【队伍建设】 2016年，凉山州司法行政系统紧抓队伍建设这一根本，强思想、转作风、提素质，切实加强班子队伍建设，为司法行政事业发展提供坚实的队伍保障。一是加强理想信念培育。认真开展“两学一做”学习教育，坚持严学真做，落实组织领导、安排部署、宣传动员、督促检查“四个到位”，着力突出重点全员学、领导干部带头学、骨干典型带动学、创新方式灵活学“四学联动”，开展“党员四问”活动，夯实党员干部思想根基。二是强化思想作风建设。认真落实党风廉政建设“两个责任”，组织全系统副科级以上领导干部接受法纪警示教育，完善民主集中制、党风廉政建设责任制、理论中心组学习、调查研究、联系群众等制度机制，持续开展“庸懒散浮拖”“9+x”等专项整治，采取明察暗访、不定期检查的方式开展警务督察、作风巡查，推进队伍作风持续转变。三是提升业务能力素质。按照“全员培训、行业覆盖、全程监督、全额保障”的原则，结合岗位特点，分层分级落实干部教育培训计划，开展新招录公务员初任培训、法律援助业务培训、公证律师培训等各类培训。2016年，凉山州司法局在全省司法行政系统绩效考评中荣获特等奖，被评为“2011—2015年全国法治宣传教育先进普法依法治理办公室”和“全省司法行政系统先进集体”，全系统共21个集体、28人受到国家、省、州表彰。

（供稿单位：州司法局／审核：卢立武／撰稿：熊国祥　陈宗兴　飞陈）

法治政府建设

Building of Law-based Government

【权力清单动态管理】 2016年，州法制办依据《四川省行政职权目录动态调整管理办法（试行）》，于2016年3月开展行政权力依法规范公开运行工作集中培训，对县（市）政府及州级相关部门工作人员进行法律法规依据、相对人维权渠道等事项审核等方面的培训，规范全州行政权力录入运行平台目录动态调整工作。要求在权力平台录入事项时规范三点：一是录入行政权力项目，县（市）政府要根据本级政府清理的行政权力目录为准，州级相关部门要根据已经公布的州本级行政权力目录为准；二是因行政诉讼法修订，将原规定3个月内依法向人民法院提起行政诉讼，修改为6个月；三是根据各省级部门制定的行政处罚、行政强制裁量标准修订本单位裁量权标准。

【政府法律顾问管理】 2016年，州法制办根据《中共四川省委关于贯彻落实党的十八届四中全会精神全面深入推进依法治省的决定》《四川省人民政府关于健全和完善政府法律顾问制度的意见》《凉山州全面深入推进依法治州的意见》等规定，结合凉山实际，对《凉山州法律顾问工作规则》作修订实施，经十届州政府第46次常务会审议通过，制定《凉山州人民政府法律顾问管理办法》，同时审议通过凉山州人民政府法律顾问室第二届法律顾问名单。探索建立法律顾问考核机制，制定《政府法律顾问考核办法》，确保法律顾问在制定重大行政决策、推进依法行政中发挥积极作用。

【州政府常务会议会前学法制度】 根据社会法治的热点、难点，结合凉山州情确定学法主题内容，认真落实州政府常务会议会前学法制度，完成《中华人民共和国环境保护法》《中华人民共和国仲裁法》《中华人民共和国政府信息公开条例》《中华人民共和国不动产登记暂行条例》《中华人民共和国安全生产法》《中华人民共和国慈善法》等11次授课，实现领导干部学法常态化。

【行政执法监督检查】 办理行政执法监督案件和开展行政执法监督检查。2016年，办理投诉价格垄断，投诉县政府侵犯土地承包权、投诉行政给付不公案件等10件，办结7件，3件正在办理中。组织开展执法监督检查和调研座谈，参与督查调研无户口人员摸底排查工作；参与深改工作督查等，组织对公安系统行政权力规范公开运行进行调研座谈，参与凉山州辖区内三轮、四轮电动车管理规范通行秩序调研座谈会。

【依法行政示范创建】 2015年12月，四川省依法治省领导小组《关于命名表扬依法治理示范创建合格单位的决定》确定德昌县公安局、州国土局为依法行政示范创建合格单位后，州、县两级法制办加强督导。德昌县公安局、州国土局不断探索依法行政工作机制创新和制度创新，以创建活动为载体，以优质服务和公正执法为重点，不断改进工作，加强制度建设，规范行政行为，全力推动依法行政工作不断上台阶。2016年5月，州国土资源局参加省国土资源厅案件评查，报送的两个案件卷宗入围优秀案件。

【行政执法人员管理】 2016年，州法制办按照《四川省人民政府法制办公室关于组织开展行政执法人员清理工作的通知》，组织清理行政执法人员，严格落实行政执法人员资格和持证上岗制度，进一步整顿凉山州行政执法队伍。经过认真自查清理，全州执法主体数量为682个，其中法定行政机关525个，法律法规授权组织70个，依法受委托实施行政执法的组织87个;行政执法人员共12972人,其中行政编制6924人,事业编制4209人,其他编制(包括工勤)554人,行政执法辅助人员1285人;现持执法证人员共有9748人,其中持省政府执法证的6658人,持国务院部委执法证的3090人,同时持省政府和国务院部委执法证的98人。

【行政执法证件管理】 2016年,州法制办按照《四川省行政执法证管理办法》第十六条、十七条的规定,于2016年3月开展行政执法证件年审工作,年审证件6174个,其中年审合格的证件5495个,年审不合格的证件679个。年审不合格的证件分别为涉嫌违法违纪3个,遗失13个,调离195个,退休68个,死亡7个,聘用的合同工、临时工3个,其他如机改注销证件等情况390个。全州使用省政府统一样式的执法证共计6455个。

【地方立法】 2016年,州法制办根据州人大常委会安排,及时收集并报送政府立法建议,完善公众参与地方立法机制,通过多种方式广泛听取社会各界的立法意见、建议。积极配合州人大常委会工作部门开展民族区域自治地方单行条例及地方性法规草案的修订起草工作,按照州人大常委会及州政府安排,对《凉山州禁毒条例》(简称《条例》)组织可行性研究论证、广泛征求意见及社会稳定风险评估等工作,形成听证报告、专家意见书、社会稳定风险评估报告和合法性审查意见,对《条例》草案进行重大修订,为《条例》草案进入审议做大量基础性工作。认真研究学习《凉山彝族自治州立法体例(征求意见稿)》,参与相关审议研讨,及时向州人大常委会工作部门反馈修改意见及建议。

【规范性文件起草制定】 2016年,州法制办认真贯彻《四川省行政规范性文件制定和备案规定》,落实规范性文件立项规划及申报制度,对2015年度规范性文件立项项目完成情况进行总结,开展2016年州政府规范性文件立项项目征集工作,向州级各部门印发《凉山州人民政府办公室关于印发2015年度规范性文件立项项目完成情况及2016年立项项目安排的通知》。进一步完善规范申报程序和细化工作要求,细化规范2016年立项申报书。为确保按计划完成规范性文件制定任务,对承担2016年州级规范性文件起草任务的单位持续进行指导及督促。承担法制办作为起草单位的两件规范性文件的起草任务,按照研究论证、广泛征求意见、合法性审查、集体决策等程序开展规范性文件起草制定工作。全年共收集立项州政府规范性文件18项,指导州级各部门完成州政府规范性文件28件起草制定工作。

【规范性文件监督管理】 2016年,州法制办依照《四川省行政规范性文件制定和备案规定》和法律规定,对《凉山州人民政府关于深化收入分配制度改革的贯彻落实意见》《凉山州人民政府关于鼓励引进州外大学建筑企业有关优惠政策的通知》《凉山州人民政府关于加快发展钢结构建筑的实施意见》《凉山州人民政府关于加快推进特色农业保险的实施意见》等28部规范性文件进行审查并出具合法性审查意见。根据《四川省行政规范性文件制定和备案规定》《凉山州行政程序规定》《凉山州行政规范性文件备案审查制度》及省法制办相关要求,结合工作实际,制定出台《凉山州法制办规范性文件"三统一"工作规则》,进一步健全行政规范性文件监督管理制度。规范编号规则及规范性文件审查意见书格式,完善收文登记制度、文件运转制度、规范性文件合法性审查及备案登记台账等制度。全年向省政府和州人大常委会报备州政府规范性文件12件,接受各县(市)政府和州政府部门报备规范性文件16件。

【涉法事项的法律审查】 2016年,州法制办根据州政府领导安排,依照法律规定及《四川省重大行政决策程序规定》,对《州政府与四川省工商联战略合作框架协议》《五洲国际五金机电博览城凉山城镇电商综合体投资框架协议书》《凉山州人民政府四川省交通投资集团有限责任公司战略合作框架协议》等130件州政府重大合同及其他涉法事项进行审查，提出法律意见、建议，起到规范内容及程序、防范法律风险的作用。认真办理，按期回复多件州政府交办的人大代表议案、政协委员提案及群众信访案件。积极参与西昌国有农场、普格荞窝监狱遗留问题、长安棚户区改造、州政府海外融资及基金等多件政府重大事项的研究处置，提出重要意见、建议。

【重大行政决策】 2016年，州法制办认真学习《四川省重大行政决策程序规定》，通过制定《凉山州行政机关重大行政决策合法性审查办法》，进一步贯彻落实重大行政决策程序规定精神，配套完善行政机关重大行政决策合法性论证审查机制，引导决策机关依照公众参与、专家论证、风险评估、合法性审查和集体讨论决定的程序要求开展决策工作。通过对政府重大决策事项提出程序性意见、建议，推动政府机关落实重大行政决策程序各项规定。

【行政复议案件办理】 2016年，全州各县（市）政府共收到复议案件151件（受理的100件）。其中，州政府共收到行政复议案件88件，受理70件、不予受理1件、告知15件，转送2件。州政府审结案件中，维持55件、确认违法1件、撤销3件、驳回2件、终止3件、中止1件、未审结5件。收到的行政复议案件行政管理类别主要涉及房屋征补（拆迁）、土地、林业、公安、劳动和社会保障等领域。申请复议的事项主要涉及行政征收、行政确权、信息公开、行政不作为、行政处罚等方面。

【行政复议制度建设】 州政府成立凉山州行政复议委员会、规范州行政复议案件审理工作，并制定《凉山州人民政府行政复议制度》。对行政复议案件实行立审分离；对案件的处理实行承办人员、科室负责人、法制办分管领导、法制办主要负责人、行政首长“五级把关”；对涉及群众普遍关心的社会热点、难点和有重大影响的行政复议案件，启动行政复议委员会会议，专家集体讨论后报行政首长审查把关。

【行政应诉案件办理】 2016年，全州以各级政府为被告的行政应诉案件共80件。其中，州政府为被告的行政应诉案件共12件。与2015年相比，州政府应诉案件数量上升120%。在行政诉讼中，各级政府及各级行政部门认真履行行政应诉职责，着力做好应诉工作，积极推进行政首长出庭应诉制度，支持人民法院依法受理行政案件，自觉履行人民法院作出的生效判决和裁定，对法院提出的司法建议积极整改。

【法制队伍建设】 2016年，加强行政执法培训，累计培训1000余人。6月，举办两期行政执法通用法律知识培训会，州、市两级执法人员近600人参加培训。组织县（市）、州级部门执法人员参加省委党校依法行政新知识培训，并受州人社局、州安检局等部门邀请对部门行政执法人员进行专题培训。进一步规范行政执法程序，提高行政执法水平。制定《凉山州人民政府法制办公室 凉山仲裁委员会办公室“科长讲法”制度（试行）》，安排年度学习计划，完成《购房合同九大注意事项》《什么是供给侧改革》等7期“科长讲法”活动，对扎实推进“学习型、创新型、服务新、效能型、廉洁型”机关建设，全面提升干部队伍整体素质起到积极作用。

【行政调解】 2016年4月，州法制办转发《关于加强矛盾纠纷源头发现和预警研判机制规范化建设的意见的通知》，要求州级各相关单位按照意见要求，一是加强矛盾纠纷源头发现机制建设。二是健全矛盾纠纷预警研判机制。各部门（单位）定期全面收集、汇总、梳理矛盾纠纷动态信息（每月），定期分析研判，提出有预见性、指导性、时效性的措施意见，形成《会议纪要》（每季度），并及时报送州行政调解中心（办公室设在州法制办督查科）。三是健全排查研判信息动态反馈机制，加强信息报送。从5月起,各部门(单位)每月3日前,报送上月矛盾纠纷信息;每季度(下季度首月3日前)报送矛盾纠纷季度研判《会议纪要》(含分析研判情况),各部门(单位)必要时可专题报送行政调解工作信息。四是切实落实源头排查研判责任。

(供稿单位:州法制办/审核:艾裕双/撰稿:潘义)

绿色家园管委会工作

Work of Green Homes Management Committee

【概况】 2016年,州绿色家园管委会坚持以创新社会治理模式为工作目标,按照“建项目、强管理、抓发展”的工作思路,加快推进绿色家园项目发展,不断加强自身建设,创新发展园区产业,稳步推进戒所管理,为凉山禁毒防艾人民战争攻坚决胜做出积极贡献。

【队伍建设】 2016年,绿色家园管委会按照素质优良、结构合理的队伍建设目标,不断壮大工作队伍,从最初的10名抽调人员,逐渐发展壮大成为一支拥有行政干部、公安干警、医护人员、辅警等在内的203人的政法队伍。2016年,公开考调、录用公务员3人,招聘医务工作人员5人,招聘警务辅助人员85人,充实绿色家园队伍力量,为完成好绿色家园各项任务提供有力的人才保障。同时,着力在思想政治、作风建设、工作能力等方面下功夫,通过各种学习培训,不断增强队伍的创造力、凝聚力和战斗力。特别是针对2016年新招聘的辅警,从政治理论、法律法规、警务技能等方面进行为期16天的集中训练,以使其尽快进入角色,适应岗位。

【项目建设】 全面完成绿色家园一期工程主体工程建设。管委会通过提前策划、科学管理、分解责任、细化施工方案、加强现场管理等手段,以强有力措施推进工程建设,2016年底,一期工程全面竣工。稳步推进园区基础设施工程建设。在4个月内,建设完成投资230万元的园区26.4千米边界物理隔离围栏建设,为实现绿色家园“大封闭,小自由”的管理模式提供有力保障。投资600余万元,建成园区边界视频监控系统,实现对园区边界的24小时实时监控管理。基本建设完成园内8.16千米道路工程和投资2100万元的盐源县城至绿色家园12千米交通干道,为绿色家园及周边居民出行提供便利。投资960万元,用于4个病险水库除险扩容整治工程,已于2016年10月完工并蓄水,基本保障园区内生活用水和农业用水需求。抓好公安强戒所前期基础工作。2016年,国家发改委将凉山州“绿色家园”强制隔离戒毒所列入“十三五”基层公检法司基础设施建设项目规划,该项目总投资3.16亿元,规模设计3000人。2016年,完成项目的可研、环评等工作,并获得州发改部门批准立项。

【园区产业】 持续稳步推进玫瑰、果品、蔬菜种植和肉食基地养殖等农业产业,建成4000亩的现代化苹果种植标准示范基地,并引进以色列先进滴灌技术及设备,全部实现自动化滴灌;建成蔬菜园地120亩,肉食基地1320平方米,年出栏肥猪1200余头。积极引进劳动密集型产业,引进电圈、手机自拍杆等电子加工产业,全年提供400余个工作岗位。加大玛瑙加工产业发展,2016年,试生产串珠、桶珠、戒面、吊坠等各类半成品百余千克,初步具备独立承担来料加工的生产能力;培训掌握基本玛瑙加工技能的学员120人,增加戒毒学员回归社会后的就业机会。

【监所管理工作】 2016年,管委会严格要求绿色家园公安分局牢固树立监管责任意识,不断建立健全各项制度和管理规程,制定《分局考核管理试行办法》《戒毒所各岗位职责》等规章制度,以强化内部日常管理。同时在监所管理中还建立并实行心理咨询、风险评估等各类登记制度。通过精细化的日常管理、标准化的制度建设、信息化的监管手段,园区监管能力和管理水平不断提升，监所管理安全有序，无重大责任事故发生。2016 年收戒 1174 人次。

【安康医院建设】 加快绿色家园安康医院建设，构建园区基本医疗体系。建立健全 24 小时值班制度、医疗管理办法、护理管理办法、新农合、药房管理办法等十余项制度和办法，确保医院管理规范。设立艾滋病网络信息报告系统、艾滋病抗病毒治疗信息系统、新农合报账审核网络平台、网上采购药品耗材平台，为安康医院发展奠定坚实基础。2016 年，积极争取安康医院编制由 21 人增加到 71 人，现有医护人员 15 人，其中管理岗位 3 人、专业技术岗位 12 人。全年举办艾滋病、肺结核、肝炎等疾病的防治知识讲座 2 场，共计 100 余人次参加，提高公安干警、医护人员和戒毒学员对艾滋病的认识和防护水平。全年累计接诊门诊病人 8930 人次，夜间出诊 126 次。

【党建工作】 2016 年，认真落实“一岗双责”主体责任，实行党工委书记的双述职制度。严格执行党支部“三会一课”制度和发展党员五项制度，整改党费核算办法，按应发工资核算，按期足额收缴党费。狠抓党风廉政建设，落实领导干部重大事项报告制度，认真自查党员干部廉政纪律执行情况，增强干部廉洁自律意识。严格执行党政机关厉行节约各项规定，大力规范公务接待，确保各项经费支出的规范管理。深入开展“两学一做”学习教育，采取中心组学习、上廉政党课、观看廉政电影等形式，加强领导班子和干部教育培训，提升班子队伍素质能力。“四好”班子建设、党建工作、党风廉政建设责任制、惩防体系建设等工作成效显著，得到相关部门的认可和好评。

【精准扶贫】 2016 年，州绿色家园管委会深入开展“双联”、驻村帮扶工作和“走基层”活动。认真落实“五个一”联系制度，领导班子全年带队深入对口帮扶村、户调研慰问 12 次；选派一名优秀干部到村任第一书记，负责帮扶具体工作，协助乡、村两级抓好扶贫各项工作，确保对口帮扶村能如期实现脱贫摘帽的目标。投入异地搬迁土地费用 27 万元，为帮扶对象送去价值 13 万余元的花椒树苗、能繁母猪和种羊等扶贫物资；组织干部职工捐款 7 万余元；扎实开展“走基层、送温暖”活动，为大圈村 10 户特困户送去过冬物资和慰问金。

（供稿单位：绿色家园管委会 / 审核：唐斌 / 撰稿：张萍）

经济管理

ECONOMIC MANAGEMENT

国有资产监督管理

State-owned Assets Supervision and Administration

【概况】 2016年,凉山州国有资产监督管理委员会深入贯彻落实中共十八大,十八届三中、四中、五中、六中全会和习近平总书记系列重要讲话精神,坚决贯彻落实省国资委和州委、州政府的重大决策部署,主动适应经济新常态,牢牢把握强化国资监管和国有资产保值增值工作主题,全面深化国资国企改革,加快发展壮大国有经济,确保国资国企做大做强做优。

【企业国有资产保值增值】 全州国有及国有控股企业营业收入114.03亿元,同比增长13.13%;资产总额1123.97亿元,同比增长33.46%;所有者权益298.48亿元,同比增长11.41%;实际上缴税费6.24亿元;利润总额3.08亿元;国有资本保值增值率101.01%。州属国有及国有企业全年营业收入84.5亿元,同比增长15.39%;资产总额792.56亿元,同比增长30.91%;所有者权益217.72亿元,同比增长11.01%;实际上缴税费4.89亿元;利润总额4.16亿元;国有资本保值增值率101.45%。

【企业改革发展】 2016年,州国资委进一步强化国资改革顶层设计,不断完善国资监管体系,先后制定出台《关于加强党对国有企业的领导全面推进国有企业党的建设的实施意见》《深化州级国资国企改革方案》《关于深化凉山州州属国有企业负责人薪酬制度改革的实施办法》《关于全面深化州属国有企业三项制度改革的意见》《关于州属监管企业监事会监督检查工作的指导意见》等国资国企"1+N"配套改革方案;修订完善涉及财务监管、考核分配、资产管理、资产评估、企业改革、内部审计、组织人事、党建工作、党风廉政建设等17个方面的46个规章制度,做到依法监管、阳光监管,国资监管工作得到全面加强。大力推进企业改制工作,进一步理顺改革遗留问题。截至2016年底,改制企业74户,其中完成产权制度改革的企业有46户,共安置职工2.13万人,下岗职工实现再就业8230人;剥离企业办社会职能15户,全部完成企业办学校教师移交属地管理工作。大力推进产业重构,新培育一批国有企业。按照州委、州政府总体经济部署和产业布局,新组建州农投公司及川国源农投2户现代农业投融运公司,打造引领凉山农业转型升级、助推凉山脱贫攻坚的龙头企业;新组建州矿投、房屋钢构公司、国鑫公司、文旅公司和金坤小贷公司，使国有资本向关系州经济发展的重点行业和关键领域、基础设施集中，向前瞻性、战略性产业集中。大力推进资源整合、企业重组，重组整合一批国有企业。推进“大国资”体系建设，将营运较好、有效益的部分县（市）国资（国投）平台公司国有股权（资产）按企业运作模式整合到州国投公司，全年州国投公司本部资产达到301亿元，合并财务报表后总资产达到500亿元以上。累计为州重大项目及各县（市）提供融资实现293亿元，融资余额244亿元。组建州国资运营管理公司，整合16户州属国有关停破产企业存量资产，整合资产总额6.5亿元、净资产1.71亿元，整合可开发存量土地574.9亩。依法处置改革遗留问题，清理退出一批国有企业。坚持依法推进和严防国有资产流失的原则，清理处置州内“僵尸”企业，全力妥善处置历史遗留问题，西昌长安机械厂、州木材综合加工厂等16户历时十余年未完成的破产终结工作全面依法终结，最大限度地保全国有资产和职工利益，为资产整合、产业重构、企业重组奠定良好基础。大力推进对外开放合作，落地生成一批新项目。立足凉山州资源优势，积极与东汽集团合作建立风电设备生产基地，与重庆建工集团合作发展房屋钢结构产业，与贵州“斯特林”智能装备制造有限公司合作推进新能源装备制造；10万吨电铅锌等重大项目以及铜、文化旅游等产业整合有序推进，推动凉山州国有资本布局由单一资源型向新材料、新能源、度假旅游等战略性新兴产业转型。

【国资监管】 一是强化企业财务监督管理，开展国有资本经营预算、财务监督和国有资产统计工作，全年对不同行业、不同经营状况进行审计，重点对凉山州中小企业信用融资担保有限责任公司、凉山州物资贸易中心和四川省林业第五筑路工程处等3家企业进行专项审计，进一步提高企业风险控制和防范能力。二是强化企业监事会监督检查，明确职责定位，完善监事会机制体制建设，进一步加强和改进州属国有监管企业监事会监督工作，做好日常和年终集中检查，在发挥监事会监督作用中，起到有效的监督效果。三是强化企业业绩考核和收入分配工作，按照国有资产保值增值、资本收益最大化和可持续发展的要求，对州国投等19家州属国有企业进行2015年度基本年薪的调整和经营业绩现场考核、兑现；对州商业银行等4家企业进行国有资产保值增值考评；对州属企业生产经营情况及时进行跟踪、监督、检查；与州属27家国有企业签订2016年度经营业绩考核责任书；正式印发实施《关于深化凉山州州属国有企业负责人薪酬制度改革的实施意见》，按照国有资本保值增值和责权利相统一的要求，合理确定并严格规范国有企业管理人员薪酬结构和水平，对不合理的偏高收入进行调整，实现薪酬水平适当、结构合理、管理规范、监督有效，推动企业形成合理有效的收入分配格局。四是强化产权监督管理，依据《企业国有产权转让管理暂行办法》和省、州的相关规定，对单位价值100万元以上（含100万元）的资产处置，严格按照规定程序进行审核、报批。本着公开、公平、公正、透明的原则聘请国资委备选库的中介机构和省国资委指定的产权交易平台进行公开处置，严防国有资产流失。全年依法对四川会理铅锌股份有限公司、凉山州邛海泸山规划风景区开发建设有限责任公司、凉山州国有资产运营管理有限责任公司、凉山州大桥水电开发总公司等企业的车辆、固定资产等国有资产相关事项进行监管和处置，处置收入严格按照企业财务管理制度规范管理。

【党建工作】 2016年，州国资委强化责任落地，增强服务功能，持续推行“3+4”国企管理新规范，围绕全面深化国资国企改革促进发展这一中心任务，不断提高国资国企党建工作科学化水平，为做强做大做优国有企业提供坚强的政治保障。一是深入开展“两学一做”学习教育。印发《凉山州国有企业“两学一做”学习教育方案》，制作宣传展板96块，悬挂标语187幅，推送学习短信1万余条，编发“两学一做”学习简报1689份。二是加强

凉山州国有企业庆祝建党95周年暨“七一”表扬大会现场

领导班子建设。按照“钢班子带铁队伍”的要求，深化国有企业“四好”领导班子创建活动，年底严格进行评选考核，评选表扬14个2016年度国有企业“四好”领导班子。三是着力加强基层党的组织建设。新成立党委6个、党总支7个、党支部21个，实现党组织全覆盖。成立凉山州资产运营管理有限公司党委，将15个停产、破产企业党组织归入该党委，进一步增强基层党组织政治功能和服务功能。整顿软弱涣散基层党组织18个，调整基层党组织书记24人，投入资金36万元，打造关停破党组织活动场所12个。四是深入推进国有企业党风廉政建设。全面落实党风廉政建设的“两个责任”，制定下发《2016年全州国有企业党风廉政建设工作实施意见》，与59户凉山州国有企业党委签订党风廉政建设目标责任书和廉政建设承诺书。

【党风廉政建设】 2016年，凉山州国资委党委围绕深化国资国企发展改革，深入推进监督执纪问责，坚持全面从严治党，忠诚履行党章赋予的职责，把纪律挺在前面，持之以恒落实中央八项规定精神，实践运用“四种形态”推进纪律审查，着力解决群众身边的不正之风和腐败问题，坚决遏制腐败蔓延势头，保持对违纪行为“零容忍”的高压态势，积极打造廉洁国企，以党风廉政建设和反腐败工作的深入开展助推企业健康发展。2016年，州国资委纪委共收到信访举报件31件，初核7件，其中立案1件，转企业处理21件，暂存3件。州国资委纪委立案查处原雷波林业局违纪案件1起，配合州纪委立案查处西昌汽车运输（集团）有限责任公司、四川中烟工业有限责任公司西昌卷烟厂和中国电信股份有限公司凉山分公司3起违纪案件，及时纠正违纪违规行为。

【民生工作】 深入开展扶贫帮扶工作。全年“国企入凉”14个签约项目完成3个，总投资额6.3亿元；正在开展项目11个，总投资额1093亿元。协调18家省国有企业对口帮扶11个县，累计实施帮扶项目101个，投入帮扶资金3421.74万元。全州国资国企共选派26名优秀干部到各贫困村任第一书记。州国资委先后两次组织机关干部职工向定点帮扶的甘洛县海棠镇正西村开展扶贫捐款捐助2万余元，并出资300余万元重点打造甘洛县海棠镇正西村绿色蔬菜生产基地、养殖基地、经果林种植等精准扶贫项目，确保建档立卡51户贫困户如期脱贫。扎实开展安全和信访、维稳工作。加强对敏感时期重点人员、重要岗位的管理，狠抓安全隐患排查、整改，认真化解信访矛盾纠纷，确保安全、信访、维稳工作落到实处。全年州国资委机关内部未发生一起群体事件和刑事案件，没有发生危害国家安全、泄露国家机密的违法犯罪案件，没有经济和刑事犯罪，没有吸贩毒人员，没有非法组织练习者；全州国有企业没有发生一起重特大安全生产事故；完成接待来访45批、369人次，及时办理信访案件，按时回复率达100%。“七一”节慰问企业老党员和困难党员300余人，发放慰问资金10万余元。截至2016年底，共安排惠民资金1.9亿元，解决50户州属国有企业困难职工拖欠各项社会保险、生活保障等民生问题；大力推进州属国有企业经济适用房建设及棚户区改造，截到2016年，共有69个项目16029套国企保障性住房开工，已竣工7870套，建筑面积70.3万平方米，在建住房5471套，建筑面积58.7万平方米。

（供稿单位：州国资委 / 审核：蔡军 / 撰稿：杨本益 潘喜师）

工业和信息化发展

Industry and Informatization Development

【概况】 2016年,全州工业经济总体呈现恢复性增长。全年全州规模以上工业增加值增速2.4%,全州工业性投资累计完成472亿元,为全年下达目标470亿元的100.5%,同比增长3.0%,超计划进度0.5个百分点。全州工业企业续建和新开工的技术改造项目185个,累计完成投资177.6亿元,为全年下达目标165亿元的107.7%,同比增长10.1%,超计划进度7.7个百分点。全年全州有6个项目列入省经信委重点工业及技改项目,项目总投资61.0亿元,年计划投资13.5亿元,全年累计完成投资7.2亿元;有2个项目列入省56项重大产业项目,总投资47.8亿元,年计划投资9亿元,全年累计完成投资6.2亿元。年底全州规模以上企业327家,比2015年减少19家。完成省经信委组织的现场核查,被列入淘汰落后和化解过剩产能计划的11家企业,完成单位工业增加值综合能耗下降3%的目标。中小企业融资难、融资贵,企业“三角债”现象突出,资金保障困难。全年州内各商业银行支持全州工业企业流动资金贷款97.5亿元,比2015年同期下降13.8%。全年全州累计用电量113.6亿千瓦时,同比增长9.0%,其中工业用电量77.3亿千瓦时,同比增长2.7%。支持企业使用留存电量16.3亿千瓦时。抓好铁路运输协调,实施运价优惠、价量互保等政策措施,实现路地企合作共赢。全年铁路货物累计发运量733.5万吨,同比增长4.1%。全州成品油供应45.7万吨,同比增长18.6%。支持企业申请使用应急转贷和委贷资金4.8亿元。

【政策支撑】 2016年,全州把止滑回升、稳定增势放在突出位置。贯彻落实国家、省、州出台的一系列稳增长政策措施,特别是州委、州政府印发的《关于推进中小微企业健康平稳发展的若干意见》《凉山州工业企业应急转贷和复产委贷两个专项资金使用管理暂行办法》《凉山州工业经济责任目标考核奖励办法》等政策措施,进一步加大宣传力度,进一步创新举措,落实“一地一策、一业一策、一企一策”稳增长,科学用好2亿元应急转贷资金和5亿元委贷资金,真正释放政策红利,促进停产半停产企业尽快复工达产,全力促进工业经济止滑回升。

【项目建设】 2016年,全州上下要紧紧扭住产业结构、产品结构、技术创新这一重点,按照储备招商、前期筹备落地、开工建设、达产达效“四个一批”要求,加快推进清洁能源、战略资源、装备制造、药品食品、信息化“4+1”产业发展,加快实施一批重大产业项目建设,支持企业产品升级、技术升级、过程升级、链条升级,推进产业向中高端迈进,促进产业结构优化升级。一是加快推进清洁能源产业发展。立足清洁能源优势,加快推进水电、风电、光电资源整装开发。“十三五”期间在加快推进乌东德及中小水电站建设的同时,要重点加快推进1000万千瓦风光电(风电568万千瓦、光电500万千瓦)等清洁能源产业项目建设,实现风光水电能源互补,力争新增产值300亿元以上,加快打造千亿清洁能源产业集群。二是加快推进战略资源产业发展。抓住加快攀西国家级战略资源创新开发试验区建设机遇,加大招商引资力度,加快推进钒钛资源、稀土资源、磷矿资源及铜镍、铅锌有色资源等战略资源综合利用,加快推进新材料、新产品开发,积极延伸产业链,大力发展产业高端和高端产业。重点推进重钢西昌矿业公司气基竖炉还原——电炉熔分钒钛资源综合利用及电解钛项目、攀钢集团西昌新钢业公司110万吨钒钛冷轧板材深加工项目、万凯丰五亿安时高能储氢动力电池项目、四川江铜稀土有限公司牦牛平矿产资源综合开发采选工程项目及30万吨电解铜、10万吨电锌、10万吨再生铜、20万吨再生铅等项目建设,力争“十三五”新增产值900亿元以上,加快打造千亿元级矿冶产业集群。三是加快推进装备制造业发展。立足现有产业发展基础和资源优势,坚持市场导向,引导企业适应和引领市场,大力组织实施《中国制造2025四川行动计划》,加快推进一批重大装备制造项目建设。重点抓好科之剑新能源电动汽车项目、西昌恒炬新能源发展有限公司斯特林4万套（台）发电机组项目、特斯拉10万套（台）马达项目、东方电气集团凉山风电装备制造示范基地项目、凉山现代房屋制造公司房屋制造及配套项目建设，全力推进装备制造基地建设，力争"十三五"新增产值300亿元以上。四是加快推进药品食品产业发展。立足凉山州生物资源优势，依托创新驱动和技术改造，大力推广"公司+农户+基地+合作社+电商"模式，打造集药材种植、饮片加工、成药研制等于一体的医药全产业链。创新农产品加工发展业态，实施国有资本进入农产品加工业，提高农产品精深加工水平，促进农产品多层次转化和增值，着力培育食品加工2~5条10亿元级产业链，加快推进核桃、玛卡等农特产品深加工项目建设，力争"十三五"期间新增产值300亿元以上。

【创新驱动】 2016年，州经信委认真贯彻落实《全面创新改革驱动转型发展决定》，大力实施大众创业，万众创新，以创新驱动解决产业发展中突出问题。加快对全州资源整合，加快制定实施产能重组、企业重组方案。加大对"僵尸"企业处置力度，协调出台扶持措施，坚持多兼并少破产，妥善安置职工，引导"僵尸企业"平稳退出。积极争取国家结构调整专项奖补资金，坚持有保有压，通过严格环保、能耗、技术等标准，进一步夯实节能、节水、淘汰落后产能、循环经济、工业环保等基础工作，促进全州产业结构优化升级。抓好以企业为主体的技术创新体系建设，鼓励企业加大对技术研发投入，支持企业与国家科研院所、大专院校建立产业技术创新联盟，组建研发中心，着力推进科技成果转化应用，推进产学研用一体化发展，特别要加快稀土研究院建设，并争取创建国家稀土研究院。加快组建新兴产业投资基金。全年筹备组建3亿元凉山战略资源产业发展基金，并筛选一批重点项目，加快资金投放，促进战略新兴产业发展。四是加快实施一批技术改造和创新项目，推进黑色、有色、化工、建材等传统制造业企业技术升级、工艺更新、装备换代，全年技改投资达到165亿元以上。

【园区建设】 2016年，州经信委大力实施产业园区升级工程。把园区作为创新发展和转型发展的重要载体，深入实施"1286"产业园区培育工程，继续壮大园区经济规模，推进园区建设特色化、专业化、高端化。大力推动园区建设开发机制市场化改造，建设高校、科研院所与园区、企业、创客等对接的工业创新平台和孵化器，提升园区要素集聚和产业集聚能力，支持建设一批孵化器和小微型企业创新创业基地，推进大众创业、万众创新。大力支持西昌钒钛、德昌工业、会理有色等产业园区争创国家级经济技术开发区、省级高新技术产业园区或基地。

【化解过剩产能】 2016年，州经信委按照"消化一批、转移一批、整合一批、淘汰一批"的要求，提高行业集中度和技术（工艺）水平、产品档次，积极化解过剩产能。全年淘汰落后和化解过剩产能项目11个，奖励资金1014万元，年节能13.6万吨标准煤。推进工业绿色低碳发展重点工程，深入开展"千户企业节能行动"和"百户企业节水行动"。全年节能节水项目11个，奖励资金774万元，节能2.5万吨标准煤，节水263.8万立方米。全州单位工业增加值能耗、水耗以及工业固废综合利用率等目标任务圆满完成。

【深化改革】 加快培育大企业大集团。建立完善凉山州企业兼并重组联席会议制度，支持大企业大集团跨地区、跨行业、跨所有制的兼并重组。推进"直通车服务"，推进优势资源向优势企业集中，支持做大做强一批龙头企业。实施凉山50强企业动态调整。组织大企业大集团高层管理培训，编制《2015年凉山州50强企业发展报告》，完善大中小企业信息平台建设。力争培育百亿元级企业1家，50亿元级企业2家，10亿元级企业3家。推进企业开放发展。立足构建全产业链优势，深入推进专题招商和投资促进活动，有针对性地引进高端成长型产业的优势企业，重点引进优势产业领域的配套企业，积极引进钒钛、稀土、磷化工等资源精深加工企业。积极争取央属企业在凉山州布局建设产业项目，鼓励有条件的企业深化与州外大企业合作。抓住长江经济带建设机遇，加强与泛珠三角、长三角等区域合作，支持优势企业加快“走出去”。支持民营经济加快发展。指导民营企业建立完善现代企业制度，继续抓好民营企业家知识更新培训，支持中小微企业提升现代管理水平和经营能力，加大中小微企业升规培育力度，对升规中小微企业实行税收优惠和补助奖励。继续抓好对不利于民间投资发展的审批事项和管理制度的清理，扩大民间资本进入领域和范围，支持有条件的民营企业公平进入资源开发领域，保证民营经济公平参与市场竞争、受到法律同等保护，促进民间资本创新创业，力争每年新增1000家小微民营企业，提供就业岗位1万个。

【“两化”融合】 一是实施“互联网+”行动计划，扩大云计算、互联网、大数据等应用，推进“两化”融合，培育新业态，促进工业全产业链、全价值链信息交互和集成协作。特别是加快推进浪潮凉山州云计算中心、凉山四川大晟网络科技智能化产业、四川感知希贵金属合约交易中心能源互联网等项目建设，促进凉山州云计算产业发展和智慧城市建设。实施企业“两化”深度融合示范推广行动，打造一批智能产品、智能制造、智慧工厂，推动产业数字化、网络化、智能化发展。二是推进信息基础设施建设，增强信息安全保障。加快建设攀西信息（通讯）网络枢纽和应急保障设施建设，增强信息产品供给，提升信息服务水平和社会管理能力，促进信息消费，确保信息网络、工业控制系统和重要信息系统安全。合理规划配置无线电频谱资源，加强无线电台站管理和日常无线电监测，确保无线电安全保障。

【无线电管理】 2016年，州经信委统筹全州信息安全保障体系建设，加强信息安全检查和技术监测，确保信息网络、工业控制系统和重要信息系统安全。加强综合信息基础设施建设，加快建设攀西信息（通讯）网络枢纽和应急保障设施建设。合理规划配置无线电频谱资源，完善无线电技术设施建设，加强无线电台站管理和日常无线电监测，做好民航、广电、公安、铁路和公众通信等重要频率的监测和保护工作，确保频率安全，做好重大任务无线电安全保障。

【扶贫工作】 2016年，州经信委围绕农特产品等丰富资源，大力发展农特产品加工业，分类指导，精准施策，实施产业扶贫。统筹规划，精心组织，切实解决好全州县乡村电力、通信信息等基础保障工作，助推全州脱贫攻坚工作。工作重点发展特色农产品加工项目，引导移民利用当地特色农产品，发展加工企业，争创特色品牌。利用国家和省、州大力发展中小微企业的政策措施，加大在扶贫点发展中小微企业，在项目、资金上给予倾斜和扶持。有计划地组织培训，和大中专院校联合开展小技能等培训。在实地调研的基础上，结合《甘洛县扶贫工作实施方案》制定《海棠镇扶贫工作实施方案》，重点实施通村公路、彝家新寨、光明工程、蔬菜示范基地、养殖、经果林种植等项目建设，总投资795万元。

（供稿单位：州经信委／审核：肖渝文／撰稿：蒋卫）

工商行政管理

Administration of Industry and Commerce

【概况】 2016年，全州工商系统全面贯彻中共十八大和十八届三中、四中、五中、六中全会精神，坚持以服务经济发展为中心，不忘初心、稳中求进，主动适应把握引领经济发展新常态，深化工商登记制度改革，加强事中事后监管，加大消费维权力度，聚力民营经济发展，各项工作取得新成绩。

【注册登记】 2016年,州工商局认真贯彻落实商事制度改革的各项部署。全面实施“五证合一”“三证整合”改革,在巩固和扩大“三证合一、一照一码”改革成果基础上,与全省同步实施“五证合一、一照一码”改革工作。截至2016年底,通过“一窗受理、互联互通、信息共享”模式,全州发放加载统一社会信用代码营业执照1674张。2016年12月1日,按照全省统一安排,全面实施个体工商户营业执照、税务登记证及社会保险登记证“三证整合”工作。截至2016年底,全州发放“三证整合”营业执照12742张。推进“先照后证”改革,认真贯彻落实国务院和省政府规定,按照省工商局确定的56项登记前置审批事项目录,150项后置审批事项目录、212项市场主体监管清单,与相关行政审批部门统一思想,密切配合,协调联动,不折不扣地按照要求开展先照后证改革,进一步降低企业制度性成,明晰部门监管边界,改革成果凸显,企业注册时间大大缩短。通过深化商事制度改革,社会投资创业热情进一步激发,新设企业保持旺盛增长势头。全年全州新登记企业4315家,个体工商户15977家、农民专业合作社1626家、各类市场主体总数达17.6万户,增加2.41万户,增长15.9%。

【监管工作】 2016年,州工商局强力推进企业年报公示工作,成立领导小组,实行“领导包片,工商所包区,工商干部包户”工作责任制,企业年报率达96.89%,完成省工商局下达的目标任务。全面推行“双随机、一公开”工作机制。先后3次开展企业公示信息抽查工作,实地抽查企业1715家,将217家企业列入经营异常名录。进一步联合政府采购中心、税务、质监、银行等部门,初步构建起“一处违法、处处受限”的信用监管新格局。做好企业“死户”吊销工作,共清理“死户”企业2047家,吊销1723家,注销18家,被纳入异常经营名录企业292家,企业申请移出经营异常名录226家,“清吊”结案率达85.05%。

【监管执法】 2016年,州工商局开展“红盾春雷行动2016”,查处违法案件259件,罚没金额167万元;开展公用企业限制竞争和垄断行业突出问题专项整治,查处不正当竞争案件56件,罚款36.36万元;开展“双保”行动,查处商标侵权案件18件;开展“红盾护农”专项行动,检查农资经营户698户,查处违法案件4件,罚没金额6.11万元;加强广告监管,严厉打击虚假广告违法行为,查办违法广告案件73件,罚没金额62.18万元;开展格式条款专项整治,约谈企业24家次,发出行政建议书、整改通知书各1份;强化网络市场监管,巡查网站1469个次,实地检查网站221个,责令整改网站6个次,立案查处涉网案件5件,罚没款8.52万元;深入开展“扫黄打非”行动,配合有关部门加强对文化、娱乐场所和网络等新兴媒介的监管,净化文化市场环境,促进文化市场健康发展;开展整治销售非法改拼装车专项行动,联合检查23次,签订承诺书251份;做好打击传销和规范直销工作,查处传销案件1件;对全州163家投资理财咨询类企业进行清理,注(吊)销企业43家,变更经营范围企业2家,列入经营异常名录企业3家。

【服务经济发展】 2016年,州工商局深入实施“大凉山”品牌战略。按照“培育一批、储备一批、申报一批”的品牌培育思路,继续加大对驰名商标、著名商标的培育、推荐力度。全年全州新增注册商标860余件,“会东七彩洋芋”、“源泽”食用橄榄油等3件商标获得四川省著名商标命名。帮助企业拓宽融资渠道,引导企业办理动产抵押、股权出质登记187件,被担保债权总额155.33亿元,帮助企业解决融资难题。开展合同帮农工作,下发《关于深入推进合同帮农工作的实施意见》,培育农村经纪人357人,实施合同订单涉农企业7752家,签约农户60151户,签约合同87119份、金额70661.5万元。加大诚信创建工作力度。2016年公示“守合同重信用”企业238家,其中国家级5家、省级69家,州级164家。继续开展民营企业诚信守法示范创建活动,推荐8家企业参加2016年四川省民营企业“诚信守法”示范创建活动。

【消费者权益保护】 2016年，州工商局突出消费教育引导，开展以“新消费、我做主”为主题的“3·15”宣传活动，通过媒体发布消费警示、消费调查、消费体验，提升社会维权意识。加大重点领域商品质量监管力度。开展“暖冬”行动，检查重点区域3个、经营户1835户次。组织开展日用品、成品油、农资等商品质量抽检70个批次。充分发挥“12315”消费维权网络以及消委会作用，认真做好消费纠纷调处工作，切实维护消费者合法权益。2016年，全州“12315”平台共受理、办结消费者诉求1915件，各级消委会调解、处理消费者投诉212件，为消费者挽回损失87.19万元。

【法治工商建设】 2016年，州工商局结合“七五”普法、法律“七进”、“法律进民企”等活动，组织开展各类法治宣传、执法业务培训，提升干部依法行政能力。深入开展争创依法行政示范单位和争创法治工商评价考核达标单位，经国家工商总局实地检查考核，并得到好评。清理、公开州工商局行政权力事项305项，推进行政权力上网规范公开运行。组织17个县（市）法制人员对28个行政处罚案卷集中开展评查，聘请2名法律顾问，向省工商局申报3名公职律师，进一步提高行政决策科学化水平。

【党风廉政建设】 2016年，大力开展“两学一做”主题实践活动，切实抓好专题学习讨论、讲党课、民主评议等各环节学习教育，让广大党员达到“四讲四有”标准。举办“七一”学党章党规学系列讲话知识竞赛活动。加强党风廉政建设。召开党风廉政建设专题工作会议，修订《党风廉政建设和反腐败工作任务责任制》，签订目标责任书，落实“两个责任”。组织全局干部到州纪委法纪教育中心进行警示教育。深入贯彻落实中央八项规定和省、州委“十项规定”，继续反对“四风”，改进作风，全局无违规违纪案件发生。

【培训与基础保障工作】 2016年，州工商局抓好干部队伍建设，强化教育培训工作，组织参加各类培训16期，参训职工137人。做好基础保障工作，积极推进“智慧工商”建设，完成与全省工商专网整合建设工作。

【扶贫工作】 认真落实脱贫攻坚任务，选派2名干部到联系村担任第一书记，帮助开展脱贫、禁毒防艾和民族团结等工作。

（供稿单位：州工商局／审核：丁跃兴／撰稿：周光明）

国土资源管理

Land and Resources Management

【概况】 2016年，全州国土资源系统牢牢把握“尽职尽责保护国土资源、节约集约利用国土资源、尽心尽力维护权益”的工作定位，坚持“坚决依法保护国土资源、节约集约保障科学发展、尽心尽力维护群众权益、全力以赴防治地质灾害、务实清廉强化队伍建设”的工作主线，紧紧围绕“保护资源、保障发展、维护权益、服务社会”的总要求和建设“安全国土、和谐国土、高效国土、美丽国土”的总目标，进一步解放思想，创新思路，克难奋进，扎实推进国土资源管理各项工作。

【规划管理】 一是突出规划的龙头地位和作用，完成612个乡镇《土地利用总体规划（2006—2020年）》的编制、报批。二是为全面规范凉山州增减挂钩及土地开发整理工作，州委、州政府出台《关于加快实施城乡建设用地增减挂钩土地开发整理推进扶贫攻坚工作的意见》和两个实施细则，明确各级各部门的职责和任务，以及项目实施的具体操作方法流程，在州层面统领和规范工作，从政策、机制上形成强有力支撑，根本扭转凉山州增减挂钩和土地开发整理工作现状。三是优化调整矿产资源勘查开发布局。完成17个县（市）矿业权设置方案和《凉山州磷矿矿业权设置方案》的编制审批工作，其工作成效受到省厅充分肯定，并作为范本全省推广，为第三轮矿产资源总体规划打下坚实的基础。

【耕地保护】 一是扎实推进耕地质量建设。强化耕地特别是基本农田的保护，落实耕地保有量789.44万亩，为年初目标的1.25倍，基本农田保护面积631.55万亩，为年初目标的1.15倍。全力推进高标准基本农田建设。严格考核考评，从严问责问效，建成20.99万亩高标准基本农田，为省下达目标任务的1.3倍。二是永久基本农田划定工作稳步推进。凉山州完成首轮县级自验及州级审查后，因省厅新一轮耕地保有量及基本农田保护面积追加，对凉山耕地保有量调增174.14万亩；基本农田保护面积调增72.65万亩，占全省新增任务的83.75%。州及各县（市）国土资源局根据各县（市）耕地现状及后备资源情况，及时对两项指标进行分解下达，并加紧开展第二轮补划工作。

【地籍管理】 一是有序推进不动产统一登记发证工作，安装部署登记发证平台，有效整合多部门职能职责，确保17个县（市）按期实现停旧证发新证。二是完成2015年度变更调查遥感监测图斑6078个，面积31730.9亩。三是全面加强地籍管理信息化建设，建成农村集体土地确权登记管理系统，有力地提升土地监管能力和服务水平。

【供地用地】 提前介入，主动服务，共完成建设项目用地初审、预审35个，9874亩。审查上报农用地转用征收土地报件122个，3.93万亩。争取省审批用地报件59个，1.11万亩，依法保障国家、省、州重大基础设施、重点产业和民生项目用地。认真分析研究土地市场动态趋势，科学制定土地出让计划，优化配置土地资源，全年全州总供地572宗，10.42万亩，实现土地出让总价款21.04亿元。其中招拍挂出让经营性用地和工业用地102宗，面积4140.6亩，出让价款20.09亿元。严格落实房地产调控政策，积极推进百姓安居工程建设，统筹安排354.18亩用于保障性安居工程用地，做到应保尽保。认真开展闲置土地清理查处，加快推进土地批后供应，全州近五年土地批后供地率达92.96%。

【矿政管理】 推进资源整合，重点构建大中型矿山，科学规划一批钒钛、稀土、铅锌、磷、玛瑙等优势成矿区域，优化调整一批小、散矿山，着力解决重钢钛和铁矿、会理拉拉铜矿、盐源平川铁矿、甘洛“五大矿区”后备资源不足等问题。深入开展矿山整顿，维护良好的矿业秩序。督促指导各县（市）加强重点矿区、热点矿山整治工作，取缔无证矿山4个，查处超层越界、以采代探等各类违法违规行为18起，关闭非法开采及废弃矿山、井硐613个，收缴罚没款70万元。坚持市场配置资源的决定性作用。积极申报会理金雨、德昌老碾石墨矿等省地勘基金找矿项目和雷波沙沱乡硅石矿普查、冕宁健美乡石关山大理石普查等4宗探矿权出让申请。完成矿产资源补偿费征收入库4060万元。扎实组织开展藏区矿业权筛查评估工作，促进藏区矿产资源勘查开发科学管理。完成木里县境内173宗已设探矿权和采矿权的筛查评估工作，依法按程序上报注销探矿权65宗，整改探、采矿权107宗，保留采矿权1宗。认真组织开展21宗矿山储量登记和132个建设项目压覆重要矿产资源调查、审查工作，依法支持重大工程项目建设，促进地方经济加快发展。

【地质勘查】 2016年，州国土资源局扎实推进地质勘查找矿工作，取得新突破。认真贯彻“公益先行、商业跟进、基金衔接、整装勘查、快速突破”的地质找矿新机制，主动服务，积极争取，努力推动晶质石墨、纤维用玄武岩等新材料矿种和铜、铅、锌、磷、钒钛、磁铁、稀土等凉山优势矿种找矿工作。新探获铅锌矿金属量50万吨，铜金属量60万吨，磷矿2亿吨。

【脱贫攻坚】 一是以工作成效取信支持，获得国土资源部和省一系列特殊倾斜政策。在州委、州政府和省国土资源厅的组织领导下，成功举办国家乌蒙山片区脱贫攻坚部际联席会议，国土资源部部长姜大明特批30000亩年度用地计划指标、贫困县每年新增建设用地年度计划600亩、对凉山州乌蒙山片区八县已建彝家新寨项目符合条件的争取享受增减挂钩政策等9条特殊支持政策，有力推动凉山脱贫攻坚。省委、省政府出台《关于支持大小凉山彝区深入推进扶贫攻坚加快建设全面小康社会进程的意见》，在建设占用耕地的“占补平衡”、城乡建设用地增减挂钩等方面给予特殊支持。二是共抓部、省支持政策落地及成果转化，全州增减挂钩和土地综合开发形成全新的工作格局、实现根本性突破。共申报立项增减挂钩项目59个，预计获得挂钩节余指标1.4万亩；申报立项土地开发整理项目39个，可新增耕地5.18万亩，同时可获得建设用地占补平衡指标5.18万亩；昭觉燕子洛已建成彝家新寨纳入增减挂钩项目并通过省验收，获挂钩节余指标193亩；德昌安宁村增减挂钩项目通过省验收，获挂钩节余指标192亩。在省国土资源厅具体帮助下，凉山与成都、德阳、绵阳签订指标流转战略合作协议。凉山州与三峡集团公司、雷波与成都天府新区初步完成节余指标交易8.6亿元，到位资金2亿元，实现“省委34号”特殊支持政策落地。三是扎实推进国土资源部、省国土资源厅超常规支持下探索性开展的喜德县则约乡则约沟“小流域综合治理山水田林路村综合整治整村推进脱贫攻坚工程”。

【执法监察】 一是加大违法举报线索受理及核查力度。通过“12336”热线电话、信件举报、上级交办等方式，全年共受理“12336”违法举报线索及来信来访42件。深入实地核查冕宁县锦屏水泥厂非法占地修建矿山公路、冕宁县铁厂乡盐井沟非法开采铁矿及金阳县热水河铅锌矿区非法采矿等15宗涉地涉矿违法举报线索。二是强化违法案件查处。共查处土地、矿产违法案件130件，拆除违法建筑物2.08万平方米，没收地上建筑物12.31万平方米，罚款573.35万元，有效遏制土地、矿产违法违规行为。

【依法行政】 一是抓实法规宣传教育。发放普法书籍1.3万本，举办专题培训8次，汇编培训资料700余册。完善依法决策机制，受理审查行政复议2件，组织行政执法案卷评查151宗，其中2宗被省国土资源厅评为“十佳优秀卷宗”。二是严格执行国土资源令第70号，加强国土资源规范性文件清理，明确规范性文件的制定程序，保护公民、法人或其他组织的合法权益。三是以推进依法管地用地、依法管矿用矿为抓手，进一步制定完善60余项工作制度，并形成《凉山州国土资源局制度汇编》，确保国土资源管理制度化、规范化、法治化，全力推进“法治国土”建设。

【地灾防治】 一是狠抓群测群防体系建设，建立起纵向州、县（市）、乡、村、组、点“六级”和横向36个部门的防灾责任体系。二是狠抓宣传培训和应急避险演练。全州共开展1811场宣传培训，11.84万人参加；应急避险演练3372场，18.89万人参加。三是狠抓巡排查和督导检查。组织州地质灾害防治工作领导小组对17个县（市）开展4轮地质灾害防治工作现场督导检查，确保各地防灾工作不留死角。四是狠抓值班值守和监测预警。全州严格落实汛期领导带班、24小时值班值守制度、每日雨情水情会商制度，共发布地质灾害气象风险预警117次、预警短信12.17万条、重要天气预警信息50期。五是狠抓地质灾害治理工程项目建设。积极争取国土资源部、省国土资源厅支持，实施开展西昌学院南校区滑坡、木里县畜牧局东侧滑坡等20处地灾治理工程建设；实施完成3107户避险搬迁安置工程；全州成功避让地质灾害8起，提前组织1046人紧急疏散避险，避免因灾伤亡213人，避免经济损失910万元。

【信访工作】 一是狠抓国土资源信访维稳工作能力建设，不断健全完善“大调解”工作体系和国土资源领域重大事项社会稳定风险评估机制。二是狠抓矛盾纠纷和信访积案排查化解工作。共办结国土资源部、省国土资源厅交办件5件，办结率

100%;排查矛盾纠纷和信访积案13件,办结省级交办国土资源领域信访积案1件。

【效能建设】 紧紧围绕"两集中、两到位"建设,进一步规范完善行政审批事项受理、办理工作制度。严格执行行政审批事项接办分离,实行"一个窗口对外""一站式"审批服务,做到办事依据、程序、标准、结果"四公开",主动接受服务对象和社会的监督。进一步落实内审、会审制度,着力优化行政审批流程,提高行政效能和服务质量。严格执行落实行政效能"三项制度",强化效能问责,提升服务水平。共受理行政审批事项2155件,已办结2107件,按时办结率为97.78%,群众满意率达到99.31%。

【能力建设】 全面推进国土资源信息化建设,持续开展"一张图"核心数据库及综合监管平台、省州建设用地一体化审批系统、不动产登记发证系统和移动办公平台建设,努力以科技手段全面提升国土资源管理工作水平。完成实施总投资近5000万元、总建筑面积9950平方米的凉山地灾防治应急指挥中心、档案及实物地质资料馆藏中心、信息中心等项目建设前期工作。

【班子队伍建设】 成立城乡土地综合整治储备中心,已核定编制26人,并迅速落实工作人员,争取编制和机构支持,整合职能,明确职责,实现"扁平化"管理。始终坚持正确的用人导向和德才兼备、以德为先的选人用人原则,完成州国土资源局和会理、会东等11个县国土资源局领导班子和下属事业单位等30名干部的考察、任用工作。加快推进基层队伍建设,连续13次面向社会公开招录386名工作人员,占原干部队伍的127.8%,有力地促进全州国土资源系统干部队伍结构优化和人才队伍建设。坚持自主培训与参加国土资源部、省国土资源厅举办的各类培训相结合,狠抓干部培训教育,提高干部队伍素质,推进高效国土建设。全年共举办各类培训34期,培训干部1200余人次。深入开展"两学一做"学习教育。突出抓好思想发动、学习教育、专题讨论等重点环节,高质量地召开专题民主生活会,使全局干部职工凝聚力、战斗力进一步增强,工作效率明显提高,整体服务水平明显优化,进一步树立起清正廉洁、勤政为民新形象。

【党风廉政建设】 严格落实党风廉政建设"党组主体责任"和"纪检组监督责任",坚持权力与责任对应、业务与廉政的深度融合,形成预防和反腐的强大合力,做到守土有责、守土尽责。强化监督制约。修订完善《惩治和预防腐败体系实施细则》,加强对重点工作和关键环节的监管。对盐源县局泸沽湖国土所监管不力导致村民违规建房进行严肃问责,并对国土所长参与非法审批村民建房事项进行立案审查。对有反映苗头性问题的喜德县国土资源局2名班子成员及时进行廉政谈话提醒;对信访反映较多的德昌、会东、会理、木里、冕宁等县领导涉嫌失职、渎职以及受贿等问题组织暗访调查,并对相关违规违纪人员进行约谈问责,情节严重的移交司法机关,综合运用监督执纪"四种形态",确保严守纪律底线。

(供稿单位:州国土局/审核:谢云川/撰稿:吴朝祥)

审 计

Audit

【概况】 2016年,全州审计机关共完成对662个单位的审计,为年初232个审计项目计划数的285.3%。审计查出主要问题金额551399万元,其中违规金额27330万元,管理不规范金额423663万元,审计做出处理处罚100406万元。审计促进增收节支54644万元,其中已上缴财政6740万元,已减少财政拨款或补贴47275万元,已归还原渠道资金629万元。审计后挽回(避免)损失45762万元。审计核减为政府节约投资47465万元。还对85名领导干部进行经济责任审计,其中任中审计33人，离任审计52人。审计查出主要问题金额83944万元，其中违规金额12881万元，损失浪费金额14万元，管理不规范金额71049万元。提出审计建议1709条，被采纳1489条，提交审计信息462篇，被批示、采用114篇。向社会公告审计结果25篇。移送处理案件线索20起，其中移送司法机关1起，移送纪检监察机关9起，移送有关部门10起，已处理落实10起。

【民生工程审计】 围绕促进稳增长、促改革、调结构、惠民生、防风险政策落实，结合审计署、审计厅统一安排，紧紧围绕州委、州政府关于“项目年”、民生政策落实、保障性安居工程建设、财政政策落实、精准扶贫和精准脱贫等若干方面的重大决策部署，坚持“1+N”理念，通过工作部署结合、审计实施结合、审计内容结合和成果运用结合，积极提出审计建议，促进健全制度，强化管理，推动政策落地生根和不断完善，把政策跟踪审计贯穿于各项目之中，努力推动供给侧结构性改革取得成效。前三季度，全州审计机关组织294名审计人员对凉山州贯彻落实国家重大政策措施和宏观调控部署情况进行3次跟踪审计，共抽查382个政府部门、企业、个体工商户和285个项目，抽查资金总量183.9亿元，抽查项目总投资额182.2亿元。

【预(决)算审计】 2016年，全州审计机关围绕州、县财政部门履职情况，认真组织开展同级财政和部门预算执行审计，积极探索审计全覆盖的路径和方式方法，制定《所有政府性资金和财政运行全过程实行审计监督全覆盖的计划(2014—2020年)》，及时有效地开展产业发展、扶贫开发、生态建设等专项资金审计调查，严肃查处各类违法违规问题，规范预算收支管理，促进提高财政管理水平。持续关注中央八项规定、国务院“约法三章”和省委、省、州“十项规定”落实情况，加强对“三公”经费、会议费、公务用车制度改革等方面的审计监督，促进正风肃纪持续深化。全年全州审计机关进行财政预算执行、财政决算和行政事业单位财政财务收支审计共242个，延伸审计293个单位，审计查出主要问题金额343735万元。

【专项资金审计】 2016年，州审计局围绕省、州确定的目标，加大扶贫资金和扶贫项目的审计力度，重点关注政策落实、制度衔接、资金绩效等情况，严肃查处重大违法违规问题，保障精准扶贫、精准脱贫目标顺利实现，凉山州审计局组织10个审计小组，对9个贫困县2014—2015年财政专项扶贫资金和易地扶贫搬迁工程及地质灾害避险搬迁安置工程专项资金情况，1个贫困县2014—2015年易地扶贫搬迁工程及地质灾害避险搬迁安置工程专项资金情况进行审计，共审计资金260619.28万元，查出各类违规及管理不规范问题金额8480.42万元，占审计总金额的3.25%。进一步加强对最低生活保障、“三农”、教育、医疗、救灾、就业、保障性安居工程等民生资金和项目的审计，着力揭示社保体系运行、政策目标落实、资金管理使用等方面存在的问题，确保老百姓的“吃饭钱、养老钱、救命钱”安全保值。

【政府投资审计】 2016年，凉山州审计机关在政府投资工程(项目)中，把“转思路、转职能、转方式”作为2016年主要工作和任务，成立凉山州审计局投资审计工作领导小组，积极推动投资审计回归审计监督主业。建立健全委托中介机构的工作标准和考核办法，充分调动社会力量参与政府投资审计，缓解审计资源不足的矛盾。持续开展重点项目跟踪审计，关注项目落地、资金使用、工程建设管理和绩效等情况，揭示反映项目应开工未开工、项目进展缓慢，以及重大违法违规等问题。全年全州共完成334个投资审计项目，延伸审计单位90个，送审投资总额357208万元，查出主要问题金额50708万元，工程结算款不实(多记)46738万元。审计核减工程造价46708万元，审减率为13%。

【经济责任审计】 2016年，全州审计机关认真贯彻落实中央两办《党政主要领导干部和国有企业领导名录员经济责任审计规定》，坚持党政同责、同责同审，不断深化经济责任审计，重点关注领导干部贯彻落实法律法规和宏观经济政策情况、重大经济决策情况、履行国有资产管理职责及廉洁自律情况等，有重点、有步骤、有深度地推进对领导干部履行经济责任情况的审计全覆盖，促进领导干部守法守纪、守规尽责。全年全州审计机关共审计领导干部85人，其中任中审计33人，离任审计52人。审计查出主要问题金额83944万元，其中违规金额12881万元、损失浪费金额14万元、管理不规范金额71049万元。违规金额中，负主管责任1666万元、负领导责任11215万元。管理不规范金额中，负直接责任33万元、负主管责任60768万元、负领导责任10248万元。

省审计厅纪检组一行到凉山调研党风廉政建设和开展不忘初心牢记使命重温入党誓词党组织生活

【自身建设】 2016年，全州审计机关切实履行全面从严治党和党风廉政建设主体责任，认真落实“一岗双责”，着力打造政治强、业务精、作风优、纪律严的审计铁军。一是加强理想信念教育。扎实开展“两学一做”学习教育和“适应新常态践行新理念更好地履行审计监督职责”学习讨论，深入学习《中国共产党章程》《中国共产党廉洁自律准则》《中国共产党纪律处分条例》等党纪党规，深入学习习近平总书记系列重要讲话，认真贯彻中共十八大以来中央和省委、州委历次全会精神，教育引导党员干部坚定理想信念，树牢宗旨意识，严格遵守党纪党规，增强党性修养和政治意识、大局意识、核心意识、看齐意识，自觉在思想上政治上行动上同以习近平总书记为核心的党中央保持高度一致，做一个综合素质更高、业务能力更强、执行纪律更严的合格党员。二是加强审计业务能力培养。全州审计机关认真开展“能力提升年”活动，不断推进审计队伍业务能力建设，组织审计培训会、审计大讲堂、执法证培训等措施，加大干部交流轮岗和挂职锻炼力度，着力提高审计队伍的专业化水平，推进审计职业化建设，实行审计专业技术资格制度，保障审计职业教育培训体系，着力提升审计队伍的改革创新能力、综合研判能力、运用信息技术能力、查核突破能力，努力形成拼干部、比工作、赛作风、争一流的工作氛围。三是加强作风纪律建设。全州审计干部切实践行“三严三实”要求，持续查找作风方面的差距和不足，持续抓好整改。大力弘扬审计精神，把正风肃纪贯穿于教育实践活动全过程，着力解决基层审计机关党员干部“四风”方面存在的问题，坚守审计人员核心价值观，深入落实“实、高、新、严、细”的工作作风。切实加强对审计监督权和人财物管理权运行的制约和监督，坚持用制度管权、管钱、管事、管人。严格遵守政治纪律、组织纪律、廉洁纪律、群众纪律、工作纪律、生活纪律，强化底线思维。

【帮扶工作】 2016年，凉山州审计局认真贯彻落实《中共凉山州委关于集中力量打赢扶贫开发攻坚战确保同步全面建成小康社会的决定》和《关于加强“双联”和干部驻村帮扶工作全面动员组织各方面力量参与扶贫攻坚的实施意见》等一系列文件精神，成立以党组书记、局长为组长的扶贫攻坚领导小组和“双联”工作领导小组，选派优秀驻村干部，落实帮扶任务，在基础设施建设方面、产业发展方面、社会公共服务方面投入和协调解决大量资金，切实加快帮扶村美姑县九口乡四峨吉村精准扶贫、精准脱贫步伐，力所能及地帮助群众解决生产生活中存在的困难和问题，增进与群众的感情，推动经济发展，维护社会稳定，促进社会和谐，确保帮扶村2017年实现整村脱贫摘帽和2020年全面建成小康社会的总体目标。

（供稿单位：州审计局／审核：伍皎辉／撰稿：张保权）

统　　计
Statistics

【概况】2016年，凉山州统计局牢固树立“五大发展理念”，紧紧围绕州委、州政府中心工作，深入贯彻落实全省“186”统计工作主线，以加快建立现代统计体系为目标，着力夯实统计基层基础，全面深化统计制度建设，不断推进统计改革创新，努力提升统计优质服务，为全州经济社会发展提供坚实可靠的统计保障。

【统计法治】2016年，州统计局及时传达中央和省、州领导关于统计数据质量的重要指示精神，要求全州各级各部门把统计工作纳入重要议事日程，严肃统计工作纪律，切实担负起防范惩治统计弄虚作假的政治责任。认真贯彻落实州政府《关于依法统计加强统计工作的意见》，把统计工作纳入法制化、规范化轨道。以“数据造假、以数谋私”专项治理为契机，落实统计执法检查“双随机”制度，认真开展执法检查和数据质量巡查工作，坚决查处统计违法案件，对统计上严重失信企业进行依法公示。全年，全州共检查380个单位，对存在问题的14个单位依法予以处理，其中罚款1个、警告1个、责令整改12个。通过会前学习、资料送阅、举办统计法治培训班、统计内外网络刊载、“法律七进”、三农普、“9·20”统计开放日、“10·20”世界统计日等形式，深入开展统计法律法规和政策宣讲，营造良好的统计法治环境。

【统计改革】2016年，州统计局坚持推进国民经济核算体系改革，做好地区生产总值、民营经济增加值下算一级工作。着力夯实“三新”统计业务基础，全面统计调查“双创”和“新经济”发展状况。有序推进投资统计改革，对5000万元及以上投资项目实行法人单位和项目“双轨”报送。深化服务业统计改革，建立部门服务业综合业务统计报表制度，完善批零住餐业财务状况统计调查和转型升级统计监测。全面推进能源、资源、环境和应对气候变化“四位一体”统计工作。开展“五证合一、一照一码”登记工作。下发《关于做好一套表调查单位管理改革工作的通知》，严把入库条件和标准关口，对重点单位实地核查，对新增单位全面核查，对不够标准的单位进行清退。

【统计服务】2016年，州统计局紧紧围绕中央、省委、省政府和州委、州政府各项决策部署，提前分析全州经济发展态势，切实开展事前、事中、事后分析研究，加强月度、季度经济预测预警和重点课题调研，为州委、州政府提供针对性强、参考价值高的咨询建议。全年，撰写统计资料44篇，其中《前三季度凉山第三产业增速仍然低位徘徊》得到州委书记林书成和州委常委、州政府常务副州长冯斌批示，《关于绵阳和乐山两市服务业发展与统计工作情况的学习考察报告》《关于开展新经济统计调查工作的情况报告》得到州委常委、常务副州长冯斌批示。完成《以务实高效的党建工作推进凉山全面小康社会建设进程》《服务业应成为凉山经济保增长调结构的突破口》《凉山州建筑业发展对策研究》3篇重点课题研究。发布统计信息1951条次，提供统计咨询服务200余条。编印《凉山统计年鉴》《凉山经济运行情况季度统计分析资料汇编》《凉山统计月报》。

【社情民调】2016年，州统计局完成州纪委委托的党风廉政社会评价调查4次，完成州纪委、州目督办和州直属机关工委委托的州直133个单位、部门和17个县（市）的党风、政风、行风满意度调查，完成州综治办委托的社会治安满意度调查，完成省民调中心委托的11个贫困县贫困地区农村扶贫攻坚专项调查、17个县（市）平安建设群众满意度现场调查面访任务和中共十八大以来四川党的建设专项评估调查等现场调查。

【基层基础建设】 严格按照《县级统计机构工作规范建设的考核实施细则》和《四川省县级统计工作考核办法(试行)》,加强县级统计机构规范化建设"回头看"、基层规范化建设"永远在路上"工作指导和监督检查。根据《四川省乡镇(街道)统计工作考核办法(试行)》要求,制定凉山州贯彻落实意见,进一步规范乡镇统计工作。推进企业统计台账标准化,强化企业统计基础建设,加强基层统计机构和统计队伍建设,开展基层统计人员业务培训,加强对联网直报企业的业务指导,夯实统计基层基础工作。

【数据质量】 2016年,州统计局建立企业联网直报数据监管长效机制,对企业报送数据进行全程监控,抓好数据质量巡查,对大型企业、重点项目加强跟踪监测,保证源头数据质量。制定统计数据质量评估办法,明确四步工作流程,严格依照法定权限和程序开展统计数据质量审核评估。把统计数据质量管理年专项活动作为提升全州统计工作质量和水平的重要抓手,制定《凉山州统计数据质量管理年活动实施方案》,细化统计法治宣传、统计执法、队伍建设、数据质量控制等具体实施方案,建立完善农业、工业、投资、贸易、服务业、核算等专业数据质量评估审核办法,明确任务,落实责任,规范程序,限定时间。

【农业普查】 2016年,州统计局严格按照机构、人员、经费、业务、措施"五落实"要求,成立州、县、乡三级普查领导小组及工作机构,落实1486万元普查经费及6127名工作人员。及时印发《普查方案》和有关要求,明确各级各部门责任。坚持先行先试,在西昌、喜德、会东、普格等县开展业务试点。扎实开展业务培训。结合高寒山区实际,合理安排提前入户登记工作。加强普查宣传,全年共编写农普简报382期,在各类媒体刊载信息1500余条次,设立大型宣传路牌71个。提前入户登记工作按计划全面完成。

【驻村帮扶】 2016年,州统计局制定《凉山州统计局贫困村"第一书记"管理实施办法》,落实驻村第一书记各项待遇4.7万元、工作经费3.5万元。11月14日《凉山城市新报》第五版对州统计局驻村第一书记先进事迹进行宣传。全年,通过职工捐赠、单位组织,共筹集51.7万元帮扶资金,开展产业帮扶、"四个好"及"走基层、送温暖"活动。其中22.8万元帮扶资金用于实施新建养燕麦面加工厂、"借羊还羊"、指导发展农业专业合作经济组织、帮建村综合活动场所等项目;3.2万元帮扶资金用于帮助发展高山阉鸡养殖、发展花椒产业、指导发展养殖业、马铃薯循环种植等项目;22.7万元帮扶资金用于为村民购买"五洗"用品、过冬大衣、保暖棉被、大米、菜油和化肥。到帮扶村开展党的方针政策、脱贫奔康、换届选举、禁毒防艾、疾病防控等宣讲。利用农民夜校开展农业技术等多种技能培训,聘请专家对养殖户的养殖和管理技术进行专业指导。建立精准扶贫三本台账,实时监控贫困人口基本情况和帮扶动向。带领村组干部到会理县太平镇尖山村学习考察脱贫攻坚工作。

【队伍建设】 2016年,州统计局按照"一岗双责"要求,切实增强政治意识、大局意识、核心意识和看齐意识,倾力打造"廉洁统计"。认真学习贯彻《中国共产党廉洁自律准则》《中国共产党纪律处分条例》等,开展廉政、勤政思想教育。围绕权利运行和监督制约,严格对照查找可能影响廉政建设、可能发生腐败行为的风险点220个,有针对性地采取防控措施,打好"预防针"。组织签订统计行风建设责任书、党风廉政建设承诺书。开展违规收送红包礼金专项整治,实现公开承诺全覆盖,筑牢廉洁意识的"防火墙"。按照"围绕统计抓党建,抓好党建促统计"的工作思路,以深入开展"两学一做"学习教育为主线,扎实推进"四型"党组织建设和党员干部"五个带头"的落实,推动统计系统省州县三级党建工作联创，为推动统计改革创新、提升统计优质服务提供坚强的政治和组织保障。加强学习型机关建设，开展统计教育和业务能力培训，提升全体职工能力素质。组队参加全省统计系统乒乓球赛，获得集体一等奖，积极开展统计文化建设活动，为统计工作顺利开展营造文明和谐的氛围。

（供稿单位：州统计局 / 审核：贾帅 / 撰稿：陈奕）

统计调查
Statistical Survey

【概况】 2016 年，国家统计局凉山调查队全面贯彻党的十八大和历次全会精神，深入学习习近平总书记系列重要讲话精神，认真落实全国统计、全省国家调查工作会议精神，牢牢把握新形势新要求，坚持以党的建设为引领，以“两学一做”学习教育为抓手，坚持“五个更加注重”，扎实推进业务管理，调查服务、思维模式、队伍建设、行政管理“五个转变”，贯彻“高点前行、纵深推进”的发展理念，推动统计调查事业稳步发展。

【统计调查服务】 2016 年，国家统计局凉山调查队紧紧围绕各级领导和社会各界关注的“热点和难点”，发挥国家调查优势，积极开展分析研究和信息报送工作，提供快、精、准服务。拓展经济分析，提升监测预警能力。关注经济发展新变化、新情况、新亮点，深入调查研究，定期开展季度、半年和年度经济分析。二是深入挖掘数据，及时提供调研报告。全年编发信息分析、调研报告 55 篇，国家局、总队内网采用 6 篇，各级领导签批和刊物采用 17 篇次。三是发挥调查优势，提供“快、精、准”服务。编发工作信息和经济信息 264 篇，国家局、总队内网采用 171 篇次，州内主流媒体、网站上登载 22 篇次；上报州委信息分析 24 篇，采用 11 篇；上报州政府信息分析 24 篇，采用 13 篇。四是每月编印《价格调查信息专报》，报地方党委、政府，向新闻媒体和社会公众发布数据。五是积极参与和服务脱贫攻坚。参与制定全州脱贫攻坚工作考核实施方案，贫困村退出验收考核实施方案。对全州参加脱贫攻坚验收人员进行农民收入测算培训，并设计农民收入计算表式供扶贫办和有关人员参考，抽调人员参与贫困村退出验收。

【专项调查】 2016 年，在完成总队布置专项调查任务的同时，加强与地方部门联系配合，拓展地方专项调查。受凉山州人民政府委托，完成卫生医疗服务状况调查，调查样本 100 个。受凉山州“全民科学素质工作领导小组”的委托，完成凉山州公民科学素养调查，调查样本量 900 个。按照总队的统一安排部署，完成国有企业党风廉政建设民意调查。

【统计调查基础】 国家统计局凉山调查队牢记使命担当，注重数据质量，抓好各项调查。一是重点加强住户调查和贫困监测。规范夯实基础，严守方案制度，扎实开展国家样本的直接调查。加强协同配合，加强业务培训，强化检查督促，抓好分市县住户调查和农村贫困监测的组织实施。在全州所有调查点建立住户收支台账、完善数据质量评估办法和规范化操作规程。到贫困县开展拉网式检查督促，提高两项调查数据质量。2016 年，凉山州居民人均可支配收入 15274 元，增长 8.9%；农村居民人均可支配收入 10368 元，首次突破万元，同比增长 10%；城镇居民人均可支配收入 25963 元，同比增长 7.8%。二是劳动力调查质量不断提高。完善制度规范，合理安排入户登记，加强数据审核评估，如实反映劳动力就业、失业状况。三是完成 CPI（居民消费价格）和 PPI（工业生产者价格）两个价格调查。2016 年，全州居民消费价格指数比 2015 年上涨 1.7%，工业生产者出厂价格指数（PPI）比 2015 年下降 1.7%，工业生产者购进价格指数（IPI）比 2015 年下降 3.9%。四是规模以下工业，规模以下服务业，规模以下批发、零售、住宿、餐饮业，小微建筑企业，新设立小微企业和个体户、采购经理等 6 项调查全面完成。五是坚持现场入户入圈调查，抓实畜禽监测和生猪、牛羊大县调查，规范操作组织实施产粮大县调查。

【第三次全国农业普查农作物面积遥感测量】2016年，按照国务院第三次全国农业普查领导小组和国家统计局的统一部署，凉山国家调查系统精心组织，周密安排，较好完成第三次全国农业普查农作物面积遥感测量工作任务。一是配强专班，按需购置设备，保障工作开展。二是严格执行方案，高质量完成任务。全州完成秋冬播和春播4个县、12个抽中普查区、60个样方的实地调查和矢量数据拓扑审核，整理结果通过省上验收上报国家局。完成夏播80个抽中普查区400个样方的野外调查工作。

【统计调查改革】2016年，国家统计局凉山调查队严格执行国家调查制度，全面扎实推行调查工作规范化规程，积极探索符合凉山实际的统计调查方法制度。一是涉农调查全面推行农村调查“5+5”工作模式和农业、畜牧业调查规范化规程，同时建立、完善、执行保障数据质量的调查工作制度。二是向新增企业颁发“国家调查”铭牌，建立调查关系。三是完善企业监测“双二五”等工作模式，进一步提高调查工作规范化、精细化管理水平。

【统计执法】2016年，切实做好《中华人民共和国统计法》《统计法实施细则》等法规政策的宣传活动，加大统计执法力度，坚决查处统计违法行为。一是以第七届“中国统计开放日”、“12·4”宪法日、“12·8”全国统计宣传日活动为载体，通过入户宣传、设立宣传点、与调查对象座谈、邀请现场观摩等方式开展法律“七进”和统计法、第三次农业普查宣传活动。二是严格执法、严肃处理统计违法违纪行为，2016年共执法检查5件，立案查处3件，对部分单位、企业提供不真实统计资料立案查处，给予经济处罚和责令限期整改，同时，对受处罚单位、企业开展统计执法检查回访。

【帮扶工作】2016年，州统计局深入开展“双联”及“干部驻村帮扶”工作。结合实际制定《2016年驻村帮扶工作计划》。主要领导先后5次深入帮扶点扎兰姑村、尼波洛村蹲点调研，慰问建档立卡贫困户；班子成员轮流每月深入帮扶村开展帮扶工作；2名驻村第一书记脱产驻村。投入4万元维修改造尼波洛村支部活动室。指导两个帮扶村党组织“三会一课”制度落实，强化对村组干部的管理。因地制宜确定主导产业，连片建设产业发展基地，种植经济作物3150亩。主导建立村级集体经济，投入25万元资金，帮扶扎兰姑村建立养羊合作社；购买100台电视机赠送贫困户；为丝窝乡干部修建浴室。年内，开展2次“送温暖”活动，发放价值5万余元的慰问金及慰问品。凉山调查队被评为2015年度全州“双联”及干部驻村帮扶工作先进集体。

（供稿单位：国家统计局凉山调查队／审核：蔡石嶙／撰稿：刘晓峰）

质量技术监督管理

Supervision and Management of Quality and Technology

【质量管理】2016年，全州质量技术监督系统扎实推进质量强州工作，建立“政府主导、部门联动、企业主体、行业自律、社会参与”工作机制，不断推进政府抓质量工作，并将质量工作列入政府重点工作进行督查；推进《“十三五”质量发展规划》编制相关工作；完成四川省首次质量工作考核实地核查，印发《凉山州质量工作考核细则》，建立对州级部门和县（市）政府质量工作考核体系。积极推进州长质量奖的评审和四川省质量奖的推荐工作，启动首届州长质量奖评审相关工作，推荐全州4家企业和2名技术管理人员参加四川省质量奖评选活动。营造浓厚质量社会共治氛围，初步建立政府重视质量、企业追求质量、人人关注质量的社会氛围。

【质量监督】2016年，州质监局积极探索机动车安检机构“属地管理、州市联动、集中整治”监管模式，对15家机动车安检机构进行监督检查，并对发现问题的企业责令限期整改；抽查水泥、家具、烧结普通砖、配装眼镜、复混肥料等233个批次的产品，合格批次218个，合格率为93.6%；开展学生校服风险监测工作；对8家食品相关产品生产企业进行监督检查，抽检8个批次，合格7个批次，对不合格批次进行后处理；完成化肥、天然石材产品、墙地砖3类产品风险监测结果风险研判90个批次；组织各县（市）开展4次危化品、易燃易爆产品质量安全专项整治，确保危化品、易燃易爆产品生产企业质量安全。

【品牌建设】 2016年，州质监局积极组织32家企业参加第十二届四川名牌（产品）申报工作，其中新增12家企业申报；组织7家企业参加国家质检总局开展的品牌价值评价工作；推进雷波脐橙生态种植区和宁南蚕丝工业发展园区创建全国知名品牌示范区；组织9家企业参加第十六届西博会。抓好"彝绣（凉山片区）"申报国家地理标志产品保护培育，完成"彝绣（凉山片区）"申报地理标志保护产品宣传片制作和申报资料编撰、修改工作；大力实施地理标志专用标志使用核准改革，建立和实施地理标志产品专用标志档案、年度报告、重大事项变更和注销制度。

【特种设备安全监管】 2016年，州质监局开展电梯安全监管大会战、油气输送管道隐患整治攻坚战、燃煤锅炉节能减排攻坚战和专项整治，完成监督检验和定期检验锅炉318台、压力容器726台、氧舱3台、压力管道44.9千米、电梯2596台、起重机械1273台、客运索道3条、大型游乐设施19台、场（厂）内专用机动车辆132台、锅炉水质分析56宗、安全阀校验2480支，完成10吨每小时以上燃煤锅炉能效测试6台。推进全州2台15年以上住宅老旧电梯安全评估和改造工作。全年实现特种设备安全零责任事故。

【标准化服务】 2016年，州质监局发挥标准的引领作用，批准发布四川省（区域性）地方标准6个，完成"采标"企业1家，完成省级标准化良好行为企业确认1家；抓好雷波马湖彝家新寨生态农业省级农业综合标准化示范区项目建设，协助德昌县申报国家级农业综合标准化示范项目。

【计量监督】 2016年，州质监局发挥计量的基础作用，检查集贸市场33家。抽查经营户416户，检查公平秤36台，合格率100%；抽查在用计量器具1223台，合格率为95%；检查超市62家，抽查计量器具137台，合格率为100%。在医疗机构、集贸市场等领域开展"诚信计量自我承诺"99家；开展重点耗能企业计量器具配备监督检查，检查11家企业。

【认证监管】 发挥认证认可的桥梁作用，推进雷波县争创国家级有机产品认证示范县工作；完成24个检验检测机构资质认定的监督检查；协助省局完成12家检验检测机构资质认定复查评审、2家扩项认证；完成6家强制性产品认证企业的监督检查。

【行政执法】 2016年，州质监局发挥打假治劣的保障作用，开展以农资、建材、消费品、特种设备等7类产品专项整治，检查销售企业（商家）110余家，抽样送检98个批次，合格91个批次，合格率为92.8%，为消费者挽回经济损失21.2万元。全年立案查处案件5起，处罚5起，罚没60.7万元。对3家纤维制品生产企业、4个使用单位进行监督检查，抽取样品19个，合格样品17个，合格率为89.4%，对不合格产品进行后处理。开展消防器材专项执法检查，检查消防器材经营门市8家，对不合格消防产品当场查封扣押，责令限期整改。

【脱贫攻坚】 2016年，发动一切力量为普格县红莫依达乡募集资金17.1万元，用于贫困户资助和贫困村公共设施建设；大力扶持养殖业发展，为两村购买80只母羊、5000只高山乌骨鸡鸡苗；为村民送去磷肥10余吨，走访慰问建档立卡贫困户；加快基础建设，增添夜校基础设备；组织村民学习法律法规、禁毒防艾、消防安全等知识 20 余次，稳步推进脱贫攻坚各项工作。

（供稿单位：州质监局／审核：陈玫／撰稿：杨华安）

食品药品监督管理

Supervision and Management on Food and Drug

【概况】 2016 年，凉山州食药监管系统承担食品、保健食品、药品、化妆品、医疗器械“四品一械”监管职责，同时承担食品安全委员会办公室职责。全州共有 17 个县市食品药品和工商质量监管局，142 个基层监管所。587 个乡镇、街道办事处均建立食安办，聘请 4329 名村和社区食品安全协管员，把监管触角延伸到乡镇（社区），同时将食品安全协管员补助及工作经费纳入地方财政预算。全州食品药品监管对象 5.38 万个，其中食品生产经营单位 27761 个，药品化妆品和医疗器械生产经营和使用单位 10893 个，无证小作坊、小摊贩、小食品和小餐饮 15161 家。全州食品药品监管对象量大面广，食品药品安全涉及的链条长、范围广、任务重。

【职能职责整合】 经过两次改革，在原来只承担药品医疗器械监管职责的基础上，正式承担起“四品一械”的监管职责，即食品、保健食品、药品、化妆品和医疗器械的生产环节、流通使用环节、餐饮服务环节的质量安全监管。州食药监局同时承担州食品安全委员会办公室职责。

【日常监管】 切实加强食品药品安全日常监管。全年全州食品药品监管系统全面落实“四个强化”“两个公开”，深入开展食品药品日常监管工作，成效显著。食品方面，一是落实企业质量安全主体责任，开展食品生产许可审批和食品生产加工环节普查建档工作；二是开展食品经营许可审查换证和食用农产品追溯体系建设、农贸市场规范工作，已初步完成流通环节猪肉追溯体系建设；三是推进食品经营许可制度改革和换证工作；四是加强网络订餐监管，要求州内仅有的 1 家“美团外卖”依法审查入网餐饮单位食品经营许可资质，进行实名登记并在网上公示。五是推进餐饮服务单位食品安全量化分级管理和“明厨亮灶”工作。药品、化妆品、医疗器械方面，一是强化对全州药化生产流通企业的监督检查和整改落实；二是强化特殊药品监管检查。推进新修订药品 GSP 实施；三是对辖区药品批发、零售连锁公司的企业负责人、质量负责人进行集体约谈，督促企业进行全面自查和整改；四是以《医疗器械经营环节重点监管目录及现场检查重点内容》涉及的产品为重点产品，以医疗器械生产企业，从事需要冷藏、冷冻及植入材料经营的企业为重点企业，开展日常监督检查。

【专项整治】 围绕重点品种、重点区域和部位，全州大力开展食品药品安全专项整治，严惩重处食品药品领域违法违规行为。食品方面，开展节日食品安全、食用植物油塑化剂、牛肉制品、月饼、收售病死猪肉、农村食品市场“扫雷”专项整治行动等专项整治。药品方面，开展中药材、中药饮片、药品流通领域专项整治回头看、医疗器械经营企业冷链管理监督检查专项行动、非法经营疫苗行为专项清查等药械安全专项整治。以查办典型案件、强化办案能力为重点，查获贩卖磷酸可待因案件（“8·10”案），无药品经营许可证经营药品案（“2·24”案），生产、销售不符合安全标准的食品案（“3·01”案）三个大案要案，涉案金额 399.89 万元。全年全州共出动监管执法人员 45621 人次，检查食品药械生产、经营、使用单位共计 41842 个（次），立案 526 件，结案 717 件（包括当场行政处罚 210 件），罚没合计 444.198 万元。移交司法机关 17 件，批准逮捕 13 人，全力查处食品药品违法行为。

【监督抽检】 以往年抽检不合格率较高、日常监管中投诉举报较多的食品药品为重点抽检对象，对生产、流通、餐饮各环节各业态类型进行覆盖性抽样。同时结合各类专项整治行动开展抽检工作。全年全州完成食品抽检1567批次（国抽427批次、省抽517批次、州抽370批次、评价性抽检253批次），不合格56批次；完成食用农产品1850批次，不合格4批次；完成药品抽检756批次，不合格20批次；完成化妆品抽检9批次，医疗器械监督抽检32批次。

【项目建设】 加快推进州食品药品检验所搬迁新建项目建设。项目总投资4111万元，位于西昌市食品药品工业园区，占地面积16亩，已于2016年9月14日正式动工。加快推进4个分中心建设。昭觉、越西、会理、盐源4个县区域性检验检测分中心建设项目，已落实建设用地，现处于施工图纸设计阶段。配备基层执法装备。2016年，州食药监局对51个基层监管所配置台式电脑、打印机、传真机、摄像机等执法装备，为部分有车辆编制的基层监管所配置执法车辆，投入资金共计490万元，增36.07%。

【依法行政】 州食药监局以开展“两学一做”学习教育为引擎，协助凉山州政府正式印发《凉山州“十三五”食品药品监督管理建设规划》并出台《凉山州建立健全食品安全监管共同责任机制》《凉山州食品安全行政约谈管理办法（试行）》《凉山州推进食品药品基层监管所标准化建设实施方案》，此外还将制定民族地区婚丧宴席备案办法，规范民族地区农村流水宴席备案管理。严格执行《州食药监局监管人员行为准则》（“八要”“十不准”）等10个制度，促进监管工作的科学化、规范化和法制化。规范完成行政许可。2016年，共办理食品药品行政许可885件。对行政权力事项清单进行清理，将所有数据录入平台并上报法制办审核。对州食药监局行政执法人员持证情况进行严格审核，55名持证人员的执法证均已通过州政府法制部门年审并下发年审标识。强化食品药品投诉举报机制建设，畅通“12331”投诉举报热线电话。推进稽查办案和监督抽检“两个信息”公开。规范信息发布的标准，提高公共服务水平，在州食药监局网站上公开稽查案件数24件。

【培训工作】 委托四川大学、四川省食品药品学校开展4期集中业务培训，培训人数400余人次。组织召开“两学一做”专题教育等系列会议，采取以会代训的方式，组织县（市）局监管人员、乡镇分管领导召开全州系统各类专题集中培训6期。对乡镇、村（社区）食品安全协管员4000人进行食品药品监管专业知识、业务能力培训和法律法规培训。

【宣传工作】 继续深入宣贯“三个管理办法”（《四川省农村自办群体性宴席食品安全管理办法》《四川省学校食堂食品安全管理办法》《四川省旅游景区餐饮服务食品安全管理办法》），印制发放彝汉对照版本宣传手册。在凉山州主流新闻媒体《凉山日报》《凉山城市新报》等开辟专栏大力宣传食品药品安全知识和法律法规。组织重点食品药品生产经营企业召开座谈会交流学习，全州食药监系统共培训监管对象从业人员、食品安全管理员7400余人次。积极开展食品安全宣传周、用药安全宣传月等活动，向公众发放《中华人民共和国食品安全法》等宣传资料3万余份。利用手机短信、微信、微博等方式发布食品安全信息100条，并于6月分别在凉山电视台综合频道、《凉山日报》、《凉山城市新报》、州食药监局官方网站等多家媒体发布预防野生蘑菇中毒预警公告，起到良好的预警作用。

【党风廉政建设】 根据中央、省、州委开展“两学一做”专题学习教育的总体部署，进一步修订完善学习方案，认真组织学习习近平总书记系列重要讲话，坚持系统学与重点学相结合，丰富载体，开展主题党日活动，规范“三会一课”制度，并结合“两学一做”专题学习教育，抓党风廉政建设，层层签订责任书，明确廉政责任，做到责任到班子、责任到部门、责任到人头；严格执行领导干部廉洁从政各项规定，完善各项制度，继续认真落实领导干部"五个一"联系制度，成立由局领导为组长、相关科室（队）人员为成员的督查组，以实地抽查、查看资料等形式，深入各县（市）认真调研新机构履职情况等，积极对各县（市）局食品药品安全监管工作进行督查和指导，解决基层监管的实际问题。

【《"十三五"食品药品监督管理建设规划》】 2015年10月20日，凉山州政府下发《关于做好凉山州"十三五"重点专项规划编制工作的通知》，明确凉山州食品药品安全监督管理规划为"十三五"时期凉山州21个重点专项规划之一。2016年，作为该项重点专项规划的责任单位，州食药监局组建专项规划编制领导小组，开展前期调查，向各县（市）局、州食药监局下属事业单位、州级相关部门征求意见，进行深入讨论和修改并经州食药监局局务会和党组会议初审后，报送凉山州政府审议。2016年8月23日，在凉山州政府州长罗凉清主持召开的十届州政府第55次常务会议上，审议通过《凉山州"十三五"食品药品监督管理建设规划》。

【帮扶工作】 积极推进"百乡教育扶贫"和"挂包帮"活动。局机关党员与30户联系村贫困党员、贫困群众结对共建，结对帮扶，积极做好《帮扶工作台账汇总表》和记录工作。开展"暖冬计划"活动，为呷租居坡村贫困户购置棉被175床、大米625千克，为"一村一幼"捐赠课桌8张、椅子40条，为全校幼儿赠送书包40个，捐赠物品总价值4.6万元；协调扶贫村教学点建设，已筹措15万元资金用于教学点建设，该资金已到位，2名村幼辅导员配备到位。开展"走基层送温暖"活动，为贫困户送去84床棉被和84套防寒服等物资，价值5.8万元，解决当地困难群众过冬的实际问题。发动广大干部职工开展捐款献爱心活动，筹集爱心捐款2.41万元，向困难群众捐赠衣物100余件、棉被40床和大米20袋。

【食品安全示范县创建】 西昌市于2016年5月被四川省食品安全委员会列入四川省首批开展食品安全示范县名单。西昌市成立以市委书记李俊为第一组长的创建省级食品安全示范县工作领导小组及办公室，先后两次组织前往绵阳实地学习创建工作经验，2016年底，创建工作正在迎接检查验收。

【荣誉】 2015年度，在省局对各市（州）局的目标考核中，州食药监局被表彰为综合目标先进市（州）局，并被评为基层监管所工作先进单位；在凉山州政府对全州政府序列单位进行的目标绩效考评中，州食药监局得分为95.523分，在54个凉山州政府序列目标责任单位中，从上一年度的排名第20位上升至第9位。州食药监局被四川省食品药品监督管理局、四川省人力资源和社会保障局联合表彰为全省先进集体；被凉山州委、州政府联合表彰为2015年度全州"双联"及干部驻村帮扶工作先进集体、州直部门综合目标绩效考评先进单位、艾滋病防治工作先进集体，获城乡环境综合治理工作先进单位二等奖；被凉山州政府表彰为全州政府系统办公室电子政务先进单位、应急管理工作先进单位，获州级部门地质灾害防治目标考核先进集体三等奖。

（供稿单位：州食药监局／审核：刘光超／撰稿：欧阳南希）

商务投促

Investment Promotion of Commerce

【概况】 2016年，全州商务投促系统认真贯彻落实州委、州政府的决策部署，扎实推进商务投促领域稳增长、促改革、调结构、惠民生、防风险各项工作，有效应对经济下行压力，全州商务投促工作继续保持“稳中向好、平稳增长”的发展态势，实现“十三五”发展良好开局。

【投资促进】 州委、州政府主要领导亲自带队，积极“走出去”“请进来”，全年到“长三角”、“珠三角”、环渤海、成渝等发达地区开展小分队招商9次，接待到凉山考察的企业、院所120余户。通过2016中外知名企业四川行、第三届中国攀西（雅安）战略资源创新开发试验区投资推介会、第四届中国（绵阳）科技城国际科技博览会投资推介会、第十六届“西博会”等平台签约项目77个，总投资504.386亿元。牵头做好省级平台签约项目、“双十条”贯彻落实情况重点督办，推动项目落实，累计履约招商引资项目249个，累计到位州外资金499.84亿元，完成全州工作目标任务350亿元的142.81%。其中，到位国内省外资金360.33亿元，完成目标任务160亿元的225.2%。

【开放型经济】 2016年，州商务局先后组织21家省州知名品牌企业，参加乌鲁木齐洽谈会、昆交会、广交会等“川货全国行”活动，实现现场销售额38.6万元，现场签约294.5万元，签订意向性合同金额1041万元。积极融入“一带一路”战略布局，豪吉食品有限公司入选“251行动计划”的100家优势企业，单品出口位居全省第一。经久工业园区、冕宁稀土工业园区创建省级外贸出口基地有序推进，金阳县出口青花椒白魔芋质量安全示范区通过省级认定。全年全州实现货物进出口4589万美元。积极推进利用外资审批制度改革，建设外资审批绿色通道，举办全州利用外资审批培训班。充分利用西博会、厦洽会、南博会等投资平台促进外资利用。积极开展外资项目推介和对接洽谈，全年新审批外商投资企业1家，审批企业股权质押3家，审批企业变更3家，网上企业备案4家。全年全州外商投资实际到位资金1967万美元，完成目标任务1000万美元的196.7%。

【服务业】 2016年，全州服务业增加值实现439.06亿元，同比增长6.1%；社会消费品零售总额实现551.38亿元，同比增长10.9%，高于省下达目标0.9个百分点。实施重点区域、重点项目、重点行业引领示范工程，8个服务业重点县（市）的辐射带动效应逐步显现，占全州服务业增加值在80%以上，其中西昌市占比达42.8%。五大新兴先导型服务业加快发展，约占服务业比重的30%。服务业重点项目有序推进，总投资100亿元的20个服务业重大项目累计完成投资26亿元，培育服务业限上企业达51家。服务业增加值占GDP比重由2015年的30.6%提高到2016年的31.3%，拉动GDP增长1.9个百分点，对GDP的贡献率达到31.4%。服务业税收突破53亿元，占全州税收收入的38%以上。服务业就业突破100万人，其中城镇新增就业占全州的30%以上，成为新增就业的最大吸纳器和惠民生的有力保障。

【电子商务】 大力实施“互联网+”行动计划，以做大做强本土平台、促进广泛应用、培育主体队伍、完善支撑体系为抓手，深入推进电子商务与产业融合发展，编制《凉山州“十三五”电子商务发展规划》，设立电子商务专项资金300万元，鼓励和支持全州电子商务产业发展。电子商务进农村工作有序推进，全州县、乡、村三级电商服务体系建设基本完成。雷波县成功升级为国家电子商务进农村综合示范县，1000余家企业共1万余人接受电子商务知识培训。全州已建成县级服务中心17个、乡镇电商服务站159个、村级服务站303个。全州拥有70个独具特色的本土电子商务平台，网商数达1250家，培育2家省级示范企业。2016年凉山州电子商务交易额实现42.08亿元，同比增长30.47%，高出全省平均水平4.34个百分点，其中网络零售额11.20亿元，同比增长27.79%。

【现代流通体系】 2016年，州商务局推进流通业转型升级，加快城乡市场建设，西昌金雕实业冷链配送项目、凉山宏林冷链配送中心项目、会理县益门镇商贸镇建设项目等一批项目相继建成并

州投资促进局党组书记、局长李云会在德昌东方电气集团调研

投入使用。全年完成16个农贸市场升级改造。全州交易额1亿元以上的商品交易市场5个,年交易额27.7亿元;全州3个农产品批发市场,年交易额3.8亿元;全州162个农贸市场,交易总额达到81.1亿元。全年组织4584家次企业开展204场次"惠民购物全川行动",实现交易额13.5亿元。组织76家企业参加苏州、广州、北京等6站"川货全国行活动",累计实现交易额1186万元。组织71家当地企业参加"成都·凉山农商对接"活动、四川贫困地区农特产品展销活动,现场达成意向性合作金额1.5亿元。同时,搭建春节、彝族年、火把节等节庆消费平台,积极开展雷波脐橙网购节、樱桃抢购节等网络购物活动,扩内需促消费取得显著成效。

【市场运行监管】 2016年,州商务局整顿规范市场秩序,加强单用途商业预付卡管理,防范资金风险。协调推进侵权假冒工作,深入开展专项整治,全年立案406件、办结396件。加强对拍卖、典当、二手车交易等特殊行业的监管,开展商贸流通领域防范打击非法集资宣传月活动、典当行非法集资专项整治活动。深入开展全州商务系统安全生产大检查,全年民爆行业和流通领域未发生一起安全责任事故。

【自身建设】 2016年,州商务局扎实开展"两学一做"学习教育,商务投促系统政风行风持续好转。形成《加强党的建设抓实"两学一做"坚定投促干部理想信念》《牢记使命敬畏法纪干事创业》《开展精准招商推动项目落地促进凉山发展》等高质量的理论成果,其中《凉山州电商扶贫促同步小康建设研究》《开展精准招商推动项目落地促进凉山发展》分别荣获州一等奖、三等奖,并入选凉山州领导干部优秀理论成果集。坚决落实全面从严治党主体责任,坚定不移推进党的建设,坚持不懈促党风、促政风、促行风,提振精气神,汇聚正能量,为商务投促工作改革发展提供坚强的政治保障和组织保证。

(供稿单位:州商务局/审核:李云会/撰稿:赵海峰　寸周苗)

供销合作经济

Supply and Marketing Cooperatives Economy

【概况】 2016年,全州供销合作社系统实现经营服务总额23.6亿元,完成年度目标计划的110.7%;完成农业生产资料销售总额4.2亿元,完成年度目标计划的112%;实现助农增收8100万元,完成年度目标计划的103%;组织农副产品购销5.6亿元,完成年度目标计划的109.8%;完善和发展新农村服务网点188个,完成年度目标计划104.4%;引领发展专业合作社22个,完成年度目标任务的120%。

【综合改革】 2016年,州委、州政府把供销合作社综合改革纳入全州全面深化改革总体部署,作为深化农业农村体制改革的重要内容,确定为2016年启动推开类改革重点事项,纳入州委全面深化改革领导小组年度改革工作台账,明确改革任务、进度安排及成果要求,加强督促落实,有力有序推进全州供销合作社综合改革。州供销社党组成立由党组书记、主任任组长,党组成员、分管副主任任副组长的深化供销社综合改革工作领导小组,各县(市)供销社主任为成员,健全领导机构,加强对改革工作的组织领导,形成一级抓一级、层层抓落实的工作机制。领导小组多次召开会议研究部署供销社综合改革工作，为充分发挥试点带动作用，在省把会理县确定为全省深化供销合作社综合改革试点县的基础上，又把西昌市确定为全州深化供销合作社综合改革试点市，结合凉山实际、突出凉山特色，制定试点工作方案，在两个试点县（市）率先实施供销合作社综合改革工作，力争取得实效。在认真研究、学深悟透《中共中央 国务院关于深化供销社综合改革的决定》（中发〔2015〕11号）和《中共四川省委、四川省人民政府关于深化供销合作社综合改革的实施意见》（川委发〔2016〕22号）两个纲领性文件的基础上，州供销社深入开展调研，书面征求州级相关部门、各县（市）政府和供销社、直属企业意见、建议。在广泛学习宣传调研的基础上起草凉山州实施意见。

【农业生产资料供应服务体系建设】 2016年，州供销合作社着力抓好农业生产资料供应服务体系建设，实现助农增收节支。充分发挥供销系统在农资供应的主导作用。一是完善农资供应三级体系，保障需求。逐步形成凉山州全力科技服务公司+县级服务中心+乡镇庄稼医院的凉山三级农资体系，增加优质农资品种，提高肥效，保量供应，调剂市场。二是加强“庄稼医院”建设和“庄稼医生”培训，提高科技服务能力。2016年新建“庄稼医院”55所，培训“庄稼医生”56人，以“庄稼医院”为依托，实行农资直配，平抑农资价格，指导农民科学用肥用药。全州“庄稼医院”已建成272个，426名“庄稼医生”取得国家认定的职业资格证书。三是开展高产种植示范工作。2016年3月，在美姑县巴古乡维勒觉村开展马铃薯高产种植示范现场会。现场会不仅为维勒觉村建档立卡的53户贫困户送去183亩土地春耕需要的18.3吨高效复合肥，而且为维勒觉村村民送去马铃薯高产技术。四是供销社属企业积极发挥社会公益作用。州供销社社属企业全力农业科技服务有限责任公司针对盐源县苹果产区受灾严重的情况，及时向受灾最严重的卫城镇、下海乡、罗家村等地无偿援助农资产品，帮助果农修复受损的苹果树。共向1000户种植户赠送苹果修复农药1000套，总价值12万余元，为受灾果农提供技术培训指导，帮助群众恢复生产、挽回损失、降损增收。

【农产品营销体系建设】 注重专业合作社的发展，通过供销系统创办、领办的专业合作社引导农副产品走专业化、产业化、规模化、品牌化的合作道路。努力构建农产品流通信息平台，发挥行业协会的积极作用。会理县立足全国优质石榴主产区的优势，大力发展石榴、核桃、养殖等行业协会，将为农服务协会建成政府与企业、农户之间的桥梁和纽带，市场与企业、农户之间的中介服务组织。大力推进农产品电子商务，打造凉山供销事业发展新引擎。州供销社不断推动电子商务发展，积极打造网上供销社，全力推进彝家优品“大凉山优品汇”电子商务平台运营工作，优化平台运行。继续整合全州特产。已整合凉山州农业产业化龙头企业、农业专业合作社、大型种养户176家、农产单品578个。依托凉山州社属企业建成凉山州供销系统三级电商服务网络体系，形成州有彝家优品“大凉山优品汇”平台、县有电子商务服务中心、乡镇有电子商务服务社的网络体系，实现利益一体。

【农村社会化服务体系建设】 着力抓好农村社会化服务体系建设，实现项目构建新型综合服务体系。不断强化农业社会化服务，加强基层经营服务网点建设。2016年，完善和发展新农村服务网点188个。

【农村可利用垃圾回收利用体系建设】 围绕“垃圾减量、资源利用、环境改善、农民增收”的目标，按照“村有回收点、乡有回收站、县有分拣利用中心”的具体要求，全面推进全州再生资源回收利用体系建设。积极争取省供销社、州政府的大力支持，充分利用体系建设的契机，恢复和建立起供销社的再生资源回收利用企业。

【农民专业合作社】 大力发展农民专业合作组织，

打造一批农民专业合作示范社。一是进一步推进规范化管理,提升标准化生产和品牌化经营水平,示范带动全州系统农民专业合作社加快发展,全面提升农民专业合作社的发展活力、市场竞争力、带动力和影响力。2016年,引领发展22家农民专业合作社,并向州农业局推荐申报1家省级示范社和7家州级示范社。二是正确引导农民专业合作社的发展,增强风险意识和共担风险理念,鼓励和支持其他社会经济实体、社会能人加入和改造农民专业合作社,在提高产值和增加收益的同时提升农民专业合作社服务能力和水平。

【农民资金互助合作社】 坚持社员制、封闭性原则,在不对外吸储、不支付固定回报的前提下,推动社区性农村资金互助组织发展,积极发展生产合作、供销合作、信用合作,努力打造"三位一体"新型合作体系,创新推进农村公共服务,使其真正发展成为提供综合服务的农合联。

【项目工作】 加强项目工作管理,增强"造血"功能。农业综合开发项目是供销合作社推进农业开发的抓手,是增强实力、提升服务能力的重要支撑。2016年,州社积极做好项目申报工作。一是做好农村一、二、三产业融合发展试点申报工作。指导会理县富林魔芋专业合作社和金榴果品公司参与项目的申报。二是做好2017年农综项目,推荐全力农业科技公司申报土地托管项目,并按要求完成项目书制作。凉山州农业综合开发土地托管项目,计划投入资金582万元,项目托管基地5200亩,其中水稻基地2200亩,玉米基地3000亩。全部采用半托管方式。服务农户数1040户,预计帮助农民实现增收148万元。三是做好2015年西昌市两个农综项目的验收工作。两个项目分别是2015年西昌市农产品冷链流通新建项目和西昌市冬阳草莓专业合作社2015年西昌市草莓种植基地新建项目。两个项目总投资529.3万元,已顺利通过验收。

【扶贫工作】 2016年,州供销合作社扶贫工作组深入调研村情,客观分析致贫原因,确立2018年脱贫、2019年摘帽的发展目标,围绕村党支部建设、加强基础设施建设、推进马铃薯产业发展、强化劳动技能培训等方面制定五年扶贫工作规划,分步骤实施扶贫规划,确保当年扶贫当年见效。一是积极落实惠民项目,解决群众实际困难。州供销社积极与州交通局协调,勘测设计维勒觉村5个组通组公路;投资10900元,为维勒觉村二组、三组两户贫困户购置建房用瓦片,改造住房条件。二是大力发展产业扶贫。确立发展马铃薯和错季蔬菜种植的产业扶贫思路,购买价值16000元的东北大白菜种子、肥料、薄膜、农药等,在维勒觉试种10亩错季节蔬菜,试种成功。三是积极组织开展走基层、送温暖活动。11月,州供销社组织全体干部职工和供销社属企业积极捐款,募集善款25000元,为61户建档立卡贫困户、5户五保户、6户困难户每户赠送1床棉被。

【安全生产与行业管理工作】 加强宣传,强化安全意识。始终把安全生产作为一切工作的重心来抓,经常性开展安全生产工作大检查。开展"安全生产月"宣传活动。结合系统的实际特点,重点宣传烟花爆竹安全燃放知识、《中华人民共和国安全生产法》、防治职业病关爱劳动者等方面的知识,共发放宣传资料2000多份。强化日常监督,减少风险隐患。加强对州土产公司、农资公司等社属企业的汛期安全检查;加强烟花爆竹安全经营管理。

(供稿单位:州供销合作社/审核:唐永富/撰稿:杜荣)

烟草专卖

Tobacco Monopoly

【概况】 凉山彝族自治州烟草专卖局(公司)组建于1984年5月。实行政企合一、垂直管理。下辖17个县市局(分公司),内设23个部门、5个烟叶仓储管理中心、1个物流中心,在岗员工2786

全州烟叶站点工作人员规范管理专题培训会现场

人。资产总额79.70亿元，增长19.97%；所有者权益49.18亿元，下降5.11个百分点；总资产贡献率57.3%，下降4.82个百分点。全州系统人均创收381万元，创利87.41万元，创税83.62万元。是集农工商一体化、产销研“一条龙”的国有烟草商业流通企业。是凉山州重点纳税大户，列“全州企业50强”第3位、“服务行业企业50强”首位。2016年，全州系统收购烟叶236.66万担（国内计划217.2万担、出口备货19.46万担），销售卷烟14.46万箱，实现“两烟”销售收入106亿元，同比下降3.85%；实现税利41.63亿元，同比下降3.47%；实现税金23.49亿元，同比下降0.12%。

【烟叶生产】 恪守“三为”理念（诚信为本、质量为重、特色为要），围绕“严格规范”主题，抓好各项生产措施落实。抓面积落实。全州10个县（市）、207个乡镇、1102个村、4775个组种烟，签订种植收购合同75393份，种植96.72万亩（其中红大18.01万亩），户均12.83亩，同比增长20.02%。抓技术落实。分县（市）制定生产技术方案，分小区域制定技术实施方案。完善生产管理、极端气候应对和成熟采烤工作预案。实施农家肥促腐、绿肥种植、100%蚜茧蜂防治烟蚜、“1+N”烘烤模式等技术，行业补贴种植绿肥17万亩。抓烟叶收购。建立收储调一体化管理体系，收购全程视频监管。收购国内计划217.2万担、出口备货19.46万担，上等烟54.47%，中部烟62.48%，橘色烟88%。均价26.52元/千克。烟农种烟收入36亿元，户均4.77万元，增0.13万元。国家烟草专卖局工商交接等级合格率同比提高0.7个百分点。抓基础设施建设。投资1.21亿元，建成烟水、机耕道、密集烤房、土地整理、育苗设施等项目7511件，覆盖基本烟田12.55万亩。抓好水源工程建设，完工盐源三道沟水库项目，推进会东新马灌区项目，会理红旗水库、宁南竹寿水库、盐源马鹿塘水库项目通过省局（公司）审查，德昌和平水库项目通过国家烟草专卖局审查。投资1.2亿元，新建8个烟点，购置改造德昌新邦烟叶仓库，启动会理仓储中心7号、8号库建设。

【卷烟销售】 在“保税利、提结构、育川烟、稳总量、强规范”上下功夫，实现川烟明显增长，与客户关系、终端形象明显改善，直营店建设、营销队伍转型稳步推进。销售卷烟14.46万箱，销量排全省第3。销售川烟4.35万箱，增长17.92%，增幅排全省第2；市场份额30.08%，排全省第9。单箱结构2.75万元，同比增长5.41%。全州有效客户11626户，建设现代零售终端1605户。电子结算率99.94%，电结金额比99.97%，网上结算活跃度89.13%。拓展“T+0”物流配送范围，减少送货车辆费用60万元，PE膜降耗15万元。

【专卖内管保障】 抓好专卖管理工作落实，市场管控和内部监督水平有新提升。查获涉烟违法案件1639起，其中重大网络案件8起，5万元以上案件51起；查获各类违法卷烟1199万支、违法烟叶8842担，实物案值2111万元；刑拘60人，逮捕29人，判刑33人。德昌“3·8”非法经营烟叶案被公安部、国家烟草专卖局列为部督案件。金阳、甘洛标准化稽查中队通过省烟草专卖局验收。推进内部专卖管理监督长效机制建设，实现内部监管信息化。

【基础管理】 推进方针目标“瘦身”，深入开展QC活动。抓好“七五”普法开局和法律风险防控体系建设，突出重大合同审查、重要规章制度合法性审核和案卷评查，无一起行政诉讼和复议案件，妥善处理金叶公司初步审计的历史遗留问题。严格合同评审、项目审计和专项审计,审减资金4275.83万元。严格预算、资金和资产管理,抓好精益管理,降本增效1000万元。做好凉山金叶化肥公司、凉山金叶运输公司资产和人员清理上划工作。加强招投标管理,公开招标率97.72%。全面升级3.0版烟农合同银行卡,推行人脸识别新技术、烟叶2.0系统在线收购管理。把关产品质量,抽检生产物资125个批次,制作烟叶样品600余套。规范重点费用管理,招待费同比下降84.9%,会议费下降18.25%。加强信访和舆情处置,编报网络舆情简报44期,处理信访3次、舆情8次。加强"一刊一报两网"等行业主流媒体联系,宣传报道和政务信息发稿853篇,保持全省系统一流水平。全面推进安全标准化建设,确保全州系统平安和谐发展。

【全面从严治党】 一是以"两学一做"学习教育为引领,落实全面从严治党主体责任。严格贯彻执行《准则》、《条例》,坚持挺纪在前,自办案件30件,党纪处分1人,行政处理13人,问责1人。强化烟叶生产经营秩序专项整治,配合纪检部门处理站点人员63人,其中3人移送司法机关,清退扣发各类涉烟违规资金462.12万元。二是加强党建工作,推进"六有"支部建设。20个基层党组织完成选举换届,吸收新党员8人,按期转正党员4人,培养入党积极分子36人,3个党组织、17名党员被省烟草专卖局(公司)党组表彰。三是扎实抓好中央对行业巡视、省烟草专卖局(公司)巡视、现代烟草农业专项审计自查、省局(公司)党组巡视"回头看"的整改落实。收补2008年4月以来党费707.90万元,清退2013年以来超标准、超范围的接待费157.64万元,2013年以来超标准乘坐交通工具费6.85万元。四是加强队伍建设。建立站点人员选拔任用和交流轮岗机制,加强烟叶管理人员培训,加强技能鉴定,3人获全国烘烤技能大比武一等奖,新增全国烟草技术能手1人,全省烟草技术能手7人。五是关心关爱员工。健全医疗保障,减轻员工医疗负担。关爱离退休人员,确保共享企业发展成果。投资15万元,新建布拖、昭觉和盐源县烟草专卖局树河烟站职工小家3个。投资1354万元,推进12个帮扶村精准扶贫、脱贫攻坚项目建设。走访慰问退休职工、困难员工79人,发放慰问金7.3万元;帮扶救助困难员工39人,发放救助金20.47万元。

(供稿单位:州烟草专卖局/审核:李坤忠/撰稿:苏静思)

西昌钒钛产业园区工作

Work of Xichang Vanadium and Titanium Industrial Park

【园区规划】 2016年完成园区控制性详细规划编制;2016年8月15日,由四川省地质矿产勘查开发局攀西地质编制的园区项目建设用地地质灾害危险性评估成果通过专家评审。

【环境保护】 一是延长循环产业链引领绿色发展。新建给水厂、污水处理、配套管网和垃圾压缩站项目,推进共享基础设施建设,形成污染物集中处理。围绕西昌钢钒等企业产生的固废物,先后引进现代新型建材、钒渣提取等固废处理项目12个,初步形成循环产业链。二是有效利用资源。西昌钢钒实施屋顶分布式光伏发电,年均节约标煤7639.24吨,减排二氧化碳21156.46吨,减排二氧化硫636.6吨,减排粉尘144.3吨,减排氮化物84.88吨。西昌钢钒建成发电厂,对余能余热进行再利用。西昌航天水泥利用窑头窑尾余热,自发电量为年2788×104千瓦小时。三是开展技术攻关实现节能降耗。西昌钢钒氧化钒清洁生产工艺的打通,从源头控制污染物排放;不断优化生产工艺,杜绝安全隐患和环境污染,被授予"全国绿化模范单位"称号;获中国钢铁工业协会2016年度"中国钢铁工业清洁生产环境友好企业"殊荣。西昌钢钒吨钢耗新水指标从2012年的7.15立方米降低至2016年的3.89立方米,达到国内同行业先进水平。西昌钢钒对生产、生活废水进行回收处理和再循环利用,实现废水"零排放"。

【土地收储转换】 2016年,园区积极协调市相关部门,共完成4宗269.96亩土地挂牌服务。园区棚户区改造、基础设施建设暨拟建招商项目用地土地收储工作启动,拟收储农村集体土地约2300亩。

【招商引资】 2016年,园区先后接待投资客商72家,引入资金33.85亿元,实现资金落地25.12亿元。成功引进总投资5.386亿元固体废渣资源综合利用升级扩能技改项目、总投资10.44亿元现代房屋建筑集成制造生产基地项目。中环晟天光伏电池项目、新钢业包装板材项目(机电项目)、3D云创打印建筑项目投资商进行对接洽谈。

【基础设施建设】 公共服务区一号路一段道路完成竣工验收;崩土坎道路、学龄路一期、东纵路一期工、东纵路中段、大洋堆南路东段、北口路东段、3号路东段工程开工建设;新建给水厂具备正常运营能力;新建污水处理厂主体工程完工,设备安装完成,配套管网按计划铺设;投资19.11亿元的园区基础设施PPP综合项目通过立项审批并入库。

【企业服务】 2016年,园区新纳入规模以上企业5家,实现工业总产值231亿元,同比增长28.94%;工业增加值完成58.2亿元,同比增长28.93%。大力实施人才强企战略,着力加强经营管理者、专业技术人员和生产操作人员三支队伍建设,提供有力的人才保障。持续强化企业基础管理。深入推进精益六西格玛管理,构建质量、成本、流程改善、管理改善等项目,努力生产出高品质产品。开展劳动竞赛,取得较好的效果。提高科技创新能力。西昌钢钒热连轧技术获四川科技进步类一等奖。凉山瑞海等3家企业被认定为国家高新技术企业。开展提效降本攻关,制定强有力的保障措施,提升产品竞争力。

【重点项目】 2016年,投资1.59亿元的凉山现代房屋建筑集成制造生产项目一期工程竣工投产;蓝顶环保公司脱硫渣综合利用一期工程试生产;6万吨/年转炉LT粉尘铁碳球生产及返回转炉应用项目、30万吨/年攀钢高炉干渣中间磁选料资源化综合利用项目建成并投入使用。

【安全生产】 修改完善园区安全生产“党政同责、一岗双责”规定、领导干部安全生产“一岗双责”职责分工,将企业安全生产纳入领导干部“五个一”联系工作内容。组织开展安全专项治理行动、安全生产月等活动。联合市级相关部门对排查发现的违法行为进行严厉查处,坚决消除安全隐患。强化保障机制建设,提升应急能力。编制完成突发环境事故应急预案、突发安全事件应急预案,积极开展应急演练,提高应急能力。

【党建工作】 全面落实中共十八大和十八届历次全会精神,深入学习贯彻习近平总书记系列重要讲话精神,紧紧围绕“四个全面”战略布局,以落实全面从严治党要求为主线,扎实开展“两学一做”学习教育,深入推进服务型党群组织建设,以改革创新精神推动园区党群工作再上新台阶。一是积极发挥党建工作服务保障作用。建立区域党工委,完善联席会议制度,共同协商处理园区内涉及多家企业党建工作;建立网格管理服务分中心,强化社会管理和环境监察管理;结合领导干部“五个一”联系制度,支持并参与开展精准扶贫、村活动阵地建设、维稳工作等,同时协调企业为贫困家庭户提供33个就业岗位。二是扎实开展“两学一做”学习教育工作。三是分发挥党组织服务引领作用,聚焦问题抓整改。成立园区优秀青年人才党支部,开展企业党建指导工作,为企业派驻党建指导员,保证党建工作全覆盖。

(供稿单位:西昌钒钛产业园区/审核:宋廷军 赵跃/撰稿:孙旺宅)

农业与农村经济

AGRICULTURE AND RURAL ECONOMY

农村工作

Rural Work

【概况】 以全面深化农村改革为动力，以促进农民持续稳定增收为核心，扎实推进农民增收、新型经营主体培育、“大凉山”特色农产品品牌建设、发展壮大村集体经济、劳务开发、新农村建设等重点工作。一是农民增收达11.5%、超年初目标0.5个百分点。二是加大新型经营主体培育，全年新增农业产业化龙头企业11家、超年初目标6家；合作社1173家、超年初目标1073家；家庭农场989家、超年初目标789家。三是加大“大凉山”特色农产品品牌建设工作，全年创建国家地理标志2个，省著名商标4个、超年初目标2个。四是大力发展壮大村集体经济，全年完成计划脱贫的778个贫困村。五是加大转移输出农村劳动力，全年转移输出农务125万人、超年初目标5万人；劳务培训12万人次、超年初目标1万人；实现劳务收入190亿元、超年初目标任务10亿元。六是完成新村新寨576个。

【优势特色产业】 围绕特色产业发展要求，在稳定粮食产量的前提下，以“果薯蔬草药”五大富民产业、“1+X”生态产业、设施农业、光伏农业为重点，加快特色产业发展。种植业方面，玉米播种面积165万亩，产量55.9万吨；苦荞播种面积32万亩，产量3.2万吨；马铃薯播种面积236.1万亩，产量371万吨。经果林方面，全年水果种植面积119.4万亩，产量140万吨。其中，石榴、脐橙、苹果三大水果种植面积分别为约36.01万亩、9.2万亩、39.75万亩，产量分别为55.97万吨、2.01万吨、46.63万吨。全年蔬菜种植面积扩大到135万亩，蔬菜总产量271万吨。全年核桃基地848万亩，年产量12.4万吨；花椒基地247万亩（青花椒105万亩、红花椒142万亩），年产量1.2万吨；华山松基地84万亩；油橄榄基地6.7万亩。全年烤烟种植面积96.72万亩，收购烟叶236.66万担；生产优质蚕种70.5万张，产茧52万担。畜牧业方面。全年猪、牛、羊、禽出栏分别达到517万头、31.5万头、313.62万只、1800万只，肉、蛋、奶产量分别达到46.2万吨、2.74万吨、4.77万吨。水产养殖方面，全年水产养殖面积达到1.71万公顷，水产品产量2.81万吨，产值3.6亿元。

【综合生产能力】 把农业农村基础设施建设作为投入重点，突出抓好生态、水网、田网、路网等基础设施和公共服务设施建设。着力解决农田灌溉“最后一千米”问题，建成一批实现水利现代化灌区示范片。继续推进小型农田水利重点县建设，加快建设“五小水利”工程，提升小型农田水利建设水平。实施水电新农村电气化、小水电代燃料生态保护、农村水电增效扩容改造工程，推进绿色小水电建设。完成高标准农田建设13.13万亩，会理大海子等10个重点水利工程加快推进，新增有效灌面5.72万亩、节水灌面5.65万亩。新建改建农村公路6488.4千米，退出贫困村农村公路全部通达。

【特色农产品品牌建设】 制定无公害肉牛、肉羊、肉猪、肉鸭、肉鸡，以及烤烟、桑蚕茧、凉山苦荞茶、马铃薯、盐源核桃、油橄榄苗木、会东块菌、雷波罗汉竹笋等，共144个地方标准、68个技术规程，20个技术规范、4个标准体系。支持各县（市）开展枇杷、荞麦、茶叶、核桃等特色产业开展技术创新和成果转化。顺利实施津巴布韦烟草优良品种引进、半细毛羊高效综合养殖技术、优质苦荞麦新品种产业化等重点科技成果转化项目。全州累计纳入统一打造的“大凉山”特色农产品达1386个，累计创建中国名牌1个、中国驰名商标7个、四川省名牌产品20个、四川省著名商标23个、国家地理标志保护产品39个、国家地理标志证明商标16个。

【开放合作】 精心组织参加第四届四川农业博览会暨成都国际都市现代农业博览会，组织具有一定规模和实力的农民合作组织、农业产业化龙头企业等72个参展主体，参展产品包括特色农、牧、林、水产等300种类系列。以“开放开发合作发展，共享共赢绿色机遇”为主题，举行“大凉山”鲜活农产品产销对接会，80余家农产品商贸企业与凉山农产品合作社、加工企业等进行产销对接洽谈，共推介订单项目103个，与16家知名企业集中签下74亿元大单。加大走出去寻求合作的力度，与淘宝集团、京东集团、广东温氏集团、中国地能集团、青岛昌盛日电集团、四川大华国际物流中心等农产品营销平台开展对接，初步达成合作意向，签订意向协议引资额50亿元。

【产权制度改革】 2016年，凉山州以放活土地经营权为重点，健全农村产权制度，创新农业经营体系，加快推进各项农村改革。出台关于发展村级集体经济的指导意见（试行）和强村富民 发展村集体经济四年行动实施意见。全州有集体经济的村达到1389个，占行政村总数的37%；其中村集体经营性收入1000元~3000元的有289个，3000元~10万元的有625个，10万元~100万元的有45个。村集体经济组织经营性收入达2.9亿元，较2015年同期增加0.35亿元，增幅为13.7%。695个计划退出的贫困村，全部实现村集体经济经营性收入人均3元年度目标。评定州级示范社46家、省级示范合作社12家，报送3家合作社参选国家级示范社。

【新村新寨建设】 坚持把新村新寨建设与脱贫攻坚相结合，按照新村新寨“五新同步”要求，实施幸福美丽新村“五大行动”，新村新寨建设取得明显成效。全年全州投入新村新寨建设各类资金88.3亿元，其中财政资金22.8亿元，整合项目资金20.1亿元，撬动金融机构、社会资本和农民自筹投劳折资45.4亿元，建成新村新寨576个，其中安宁河谷新村260个，彝家新寨281个，木里藏区新村35个，覆盖农户65007户，分别占年度任务的111.8%、127%。建成幸福美丽新村369个、扶贫新村516个，农村廉租房2798户，分别占年度目标任务的117.5%、104.6%、100%，推动全州454个贫困村退出、11.3万贫困人口脱贫，实现脱贫攻坚首战胜利。

【“四好”创建】 始终把“四好”创建作为统筹“三农”工作的总抓手、着力脱贫攻坚的总载体，将群众工作贯穿全程，从家庭抓起，由“户”及“村”。研究出台“四好家庭”和“四好村”创建标准、实施方案，在德昌县、昭觉县率先开展试点。经过近一年的试点探索，德昌县总结出“13344”工作机制，昭觉探索出“3579”工作模式。2016年累计创建省级“四好村”76个、州级“四好村”592个；评选出“四好”家庭创建综合类幸福美丽新村11个、单项类新村13个；推选出“四好”家庭创建标杆户20户。

【劳务开发】 紧扣“培训、输出、维权”工作主线，以提升劳务经济质效益为目标，狠抓强化区域合作、技能提升、维权保障，劳务开发助推精准脱贫功能显著增强。全州转移农村剩余劳动力121.63万人，增加3.03万人，增长2.56%，其中建档立卡贫困户转移输出46044人；实现劳务总收入187.2亿元。增加26.75亿元，增长16.67%，其中建档立卡贫困户实现劳务收入4.74亿元，近2万户贫困家庭通过务工实现脱贫；务工农民人均劳务收入15391.74元，增1861.93元，增长13.76%；全州农民人均工资性收入达4206元，增540元，增长14.72%。全年培训农民工11.5万人，增2000人，增长1.8%；其中专项品牌培训3470人，增766人，增长28.3%；返乡创业培训505人；“送岗位、送培训”特色培训累计达5850人；“订单”培训1861人。

（供稿单位：州委农工委／审核：钟健／撰稿：杨松涛）

农　　业

Agricultural

【概况】 2016年，全州农牧部门认真履职尽责，深入贯彻“创新、协调、绿色、开放、共享”五大发展理念，以脱贫攻坚为统领，扎实推进农牧业转型升级、脱贫攻坚和深化农村改革，圆满完成全年农牧业的各项目标任务，全州农业农村经济继续保持较快发展势头。

【粮油生产】 粮油生产再上新台阶，粮食总产量实现“十四连增”，获得2016年度四川省粮食生产“丰收杯”奖。全州粮食播面714.66万亩，总产量217.34万吨，比2015年增产4.03万吨，增1.89%。其中，小春粮食播面170.97万亩，产量31.65万吨，比2015年增产0.5万吨，增长1.61%；大春粮食播面543.69万亩，产量185.69万吨。粮食作物中，小麦种植面积85.53万亩，总产量16.08万吨；水稻种植面积111.12万亩，总产量55.48万吨；玉米种植面积165.20万亩，总产量55.87万吨；马铃薯种植面积236.06万亩，总产量74.20万吨；荞麦种植面积35.33万亩，总产量3.51万吨。油菜种植面积30.34万亩，总产量4.13万吨。

【经作生产】 2016年，州农牧局紧紧围绕“果薯蔬草药＋加工＋电商一体化现代农业模式”和脱贫攻坚战略，突出农业供给侧结构改革主线，推进经作一、二、三产业融合发展。截至年底，全州经济作物（不含烤烟和蚕桑）总面积达到236.6万亩，总产422万吨，产值119.2亿元。其中，水果面积119万亩，产量140万吨；蔬菜面积110万亩，产量276万吨；中药材2.14万亩，产量1.35万吨；花卉面积2万亩；甘蔗继续萎缩，面积同比减少0.65万亩。围绕设施蔬菜发展举办对接、座谈、推进、培训会4期。

【农技推广】 继续强化各类粮油增产技术措施的落实力度，共推广小麦良种面积71.19万亩，药剂拌种播种76.73万亩，小窝疏株密植技术33.71万亩，精量半精量播种40.43万亩，稻田免耕栽培9.10万亩，机播30.11万亩。推广“双低”油菜27.30万亩，育苗移栽15.13万亩，稻田免耕栽培1.47万亩，机播7.40万亩。推广优质稻78.99万亩，杂交稻39.17万亩，推广水稻旱育秧栽插63.14万亩，抛秧栽插9.50万亩，宽窄行规范化栽培70.99万亩，机插秧2.20万亩。推广杂交玉米110.42万亩，优质专用玉米65.08万亩，推广玉米育苗移栽6.21万亩，地膜覆盖栽培98.87万亩，玉米种子包衣种植70.92万亩。

【高标准农田建设】 完成田土型调整4.89万亩，

修筑田地埂865.2千米;新建农田排灌渠系641.63千米,蓄水池86口,新建和整治山平塘15座,其他水源工程70座;新建机耕路178.72千米,田间生路53.52千米;实现新增灌面3.64万亩,改善灌面7.12万亩,新增和改善除涝渍面积2.24万亩,新增节水灌溉面积3.54万亩;新增农机总动力3.5万千瓦。完成投资24163.69万元,其中各级财政投资20772.36万元,群众自筹3391.33万元。

【农村经营管理】 全州稳步推进农村土地承包经营权确权登记颁证,西昌市完成检查验收,统一制作会理、会东等13个县确权登记颁证所需的卫星影像工作底图。337个乡镇、2185个村启动确权登记颁证工作,涉及承包地300万亩。继续稳定完善农村土地承包关系,农村土地经营权流转更加规范有序,承包地流转总面积达39.5万亩。农村土地承包经营纠纷调解仲裁体系逐步建立。农民合作社加速发展,质量不断提升,全州农民合作社总数达到5142个,比2015年增加1643个,总数居全省第三。新增国家级示范合作社1个,省级示范合作社12个,新评选州级示范合作社46个。州政府出台《关于促进家庭农场发展的实施意见》,州农牧局印发《凉山州家庭农场州级示范场评定暂行办法》,对全州家庭农场的发展起到积极的推动作用,家庭农场总数达到6065个,比2015年增加1286个。新增省级示范家庭农场11个,评定首批州级示范农场50个。实施省级财政扶持农民合作社、家庭农场项目940万元。农民负担继续保持较低水平,监管更加完善,"一事一议"程序不断规范,财政奖补项目顺利推进。发放耕地地力保护补贴4.1亿元。西昌市小庙乡袁家山村完成农村集体资产股份合作制改革省级试点。

【农业行政执法】 坚持农产品质量安全专项整治与日常执法监管相结合,进一步加强农产品质量安全执法监管工作,严厉打击违法违规行为。同时,认真组织开展农牧渔综合行政执法体制改革试点工作,建立权责统一、权威高效的农牧渔综合行政执法机构和体制。一是认真组织开展禁限用农药、兽用抗菌药、"三鱼两药"、生猪屠宰"扫雷"、"瘦肉精"、生鲜乳、农资打假等专项整治行动,确保不发生重大农产品质量安全事件,继续保持农产品质量安全稳定向好的势头。二是强化日常巡查检查,及时摸排风险隐患。三是切实抓好农业投入品管控,提升质量安全意识。严厉打击制售假劣农资行为,为农产品质量安全提供源头保障。四是整合农牧渔执法主体,规范执法机构设置,组建成立凉山州农牧渔综合执法支队。全年全州累计出动农业执法人员3690人次,检查农资经营门市1764个,查处各类案件农资38件,调处涉农纠纷41件,挽回经济损失8.5万元,印发宣传资料15万份。

【品牌建设】 2016年,州农牧局组织参加第十四届国际农交会、"西博会"、成都市农博会、北京绿色有机食品展销周等参展工作。利用展会平台,通过现场展示、产品促销、产业推介、媒体宣传等多种途径,全方位、多角度、多途径宣传推介"大凉山特色农产品"、优秀企业、优势产业。在第十四届国际农交会上,思奇香手撕牛肉系列产品荣获金奖,会理石榴荣获优质果品区域公共品牌,德昌兹摩养蜂专业合作社"吉日蜂蜜"获四川省"著名商标"。精选时令夏秋蔬菜等特色农产品参展第七届中国四川(彭州)蔬菜博览会,同时凉山州人民政府与彭州市人民政府共同主办"专场座谈会"。西昌市评定为全国休闲农业与乡村旅游示范县。西昌市礼州花卉产业园区、天喜花博园、冕宁县建设村、德昌县角半村被评为省级休闲农业主题公园。

【农村能源】 2016年,全州新建农村户用沼气池12282口;新建14处沼气集中供气工程,建成后将对1121户农户提供生活用沼气;CCER项目完成39611户,顺利通过国家发改委项目审定组的审查确认;新建、改建省柴节煤灶1.5万户;推广太阳能热利用装置2万平方米。以上新增的农村能源建设,每年可产沼气达473万立方米,所开发和节约的能源折算标煤0.87万吨，为农户减少燃料支出1350万元，减少农药和化肥支出130万元。沼气综合利用每年可为农户增收节支737万元，每年可使4.3万亩林地林木免受樵采、得到保护，每年可减少水土流失5.5万吨，减少二氧化碳排放当量98吨。

【植物检疫及病害防治】 2016年全州植保部门开展花卉、莲白、洋葱、葡萄、草莓、樱桃、苹果、石榴、烤烟等作物的产地检疫和调运检疫工作。开展水稻细菌性条斑病、红火蚁、柑橘黄龙病、稻水象甲等疫情的调查和防控工作。开展病虫害监测预警工作。全州共发布病虫情报134期，电视预报46期，举办培训会138次，发放技术资料达11.47万份。粮油作物病虫草鼠害总体中等发生。主要农作物病虫害共发生535万亩次，防治648万亩次。病虫统防统治238.11万亩次，绿色防控示范19.69万亩。开展农药监管，并通过“全国农药监管网络联动系统”进行月报。

【粮油高产创建】 2016年，州农牧局继续组织开展四川省粮食生产能力提升行动粮油高产高效创建活动，突出抓好马铃薯、大麦、水稻等作物万亩示范片建设。完成马铃薯百亩核心攻关3356亩，落实在20个乡镇；马铃薯千亩展示示范30640亩，落实在29个乡镇；马铃薯万亩高产创建209050亩，落实在152个乡镇。完成现代马铃薯产业园区建设6.91万亩。完成现代农业马铃薯产业基地166.61万亩，超计划1.61万亩。西昌市开展“水稻万亩高产创建示范片”建设，示范片涉及2个乡镇，5328户农户，面积1.77万亩，主要推广宜香3003、宜香2115、楚粳28等水稻新品种和平衡施肥等高产栽培技术，辐射带动全市水稻生产。示范区水稻平均亩产680千克，较全市平均亩产559千克，增加121千克。依托“凉山州粮油高产创建示范片建设”项目，开展油菜、高粱、杂交粳稻、饲用玉米等新品种、新技术引进试验示范。越西和会东两县开展油菜新品种引进试验，试验结果阳光2009、阳光151分别平均亩产320千克和319千克，产量较高。甘洛、会东两县示范种植杂交高粱面积100亩，主要种植“泸糯8号”“泸糯12号”等品种，平均亩产为450千克左右。会东县示范种植滇杂粳稻120亩，较当地主栽品种每亩增产50千克左右。会东、西昌、宁南3县（市）试验示范青贮玉米850亩，试验示范表现较好的品种有“大唐8号”“曲辰青贮9号”“雅玉青贮8号”“路单12号”等。另外，宁南县农牧局开展错季玉米集中育苗试验示范，转变农业发展方式，加快农业结构调整，促进农业生产的高产高效。

【农民科技培训】 2016年，依靠四川省级财政投入资金365万元，实施示范性培训任务1410人。其中现代青年农场主17人，生产经营型947人，专业技能型446人，培训机构13个。新型农民培训人员9120人。农民实用技术培训32.86万人次。

【现代农业产业基地】 2016年，州农牧局全州编制产业发展规划3个，建设现代特色效益农业标准化基地7.2万亩，实施设施蔬菜示范建设项目1900亩，督导省现代农业示范县、重点县建设；建成省级现代农业示范园区（会理富乐石榴示范园区）1个，农业部热作标准园3个。

【蚕业发展】 2016年，全州桑园面积46万亩，占全省桑园总面积的24.6%。全州生产优质蚕种899315张（折净70.5万张），占全省蚕种生产65%以上，蚕茧产量达到518116担，比2015年净增7946担，连续14年位居全省第一。桑椹产量达到25995吨，比2015年增加10655吨，增长69.5%，成为全国最大的优质桑椹生产基地和蚕桑助农增收的新亮点；茧丝产量达到1100吨，平均品位达5A60，成为全国最大的A类丝生产基地和销售价格的风向标；蚕桑和茧丝综合产值达37.6亿元，比2015年净增1.02亿元，其中蚕农茧款和桑椹收入10.6亿元，比2015年净增6226万元，增长6.2%，养蚕农户户均收入达11042元。

畜牧、水产业
Animal Husbandry and Aquaculture

【畜牧经济】 2016年,全州猪、牛、羊、禽存栏分别达405万头、145万头、570万只、1425万只,同比分别增加24万头、5万头、7万只、31万只;全年猪、牛、羊、禽出栏分别达到517万头、31.5万头、313.62万只、1800万只,同比分别增加30.95万头、0.89万头、14.27万只、65.74万只;肉类总产量达到45.49万吨(其中牛肉3.58万吨、猪肉33.8万吨、羊肉5.4万吨、禽肉2.71万吨);奶类产量达到4.77万吨;绵羊毛产量达到5495吨;蜂蜜产量达到2977吨;禽蛋产量达到27512吨。

【现代畜牧业】 2016年,全州基础母牛扩群项目涉及西昌、盐源、会理、会东、宁南、冕宁、美姑7县(市),共计资金1865万元。肉羊标准化规模养殖场(小区)建设项目,会东获中央项目资金70万元。现代农业推进工程项目(提前批)涉及盐源、德昌、普格、布拖、金阳、昭觉、美姑、喜德、越西、甘洛、雷波11县共计项目资金2900万元(其中含产业扶贫周转金920万元)。第二批项目,会东、美姑各获现代畜牧业重点县建设资金300万元;越西县获现代畜牧业基地建设资金100万元。农业部畜禽保护项目,钢鹅保种项目25万元,建昌鸭保护项目25万元,金阳丝毛鸡保护项目20万元。项目共计资金70万元。西昌华农禽业有限公司开展四川省西昌市钢鹅良种繁育场改扩建项目,项目获资金300万元。畜禽标准化养殖项目,甘洛、金阳、会东、盐源、西昌、冕宁,共获中央资金200万元。畜牧良种推广(补贴)项目,除德昌、金阳外15个县(市)共504.8万元。在会东、昭觉、美姑、宁南4县开展州级现代畜牧业深化试点建设工作,州级资金共计400万元。全州新(改扩)建标准化畜禽养殖场(小区)共72个。

【规模养殖】 2016年,全州 按户出栏生猪20头以上,羊30只以上,牛5头以上,鸡鸭500只以上,鹅50只以上,奶牛存栏10头以上规模口径统计,全州规模养殖户达到73217户。其中,生猪规模养殖户28381户,出栏生猪175.45万头,占全州生猪出栏总量的37.43%;肉牛规模养殖户7805户,出栏肉牛9.70万头,占全州牛出栏总量的30.78%;肉羊规模养殖户33061户,出栏肉羊126.84万只,占全州出栏总量的40.33%。

【防疫监督】 2016年,全州国家、省、州、县在重大动物疫病防控工作共投入经费6327.45万元,其中疫苗经费4121.632万元,共组织发放猪口蹄疫O型灭活苗776万毫升,猪O型合成肽疫苗484万头份,牛羊口蹄疫O型、亚洲I型双价苗1451万毫升, O型、亚洲I型、A型口蹄疫疫苗88万头份,禽流感新城疫二联苗2304万羽,禽流感(H5+H9)二价灭活苗944万毫升,禽流感H5亚型二价灭活苗1095万毫升,猪瘟活疫苗1738万头份,猪瘟脾淋弱毒疫苗50万头份,高致病性猪蓝耳病灭活苗1790万毫升,小反刍兽疫疫苗340万头份,消毒药57吨。重大动物疫病防控工作经费2205.818万元,包括防疫工作经费548.8万元,应急处置经费327.9万元,村防员补助经费1070.248万元,监测及流调经费123.37万元,其他经费135.5万元。全州共免疫猪瘟852.35万头,猪口蹄疫852.35万头,牛口蹄疫306.89万头,羊口蹄疫1159.18万只,禽流感鸡2677.61万羽、鸭467.24万羽、鹅85.23万羽,高致病性猪蓝耳病852.35万头,鸡新城疫2630.34万羽,小反刍兽疫羊354.36万只。应免率均为100%。德昌县代表四川省接受国家血吸虫病阻断考核验收。全州到位狂犬病疫苗32万头份,免疫犬30.29万只,免疫率94.6%。布病结核病防治,共投入244.3万元,开展布病监测27792头只,结核病监测8967头,对检出的14头阳性畜全部进行扑杀和无害化处理。木里、越西包虫病防治,共投入622万元,免疫羊87.944万只;驱虫犬只4.7214万只。

【草原建设】 2016年,全州发放500万亩禁牧补助资金3000万元、2472万亩草畜平衡奖励资金3708万元。建成牲畜棚圈（暖棚）3103户，完成人工草地建植4.75万亩，完成草种基地建设1个，完成突然草原改良10万亩，完成草产品加工点建设3个，完成牲畜多功能巷道圈建设6个，共计国家及省投入资金7398万元。全面完成2014年度退牧还草工程并通过省级核查验收。共实施围栏建设73万亩（其中季节性休牧52万亩、划区轮牧21万亩）；退化草原补播21.9万亩，人工饲草地建设1.5万亩，舍饲棚圈建设880户。项目总投资2894万元，其中中央投入2453万元，地方配套441万元。全年完成草原灭鼠90万亩，占任务数的100%，平均灭效达89.3%。完成草原治虫150.9万亩，占任务数的100.6%，平均灭效达89.3%。在草原普法宣传月活动中，发放宣传资料3.8万余份，张贴标语820余幅，出动宣传车100余次，咨询人员达4.32万人（次）。加强草原监理执法工作，摸清有关县征占用草地和烂采乱挖草地资源等情况，并进行严肃处理。全年全州无草原火灾发生。

【畜牧企业】 2016年，全州现有注册登记畜牧企业49家，其中养殖企业21家，加工企业18家，饲料企业10家。资产及销售过亿企业4家，国家级龙头企业1家，省级龙头企业5家，州级龙头企业25家。涵盖猪、牛、羊、禽、蛋、奶、蜂、兔等产业，主要产品包括手撕牛肉、火腿、油坛肉、板鸡、板鹅、板鸭、禽蛋、蜂、兔等。

【水产渔政】 2016年 全州水产养殖面积达到21100公顷，水产品产量3.06万吨，实现水产品产值5亿元，渔业经济总值7亿元；从事水产养殖的农民人均收入5200元，全州农民人均水产业收入140元，人均增加纯收入45元。全州水产养殖面积、养殖产量、较2015年略有增加，养殖品种有所扩大，无公害健康养殖示范基地基本稳定；天然水域春季禁渔从2月1日至5月31日结束，时间较往年延长1个月，加大渔业资源保护和恢复工作力度；渔业船舶登记、检验完成良好，安全监管扎实、渔业水域没有发生渔业安全责任事故；水产投入品、食品安全监管工作日趋常态化，重点县（市）、重点渔区产品安全抽检、送检常规指标合格率100%；全州水产品市场活跃、品种丰富、供应充足、价格平稳。

农业机械
Agricultural Machinery

【概况】 2016年，全州完成机耕429万亩，机播42万亩，机收稻麦123万亩，农机合作社作业面积10.8万亩。农业机械化耕种收综合水平达到47.5%，农机总动力330万千瓦，全面完成省州下达的目标任务。农业机械累计拖拉机45007台，大中型拖拉机30092台，稻麦收获机械1658台，排灌机械28003台，耕整机械172983台，旋耕机械32602台，插秧机160台，农产品初加工机械93636台，机动脱粒机38301台，机动喷雾（粉）机29601台。

【新技术推广】 全州加强农机农艺的相互融合，积极引进新机具新技术进行示范推广。全全州共完成水稻机插秧面积6.04万亩、机械化秸秆还田面积29.78万亩、马铃薯机播面积3.14万亩、马铃薯机收面积2.48万亩，机械植保面积106.83万亩。组织水稻机械化育插秧和马铃薯播种、收获机械化示范，从山东引进新型采藕机在西昌市西乡乡临河村西昌市佳藕天成科技生态种植养殖专业合作社进行示范推广。开展“主要农作物生产全程机械化示范项目”建设，该项目是凉山州第一次开展，争取中央资金30万元，在盐源县组织实施。全州积极组织技术人员参与各种新机具新技术的培训活动，全年共完成农机教育培训7729人次。

【行业管理】 全州相继组织开展放心农机下乡进村宣传周，春季和秋季农机打假专项治理活动。进一步加强全州农机经营、维修环节的日常监督和管理。严格按照《四川省农机行业职业技能鉴定规范（试行）》要求，开展农机维修、拖拉机驾驶等从业人员的职业技能鉴定工作。组织宁南、德昌、会理、越西、木里、金阳等县10余人参加农业部举办的农机职业技能鉴定考评员培训。

【农村基础设施建设】 2016年，全州更新改造维修提灌机械1995台、17219千瓦；新增提水控灌设备664台、6778.1千瓦，提水灌溉面积84.2万亩，全年提水14347.5万立方米。完成机耕道路建设435.54千米，农村基础设施条件得到增强。

【安全生产】 截至2016年底，全州在籍管理拖拉机联合收割机累计为28646台，农业机械驾驶（操作）人员达36354人，新注册登记拖拉机2154台，联合收割机224台，在籍拖拉机拥有量名列全省第一。全年开展拖拉机联合收割机驾驶（操作）培训考试34期，考试合格2631人，到期换证1803人，注销5075人；拖拉机联合收割机年度检验4270台，注销7078台。依托"互联网+农机监理"，农机安全监管工作业务平台建设不断完善，"四川省重点机动车及其驾驶人安全管理信息共享平台"运行工作不断加强，农机与公安交警部门的信息共享互换不断提高。全州共有4名基层一线的人员分别获得部省"平安农机"示范岗位标兵荣誉称号，德昌县监理站邓宇琴获全国示范标兵。农机安全监理装备建设项目于2016年底开始启动。

（供稿单位：州农牧局／审稿：王天成／撰稿：何洋）

林　业

Forestry

【绿化造林】 2016年，全州共完成营造林372.59万亩；完成2015年度中央财政造林补贴14.5万亩，实施2016年度21.8万亩；完成2015年度中央财政森林抚育补贴23.72万亩，实施2016年度中央财政森林抚育补贴27.2万亩。编制完成《大规模绿化凉山行动方案》，全州17县（市）同步举行大规模绿化凉山行动启动仪式；组织开展州、市领导和机关职工雨季义务植树活动，全州完成义务植树1328万株；完成诺华碳汇造林项目补植补造3.6万亩。

【天保工程】 一是组织全州21个天保工程实施单位对3385.07万亩国有森林、1379.07万亩集体公益林开展常年有效管护。二是组织指导各县（市）做好1379.08万亩集体生态公益林生态效益补偿基金兑现，保障林权所有者的权益。三是完成公益林建设3.4万亩（其中人工造林0.2万亩、封山育林3.2万亩）。四是天保工程项目单位职工全部参加养老保险，参保率达100%。

【退耕还林】 一是巩固前一轮退耕还林成果163.51万亩，进一步落实管理管护责任。二是完成2015年新一轮退耕还林任务10.77万亩；实施2016年新一轮退耕还林计划任务11.47万亩。

【"1+X"林业生态产业】 2016年，全州根据《中共凉山州委关于集中力量打赢扶贫开发攻坚战加快全面建成小康社会的决定》，大力发展以核桃为主，油橄榄、花椒、华山松、茶桑果等经济林木为补充的"1+X"林业生态产业。结合全州实际，制定印发《凉山州"1+X"生态产业发展实施方案》，明确全州将用三年时间完成以核桃为主的生态产业基地1500万亩建设任务，做到贫困人口全覆盖，荒山荒坡、房前屋后应栽尽栽，通过改造、巩固、提质，到2020年，全州林业总产值达到260亿元以上，农民人均林业收入达到5000元以上。为确保本年度新建核桃基地380万亩，嫁接改造核桃基地100万亩目标任务的完成，先后召开全州扶贫攻坚工作现场会、全州"1+X"林业生态产业贫困户帮扶现场推进会、全州"1+X"林业生态产业现场推进会等三次全州性会议，全面安排部署、强力推进"1+X"林业生态产业，助力精准扶贫、脱贫攻坚工作，全省林业产业扶贫攻坚工作现场会已确定，并即将在凉山召开。各县（市）积极作为、攻坚克难，超额完成2016年度目标任务，实施新建核桃基地403.39万亩，完成率106%；实施嫁接改造核桃基地108.1万亩，完成率108%；全州贫困村数1960个，已实施贫困村数1719个，贫困村覆盖率88%；点播种子701吨，培育实生苗6462万株，嫁接苗993万株；使用穗条2564万芽。

【森林资源保护管理】 一是依法严格森林采伐限额管理。全州年森林采伐限额193.31万立方米，面积49703公顷，采伐蓄积108178立方米，占年采伐限额的4.7%，未突破省林业厅下达的年森林采伐限额。二是依法开展林地征占用审核审批。组织完成27起建设项目征占用林地的技术评审工作，涉及林地面积398.9公顷，确保成昆铁路扩能、冕宁稀土综合利用、乌东德电站等重点项目和民生工程使用林地需要。完成成昆铁路扩能工程6县（市）征地拆迁补偿中涉林工作的政策审查，配合完成全州2.5万千瓦以下小水电项目后续开发、农（林）互补光伏扶贫、白鹤滩电站移民规划、溪洛渡电站后续退耕还林置换问题等涉林专项审查。协助完成养窝监狱老基地森林资源移交普格县管理工作。开展严厉打击非法占用林地等涉林违法专项行动案件线索摸底排查工作。三是积极开展森林资源监测。全州有18个调查单位完成二类调查工作技术方案编制并上报省林业厅审查通过，其中盐源县已通过省林业厅外业验收。全州有16县、市开展林地变更调查，其中会东县、宁南、德昌、盐源、木里5县已完成林地变更外业调查并申请省林业厅验收。四是木材流通管理力度加大。完成全州184名木材检查人员“四川省木材检查证”的申领工作。完成9户企业申请“木材经营加工许可证”前期审查。发放林木采伐许可证6500份，木材运输证2500份，林木采伐、木材运输许可全部实行上网办证。五是林业案件依法得到查处。全州共发生林业行政案件594起，查处552起，查处率92%。没收非法所得16.04万元，罚款242.96万元。办理攀钢集团西昌钢钒有限公司违法占用林地司法处理后续行政处罚案件，指导完成江铜冕宁稀土违法占用林地司法处理后续行政处罚工作。六是组织完成西昌、喜德等7个县（市）林地和林木采伐监督检查。配合成都专员办、省林业厅、昆明林业勘察设计院完成冕宁、盐源、木里等3县林地执法检查、全国森林资源宏观监测凉山片区监测、高山杨树生长量调查。七是保护发展森林资源目标责任制全面落实。完成州政府与17个县、市政府保护发展森林资源年度目标责任书的签订和发放；制定《凉山州保护发展森林资源目标责任制考核办法》；承办全州2012—2016年地方政府保护发展森林资源任期目标责任制的考核工作。八是政策性森林保险实现全覆盖。2015—2016年政策性森林保险全部由中航安盟财产保险公司承保，全州计划投保森林面积5028.93万亩，其中公益林3829.16万亩、商品林1199.77万亩，计划收取保费3928.69万元。实际3249.17万亩，实收保费2405.45万元，其中公益林2715.55万亩，保费1765.10万元；商品林533.62万亩，保费640.35万元。投保率为64.64%，其中公益林70.92%，商品林44.48%。森林保险理赔应赔56件，预计赔付1716.24万元，已赔26件，赔付202.52万元，尚有30件已查勘，正在待核赔。

【林业科技工作】 一是切实加强基层林业技术人才培训。根据《2016年万名基层技术人才培训实施方案》要求，西昌学院组织开展县级林业技术骨干1期和贫困乡镇分管领导培训5期；凉山农校组织开展生态产业发展专干、贫困村“第一书记”、乡镇林业员培训18期；凉山州声蓝职业技能培训学校培训农民专业合作组织成员、林业产业大户、家庭林场培训6期；州核桃发展协会培训生态产业发展专干、贫困村“第一书记”、农民专业合作组织成员、林业产业大户、家庭林场、村级技术能手等核桃实用技术培训17期；州林业产业管理站“1+X”生态产业管理培训3期；州林业种子种苗管理站“1+X”生态产业政策培训2期。累计共

州林业局扶贫调研组在盐源马坝村白乌镇开展产业扶贫

培训5549人。二是制定雷波筇竹笋、凉山州玛卡、油橄榄建园等三项地方标准，修订板栗、青花椒等两项生产技术规程。三是凉山州参与研究的“核桃产业培育关键生产技术创新与示范推广”获得2015年度省人民政府科技进步二等奖，“四川核桃产地土壤质量安全与风险评价研究”获得科技进步三等奖。德昌县林业局主研的“攀西地区乡土板栗良种选育及丰产栽培技术研究与示范”获省政府科技进步三等奖。

【行政审批事项】 2016年，清理和优化凉山州林业局10项行政权力、188项林业行政权力事项。全年共受理案件115件，办结115件，办件率100%。组织20名人员参加全州2016年行政执法通用法律知识培训和考试，办理60名人员“四川省行政执法证”申领和年审。

【党风廉政建设】 按照中央、省委、州委的统一部署，州林业局一是扎实开展“两学一做”专题教育实践活动。按照中央和省州的统一部署，结合林业工作实际，向州林业局下属各党支部，西昌航站党支部制定印发中共凉山州林业局党组关于印发《关于在全体党员中开展“学党章党规、学系列讲话，做合格党员”学习教育工作方案》的通知文件，认真贯彻学习领会，推动党内教育从“关键少数”向广大党员拓展、从集中性教育向经常性教育延伸的重要举措，进一步加强领导班子思想政治建设，提振党员干部精气神，凝神聚力全面做好林业工作，为凉山打赢脱贫攻坚战、推进生态文明建设发挥林业部门应有作用。二是加强机关作风建设，努力提高队伍的整体素质。狠抓制度建设，对议事决策、经费管理、公车使用和生活作风等敏感事项从制度进行规范和约束。三是认真落实党风廉政建设责任制。一方面，党组按照党风廉政建设责任的要求，局“一把手”讲廉政教育课，并制定内容翔实的党风廉政教育月工作计划，做到一级抓一级，一级对一级负责，形成齐抓共管，各负其责的工作格局，保证党风廉政建设和反腐败工作的各项任务落到实处。四是抓好廉洁自律教育。党组围绕中央党风廉政建设指导思想，采取各种行之有效的宣传形式，组织广大党员干部深入学习《关于实行党风廉政建设责任制的规定》《中国共产党纪律处分条例(试行)》《中国共产党党员领导干部廉洁从政若干准则》等党纪政纪和法律法规；又结合反面教材来教育广大党员干部，特别是领导干部必须自重、自省、自警、自励，牢固树立共产主义世界观、人生观、价值观。使广大党员干部真正提高遵纪守法的自觉性，增强防腐拒变的能力。

（供稿单位：州林业局／审核：王维平／撰稿：潘晓露）

水　　利

Water Conservancy

【概况】 2016年，全州共完成水利投资8.49亿元，实现29.78万农村人口安全饮水巩固提升，其中贫困人口8.23万人，整治病险水库32座，新增有效灌面5.72万亩，新增节水灌面5.65万亩，治理水土流失面积443平方千米，完成地方电力发电量58.88亿千瓦时，全面超额完成省州下达的各项目标任务。

【水利基建】 一是投建中型水利项目5处。分别为会东新华水库工程、会理大海子水利工程、甘洛斯觉大堰改扩建工程、德昌和平水库工程和会东新马灌区工程，总投资13.89亿元，已下达投资计划6.37亿元，完成投资5.50亿元。二是加快建设小型水库项目5处。分别为盐源县三道沟水库、会东县马头山水库、会理菜园子水库、宁南县麻窝凼水库、美姑县联合水库。盐源县三道沟水库已基本完工，其余4个正在加快推进，主体工程预计2017年2月底前基本完工。三是开展重要支流治理项目2处。分别为德昌县安宁河城区卢塘段堤防工程和尼日河堤防甘洛县城段。四是实施中小河流治理项目4处，总投资0.48亿元，分别在甘洛、冕宁、会理和金阳4县实施。

【民生水利】 一是大力实施水利脱贫攻坚，全年在全州10个彝区县实施7大类水利项目，总投资1.5亿元。二是农村饮水安全工程总投资2.09亿元，建成4617处供水工程，其中集中供水874处、分散供水3743处，解决29.78万人的饮水安全巩固提升和水质达标问题，其中贫困人口9.59万人。三是开展病险水库治理。工程总投资8917万元，针对会理、木里、盐源、德昌、西昌5县（市）32座新出险病险水库整治，实现排除隐患、巩固提升、强化安全。四是开展水土流失治理工程。联合农牧、林业、国土等部门，完成投资3.54亿元（其中水务部门2466万元），治理水土流失面积443平方千米（其中水务部门37.74平方千米）。五是推进农村水电增效扩容改造。共开展13个农村水电增效扩容改造项目，其中5个完工验收，7个基本完成建设任务。六是推进中型灌区续建配套工程2处，总投资1.07亿元，分别为西昌市盐中灌区和会理县红旗水库灌区。七是建设水利血防项目3处。项目涉及普格、喜德、西昌3县（市），总投资7852万元。

【农田水利建设】 2016年，全州小型农田水利项目总投资2.12亿元，涉及西昌、会理等10个重点县（市），其中4个中央、6个省级重点项目县。抗旱应急工程建设，中央投入2435万元，在会理、会东、美姑3县实施抗旱备用井、引调提抗旱应急水源工程，有力有效地支持项目区群众生产生活。争取国家投入400万元用于建设盐源高效节水示范项目；争取中央省级财政资金1400万元用于水利工程维修养护；争取投资104.68万元在昭觉县四开乡实施太阳光伏提灌站；争取省级财政补助资金200万元用于小型水库移民后扶工作，项目在昭觉、越西两县实施。

【重点规划】 2016年，州水务局编制完成《凉山州“十三五”水利发展规划》《凉山州“十三五”水利扶贫专项规划》《凉山州“十三五”水利扶贫重点村专项规划》等综合规划。完成《凉山州2017—2022年抗旱小型水库建设规划》《凉山州治涝规划》《凉山州水利血防工程规划》和《凉山州灾后薄弱环节水利建设规划》等专项规划。由州水务局牵头编制《安宁河流域河湖公园建设规划》。

【项目前期工作】 2016年，全州“3大4中”工程建设有序推进。7处大中型水利项目前期工作总投资规模110亿元，分别为：盐源龙塘水库及灌区工程、大桥水库灌区二期工程、喜德米市水库工程、会理横山水库工程、西昌东河水库工程、大桥水库引水入昌工程和宁南县竹寿水库扩容工程。大桥水库灌区二期工程计划于2017年动工建设。3处西南五省重点水源规划项目、7处烟区水源项目及3处小型水库规划项目的前期工作也在紧锣密鼓地进行。编制完成4条中小河流治理项目初步设计报告；完成2处中型灌区续建配套与节水改造项目建设方案的审批工作，2处已完成实施方案的审查。

【防汛减灾工作】 2016年，全州受厄尔尼诺等极端天气影响，全年雨日和雨量较往年明显偏多，平均降水量915毫米，较常年同期偏多约3成，全州17个大气监测站共出现79站次暴雨和213站次大雨，因洪涝灾害造成直接经济损失4.85亿元（其中水利设施直接经济损失约1.55亿元），洪涝灾害重于去常年。

【水生态文明建设】 一是加强与电视台、报社等媒体合作,开展形式多样的水政法律法规和水利建设成果宣传,积极营造依法治水、管水和节约用水的良好氛围。二是全面贯彻落实最严格水资源管理制度,严格"三条红线"管理,加强国家水资源监控能力建设,抓好对17县(市)实行最严格水资源管理制度的考核工作;编制印发《水污染防治行动计划凉山水务工作方案》,开展水环境治理、城乡水环境综合整治;启动主要河道生态基流合理流量调查计算工作与凉山州水资源承载能力监测预警机制工作,开展2016年节水型企业建设工作和重要水功能区水质达标报告与评价报告编制工作。三是会同旅游等相关部门,结合凉山全域旅游发展,加快打造水利风景区。2016年,西昌邛海创建成为国家级水利风景区,冕宁县安宁湖和德昌县黑龙潭成功创建为省级水利风景区,树立人水和谐、水美景美、融合发展的典范。四是围绕水利支持美丽幸福新村建设,加快农村水利基础设施建设,着力打造凉山最美水环境,助推乡村旅游发展。

【水利改革】 一是完成凉山州水务局各类行政权力事项目录明细、流程图和风险监察点设置工作,开展行政权力运行平台的网上录入工作,清理报送州水务局行政权力责任清单。二是按照州委全面深化改革的工作要求,建立改革工作台账,全面完成州委下达的各项改革工作任务。

(供稿单位:州水务局/审核:张之栋/撰稿:吕庆昆　罗艳)

烟　草
Tobacco Work

【概况】 2016年,全州各级各部门有效应对严重自然灾害、严峻市场挑战,紧紧围绕建成全国重要的战略性优质烟叶基地目标,认真落实"原料供应基地化、烟叶品质特色化、生产方式现代化"的要求,大力推进现代烟草产业转型升级,努力提高烟叶质量,全力确保烟农增收。全州烟草产业工作有喜有忧,目标任务有升有降,为全州经济社会发展、脱贫攻坚做出应有的贡献。一是烟叶生产完成可控目标。全州10个种烟县(市)、213个乡镇、1114个村、4955个社、79524户烟农,实际种植96.72万亩。收购烟叶236.65万担,完成计划87.65%。均价26.52元/千克。上等烟占59.35%,中部烟占67.2%,烟农总收入37亿元(含烟农售烟收入31.38亿元、产前投入扶持补贴5.6亿元)。二是全年全州生产卷烟20.89万箱,较2015年减少10.343万箱,降幅33.1%;划拨产值27.66亿元,较2015年减少15.31亿元,降幅35.63%;划拨税费11.73亿元,较2015年减少2.3亿元,降幅16.41%。三是全年销售卷烟14.46万箱,同比减少6.72%,降幅排名全省第五位;实现销售收入39.71亿元,同比下降1.68%;实现单箱结构2.75万元,同比增长5.41%,增幅排名全省第二;销售川烟4.41万箱,同比增长19.44%,增幅排名全省第二,市场份额30.49%,同比提高6.68个百分点,份额排名全省第九;实现"两烟"销售收入106亿元,实现税利41.6亿元,实现税收23.3亿元。

【现代烟草农业建设】 强化党政"一把手"负总责亲自抓、分管领导具体抓、相关部门联乡帮村、县市领导包片、乡镇干部蹲社帮户的抓烟体系,提高烟草工作在州目督办对县(市)综合目标考核中的分值权重(由5分提高到10分),加强督查指导,强化过程管理。通过强化监管、审计清理、追责问责,全州烟草系统共清退、扣发各类资金882.8万元,严肃追责问责98人。三是以工业企业市场需求为导向,走订单农业、订单生产路子,千方百计提升烟叶内在质量,彰显凉山山地优质烟特色,不断满足工业企业对凉山优质烟叶等级、质量的需求。把市场需求放在首位,全州调减红大品种烟叶近60万担,用于增加云烟系列烟叶。四是加强与工业企业、科研院所、大专院校的深度合作,依托中国农科院青州烟科所和四川烟草技术中心在凉山的前沿阵地,推广一批国内外先进技术,努力提高凉山优质烟叶质量。扎实抓好“神八太空育种”工程,激活烟叶科技攻关要素,加快技术集成和成果转化,抓好良种示范推广和技术措施落实,打造科技兴烟名片,增强凉山烟草产业的核心竞争力。全州烟区首次推行三卡合一的生产、收购及资金支付系统,进一步提高全州烟叶生产工作的整体水平。五是在坚持家庭种植经营的基础上,加快培育20亩以上50亩以下的现代职业烟农专业户,加快培育新型经营主体烟叶专业合作社。全州按要求建设完善烟农合作社58家(其中国家局行业示范社4个,省局行业示范社14个,州局行业示范社30个)。六是高度重视卷烟营销工作,把“两烟”发展作为凉山扶贫攻坚的重要抓手,增强川烟市场培育力度,给予政策和资金支持,积极构建“政府主导、商业主责、工商共抓、客户参与、社消支持”的标杆市场建设模式,全州川烟标杆市场建设工作成效明显。全年销售川烟4.41万箱,川烟份额达到30.49%,川烟单箱收入1.64万元,实现川烟销量、份额、收入“三增长”。七是持续推进烟叶生产基础设施建设。完成烟基建设投资1.21亿元,建设项目7511件。务实推进烟草援建水源工程建设。已开工两个项目中,会东新马灌区水源工程进度65%,盐源三道沟水源工程基本完工;德昌和平水库渠系工程通过国家局审查,行业援建资金达12196万元。

【政策配套】 2016年,州烟草办按照国家烟草专卖局2016年收购价格的通知,调高工业需求量大的中部上等烟价格,调低“上桔二”及工业需求不旺的中下低等烟价格,并将50元/亩的下部叶优化结构补贴纳入收购价格,不再实行现金补贴。产前投入政策:取消燃煤补贴,统一大田套餐物资数量和补贴标准,不再实行红大品种单独补贴。二是生产投入政策:全州产前投入4.89亿元,行业补贴500元/亩,烟农承担142元/亩,与2015年度基本持平。三是专业化育苗政策:由烟农合作社组织专业化育苗,烟苗价格和育苗设施维护费用由合作社、育苗队、烟农共同确定。在特色农业保险政策方面,全州统一开展特色农业保险,投保标准50元/亩以内,其中行业补贴30元、政府承担10元以内、烟农支付10元以内。保险范围包括旱灾、雹灾、洪灾(含泥石流)、风灾、严重病虫害,最高享受1200元/亩灾害赔付。全年全州受灾烟农获得保险公司6850万元赔付金。

【调查研究】 2016年,州烟草办先后完成《烟草产业稳健推进,烟区烟农持续增收》《2016年凉山烟叶灾害保险救助情况报告》《加强沟通合作,促进双赢发展》《凉山州赴津巴布韦烟叶生产技术合作考察报告》《重投入、夯基础、抓配套,为凉山烟草产业稳健发展提供坚强保障》《做强凉山烟草产业,助推农民致富小康》《贯彻落实全会精神,促进凉山现代烟草产业稳健发展》等文章,为州委、州政府抓好烟草产业工作提供较好的决策参考依据。

【办文办会】 2016年,州烟草办全力以赴抓好办文办会工作。在州烟草工作领导小组统一部署下,重点与州局(公司)、西昌卷烟厂等共同筹办全州烟草产业发展工作大会、烟叶移栽工作推进会、烟叶田管与收购工作会、基础设施建设工作会议、全州川烟标杆市场建设工作推进会及向国家局、省局等领导作凉山烟叶生产发展情况汇报、烟叶生产基础设施建设情况汇报、州烟草工作领导小组会等20余次会议。严格按照公文管理要求,为州委、州政府主要领导和分管领导起草各类烟草工作会议讲话稿及向上级领导和部门的烟草工作汇报稿30余篇,起草州烟草工作领导小组文件10件,凉烟办文件44件、会议纪要5期,烟草工作简报18期。牵头组织编制完成《凉山州烟草产业十三五发展规划》。

【帮扶工作】 2016年,州烟草办按照州委相关要求,进一步完善《州烟草工作办公室干部驻村帮扶制度》,以抓好帮扶规划为先导,以促进产业发展为重点,精心组织,切实做到干部进村,工作到户,任务落实。2016年,红莫镇144户烟农,种植烤烟

4100亩,收购烟叶0.78万担,烟农收入859.4万元,户均收入5.97万元,为助农增收、扶贫攻坚提供坚强保障。重点举措一是主任亲自分管"挂、包、帮"工作,三次深入特合村督导检查相关工作。驻村第一书记坚守岗位,履行职责,坚持驻点开展工作。二是组织特合村的村、社干部、党员及群众代表召开政策法规交流座谈会、生产技术培训会和禁毒防艾宣传会,进一步完善《红莫镇特合村三年发展规划》,提高认识,更新观念,为帮扶工作全面开展提供保障。三是组织烟草办干部职工深入联系的红莫镇,开展访贫扶困活动。单位领导、党员干部先后走访慰问帮扶贫困户67户,送发价值2.7万元的大衣、大米、清油等慰问品,让他们真切感受到党的关怀和温暖。

(供稿单位:州烟草办/审核:马联双/撰稿:陈玉芳)

亚热带作物研究

Research on Subtropical Crops

【概况】 2016年,亚热带作物研究所向社会公开招聘3名工作人员,充实人才队伍。全所在职科技人员30名,其中研究员1人,高级职称11人,中级职称7人。创新团队岗位专家4人,凉山州学术和技术带头人4人,凉山州拔尖人才1人,凉山州学术和技术带头人后备人选5人。

【对外合作与宣传】 积极有效地开展多种形式的合作与交流。与中国热带农业科学院建立合作伙伴关系,联合在四川热区进行晚熟芒果、荔枝、龙眼等支柱产业的技术指导;与会东县农牧局签订战略合作协议,启动会东县特色林果业发展方案;与会理县农牧局签订战略合作协议,编制会理县石榴产业"十三五"规划;与州农牧局经作站签订合作协议,撰写凉山州芒果产业"十三五"发展规划。与凉山州内发展农业相关企业签署科技合作协议,联合打造中国首家有机石榴园区、有机酸石榴园区、绿色无公害石榴园区、芒果标准化示范园、香蕉标准化示范园。

【信息刊物】 全年亚热带作物研究所网站(www.lszrzs.com)依托"国家现代农业产业技术体系四川创新团队信息平台""凉山州科技网""凉山州农牧局网站""中国凉山""中国热带农业信息网"等互联网站、报刊等媒体平台,对外发布科技信息316篇,并配发300多幅现场照片。同时不定期出版刊登论文、调研报告、科研动态等方面的信息,交流范围覆盖全省8大热区及省州相关部门,搭建起攀西亚热带作物发展的技术和信息交流平台,为攀西乃至四川的亚热带作物发展建言献策。

【成果转化与服务三农】 亚热带作物研究所科研项目紧紧围绕攀西特色农业产业需求,大力推崇科技下乡技术服务,在各县(市)建立科研试验点,联合农技推广部门和相关企业,解决攀西特色农业生产中出现的实际问题,推广新技术、新品种。全年全所先后在攀西地区建立科研试验、示范点,覆盖西昌、德昌、盐源、宁南、会理、会东、冕宁、普格8个县(市)及攀枝花市米易县和仁和区,涉及热带亚热带特色水果、温带水果、林下油料作物栽培、设施蔬菜等相关产业。在进行试验示范的同时加大成果转化和服务力度,把技术带到田间地头。全年全所科技人员深入生产一线送科技下乡服务多达79次,应用多媒体讲座进行科技培训,深入田间地头实地指导,编写和发放科技宣传资料和科技读物,传授农技知识,解决生产中存在的突出问题。

【科研项目】 全年全所共承担省内外各项科研项目19项,科研经费389万元。科研领域全面拓宽,在充分发挥在亚热带特色水果、糖料作物、亚热带花卉园林绿化植物、特色南药植物等方面研究优势的基础上,进一步拓展温带水果、蔬菜栽培、热作病虫害防控、现代农业节水、咖啡新品种引进研究、林下种植资源油牡丹等领域的应用研究和技术服务,并在一些领域展现出新的科研亮点。全年全所突破性的争取到农业部行业科技项目“攀西地区玉米马铃薯田间节水节肥节药综合技术集成与示范”。

【科研成果】 全年全所获得科技成果奖励3项。主持完成的“凉山州石榴贮藏期病害鉴定及应用”项目荣获凉山州科技进步奖二等奖;“凉山州早春枇杷栽培关键技术研究示范”“凉山州安宁河谷设施蔬菜栽培技术研究”获得凉山州科技进步三等奖。全年全所在省级以上学术期刊发表学术论文20篇,申请国家发明专利1项,获得实用新型专利1项。

【学科创新团队建设】 全所承担四川攀西特色水果创新团队研究岗位增加为4个,主要从事整个攀西地区石榴产业链研究,全年团队引进突利斯软籽石榴在会理县高接换种达5万余亩,占整个会理县石榴种植面积的1/7左右。亚热带作物研究所四川攀西特色水果创新团队研发出共性技术15个,建立石榴种质资源圃2个,建立标准化生产核心示范基地9个,建立新品种展示园11个,指导石榴储藏企业26家;申报省农作物品种审定委员会审定或认定的特色水果新品种4个;新品种、新技术示范面积8.4万余亩;累计服务指导面积85万亩,培训果树从业人员3.81万人次,发放实用技术资料2万册。创新机制推广示范优良品种、标准化生产技术、病虫害绿色技术、采后储藏技术和高效节水技术,取得显著成效。

【精准扶贫】 2016年,选派一名干部到普格县甘天地乡甘天地村任第一书记,成立由所长任组长的帮扶工作小组,充分利用亚热带作物研究所在农业技术方面的技术和资源优势积极开展各项帮扶工作。帮扶工作小组一年多来到村实地调研,确定产业扶贫发展项目,了解村情民意,协助编制脱贫规划,落实基础设施建设经费、开展彝族年送温暖慰问活动。经深入调研,确定在甘天地村发展3000株“脆红李”和50亩马铃薯,力求找到“短平快”的精准扶贫措施,力争早日实现贫困户脱贫奔康。同时认真组织实施好四川省“万名科技人员进万村扶贫行动”,全年全所共考核选拔12名科技人员对口帮扶会理、会东的14个村社。通过定期走访贫困户并制定脱贫技术方案、培养科技示范户、帮扶引进新品种新技术带动示范、开展技术培训、帮助当地政府编制产业扶贫规划等措施全面开展农业产业技术扶贫。

(供稿单位:州亚热带作物研究所/审核:何平/撰稿:陈雪梅　冯家平)

农业科技

Agricultural Science and Technology

【概况】 2016年凉山州西昌农科所共承担各级科研项目46项,其中农业部、省厅、凉山州占41项,占比达到89%以上。注重科研项目的成果转化和落地施行,在新品种引育、科技帮扶支持、专业知识培训、基础设施建设等方面均有较大突破。不仅实现农业科研的领域拓展,更实现产业结合的具体落地。

【项目管理】 针对在项目管理方面存在“轻项目储备、重项目实施”“轻经作类项目、重粮作类项目”的问题,苦下狠下功夫,围绕凉山农业产业政策,积极争取部、省、州科技支撑重点项目,全年共承担各级科研项目46项(农业部项目3项、省厅20项、州级18项、自立项目5项)。在涉及特色果蔬、花卉、植保等方面得到拓展。2016年成功申报三个州级项目,一是“优质高产抗病红米新品种筛选与选育”,项目经费23万元;二是“马铃薯广适性新品种青薯9号丰产栽培标准化技术研究与示范推广”,项目经费10万元;三是“特色果蔬水肥一体化技术的示范与应用”,项目经费10万元。申报省科技厅“马铃薯产业链技术集成与示范”,项目经费25万元。加强项目实施管理,细化项目督查检查,有2个项目获凉山州科技进步奖:“中早熟、高产、抗病小麦新品种西昌17、西昌18的选育及推广”项目获凉山科技进步二等奖，“苦荞轻简综合栽培技术研究集成与应用”项目获凉山州科技进步三等奖。2016年审定品种一个，小麦“昌麦32”。

【科研服务】 凉山州西昌农科所从“人才队伍建设、理论研究、科研的交流与合作、科技服务”等四个方面切入，不断优化完善人才队伍建设，提高研发能力。一是人才队伍建设方面。制定相关人才培养鼓励机制及优惠办法，提高在职职工攻读研究生和博士生的积极性。继续推动考核聘用研究生和公招考试本科生的工作，及时完成职称申报工作。2016年考核聘用硕士研究生1人，公开招考科技管理人员1人。并完成2名高级农艺师、2名农艺师职称的申报工作。二是理论研究方面。2016年科技人员在公开刊物上发表论文17篇。其中，内刊上发表14篇。有5篇论文在凉山州第七届自然科学优秀学术论文评选中获奖，2篇获二等奖，3篇获三等奖。编辑《西昌农业科技》2期，1400份，编辑《凉山农业科技信息》30期。科技人员全年参与各种培训会、研讨会30多（场）次。三是科研交流合作方面。2016年，组织专家到外地考察学习，借鉴好经验、好办法。在考察学习当中从外地引进山药、观赏类果蔬新品种在州内试验，取得很好效果，将会给凉山农民增收带来新希望；积极与州内2家涉农企业（凉山州良圆公司、盐源县金铁农业科技公司）形成战略合作伙伴，帮助企业解决技术难题和人员的培训；主动向全州17个县（市）征集科技需求信息，竭尽全力解决各县（市）的科技需求，以科技有实现科研单位的使命和责任。四是科技服务方面。2016年，农科所以“大示范、大推广、大培训”为主题的凉山农业科技三大行动为主要平台，在全州开展科技服务工作，强化服务“三农”的力度，积极推动农业科技成果转化步伐。其中，引育的新品种青薯9号在美姑、会理、会东大部分亩产均在3000千克以上，增产幅度巨大，会东马龙乡马龙村亩产达5000千克以上。燕麦荞麦课题在五个县开展荞麦、燕麦品种展示，荞麦、燕麦综合栽培技术示范项目，均达到增产、增收的攻关目标。同时，开班培训15期，培训3000人次左右，发放科技宣传资料5000份。在州内外推广应用自育的玉米、马铃薯、荞麦、燕麦、水稻、油菜、小麦等各类作物新品种及配套栽培技术近300万亩左右。

【科研基础设施建设】 西昌农科所抓住有利发展时机，按照高标准、高质量的要求，加快推进西宁试验基地建设和高山站灾后重建工作。西宁试验基地建设：一是突出特色、打造亮点，反复讨论、研究，确定园区规划方案。二是积极与相关部门对接、完成资产的移交、科普基地的立项。三是按照规划设计、有序开展房屋安全鉴定、危房拆迁、多功能温室建设等工作。四是试验基地发生“6·28”洪涝灾害，灾情较为严重。为尽量弥补损失，农科所迅速开展灾后重建工作，恢复被冲毁的围墙，改良试验地的土壤。高山站灾后重建：一是完成办公楼和住房的拆迁安置工作。二是投资5万元新建配电房一间，投资6万多元新建1000安低压配线机房。三是投资4万多元将高山站饮用水旧水管进行改造。通过对基础设施的有力建设，夯实发展基础，为今后各项工作的有效推进提供助力。

【助推精准扶贫】 2016年，州农科所及时调整和强化扶贫领导小组，落实责任。同时，提出“科技扶贫、长效扶贫”发展理念，并召开会议具体研究，出具工作方案。2016年扶贫领导小组召开8次专题会议，部署任务、总结经验，领导小组成员带队深入基层、深入一线，调研、督查18次。按“七一个”“四个好”的要求，督促驻村干部开展：一是入村、入户，摸准实况，精准识别贫困户，建立贫困台账；二是协助当地党委、政府编制精准脱贫规划和产业扶贫规划；三是开展“推广新品种、新技术、培养科技示范户、培训懂科技的新农户”为主题的农业科技帮扶工作。同时，开展三次“走基层、送温暖”活动，赠送28000元的慰问品和慰问金。开展"送技术、送信息、送项目"的科技帮扶活动。全年单位出资10万元购买鸡苗送给雷波县莫红乡马处哈村和九口村,对147户农户进行养禽知识培训。在盐源、越西、美姑、雷波4个县的15个村开展马铃薯、荞麦、燕麦、玉米等优良农作物新品种及高产配套技术、病虫害综合防控等示范项目。全年免费赠送12690千克马铃薯良种、玉米种722千克以上,荞、燕麦种1118千克,各种肥料13吨以上,培训人员4625人次,发放资料5176余份。

（供稿单位:州农科所 / 审核:李甜 / 撰稿:王华）

畜牧业科技

Animal Husbandry Science and Technology

【组织架构】 凉山州畜科所2016年末有在职职工59人,其中专技人员33人、管理人员12人、工勤人员14人,全日制硕士研究生3人、本科学历29人、专科学历13人、中专学历5人。专技人员33人中,正高职称1人、副高职称8人、中级职称14人、初级职称10人。在管理期内的州学术和技术带头人5人、后备人选6人,州拔尖人才1人。

【科研成果】 2016年,州畜科所完成州科技成果申报2项,制定区域性地方标准6个,完成牧草品种审定登记3项,获专利8项,参编专著2册,发表研究论文22篇。主持完成"凉山黑猪种质特性测定与开发利用研究""木里牦牛养殖关键技术集成与示范"科技成果申报。制定《建昌马饲养管理技术规程》《大凉山黑猪》《大凉山黑猪性能测定技术规程》《大凉山黑猪养殖技术操作规程》《大凉山黑猪人工授精技术操作规程》《凉山州扁穗雀麦牧草生产技术规程》等六个区域性地方标准,2016年6月凉山州质量技术监督局发布、实施。选育新品种"凉苜1号"紫花苜蓿通过国家草品种审定登记,引进品种"萨沃瑞"苇状羊茅、"纳瓦拉"黑麦草通过四川省草品种审定登记。科技人员申请的《一种便于取样的动物解剖台》和《一种野外便携式动物解剖台》2项,参与申请的《一种苜蓿育苗培养杯》《一种苜蓿育苗托盘》《一种苜蓿细苗移栽用打坑装置 》《一种草苗用取苗铲》《一种植物分析样品保存袋》《一种野外用种子收集袋》等6项实用新型专利已获授权,参与编著《藏兽医医药知识选编》《羊肉与肉羊生产》,在各级各类专业杂志发表科技论文22篇,其中省部级以上15篇。

【科研课题】 2016年,州畜科所开展"全国草品种区域试验"、四川省"十三五"饲草育种攻关项目子课题"苜蓿、菊苣等饲草品种引种选育及配套技术研究"、四川省科技扶贫专项"昭觉县优质山羊高效养殖技术研究与推广应用"、凉山州科技项目"建昌马改良技术推广与应用"等21个延续项目研究,均按照项目实施方案或计划任务的要求,完成年度研究目标任务,取得阶段性成果。其中,参与实施的科技部"十二五"农村领域国家科技计划课题"南方优质饲草高效生产加工利用关键技术研究与集成示范——'攀西'地区优质饲草高效生产加工利用关键技术研究与集成示范"项目,完成任务,通过验收。"国家草品种区域试验"西昌点的工作,通过全国畜牧总站组织中国农业科学院北京畜牧兽医研究所、四川农业大学专家组成的专家组的考核评审。凉山州学术和技术带头人培养资金资助项目"凉山州适栽牧草品种筛选及生产技术推广"成果转化、"建昌马品种资源调查"、"巴克夏猪杂交改良凉山黑猪效果观察",以及与木里县共同实施省2013年度科技富民强县项目"牦牛标准化养殖及肉产品深加工技术产业化",完成任务结题。申请项目验收4项:"奶水牛在安宁河流域地区适应性观察与应用研究"、"引进新加系猪适应性技术推广"、"大凉山黑猪开发利用"、"优质高产青贮玉米品种筛选及其配套青贮技术研究",其中"大凉山黑猪开发利用"以成果鉴定代验收。2016年新增科研项目6项:"凉山黑猪选育技术研究""基于彝药资源建立完善三种地方畜禽品种常发病防控体系的研究应用”、“凉山扁穗雀麦品种选育及栽培技术研究”，以及与美姑县畜牧站共同申报的“舍饲条件下美姑山羊日粮配合关键技术研究与应用”获凉山州2016年度技术研究开发与推广应用项目与农业科技创新项目立项支持，“饲喂苦荞对凉山优质猪肉生产的影响实验”“功能性饲料添加剂对幼畜生长性能、营养物质消化率、血清指标的影响”获2016年凉山州学术和技术带头人培养资金立项资助。

【科技推广】 2016年，开展畜牧兽医科学技术和科技成果的示范推广工作。一是四川攀西草业创新基地内，国家、省、州牧草科研项目按计划任务书有序开展，牧草研究创新与示范平台发挥应有作用。二是为科华奶牛繁育有限公司、华宁农牧科技有限公司、三牧乳业有限公司、凉山科兴猪业有限公司、西昌绿源农牧科技有限公司等企业提供技术支持，解决生产中的技术问题。

【科技培训】 一是依托科技项目的应用推广，参加送科技下乡、“科技之春”科普月、科技活动周及技术扶贫等活动，采用多种形式在西昌、昭觉、德昌、甘洛、美姑、金阳、雷波等县（市）开展牧草种植、畜禽养殖及疫病防控技术等方面的专业技术培训和指导，全年共培训畜牧兽医专业技术人员及养殖户等共1450余人次，发放技术资料1500余份。二是2016年度全所共计参加对外学术交流活动21次，参加人员86人（次）。三是王强被推荐为“西部之光”访问学者，到中国农科院饲料研究所研修。

【科技合作】 2016年，州畜科所参与木里县省科技富民强县专项行动计划项目“牦牛标准化养殖及肉产品深加工技术产业化”，美姑县省科技富民强县专项行动计划项目“美姑山羊标准化养殖技术集成及产业化示范”、四川省科技扶贫专项“美姑山羊高效利用配套技术集成与推广应用”，甘洛县四川省科技扶贫专项“引入蜀宣花牛新品种及配套技术在凉山地区的示范与推广”。与西昌三牧乳业有限公司、华宁公司、西昌学院共同实施2014年度四川科技支撑计划项目“攀西地区奶牛产业化集成技术研究与示范”。与省草科院合作，建设攀西草业创新基地，开展牧草研究创新与示范。与川农大、省畜科院合作，开展省“十三五”饲草育种攻关项目子课题“苜蓿、菊苣等饲草品种引种选育及配套技术研究”。

【科技信息】 2016年，州畜科所编印《凉山牧业科技动态》2期，撰写并被采用信息简报30条（篇），其中研究性动态2篇、工作信息28条，凉山科技网采用28条，州农牧局网站采用19条。

【科技扶贫】 2016年，州畜科所派出驻村第一书记及驻村农技员10名，分别到昭觉县比尔乡、金阳县丙底乡、雷波县汶水镇协助当地党委政府开展脱贫攻坚工作。单位向昭觉县比尔乡补各洛呷村建档立卡贫困户捐赠550只优质鹅苗和50袋雏鹅饲料，总价值18550元，为比尔乡中心校捐款20000元，开展凉山黑猪的标准化养殖技术培训。联系争取浙江省和平慈善基金会向昭觉县比尔乡补各洛呷村和以火波主村贫困户捐赠新衣物942件。职工为补各洛呷村建档立卡贫困户捐款及捐物折价共计17800元。

【党风廉政建设】 深入贯彻落实中共十八大、十八届五中六中全会、省委十届七次八次九次全会和州委七届八次九次十次全会及八次党代会精神，扎实开展“两学一做”学习教育活动，推动党员和干部职工进一步坚定理想信念，践行社会主义核心价值观。领导班子和领导干部以身作则，严格执行中央八项规定，省委、州委“十项规定”《中国共产党廉洁自律准则》，自觉遵守党章，严格执行和维护党的纪律，自觉接受党的纪律约束。结合国家、省、州相关规定和单位实际，对《凉山州畜科所人事管理制度》进行修订。

（供稿单位：州畜科所／审核：刘健／撰稿：董开明）

财税·金融

FINANCE AND TAXATION & BANKING

财　　政

Finance

【概况】 2016年，面对经济下行压力依然较大、投资拉动作用下滑、减税降费政策冲击等多重叠加的困难和形势，在州委、州政府的领导和省财政厅的指导支持下，全州财政部门和广大财政干部在履职中担当，在创新中作为，在逆境中突破，完成全年财政改革发展目标任务，实现"十三五"发展良好开局。

2016年，凉山州财政局先后被评为全国财经科研宣传工作特别奖、四川省财政系统总决算、预算执行分析、绩效评价先进单位、全州"双联"及干部驻村帮扶工作先进集体、"一轮凉推"建设工作先进集体、全州"十二五"档案工作先进集体、全州党委信息工作先进单位、国土资源综合目标考核一等奖等荣誉称号38项，年度综合目标考核位列政府序列第一名。

【财政收入】 2016年，全州一般公共预算总收入完成176.0亿元，增长11.6%。一般公共预算收入完成121亿元，增长13.0%，收入规模位列全省第四。其中，税收收入完成71亿元，增长15.1 %，占一般公共预算收入的58.7%；非税收入完成50亿元，增长10.2%，占一般公共预算收入的41.3%。上划中央"两税"收入39.9亿元，增长12.2%。上划中央所得税收入15.1亿元，增长1.0%。州本级一般公共预算收入21.5亿元，增长28.3%。其中，税收收入12亿元，占收入的55.8%，增长48.4%；非税收入9.5亿元，占收入的45.2%，增长9.6%。

【财政支出】 2016年，全州一般公共预算支出实现459.2亿元，增长9.9%，支出规模位居全省第二。支出结构持续改善，其中民生支出305.6亿元，增加28.1亿元，占一般公共预算支出的比重为66.4%；产业发展和基础设施建设支出80.9亿元，占比为17.6%；行政成本支出73.5亿元，占比为16.0 %，与2015年基本持平；安排"十项民生工程"和"20件民生大事"资金155.7亿元，预算执行进度99.5%，资金拨付进度95.8%。全州"三公"经费支出较2015年下降5.6%。州本级一般公共预算支出51.1亿元，增长7.7%。

上级补助全州地方一般公共预算资金321.8亿元、增长7.6%，其中一般性转移支付补助181.3亿元，专项转移支付补助133.8亿元，返还性补助6.7亿元。

【政府性基金预算】 2016年，全州政府性基金可安排的收入总量为42.3亿元，其中当年基金收入28.3亿元、增长40.0%；上级补助收入4.2亿元，下降15.8%。按收支对应安排原则，当年基金支出31.4亿元，增长19%；调出资金1.1亿元；地方政府专项债务还本支出7.0亿元；结转下年使用2.8亿元。州本级政府性基金收入总额15.1亿元。其中，当年基金收入2亿元，下降8.7%，上级补助收入4.2亿元，下降15.8%，地方政府专项债券转贷收入7亿元，2015年结余收入1.9亿元；基金支出5432万元，下降38.3%，补助下级支出4.6亿元，调出资金8017万元，地方政府专项债务转贷支出6.2亿元，地方政府专项债务还本支出8200万元，结转下年继续使用2.1亿元。

【国有资本经营预算】 全州所辖17个县（市）及州本级全部编制国有资本经营预算，国有资本经营预算收入3059万元；上级转移性补助收入3777万元，收入总计6836万元。支出总计6836万元。收支平衡，无结余。州本级国有资本经营预算收入1143万元，转移性补助收入3777万元，收入总计4920万元。支出总计4920万元。收支平衡，无结余。

【社会保险基金预算】 全州社会保险基金收入总计101.7亿元，其中当年收入47.2亿元，2015年结余54.5亿元。社会保险基金支出39.8亿元，主要用于按时足额兑现各项社会保险待遇，提高城乡居民养老保险基础养老金以及医疗保险、失业保险、工伤保险、生育保险待遇水平。累计结余61.9亿元。

【民生支出】 2016年，州财政局在民生支出中优化结构、足额预算，强化保障、加快支出，有力保障民生工程实施和政策性增资兑现，促进社会事业发展。全州民生支出305.6亿元，占一般公共预算支出的比重为66.57%，增加28.1亿元；共筹集省“十项民生工程”“20件民生大事”资金155.7亿元，较2015年增加25.6亿元，预算执行99.58%。一般公共预算支出中，一般公共服务支出36.7亿元，同比增长10.1 %；公共安全支出19.4亿元，同比增长13.7%；教育支出96.1亿元，同比增长3.4%；社会保障和就业支出49.1亿元，同比增长9.1%；医疗卫生计生支出47.5亿元，同比增长14.5%；节能环保支出11.4亿元，同比下降17.8%；城乡社区事务支出12.7亿元，同比下降9.1%；农林水事务支出92.8亿元，同比增长42.4%；交通运输支出52.4亿元，同比下降13.6%；住房保障支出13.4亿元，同比增长14.0%。

健全扶贫资金投入稳定增长机制，2016年州本级累计投入脱贫攻坚资金8.49亿元，占州本级除保基本外年度可用财力16亿元的53.1%，其中扶贫专项资金1.4亿元、增长10%。全州筹集、争取和到位17个扶贫专项资金120.67亿元，争取到位地方政府债务资金5.1亿元、地方政府债券资金6.39亿元和政策性长期贷款额度18亿元，扎实推进“四到县”制度和11个贫困县统筹整合使用财政涉农资金，建立教育扶贫救助、卫生扶贫救助、贫困村产业扶持、扶贫小额信贷分险等“四项基金”，从严加强扶贫资金监管，为脱贫攻坚提供有力的资金保障。

【专项资金】 经济建设领域。2015年度，共收到上级经建相关领域专项资金434282.81万元，已拨付422814.84万元。其中，交通类专项资金371580.14万元；工业类专项资金22805万元；粮油事务类专项资金14503.32万元；环保类专项资金19604.68万元；商务专项资金5352.97万元；质监、供销及其他资金436.7万元。结转资金11467.97万元，支出进度达97.36%。同时，2016年州本级安排经建科专项资金14557.11万元，具体项目如下：交通专项资金9310万元；工业专项资金2738万元；粮食专项资金及其他资金2459.11万元。已完成支出14507.11万元，余50万元专利资助专项资金按照管理办法缴入稳定基金。

教科文领域。2016年度全年预算专项资金44.75亿元，下达执行44.63亿元，占下达预算资金的99.73%。中央、省和州“民生”计划、“惠民”行动、教育扶贫攻坚等资金执行期进度达到100%。有力保障教科文各项事业的发展，提升教科文资金占公共预算执行进度的比重。乡镇幼儿园、“一村一幼”建设和义务教育均衡发展、彝区振兴计划等拉动全社会固定资产投资增长，为全面完成财政收支任务起积极作用。

行政政法领域。深入贯彻《中华人民共和国预算法》，提高专项资金年初到位率，2016年预算下达单位专项经费20617万元。按规定统筹18个单位的非税收入1160万元。清理收回资金3910万元，经甄别财政收回统筹使用588万元，按原用途安排使用3322万元。推进司法体制改革，继续深化政法经费保障体制改革。完成部门2016—2018年三年滚动财政规划，编制州级中期财政规划。下达禁毒经费4600万元、中央和省级政法转移支付资金24152.86。继续推进厉行节约反对浪费制度体系建设，对现行的会议费、差旅费、公务接待费管理规定进行修订完善；落实会议定点管理，实施州级2016—2017年会议定点场所采购工作，通过公开招标方式确定19家宾馆为会议定点场所，完成全省共享会议场所定点目录制定及发布工作。推进公务用车制度改革，全州11个配备执法执勤用车的部门共保留1445辆，其中一般执法执勤用车1286辆、特种专业技术用车159辆。州级公务交通补贴于6月开始发放，县级于7月开始发放。加强藏区和重点地区维稳经费保障，指导和督促寺庙建立健全财务制度。

社会保障领域。加大投入，进一步完善城乡低保、五保、孤儿、城乡医疗救助制度。筹集就业再就业资金0.51亿元。落实城乡居民养老保险财政补助资金3.89亿元，城乡居民社会养老保险基础性养老金标准人均提高到75元，参保缴费财政补助补贴标准也从30元至70元7个档提高到40元至300元13个档。落实城乡居民基本医疗保险资金17.82亿元，其中城镇居民医保财政补助资金9525万元，新型农村合作医疗财政补助资金16.87亿元；全州城乡居民基本医疗保险补助标准人均从200元/年提高到420元/年。落实卫生投入3.64亿元，其中艾滋病防治经费5199万元、实施基本药物制度经费7321万元、基本公共卫生服务经费21205万元、公立医院取消药品加成经费986万元、推动公共卫生体系的建设和全州卫生事业的发展。筹集拨付救灾资金4594万元，受灾群众的基本生活救助得到保障。筹集资金2360万元，对二级重度残疾人实施重度残疾人护理补贴，对新婚夫妇实施自愿免费婚检。

农业支出领域。建立健全“三农”投入稳定增长机制，积极争取和筹措资金，大力支持农业生产发展。全州2016年中央、省、州投入支农资金47.92亿元（其中省级支农专项资金44.26亿元，州级支农专项资金2.95亿元，州集中林地林木补偿费0.71亿元），较2015年支农资金38.79亿元增加9.13亿元，增长23.5%。投入专项补助资金1.47亿元，支持开展小型农田水利设施建设项目。落实农机购置补贴政策5350万元，加大农机购置补贴力度，扩大补贴种类，适当向农机专业合作社、农机大户和种粮大户倾斜，提升农业机械化水平，增强农业综合生产能力。投入现代农业生产发展资金0.37亿元，继续实施好西昌、会理、会东现代农业生产发展项目建设。投入资金1.53亿元，实施新农村建设成片推进工程。投入资金1.8亿元，建立草原生态保护补助奖励机制，促进牧民持续增收。投入天然林资源保护工程（简称天保工程）项目补助资金2.9亿元、退耕还林补助资金2.72亿元、森林生态效益补偿基金2.29亿元，加强生态建设。投入抗旱规划补助资金2435万元，投入重大动物疫病防控疫苗和农作物重大病虫害资金5030万元、中央和省级山洪灾害防治项目经费1130万元，有力支持防汛抗旱、农业生产救灾、森林防火、病虫害防治、山洪灾害防治县级非工程措施等项目建设，支持灾后恢复农业生产，提高灾害应急能力和恢复生产能力。

【财税改革】 2016年，凉山州税制改革有力推进，“营改增”和资源税改革全面推开，增值税中央与地方5∶5比例分成政策得到有效落实。预算法深入贯彻实施，“四本预算”体系和跨年度预算平衡机制、县级基本财力保障机制健全完善，预决算信息全面公开。推广运用政府与社会资本合作（PPP）模式迈出坚实步伐，全州拟采取PPP模式项目共110个、总投资约2296亿元，其中已完成采购、执行阶段的PPP项目11个，总投资91.36亿元；被列为国家和省示范项目4个。政府向社会力量购买服务稳步推进，购买服务的范围、规模不断扩大。乡镇财政规范化建设三年攻坚战全面打响，全年全州实施规范化乡镇财政所建设334个、占乡镇总数的61%。专项资金改革稳步推进，整合相关专项资金成立5000万元的创业创新专项资金。行政事业资产清理工作全面完成。农村基层组织活动和公共服务运行维护机制在3747个行政村基本建立。全州政府向社会力量购买服务稳步推进，购买服务的范围、规模不断扩大。深入贯彻实施财政金融互动政策，全面申报财政金融互动奖补资金。申报金融机构定向费用中央财政补贴资金2191.9万元，其中：凉山州邮政储蓄银行喜德县支行0.5万元，凉山农村商业银行17个县（市）支行2191.4万元；2015年涉农贷款发放额为89817万元，平均余额为233264万元，可奖励贷款增量33155万元，申请财政奖励资金663.1万元；申报省级财政金融互动奖补资金2393万元；组织和核实州级财政金融互动奖补资金州级财政金融互动奖补资金66.84万元，其中新设机构补助60万元、担保机构定向业务补助0.71万元、精准扶贫贷款奖补3.44万元、新增客户首贷奖补2.69万元。

【国库管理】 国库集中支付制度改革稳步推进，权责发生制的政府综合财务报告制度实现州本级和17个县（市）全覆盖、并在7个州级部门开展试点。预算执行动态监控有效运行，年末全州纳入动态监控预算单位2139个、资金量269亿元，查纠违规支付24950笔、金额23亿元。全州累计办理公务卡29003张，全年报账还款额1.46亿元，同比增长18%。其中，州本级预算单位办理6107张，增加4239张；报账还款3439万元，增长3.6%。撤销各类财政专户42个，清理州本级财政专户。财政资金存款利息收入8323万元，年末按规定全额缴入金库。

【收支两条线和票据管理】 2016年，州财政局严格执行《四川省非税收入征收管理条例》《四川省预算外资金管理条例》等规定，在州本级和17个县（市）全面建立四川省非税收入收缴管理系统，加强行政事业性收费、政府性基金的管理，严格非税收入收缴，全州通过非税收缴管理系统共收缴非税收入48.62亿元，比2015年增加14.33亿元，增长41.79%，其中州本级14.76亿元，增长41.39%。严格国土、矿权收入收缴，凡是招标、拍卖、挂牌和协议方式出让国有土地使用权所取得的成交价款，补缴的土地价款，及其他与国有土地使用权出让或变更有关的收入，以及招标、拍卖、挂牌和协议方式出让的矿权价款收入，按规定收缴到同级财政专户，由财政专户缴入国库。全州国有土地使用权出让收入2.19亿元，其中国土土地价款收入7.29亿元，补缴的土地价款收入0.71亿元，划拨土地价款收入18.91亿元，其他土地价款0.28亿元；矿产品专项收入3.17亿元，其中探矿权采矿权收入0.25亿元，价款2.52亿元，矿产资源补偿费收入0.4亿元；提取住房保障资金、教育费资金、农田水利资金各1211万元，其中入州库3101万元。落实城镇廉租住房保障制度，共安排和下达中央、省、州保障性安居工程资金4.01亿元，重点用于改造危旧房棚户区8351套、货币化安置棚户区2802套和发放住房租金补贴3625万元。强化住房公积金管理，确保资金安全。住房公积金增值收益2.69亿元，提取贷款风险准备金9997万元，计提城市廉租住房补充资金1.37亿元，计提住房公积金机构管理费用3239万元。认真做好财政票据管理工作，积极组织财政票据改革调研，认真执行“验旧购新、限量供应”，加强财政票据发放管理。

【政府采购】 2016年，全州政府采购预算金额

16.03亿元，实际采购金额14.29亿元，节约资金1.74亿元，资金节约率10.84%。其中，州本级政府采购预算金额3.02亿元，实际采购金额2.84亿元，节约资金0.18亿元，资金节约率6.11%。州本级政府采购电子化平台内网、外网建设有效运行，为政府采购活动提供一站式服务，走在全省前列。

【税政法规管理】 深入贯彻《全面深入推进法治财政建设的实施意见》和《凉山州财政局会前学法制度》《凉山州财政局行政规范性文件制定和备案实施办法》等文件。完成州级财政部门2016年度行政权力事项目录（权力清单）和责任清单编制工作，65项行政权力事项已在行政权力平台公开运行。规范行政审批，简化审批流程。依法先后受理3起行政复议案件，均为政府采购领域中的案件，截至年底其中2件已结案。做好增值税先征后返管理和法院诉讼费退库等日常工作，2016年已退付8家企业增值税，共计金额18119913.36元；法院诉讼费退费15户，共计金额11676098.71元。

【会计管理和考试考务】 2016年，全州2377人参加全国会计专业技术资格考试，521人参加全国注册会计师考试，3941人参加四川省会计从业资格考试，报名总人数6839人；组织3192人开展继续教育网上培训学习，含面授1期培训34人。截至12月底，全州会计从业人员共计20055人，其中2016年新增1652人，调入643人，其中州本级管理5336人，新增354人。调入98人，省外调出34人。州本级完成继续教育培训、登记3192人。农村财会人员培训23个班2183人。组织全州企业会计人员参加企业会计信息化知识竞赛。完成2户企业的管理会计现状实地调研工作。审核推介2016年度高级会计师侯评人20余人。

【资金监管】 2016年，全州共完成严肃财经纪律加强基层财政管理、财政专项扶贫资金、私设“小金库”、城乡医疗救助资金、农村义务教育薄弱学校改造补助资金等专项检查任务11个，检查户数1213个，查出财政违法、违规、违纪金额2.05亿元，纠正违法、违规、违纪金额8234万元，其中追缴资金1601万元，查补财政收入909万元。

全州共纳入项目支出绩效评价“自评”项目541个，涉及金额94.46亿元。“复评”项目342个，涉及金额71.21亿元，增长25.8%，其中州本级“复评”33个项目，涉及资金19.07亿元，增长39.77%；县（市）级“复评”309个，涉及资金52.14亿元，增长20.71%。绩效评价项目涵盖重点民生工程和重点项目工程。对64个部门开展部门支出绩效评价，涉及金额2.21亿元，增长211.06%。州本级试点对“一事一议”政策进行绩效评价。

州评审中心全年完成基建项目评审、专项核查、财政支出绩效评价、监管项目共298个，涉及总投资127.69亿元，为国家节约财政资金4.43亿元，其中基本建设项目评审完成252个，审减总额4.01亿元；财政专项核查项目24个，审减额4175万元；绩效评价项目7个，涉及资金2770万元；完成监管重大基本建设项目15个，项目总投资78.44亿元；评审州级和越西、布拖、木里扶贫项目31批，共审减4244万元。

【政府债务】 从严加强政府债务限额管理，严格实行限额管理和预算管理，建立健全风险预警和应急处置机制。当年全州新增地方政府债券和置换地方政府债券41.55亿元，其中新增一般债券13.69亿元，主要用于全州交通建设7.3亿元和11个国家扶贫工作重点县脱贫攻坚6.39亿元；置换债券27.86亿元，将历史遗留下来的短期、逾期、高息的367笔债务转化为长期、低利息地方政府债券。2016年末，全州地方政府债务余额为170.25亿元（一般债务140.66亿元，专项债务29.59亿元），债务率为65.6%。州本级地方政府性债务年末余额8.62亿元，其中一般债务7.8亿元，专项债务8200万元。债务风险继续处于可控范围。

（供稿单位：州财政局／审核：王顺云／撰稿：晏泽荣　潘文国）

国家税务

State Taxation

【概况】2016年，凉山州国税局下辖17个县（市）局，全州系统现有干部职工1297人（在职903人，离退休394人，有15个民族）。在职职工中，少数民族276人占30.6%（其中彝族206人占22.8%）；大专以上学历881人占97.6%（其中本科631人占70%，研究生13人占1.4%，硕士2人占0.2%）；平均年龄43.4岁，35岁以下218人占24%。州国税局内设15个行政科室、3个事业单位、2个直属单位，下辖17个县（市）局。州局机关保持全国文明单位，17个县（市）局有省级文明单位9个，州级文明单位8个，有2个全国税务系统先进集体（金阳、普格）。2016年末，全州国税系统税务登记户数为54732户，完成税收收入87.38亿元，列全省第6；年纳税500万元以上的149户重点企业入库税收63.7亿元，占总量的72.9%。19个征收单位，收入规模10亿元以上2个，5~10亿元5个，3~5亿元1个，1~3亿元7个，1亿元以下4个。

【税收收入】2016年，凉山州国家税务局坚持组织收入工作中心地位、原则、目标不动摇，以月保季，以季保年，超额完成收入目标。全州国税系统完成税收收入87.38亿元，同比增长29.7%，增收20亿元。其中，增值税入库62.14亿元，增长36.8%，增收16.71亿元；消费税入库4.57亿元，增长30.8%，增收1.09亿元；企业所得税入库17.38亿元，增长11.4%，增收1.76亿元；车辆购置税入库3.29亿元，增长15.5%，增收0.44亿元。办理出口退（免）税0.35亿元，累计减免税收32.54亿元。完成中央级收入53.48亿元，增长11.5%，增收5.48亿元。完成地方公共财政预算收入33.90亿元，增长74.8%，增收14.51元，其中州级9.27亿元、县级24.62亿元。政策性增收是税收增长的主要因素，卷烟批发消费税率调整、税收优惠由“免税期”过渡至“减半期”、大型水电站退税由超税负8%调整为超12%部分、全面推行“营改增”等，累计增收18.96亿元。受增值税分享比例调整及“营改增”扩围影响，地方级收入同比增长74.8%，增收14.51亿元。

【纳税服务】2016年，全州认真落实纳税服务规范，抓好国地税合作规范落地，强化权益保障，落实“便民办税”系列措施。全州18个办税服务厅已全部实现国、地税联合办税。涉税信息一次性采集，全州参与涉税信息交换与共享工作的政府职能部门和单位近50家。落实信用管理办法和联合激励、联合惩戒备忘录，对全州4216户纳税人进行评价，同地税部门联合共评定出A级纳税人166户。推进银税互动，与州商行、州农商行、州建行和州农行等7家银行分别签订战略协议，全州17个县、市局均有银税金融服务产品，覆盖率100%，共计发放贷款4.54亿元。

【税收改革】2016年末，营改增纳税人达12717户，占总纳税人的24%，全年入库营改增税款10.08亿元。抓好国地税征管体制改革任务落实，承担全省电力行业管理中心建设任务。深化国地税合作，落地51个合作事项。在全州范围内顺利推行“三证合一、一照一码”商事制度改革，办理三证合一登记纳税人6200余户。抓好“放管服”改革任务落实。推进信息管税，保障金税三期平稳运行。增值税发票管理系统升级版推行应用平稳。

【依法行政】坚持税收法定原则，统筹好稳增长与保质量的关系，奋力完成收入目标。严格落实税收优惠政策，支持“供给侧结构性改革”举措。落实重大税务案件审理办法，开展全州案件审理抽查复查工作。建设法治、数字、效率、廉洁“四型”稽查，加大风险应对、稽查检查力度，全年评查入库税款2.53亿元；抓好打虚打骗专项行动，协调成立州公安局驻税务联络机制办公室，形成公安、税务联合打击涉税违法犯罪的合力。强化事中事后管理，坚持规范与管理并重。强化权力监督制约，健全依法科学民主决策机制。加大公职律师锻炼培养力度，1 名人员进入全省国税系统公职律师团队。加强依法行政，州局获凉山“六五”普法先进集体示范单位（基地），德昌县国税局被省法制办、省国税局授予“全省国税系统依法行政示范单位”。

【队伍建设】 2016 年，州国税局强化党建工作，落实党建工作责任制，强化“四个意识”，不折不扣抓管党治党责任落实。认真开展“两学一做”学习教育，冕宁、德昌、昭觉县局和州局机关等单位，先后接受中央省州组织部门和党建领导小组“两学一做”学习教育、基层党建工作的督导检查，并获肯定。到 2016 年末，建立机关党委 2 个、党总支 15 个、党支部 56 个，实现系统党委（总支）全覆盖。“主题党日 +”活动被总局列入税务系统党建和思想政治工作特色亮点目录，“五合一”讲堂，成为州直机关弘扬社会主义核心价值观和文化建设的标杆和名片。全年选拔任用 15 名科级领导干部，交流调整 16 名科级领导干部。组织开展“岗位大练兵，业务大比武”活动，积极参加“三州一市”民族地区国税系统劳动竞赛和省局比武。全系统新增省级集体荣誉 8 项，其中州局创成全省民族团结进步创建活动示范单位（机关），德昌局创成省级最佳文明单位，西昌、金阳局创成省级文明单位，金阳局荣获省岗位学雷锋先进集体，凉山州国税局系统团委被表彰为四川省五四红旗团委，2 个基层单位新创为四川省青年文明号。新增省级个人荣誉 2 项 2 人次，王志宏获四川省五一劳动奖章、被总局表彰为先进工作者；新增州级集体荣誉 5 项、个人荣誉 4 项 28 人次。制定 2016 年保障和改善系统民生行动计划并抓好落实。做好职务与职级并行工作。助力精准扶贫，州局被评为“双联”及干部驻村帮扶工作先进集体，系统有全州优秀驻村第一书记 2 人、全州“双联”及干部驻村帮扶工作先进个人 1 人。

（供稿单位：州国税局 / 审核：田玲丽 / 撰稿：李地明）

地方税务
Local Taxation

【概 况】 2016 年，凉山州地税局下辖 17 个县（市）局，2 个直属税务分局，1 个稽查局，全州地税系统现有干部职工 1245 人，少数民族 401 人，占 32.28%；中共党员 778 人，占 62.48%；大专以上学历 1205 人，占 96.78%；职工平均年龄 45 岁，35 岁以下 235 人，占 18.87%。2016 年，州地税局以税收现代化建设为目标、依法治税不断深化为引领、纳税服务持续优化为支撑、征管改革全面推进为动力、工作作风进一步好转为保障，充分发挥地税职能，为实现凉山“十三五”经济社会发展良好开局做出新贡献。全年，全州地税系统共组织各项收入 52.6 亿元，其中税收收入 43.54 亿元；基金附加收入 9.06 亿元。完成地方公共财政收入 39.69 亿元。

【法治建设】 一是加强税收法治宣传，营造良好法治氛围。深入开展税收法治宣传教育和“七五”普法、“法律七进”等活动，继续推进税收“黑名单”制度，进一步营造依法诚信纳税的良好法治环境，州局被推荐为州“六五”普法先进单位。二是落实各项优惠政策，充分释放税收红利。认真贯彻落实新一轮西部大开发、扶持现代服务业、加快中小企业发展、支持小微企业发展等优惠政策，助力大众创业、万众创新，全年共落实税收优惠 4.34 亿元，惠及纳税人 317029 户（次）。三是加大税务稽查力度，发挥堵漏惩戒作用。认真开展税收专项检查，全州稽查系统实现稽查收入 0.76 亿元。其中，125 户企业自查实现收入 0.64 亿元，立案检查 66 户，查补收入金额 0.12 亿元，发挥以查促收、以查促管作用。四是扩大重点督察范围，防范税收执法风险。通过“金三”系统筛查出 17 个县（市）局疑点信息 1,782 条，确定重点实地核查信息 148 条，使用督察指引开展疑点筛查面达到 100%，重点督察面达 35%。

【纳税服务】 一是深化国地税合作，构建和谐新税风。共同确定基本合作事项34项，创新合作事项10项，联合设计凉山税务LOGO，全年协同开展联合户检查17户，查补税款0.039亿元；通过“派员互驻对方办税服务厅、共建办税服务厅、共进政务中心”等方式，全州共建立“AA岗”办税窗口34个；联合开展2016年度纳税信用等级评价，对116户A级纳税人提供预约、提醒、延时等定制服务。二是落实“互联网+税务”，力推办税多元化。全年创新推出“办税事项二维码”系列书签12期11000份，纳税人通过手机等移动终端扫描二维码即可获知办理该项业务的资料准备、基本流程等信息；在甘洛试点“非接触式”管理，全面推进“窗口受理，内部流转，限时办结，窗口出件”，促进“两个规范”在凉山州落地扎根；积极扩大“同城通办”业务范围，在全州20个办税服务厅，实行五大类30个事项办税业务的全州通办，建立“管理分区域、服务不分区”的纳税服务新格局。三是顺应纳税人需求，拓展服务新空间。举办“借力樱桃节，助力供给侧改革”，“税收宣传进校园”等富有实效的税收宣传月活动，为全面推开“营改增”试点营造声势；持续做好“12366”热线服务工作，全年累计接听来电8295个，总通话时长333小时；积极探索“银税互动”项目，与凉山州商业银行等6个金融机构签订银税互动协议，推出“税金贷”等贷款业务，为有融资需求的23户A级纳税人发放36笔贷款，总金额2.97亿元。

【征管改革】 一是构建风险管理长效机制，提升税收征管效能。通过风险管理督促纳税人自查补税0.13亿元，通过第三方涉税数据的挖掘与应用，入库1.2亿元，追缴欠税0.2亿元。二是推进营改增完美收官，服务供给侧结构性改革。全系统围绕“营改增”工作，全面开展行业分类和纳税户清理，利用各类媒体平台开展广泛深入的宣传，顺利将建筑业、房地产业、金融业、生活服务业共13544户纳税人信息数据移交国税部门。三是实施资源税从价计征改革，助力资源合理开发。组织人员深入典型企业实地调研，加强政策宣传和业务培训，积极协调财政、国土等部门，做好各资源品目税率及相关品目换算比测算，为四川省税率制定提供依据，保证改革工作于7月1日顺利实施。四是完善税费征收保障机制，夯实收入增长基础。落实“五证合一、一照一码”商事登记制度改革要求，全年办理11558户；与国税、工商、质监等部门召开联席会议9次，达成合作共识7项，形成合作文件7份，实现信息共享、管理互助、信用互认；协调国土、房管等部门严格执行“先税后证”，加强股权转让联合控管，通过一系列有效措施，全年共征收税款3.98亿元。

【队伍建设】 一是落实从严治党要求，提升带队治队能力。将“两学一做”作为全年党建工作的龙头任务切实抓紧抓好，全系统各级开展中心组专题学习110余次，党组书记带头讲党课38次；通过签订党风廉政建设目标责任书、下发“一岗双责”责任清单、把廉政建设纳入绩效考核等方式，将压力逐级传导到基层，将任务和责任延伸到个人；组织督察组对7个单位开展执法监察，对3个单位进行明察暗访。二是规范干部选拔任用，强化干部能力建设。按规定对11名正科级干部、7名副科级干部实施交流轮岗；新提拔正科级干部7名、副科级干部3名；抓住推荐、考察、决策、监督四个环节，规范干部选拔任用工作程序，建立干部选拔任用科学机制，形成正确的用人导向。三是创新教育培训方式，切实增强培训实效。全年共举办各类培训41期，培训干部职工2467人次；各单位均聘请法律顾问并组建公职律师团队，充分发挥专业人才优势，为重大决策、重大行政行为提供法律支持，其中2名干部入选四川省地税系统第一批公职律师；开展“岗位大练兵、业务大比武”活动，通过业务讲座、案例评析、网络培训等形式丰富练兵内容，提升全员业务素质和履职能力，积极构建覆盖县（市）局的人才梯次培养机制。

【内部管理】 一是着力推进绩效管理，推动工作

到地莫乡查看畜牧业发展情况

效能提升。深化绩效管理，优化考核指标，细化责任分解，定期开展绩效讲评，严格日常管理，将组织绩效与个人绩效挂钩，不断激发干部职工的工作动力。二是全力规范机关事务，促进工作有序开展。着手对单位内部各项规章制度进行全面修订和完善；及时落实养老保险改革、工资和津补贴提标等政策；坚持经费支出有保有压，信息化建设、税制改革、教育培训投入力度持续加大，一般性支出持续下降，支出结构进一步优化；积极推进公车改革，有效降低行政成本；依规依程序组织政府采购，全面完成固定资产清查工作，提高资产管理工作透明度，保证资产的合理配置和有效利用。三是切实改进机关作风，加强机关文化建设。深化“六型”机关建设，进一步提振机关精神、提升服务能力、提高工作效率；通过改造机关环境，层层签订责任书，把“城乡综合治理进机关”活动向深度广度拓展；举办“关爱老年人群体”“向奋斗者致敬”等丰富多彩的文体活动，践行社会主义核心价值观，凝聚崇德向善正能量。

【精准扶贫】 一是精准识别，瞄准对象，确定帮扶对象。全州各级地税机关以精准扶贫、精准脱贫为根本，落实扶贫责任，按照“一户一摸底、一户一台账、一户一计划、一户一措施”的要求，对扶贫村户开展“五查五看”，对口帮扶贫困村 34 个，帮扶贫困户 1320 户。二是精准分类，科学规划，指导帮扶方式。选派一批政治素质过硬、有思想、有办法、有干劲的年轻党员干部到联系贫困村担任“第一书记”；各级领导班子成员每月轮流到帮扶村开展督促调研工作，各责任部门定期或不定期地开展专项督查，确保精准扶贫各项工作落到实处；根据不同类别贫困户的致贫原因和扶贫需求，科学编制发展规划，做到扶贫措施“三个一”，确保“扶到点上、扶到根上”。三是精准施策，创新方式，注重帮扶措施。结合实际通过发展畜牧业及“1+X”林业生态产业等方式扶贫，“造血”扶贫成效显著；对基础设施落后的村户，开展村级道路硬化、村级文化设施改造、居民点门面美化等帮助改善生产生活条件；组织党支部、党员、志愿队开展“捐赠寒衣献爱心”“慰问贫困党员和五保户”等活动，努力为帮扶群众办更多的好事、实事。全年全系统共投入扶贫资金 370 万元。

（供稿单位：州地税局 / 审核：苏永贵 / 撰稿：徐薇）

金融管理

Financial Management

【概况】 2016 年，州金融办紧紧围绕州委、州政府战略部署和工作目标，在各级各有关部门的大力支持下，以全州经济金融工作任务为中心，以脱贫攻坚和转型跨越为主线，不断提高金融服务实体经济的能力，坚持稳中求进总基调，着力优化金融资源配置，多措并举、多极发力，较好地保持全州金融运行总体平稳态势，为凉山脱贫工作和经济发展提供有力支撑。

【组织机构】 下设银行保险科、资本市场科、综合科。核定行政编制 10 名。其中，主任 1 名、副主任 2 名，正科级领导职数 3 名。

【银行业】 2016 年，全州银行机构各项人民币存款余额 1652.53 亿元，比年初增加 161.86 亿元，增长 10.86%；各项贷款余额 749.78 亿元，比年初增加 49.37 亿元，增长 7.05%，其中 11 个国家贫困县贷款余额121.68亿元，比年初增长19.95%。重大项目贷款余额354亿元，比年初新增28.24亿元，累计投放59.66亿元。扶贫小额信贷持续推进。17县（市）设立扶贫小额信贷风险补偿基金4.4亿元，累计投放扶贫小额信贷7.19亿元，惠及2.5万户建档立卡贫困户。积极争取人民银行总行批准州农商行享受使用扶贫再贷款政策，成功发放支农及扶贫再贷款2亿元。全州银行完成对2072个贫困村的“分片包干”。全州银行业机构已建立助农取款服务点6997个、“银讯通”服务点3876个、布防POS机具9738个，全面消除具备条件的金融服务空白乡镇600个、空白村3049个，为推进金融精准扶贫提供有力的基础保障。州政府与9家省级银行机构签订“十三五”银政战略合作协议，授信总额2401亿元。

【证券业】 2016年，州金融办增强证券业投融资理财功能，积极推动企业多渠道融资。持续加强支持和指导州内辅导期企业到资本市场主板上市工作，大力推动银行间市场直接债务融资，积极组织科技企业参加新三板相关培训和对接，配合省政府金融办组织并召开“上市公司三州行”活动，邀请专家团队赴凉山举行企业路演培训。与7家上市公司签署战略合作协议，涉及意向合作金额155亿元；与深圳证券交易所、成都（川藏）股权交易中心签订“十三五”战略合作备忘录；与天府交易所签署战略合作协议，共同研究建立宁南茧丝、会理石榴、凉山马铃薯等交易中心规划。截至2016年末，全州3个证券机构累计交易额917.9亿元，同比减少45.62%。全州企业共有1户国内A股上市公司，1户境外上市公司，2家“新三板”挂牌企业和16家成都（川藏）股权交易中心挂牌企业，累计实现在全国银行间债券市场发债融资31.5亿元；已有州内外8户企业着眼抢抓资本市场扶贫政策迁入州内贫困县注册；建立四川省上市和挂牌企业后备库，实现入库企业37户；摸排、筛选“十三五”期间培育上市重点企业46户。

【保险业】 全州乡、村两级保险服务网点建设持续推进，保险资源进一步向贫困地区和贫困人群倾斜。保险机构在全省三州少数民族地区率先实现县（市）全覆盖。保险改革创新取得实效。先后出台《关于深入推进“惠农保”保险助力脱贫攻坚的实施意见》《关于加快推进特色农业保险的实施意见》《凉山州特色农业保险试点工作实施方案》等一系列文件，着力解决凉山自然灾害频发导致农民因灾（病）致贫返贫等突出问题。全州保费收入33.24亿元，同比增长20.48%；赔款和给付支出11.6亿元，同比增长39.83%。截至12月末，“惠农保”保险组合产品累计实现保费收入8960.64万元，为全州463个乡镇1442.25万名农村群众提供风险保障10460.7亿元，支付赔款4202.92万元；特色农业保险和政策性农业保险累计实现保费收入76468.53万元，为全州烤烟、森林等特色产业提供风险保障1565.05亿元，支付赔款12850.8万元；城镇和农村人口补充医疗保险和大病保险实现承保436.94万人，保费收入9204.43万元，提供风险保障342亿元，为5.7万患病人员支付赔款7553万元。

【两类机构】 重视地方准金融业补充作用，着力推动融资性担保公司和小额贷款公司加快发展，进一步发挥其机制灵活、快捷、方便的特点，着力增强银担合作和小额贷款服务，切实缓解中小微企业、“三农”、个体工商户及城乡居民融资难矛盾。截至2016年12月末，全州融资性担保公司在保责任余额33.03亿元，同比下降12.85%；小额贷款公司贷款余额20.3亿元，同比增长27.8%。进一步健全监管工作机制和落实日常监管措施，着重加强对重点领域风险的防控，并积极参与全州民间理财类公司、非融资性担保公司清理规范工作，着力确保两类准金融机构守法守规、稳健发展。

【金融生态环境建设】 全州社会信用体系建设进一步深化，始终保持对非法金融机构和非法金融活动的高压态势，坚决遏制逃废银行债务的违法违规行为。截至12月末，银行业机构不良贷款余额 21.55 亿元，不良贷款率 2.87%，不良贷款余额、不良贷款率良好程度均居全省第六位；凉山州信用信息管理中心运行顺利；会理县成功创建“全国农村信用体系建设试验区”和“省级金融生态环境示范县”；全州建立农户信用档案 80 万余户，评定信用农户 47.89 万户，创建 24 个“州级信用乡（镇）”、66 个“州级信用村”和 270 个县级信用乡（镇）、村。

（供稿单位：州政府金融办 / 审稿：赵朝富 / 撰稿：胡倩）

人行凉山州中心支行

Liangshan Prefecture Central Sub-branch of the People' s Bank of China

【概况】 2016 年，中国人民银行凉山州中心支行认真贯彻落实中共十八届五中、六中全会、中央经济工作会议和人总行、成都分行会议精神，主动作为，务实创新，攻坚克难，结合地区实际认真贯彻落实稳健的货币政策，维护金融稳定，改善金融服务水平，加强金融管理，全面有效履行基层央行工作职责。本年度人行凉山州中心支行继续保持“成都分行文明单位”“省级文明单位”“省级卫生先进单位”等荣誉称号，年末，全州人民银行机构没有变化，全辖共有在职正式职工 141 人，其中中心支行 108 人，昭觉支行 17 人，会理支行 16 人。

【货币政策】 一是加强窗口指导，运用支农再贷款、扶贫再贷款、再贴现等货币政策工具，引导金融机构落实稳增长要求。全年发放支农再贷款和扶贫再贷款 2.76 亿元，覆盖 11 个贫困县。积极推进宏观审慎评估，促进地法机构切实加强和改善管理，保持全州信贷总量合理适度增长。全州金融机构本外币各项贷款余额 749.79 亿元，比年初增加 49.34 亿元，同比增长 7.04%。分别在全省排第 10、10、15、16 位。全年凉山州实现地区生产总值 1403.9 亿元，同比增长 6%，贷款增速比全州 GDP 增速高出 1.04 个百分点，金融支持州域实体经济作用进一步强化。电子银行承兑汇票再贴现业务实现 10 年来的首次突破。融资渠道更加多元化，指导州国投公司非公开发行公司债 20 亿元。审核上报 2015 年州内金融财政奖补 0.08 亿元。二是加强对以水电、风电为主的重点项目的产融合作和融资对接，凉山州 130 个重点项目获得银行贷款余额 291.48 亿元，比年初增加 18.5 亿元。执行“分类指导，因地施策”住房信贷政策，实现房地产“去库存”，全州住房公积金贷款余额 53.06 亿元，同比增长 63.36%。加大对民生和社会薄弱环节的支持力度，全年涉农贷款余额 546.68 亿元，小微企业贷款余额 164.76 亿元。督导地法机构完善利率定价机制，引导降低融资成本。三是按照精准扶贫、精准脱贫要求，以“金融扶贫惠农工程”建设为抓手，印发《关于深入实施“金融扶贫惠农工程”支持凉山州精准脱贫攻坚的通知》《“扶贫再贷款+扶贫小额信贷”助推脱贫攻坚管理办法》《昭觉县“再贷款 + 产业链 + 整村推进”助推脱贫攻坚实施方案》等文件，引导金融机构积极对接基础设施和公共服务、产业带动、易地扶贫搬迁、贫困户脱贫发展等领域。截至 2016 年末，以“再贷款 + 产业链 + 整村推进”为补充的“金融扶贫惠农工程”凉山模式不断升级完善，该做法被《金融时报》报道。“扶贫再贷款 + 扶贫小额信贷”金融精准扶贫到村模式得到推广普及，实施银行机构对贫困村“分片包干”，全年推动建立全州扶贫小额信贷风险补偿基金 7.25 亿元，发放支农再贷款 3.67 亿元，其中扶贫再贷款 2 亿元，扶贫小额信贷累放 6.66 亿元，全年 18.07 亿元的易地扶贫搬迁工程项目贷款投放任务已全部完成，全州 3.05 万户贫困户完成评级授信，2.55 万户获得贷款支持。“三信”评定得到优化并新设“信用家支”评定内容，指导金融机构初步评定信用家支 175 个并通过“家支 + 农户”收回不良贷款 953 户、1734 万元，实现 205 个有贷款行政村中信贷不良村占比降至 26.34%。贫困地区支付环境建设得到切实改善，新创建支付惠农示范行 2 个，农村金融综合服务示范站 17 个，助农取款优质服务示范点114个，3条省级、3条州级、7条县级刷卡无障碍示范街，并利用“大数据分析+征信+支付渠道”创新开发“金穗快农贷”烟农贷款产品。积极推进中支和协助分行开展定点扶贫。四是全年全州金融机构本外币各项存款余额为1654.35亿元，比年初增加162.75亿元，同比增长10.91%，分别在全省排第12、9、16、14位。其中，住户存款余额874.66亿元，比年初增加108.96亿元，增长14.23%。机关团体存款余额425.00亿元，比年初增加44.56亿元，同比增长11.71%。非金融企业存款余额263.09亿元，比年初增加38.72亿元，同比增长17.26%。

【金融稳定】 2016年，州人行对3个地法机构开展存款保险现场评级并开展存款保险知识测试。组织开展银保产品集中退保突发风险事件桌面应急演练。持续强化辖区银证保及准金融机构的风险监测，对农商行开展不良资产真实性专项评估，对州商行进行信用风险压力测试。牵头组织开展互联网金融风险专项整治，初步完成1042家企业的排查整顿，368户非银行支付机构无证经营支付业务排查，并对未向中支备案擅自开展布放POS机具业务的深圳瑞银信进行约见谈话。积极配合地方政府对甘洛、越西、喜德3县开展涉金融类风险专项整治及信访维稳工作督察。针对部分金融机构违规开展“靠档计息”和活期存款利率偏离自律机制要求的情况，及时进行处置。积极指导州商行于10月完成引入战投。全年，全州金融秩序稳定，守住不发生系统性区域性的金融风险底线。

【金融管理】 2016年，州人行印发《凉山州银行业金融机构金融稳定工作考核办法》，进一步督促银行机构切实落实金融稳定相关工作要求。修订印发2016年综合评价细则。对中行开展执法检查，开展数字普惠金融调查；受理金融消费者投诉25件，咨询27件，办结率100%。禁毒反洗钱工作有效开展，加强涉毒资金监测移送，推动破获部级和省级目标案件各1起、省级一般案件1起，得到州政府肯定；对12个机构进行监管走访，对1个机构进行风险评估，对2个机构进行现场检查，对2个机构进行质询，对2个机构进行约见谈话。牵头组织开展打击地下钱庄和离岸公司转移赃款专项行动。

【金融服务】 进一步提高国库服务地方经济效率，拟写的《四川省代理支库会计业务标准化管理手册》得到分行认可，并率先开展试点，昭觉、会理分别成功实现城镇垃圾处理费、国有资本经营收入直缴国库。实现西昌市和会东县刷卡乘车应用，1个AAAA景区刷卡通关，1个停车场刷卡通行，多个社区开展园区一卡通试点，1所中学建设校园一卡通，与凉山州烟草公司合作发行多功能烟草联名卡。巩固一级发行库规范化管理成果，建立精准扶贫反假宣传工作站，大力推进硬币自循环工作，改造发行库守卫值班室和执行押运工作得到分行肯定。社会信用体系建设向纵深发展，凉山州信用信息管理中心建设得到完善，互联网版信用信息网高度优化并全面推广；拓展征信大数据信息建设运用，与州农行签订《征信大数据支持精准扶贫协议》，该项目得到农总行认可、立项并报送国家发改委；会理县农村信用体系试验区工作突破瓶颈，征信银税互动合作成功发放“税易贷”。持续推动外汇管理和跨境人民币业务，以“控流出”为主线，对1家企业进行现场核查，对1家企业实施处罚，加强对个人分拆购汇和频繁付汇等风险领域的动态监测，对2家企业进行约谈，指导1家银行堵住1笔异常对外投资登记备案。

【党建工作】 2016年，州人行落实全面从严治党，不断加强党的思想建设，深入开展“两学一做”学习教育，认真学习贯彻落实习近平总书记系列讲话精神和中共十八届五中、六中全会精神，开展“明准则知条例·讲规矩守纪律”百日学习宣传教育等专题活动，强化干部职工的思想理论武装。继续深化党的组织建设，成立党建工作领导小组，制定下发《党建工作指导意见》和《落实分行党建工作会任务分工方案》，加强对党建工作的组织领导和责任落实。组织开展抓党建述职评议考核，组织召开专项巡视整改专题民主生活会，精心组织推动总行党员活动室示范点建设，组织12名党务工作者到井冈山接受党务培训，开展党费倒查补缴和党组织关系核查等工作。严格有关工作要求，全面落实工作责任制，辖区意识形态工作深入推进。抓好群团工作，大力推进“职工之家”建设，支持工会履行“四项”职能，强化青年思想引领和品牌活动建设，完成团组织换届工作。中支党建工作成效被《金融时报》报道。

【队伍建设】 2016年，州人行全面从严监督管理干部，严格遵守《党政领导干部选拔任用工作条例》及各项规章制度。配合分行配备1名中支党委委员、副行长。通过交流下派和考察选拔方式为2个县支行各补充1名班子成员，机关选拔配备1名科长、9名副科长，明确2名副科长主持工作。强化“双向送培”交流学习机制，选送4人到总分行跟班学习，3名县支行业务骨干到机关工作交流，7名科级、6名一般人员进行轮岗。有针对性地对后备干部加强教育培养并强化出国（境）管理。

（供稿单位：人民银行凉山州中心支行／审稿：何芳／撰稿：罗旭）

银行业监督管理

Banking Supervision and Management

【概况】 2016年，凉山银监分局认真贯彻银监会、四川银监局工作部署，以深入开展“两学一做”学习教育为契机，认真履行监管职责，围绕“服务实体经济、严守风险底线、深化银行改革、加强党建工作”工作思路，扎实有序推进各项工作，全州银行业保持稳健运行态势。

【银行业监管】 2016年，凉山银行业总体呈现出“存款快增、贷款稳增、盈利下降、拨备上升”的特点。全州全年存贷款规模均居全省11位。截至年末，全州银行业资产总额达1752.12亿元，较年初增长10.91%，其中各项贷款余额749.79亿元，较年初增长7.04%；负债总额1688.73亿元，较年初增长11.09%，其中存款业务在负债中占比高达92.12%，占比较年初上升2.49个百分点。分局引导银行业机构将支持实体经济与自身可持续发展有机结合，加大对供给侧结构性改革的支持力度，大力推动实体经济转型升级，提高发展质效。引导机构主动对接重点领域重大工程建设，改进信贷管理政策和流程，探索银行业服务“双创”新模式，利用互联网、云计算、大数据等技术创新担保和服务方式。全年辖内银行业机构新发放水利、交通、清洁能源、棚改等基础设施和重点项目建设贷款88.86亿元，对“双创”企业贷款户数1155家，贷款余额4.83亿元。优化信贷供给结构和效率。做好企业分类施策工作，充分利用续贷等方式缓解债务压力，全年累计发放“续贷”35.15亿元，帮助474家小微企业解决燃眉之急。配合开展全州“僵尸”企业调查，下步将督促机构退出相关贷款。积极推进小微企业金融服务，开展年度银企对接活动，对接企业251家，达成初步融资意向23.44亿元。开展“银税互动 助力小微”活动，建立州银税合作联席会议制度。年末，全州小微企业贷款户数16167家，贷款余额273.68亿元，比2015年同期增长9.53%，法人机构实现“三个不低于”。持续改进“三农”金融服务，引导机构通过“延伸服务”“流动服务”等方式扩大服务半径，完成全州3747个行政村金融服务全覆盖。年末，全州涉农贷款余额546.67亿元，比年初增长5.68%。深入推进金融助力脱贫攻坚，明确全州银行业五年扶贫攻坚具体措施，引导机构建立与11个贫困县结对帮扶机制，着力推进“双基合作惠农贷款”，全年累计发放易地扶贫移民搬迁贷款20.04亿元，双基合作惠农贷款12895户，金额4.20亿元。截至年末，11个贫困县贷款余额166.13亿元，比年初增长12.64%；累计对接贫困家庭667户，对口捐赠资金229.29万元，捐赠物品折款60.41万元。消费者权益保护工作持续完善。

凉山银监分局开展银企对接活动

坚持“一把手”负责制，严格按照法定途径分类处理信访投诉，分局全年接到投诉和咨询共46件，办结率100%。组织开展消保考评工作，督导机构落实主体责任，健全工作体系，推进“一专双录”等重点工作。组织开展金融知识进万家、送金融知识下乡等宣教活动，提升金融消费者素质。

【改革转型】 2016年，凉山银监分局督导法人机构进一步厘清党委与三会一层关系，修订完善公司章程，强化董监事会及下设专业委员会履职，科学制定中长期发展规划。推动凉山商行流程银行建设，完成以会计业务集中处理为核心的项目建设以及银税合作平台、统一查控平台等系统建设；战略投资引进工作全面完成，资本充足率持续优化；指导其改变以现金分红为主的利润分配方式，着力夯实资本实力；补充配备完善董事会成员，持续规范股东股权质押管理。指导西昌金信村镇银行建立完善内控制度和流程，构建业务部门自查、合规岗位检查和内外部审计再监督评价“三条”防线。积极引入成都农商银行。针对符合条件的城市中小商业银行，指导设立3个小微支行和社区支行，丰富机构类型，为区域经济的发展增添新的活力。督促邮储银行完成辖内二类支行（不含“名行实所”网点）改革工作，进一步明确邮银双方管理权责。农发行凉山州分行在会理县设立分行，增强服务县域能力和金融扶贫的有效性。

【风险防范】 2016年，州银监分局发挥非现场的风险预警功能，建立非现场协调机制。持续跟踪数据异动情况。对中小法人机构开展小微企业信贷专项现场检查、贷款质量分类情况核实等，督促银行做实风险监测、排查、预警和化解。开展多头贷款情况调查，完成3家企业债权人委员会组建工作。加强对重点行业和产能过剩行业重点客户监测分析，一户一策对困难企业实施帮扶。围绕流动性风险管控，督导法人机构严格执行流动性风险管理有关规定，合理控制资产负债期限错配程度，开展压力测试。督导凉山农商银行按2015年末净利润的8%划转省联社统一建立风险救助金，督促西昌金信村镇银行进一步细化完善与发起行签订的流动性支持协议，并缴存资金3248.1万元。牵头印发《凉山州P2P网络借贷风险专项整治工作实施方案》，督促机构规范与“三类”公司合作，对参与民间融资行为加强监测和排查，积极协助配合开展互联网金融风险专项整治。组织开展2015年度案防工作评价，对辖内8个县（市）49个基层网点开展案件防控现场督导工作，发现问题132个，提出整改建议132条；建立案防计划督办制度并抓好整改落实和内部问责。全辖银行业继续保持“零案件”良好态势。

【法治建设】 分局扎实开展“两个加强、两个遏制”回头看工作，对前期发现问题整改落实情况逐一进行审查评估；督导辖内机构做好自查整改，组织检查组对法人机构开展现场检查，并督促机构抓好整改落实。在专项检查中，分局发现某机构存在违法违规行为，严重违反审慎经营规则，拟对该机构罚款40万元，对1名责任人警告、罚款8万元。

【内部管理】 2016年，州银监分局制定《凉山银监分局党委工作规则》《凉山银监分局党委2016年党建工作要点》，严格落实党委中心组学习制度，确保党委主体责任落实到位。扎实开展“两学一做”学习教育。通过党委中心组扩大学习、支部组织集中学、现场检查组成立临时党支部学、讲党课、从“中纪委推荐的56本书目录”中为党员购书鼓励职工自学、组织表彰大会和参观法纪教育中心等建党95周年系列活动等方式，自觉将党内教育从集中教育向经常性教育拓展。坚持知行合一，推进真抓实做。班子成员坚持问题导向，带着问题学，针对问题改，在解决问题中深化学习，检验实效，深入查摆存在问题6个，制定问题清单，建立整改台账，落实整改责任，确保"两学一做"取得实效。加强队伍建设，严格程序选拔任用3名优秀干部任副科长。强化干部管理，对2015年选拔的3名正科级、6名副科级领导干部开展试用期满考核工作。加强干部职工教育培训，制订全年培训计划，组织开展春季培训，举办培训班5个。加强财务管理，严格执行财经纪律，开展财务基础工作回头看、资产清查相关工作。积极推进公务用车制度改革。坚持开展定期体检、探视慰问、"送温暖"等关爱活动。组织开展环邛海步行、湿地踏青、户外拓展等活动，参加邛海国际马拉松等比赛。参加四川银监局系统第二届气排球比赛取得冠军佳绩。全年分局共有6个集体和11名员工获得"银监会2015年度EAST系统应用优秀组织单位""四川银监局系统监管标兵""四川银监局系统优秀共产党员"等荣誉称号。

【业务发展】 截至2016年12月末人民币存款余额（含表内理财）70.69亿元；日均存款余额60.05亿元（不含成华分润）。其中，人民币公司存款（含行政事业单位存款）时点40.80亿元，日均余额31.38亿元。人民币储蓄存款（不含表内理财）时点余额29.08亿元；日均余额为27.73亿元。12月末各项人民币贷款余额（不含银行卡透支）46亿元。其中，公司贷款余额38.99亿元，零售贷款余额8.48亿元（含银行卡分期）。2016年末，各项存款69.92亿元；各项贷款47.5亿元；中间业务毛收入总额3137万元，市场份额为10.84%，市场份额增幅排名第1。2016年凉山分行信贷资产质量控制情况良好。截至2016年末，凉山分行贷款总额（含银行卡透支）为47.47亿元，较年初增加3.69亿元。其中，正常类贷款为47.33亿元，较年初增加5.35亿元；关注类贷款为617.74万元，较年初减少1.66亿万元（关注类贷款减少较多是因为本季度分行一户对公客户的分类由关注类上调为正常类，涉及金额为1.6亿元）不良贷款余额830.69万元，比年初减少117.68万元，控制在省分行下达的不良余额控制任务1002万元之内。不良率0.175%，较年初下降0.04个百分点，成功实现不良额及不良率的"双降"。存量不良清收化解卓有成效，现金清收唯一的一户对公存量不良贷款488.93万元，同时超额完成省分行下达的零售贷款表内存量不良260.26万元的清收任务。全年实现拨备前利润1.34亿元，全省拉通排名第23位；实现净利润1.02亿元；实现中间业务收入3137万元。

【县域支行发展】 会理支行对公存款时点新增2.05亿元，日均新增1.26亿元，会东支行对公存款时点新增2637万元，日均新增6108万元，冕宁支行对公存款时点新增1.20亿元，日均新增4433万元。三家县支行公司存款（含行政事业单位存款）日均总额11.30亿元，占全行日均余额的36%；日均新增2.31亿元，占全行日均新增的62.75%。在贷款方面，冕宁支行为江铜稀土成功发放5000万元，实现利息收入217.5万元，会理支行全年累计叙做票据贴现3772万元，实现利息收入89.95万元。从银行卡分期投放看，全年凉山分行所辖三个县域支行，会理支行银行卡分期投放4675万元，会东支行投放1214万元，冕宁支行投放1186万元，三家县支行银行卡分期投放占全行比例达到47.51%，为全行的中业发展做出较大贡献。

【人才队伍建设】 中国银行凉山分行强抓队伍建设，一是加强干部选用聘任体系建设，严把选人用人关。二是加强干部考察评价体系建设，完善提任考察、聘期考核、履职效能评价、专项考核相结合的干部综合考核评价体系，引导管理者既要坚持发展，又要重视风险，既要重视当期效益，又要坚持长期发展。三是加强执行力建设，确保对方针、政策、制度的贯彻落实，确保全行政令畅通。对于履职不力,违规违纪行为要加大问责力度、坚决查处。通过上述措施促进分行各项业务发展。

【内控合规建设】 2016年,中国银行凉山分行始终保持案防工作高压态势,坚持标本兼治、惩防并举。一是为确保2016案防工作的组织领导,年初召开案防工作会议,研究部署年度案件防控和安保工作,细化风险防控、案件防范工作,明确各级责任。调整案防工作职能,将案防工作牵头职责由原监察部调整到风险内控部。二是健全案防工作机制,突出案件风险日常监管和制度执行力,把案件防控和安全保卫工作纳入全年案防目标管理。不断推进案防长效机制建设,切实增强内在防控能力,提升内控和案防工作质量。不定期组织检查,开展案件风险排查,注重强化各项制度执行力及有效性,为案防工作的深入开展提供保障。及时组织召开风险管理与内部控制委员会,严格落实"一岗双责"工作责任制,逐级签订《2016年案防目标责任书》《2016年案防承诺书》,组织学习银监局、人行、省行案防文件并进行相关培训。三是针对严峻的案防形势,在全行组织开展各类风险专项排查活动,通过开展内控案防专项治理活动、"两加强、两遏制"回头看自查、防范非法集资综合治理、反洗钱专项治理行动、大要案件风险隐患排查及再排查、"雷霆行动"——遏制违规违纪屡查屡犯问题专项整治工作,促进各项制度的落实,达到有效化解案件风险的目的,进一步强化员工业务合规操作能力。案防工作总体思路明确,案件防控长效机制建设有效,防控措施得力,案件风险排查深入,违规和风险问题的整改到位,能深入推进案件防控工作的开展,巩固案防成果,实现年度案防目标。四是进一步加强外汇管理工作。作为外汇业务传统行,凉山分行严格按照《贸易信贷登记管理系统(预付货款部分)操作指引》《货物贸易外汇管理指引实施细则》《出口收汇核销管理办法实施细则》《出口收汇核销管理操作规程》等法规制度办理对公外汇账户的开立、使用,货物贸易项下的收付汇和结售汇业务、服务贸易项下的收付汇等。严格禁止为未经外汇管理局主体登记的企业办理开户业务,严格禁止为非进口付汇名录企业办理付汇业务和非货物贸易名录企业办理收付汇业务,严格按照各项外汇管理规定合规办理业务,积极参加外管局组织的培训,并在辖内对政策进行有效传导。五是严厉追责。2016年风险内控条线累计追责147人次,扣罚绩效27225.00元。通过以上工作,凉山分行延续无案件发生的良好传统,内控案防的嵌入每一个员工的心脑,为凉山分行的健康发展站好岗,服好务。

【扶贫攻坚】 中国银行凉山分行认真落实省分行及当地政府、人行、银监的扶贫工作要求,抓好扶贫攻坚工作。全年分行牵头组织开展对刘家坪村10户结对帮扶对象扶贫工作,制定《凉山分行精准帮扶工作措施》,多渠道、多举措开展精准帮扶工作,聚全行之力攻坚扶贫。结合实际制定扶贫工作措施,2016年8月23日,带领相关人员到刘家坪村开展扶贫工作调研,为全村68户贫困户发放慰问品,为刘家坪村集体经济提供扶持资金,修建加水洗车场,购买洗车设备。通过各方共同努力,2016年11月由州政府组织验收检查中,刘家坪村已成功达到退出贫困村标准。

(供稿单位:中行凉山分行/审核:祝君/撰稿:祝正清)

农行凉山分行

Liangshan Branch of Agricultural Bank of China

【概况】 2016年,中国农业银行凉山分行突出"挖潜、降本、增效、控险"目标,抓实"三个宣战",坚持"从严治党、从严治行",力克"外部竞争强、扶贫任务重、风控压力大"三重困难,实现经营发展新突破。年末全行各项存款净增57亿元,总量达557亿元,存贷规模突破750亿元,创历史最高水平。

【支持实体】 农行凉山分行充分发挥地方金融领

军银行作用，将支持地方实体经济发展作为全行发展的重要任务，为地方基础设施建设及重大项目建设提供融资及相关金融服务。2016 年以优质的现场服务助推杨房沟水电站、成昆铁路复线扩能改造等重点项目拓展，共上报 19 个资产类项目，总额 73.5 亿元；实现杨房沟电站、水洛河博瓦电站、大唐普格风电等项目投放 8.6 亿元；成昆铁路资金监管获评总行第一届公私联动优秀示范项目。抢抓政府购买服务发展机遇，成功支持会理农村路网改造、宁南易地扶贫安置和通村公路建设项目，实现投放 5.4 亿元，2016 年该行荣获总行、省分行服务“三农”先进集体称号。小微企业实现投放净增 1.67 亿元，有力支持地方优质小微企业的蓬勃发展。

【服务“三农”】 2016 年累计投放农户贷款 1.82 亿元，同比多增 2510.73 万元，农户贷款余额 1.72 亿元，较年初增加 1835.17 万元。加快调整农户贷款结构，紧紧围绕全州发展规划，服务现代农业，支持特色产业发展，大力支持宁南南丝路集团、西昌华宁、德昌建昌食品、会理县顺鸿养殖等州级以上龙头企业，2016 年新增新型农业经营主体 47 户，新发放贷款 1170 万元。采取“公司 + 农户”“公司 + 基地 + 专合社 + 农户”的金融服务模式，发放农户贷款，支持农民增收。

【金融扶贫】 农行凉山分行紧紧围绕州委政府脱贫攻坚规划，将金融精准扶贫作为全行的重点工作，州、县两级行均成立专门的金融扶贫工作领导小组，围绕凉山州十二个专项扶贫方案制定《中国农业银行凉山分行 2016—2020 年金融扶贫规划》等一系列方案，积极推进金融扶贫及挂点扶贫结对帮扶工作。持续加大贫困地区信贷投入，2016 年对 11 个重点扶贫县累计投放贷款 16.39 亿元，贷款实现净增 15790 万元，支持彝家新寨、产村相融和安宁河谷新农村建设共计 3.83 亿元，累计支持建档立卡贫困户 3212 户，发放扶贫小额贷款 1.29 亿元，完成州政府、州人行及银监分局下达分片包干任务的 102%，并在州人行金融扶贫工作考核中获得优秀。

【渠道建设】 2016 年，农行凉山分行为进一步提升对大型水电及周边群众的金融服务能力，新设立木里杨房沟水电支行；完成网点升格 6 个、瘦身 9 个；新设自助银行 15 个，累计达到 101 个，与人工网点比例达到 1 ∶ 1.51。持续深化与移动公司、供销社及涉农部门合作，推进“银讯通”平台建设，巩固农村渠道优势，年末银讯通服务点达 2416 个，行政村覆盖率达 78%，累计发生金融性交易笔数 451.14 万笔，金额 15.21 亿元，点均交易 156 笔，居全省农行第 1。同时，该行率先在昭觉县“悬崖村”设立助农取款点，获多家主流媒体关注报道。

【产品创新】 作为总行级一类“三农”产品创新基地，农行凉山分行紧紧围绕优势产业和金融扶贫等重点领域，利用“征信大数据 + 互联网”技术，率先研发“金穗快农贷（烟农）”产品并在会东县支行成功发布上线，实现对烟农批量化、标准化、模式化的信贷服务。水电“移民贷”在宁南县支行成功试点，赢得社会各界高度肯定。“银法直连”系统在全州 15 个县成功上线。“银讯通产品创新与推广”获得中国银行业协会“服务三农五十佳金融产品”荣誉称号。在农行四川省分行产品创意大赛中，凉山分行推荐产品获得一个二等奖（征信大数据扶贫贷）、一个三等奖（财政放心付），其中征信大数据扶贫贷获得农总行 2016 年产品创意大赛二等奖。

【党建工作】 凉山分行认真学习贯彻中共十八届六中全会精神，围绕“两学一做”学习教育要求，全面落实行党委关于加强和改进党建工作的相关要求，推动全面从严治党向基层延伸，落实“把支部建在网点”的工作措施，巩固党建成效，从政治保证、作风保证和纪律保证方面发挥党建工作积极作用。2016 年辖内 23 个二级支行全部建立独立党支部，行长兼党支部书记、运营主管兼纪检委员均

员工风采大赛

达到100%。在全行党员中开展“学党史、知党情、强党性、感党恩”党史知识竞赛活动，以赛促学，增强党员干部学习意识。举办基层党支部书记培训，聘请具有深厚理论知识、丰富教学经验的老师授课，提升全行基层党支部书记、党务工作者整体水平。建立领导干部挂点联系机制，党委成员带头挂点帮扶，深入贫困村调查研究，解决实际困难，各部室结对指导支行开展扶贫工作。全行共抽调17名党员到贫困村担任“第一书记”，组织11个以党员骨干为主的扶贫工作组，助力6个贫困村退出贫困名单。

【企业文化】 农行凉山分行深入开展企业文化建设，充分发挥企业文化引领作用，激发员工热情，凝聚发展合力。一是在金融服务和业务转型中，涌现出一批先进典型和精神文明建设先进集体。冕宁支行被评为省级最佳文明单位；布拖支行营业部被评为省农行文明单位；越西支行营业部被评为省农行精神文明建设工作先进单位。二是在农业银行总、分行各类比赛中获得较好名次。如凉山分行《因地制宜 创新产品 开拓凉山彝族山区金融扶贫之路》在农总行“金融精准扶贫”征文大赛中获优秀奖，凉山分行群舞《索玛花开》获省分行员工才艺大赛二等奖。三是开展丰富多彩的文体活动，继续开展好凉山分行第二届“最美女员工”评选表彰活动。2016年7月23日农行凉山分行成功举办“激情七月”员工风采大赛

（供稿单位：农行凉山分行 / 审核：杨绍辉 / 撰稿：吴超）

工行凉山分行

Liangshan Branch of Industrial and Commercial Bank of China

【概况】 2016年，工行凉山分行认真贯彻中共十八届五中全会、中央和省委经济工作会议精神及人民银行、银监局相关监管要求，有效落实工行总行、四川省分行改革发展研讨会和2016年工作会议精神，主动转思路、谋发展、添措施、促转型，迎接新挑战和适应新常态，全力推进工行凉山分行各项工作，取得和实现工行凉山分行经营效益较快稳定增长、业务发展竞争力有效提升、信用风险管控良好、内控案防工作成效显著及党建和党风廉政建设工作实现新的强化。工行凉山分行本部设有“六部一室一中心”和13个营业网点，其中本部部室为综合管理部、监察室、资金财务部、信贷与投资管理部、运行管理部、法人金融业务部、个人金融业务部、运行服务保障中心，营业网点为1个分行营业室、11个支行、1个分理处，其中西昌市城区9个营业网点，会理、德昌、冕宁、会东县支行4个，年末在岗人员222人。

【业务发展】 2016年，分行在州内累计实现各项贷款投放38.28亿元，完成州政府下达目标任务的127.6%；各项贷款较年初增加6.17亿元，完成州政府下达目标任务的123.4%；其中法人贷款余额较年初净增5.07亿元，个人贷款余额较年初净增1.1亿元。小微企业贷款余额23.3亿元，较年初净增5.68亿元，增幅为32.24%；累计签发银行承兑汇票1.54亿元，办理票据贴现6.11亿元，同时累计向州内1085户居民发放个人住房按揭贷款4.18亿元，向328户发放消费贷款0.65亿元，向93户经营户发放个人经营贷款0.92亿元。全年实现净利润1.63亿元。

【主要工作】 一是持续抢抓客户发展战略，夯实发展基础。紧紧围绕代发工资、民生金融、商贸市场、县域农村、社区金融五类目标群体客户的拓展工

作要求，进一步做大个人客户基础。坚持大中小并举的客户拓展原则，全面推进公司机构各层次客户拓展工作。二是深入推进“大零售”战略，进一步提升“大零售”业务营业贡献。三是持续有效推进“大公司”战略，进一步提升公司金融核心竞争力。四是积极推进全机构战略，进一步提升机构金融持续发展和转型发展能力。五是持续强化信贷管理，有效防范信用风险。截至年末，全行不良贷款率0.6%。五是持续坚持“融e行+融e购+融e联+工银e支付”的“4e”联动营销策略，加快发展互联网金融。六是持续抓内控案防、操作风险管控，保障全行经营成效。七是持续强力推进全面从严管党治党，为转型发展提供坚强保障。八是持续强化服务改进，提升全行服务客户能力。以“服务面貌专项整治季”为契机，进一步提升全行服务客户能力。

【内控案防工作】 工行凉山分行案件防范工作按照“抓实基础工作，创新突出特色，精细精准督导，全面提升管理”的总体思路，为实现“案件事故零发生，监管评级持续优”的目标，坚守底线，主动防范和化解各类风险，抓好案件防范基础工作，认真落实各项工作措施，不断加大重要领域的风险排查力度，确保2016年无案件和重大责任事故发生。一是强化合规文化的传导，扎实开展内控合规“基础强化年”主题教育活动，持续落实员工“三位一体”主题教育机制，及时传递风险及案件管控信息，不断传导内控案防压力，在全行营造良好内控案防氛围。二是强化操作风险管控，将操作风险管控作为一项常态化的重点工作来抓，全面增强员工的忧患意识、党纪和法规意识、责任意识、创新意识。三是严格落实人员管理，加强员工行为排查。强化客户经理的日常管理和教育培训，规范客户经理销售行为；按月召开员工行为类风险分析甄别联席会，坚持“以事找人，由人及事”落实员工异常行为管理职责。四是开展各类风险排查，及时揭示全行各项业务存在的薄弱环节和风险隐患，采取相应措施落实整改，及时风险化解。

【消费者权益保护工作】 2016年，一是继续深化消费者权益保护工作机制建设。高度重视消费者权益保护工作，增强消保工作主体意识，进一步加强建章建制，全面落实监管部门及工行总行、四川省分行相关工作要点；将消费者权益保护工作落实到产品和服务的开发、审批、营销、售后等各个业务环节，采取多种措施助推营业场所环境规范化、网点服务规范化，促使网点服务品质提升；重视对特殊类型消费者的服务工作，秉承“特事特办”的理念，切实做好员工日常培训，提升为特殊群体客户服务技能。二是建立常态化消费者金融知识宣教体系，强化消费者买者自负的市场意识。借助分行电子显示屏、电子自助机具、微信公众号、工银融e联、网点交互平台，强化日常宣传教育，寓宣传于服务之中；继续组织开展“3·15”金融消费者主题宣传教育，以及“金融知识万里行”“金融知识进万家”“金融知识普及月”等系列主题活动，努力提升宣传的吸引力和受众面，进一步提升金融消费者的风险防范意识及买者自负、合法维权意识。三是加强客户投诉管理。本着“投诉无小事”原则，严格落实首问负责制和支行行长最终责任制，搞好初信初访，将每一笔投诉化解在萌芽状态；加强“客户之声”（“95588”）工单管理，严守处理时限和效率，努力提升客户服务体验效果；充分发挥“客户投诉处理专家团队”作用，为处理重大、疑难投诉提供决策咨询和专业意见。四是积极推进“一专双录”工作。对网点柜面渠道及客户经理理财室安装双录设备，完成营业网点及客户经理理财销售专区内电子监控系统的安装配备工作；及时转发工总行关于个人金融专业产品销售录音录像管理办法的通知，按照工总行营销话术规范营销，录音录像坚持“先录后买”及“每笔必录”原则。

【扶贫攻坚】 一是积极开展结对帮扶。组织开展“一对一”对接贫困县。与雷波县金融扶贫开发合作进行积极磋商，并做好该县谷堆乡定点扶贫工作。组织开展“一对一”对接贫困家庭。制定一对一帮扶贫困家庭方案，在雷波县谷堆乡大谷堆村选择5户贫困农村家庭,确定贫困户“一对一”帮扶责任主体、帮扶重点和具体措施,努力帮助贫困家庭找准致富门路,早日实现脱贫目标。加强干部驻村帮扶。向雷波县谷堆乡谷堆村选派一名扶贫干部,在该村开展扶贫帮扶工作。组织开展“一对一”帮扶贫困学子。制定一对一帮扶贫困学生爱心行动方案,在该乡选择30名贫困农村家庭学生进行“一对一”帮扶,帮助该村贫困学生改善就学条件,提高贫困人口受教育水平,防止贫困代际传递。2016年,分行领导带队到谷堆乡谷堆村展开帮扶,为5户贫困农户送上能繁母猪和帮扶资金;向30名贫困学生送上帮扶金,截至年末,共向谷堆乡谷堆村捐赠资金4万元和价值2000余元的御寒衣物。同时,分行与该乡中心校密切联系,动员全行员工积极支持该村少年宫建设,加强学生思想道德建设。二是向工行四川省分行提出在同等条件下优先招录11个贫困县农村贫困家庭高校毕业生的建议,工行四川省分行录用1名金阳籍建档立卡贫困家庭大学毕业生,解决其就业问题。三是冕宁县支行和德昌支行分别向定点帮扶贫困村捐款2000元和1800元,助推贫困村经济发展。四是向金阳县捐款12万元用于丙底乡和双龙坝中学电教室建设,助推该县教育事业发展。五是在谷堆乡组织开展“送金融知识下乡”“反假货币进校园”“金融知识万里行”和消费者权益保护宣传、个人征信和小额扶贫信贷政策宣传等活动,并在该乡积极开展禁毒防艾等宣传活动,努力提高当地民众对金融知识的了解,增强贫困地区金融消费者权益保护意识以及运用金融发展经济的能力。

（供稿单位:工行凉山分行/审核:王霞/撰稿:徐兴兵）

建行凉山分行

Liangshan Branch of China Construction Bank

【概况】 截至2016年末,建设银行凉山分行共有员工249人,下设营业机构和网点17个。全口径存款余额73.09亿元,较年初新增14.86亿元。其中,一般性存款余额73.08亿元,新增14.85亿元;无同业存款。一般性存款中对公存款40.79亿元,新增13.37亿元;储蓄存款32.30亿元,新增1.48亿元。各项贷款时点余额30.16亿元,下降2.74亿元。其中,公司类贷款19.74亿元,下降2.26亿元;个人类贷款10.42亿元,新增9583万元。实现中间业务收入3057万元,实现利润7826万元,较2015年同期减少2753万元。五级分类不良贷款余额3.25亿元,不良率10.79%,较年初下降1.38个百分点。

【对公业务】 一是签订《银政合作协议》,积极推进凉山建设和发展。建行四川省分行与凉山州政府成功签署《银政合作协议》,拟在“十三五”期间,向凉山州13个重点项目、重点企业和中小企业等,意向性投放贷款287亿元。当年建行省、州分行共投放贷款10.44亿元。二是以州社保、财政、州铁路建设办专户、雅砻江水电凉山公司、州二医院等大客户为重点,做好业务挖潜和各项服务工作。三是项目储备和存量贷款客户的授信工作有序开展。具体:完成江铜稀土2亿元流动资金回收再贷、完成州二医院0.3亿元额度申报及500万元流贷发放、完成中西医结合医院新建项目授信申报、完成州创业创新孵化园项目发起授信和业务申报、完成州现代房屋集成制造公司客户评级和授信申报工作。

【对私业务】 一是电子银行方面:个人手机银行活跃客户新增17120户,完成计划的118.48%;个人短信银行客户新增16773户,完成计划的97.01%。二是个人有效客户较年初新增3027户,计划完成率43.24%;有效客户数较年初新增14621户,计划完成率38.22%。三是信用卡净增客户3856户,计划完成率67.41%;净增动户3114户,计划完成率78.8%;净增卡6071张,计划完成率72.97%。

【渠道建设】 一是升格3个网点为支行(西门坡、顺城街、海河路),更名攀西支行为西昌支行;二是对3个低效网点进行轻型网点改造（海河路、西客站、外滩），各项指标基本达标；三是按照“一点一策”布放17台标准版智慧柜员机，15台综合版智慧柜员机，增加21台平板电脑，为网点智慧转型提供保障。

【风险内控】 一是按五级分类口径，公司类不良贷款较年初减少7681.54万元，不良率较年初下降1.83个百分点，取得存量不良贷款率和不良贷款额“双降”的好成绩。二是强化风险管理和信贷审批的基础性工作，全年信用等级审定12户，评定面100%。审批权限内信贷项目378笔，贷款金额4.36亿元。三是业务条线坚持每月对营业网点、金库及自助设备开展关键风险点现场检查，及时发现问题，并督促完成整改。四是组织开展操作风险专项排查、违规操作谋求私利专项整治、非法集资风险专项整治和“一加强两遏制”及“回头看”等专项工作。五是高度重视审计整改工作。全年完成内部审计检查整改问题3个、外部监管部门检查问题整改8个，整改完成率100%，得到监管部门和省建行的认可。

【安全保卫】 一是认真落实创建“平安建行”的各项措施，切实抓好“基础创建年”各个环节工作；二是按照“谁主管、谁负责”原则，狠抓制度的落实；三是加强物防、技防、消防设施建设，实现营业网点、自助设备加钞间“110”报警系统联网；四是加大要害岗位、风险环节的检查力度，强化现场和非现场检查效果；五是完善应急预案，加强营业场所、金库和运钞环节的防盗抢、防抢劫、防诈骗、防火灾等突发事件演练工作；六是开展重点部位、要害岗位人员的查改排查工作，有效防范诈骗案件和内外人员勾结作案。全年实现无“四类案件”和“三无”的总体目标，荣获2016年度西昌市公安局经保系统先进集体，7名员工荣获经保单位先进个人。

【案件防控】 坚持案件“零容忍”，认真贯彻落实总行《关于进一步加强案件防控责任的意见》，夯实“三道防线”，强化行领导、业务条线管理部门和各级机构的案防责任，突出纪委、监察部门查处职责，形成群防群治格局。一是实行案件防控工作包干责任制；二是制定下发《2016年大要案件及风险隐患专项治理工作实施方案》；三是开展员工行为集中排查2次，日常行为排查4次；四是制订和落实《案件防控要点100条》实施计划；五是严格落实案件防控联席会议制度。全年对内部相关责任人进行违规积分处理98人次，记轻微违规积分150分，减发绩效22500元。

【企业文化建设】 一是加强民主管理、民主监督和民主决策。召开第四届第一次职工代表大会，审议2015年度工作报告和绩效考核办法。二是充分发挥工会、团委的桥梁和纽带作用。通过兴趣小组、谈心、座谈会等形式，建立沟通渠道，听取一线员工的意见和诉求。三是工会、团委积极组织开展游泳、乒乓、跑步等各类健康有益的文体活动，为员工释放工作压力、树立自信自尊、强化团队精神起到积极作用。五是努力推进凉山精准扶贫和教育扶贫工作。在总行和省分行的高度重视和大力支持下，向建行扶贫联系点美姑县柳洪乡中心小学、牛牛坝卫生所等援助总价值60多万元的扶贫项目资金和物品。

【党风廉政建设】 一是制定下发《2016年党风廉政建设任务分工表》，进一步突出党委的主体责任和纪委的监督责任；二是组织中层以上干部签订《党风廉政建设及案件防控工作责任书》、员工签订《遵章守纪承诺书》和《廉洁合规从业承诺书》；三是对所属机构开展落实反腐倡廉建设制度和措施落实情况督查，收到《个人重大事项报告》共72份，建立本级管理人员廉政档案36份；四是组织开展“讲规矩 正风纪 守廉洁”主题教育活动，进一步促进党员干部做到“三严格、三提高”；五是开展警示教育活动，组织全员收看《廉洁合规从业》微电影，组织40多名员工参观四川荞窝监狱，开展“以案为鉴”警示教育。

（供稿单位：建行凉山分行/审核：鲍勇/撰稿：邹翔）

农发行凉山分行

Liangshan Branch of Agricultural Development Bank of China

【概况】2016年末，中国农业发展银行凉山州分行有在编人员45人，包括州分行31人，新设会理县支行14人。其中，大学本科学历36人，大学专科学历7人，中专学历1人，初中学历1人，本专科学历占比达95.56%；在职党员26人，占比57.78%；40岁以下青年员工25人，占比55.56%，队伍结构较为合理。作为全州唯一一家农业政策性银行，凉山分行牢牢把握“稳中求进”的工作总基调，在地方各级党政、监管部门的大力支持下，积极履行政策性银行的责任与担当，全力服务“三农”发展和脱贫攻坚，努力打造成政府的银行、支农的银行、现代化的银行，有力支持地方经济社会发展。

【经营状况】全年分行业务经营总体呈现“五增、一少、双降”的经营格局。五增即资产总规模增加、存款增加、专项基金增加、收入增加和净利润增加；一少则为支出减少；双降为不良贷款绝对额和占比下降。年末，资产总规模21.7亿元，比年初增加6.6亿元，增长43.7%。1—12月，累计投放各类贷款和农发专项基金7.77亿元，其中储备粮油贷款0.33亿元，产业化龙头企业贷款0.76亿元，农村扶贫路网建设贷款3亿元，水库建设过桥贷款0.36亿元，农村人居环境改善贷款0.03亿元，农发专项基金投资3.29亿元。年末贷款总额为16.4亿元，比年初增加1.96亿元，比年初增长13.5%。年末农发专项基金余额为4.65亿元，比年初增加2.9亿元，比年初增长166%。存款余额为15.1亿元，比年初增加10.5亿元，比年初增长224%。2016年1—12月，全行累计实现各项业务收入8362万元，同比增加1712万元，各项累计支出4837万元，同比减少305万元，利润同比大幅增长，全年实现账面利润3525万元。不良贷款余额为7276.6万元，比年初减少0.5万元，占比4.5%，比年初占比略有下降。

【支农工作】一是坚持粮油信贷主体业务不动摇，及时足额提供粮油政策性信贷资金。全年累计投放各级粮油类贷款4344万元，其中发放中央储备轮换和临储贷款3044万元，发放地方储备轮换贷款300万元，发放产业化龙头企业粮油收购贷款1000万元，确保中央、地方储备企业轮换粮食等粮油信贷资金需求，确保全州粮油市场平稳运行。二是着力发挥政策性银行职能，全力提供信贷资金支持完成凉山扶贫攻坚任务。进一步拓宽对地方经济发展的支持范围，全力对接地方扶贫攻坚重大项目，全年累计对接项目11个，意向性信贷资金需求达到96亿元，涉及国家重点水利建设、农村扶贫路网、棚户区改造和城镇化建设等重点项目。累计投放交通路网扶贫贷款3亿元，累计投放国家重大水利项目0.6亿元。三是抓好重点建设专项基金的投放工作，拉动地方经济发展。2016年末，已完成18个基金项目的审批工作，基金总额为4.65亿元，当年累计投放基金总额2.9亿元，涉及西昌市、会理县、昭觉县、木里县、德昌县、会东县和宁南县等七县（市）的18个承贷业主。在第7批重点项目专项基金中已与9个项目业主达成合作意向，总金额7.35亿元，涉及棚改、供排水、特色小镇建设、旅游基础设施建设等重点项目。四是积极协调地方政府，充分发挥政策性银行在脱贫攻坚中的先锋和模范作用。分行积极协调上级行及地方各级党政，认真做好11个县（市）易地扶贫搬迁资金的监督划拨工作。全年累计承接地方政府债务资金、易地扶贫搬迁专项基金、长期低息贷款等3项扶贫资金共计20亿元，累计下拨到各县11.4亿元，保证扶贫专项资金及时足到位。建立5个业务扶贫领导小组，联系全州17县（市），重点协调各县（市）扶贫业务项目营销、账户开立、扶贫资金拨付等相关工作。积极支持昭觉县悬崖村人居环境改善项目，在省分行大力支持下，该笔6000万元项目贷款及时实现审批，并于7月22日完成240万元贷款首笔投放工作，有力改善悬崖村安全出行等问题。

【风险防控】 狠抓风险防控，严防新增不良贷款风险。一是积极搞好存量贷款风险排查。现有贷款企业虽然或多或少都受宏观经济下行压力的影响，但生产经营正常，存量贷款风险基本在可控防围内。二是积极做好存量贷款的期限调整和续贷工作。对甘洛县国合电站贷款期限进行重新调整；对华宁农牧科技有限公司等生产经营正常的公司及时完成续贷手续；对西昌永兴贸易有限公司的反担保抵押土地被地方政府征收后，第一时间跟进，掌握政府征收的后续进展，严防潜在贷款损失风险。三是积极协调地方政府，推进依法收贷，依靠地方政府通过行政手段的方式收回贷款，通过投放贷款方式逐步化解分行不良贷款；同时积极推进依法收贷，在西昌市政府的支持下，对西昌攀星农业公司及法人所拥有的资产做到应保尽保，上诉到省高院案件诉讼有序推进中。

【基础管理】 坚持合规经营，从严治行，狠抓基础管理。一是以贷后管理年为契机，进一步夯实贷后管理工作。按照贷后管理年活动安排及要求，对照信贷制度、办法、操作流程及指引等政策法规，认真搞好清理检查和整改规范工作，针对贷后管理的薄弱环节和风险隐患采取针对性措施，对于在风险排查和贷后检查中发现的问题逐一建立台账，认真整改，同时从制度执行和操作规范层面认真查找原因，防止类似问题的再度发生，有力防范信贷风险，规范业务操作，信贷管理水平得到进一步的提升。二是进一步规范财务核算管理，严防操作风险。以接受财会检查为契机，对检查中存在的问题进行逐条整改落实，按规章制度要求进一步做好财务核算管理，确保账务处理合格合法，财务核算管理得到进一步规范；同时积极搞好会计内控管理，切实提高内控管理水平，加强重要空白凭证、印章、重要物品、IC卡、对账等内控关键环节管理，抓好合综合业务系统“金猴工程”二期综合业务系统上线工作，认真做好往来资金的汇划和结算工作，重点抓好营业机构签到签退、账务核算、资金汇划、报文应答、日终对账等综合业务系统操作重点环节，确保业务处理不出问题，认真开展查库和会计检查辅导工作，充分利用会计远程监控系统，督促结算部门规范操作，积极防控操作风险，确保全年无事故。三是加强案防队伍建设，积极做好风险和案件防控工作，以机构职能改革为契机，积极落实案防工作职责，加强员工队伍教育，定期召开案件风险防控分析会，通过员工行为排查、内控合规检查、内控评价、“两加强两遏制”回头看和贷后管理年等活动查找案防工作漏洞及管理薄弱环节，并以此为契机，对政策性和商业性贷款业务进行全面的风险排查，找准风险隐患，列出整改台账及时进行整改落实，全年确保存量业务不出问题，内控管理水平得到有效提高。同时，积极做好各大节假日前的安全检查，对生锈的空调架子进行刷漆保养，对具有安全隐患的配电柜进行改造，加强来访人员的登记管理，积极开展全行员工警示教育工作，组织会理县支行和州分行全体员工参加攀西监狱的警示教育活动，与全行员工分级层签订各种责任书，加强员工思想动态的掌握，行领导要掌握中层干部思想动态，中层干部要掌握员工思想动态，层层落实，确保人员管理不出问题，通过全行干部职工共同努力，全年实现安全管理“四无”目标。

【企业文化】 一是充分利用省分行、金融监管机构、地方相关部门以及其他机构的培训机会，组织青年员工参加管理能力、个人潜能、专业理论等内容的提升培训班，由点及面不断提高职工综合素质；二是利用节假日、纪念日等开展各种主题明确的文体娱乐活动、业务竞赛、知识学习，引导全行干部职工树立起积极健康的生活方式；三是搭建好青年工作平台，抓好团支部建设，充分发挥团支部在青年职工中的凝聚力作用,引导青年职工在工作中踏实勤奋、爱岗敬业、积极进取;四是建立伙食团,解决职工工作用餐问题,增强全行职工的归属感。

【帮扶工作】 切实开展驻村帮扶和对口帮扶工作,全力助推贫困群众早日实现脱贫奔康。2015年实施对口帮扶至今,分行除下派第一书记驻村扶贫外,一是通过爱心捐款等形式筹措资金30多万元为越西县瓦曲觉乡中心校引进自来水,修建学生食堂,配备教学用电脑、打印机等设备,解决该校的饮水、用餐、教学等实际困难。州分行还每年定期开展到村慰问活动,先后为学生们送去学习用具1500余套,文体用品500余套,书籍2000余册;每年向品学兼优学生发放奖助学金5000多元,并多次组织教师和学生到西昌交流学习。二是先后发放大米5000余千克、冬衣1000余件、棉被100余床,帮助20名困难学生和50户困难家庭改善生活质量,解决他们的实际困难。三是帮助贫困群众实施产业脱贫,先后向该村送去1000只山地乌骨鸡苗、100只仔猪和500只鸭苗,发放农用技术书籍500册,并联系农牧业专家定期为他们免费提供种养殖业技术培训,帮助贫困群众脱贫致富。

(供稿单位:农发行凉山分行/审核:李闯/撰稿:郑强)

凉山州商业银行
Liangshan Prefectural Commercial Bank

【概况】 2016年,凉山州商业银行各项工作平稳运行,未发生案件和重大风险事件。截至2016年12月31日,存款余额为177.92亿元,比年初增长0.64%;贷款余额为95.20亿元,比年初增长5.51%,累计发放贷款87.97亿元,累计收回83亿元;实现税前利润13475.08万元。2016年,凉山州商业银行顺利完成增资扩股工作,进一步增强资本实力,提升风险抵御能力,为实现科学稳健可持续发展奠定良好基础。

【金融服务】 凉山州商业银行继续坚持服务地方经济、服务小企业、服务广大市民的市场定位和服务理念,不断加大对实体经济的信贷支持力度。一是有效提高贷款审批效率,在信贷管理系统中通过设置新增贷款和收回再贷指标进行区分,加大收回再贷审批授权,切实提高客户续贷办理效率。二是提高对小微企业不良贷款容忍度,由普通贷款的1%提高至3%,对于不涉及操作风险、道德风险形成的小微企业不良贷款责任人实行“尽职免责”的人性化举措。缓解个别信贷客户经理对小微企业“惧贷、畏贷”的心理压力,确保营业网点和客户经理营销服务小微企业的积极性不减退。三是持续加强员工业务培训,提高职业操守和业务素质,以较高的业务水平更熟练、高效地为小微企业客户提供金融服务。四是加快金融业务产品创新,积极探索、创新可操作性强的金融产品与服务方式,满足小微企业客户不同的金融需求。五是继续完善贷款利率定价体系,通过利率浮动满足更多小企业的融资需求。

【内控建设】 凉山州商业银行针对业务条线管理中存在的薄弱环节和业务风险状况,围绕“重点业务、重点环节、重点区域、重要和关键岗位人员”加大对柜面业务风险排查工作力度。一是做好“两个加强、两个遏制”回头看工作;二是组织开展大要案及风险隐患排查;三是组织开展案件风险再排查;四是开展存款结算环节业务风险排查,并对2015年存款风险排查中存在问题的支行进行跟踪排查;五是开展现金业务管理的风险排查,对全行所有机构的现金业务管理制度执行情况进行排查,排查面达100%;六是开展代发工资业务排查;七是开展银企对账排查,确保账务核实的真实性;八是开展“五十个严禁”执行情况排查,逐步规范业务操作行为,强化柜员和授权人员的合规操作,进一步加强柜台业务的风险控制。

【科技建设】 凉山州商业银行优化系统开发,针对集中处理系统上线后业务开展出现的问题,修复系统缺陷46处、优化业务流程200处、新增业务需求98处。先后上线防范电信诈骗系统2.0处理、3.0版，银行业金融机构涉案资金网络查控平台，四川省公安厅涉案账户资金查控平台，人民法院网络执行查控平台（点对点），人民法院银行业金融机构网络执行查控平台（总对总）；进行二代支付系统国密改造，做好四川同城支付系统二期改造的准备工作。2016年仍然以流程银行建设为契机，大力推进转型发展，先后上线运行社保IC卡制卡系统，实现自动从省社保平台获取社保客户开卡信息，行内完成开卡并回传开卡结果；上线法院总对总查控系统，最高人民法院司法查询功能，完成对涉案账户进行司法冻结等功能；上线人行会计核算系统ACS，实现与人民银行清算直连对账；上线统一查控平台，该系统对公、检、法等有权机关通过实时接口报文和文件方式实现对客户信息、账户信息的查验、止付、冻结等功能，对涉案账户提供黑白名单比对，在柜面、ATM各应用端有效提供电信防欺诈功能。

【取得荣誉】 凉山州商业银行在“四川银监局2015年度监管标准数据质量综合评比排名”中位列第1名；被评选为“四川银监局监管标准化数据报送优秀组织单位”；获得“2015年度省级守合同重信用企业”；荣获“2016年四川银行业助力精准扶贫十大扶贫爱心组织”称号；荣获“2016凉山企业50强”“2016凉山服务业企业50强”称号。

（供稿单位：州商业银行/审核：王大清/撰稿：谌李琼）

凉山农商银行
Liangshan Rural Commercial Bank

【组织机构】 2016年，凉山农村商业银行股份有限公司（简称凉山农商银行）前身是凉山州农村信用社，始建于1954年，2011年12月20日在原143家县、乡法人机构基础上改制组建为凉山州农村信用联社股份有限公司，并于2015年10月11日改制组建为凉山农商银行。经过半个多世纪的发展，已成为全州服务范围最广、营业网点最多、贷款规模最大的地方性普惠金融机构。2016年，凉山农商银行有机构网点281个（其中县级支行18个），在职员工2181人，其中研究生学历8人，本科学历870人、占比39.94%，大专学1080人、占比49.52%；35岁以下青年职1017人，占比46.63%。近年来经层层选拔新聘大学生944人，占比达43.28%，员工队伍得到有效优化。

【经营状况】 凉山农商银行坚持“稳中求进，提质增效”工作基调，以科学发展为主线，以转型升级为抓手，优化资产负债结构，打好“一体两翼”业务发展牌，各项工作稳步运行、基础管理持续强化、发展质量不断提升，业务发展总体呈前进之势，实现“十三五”良好开局，有效支持地方经济社会发展。截至2016年末，凉山农商银行各项存款417.9亿元，较年初净增58.3亿元，增幅16.20%；各项贷款202.7亿元，较年初净增19亿元，增幅达到10.34%，存贷款净增额分别占全州金融机构净增总额的30.61%和38.47%，均居全州同业第一位；实现税前利润3.2亿元，增0.75亿元；缴纳各类税收1.4亿元。

【产权制度改革】 通过股份制改革，凉山农商银行完善股东大会、董事会、监事会“三会”职能职责，实行“三会”分设，“三权”分离，“三长”分开，“三会一层”职责边界清晰，法人治理规范运行。全年全行网点转型全面铺开，兴川信用卡获批发行，渠道建设逐步增强，电子银行卓有成效，电子银行交易量占业务总交易量的71.58%，较年初提高4.62个百分点，初步实现网点功能明显提升、渠道效能明显增强、客户体验明显改善。

【风险内控】 凉山农商银行深入推进资产风险管控工程，加大不良资产处置和缓释力度，全面推进“依法经营、从严治行”，切实防范经营风险。2016年末全行账面不良贷款较年初大幅下降，风险水平整体可控。同时，严格按照银监部门“守底线、防风险”的监管要求，狠抓案防工作不松懈。以网点转型为切入点，通过加强党建和党风廉政建设、案防和合规文化建设，开展反面典型教育和警示教育学习等一系列教育、预防和惩处措施，全年未发生案件及重大责任事故，党建、党风廉政暨反腐建设、作风建设取得新成效。

【文化建设】 全行通过开展“两学一做”学习教育等活动，打造学习型团队，促进作风转变；推进实施“八小”工程建设，开展党建带工建、带团建、带妇建“三带活动”；制定并落实职工定期体检、强制休假等制度，开展贫困党员、困难职工和退休老干部慰问活动，关爱职工身心健康；举办职工运动会，“三八”节健身运动，开展“智慧职工·书香农信”活动及各类演讲、征文比赛，组织员工参加西昌邛海湿地马拉松比赛，书法美术摄影大赛及模范职工之家、模范员工小家评选等活动，丰富员工业余生活，增强企业凝聚力。2016 年，凉山农商银行自主拍摄的微电影《创事纪》荣获第三届“中国梦·劳动美”全国职工微影视大赛“纪实类”金奖，员工巴交龙布获得四川省第四届“敬业奉献”道德模范表彰，员工鲁敏代表四川农信参加 2016 年四川金融系统综合业务技能竞赛，获银行零售业务个人一等奖，并荣获四川五一劳动奖章。

【社会责任】 凉山农商银行坚持服务“三农”、服务中小微企业、服务地方经济的市场定位，充分发挥地方经济金融主力军作用，勇担社会责任，无偿代理发放退耕还林、粮食直补等 30 多项财政性补贴性资金。同时，围绕“十项民生工程”，着力从脱贫攻坚、致富奔康、彝家新寨建设、藏区牧民定居行动、保障性住房建设、安宁河谷新村建设、下岗失业信贷、青年创业信贷、妇女创业信贷、生源地助学信贷等方面，纵深推进民生金融服务，全行发放支持“十项民生工程”贷款余额 16.25 亿元。先后开展“金融消费者权益保护日”“反假币、反洗钱、反非法集资宣传”“送金融知识、信息、资金三下乡”等公益宣传活动，丰富城乡居民金融知识，切实维护金融消费者权益，以多种方式回报社会，惠及民生。

【精准脱贫】 凉山农商银行按照党中央精准扶贫工作要求，充分发挥自身在农村金融服务圈中的主力优势，践行服务“三农”社会责任，做到金融扶贫政策“精准发力、精准施策、惠农利民”，结合“小额农贷、整村推进”为全州建档贫困户建卡授信，实现扶贫小额信贷全覆盖，贫困户评级授信 25272 户，授信金额 5.90 亿元，累计为建档立卡贫困户发放扶贫小额农贷 5.24 亿元，余额 4.57 亿元，分别占全州所有金融机构总授信户数和总授信金额的 90% 以上。同时，与西昌、越西、布拖、喜德、木里等 14 个县（市）政府签订协议，达成贷款、存款、信用及基层党组织建设等多项扶贫帮扶合作意向，向 16 个贫困村派出 16 名驻村“第一书记”，开展党员与特困户“一对一”结对帮扶。2016 年，全行累计发放各项精准扶贫贷款 20.96 亿元，分别发放项目精准扶贫贷款 11.34 亿元、产业精准扶贫贷款 1.66 亿元、个人精准扶贫贷款 7.96 亿元（其中，累计发放扶贫小额信贷 5.24 亿元，占全州同业的 72.22%），惠及 2.06 万建档立卡户贫困人口；向全州精准扶贫项目及其他公益设施建设等捐赠资金 504.70 万元，扶贫工作得到州委州政府充分肯定。

（供稿单位：凉山农商行 / 审核：冯宗连 / 撰稿：杨虹）

邮储银行凉山分行

Liangshan Branch of Postal Savings Bank of China

【组织机构】 2016 年，邮储银行凉山分行设办公室（含党委办公室 / 行长办）、计划财务部、人力资源部、纪检监察部（含工会）、公司业务部、个人金融部、零售信贷部（含三农金融部 / 消费信贷部）、授信管理部（含审查审批中心）、小企业金融部、风险管理部、会计与营运部、法律与合规部、电子银行部、资产保全部14个部室(其中11个一级部门，3个二级部门);下辖11个一级支行，18个二级支行,分行共有84个网点,其中自营网点18个,二类及代理网点66个,全行在册员工362人,离退休人员5人,全行现有党员97人,辖内11家一级支行及州分行本部全部成立党支部,州分行团委已经组建。

【经营情况】 全行资产规模116.89亿元,新增16.94亿元;负债117.27亿元,比年初增加16.99亿元,增幅16.94%;各项存款余额111.21亿元,在州内同业列第4位,市场占有率7.53%,较2015年末上升0.21个百分点,新增15.44亿元,增幅16.12%,除股份制商业银行外,增幅在全州同业排名第3,其中储蓄存款90.72亿元(银行自营27.11亿元),列全省第16位,公司存款20.54亿,列全省第16位;各项贷款余额14.39亿元,列州内同业第7位,市场占有率为2.06%,较2015年末上升0.28个百分点,新增2.78亿元,增幅23.94%,除股份制商业银行外,增幅在全州同业排名第1,其中小额贷款列全省12位,公司贷款列全省8位;全年实现自营收入1.4564亿元,列全省19位,增-34.23万元,利润总额1012万元,列全省20位,增299.45万元。完成收入预算计划的支行有会东、越西、雷波、宁南、普格;利润完成计划的支行有雷波、宁南、德昌、盐源;营业支出本年累计1.36亿元,列全省13位;全州零售类贷款不良金额2289.19万元,不良率为1.87%,低于省分行控制目标(2.05%)0.18个百分点;其中小贷不良率2.61%，消贷不良率0.1%,个商不良率0.36%,小企业不良率6.94%。

【金融扶贫】 截至12月31日,全州发放扶贫小额贷款1104笔、金额4873.2万元,完成省分行计划的138%,扶贫贷款发放全省排名第1。一是创新扶贫模式。积极开展邮银联合建站,全年建立16个扶贫金融服务站,并得到国务院副总理汪洋的赞誉。二是落实担保机制。2016年5月,省分行和凉山州政府签订战略合作协议后,全州10个支行与地方政府签订担保金合作协议,到账金额为9801万元。三是建立机制保障。通过“两提高”“三最优”“四保障”,助力脱贫攻坚,即提高风险容忍度、提高考核占比;贷款流程最优、贷款利率最优、贷款服务最优;信贷额度有保障、人员服务有保障、放款速度有保障、智力支持有保障。四是开展立体扶贫试点。按照县域金融立体扶贫工作思路,分行积极争取省分行和武汉大学工作支持,将盐源县和喜德县作为县域金融工程暨金融立体扶贫试点县,以达到金融工程精准施策、精准扶贫的目的。

【公司贷款】 2016年9月,分行向西昌飓源风电开发有限公司黄联关项目发放贷款9000万元,实现公司信贷业务首笔发放。截至年末,分行公司信贷累计授信2笔,金额为19.64亿元,年净增2.15亿元(列全省第6位),完成余额净增任务计划429%,计划完成率排名全省第1,成功发放中国电建、四川能投等公司项目贷款2.15亿元,成为第一个发放公司贷款的“三州”分行。

【消费贷款】 全年消费贷款共发放1.84亿元,结余4.02亿元;余额净增9434.63万元,完成省分行计划的117.93%,同比增长7736.08万元,较2015年增长5倍。全年分行房屋类贷款实现新突破,成为消费贷款增长点。一是与房屋中介公司建立合作机制,恢复拓展二手房市场,二手房贷款发放117笔、4362万元,净增23笔、823.1万元。二是梳理全州在建、已建及储备的一手房项目,建立名单制管理,逐户上门营销,准入4个一手房楼盘,逐一打开一手房市场。

【小企业贷款】 小企业法人类客户本年累计投放1.794亿元,结余1.873亿元;本年净增1122.99万元、居全省第8位，2016年分行主推小水电抵押及医院贷款,成功授信并发放1户医院贷款,贷款余额3000万元;成功营销小水电客户3户并实现发放,金额为3070万元。

【遏制不良资产下滑】 全年累计清收管户内不良贷款本息1455.42万元，完成省分行计划目标（850万元）的171.23%，其中已核销呆账贷款回收549.22万元，完成省分行计划目标（90万元）的610.24%。在2016年9月23日至12月31日开展的不良贷款清收百日竞赛活动中，全行共计实现现金清收972.84万元，完成省分行清收目标（802万元）的121.3%。其中，未核销回收605万元，完成省分行未核销清收目标（561万元）的107.84%；已核销回收367.84万元，完成省分行已核销清收目标（241万元）的152.63%。清收不良总额、整体清收计划完成率及已核清收计划完成率等三项指标均列全省第8名。截至12月末，全行零售信贷不良率为1.87%，低于省分行年末不良率控制目标（2.05%）0.18个百分点。完成省分行高管资产质量考核两个阶段指标。

【信用卡业务】 截至12月末，分行累计进件7419张，新增发卡4208张，同比增幅46.96%，新增发卡量全省排名第17位；卡片激活率78.32%，高于全省平均数21.41个百分点，全省排名第2位，卡片活跃率47.14%，高于全省平均数11.9个百分点，全省排名第3位；额度使用率16.86%，高于全省平均数1.46个百分点，全省排名第5位。

【烟草联名卡】 州分行、支行、网点三级联动，与烟草项目组的齐心协力，取得会理、会东、盐源、喜德、宁南、普格、德昌、越西、冕宁9个县代发烟叶收购款的资格，覆盖65个乡镇、297个村、57个烟点，涉及烟叶种植户2.2万户。历时半年完成2.2万户3万余人的面对面数据采集、卡片发放、激活、代发等工作，涉及代发资金8.6亿元。

【经营及财务管理】 全年对招待费、会议费、业务宣传费等费用实行全年限额控制，强化作风成本管控，业务及管理费同比减少1081.97万元，降幅为9.55%；招待费同比下降37.51%，广告费同比下降71.06%，业务宣传费同比下降32.34%。2016年实现营改增、产品定价系统、ERP系统、大总账系统、管会系统的上线核算工作，西昌市支行营业部迁址改造已基本完工，即将投入使用。

【会计运营管理】 2016年1—12月，全州平均备付率已降为1.47%，低于省分行核定的目标0.53%，比2015年同期下降0.22个百分点；日均备付金较2015年同期减少1716万元，流动性成本较2015年同期减少1.02万元，全年为单位创收26.02万元。同时，全面完成11个自营支行的会计职能上收工作完成7个一级支行的集中放款上收工作。2016年，邮储银行凉山分行人民币收付综合管理工作在全州银行业金融机构2016年人民币收付业务考评中获得第2位，小钞回笼任务于10月提前超额完成人行下达计划。

【授信管理】 一是优化信贷作业流程，印发《凉山州分行征信工作违规行为处罚实施细则》《凉山州分行授信业务操作质量考评办法》等规范性文件，以提升信管专业性为着力点，进一步完善授信管理体系。二是创新开展授信工作，在全省范围内率先开展零售信贷业务“平行作业”模式。三是2016年3月，在全州金融机构中承办由人民银行主办首家“个人信用报告自助查询机”授牌仪式，赢得人民银行及其他金融机构好评。

【党建工作】 一是全面落实党委的主体责任。坚持把落实党风廉政建设责任制作为凉山分行一项重要工作来抓，与业务发展、资产质量管控等中心工作一起部署、一起落实、一起检查、一起考核，切实承担起从严治党的主体责任，对党风廉政建设责任制进行细化分解，逐级签订责任书。二是全面落实纪委监督责任。强化党风廉政建设责任制考核，对各一级支行进行党风廉政建设责任制情况进行考评、通报，并纳入绩效考核。全面开展廉洁风险防控活动，全行共排查出廉洁风险点38项，涉及岗位40余个，拟制定6项制度，具体完善操作流程25项；凉山分行党建工作已经初见成效，各支部组织架构完善，基础管理工作规范，工作制度逐项健全，领导班子以身作则，对划分的责任区实行帮扶制度，党支部战斗保磊作用和党员先锋模范作用充分发挥，各项业务向好发展。

【工会工作】 深入推进职代会制度，组织召开一届六次职代会。积极开展“建家”活动，累计建成“职工小家”12个。组织选拔6名优秀运动员参加省分行10月23日举办的第一届职工运动会；1月7日组织“迎新春，邮储员工健步走”活动，达到强身健体、凝心聚力的目的。各兴趣小组按月开展工会活动，各级工会组织全年对生病看望、喜丧事慰问、困难补助等工作共计投入4.26万余元。

【荣誉】 邮储银行凉山分行被凉山州企业家联合会评为“2016年凉山服务业企业50强企业”，分行小企业信贷业务获得全省小企业新产品组织营销三等奖，分行统计分析和调研工作获凉山银监分局评比三等奖。

（供稿单位：邮政银行凉山分行／审核：般丽萍／撰稿：李志武）

中国人保财险凉山分公司

Liangshan Branch of PICC Property and Casualty Co., Ltd.

【概况】 2016年，中国人保财险凉山分公司把握发展对标市场和盈利优于市场两大关键，创新升级营销、管理、商业三大模式，提升发展、盈利、服务三大能力，实现发展盈利双超市场的经营业绩。全年分公司积极应对商车费改，着力“提升两个能力”，大力推广新管理系统和移动互联工具，逐步变要素驱动向能力提升的发展模式转型，抢抓“特农保”、民生保险政策机遇，精准施策，精准发力，全年实现保费收入5.78亿元，同比增长11.19%，市场增速比（SR）1.12，增量保费5823万元，市场份额45.36％，同比回升1.17个百分点。从产品线看，车险保费收入3.85亿元，同比增长5.34%，保费增量1953万元；非车险保费8907万元，同比下降3.04％；农险保费首次突破亿元大关，保费收入1.04亿元，同比增长66.42%，保费增量4151万元。综合赔付率为56.52%，同比上升1.22个百分点，综合费用率36.86%，与2015年基本持平，综合成本率93.38%，表结利润总额3299万元，完成省公司下达考核利润指标。年末未决赔款准备金净额2.62亿元，较年初增加4641万元，占已赚净保费比例54.41%。发挥中国人保的政治优势，创新“保险＋扶贫”“扶贫＋保险”模式，深入推进“惠农保”，大胆探索以烟叶保险为主的“特农保”，抓好驻村定点帮扶，着力打造中国人保助力脱贫攻坚的“凉山模式”，受到保监会、中国扶贫研究中心、四川保监局和社会各界的肯定，入选中国保监会指导、中国保险报业主办的“远离贫困，从一份保障开始”保险扶贫图片展。连续三年护航“西昌邛海湿地国际马拉松赛”、战略合作“寻找凉山幸福美丽乡村”活动，品牌影响力日益扩大。

【商车费改】 2016年，积极应对商车费改后市场竞争新动向，实施积极的承保政策、财务政策，销售费用增2845万元，占考核口径费用的87.49%，赔付率、折扣率和手续费“三率”联动，稳新强续优转，掌握竞争主动权。以渠道建设为重点，实施渠道化管理。车商渠道“一店一策”，整合送修、费用、增值服务三大资源，精准发力，抢占制高点，实现保费收入5461万元，增速46.76%，增量保费1740万元，增量贡献度89.09%，新车市场份额稳中有升；电商渠道地空一体，大力推进地面外呼团队建设，销售坐席18人，竞回业务635万元；开展“5·18微信红包”“逢18·必过节”等系列营销活动，创新最惠保第三方平台合作，推广积分类产品，推进线上线下融合；交叉渠道产寿携手，通过造势会、产说会、客联会等一系列互动机制，寿代产任务达成率113%，保费收入680万元。以团队建设为落脚点，培育团队产能。实施《渠道化销售组织设置方案》，综合分析客户来源、业务特点、渠道类型等因素，按“3+1”设置销售团队，整合销售人力资源，做大电商直销团队，做实分散业务团队，做稳专代销售团队，组建“精英特战队”，打通连接客户的“最后一米”，深化销售队伍薪酬改革，激发团队动力，州公司电销团队、会理支公司“火凤凰”团队和州公司中介团队获全省卓越销售团队经理钻石奖、精英奖。以家用车为主攻方向，优化险种结构。实施《家用车业务续保方案》《家用车商险续保率提升考核办法》，强化续保过程管理，家庭自用车续保率69.77%，全省排名第4名，家用车实现保费收入19181万元，增幅72%，保费占比从2015年26%提升到43%。以数据为驱动，夯实管理基础。加大客户信息收集运用，提高客户信息真实性，推广“基图”营销管理系统、销售费用管理系统、手机销售系统，开展业务清分，完成存量业务清分83490笔，为实现精细化、差异化经营提供数据基础。

【县域发展】 2016年，实施农村保险事业部/农村普惠金融事业部改革，抢抓惠农保险、扶贫攻坚叠加政策红利，固土扩疆，重点突破，探索“特农保”试点，面对烟叶保险两次流标、共保体解体、灾害天气异常的情况，保持定力，锲而不舍，成功中标凉山州烟叶特色农业保险，与烟办、烟司通力协作，顺利完成全州96万亩烟叶的承保工作，实现保费收入4836万元，巩固农险的市场主导地位。搭建扶贫、民生保险平台。从服务凉山经济发展、脱贫攻坚的大局出发，围绕依法治州、政府职能转变、民生建设等重大政策机遇，升级产品供给，细分产品市场领域，建立责任清单，实施项目管理，继续推进“惠农保”，西昌支公司成功中标2016—2018年度“惠农保”，巩固挖潜教育保险，提升服务效率，升级承保方案，强化专业合作，全年学生险、校责险实现保费2314万元、290万元，分别增收697万元、32万元，同比增长43.06%、12.04%。木里、雷波支公司破冰城镇职工补充医疗险。营造品牌宣传氛围。实施县域“八个一”宣传方案，紧扣公司发展主题，战略合作“寻找凉山幸福美丽乡村”活动，冠名“车行天下，行走凉山”自驾游活动，开展春节送春联活动，品牌宣传直达全州530多个乡镇，举办乡镇现场宣传活动53场，制作墙体广告20多幅，凸显人保勇担社会责任的形象。

【营运平台】 2016年，州人财保公司认真研判凉山经济社会发展大局和商车费改后市场竞争态势，深入做好市场调查研究，编制“三个行动计划”及“13+1”实施方案，锁定经营目标，找准攻坚突破口，明确配套政策，优化资源配置，细化管理办法，完善保障措施，推进战略落地。以工具运用为抓手，推动销售服务模式创新。主动适应“互联网+”、移动互联、大数据等新技术带来的行业新变化，开展销售个人软装备系统、新型业务运用工具、移动APP和微信公众号等一系列培训，推进移动展业、渠道E化、微信理赔，构建移动作业平台，公司安装手机销售系统员工达249人。推广微信理赔、小额案件极速理赔，推进理赔提速，改善客户体验，万元以下赔案理赔周期11.49天，同比提速26.9%；亿元保费有效投诉量0.88件，同比下降0.31件。以价值创造为核心，推动管理模式升级。管好前端，综合运用车险赔付率R数据，细化客户群承保和费用政策，从结构优化上夯实车险盈利基础。严格非车险风险评估和核保制度，明确禁止承保清单，限制承保条件，合理利用再保险工具，平滑大灾风险。管住后端，抓好理赔成本控制，加强核损、核价、人伤费用审核、核赔等关键环节的管控，加强小额赔案的质检工作，加大问题案件的督导、问责和处罚，加强理赔稽查和追偿减损工作，稽查减损840万元，追偿减损85万元。优化中台，做好滚动预算，推进销售费用管理系统上线，调整费用结构，提升资源配置效率，顺利完成“营改增”，做好税务规划。

（供稿单位：中国人保财险凉山分公司/审核：胡山/撰稿：姜涛）

中国人寿凉山州分公司

Liangshan Prefecture Branch of China Life Insurance Co., Ltd.

【概况】 2016年,中国人寿凉山州分公司深入贯彻中共十八大和十八届五中、六中全会精神,在迎接挑战中抢抓机遇,在战胜困难中赢得主动,实现业务快速发展。截至12月31日,全州系统共实现保费总收入7.95亿元,同比增长14.71%。其中,长险保费收入5.90亿元,同比增长15.04%;短险保费收入1.06亿元,同比增长12.3%。2016年全州寿险市场中,中国人寿以39.34%的市场份额领先同业公司位居第一位。截至2016年底,全州系统共有员工167人,保险营销员2400余人,共上缴各类税金1042.02万元。

【理赔服务】 2016年,公司不断深化"中国人寿为您方便赔付"的服务品牌,推出微信理赔、移动理赔、智能理赔等服务方式,通过便捷、优质、高效的理赔服务,提高客户的感知度、理赔的透明度和客户的满意度。全年共处理理赔案件28198件,给付赔款(保险金)2.57亿元。其中,处理长期险给付案件2949件,给付保险金2.07亿元;处理短期险理赔案件25249件,赔款支出4989.51万元。

【大病保险】 公司积极响应党中央、国务院的号召,按照保监会及上级公司的要求,持续开展城乡居民大病保险,加强基础管理、队伍建设和服务品质工作,建立医疗审核队伍和服务专员队伍,加强两支队伍的培训和管理。加大对城乡居民大病保险的宣传,通过宣传单、报纸、电视及手机APP、微信公众号、朋友圈等传统和新媒体,提升群众对大病保险的认识。积极推进"一站式"即时结算,提升群众满意度。全年为全州5.73万人次提供大病保险赔付,共计赔付金额7553.49万元,切实减轻城乡居民的大病负担。

【民生工程】 公司在坚持致力于业务发展和提升服务的同时,一直秉承"成己为人、成人达己"的双成理念,积极勇担社会责任,以高度的责任感、使命感和紧迫感,投身于凉山扶贫攻坚,并将政策性保险作为保险业打好脱贫攻坚战的主攻方向,充分发挥保险业助力全州脱贫攻坚的积极作用,为凉山地方经济建设和维护社会稳定保驾护航。2016年,公司全面推广小额保险、老龄保险、妇女保险、计生保险和信贷保险,累计为全州45万余人提供197亿元的人身风险保障,一方面提高农民群众的保险意识,增强农民群众的抗风险能力;另一方面充分发挥国有寿险企业"经济助推器"、"政府调节器""社会稳定器"的独特作用。

【经营管理】 公司坚持依法合规经营,持续强化风险管控。一是持续深化宣传教育。不定期宣导廉政新规,做到制度学习持续化;坚持节日前发送廉政提醒,形成廉政提醒常态化;加强节日期间和节后的跟踪检查,做到执纪问责严肃化,营造风清气正从业氛围。二是强化"权力"监督。以《准则》和《条例》为准绳,以公司制度为依据,组织全辖县支公司负责人及州公司部门经理填报《领导干部个人有关事项报告表》,对部分县支公司班子成员开展"述职述廉"测评,对新提任的4名领导干部进行任前廉政谈话。三是强化风险防控。组织开展关键岗位风险排查、关键岗位轮岗及现场合规检查、非法集资专项活动和"两个加强、两个遏制"回头看工作,对6家县支公司进行现场廉政监督与执行力监察,并结合中央巡视组反馈问题进行自查。四是认真开展"反洗钱"工作。不断完善州县两级反洗钱组织架构,分层面举办管理人员、全员、条线、新入司人员的反洗钱培训,开展反洗钱自查自纠工作和反洗钱专项审计工作,不断强化业务的"入口关"和"出口关"。五是加强集中采购。全年全州先后对个险职场装修、综合设备采购、大宗服务等9个项目实行集中采购,不断规范集中采购工作流程。

【客户经营】 为14名钻石卡客户免费提供华西医

院健康体检，为65名白金卡客户发出体检邀请和赠送生日礼品。组织两场“要跑700”跑步活动，吸引全州600余名跑步爱好者参加。分层级推出SOS国际救援卡，为723位VIP客户提供救援服务项目。开展少年儿童绘画、西昌国美电器内购会、知心姐姐讲座等活动。

【荣誉】 2016年，中国人寿凉山州分公司荣获总公司“第六届先进集体”，中国人寿宁南县支公司被推荐为“全国金融五一巾帼标兵岗”，一人荣获集团公司“工会积极分子”荣誉称号，两人分别荣获总公司“第六届先进个人”和“优秀共产党员”荣誉称号。舞蹈《彝情·党心》顺利入选中国人寿系统女职工响应“两学一做”文艺比赛，并在决赛中荣获“三等奖”。

【社会公益】 一是做好教育扶贫活动。2016年，在“六一”儿童节即将来临之际，公司向州委、州政府安排的定点帮扶乡冕宁县托乌乡中心小学捐赠学习用品。二是积极投入地方精准扶贫工作。2016年，中国人寿会东县支公司投入精准扶贫资金3万元，帮扶铅锌镇和江西街碗厂村通村公路道路硬化。中国人寿木里县支公司经理除帮扶3位贫困户外，又将第一书记到乡补助1.6万元捐给俄亚乡卡瓦村，得到当地政府及农民的高度赞赏。

（供稿单位：中国人寿凉山分公司／审核：李志祥／撰稿：王芳）

中华联合财保凉山中心支公司

Liangshan Central Sub-branch of China United Property Insurance Co., Ltd.

【概况】 中华保险凉山中心支公司成立于2003年12月，截至2016年底在西昌、会理、会东、冕宁、宁南、德昌、盐源、甘洛等七个县（市）设置有四级机构10个，共有在编员工130人，有销售代理人510人。2016年，保费收入共计1.93亿元，企业创税1432.24万元，累计赔付1.14亿元，为全州各行各业提供保障958.8亿元，保障领域涉及农业、林业、牧业、建筑业、运输业、金融业、健康、医疗、卫生、餐饮、能源、旅游等几十个行业。大力开展与人们生活息息相关的民生保险。着重开展关乎人们“衣、食、住、行”的车辆保险、食品安全类保险、健康类保险、医疗类保险、旅游类保险；关乎企业生产的责任类保险、建筑类保险、工程类保险；关乎社会稳定的巨灾保险、地震保险、森林火灾保险；关乎国家财产的信贷类保险、诉讼财产类保险，为凉山州民族经济的快速发展提供良好的保险保障。支公司被凉山州人民政府评为“2016年度金融工作先进单位”。

【机构队伍建设】 公司内设综合部、计划财务部、业务管理部、业务发展部、客户服务部、农险部等管理部门6个，下设四级机构10个。2016年10月26日中支筹建机构甘洛支公司正式获保监局批复允许筹建，并于11月验收完成正式开业。同时，支公司还进一步扩大保险覆盖服务面积扩大保险惠及人群，力争逐步实现覆盖全州的保险服务网点，为各地区安全生产提供后援保障。支公司紧跟国家政策，着重加强党风廉政建设、净化队伍风气，全面开展自上而下的“两个加强两个遏制”自查工作，彻底践行“三严三实”等政策指导方针，进一步加强财务风险防控，着力开展反洗钱、反非法集资防控工作，不断增强税务风险管控，强化员工风险意识。为提供优质的保险服务，强化员工服务意识，年内公司针对全州客户服务人员大力开展“学规章制度、学规矩礼仪，做合格保险人的”培训工作，并在全州进行大力推广，从而进一步提高支公司整体服务质量，提高客户体验度和满意度。全年支公司共开展员工在职培训11期，内容涉及客户服务标准、反洗钱专业技能、业务技能操作、渠道建设与维护、财务管理、党风廉政建设、“两个加强两个遏制”主题教育、车险、非车险专业技能培训、优赔增效等相关培训。

【售后服务】 支公司结合州内实际，开展“优赔增效”“五个一”“八个三”活动。全面推动未决案件和已决未付案件清理，强化考试考核倒逼素质技能升级。尽力简化、规范理赔流程，让客户享受便捷理赔的同时，发挥个销体制优势，从车险到期续保、保单送递、车辆定期保养、证照年审等全流程，全方位服务的跟进，以优质服务拴住客户的心、留住客户的人。全年支公司支累计赔付 1.25 亿元，处理赔案 11985 件，公司坚持“快速查勘”“快速理赔”的服务宗旨，公正、合理地进行定损、理赔，为客户提供良好的财产保险服务，为凉山州内的机关、企事业单位分担巨大的风险责任。凉山支公司被凉山州企业联合会授予“2016 年度凉山服务业 50 强”荣誉称号；同时被凉山州政府评为“2016 年金融工作先进单位”。全年未发生有效投诉案件，未发生新闻媒体负面报道、未发生重大群体性事件和越级群体上访事件。

【惠农农险】 支公司主动加强与各级政府的联系及请示汇报工作，特别是在新“国十条”下达后，公司多次向各级政府表达中华保险学习贯彻新“国十条”“省八条”亮点，在多个区县政策性、商业性农险业务陆续“破冰”，在参与社会治理中寻求新兴增长点。协助各个四级机构及时将中华保险公司在新时期的发展思路以正式文件的形式，向各市县政府进行汇报，让公司拓展农村市场的方向得到政府的认可。全年支公司积极响应国家的大力发展“三农”政策的号召，大力开展“惠农”保险。因地制宜了解农民保险需求，针对性的开办大棚保险、辣椒保险、石榴保险、玉米制种保险、黑山羊保险等数十种特色农险。同时，支公司不断建立健全农业保险保障机制，扩建农村保险网点，引入先进查勘理赔技术，建立灾害应急机制，开通绿色专项赔付通道，为凉山州农险发展提供坚实的保障。

【公益活动】 2016 年，支公司开展“3·15 消费者权益保障日”宣传活动。国庆节、春节等大假期间，支公司在西昌邛海及泸山景区、盐源泸沽湖等景区设立服务点共 3 个，为游客提供道路、气象、景点状况等咨询。为旅游景点排除车辆简单故障提供咨询；在国庆前期支公司还为广大客户提供车辆免费检测服务。在保险宣传月活动开展期间，支公司在各个网点都开展形式多样的保险进社区、进企业、进机关、进学校、进农村的活动。加强企划宣传，助力品牌营销。支公司在沃尔玛、家佳超购、达达春天百货等地标建筑上投放户外广告，树立“负责任公司”良好形象。

（供稿单位：中华联合财保凉山支公司 / 审核：补宏 / 撰稿：张猛）

平安财保凉山中心支公司

Liangshan Central Sub-branch of China Pingan Property Insurance Co., Ltd.

【概况】 2016 年，公司在业务发展上重视经营策略，组合产品优势，参与市场竞争，在贴近市场价格竞争的同时，努力促成市场理性的价格回归和平衡，大力发展银行、汽车销售公司、4S 店、经纪公司等代理渠道，加大四级机构和兼业代理网点建设，截至 2016 年底已设立雷波、冕宁、会理、西昌、布拖、金阳、德昌、盐源、会东 9 家四级机构。公司代理点或代查勘服务网点已经基本覆盖凉山州各大区域，通过多元化的售后服务之路，确保承保客户的服务质量。公司在业务拓展方面以“国十条”为导向，积极开拓农险业务，以及诉讼保全等各类项目性业务，积极做好保险保障工作。

【业务发展】 2016 年，公司在执行分公司要求的各项政策框架内，结合实际情况，对车、财、意三大类险种进行严格的自我管控，全年公司完成保费收入 2.47 亿元，增长 8.6%，市场份额 19.2%。

【经营管理】 2016 年，公司对干部实行强化问责制、对各职能部门强推首问负责制、在各部门与员工之间实施定期沟通制的管理方式。对外主动收集市场信息，找准目标市场，对内各职能部门积极参与，牢固树立大团队意识，打造“和谐、开放、真诚”的沟通平台，以强化队伍建设、树立市场信心、提升整体竞争力。同时强化公司的核心竞争力——服务，着重抓好综合管理部、业管部为前线和客户服好务为主要的中心工作、巩固和建设好内控管理，逐年提高公司的各项经营管理指标，通过开展平安礼仪、诚信廉政教育活动，实施员工激励、季度客户服务明星评比等方案，改善员工精神面貌，增强公司凝聚力。

【理赔服务】 2016 年，公司以平安财产险客户服热线“95511”为依托，7×24 小时为客户提供接报案和查勘求援服务。完善的核保核赔制度向客户作出贴心周到的“理赔服务流程”，推出简化车险小额赔案的快速理赔通道，定期向客户提供各类防灾防损的信息和建议。平安公司率先实现车险全国通赔服务，客户在投保地以外的任何地区出险，都可享受到和投保地一样便捷、高效的理赔服务。2016 年公司还推出电话线上直赔、口袋理赔开启新型理赔模式，提升理赔速度，提升客户感受度及满意度，让客户体验安心、简单、温暖等服务。实行先赔款后修车、上门收单、合作修理厂代交资料、一键包办、支付三者受害方等方式，简化客户理赔手续，让客户体验足不出户轻松理赔。全年公司积极处理地质灾害、校园方责任险等相关案件，为受灾客户提供更加完善的服务。

【队伍建设】 2016 年，公司充分运用“竞争、激励、淘汰”三大机制的约束，通过全面培训，指导销售，使团队销售的单一技能向综合性技能发展，综合性技能向专业化技能转变，提升团队的整体作战能力，成功建立核心团队。在培训体制方面公司建立完善的员工培养计划，针对不同司龄员工制定差异化培养方案，使员工们达到“感知保险、认同团队、加速成长、融入平安”的培训理念和目的。与此同时，公司为保证人员发展计划的顺利实施，改变公司师资力量薄弱的情况，通过员工培训，及时选拔员工加入兼职讲师队伍，以及“知鸟 APP”培训模式，全方位加强对公司员工的培训，按照员工的个人发展需求，因地制宜，以达到提高个人素质、工作技能的目的。

【工会工作】 公司在业务发展的同时全年组织员工参加各类娱乐活动。由工会组织的趣味徒步比赛、职工运动会、端午节温泉游、自驾游等户外活动的开展，都得到员工们的积极响应。大家在娱乐的同时，也加强员工之间的联系，打造“工会之家”的温馨氛围，加大员工对公司的认同度。公司大力倡导“执行”企业文化的推广和建设，贯彻“遵纪守法”的经营理念，让员工在工作中逐步理解“一个品牌、两个终身、三大机制、四大责任、五个最好”的平安企业文化的深刻内涵。

【客服活动】 2016 年，凉山的客服理赔工作在服务上不断升级，公司改进 2015 年开展的客户前后线联动的案件回访机制，由销售端回访，改进为理赔人员直接逐案回访，进一步提升基础服务。回访成功率达 90% 以上。同时，全年公司开展一系列增值服务，如“3·15”保险宣传日活动、关注儿童公益活动、高速路口及旅游景点“平安护航”服务等。各项活动与公司官方微信线上互动相结合，利用传统电视台，报社以及网络新媒体进行宣传，在提升公司品牌知名度的同时，又推动公司的线上服务。

（供稿单位：平安财保凉山支公司 / 审核：唐华 / 撰稿：吴纪华）

旅 游

TOURISM

旅游工作

Tourism Work

【概况】 2016年,全州旅游业紧紧围绕建设“国际最佳阳光休闲度假旅游目的地”的目标,全面实施“全域旅游”发展战略,以精品旅游建设为抓手,以重大旅游项目为支撑,以扩大旅游消费为着力点,旅游品牌创建和市场营销等重点工作取得成效,旅游景区提档升级加快推进,“大凉山”旅游度假品牌形象日益凸显,全州旅游经济继续保持快速健康发展态势。全年接待国内旅游人数4081.12万人次,实现旅游收入301.62亿元,同比分别增长9.43%、19.2%。

【旅游规划】 2016年,州旅游局高起点、高标准编制全州旅游发展总体规划和专项规划,积极推进《凉山州“十三五”旅游发展规划》编制工作。启动《凉山州“十三五”旅游扶贫规划》编制,分年度实施136个旅游扶贫重点村规划。指导昭觉县、宁南县完成旅游发展总体规划编制。

【品牌建设】 2016年,州旅游局持续实施“A级景区创建提升计划”,西昌安哈彝寨仙人洞、越西文昌故里成功创建国家AAAA级旅游景区,西昌大凉山民族文化创意产业园、建昌古城和会理精华水上乐园成功创建AAA级景区。全州A级景区数达到19个,其中AAAA级景区7个, AAA级景区9个。加快推进旅游度假区、生态旅游示范区和乡村旅游试点创建工作。承办2016四川国际文化旅游节,组织开展8项主题活动和28项配套活动, 11个国家领事馆官员, 20余个国家(地区)、全国30余个省(市、区)、全省21个市(州)、50余家知名企业的1000余名嘉宾及数十万名游客参与各项活动,取得丰硕成果,实现“文化助推、旅游腾飞”的目标,“大凉山”文化旅游品牌形象不断提升,受到媒体、旅游者和社会各界的赞誉。

【项目建设】 2016年,州旅游局围绕举办文化旅游节,全州投资118亿元组织实施33项重点旅游项目。西昌市实施3个A级景区创建、3个风情小镇等一批重点旅游项目;普格县整合各类资金全力打造螺髻山旅游集镇;盐源县全面实施摩梭家园建设及泸沽湖旅游开发,加快推进景区旅游配套基础设施建设;宁南县加快推进凯地里拉温泉项目建设;雷波县加大马湖景区环境综合整治,清理拆除违规建筑，强化污染治理，加强湿地保护；冕宁县积极推进彝海—灵山景区项目建设；木里县积极推进寸冬海子—康坞大寺景区项目建设。实施厕所革命，投资3200余万元新（改）建旅游厕所117座，被国家旅游局表彰为厕所革命先进单位。

【宣传营销】 2016年，州旅游局按照“突出优势、转变方式、创新模式”理念，积极主动开展旅游市场宣传营销工作。策划制作《凉山四季——凉山旅游专刊》《凉山旅游指南》《凉山旅游地图》《东走西走——玩转凉山自驾游攻略》等旅游宣传资料，全方位展示凉山绚丽多姿的旅游资源。与州内媒体合作，推出《玩转凉山》《凉山日报·旅游专刊》等旅游栏目，有效提升群众参与度和知晓率。整合力量，突出重点，加大投入，在雅西高速、青山机场、西昌火车站、客运中心等地设立旅游宣传广告牌。开展旅游宣传推介活动，与珠海市旅游局联合举办珠海、南平、南昌旅游推介会，以北京—西昌直飞航线开通首航仪式举行“五彩凉山”为主题的“中国·凉山旅游营销暨项目招商推介会”，开展“长江寻根溯源玉树行”凉山站宣传活动、“相约凉山·浪漫一生”凉山火把文化蜜月之旅等促销活动，举行洛克九百里木里·香格里拉核心区特种旅游项目开发研讨会，组织“穿越木里王国寻找世界最美景点”活动，进一步提高全州旅游资源知名度和美誉度，开拓客源市场。

【旅游扶贫】 2016年，州旅游局扎实推进旅游扶贫工作，对全州建档立卡贫困村开展摸底调查，把适合发展乡村旅游的136个贫困村作为旅游扶贫重点村。积极创建旅游扶贫示范村，培育城镇、景区和乡村旅游带动三类旅游扶贫村，逐步形成“景区带村”“能人带户”“合作社+农户”“公司+农户”等不同类型的旅游扶贫模式，雷波县大杉坪村、盐源县青天铺村、越西县南新村、喜德县跃进村成功创建省级旅游扶贫示范村。加强与西昌学院等院校合作，组织开展各类乡村旅游扶贫培训100余人次。

【乡村旅游】 2016年，举办冬季版四川乡村文化旅游节，各县（市）根据旅游资源特色每年举办乡村旅游节庆80余个，将乡村旅游产品推向市场，带动农产品销售。西昌市创建为全国休闲农业与乡村旅游示范市（县）、省乡村旅游强县（市），西昌市安哈镇创建为省乡村旅游特色乡镇，冕宁县复兴镇建设村创建为乡村旅游精品村寨。建成乡村旅游特色业态经营点57个、乡村民宿46户、星级农家乐149家、星级乡村酒店43家。

【政策法规】 2016年，州旅游局紧紧围绕州委、州政府实施“全域旅游”发展战略加快推进旅游首位产业发展的总体部署，加强旅游政策研究，积极开展旅游调研活动。起草《关于实施全域旅游战略推进旅游首位产业发展的决定》。完成《凉山州实施全域旅游推进旅游首位产业改革方案》编制工作、州政府政务调研课题《以实施“全域旅游”发展战略引领凉山旅游业新发展的对策建议》等的调研报告。开展州级责任清单编制工作，推进规范旅游行政权力平台建设，公布行政权力事项56项。办理人大代表建议、政协委员提案18件。

【行业管理】 2016年，州旅游局联合州级相关部门开展旅游安全生产综合治理和专项集中检查，通过“旅游安全生产月”“旅游安全生产万里行”“打非治违”等活动，进一步增强企业和从业人员的安全意识，提高应对突发事件的处置能力，全年未发生重大涉旅安全事故，实现“安全、质量、秩序、效益”四统一目标。加强旅游人才队伍建设，共举办各类旅游培训班68个班次，培训8000余人次。其中，组织现场培训21期，培训3000余人次；组织远程在线培训47期，培训5000余人次。重视旅游商品开发，州旅游协会组织四川旅游商品展，邀请省内12个市（州）和州内17个县（市）的200多家旅游商品企业1000多种特色商品参加展出，展示四川特色旅游商品形象，促进特色旅游商品的品牌发展。

【旅游执法】 2016年,州旅游局通过常规检查、节前检查、专项检查、联合执法检查和邀请旅游市场监督员监督等多种形式,对旅游市场开展定期、不定期的全面检查,重点对导游IC卡、"黑导"、导游私自承揽业务、擅自变更行程等违法行为进行查处。规范旅行社经营管理,开展"不合理低价游"专项整治。加强与工商、食药监、公安、物价等相关部门协助,围绕旅游商品质量、食品卫生、市场秩序等方面开展综合治理,形成合力,齐抓共管,积极营造安全有序的旅游消费环境,全年共出动旅游执法人员227人次,检查涉旅企业112家(次),检查团队31个,有效维护旅游市场秩序。认真办理旅游案件,做好行政权力平台行政处罚案件录入工作,州级行政权力平台共受理行政处罚案件6件、投诉案件7件。承办全省旅游执法工作培训会,提高执法人员素质。开展旅游执法宣传,依托报纸、电视、网络等媒介,开展旅游典型案例、旅游消费警示、文明旅游等宣传活动,在《凉山城市新报》推出相关政策法规宣传30期,在"凉山阳光"微信平台同步推送;在"四川旅游执法网"发布工作动态17条,在"五彩凉山智慧旅游公共服务平台"推送相关政策法规宣传16期。

【旅游信息化建设】 2016年,州旅游局完成五彩凉山智慧旅游公共服务平台"1+9"的建设内容,"tliangshan资讯网""凉山旅游政务网",以及手机APP、微信公众号、等系统上线运行,旅游应急指挥中心投入使用。全州智慧旅游建设走在全省前列,邛泸、泸沽湖、灵山、螺髻山等各大景区视频监控已接入省、州平台。

(供稿单位:州旅游局/审核:王勇/撰稿:肖洪)

邛海泸山景区管理

Management of Qionghai Lushan Scenic Spot

【规划和建设】 2016年,邛泸景区管理局委托四川省城乡规划设计院对《邛海—螺髻山风景名胜区总体规划》进行重新编制并提交初步方案,上报省住建厅通过专家评审,按评审会议纪要完成修改完善,对规划成果进行公示,审查讨论,并按照程序逐级上报至国务院;委托中国城市规划设计研究院对《邛海—螺髻山风景名胜区邛海西岸控制性详细规划》进行重新编制,规划方案通过专家评审,并按评审会议纪要完成修改完善,对规划成果进行公示,审查讨论,并按照程序逐级上报至省住房和城乡建设厅;委托华东建筑设计研究院有限公司编制《邛海—螺髻山风景区泸山片区重要节点详细规划》和《邛海交通及服务设施提升改造规划方案》,积极配合开展现场踏勘、收集资料等工作,规划成果正在修改完善中;委托测绘公司完成《泸山片区重要节点详细规划》(干海子、纱帽顶区域)、《邛海—螺髻山风景名胜区西岸控制性详细规划》(海南乡缸窑村安置点南侧区域)地形图测绘工作,交付规划编制单位使用;对 原凉山大学房屋立面改造方案设计、月色风情小镇风貌整治方案、观海湾度假酒店项目选址及方案、西昌学院南校区总平面布局及危房改造方案等方案和论证报告进行审查,上报评审;对大箐乡白庙村小学迁建选址进行实地踏勘,完成选址上报评审工作,现已评审通过;委托建筑设计公司编制《邛海交通及服务设施提升改造规划方案》,配合规划单位进行现场踏勘、部门调研、资料收集;完成邛泸景区主入口区游客中心及大门建设项目的可行性研究报告编制等工作,办理人防工程异地修建等相关手续,为施工单位提供必要的施工条件。

【执法监管】 2016年,邛泸景区管理局不断强化景区执法力量,公开招聘选拔50名执法协勤人员到景区执法一线开展景区管理工作;加大各类违法案件查办力度,最大限度地控制和处理各类违法行为,全年共查处或参与查处案件60件,日常巡查发现制止乱修滥建47起,依法强制拆除月色风情小镇湖岸线的游乐场等8处违法建(构)筑物;加强景区区域内旅游场所经营秩序的监管整治力度,对个别经营户占道经营、欺客宰客现象进行清理整顿；协助海南乡、市国土局完成区域卫片执法和区域内的填土升地调查处理工作，处罚 4 家违规修建业主；协助海南乡做好省道 S212 线 5 户乱修滥建钢架棚及混凝土框架结构房的拆除工作；做好“景区经营许可证”的审核工作，全年收到申请办理“景区经营许可证”71 户，同意办理 64 户，其中新办证 14 户、年审 57 户，退回申请 7 户。

【环境保护】 不断加强各景点日常卫生管理和邛海水面环境卫生管理；结合重要节庆活动以及“AAAA 复检”“景区城乡环境综合治理”等工作，组织开展景区环境卫生专项整治；完善景区环卫配套设施，购置并发放电动垃圾清运车 23 辆；联合市环保局开展邛海周边景点、学校、单位等污水设施运行情况检查；组织开展邛海西岸截污管网覆盖范围管网运行情况及各单位、经营户、村（居）民污水进入管网情况检查；协调配合市供排水公司对邛海西岸截污管网运行的管理，及时处理停电、管网堵塞、爆管等突发情况 20 多起；对经营单位污水进入管网严格把关，要求经营单位必须按照规范接入市政截污干管；开展邛海、邛海湿地，以及邛海入湖河流、沟渠环境综合整治；开展景区内外来物种整治；加强水生植物管理；开展景区科普工作。

【安全管理】 2016 年，邛泸景区管理局不断强化景区安全管理制度建设，加大日常安全隐患排查整改力度，深入开展节假日、重大活动前的安全隐患排查，每月定期 1~2 次对景区进行常态化旅游市场联合检查，全年共开展各项联合检查 20 余次；坚持落实好值班值日、预案演练、隐患排查等制度，制定、完善《景区突发事件处置预案》《邛泸景区火灾防控工作方案》等安全工作方案和应急处置预案；与景区寺庙、索滑道公司和游船公司等签订安全生产责任书；细化落实景区防火救援队的工作组织，安排落实各管理处储备防火救援物资；加强景区保安队伍建设；加强景区保安队伍教育、培训，举办安全培训班 44 期，1800 余人接受培训；加强对重点场所的安全隐患排查整治工作；完善景区安全基础设施建设；扎实开展邛海国家级旅游度假区环境综合整治，组织贯彻实施《西昌市人民政府关于加强邛海国家级旅游度假区管理的通告》。

【邛海渔业管理】 2016 年，邛泸景区管理局加强春季禁渔期间的巡查管理工作，开展集中清理整治行动，教育、劝离违反禁渔区、禁渔期规定垂钓人员 100 多人次。规范邛海垂钓秩序，加强钓鱼证管理。制定《海河垂钓管理规定》，发布《关于加强海河垂钓区管理的通告》。加强邛海渔业承包监管工作，严格审批邛海水产公司上报的《邛海渔业生产捕捞和鱼苗投放计划》，全年完成商品鱼捕捞 52 万余千克，投放鱼苗 1000 万尾。监督水产公司严格履行《邛海渔业养殖承包合同》，强化现场监督检查。强化邛海渔业生态保护措施。会同公安、海事等管理执法力量，多次对邛海非法捕捞和垂钓活动进行规范整治。

【旅游管理】 2016 年，接待游客 1548 万人次，同比增长 3.72%；实现旅游收入 18.77 亿元，同比增长 7.45%；自驾车 87.42 万辆次，同比增长 2.5%；组织策划“2016 春节惠民迎春活动”等节庆活动；配合做好第三届邛海湿地国际马拉松赛及邛海帆船赛、第九届西昌邛海湿地自行车邀请赛、2016 年中国（西昌）邛海湿地国际轮滑公开赛等重大体育活动赛事；成功组织“关注邛海微信 免费邛海乘船”活动，发放船票 1.8 万余张，累计关注粉丝量 1.8 万余人；参加在济南、乐山等地的旅游营销活动，发放宣传资料 500 余份；与四川广播电视台合作，制作《大美四川行·邛海泸山景区》专题宣传片，在四川电视台经济频道播出；持续开展广告投放，积极利用景区网站、微博、微信 LED 屏等载体进行宣传；及时维护景区 LED 播放设备，更新邛海湿地 LED 荧屏节目 8 套，100 余台次；认真做好旅游统计；顺利通过国家 AAAA 级旅游景区复核审查工作；妥善处置各类旅游投诉；全年完成各级接待

260次8000余人，其中国家级接待29次，省级接待65次，州、市接待144次，外宾接待3次。

【党风廉政建设】 2016年，邛泸景区管理局持续开展党风廉政教育，不断加强党风廉政建设和反腐败斗争，全年共召开党风廉政建设专题会议10次，组织全局副科级以上人员25人到州法纪教育中心接受现场警示教育，组织全局40余人观看大型电视专题片《永远在路上》《贪欲打开堕落之门》等警示教育片；严格执行各项廉政纪律制度，严格执行领导干部个人有关事项报告制度、收入申报制度，逐步完善领导干部谈话制度，加强对各科室和景点管理处及其人员的察访。全局党员干部32人签订《党员、干部不违规收送礼金承诺书》。

【扶贫攻坚】 2016年，景区管理局党支部与西昌市四合乡马什洛村党支部组建联合党支部，加强基层党支部建设，全年共发展预备党员2名、入党积极分子3名；成立扶贫工作队，抽调5名人员成立扶贫工作队，引领村"两委"、驻村干部、驻村第一书记"把握工作重点、崇尚实干、明了'八查'要求"，不断增添措施办法，抓紧抓实各项扶贫攻坚工作；形成"结对帮扶"模式，发动全局干部职工参与到马什洛村脱贫攻坚的工作中，全局48名职工与马什洛村49名贫困户"一对一"结成帮扶对子，每名职工深入帮扶户家中走访，提出有针对性的脱贫计划；出资6万元用于马什洛村贫困户"三建四改"工作；协调市交通局等部门争取道路整修经费25万元，对17千米的土路进行整改；全局职工踊跃捐款（1.64万元）捐物，协调西昌华宁农牧科技有限公司向49名贫困户发放鹅苗588只、饲料294千克、草籽12.5千克；全局职工认购马什洛村梨和核桃400多千克，帮助贫困户打开市场销路；协助马什洛村成立"索玛香"养殖合作社，支持村集体经济发展。

【热点问题】 2016年，邛泸景区管理局全年回复州长信箱19件、市长信箱10件，回复人大代表建议3件，政协委员提案8件。建议、提案办复率100%，满意和基本满意率100%。参加1次由州纪委、州监察局主办，州政府纠风办、凉山人民广播电视台承办的政风行风热线节目《阳光政务》。

（供稿单位：邛泸景区管理局／审核：宋莉／撰稿：胡磊）

螺髻山旅游景区管理

Management of Mount Luoji Tourism Scenic Spot

【概况】 2016年，螺髻山景区树立"以人为本，游客至上"的服务理念，不断提升服务质量、优化景区环境、加大旅游服务基础设施建设和旅游产品开发等工作力度，切实履行工作职能，严格规范管理，全面依法行政，努力攻坚克难，扎实推进各项工作任务的落实，进一步促进景区的快速发展。景区管理局内设机构为三科一室，即办公室（挂执法保卫科牌子）、规划建设科、市场开发营销科、管理科。行政编制10人，机关后勤服务人员编制1人，实际在编10人。

【目标管理】 2016年，螺髻山景区管理局建立健全目标管理工作机制，形成以局长负总责，分管副局长具体抓，各业务科室共同参与的工作格局；完善监督和考核机制，制定绩效管理和考核办法，将考核结果与目标奖的分配挂钩，强化干部职工的争先意识；结合景区工作实际，科学制定工作目标，促进景区各项工作全面开展；层层分解落实目标任务，与承办实施硬性经济指标的业务科室签订责任书，严格兑现奖惩；加强干部职工思想教育和目标意识教育，将干部职工培训和目标任务的安排部署、监督检查结合起来，在全体干部职工中树立起目标意识和责任意识。

【游客接待】 2016年，螺髻山景区全年正常开放，节假日旅游接待井然有序，未发生游客拥堵、滞留现象，未发生旅游安全事故。螺髻山景区全年共接待游客15.65万人次。接待省外游客6.74万人次，占全年接待游客的43.1%，全面完成年初制定的接待游客15万人次、景区门票收入806万元。

【景区管理】 2016年，螺髻山景区管理局加大资源保护力度。牢固树立保安全就是保发展、保稳定就是保发展的观念，把安全稳定作为生命线来抓。进一步健全各项规章制度，强化安全意识，有效保证旅游安全。建立健全行政管理、质量管理、行业培训、安全管理、停车场管理、消防、防火、接待、投诉、卫生、环保、营销各项规章制度及安全处置预案、消防防火处置预案，索道安全处置预案，为保证安全运行，索道每日实行早捡，并定期进行维修，在景区入口“游览须知”中特别说明安全注意事项，在危险地段合理设置防护设施和警示标志，在游览时段定时派人执行安全巡查，确保游览安全。

【地质公园建设】 2016年，螺髻山景区全面启动地质公园创建工作，在省、州国土资源厅的指导下全面完成省级地质公园的申报工作，顺利获得地质公园的创建资格，由中国地质大学完成《螺髻山国家地质公园规划》和《螺髻山国家地质公园建设实施方案》，并按照《国家地质公园建设标准》全面推进建设工作。完成标识标牌、地质公园徽志、陈列馆等基础设施建设，累计完成资金投入137万元。

【环境保护】 螺髻山管理局积极争取省、州项目资金支持，对该林区进行补植补播，全面实施植被恢复，保护螺髻山生态环境，推进可持续发展。全年螺髻山生态植被恢复项目实施面积3300亩，完成植树造林10.03万株，共投入项目资金219.13万元。

【网络宣传营销】 螺髻山景区共开展各类宣传活动，着重于景区整体形象宣传推广，加强对景区宣传营销方式的改革创新，实现从传统媒体宣传向新媒体运用和网络宣传营销转变，螺髻山旅游网、景区官方微博、微信广泛运用于景区宣传营销，降低营销成本，扩大宣传效应。全年，景区官方微博用户超过5000人次、微博发文400多篇、阅读量平均6万人次/月，官方微信用户近1000人、微信图文阅读量平均6000人次/月，螺髻山旅游网网站浏览量平均1210人次/月。

【法治建设】 认真贯彻党的方针证策、坚持按照《邛海—螺髻山风景名胜区总体规划》和《螺髻山珍珠湖景区整治性规划设计方案》要求，坚持景区建设始终保持与环境相协调，不破坏一草一木，控制建筑材料对景区的污染。加强行政权力公开运行平台建设，确保行政权力事项公开透明运行。

（供稿单位：螺髻山景区管理局/审核：龙子拉/撰稿：曾安荣）

摩梭家园暨泸沽湖旅游景区管理

Management of Mosuo Homeland and Lugu Lake Tourism Scenic Spot

【概况】 2016年，凉山州摩梭家园暨泸沽湖旅游景区管理局（简称州摩泸局）深入贯彻落实省政府摩梭家园暨泸沽湖旅游开发工作会及凉山州摩梭家园领导小组会议部署，围绕全州“全域旅游为首位产业”发展目标，立足旅游资源优势，以泸沽湖旅游开发为龙头，以摩梭家园建设保护为统揽，完成省州县党委政府下达的目标任务。全年景区接待游客89.56万人次、增长10.0%，实现门票收入5208.21万元、增长16.6%，创旅游收入9.54亿元、增长22%。

【摩梭家园】 全面实施摩梭家园工程，推进泸沽湖旅游景区可持续发展。一是摩梭家园建设方面推进摩梭村落改造。坚持“改造为主、拆建为辅”，实行“祖母屋改造、厨卫提升、人畜分居”，引导摩梭群众科学改造和保护摩梭民居。全年省上下达民居改造任务600户，完成民居改造859户。投资5000万元，实施达祖等10个村落基础设施建设,大幅提升泸沽湖村落公共服务水平,完成省州下达的民生工程建设目标任务。二是摩梭文化保护与传承。启动实施以母系大家庭为重点的摩梭艺术、宗教、民俗等传统文化保护与传承工作,成立“摩梭文化保护与传承工作组”,投资1000万元,全面推进摩梭文化保护项目普查登记,摩梭文化传习及传承人管理培养,县级非物质文化遗产保护体系建设、智慧摩梭家园信息平台建设等传承保护项目。积极推进泸沽湖景区收入补助扶持摩梭母系大家庭、摩梭文化传承人及摩梭家园家访户机制。安排200万元支持10个重点保护村落的200户摩梭母系大家庭成为家访户。投资700万元的文化传习所陆续建成并投入使用。推进摩梭文化“进校园”活动,在中小学开展摩梭语教学,实施摩梭绘画、音乐等艺术学习。甲搓舞、“原始母氏大家庭”已申报成为“国家级非物质文化遗产名录项目”,“走婚习俗”等10个项目已申报成为“省级非物质文化遗产名录项目”。聘请西南民族大学,设计和推广摩梭传统服饰,挖掘摩梭文化内涵,充分展示摩梭文化。通过严格筛选,公开公示,评定摩梭文化传承人197名、摩梭母系大家庭502户,文化补助已全部发放到位,促进摩梭大家庭和摩梭人传业创业。《摩梭原创歌曲》《摩梭经典民歌》《摩梭人甲搓》专辑陆续发行。《泸沽湖》《摩梭人的守望》专题片在海内外和央视播出。“泸沽湖·摩梭家园”全国摄影画册出版发行。邀请卞留念、阿来等名家,启动泸沽湖风光风情文学作品、歌曲、电影创作工作,加强与国内知名媒体和文化传媒公司合作,摄制泸沽湖摩梭文化宣传片,开展摩梭家园专题宣传报道工作。2016年四川“文旅节”期间,成功举办“情在山海间、寻梦女儿国”转山转海节,全方位、多角度展示摩梭文化独特魅力。三是摩梭博物馆运行良好。成功与四川博物院举行“四川博物院—摩梭博物馆”挂牌仪式,深入开展院馆合作。投资1000余万元建设集中展示摩梭末代王妃肖淑明生平与事迹的王妃府遗址博物馆,于2016年“十一”黄金周投入运营。投资1000万元的摩梭艺术馆,启动概念规划设计等工作。土司府遗址博物馆进入规划设计阶段。

【基础设施建设】 2016年,泸沽湖景区管理局一是加快推进景区旅游服务设施建设。投资3588万元的4.5万平方米停车场、4千米游步道、12个五星级厕所、6千米柏油路等旅游公共服务设施已投入使用。投资1000万元完成8.6千米左环湖公路改造建设工程,提高环湖公路等级和路面质量;加大工作力度,完成连接木里大寺至泸沽湖盐源境内28千米公路建设,景区交通内外通达性不断提升。投资2470万元的泸沽湖旅游客运集散中心已投入使用。二是加快实施泸沽湖生态环境保护系列工程。投资4900万元的泸沽湖大草海门户形象迎宾区、走婚桥草塘休闲区、摩梭文化博览区和6.9千米景区海门至五支洛环草海栈道将陆续投入使用。投资500万元的摩梭博物馆、洼夸等绿化工程已完工;投资400万元的重点保护村落绿化工程已完成工程量的40%。结合“泸沽湖生态环境保护试点工程”,投资6880万元的母支污水处理厂改扩建、海门污水管网等环保工程已开工建设。加大景区垃圾处理能力建设,配备500个垃圾箱、900个垃圾桶等设施,实现景区生活垃圾集中收运处置,促进泸沽湖自然生态环境持续改善。

【综合管理】 2016年,泸沽湖景区管理局一是稳步实施摩梭家园旅游开发。坚持民间投资与招商引资“两条腿走路”的方式,鼓励摩梭人“自主经营、自己受益”。引进国内外一流企业,高起点打造摩梭家园“1镇2新村5点”(泸沽湖镇,木垮、山南旅游新村,达祖温泉、小草海、女神湾、博洼湾、假日酒店等接待点)旅游开发项目建设。同步开展项目规划和项目招商,陆续启动泸沽湖招商引资洽谈会,积极对接省交投集团、成都天友集团、丽江玉龙股份等40余家国内知名企业抓住机遇,积极推进申报100公顷土地指标相关手续工作。泸沽湖土地调规已上报省政府审核。二是强势推进景区综合整治。动真碰硬开展三轮乱搭滥建、旅游市场、生态环境、景区治安、服务秩序、民居风貌专项整治活动。共清理拆除违法违章建筑241户1.56万平方米，没收13户1425.8平方米，依法停建、制止违建户97户1.69万平方米，依规整治风貌192户1.59万平方米，整顿规范宾馆、饭店等旅游接待经营户225户。

【品牌建设】 2016年，泸沽湖景区管理局一是投资2000万元，实施摩梭家园百里绿色走廊建设项目，全面推进国道G348（金河—泸沽湖）公路沿线绿化走廊、旅游站点服务设施建设、走廊沿线风貌打造等工程。二是加强与省旅游规划院合作，启动创国家AAAAA级旅游景区专项规划和相关建设工作。三是完成景区景点标示标牌整治工作，新建游客中心LED屏、更换标识、标牌1365块；舍垮、达祖两地川滇两省交界标志性建筑已完工，强化川滇两省泸沽湖区域概念。四是开展景区LOGO征集及智慧旅游和智慧摩梭家园建设，强化四川泸沽湖区域概念和差异化。2016年，泸沽湖景区成功创建为省级旅游度假区、省级生态旅游区。

【宣传促销】 2016年，泸沽湖景区管理局用媒体、广告、节会、活动、大赛、外宣、微信、手机报、门户网站等平台，多举措开展营销工作，形成立体宣传营销格局，与省中青旅签订营销协议，一次性销售4万张门票，创收400万元。分赴成都、北京、珠海等省市进行宣传推介、与当地组团社签订《2016年组团协议书》并深入调研营销市场。邀请成都、重庆、山东等地旅行社总经理到泸沽湖踩线洽谈合作协议。邀请省内外多家媒体对泸沽湖进行全覆盖宣传。来自新华网、央广网、四川在线、四川新闻网等107家新闻媒体对泸沽湖举办的节庆活动进行全程报道和积极转载，国内外网络点击率达1亿余次。泸沽湖转山转海节、“大香格里拉摩梭风情之旅”相关信息转载至亚洲、欧洲、非洲等28个国家和地区。

（供稿单位：泸沽湖景区管理局／审核：杨成／撰稿：邓棋华）

社会事业

SOCIAL UNDERTAKINGS

科学技术

Science and Technology

【概况】 2016年,凉山州牢固树立创新、协调、绿色、开放、共享的发展理念,深入实施创新驱动发展战略,全面深化科技体制改革,推动以科技创新为核心的全面创新。财政科技投入不断加大,全州财政科技投入达3.6亿元,州本级财政科技专项资金达2080万元。积极营造有利于创新驱动发展的市场和社会环境,激发大众创业万众创新的热情与潜力,加快创新型凉山建设步伐。

【科技体制改革】 深入推进科技体制改革,破解创新驱动发展瓶颈制约,激发全社会创新活力和创造潜能。凉山州委、州政府先后出台《关于深化科技创新体制改革工作实施方案》和《关于加快发展高新技术产业的实施意见》,颁布新修订的《凉山州科学技术奖励办法》,积极开展《凉山州"十三五"科技发展规划》编制工作。完善细化科技资源配置管理和开放共享机制,推进科技项目和资金管理改革,建立统一规范的凉山州科技项目和科技成果管理系统。全面推进科技创新评价机制、激励科技人员创新创业、培育企业创新主体等领域改革。

【科技创新体系】 加强攀西战略资源创新试验区建设的科技支撑,组织实施钒钛、稀土新材料领域重大科技攻关项目13项,其中2个项目进入全省第三批全球招标,获得省财政专项支持1250万元。推进科技创新载体建设,支持以企业为主体的工程技术研究中心和重点实验室建设,建成院士专家工作站6个、企业研发中心9个。着力加快西昌钒钛产业园区、会理有色产业园区升级为省级开发区。择优培育重点领域内的科技型中小企业,提升科技型中小企业自主创新能力,新增高新技术企业5家,建立高新技术企业培育库,已有30家企业入库,高新技术产值达35.51亿元。

【科技项目】 实施州级科技计划项目114项,项目经费2080万元,申报国家、省级科技计划项目44项,获经费支持4680万元,项目涉及光电风电新能源、钒钛稀土新材料、互联网+、生物医药、节能环保、科技扶贫等领域。重点立项支持"艾滋病合并肺结核双重感染的临床研究"等艾防科技项目7个,资金92万元。在昭觉县实施国家科技惠民项目，该项目共整合投入资金3829万元，成功转化重大科技成果2项，基本建成以互联网为基础、统筹城乡的艾滋病综合防控平台，实现省、州优质卫生资源向彝族聚居县的转移。

【大众创新创业】 初步建成凉山州（西昌）创新创业孵化中心，投资8.8亿元，建筑面积达1.44万平方米。会理、会东、德昌、冕宁等4县建成孵化平台，其他13个县（市）创建线上线下交易中心。州财政预算设立5000万元的创新创业专项资金，通过财政引导、募资社会资本参股等方式，支持种子期、初创期成长型中小企业发展。整合创新创业资源，依托龙头企业、高校、科研院所，打造一批具有特色的创业创新孵化中心等综合服务平台，提供科技资源、研发设计、检验检测、知识产权、技术市场、投融资、法律咨询等综合科技服务。全州投用科技企业孵化中心、电子商务孵化中心、众创空间等创新创业载体19个，成功创建省、州科技企业孵化中心6个。

【科技扶贫】 实施科技扶贫专项，以支撑产业、提升能力为主攻方向，为贫困县优势特色产业发展和贫困群众脱贫致富提供有力的科技支撑。科技扶贫示范体系建设进展顺利，建成科技扶贫示范县2个、示范乡镇3个、示范村36个、示范户180户。申报实施省级科技扶贫项目29个，州、县科技扶贫服务平台建设项目11个，获得省级科技扶贫资金1670万元。与全省同步建成凉山州和雷波县科技扶贫在线平台运管中心，建立平台管理员、分诊员、专家及信息员组成的科技扶贫队伍，通过线上线下方式，解决贫困群众技术需求2586项。选派“三区”科技人才39名到贫困县开展科技服务，围绕优势特色产业，解决技术难题，转化科技成果，建立科技组织和示范基地。

【科技成果】 鉴定州级科技成果75项，拥有68项专利等自主知识产权，全州技术交易成交额达126万元。评选出2014—2015年度州科技进步奖拟奖项目61项，票选出杰出贡献奖拟奖人员2名。推荐的科技成果共有18项分获省科技进步一、二、三等奖。完成第四届绵阳科博会攀西经济区参展牵头组织工作，共组织60余家企业、240余件展品参展，得到国家和省委、省政府领导的肯定。主办科博会首个市州主题日活动，宣荐凉山创新驱动绿色发展成就，签订科技合作协议7项，经费总额达1.2亿元。

州委书记林书成，州委副书记、州长罗凉清等在第四届中国（绵阳）科博会凉山展馆参观

【知识产权】 制定出台《凉山州知识产权工作“十三五”规划》《贯彻落实四川省知识产权战略行动计划（2016—2020）的实施意见》和《加快建设西部知识产权强省意见的实施方案》。全年共申请专利656件，完成任务的138.69%，其中发明专利申请284件。修订出台《专利资助资金管理办法》，提高资助标准，全年共资助专利157件，资助总额35.2万元。设立凉山州专利奖，表彰奖励产业化成效显著的专利。通过举办知识产权保护讲座和开展集中咨询、县（市）企业培训等方式，广泛开展知识产权宣传培训，宣传专利创造、运用、保护方面的先进典型和相关政策法规。结合“双打”等专项行动，全年开展执法检查10次，出动120人次，检查商业场所和商户200余户，及时纠正专利侵犯知识产权违法行为。

【科学技术普及】 1月“送科技下乡”、3月“科技之春”、5月“科技活动周”等重大科普宣传活动扎实开展，集中展示科技成果、宣传科技创新政策、推广农业实用技术，不断激发创新热情，赢得社会各界广泛关注。做好省级科普基地的组织推荐工作，宁南县科技馆和西昌卫星发射基地通过省级科普教育认定，凉山州省级科普基地增至5家。加强农业科技示范园区建设，新认定州级现代农业科技示范园区5个，省、州级农业科技示范园区达到18家，基本覆盖农业优势支柱产业。

（供稿单位：州科知局 / 审核：沙科 / 撰稿：罗晶）

教　　育

Education

【概况】 2016年，凉山州教育系统认真贯彻落实省州关于教育工作的各项战略部署，以改善办学条件为首要，以"一村一幼"为抓手，以义务教育均衡发展为重点，以普职协调发展为突破，以师资队伍建设为根本，以提高教育质量为核心，以完善资助体系为关键，以教育信息化建设为路径，以强化校园安全为保障，统筹推进各类教育健康协调发展，全州各级各类学校1633所，小学教学点1190个，在校学生110.55万人，教职工52793人，专任教师46895人。

【制定免费教育政策】 2016年8月15日，凉山州人民政府印发《关于实施十五年免费教育的意见》，即从2016年春季学期起，减免学前教育3年保教费；免除普通高中学费，免费提供普通高中教科书；明确村委会为"一村一幼"的管理和责任主体，负责与所聘辅导员签订劳务合同，所在乡镇中心校或教办负责业务指导。

【办学条件】 2016年，实行教育工程项目双月通报制度，启动约谈和督办机制，推进第二期学前教育三年行动计划、大凉山彝区教育振兴行动计划、"全面改薄"、十年行动计划、大小凉山彝区教育扶贫提升计划、教师周转宿舍建设计划等项目，全年实施中小学及幼儿园在建项目工程2465个，总投资44.13亿元；开工项目学校2115个，开工率85.8%；完工项目学校1668个，完工率67.67%；完成投资27.38亿元，完成投资率62.04%，全州各级各类学校办学条件差距逐步缩小。

【学前教育】 2016年实施"一村一幼"计划，在尚未覆盖学前教育资源的行政村和人口较多、居住集中的自然村，因地制宜维修改造村支部活动室、闲置村小、彝家新寨活动场所等富余公共资源，开办村级幼教点3060个，开设班级3878个，招收幼儿11万人，聘用上岗辅导员7743人。全州在园（班）幼儿达到24.34万人，学前教育三年毛入园率达83.35%。各级投入凉山学前教育发展资金5.01亿元（其中中央资金1.19亿元、省级资金1.49亿元、县级资金2.33亿元）。

【义务教育】 2016年，加强农村薄弱学校改造，推进义务教育学校标准化建设，均衡合理配置教师、设备、图书、校舍等办学资源，9月6—8日，西昌市、德昌县顺利通过国家义务教育发展基本均衡认定。12月25—27日，会理、宁南通过省级义务教育基本均衡发展督导评估；12月27—30日，会东、冕宁通过省级义务教育基本均衡发展督导评估。全州义务教育阶段学生达76.23万人，小学、初中适龄人口入学率分别达99.54%、93.17%。

【中等职业教育】 2016年，深入实施彝区、藏区"9+3"免费职业教育计划，招录4673名彝区"9+3"学生、553名藏区"9+3"学生到内地优质中职学校就读。州内中职学校达18所，在校学生29554人。

【普通高中教育】 2016年，全州普通高中发展到39所，在校学生70266人。2016年，全州普通高考本科上线人数达7888人，各高校录取凉山州考生25376人，其中本科7779人（一本1752人，二本6027人），专科17539人，高中中专58人。录取考生总人数较 2015 年增加 1559 人，全州高考录取率达到 89%。

【中小学德育】 2016 年，组织开展“学长征精神，做红色传人”教育活动、凉山州第二届“美德少年”暨“文明洁美寝室”评选活动，表彰“十佳美德少年”10 名，“美德少年”52 名，“文明洁美寝室”100 个。表彰省、州级三好学生 428 名，优秀学生干部 307 名，先进班集体 121 名。组织开展凉山州“优秀少先队员”“优秀少先队辅导员”“优秀先进班集体”评选活动，表彰“优秀少先队员”125 名，“优秀少先队辅导员”65 名，“优秀少先队集体”40 个；组织开展“我的长征路，我的中国梦”征文比赛、“书写长征精神”诗词书法活动、“长征故事我来讲”演讲比赛、“太阳星公益行动村小圆梦活动”。

【艺体卫教育】 2016 年 12 月 7 日至 14 日，由凉山州教育局、凉山州体育局主办，凉山州学生体育艺术协会、凉山州篮球协会承办，凉山州新华书店协办的“新华杯”凉山州第 34 届中学生运动会篮球赛在西昌学院南校区举行，比赛分设高中组、初中组，其中高中组 29 个男队、13 个女队参赛，初中组 26 支男队、13 个女队参赛。组织参加全国第五届中小学艺术展演活动，舞蹈《幸福家园》、声乐《古嬷阿芝》获全国一等奖和优秀创作奖，舞蹈《追太阳》获全国二等奖。

【科技教育】 大力开展科技教育，与州科协等部门共同组织第 31 届凉山州青少年科技创新大赛，全州有 16 个县（市）270 所学校参赛，参赛项目 853 项。凉山州 91 个参赛项目在全省第 31 届青少年科技创新大赛上获奖 73 项，其中一等奖 9 项、二等奖 25 项、三等奖 39 项，有 3 项入选全国大赛。

【寄宿制教育与双语教学】 全年全州 3 所彝文一类模式高中 1573 名毕业生参加普通高考，普通高校录取 1398 人，高考录取率达 89%。全州寄宿制学校达 666 所，在校生 46.87 万人，其中寄宿生 25.97 万人，占全州义务教育阶段在校生的 35.44%。

【教师队伍建设】 2016 年，全州招录 562 名“特岗”教师到农村学校任教；面向社会公开招聘中小学教师 969 人；安置省属免费师范生 40 名，招录 230 名高中毕业生进入免费师范专业就读；17 县（市）到高校考试招聘、考核聘用应届优秀毕业生 2237 名；全州教职工达到 54234 人。加强教师培训，开展国家、省、州级教师培训 8961 人（次），县级培训教师 30934 人（次）。严把教师“入口关”，完成中学、中专教师资格确认 1476 人。评选表扬优秀乡村教师 82 名。

【凉山州第四届中等职业学校学生职业技能大赛】 2016 年 10 月 24—28 日，由凉山州教育局、凉山州人事劳动和社会保障局主办的凉山州第四届中等职业学校学生职业技能大赛活动，在德昌县职业高级中学、会理现代职业技术学校、宁南县职业技术学校和凉山民族师范学校 4 个赛点举办。大赛共设置学前教育、电子技术应用、计算机应用、加工制造、汽车运用与维修、中餐烹饪与营养膳食、高星级饭店运营与管理 7 个专业 17 个竞赛项目，参赛学校 30 所，参赛学生达 327 人。

【依法治校】 2016 年，全州开展依法治校建设活动，全年创省级依法治校示范校 5 所、州级 8 所。加强行政复议规范化建设，依法参与行政诉讼，受理并办结 1 件行政复议案。加强规范性文件管理，清理文件 27 件。对全州民办教育机构开展备案审查工作，全年共审核备案学校 142 所。

【国家资助】 2016 年，全州 76.23 万名义务教育学生享受免费教科书，免作业本费和免杂费，免费吃上安全、可口的“营养餐”；24.6 万名学生享受寄宿制生活补助；10.44 万名学生享受高海拔地区义务教育阶段学生取暖补助；24 万名学前教育儿童享受保教费减免；2.51 万名普高学生享受普通高中家庭经济困难国家助学金，7万名普通高中学生学费、书费得以免除；2.44万名中职学生学费得以免除，1.71万名中职学生享受中职贫困学生国家助学金资助；办理大学生生源地助学贷款8342人，落实普通高校入学资助546人，办理省属高校毕业生到艰苦边远地区基层单位就业学费奖补950人。

【社会资助】 资助120名贫困大学生，资金55.2万元；资助义务教育阶段贫困学生160人，资金10.5万元；资助困难教师272人，资金61万元；奖励农村义务教育阶段优秀教师82人，奖励金额16.4万元；捐建薄弱学校298.4万元。

【校园安全】 启动中小学安全教育凉山州实验区工作，5月，凉山州委办公室、州政府办公室印发《凉山彝族自治州推进全国中小学安全教育实验区工作方案》，并成立中小学安全教育凉山州实验区工作领导小组；6月，全国中小学安全及保障教育普及工程四川省凉山州实验区正式挂牌启动；9月，州教育局印发《关于开展中小学安全教育实验区试点学校的通知》，决定在“五县一市”（德昌、会理、宁南、冕宁、会东、西昌）的13所中小学校先行开展安全教育实验区工作。10月，组织全州17县（市）教育局分管局长、安全股长、试点学校的校长和部分班主任、体育教师、信息课教师等160余人参加中小学安全教育实验区培训。

（供稿单位：州教育局 / 审核：蒲涛 / 撰稿：徐兴祥）

西昌学院

Xichang University

【概况】 2016年，西昌学院认真组织开展“两学一做”学习教育，接受省委专项巡视，协调推进“十三五”事业发展规划，全面推进转型发展，各项事业发展取得显著成绩。

【学生工作】 2016年，全校共有5809人次获得国家奖助学金、希望助学金等，发放金额1872.1万元；3515人次参加勤工助学，发放勤工助学金70余万元；义务兵、士官生学费补偿、贷款代偿63人次共69.6万元；办理助学贷款2817人次1899.3万元；毕业生求职补贴52万余元；新生“易班”注册认证率达95%，实现入学教育信息化，开展“易班”心理健康调查、易直播、易新闻等活动；全年处理违纪学生126人次；207名学生考取硕士研究生；接待个体心理咨询200余人，开展心理健康讲座5场。大力提升学生创新创业能力，建立创新创业孵化园区、创新创业中心和大学生创新俱乐部，开展30余次讲座；77个大创项目获省级立项，20个创业项目入驻州、市创业孵化园，12名教师入选凉山州创业专家团队；大学生课外科技项目结题51项，批准立项176项；在各类技术技能竞赛中，获国家级一等奖2项，省级一等奖15项；在“互联网+”等创新创业竞赛中获金奖2项；40名同学获得省级大学生综合素质A级证书。

【招生就业】 2016年，学院录取全日制本科生4256人，报到4040人，报到率94.92%；录取全日制专科生632人，报到506人，报到率80.06%；毕业生数4050人，就业率95.26%；成人教育本科招生690人，专科招生565人。召开各类招聘会236场，接待用人单位494家，提供岗位9723个；选拔推荐31名毕业生参与西部志愿者计划，学校被评为全国西部计划优秀项目办。

【教育教学】 2016年，学院全面总结“十二五”期间的成绩和问题，深入分析发展机遇和挑战，提出“十三五”期间事业发展的指导思想，明确发展目标，细化“十三五”期间学校建设的十大任务和具体指标，为全体师生“撸起袖子加油干”指明方向。完善办学定位，调整学科专业布局，在保留原有农学、动物科学、彝语言文化等传统优势学科的基础上，新成立信息技术、土木与水利工程、教师教育、资源与环境、旅游与城乡规划等适应未来社会发展需要的二级学院。教育综合改革取得进展，获得肯定，“四四五”模式在全省教育综合改革会议上作交流发言，引起良好反响。项目建设取得重大突破口，一是成功申报国家产教融合建设项目2项，预算建设资金达1.48亿元；二是获得省旅发委“大小凉山彝区旅游扶贫促进中心”项目，为地方培训旅游人才400余人次，促进帮扶区域人均收入增加350元。大力推进应用型人才培养保障条件建设，一是整合现有实验（训）资源，新建实验（训）室23个；二是建设教学基础性网络平台，新建全自动教学录播系统3套；三是大力推进考教分离，完成53门课程试题库建设，22门课程采用教考分离系统组题考试；四是与广东省佛山市等单位达成校地、校企“政产学研用”合作办学战略协议，探索应用型办学新模式。投入1600万元进行信息化建设；图书馆完成纸质和电子资源采购450万元。

【教育交流与合作】 2016年，加强对14名留学生的教育管理，开展讲座、座谈会、圣诞晚会等丰富多彩的实践及文化交流活动，1人获2016年“外教看中国”摄影展评活动二等奖；完成新西兰团组、斯旺西团组、马铃薯团组3个批次出国考察派出任务。

【科研工作】 建成省高校重点实验室、工程中心、社科基地等科研平台12个；制定《西昌学院科研奖励管理暂行办法》《西昌学院学术期刊分级方案》等文件促进科研工作。科研立项及成果丰硕，立项93项，总经费829.41万元；结题50项，发表论文208篇，其中SCI检索10篇，EI检索1篇，核心期刊77篇；选育新品种3个，出版专著14部，获准专利38项；获省州科技进步奖7项，省州哲学社会科学科研成果奖22项。

【队伍建设】 加大干部队伍内培外送力度，开展7期科级以上干部专题培训，培训干部900余人次；外送干部参加各类学习培训16人次；选派干部到基层挂职锻炼2人，接受外来挂职干部1人。完善奖惩机制，制定出台《西昌学院关于教学部门绩效工资分配中有关问题的规定》《西昌学院“双师双能型”教师管理办法》等规章制度；招聘引进硕士以上学历（学位）及副高以上职称人员72人；加快专职辅导员队伍建设，聘用11人，选送1人参加全国第二届辅导员年度人物评选，选送4人参加校外培训，1人参加四川省第四届高校辅导员职业能力大赛。开展为期一个月的以“强化责任意识，弘扬高尚师德”为主题的“师德师风建设月”活动，教育引导广大教师做“有理想信念、有道德情操、有扎实学识、有仁爱之心”的好教师。

【社会服务】 实施“科技成果转化工程”，积极参与科技扶贫，积极参与“四川科技扶贫在线”平台建设，推荐63人入专家信息库，有17项技术供给信息和16项技术支撑机构信息进入省科技扶贫在线平台；参与构建综合科技扶贫服务体系；通过实施示范项目提供“一对一”“一带多”等科技服务。学校党委召开3次常委会和1次专题会研究精准扶贫工作；制定《西昌学院精准扶贫方案》；书记、院长亲率班子成员和职能部门前往布拖、美姑进村入户解决问题；选派2名“第一书记”驻村帮扶；开展种植养殖技术培训，养鸡项目为每户增收1500元，能繁母猪项目为每户增收3000元；筹措资金117.5万元帮助帮扶点改善办学条件，加强文化建设；招募培训240名志愿者赴美姑等6县开展“一村一幼”支教活动，“一村一幼”支教志愿服务活动入选教育部精准扶贫工作典型案例。组织31支校级重点团队，1.2万余人次参与暑期“三下乡”社会实践；积极参与地方大型艺体活动，选派优秀学生全程参与“西昌国际马拉松比赛”赛事组织，组织彝语言文化学院学生参加中央电视台“2017年春节联欢晚会”西昌分会场的表演，扩大学校对外影响力。

【党建工作】 学校党委扎实开展“两学一做”学习教育，发放学习材料6000余册，开展专题学习11

次，专题讨论3天；校级领导讲党课10余次；副处级以上党员干部撰写学习心得300余篇，各级组织发布专题简报300余期、新闻报道40余篇；开展抄写党章、党的知识竞赛、演讲比赛等活动200余次；暑期组织46名处级以上干部赴延安大学考察培训；设立共产党员示范单位3个、共产党员示范团队33个、共产党员示范岗149个。全校各单位认真开展党员领导干部专题民主生活会、党员专题组织生活会和党员民主评议会，事前广泛征求群众意见，认真撰写对照检查材料，事中认真开展批评与自我批评，事后交心谈心，梳理意见，列出问题清单，制定整改措施，确保领导干部和党员得到教育提高。全面接受省委第六巡视组和选人用人专项巡视，学校坚决拥护，高度重视，积极配合巡视工作，协助完成168人（次）的个别谈话、提供507卷档案资料；巡视意见反馈后，学校党委立行立改，成立整改工作领导小组，认真分析、研读巡视反馈意见，反复梳理和查找存在的问题，提出整改思路，形成整改方案和整改清单，开展整改工作。

（供稿单位：西昌学院／审核：彭正松／撰稿：李秀卿）

州民族干部学校

Liangshan Prefecture School for Ethnic-minority Cadres

【概况】 四川省彝文学校、凉山州民干校是实行两块牌子、一套班子体制，受四川省民宗委、凉山州人民政府双重领导的中专学校。2016年，学校围绕州委、州政府工作大局，坚持“优化专业结构，突出办学特色，培养民族双语教育人才，促推两校科学发展”的办学思路，以建设一所极具民族特色的现代职业技术学校和民族干部教育培训基地为目标，加强领导，深化改革，带领全校教职工攻坚破难，乘势而上，学校事业稳步发展。学校创先争优活动取得成效，校团委被评为四川省“五四”红旗团委。涌现出一批优秀毕业生、先进班集体，以及优秀团员、优秀团干部，30余名教师被评为优秀党员、优秀教师、先进教育工作者、优秀班主任。

【招生工作】 学校充分发挥彝汉双语教育专业特色优势，突出彝汉双语师范教育，以提高双语教学质量作为学校发展的生命力，强化学生双语技能的教育和提高，使报考学校的学生十分踊跃。2016年录取中、高职新生496名，其中三年制学前教育专业114名、小学教育70名、音乐舞蹈班42名，五年高职学前教育专业148名、小学教育122名。截至12月，在校学生达到1213人，其中小学教育高职248人、学前教育高职353人、三年制学前教育328人、三年制小学教育244人。与西南民族大学、西昌学院联合举办中国少数民族语言文学（专升本）、语文教育（专科）、小学教育（专科）和学前教育（专科）4个专业，共录取105名本、专科学生，其中专科97名。2016年毕业178名本、专科生，其中本科15名。现在册本、专科学生共236名。

【人才培养】 学校完成1248名（含春季高师班126名）学生的毕业派遣工作。毕业178名本、专科生。至此，省彝文学校建校31年来已为凉山等6个地、市、州培养1.2948万名中、高职各类彝汉双语文化教育人才，1431名本、专科生。

【毕业汇报演出】 2016年7月6日，以“教育扶贫，让生命绽放，精准扶贫，让幸福发生”为主题，由四川省彝文学校、凉山歌舞团主办、凉山广播电视台、凉山文广传媒集团协办的学校民族音乐舞蹈专业班“党的温暖卡沙沙”毕业汇报演出会在金鹰剧院举行。形式灵活，内容精彩纷呈的演出，总结办学成功经验，展示艺术教育教学成果。一是演出邀请单位多，涉及面广，规模大，档次高，受到全州各级单位、领导和学生家长、社会的关注，受到参加观摩演出的中共凉山州委副书记苏嘎尔布、州委常委、州人民政府副州长陈日发、州人大常委会副主任海来木呷、州政协副主席杨洪清，以及州委、州人大、州政府、州政协、州纪委、州委宣传部、州委组织部、州直工委、州团委、州教育局、州文化广电新闻出版局、凉山州扶贫移民局、凉山日报社、凉山非遗保护中心、西昌学院艺术学院、凉山民族师范学校、凉山卫生学校以及全州17个县（市）宣传、文化、教育、扶贫等有关部门的领导、来宾和家长代表的高度评价。二是形式新颖灵活，极具特色。通过20余个原创舞蹈和在参加国家、省级文艺会演中受欢迎的舞蹈表演节目贯穿采访学生家长、老师、学生画面的形式，全面反映从2013年9月进校到2016年7月该班专业学生学习、生活，以及参加国家、省、州大型文化活动中取得的成果，展示学生较为高超的演艺技能。三是精心排演，提升节目质量，表演节目赢得观众广泛好评，在社会上引起强烈反响。四是制作节目光盘呈送有关部门和领导，达到交流提高的目的。五是在《凉山日报》彝、汉文版、凉山电视台登载汇报演出消息，并在凉山电视台、《凉山日报》彝汉文版、新媒体、凉山手机报、彝州新闻网、校网上刊（播）发汇演节目盛况，达到广泛宣传“教育扶贫，让生命绽放，精准扶贫，让幸福发生”的目的，展示音乐舞蹈专业办学成果中的诸多“亮点”，提升学校在社会上的知名度和影响力。

【“三风”建设】 学校以“学风”建设为重点，以在学生中营造浓厚的学习氛围为目标，严格执行“三禁两不准”和“五项教育”，严格执行以学校领导、中层干部、教职工参与的巡回检查督查制度。加强学生寝室文化、教室文化建设，建立学生第二课堂和自习辅导制度，补充、完善班风优秀奖制度、任课教师考勤制度、学生课堂点名考勤制度。强化安全教育，举行普法知识讲座，严格学生宿舍监管、内务标准化考核。深化和细化学生管理工作，学风得到明显好转。

【专业建设】 围绕“破解发展难题，提升发展能力，做强特色专业，实现科学发展”的主题，发挥民族文化学科优势，突出彝汉双语师范特色，大胆探索办学模式，创新办学方式，与西南民大、西昌学院等高等院校联办彝汉双语教育、小学教育等成人本、专科专业，与川北幼儿师范专科学校联合举办“3+2”形式的彝汉双语小学、学前教育高职专业。民族音乐舞蹈、彝汉双语小学、学前教育及其“3+2”高职专业招生工作稳步推进。2016年又与川北幼专、成都大学等高校达成合办“单招”专业框架协议，学校专业设置渠道进一步拓宽，核心竞争力进一步增强。

【干部教育培训】 学校创新培训方式，更新培训内容，转变培训方式，通过聘请专家、领导授课、异地培训、组织学员到西昌市戒毒康复中心、会理会议红色教育基地、州纪委廉政警示教育基地现场教学、评选优秀学员等形式，积极拓展和省内高校合作培训渠道，开展“两段式”“三段式”培训，突出干部教育的针对性和实用性，干部培训质量不断提高。全年学校完成州委组织部调训的“民族地区创新社会治理专题研讨班”（2期）、“依法治国专题研讨班”（2期）、“凉山州驻村第一书记彝汉双语培训班”等5个主体班次的培训任务。全年培训272人，充分发挥学校在全州干部教育培训工作中的主渠道作用。至此，凉山州民干校建校66来已为四川凉山及周边地区培养（训）3.116万名各族干部。

【教育教学管理】 严格教学管理，提高管理标准，继续实行班务量化考核管理制度、学生操行量化管理制度，对学生学习、就寝、两操、卫生、纪律、行为习惯等进行综合考评，参考任课教师根据课堂综合情况评定的成绩，作为表彰先进的重要依据，成效显著。定期不定期组织开展检查教师到岗情况，并对教案进行检查评比；继续以教风建设为重点，提高教育教学质量，增强学校核心竞争力，并严格实行教师教学常规考核办法，对教师备课、上课、批改作业、课后辅导、考试考核等环节作出明确规定，提出相应的考勤、考核措施和办法。在建立并实行留级、重修制度的基础上，完善命题、考试、阅卷制度，建立试题库，改任课教师个人阅卷为集体阅卷，提高考试质量。

【教学与科研】 一是实施《科研（调研）课题项目管理办法》《校本教材编写项目管理办法》，规范学校校本教材建设和科研（调研）课题项目管理。二是印刷发行《校园内外》2期，编辑发行《校园内外》特刊1期，刊发学校教师在华东师大接受培训的心得、体会文章30余篇，展现学校在四川彝区民族教育和民族文化发展中人才培养与科研中的作用。三是全校教师全年在各专业刊物上发表论文、作品近70篇。四是学校教师时长日黑主研的凉山州决策咨询委调研课题“凉山彝区学前儿童彝汉双语教育发展现状与对策研究”顺利结题，贾巴甲哈参与的成果“彝族克智中的生态文学思想特质解读”获州社科优秀成果奖。五是积极推荐教师参评中高级职称和州学术与技术带头人，为教师建立“有为才有位”的发展平台。六是先后派出教师参加四川省小学彝文教材审定会、省级课题“彝族当代文学发展史”项目研讨会、凉山州彝语新词术语翻译专家委员会新词术语审定会、凉山州民族翻译学会翻译工作座谈会等学术研讨会。

【师资队伍建设】 根据学校发展和学科建设需要，按照公开、公平、公正原则，面向社会招考12名事业单位专业技术人员，其中音乐舞蹈5人、学前教育2人、汉语言文学2人、生物学1人、计算机1人、美术1人，学校教师专业结构、年龄结构进一步优化。为教职工建立职称评聘的长效机制，全年推荐评聘讲师2人、高级讲师1人。

【素质教育】 结合公民道德宣传月活动，在学生中开展公民道德教育，学生道德意识显著增强；加大培养学生工作实践能力的力度，增加音乐、美术、微机、普通话、三笔字、简笔画等基本技能课时量，并组织学生参加省、州的严格测试，学生取证合格率高，实践操作和实验开出率达95%以上，学生适应社会能力和竞争能力明显增强。

【学生管理】 一是组织军训活动，学生行为习惯转变明显。二是学生管理人性化，促进“校风、教风、学风”的好转。三是直接任命一批有能力、有责任的教师加入到班主任工作行列，班主任工作进一步加强。四是开展班级教室文化、寝室文化建设评比活动，建立文化育人环境，增强校园文化氛围。五是建设平安校园，安全工作万无一失。全年未发生一起安全事故。

【基础能力建设】 积极挖掘校内资源，最大限度发挥资源使用效率。一是筹措资金30万元建设录播教室，为学校教学现代化夯实基础。二是启动学生食堂的建设工作，并于4月8日通过招标，10月开始施工。三是扎实推进学校搬迁前期工作，州政府专题会议原则同意学校搬迁至西昌职业教育园区，并已在西昌市教育建设园区划拨222.17亩建设用地。学校按照州委、州政府的总体工作部署和省民宗委的要求。

【校内外环境治理】 学校充分发挥城乡环境整治领导小组及其办公室的作用，先后组织广大师生对校门、沿北门至四牌楼的街道卫生和校园环境进行大整治，在设立卫生监督岗、宣传公示栏，及时通报整治结果，定期不定期组织有关人员对四牌楼“摩的”乱停乱放和占道经营的情况进行劝导和教育，受到州市城乡环境整治办公室的好评。继续与西昌市广平物业管理有限责任公司合作，实施校园物业化管理，校园卫生、绿化等得到根本改变，教育教学良好，环境优美。

加强对城乡环境、校园美化绿化、计划生育、爱国卫生、社会治安等各项工作的领导，学校爱国卫生、城乡环境综合治理、计划生育、社会治安综合治理、禁毒防艾等精神文明建设成绩显著，受到州、市高度评价。学校连续被评为西昌市社会治安先进单位，治安模范单位，卫生先进单位，计划生育先进单位，西昌市精神文明单位，被州政府和州爱卫会评为凉山州计生合格单位、凉山州卫生先进单位。

【校园文化】 一是组织师生参加思想健康、积极向上、形式新颖、内容活泼的西昌邛海湿地国际马拉松比赛，“清明寄哀思、发奋思报国”清明节祭扫爱国主义教育，让学生在活动中学会感恩，学会奉献。二是举办“五·四”彝汉双语经典诵读暨美术书法比赛，在参加省民语委主办的彝汉双语演讲比赛中获组织奖和优秀奖。三是参加的“我演·你秀”凉山州非遗文化进中职大型展演。总政歌舞团团长、作曲家张千一、词作家屈塬，演员刘之冰、歌手阿鲁阿卓等亲临学校寄语青年学生感恩励志，并与广大同学同台演出。三是金月亮艺术团组建的彝族器乐班技能水平提高明显。开设的葫芦丝、口弦、月琴、声乐、彝族文化培训课程广受学生欢迎，在培养学生艺术才艺，有效传承民族文化艺术、丰富校园文化生活，提高学生艺术创造力，陶冶师生情操方面发挥积极作用。

【党建工作】 加强党的建设，以开展“两学一做”教育活动为契机，建立党建工作长效机制；举办第30期业余党校，全年发展党员11人、发展新团员146名。培养入党积极分子91人。表彰优秀党员、先进党务工作者8名，学校党的建设上一个新台阶。

【党风廉政建设】 在认真开展党风廉政建设，落实党风廉政建设责任制的同时，制定2016年学校党风廉政建设工作责任制。在党委的统一领导下，建立完善的廉政风险防范的长效机制，认真落实党的群众路线教育实践活动正风肃纪工作，进一步细化对学校文风会风、公务接待、节庆论坛、招生就业、设备购置，经费管理，车辆维护使用，助学金核发，职务(职称)晋升聘任，人事与管理等学校廉政风险点的监管工作。工作方案细化，程序科学，监管规范。

【驻村帮扶】 一是继续指定人员到昭觉县呷朵洛古乡果阿丁村、洼取力乌村开展定点帮扶扶贫。学校领导多次分期率领科室负责人、教职工多次深入联点村调查研究，切实解决脱贫致富进程中存在的实际困难，并与“驻村第一书记”一道制订扶贫计划，研究扶贫工作。先后多次组织全校教职工为联点村开展“送温暖、献爱心”等活动。二是积极开展“走基层、解难事、办实事、惠民生”活动。一年来，学校送去图书、学习用具、洗衣机、电脑、办公桌、太阳能、大米、菜油等帮扶物资资金达6.85万元，教职工一对一帮扶两个村78户，累计捐款3.19万元。共计折合10.04万元。

（供稿单位：州民干校 / 审核：王林国 / 撰稿：时长日黑）

凉山卫校

Liangshan Health School

【概况】 2016年，学校认真学习中共十八届六中、七中全会和省、州委全会精神，秉承“德为先”的办学理念，以“两加强、两提高”为基础，以校风建设为重点，以改革创新、创先争优为动力，培养具有“学以致用、悬壶济世”精神的人民满意的健康卫士；全面实施依法治校，提升学校核心竞争力，促进学校的优质发展。

【学校建设】 2016年，学校确定11项具体工作举措，领导干部和一般党员分别拟定5个集中学习研讨主题。通过层层签订《党风廉政建设责任书》《拒收红包礼金承诺书》《廉洁从业承诺书》，不断提升班子和队伍抓实党风廉政和行风建设的坚定性、自觉性。通过校风巡查制度，以教职工文明公约和学生文明公约为抓手，强化巡查力度，促进教风和学风的转变；通过举办技能和礼仪风采大赛及汇报表演等活动，丰富校园文化生活。完成综合楼建设项目报建手续。

【学校规模】 学校现有教职工197名，专业技术人员160人，专业技术人员中高级60人、中级47人、初级50人，专任教师112人、双师型78人、州学术(技术)带头人1人、后备人选9人；在校学生5012人，其中全日制学生3028人(全日制学生中中职学生 1749 人、“3+2” 高职学生 1051 人、普招大专 228 人），成人本（专）科 1984 人。

【办学成果】 2016 年，学校顺利毕业 2187 人，其中全日制学生 895 人，成人班学生 1292 人，毕业合格率达 98% 以上；升学考试方面重医班 55 人参加专升本考试，47 人上线，上线率 85%，中专班医学一类 281 人参加考试，192 人上线，医学三类 271 人参加考试，101 人上线；高职护理班执考 112 人参考，93 人上线，上线率 83%，中专班 346 人参考，159 人上线，上线率 46%，平均较 2015 年上升 1.2 个百分点；技能成果突出 2016 年 6 月 1—3 日，全国中职护理技能大赛在南京举行，学校代表四川省首次参加比赛，参赛学生毛阿明荣获二等奖、宋嘉琪荣获三等奖。全年招收新生 1276 名，其中全日制 831 名、成人 445 名。

【附属医院及社区卫生服务】 2016 年，制定并落实《凉山卫校附属医院质量考核管理办法和实施细则》，成立医疗护理质量考核小组定期考核，健全疫情报告制度，实行首诊负责制，截至 11 月底，全院实现业务总收入 550 余万元，较 2015 年同期提高 9.9%。积极开展社区卫生服务工作，新建居民健康档案 7274 份，建电子档案 7003 份，纸质档案 1591 份，建档率达到 69.99%，深入到学校、社区开展健康教育宣传活动 16 次、举办健康教育讲座 20 次，发放各种健康知识宣传材料 20020 份，搞好辖区儿童、孕产妇、老年人、慢性病及重型精神病管理工作，辖区儿童接种率达 95% 以上。

【精准扶贫】 按照州委《关于集中力量打赢扶贫开发攻坚战确保同步全面建成小康社会的决定》的要求，学校领导班子多次深入美姑县瓦西乡尼木则村和拉洛村开展实地调研，召开专题会议研究、部署精准扶贫工作，落实帮扶计划、措施。全年累计帮扶资金 13.13 万元，向瓦西乡尼木则村和拉洛村“一村一幼”送去价值 0.1 万余元学习及文体用品，为贫困户送去价值 3 万余元的化肥和价值 4 万余元防寒服 157 套和 48 床棉被，“青薯九号”种子款 1.6 万元，为两个村协调“冬慌款” 4 万元。主动支持参与推动贫困村“四个好”家庭创建工作；协助所在村在宣传动员、组织领导、建章立制、激励措施、宣传引导、经费保障、资金物资上等方面提供帮助；完成贫困户当年脱贫并创建“四个好”家庭目标任务。

（供稿单位：凉山卫校／审核：张荆辉／撰稿：罗强）

凉山农校

Liangshan Prefecture Agricultural School

【概况】 2016 年，学校坚持“着力专业发展、壮大培训服务、拓展就业市场”的办学理念，由过去计划经济条件下单一的农学、畜牧专业发展为市场为导向，服务“三农”为主，基本建成专业内涵规范，教育教学管理严格，校园设施完善，环境优美的一所花园式中专学校，服务凉山经济社会建设的能力不断提升。

【师资队伍】 2016 年，学校编制 118 人，有在职人员 92 人，专任教师 66 人，“双师”型教师 36 人。除此以外，学校还有众多现代企业的经营管理精英和技术能手作为学校兼职教师和客座教授，形成一支专业齐全、理实结合、专兼职结合的师资队伍。

【开设专业】 2016 年，学校充分利用自身资源条件，根据市场需求，培育骨干专业的同时开办新型专业，学校建成涉及“三农”全方位的农林牧渔类、土木水利类、加工制造类、财经商贸类、旅游服务类、文化艺术类六大类 18 个专业。并与四川农业大学、四川省机电职业技术学院、四川工业学院、电子科技大学、天津大学、西昌学院等高等院校联合举办五年高职班和各层次的成人大专、本科班。

【办学特色】 2016 年，坚持“全日制教学、两条腿走路，中高职贯通，校企地合作，产学研结合”办学之路。学校结合珠海市对凉山州开展的东西对口扶贫帮扶，充分利用珠海对口帮扶学校的机遇，结合凉山实际及扶贫攻坚，开设对凉山传统文化具有保护传承又有创新性发展的“民族服饰”“彝族刺绣”“民俗建筑”等专业，借助“凉山州非物质文化遗产传承基地”，通过民族服饰、民族建筑、非遗文化传承人培训相关专业的开设，结合彝族传统民居装饰和手工木雕，建立彝族建筑装饰和民居样板房示范基地，既有发展旅游观光和现场体验之效，又充当民族建筑装饰传承培训的基地。通过传承人培养，使得农村贫困人口通过培训掌握技能实现本地就业，带动农村彝族妇女居家就业，并主动对接“凉山彝绣产业园区”。着力建设“山海缘”民族文化服饰中心。培育骨干专业，创新办学方式，形成以学历教育为主、各类成人教育和短期培训为辅、长短结合的“3＋3”办学特色，2016年度学校在籍学生5000余人，全日制在校生近3000人，毕业学生升学率达72%、就业率达95%。

【培训教育】 培训是职业教育的重要职能，凉山州农业学校是国家教育部认定的“计算机考试中心凉山考点”，四川省人民政府确定的“四川现代农业培训基地”“四川省劳务扶贫培训示范基地”等，2016年学校被中国企业家联合会确定为的“中企高管人才素质提升工程委员会西昌研修基地”，完成两届中企高级职业经理人培训任务；2016年度共计开展各类培训达8000人次，极大地满足地方经济建设对人才的需求和需要。

（供稿单位：州农业学校／审核：陈仁甫／撰稿：黄雪）

凉山民族师范学校

Liangshan Minzu Normal School

【概况】 2016年，凉山民族师范学校本部共有教学班41个，学生1961名，州内外联办学校学生1163名；在职教职工223人，离退休人员184人。学校正在积极筹建“四川民族幼儿师范高等专科学校”。

【招生就业】 2016年学校共招新生901人（其中校本部339人、联办学校562人），其中五年制大专339人、三年制中专562人；转录到四川师范大学五年制大专学生378人，另有55名学生考取成都师范学院免费师范生；共派遣州内外毕业生983人，其中五年制大专毕业生230人，中专毕业学生753人（高中一年制中专毕业生475人，三年制毕业生278人）。同时学校与西昌市信达商务信息咨询中心合作，逐步完善《凉山民族师范学校毕业生就业情况测评报告》和《凉山民族师范学校用人单位满意度调查报告》。

【教学工作】 一是学校继续加强教师教学质量管理，在学期前就对所有教师的课程授课计划进行审核，并在期末对教研组和教师的工作进行常规检查（包括对教案、教学进度、作业情况等）。二是继续坚持教师上课和早晚自习巡查制度，全年教学秩序基本良好。三是通过系列培训、开展活动等形式，进一步提高教师专业技能。四是积极组织教师参加各级各类教学业务比赛。五是结合学校实际，使学科教研组教研评估等工作逐步规范化、制度化。六是建立课题研究定期报告制度，鼓励教师申报各级课题。七是组织学生参加凉山州第四届中等职业学校学生职业技能大赛学前教育专业组比赛。八是通过相关教研组开发校本教材，认真落实学生的讲、唱、跳、弹、画、教等技能要求及训练措施。九是组织学前教育专业学生参加“幼儿体操”、“幼儿手工”的技能过关。同时还拟定《小学教育专业学生教育活动设计能力过关标准》和《学前教育专业学生音乐教育活动能力过关标准》。

【德育工作】 一是加强班主任队伍建设和主题班会的开展。除继续推行班主任岗位责任制，强化班主任考核制度外，制定《凉山民族师范学校班主任工作考核方案》，并认真组织学习《优秀班主任评选方案》《先进班级评选方案》等。二是加强学生思想教育和日常管理工作。2016年，学校加强对学生日常管理和日常行为的违纪违规的处分力度，并将各种违纪行为纳入评优评奖的考核，同时加强对学生"两操"的管理，利用课间时间及升国旗仪式加强对学生的思想教育。三是按照《班级考核评比方案》，每月对在校班级进行评比。四是表彰"先进班集体""三好学生""优秀学生干部"和"优秀护校队成员"。同时对获得国家励志奖学金、国家助学金和川师大助学金的学生发放奖金324.92万元。五是加大对贫困学生的资助力度，爱心助学工作取得显著成绩。经多方协调，分别与海南成美慈善基金会和加拿大福慧基金会合作，成立"成美慈善班"和"福慧助学班"。同时还根据省州教育主管部门的要求对贫困学生建立档案（电子档案和纸档案），做到资助工作目标明确，公开、公正做好贫困助学基金的发放工作。

【行政管理】 一是按上级部门要求，完成对学校人事档案的清查、整理、归档等相关工作。二是为满足"升专"需要，除新引进硕士研究生学历教师12名外，还与30名2017年应届硕士毕业生签订就业协议。三是严格按照评审程序和要求，推荐评审各类职称晋升人员。四是组织全校专业技术人员参加2016年四川省专业技术人员"心理健康与心理调适"的学习。同时按省、州主管部门的安排，组织全校在岗在编教师进行教师资格证的首次注册、审核工作。完成全校教职工全国教师信息管理系统个人信息的录入和审核工作。五是组织评选2015年度"文明个人"和"五好家庭"。教师节期间学校对2015—2016年度的"优秀教育工作者""优秀班主任""优秀教师"和"从教三十年的教师"进行表彰。六是对因病住院职工进行慰问，参加职工亲属丧葬仪式，并在春节、重阳节慰问在昌的离退休干部，发放慰问品。

【升专工作】 学校围绕"升专"的各项工作继续稳步推进。在硬件建设方面，新校区全钢结构建设的概念设计和方案设计已通过审批。建设用地的国有土地使用权证已办理完结。同时还完成工程建设招标代理公司、建设公司的招标工作和建设用地涉及的水、电、网、猫沟河的设计、预算和财评等工作。在软件建设方面，经请示同意采用单一来源方式对专业图书和相关服务项目进行采购。

【教师培训】 一是组织25340人参加中小学教师信息技术应用能力提升工程培训。二是组织实施"2016国培计划"。三是在冕宁县、会理县、宁南县等组织各学校中小学校长培训。四是加强与四川大学、四川农业大学和东北师范大学网络教育学院的联系，按时组织完成新学员参加入学考试和在读学员的学期考试工作。

【校园安全】 一是根据学生管理中存在的问题及时修订《严禁在校内成立同乡会的通知》《禁止学生酗酒的通知》和《加强学生晚归和夜不归宿的管理通知》等管理制度。二是在各相关部门的协调配合下，对全校师生进行安全、纪律教育，杜绝各类安全事故的发生。2016年相继聘请凉山州公安局禁毒办卢警官到校开展禁毒知识讲座。配合西昌市关工委开展"关爱明天、普法先行"文艺表演和新村办事处开展"法制进校园"活动。三是坚持实行24小时轮流值班制，确保寒暑假和重大节假日的校园安全，重点整治周边环境和校内突出治安问题。同时还加强门卫值班制度和车辆管理。四是坚持每月安全巡查制度，坚持定期消毒、防疫、及时维修，及时消除安全隐患，努力改善师生的教学和生活条件。五是进一步完善《凉山民族师范学校财产管理办法》并按管理办法实施；认真落实《凉山民族师范学校关于物资采购、维修的补充规定》。六是为保障全校师生饮食安全，2016年学校成立"创建省级食品安全示范市"工作领导小组，并制定《食品安全突发事件应急处理制度》，日常加强对食堂的检查管理。七是组织开展防震减灾演练和消防应急演练活动。2016 年全校无重大安全事故发生，确保校园的稳定与和谐。

【校园文化】 学校组织开展丰富多彩的课外活动。一是校团委组织开展第三届校园达人秀比赛、“奋斗的青春最美丽暨纪念‘五·四’爱国运动”为主题的演讲比赛、第四届“校园歌手大赛”、凉山州第四届“中等职业学校学生技能大赛颁奖晚会”和“我演你秀”凉山州非遗文化进中职大型展演等活动。二是学生处组织学生开展 2016 级新生军训、两室文化建设、主题班会、广播体操舞比赛、无偿献血、2016 年四川省残疾人艺术节等活动，以及组织 2017 年央视春节联欢晚会凉山分会场群众演员活动。三是学校工会也积极组织教职工开展 2016 年“三八”节女职工登泸山活动、职工趣味运动会和“迎新年、迎升专”湿地迷你马拉松比赛。还组织参加第三届“新华杯”教职工篮球运动会。

【财务工作】 一是继续与各部门签订治理乱收费、私设“小金库”责任书。通过多年的努力，学校完全杜绝乱收费和私设“小金库”的行为。二是按照政务公开的相关规定，对学校 2015 年结算及“三公”经费安排使用情况、收费情况，对 2016 年预算安排情况在凉山州政府网上进行公示。开展“执行中央八项规定和公务接待的专项检查工作”，并接受州教育局 2016 年教育经费专项检查。三是建立以单位负责人为组长，纪检监察、财务、审计等部门参与的内部控制领导小组，制定单位内部控制方案。四是完成全校教职工参加养老保险的各项工作，将离退休人员交由社保发放离退休费，并建立全校教职工缴纳养老保险台账。

凉山州民族师范校首届校园艺术节演出现场

【扶贫工作】 按照省、州扶贫攻坚的要求，学校安排扶贫专干对学校联系点——普格县洛乌乡团结村和甘天地乡瓦洛村进行驻村扶贫。同时学校组织全校中层以上领导干部到普格县洛乌乡团结村 5 组入户走访，结对扶贫。全年全校党员和教职工向帮扶村共捐款捐物折合人民币 3 万余元。

【党建工作】 一是组织全校教职工认真学习和贯彻落实中共十八大、十八届五中、六中全会精神，紧紧围绕学校改革、发展与稳定工作，结合学校“升专”实际，充分调动广大党员和教职工的工作积极性、主动性和创造性，促进学校各项工作任务的圆满完成。二是学校党委通过中心组学习会、组织生活会、教职工大会、业余党校、上党课等形式，组织全校广大党员教师开展“两学一做”“四个全面”等专题学习活动，组织开展校领导班子“创四好”活动。三是加强和改进党委和各支部的组织建设。

（供稿单位：凉山民师校 / 审核：余建忠 / 撰稿：杨凯）

州职业技术学校

Liangshan Vocational and Technical College

【概况】 2016 年，州职业技术学校围绕凉山州精准脱贫攻坚、转型跨越发展战略，砥砺前行，稳定办学规模和提升办学水平。致力于深化产教融合，培育现代工匠；以“国家中等职业教育改革发展示范学校”（简称国示）建设、招生工作、拓展与高职“3+2”联合办学为工作重心；秉持“德育优先、技能为本、知行并重”办学理念，紧跟市场和社会需求，“高职升学”与“中职就业”两条腿齐步走，软硬件建设同步跃上新台阶。开设铁道施工与养护、铁路运输管理、铁道车辆运用与检修、机电技术应用、发电厂及变电站电气设备、石油天然气开采、高星级饭店运营与管理、电子商务、航空服务、城市轨道交通运营管理、风电场机电设备运行与维护等11个专业;学校在职职工165人,退休职工161人,在校中职学生1852人。获得学校安全稳定工作目标考核一等奖、文保工作先进集体等荣誉。

【招生就业】 招收普通中专班各专业新生517人,“3+2”五年一贯制大专班招收新生208人,共招生725人。其中,与成都地铁公司等合作招收5个订单班206人,与内江职业技术学院多家院校签订“单招”考试合作协议,拓展中职学生升学通道,高职院校录取学校考生13人。邀请东星航空学院等到学校对在校学生进行就业宣讲,结合开设职业规划课程等,端正就业观念,调整职业规划。2016年毕业403人,通过长期打造的就业网络平台,邀请上海风晟新能源公司德阳分公司、中铁八局城市轨道交通公司、上海武警消防安全服务公司等10余家企业到校招聘,切实解决学生就业,就业率达95%以上,另有60人参加2017高职院校“单招”,30人自主择业。

【德育教育】 以“德育优先、技能为本、知行并重”为办学理念,以立德树人为根本任务,以强化班主任队伍建设和师德师风建设为抓手,以“三三六”德育教育体系为主线,继续开展“金银班风”和“文明礼仪之星”的评选活动。加强班主任管理教育,优化班主任队伍结构,提高班主任工作水平,班主任成为学生的知心人和好榜样。以班主任工作为重点,促进学生行为习惯养成,强化德育教育效果,推进教育质量的提高。表彰文明礼仪标兵780余人次,文明礼仪之星70余人次。举办电脑、篮球、音乐等丰富多彩的第二课堂活动,开展心理辅导和心理干预,利用开学典礼、成人礼、班会课、校园广播、国旗下讲话、学生集会、参观攀西监狱、学生民族艺术团展演等活动,加强学生在文明礼貌、学习习惯、仪容仪表、社会公德、民族文化、民族团结、遵纪守法和职业道德等方面教育。提高学生自我管理、自主发展的意识,形成学生科主管、班主任带领、学校全员监管、学生自主管理的管理体系。通过《给家长的一封信》,积极向家长反馈学校德育工作情况,保持学校与学生家长联系的通道,指导家长开展家庭教育。

【教学管理】 充分利用“国示”建设打造的软硬件平台优势,教学重心全面向实践技能教学转移,突出“做中学、做中教”的职业教育教学特色,加强教研活动,强化考核评比。逐步推广项目教学、案例教学模式,探索使用“理实一体化”教学方法,强化学生实践能力。上半年完成中职教育27个班级,1100余人,下半年完成35个班,1500余人的教学任务;完成成都理工大学继续教育学院400余人的授课任务。组织安排教师参加国家、省州级各类培训学习21人次,继续做好聘请能工巧匠、行业专家师资的管理工作,深化校企互融。5月,学校取得川AP2016165号“安全培训条件证书”。参加四川省中等职业学校教学工作诊断与改进制度建设培训,为下一步实施学校教学工作诊断与改进制度建设工作奠定基础。强化教学研究和教学考核评比,组织专业技术人员参加四川省信息技术应用能力提升工程培训,邀请西昌学院教授开展现代应用技术教育转型专家讲座。教师发表获奖论文7篇,获凉山州优秀教学成果二等奖1个,州教科所课题结题1个。组织教师参加第一届凉山州中职学校教师技能大赛,参加竞赛项目4个,7名教师获奖,获奖率78%。组织教师校内开展微课制作竞赛,评选一等奖6人,二等奖8人,三等奖11人。组织学生参加2016年凉山州第四届中职学校学生职业技能大赛,荣获2个一等奖,5个二等奖,9个三等奖,获奖率71%。

【横向联合】 实施“中职就业”“高职升学”两条腿齐步走战略,开展横向联合,打通升学通道,拓展就业渠道。在上级主管部门的大力支持下，主动走出去，广泛联系各高职院校和企业，拓展办学层次和就业渠道，积极落实一批高职院校开展合作办学，增加一批企业签订就业和定向培养协议。与内江职业技术学院、四川管理职业学院等多所高职院校成功对接交流，在联合办学、专业共建、中高职衔接等方面进行深入探讨和交流，并签订合作协议，开展铁道车辆运用与检修等两个专业五年一贯制高职（简称“3+2”）联合办学；与成都地铁等3个企业签订城市轨道交通运营与管理等3个专业的订单班培养协议。11月，学校应邀参加内江职业技术学院丝路—内江职业教育集团成立大会，并加入丝路—内江职教集团。

【财务管理】 遵循“统筹兼顾、勤俭节约、量力而行、讲求绩效和收支平衡”的原则，根据学校的发展、招生情况、学校长远规划、年度收支增减等因素通盘考虑，在上级财政部门的指导下，科学编制年度预算，严格执行收支计划。严格遵守国家有关法律、法规和政策规定，收入全部纳入学校收支预算，及时足额上缴国库和财政专户。上缴国库和财政专户资金483.81万元。不断规范财务管理，完善财务报销程序，加强票据使用管理，规范办公用品、专用设备等采购行为，强化公务卡的使用。5月，凉山州教育局教育经费专项检查组对学校教育经费管理使用情况展开检查，对学校的财务工作给予肯定和好评。

【基础建设】 推进高星级酒店运营与管理专业实训基地装修工程、新建实训楼修建工程、塑胶运动场改造工程等三个重点工程的建设工作，加强工程施工的监督和管理，三项工程已陆续完工。

【技能鉴定】 依托学校职业技能鉴定所，开展维修电工、机修钳工、焊工、化学分析工、车工等5个工种的技能鉴定，服务地方经济，拓展办学效益。培训和鉴定技师、高级技师47人，中、高级工137人。举办电工、焊工、登高作业等特种作业安全培训2期，培训人数280人。与西昌电业局职工培训中心合作，完成职工培训23期667人次。

【安全工作】 坚持安全教育先行，落实宣传教育制度，安全事事有人管，责任层层抓落实。先后进行校纪教育、遵纪守法教育、安全常识教育等；坚持安全隐患排查及整改制度，避免多起安全事件的发生；签订《消防安全责任书》；加强对重点目标、重要部位的安全监控。积极开展“安全周”“安全月”“百日安全无事故”等安全教育活动。结合“5·12”防灾日、“6·26”禁毒日、“11·9”消防日、“12·1”艾滋病日、“ 12·4”法制宣传日，制作宣传展板，组织师生开展宣传活动。

【党建工作】 校党委围绕学校中心工作，突出开展自身建设、“两学一做”教育实践活动、精准扶贫、师德师风建设等各项工作。通过制度化、规范化的管理，使党建工作水平进一步提高，为学校发展提供坚实的思想政治保障。严格落实管党治党主体责任，通过完善基层党支部书记年度党建工作述职制度，层层签订党建工作责任书，落实党建工作责任制；通过切实开展“两学一做”、警示教育等多种形式加强学习，不断提高党员干部的政治理论水平。关心党员的工作、生活和发展，促进干部队伍的稳定；完成所属8个支部班子换届工作；进一步完善校党委成员对各总支、支部联系分包制度；深入开展“四型”党组织创建、校领导班子创“四好”和“五彩凉山城市党旗红”活动；建立各总支、支部月度考核制度；认真落实“三会一课”制度和校级领导干部双重组织生活制度；坚持“三重一大”集体决策制度，确保党委的政治核心作用；严格执行中央八项规定、反对“四风”，以良好党风带动政风民风，改进工作作风。认真履行“一岗双责”职责；健全党建工作考核评价体系，评选表彰先进支部、优秀党员、优秀党务工作者；开展师德师风建设专项工作。

【扶贫工作】 选派两名干部到雷波县中寨村和岭岗村担任第一书记，驻村开展精准扶贫工作。落实帮扶项目5个，帮扶资金12万元，创新扶贫措施，引领村民既增加经济收入，又更新观念意识，努力阻断贫困的代际传递。岭岗村退出贫困村进入脱贫巩固期，中寨村现还未通公路，处于脱贫攻坚期。对两个乡就读凉山州职业技术学校的学生，给予免除学费等多种帮扶优惠，帮助他们“就业一名学生，脱贫一个家庭”。按计划继续开展上田坝乡中心小学教师轮训工作，培训费、食宿费、往返交通费全部由凉山州职业技术学校承担。与上田坝乡中心校联合开展“小手牵大手”活动，进行“讲文明、尚科学、改陋习、树新风”宣传教育。儿童节前夕，出资2.6万元，为上田坝乡中心校213名学生每人购置一套校服和休闲鞋一双。彝族年前夕，出资3.2万元，为上田坝乡中寨村180户农户每户送去棉被和被套各1套，实现帮扶受益全面覆盖。为岭岗村86户建卡贫困户每户送上两袋复合肥帮助他们发展生产。投入1.5万元为岭岗村党员活动室配齐桌椅。出资7000元为上田坝中心校安装水塔1座，解决上田坝中心校的用水难问题。

【其他工作】 完成职工岗位设置信息平台的维护及审核；教师资格证的注册工作；全国教师管理信息系统网络注册登记；干部人事档案审核工作。成功召开第八届工代会、教代会大会，选举新一届工会委员会。胜利召开第二十三届田径运动会。参加州职业教育活动周展示，展出节目3个。“苍茫凉山”“索玛花开”彝族传统服饰秀展、民族器乐进校园活动，在学校主校区举行。校报《邛海校园》停刊，其内容全面并入升级更新的学校网站。

（供稿单位：职业技术学校／审核：高勇／撰稿：田成平）

州民族中学

Liangshan Minority Middle School

【概况】 凉山州民族中学是凉山彝族自治州唯一一面向全州招生的、以少数民族学生和农村贫困学生为主的民族寄宿制完全中学，是州教育局唯一一所直属中学。学校现为四川省二级示范性普通高（完）中。2016年，学校有86个教学班，在校学生5007人，其中高中56个教学班、3282人，初中30个教学班、1725人。少数民族学生占60%以上，农村学生占76%。

【师资建设】 学校狠抓教师队伍建设，坚持在教职工中倡导敬业、爱岗、善教、奉献的职业道德精神，一年来学校教师没有发生严重的违背师德师风和规范办学行为的事情，受到各方面称赞。2016年在编教职工426名，其中专任教师393人，管理人员11人，工勤人员12人。2016年有特级教师4人，中学高级教师113人，中级教师160人。2016年1人获“全国先进工作者”称号，1人获“四川省优秀教师”称号，2人获“州优秀教师”称号，32人参加省、州赛课获奖，223人获学校表彰奖励。

【德育工作】 在全体学生中扎实开展行为规范养成教育，加强学生思想道德建设，不断创新德育工作方式和内容，切实突出德育工作，德育活动形式丰富多彩。同时还重视建设以“卓越民中、美丽民中、幸福民中”为内容的校园文化，把校园打造成师生的“幸福家园”，为师生的学习、生活、工作创造良好的环境。一年来，共评选和表彰省级三好学生2名，优秀学生干部2名；州级三好学生14名、州级优秀学生干部11名，州级先进班集体5个。校级三好学生、优秀学生干部和文明学生433名，校级先进班集体30个。

【素质教育】 学校围绕校园民族文化建设主题，积极开展素质教育，搞好文体活动。一是组织学生轮流坚持跑操，确保各年级学生每天都能得到体育锻炼。二是组织开展系列文体活动，有3月英语演讲比赛、4月第四届“民中好声音”歌唱比赛、5月彝语演讲比赛和诗歌朗诵比赛、7月英语夏令营和美术夏令营活动、9月新生达体舞比赛和各班中秋晚会、10月初中部“阿龙杯”篮球比赛和高中部新生篮球比赛、11月学校田径运动会和西昌国际马拉松比赛，12月第二十一届校园民族文化艺术节。美术老师认真培养美术特长生，体育老师组建田径队篮球排球队并开展训练，对体育特长生进行专业训练。组织学生组队参加全州第三十四届中学生运动会篮球比赛，初中队取得第4名，高中队取得第6名的好成绩。学校邀请杰出校友吉克隽逸、莫西子诗、吉克皓、沙楠杰等回到母校开展活动，与学生座谈。与金丝鸟、旭航教育等艺术学校合作，开展高雅艺术进校园活动，组织形式多样的课外活动，认真培养学生特长，校园生活丰富多彩，素质教育得到全面贯彻落实。

【新课程改革及教科研】 学校积极探索，大胆创新改革，率先在凉山州推行“自主学习、交流探究、教师指导三位一体”的小组合作学习教学模式。通过专家到校讲座、听课评课指导，上示范课、研讨课和组织教师外出考察学习等方式，促进教师更新转变教育教学观念，增强课改意识，积极参与新课改。2016年，学校荣获“凉山州教育科研一等奖”“普通高中综合考核一等奖”。初中语文教研组成功申报省级课题“新课改背景下的群文阅读研究与推广”；熊昌进老师成功申报省级子课题“学科有效教学与极课大数据融合的应用研究”和省级个人课题“民族中学高中数学学困生转化策略研究”；曲木史日校长成功申报州级课题“‘自主学习，交流探究，教师指导三位一体’的小组合作学习教学模式的研究”；宿必友老师成功申报州级个人课题“云平台与学科教学的深度融合”。新课程改革的推进，教师的角色发生转变，教师综合素养得到提升，促进教师专业化成长。

【学生资助】 通过州人民政府的“育才计划”、浙江省新华爱心教育基金会的“珍珠计划”、劲牌公司的“劲牌阳光计划”、凉山州妇女儿童发展中心的“天使计划”、新加坡的“金色阳光计划”和企业、单位、社会团体等，筹集爱心助学金1000余万元，联系结对和资助贫困学生4000余人次，没有一名学生因为家庭贫困而失学退学，为更多贫困学子插上让梦想起飞的翅膀，取得很好的社会影响。

【办学成果】 以高考、高中会考、统考为代表的教育教学质量取得优良的成绩。2016年，学校共1484人参加高考，总体上本科线1284人，上线率86.5%。应届及往届生本科上线765人，上线率51.6%；重点本科上线191人，上线率13%；加少数民族地区照顾分后，重本上线296人，本科上线759人，少数民族本科预科上线201人，艺体本科上线28，共计上线1284人。上线率和上线人数均为全州第2名。高中毕业会考的平均分、优生率、及格率、差生控制率等多项指标均居全州同类学校第1名。高一、高二年级参加西昌市期末统考均排第1名。初中一、二年级参加西昌市期末统考，均取得优异成绩。初中毕业班667人参加全州统考，取得优异成绩，平均总分440.69分，334名学生被学校高中部录取。

【办学条件】 完成初中部男生宿舍楼维修和高中部聚焦式太阳能工程；继续推进信息技术与教学的高度融合，建设完成设备齐全的录播教室，为老师上公开课、示范课、录制课堂实录提供条件，对全校多媒体教学设备进行更换和充实，实现班班有多媒体，高中部实现电子白板全覆盖，5个教学班开设“云课堂”。办学条件达到《四川省普通高完中办学基本要求》。

【校园安全】 按照《2016年学校安全工作方案》，学校加强排查，切实消除安全隐患。学校实行封闭式管理，与鼎鑫保安公司签约，北校区聘用8名保安人员，南校区聘用6名保安人员，并聘请宁远派出所所长为学校法制副校长。实行安全责任追究制，并层层签订安全责任书。把4月份定为安全文明教育活动月，举办法制报告和安全教育讲座，加强学生的安全教育和法制教育。2016

年度，共有21个文明班级、285名文明学生受到表彰。

【群团工作】 校团委以加强未成年人思想道德建设为着力点，结合新形势的发展和青年学生的身心特点，全面加强团的建设。学校成立13个学生社团，开通校园广播，开展周末电影节和周末图书馆，成立学生志愿者协会，围绕彝区健康文明新生活运动开展讲座，做好推优入党工作。老干科积极组织退休教职工开展健康有益活动。校工会为丰富教职工的文化生活，组织开展大家喜爱的篮球、跑步、爬山等比赛。为职工送生日卡、看望生病教职工、积极协助职工处理好红白喜事。使学校进一步形成平等互助、团结友爱、共同进步的人际关系。

【党建工作】 全校有中共党员209人（其中退休32人），党委辖5个支部，全年36人评为校级优秀党员，1人获"凉山州优秀党员"称号。学校业余党校共培训入党积极分子75人，35人向党组织递交入党申请书，发展新党员9人。2016年，按照中央、省、州的安排部署，认真开展"学党章党规，学系列讲话，做合格党员"学习教育活动；各支部围绕"两学一做"要求开展专题学习和形式多样的活动，并在工作和学习实践中贯彻落实。党委主要负责人结合形势和工作实际为党员干部上党课，全年学校党委为学校党员共上党课达5次。按照要求向州政府、直工委、《凉山日报》报送研讨理论文章、各种经验材料、信息、简报等20多篇。学校四好班子建设、党建工作、党风廉政建设责任制、惩防体系建设等保证目标工作成效显著，得到考核部门认可和好评。

【扶贫工作】 学校深入开展"双联"及驻村帮扶工作和"走基层"活动。选派邹华、何开明两位老师到昭觉县永乐乡阿曲洛村和瓦渣甲古村任"第一书记"，推动精准扶贫工作。积极开展党组织结对共建活动，协助建好帮扶村两委班子，突出新村建设、切实改善民生，着力产业发展、增加农民收入。在本年度的教育扶贫工作和"挂、包、帮"工作中，办实事15项，投入资金33万元，赠送的物资折合现金价值86000元。邹华获得"全州双联及干部驻村帮扶工作先进个人"称号，学校的帮扶工作得到昭觉县和州直工委的好评。

（供稿单位：州民族中学／审核：邹华 ／撰稿：陈虹舟）

文化广电新闻出版

Culture, Radio, Television, Press and Publication

【公共文化服务体系建设】 全州17个公共图书馆、18个公共文化馆、5个公共美术馆、589个乡镇综合文化站、5个博物馆纪念馆实行免费开放；完成30277户电视户户通、326个村广播村村响工程，完成2个县应急广播平台建设；完成23个中心书屋建设，完成521个阅报栏建设，完成3745个农家书屋、617个社区书屋、17个寺庙书屋出版物补充更新；完成农村公益电影放映信息监管平台建设，完成56个乡镇、村级室内固定放映点建设，全年放映农村公益电影4.65万场次；完成454个贫困村、11.35万贫困人口的文化广电项目脱贫攻坚任务，倾力保障广大人民群众的文化权利。凉山州民族电影译制中心全年译制电影69部，完成彝语电影发行29018场次，创历史新高，居全国少数民族电影译制机构发行场次第2位。

【文艺展演及荣誉】 创作以《彝红》《我的弦》和《阿惹妞》等为代表的一批文艺精品。《我的弦》代表四川省参加第十一届中国艺术节，荣获中国文化艺术政府最高奖"群星奖"；《情深意长》参加第十一届全国优秀舞蹈节目展演；《彝红》荣获第五届全国少数民族艺术节银奖，并参加全国优秀剧目展演；参加全省第二届群众广场舞大赛，荣获"三等奖"2项，"优秀奖"1项；精心打造的情景剧《阿惹妞》、彝历新年晚会深受国内外观众喜爱。

【影视创作】 凉山州投资拍摄的首部电视连续剧《彝海结盟》在央视八套播出后，收视率一直稳居排行榜首位，11月4日单集收视率更是高达2.53%，深受社会各界赞扬和广大观众好评，并入围在美国洛杉矶举行的十二届中美电影节荣获中国电视剧"金天使奖"，被省局评为2016年度优秀重点项目。电影《我的圣途》入围蒙特利尔、威尼斯、釜山等国际电影节，荣获"第十二届中美电影节年度最佳中外合拍艺术电影奖"等殊荣，并于去年11月3日在国内各大影院上映引起热烈反响；纪录片《彝问》被省委宣传部、省文联评为四川重点影视项目，于2016年3月分别在央视科教频道和四川卫视播出。与省委政法委联合摄制专题电视片《小网格大和谐》，在全国引起强烈反响。

【文化遗产保护】 全州共有18项国家级、105项省级、222项州级、1209项县级项目名录，3名国家级、110名省级、306名州级非遗项目代表性传承人，1个国家级生产性保护示范基地，3个省级非遗生产性保护示范基地，2个省级非遗传习基地；成功举办2016四川国际文化旅游节"非物质文化遗产展演"活动；完成《凉山州非物质文化遗产名录丛书》第二辑、第三辑出版和中国首张彝族非物质文化遗产音乐专辑《典藏大凉山》制作发行。文物保护成效显著，坚持"保护为主、抢救第一，合理利用、加强管理"的方针，全面加强工作力度。全州共有全国重点文物保护单位4处、省级48处、州级5处、县级384处。完成历时四年的全国第一次可移动文物普查任务，全州登记可移动文物4万余件，不可移动文物1344件。

【文化、新闻出版市场管理】 加大综合执法力度，促进执法规范化建设。强化"网吧"监管，全面推广"文网卫士"监管平台，有效遏制未成年人进入网吧；加强对营业性歌舞厅、娱乐场所、电子游戏厅、音像厅等文化娱乐场所的管理，办结的西昌市皇室派对餐饮娱乐有限公司擅自从事娱乐场所经营活动的案件被省文化市场综合执法总队评为"四川省十大案件""四川省重大案件"；开展打击治理"黑广播"违法犯罪专项行动。扎实开展"扫黄打非"五大专项行动，收缴涉黄光碟34张，盗版书籍112本，检查经营单位327家，收缴侵权盗版音像制品143张，收缴有害"口袋本"图书、卡通画册163册，检查印刷企业49家，打字复印店121家。加强对虚假违法印刷品广告和非法出版报刊的查处力度，办结内部资料准印证号130个。

【广播电视宣传】 宣传工作取得新成效，着力引导全州广播电视等新闻媒体把握正确宣传方向，传播正能量，紧扣中共十八届六中全会和州第八次党代会等重大主题开展宣传报道，形成全方位多层次的主流舆论阵地。出版工作有序推进，"书香天府·全民阅读"活动蓬勃开展；版权登记全年完成1330件，超额完成省下达的1000件登记任务，实现凉山州历史性突破；强化安全传输和播出，实现全州广播电视安全播出零事故；加强传统媒体与新媒体的融合发展；以上4项工作因成绩突出，受到省局通报表扬。实施无线数字覆盖频率频道整治，抓紧把凉山电视台新闻频道高清信号传输到各县。

【文化产业】 大力实施"文化产业倍增计划"，培育壮大中小微特色文化企业，做大做强西昌贾佳服饰、会理钧虹绿陶艺术品有限责任公司和德昌傈僳风情旅游开发专业合作社等3个国家级藏羌彝走廊重点项目；建好建强大凉山民族文化创意产业园、大凉山南红玛瑙城、彝族服饰文化产业园、德昌傈僳水寨—傈僳风情文化博览园等产业园区；西昌"华谊兄弟电影小镇"、邛泸书院，昭觉谷克德高山营地，冕宁冶勒"牧羊小镇"项目等文旅项目也在紧锣密鼓的筹划推动当中；积极参与筹备央视春晚凉山分会场，取得良好实效；成功举办大凉山冬季阳光音乐季、吉狄马加诗歌音乐盛典、凉山歌舞团建团六十周年精品展演、图片展览等活动，着力打造"中国民族音乐之都"，受到省政府、省文化厅的赞誉和肯定。成功承办西昌邛海"丝绸之路"

首届国际诗歌周，将其打造成为与国际火把节并列的“国”字号文化品牌。承办四川省第二届残疾人文化艺术节开幕式等各项文化活动，受到与会代表和观众高度评价。

【机关建设】 2016年，党风廉政工作水平不断提升，严格贯彻执行中央八项规定和省州“十项规定”，全面推进从严治党，持续“正风肃纪”，扎实开展“高清文广新，清廉伴我行”生动实践，对“庸懒散浮拖”进行集中整治，在全系统形成人人争当务实、清廉、忠诚、担当、为民好干部的良好局面。制度建设取得新突破。构建用制度管人、按制度办事的依法行政机制，着力建设学习型、创新型、纯洁型、服务型机关，认真完善并严格执行机关运行、公务接待、财经纪律等制度，不断提高机关效能。办公环境和条件明显改善，队伍凝聚力战斗力明显加强，完善激励机制，逗硬奖惩考核，对局机关各科室进行述职述廉和绩效测评，引导全系统党员干部用心想事、用心干事，把主要精力放在抓工作上、放在解决问题上，以实实在在的工作成效来推动文广新事业的全面发展。以开展“两学一做”学习教育实践活动为契机，引导党员干部履职尽责，机关服务意识明显增强、服务态度明显改善、服务质量明显提高，坚持正义、弘扬正气、团结奋进的良好风气日益浓厚。

（供稿单位：州文广局／审核：王显晖／撰稿：何明强）

卫生计生工作

Work of Health and Family Planning

【概况】 2016年，全州卫生计生系统坚决贯彻中央、省、州各项决策部署，坚决落实新时期卫生与健康工作方针，攻坚克难，锐意改革，砥砺奋进，狠抓落实，完成年度各项目标任务，年度目标绩效考核再次跻身全省21个市州卫计系统优秀序列，顺利实现“十三五”卫生计生事业良好开局。

【医改工作】 2016年，公立医院改革。巩固县级公立医院深化综合改革成果，出台《凉山州城市公立医院综合改革试点方案》，围绕“取消以药补医、健全科学补偿机制”两大重点，5所州级医院启动城市公立医院综合改革试点，29所县级公立医院取消药品加成共让利患者5978万元。

分级诊疗制度。落实差别化的财政政策、医保支付政策和医疗服务价格政策，“基层首诊、双向转诊”的分级诊疗格局基本建立。推动优质医疗资源逐级下沉，城乡对口支援和青年医师下基层工作机制进一步完善，省内18个市与凉山州建立医疗卫生对口帮扶，全人群县域内就诊率提高至91.4%，县乡两级门诊和住院诊疗量同比分别增长7.1%、9.7%和20.8%、18.6%。

新农合保障。巩固参保扩面成果，参合率99.62%，人均筹资标准提高至540元，筹资总额达21.45亿元。参合农民住院实际补偿、政策范围内报销和重大疾病报销比例（不含大病保险）分别提高至67%、78%和86%以上，大病保险理赔2.51万人次7170.78万元，大病保险支付比达56%。

药械供应保障。严格执行基本药物制度，落实阳光积分管理办法，规范采购行为，基层医疗机构全部配备使用国家基本药物并实行零差率销售。全州4263家医疗机构采购基药总额11.76亿元，集中网采率100%，药品售价和住院次均药费较实施基药制度前平均下降24%和25%。

基层综合改革。推动基层改革与发展，建立激励机制，提高基层待遇，奖励基金计提达年人均1.5万元，乡村卫计人员“一体化”试点覆盖9个县（市），57所卫生院被国家评为“群众满意的乡镇卫生院”。深化基层能力提升“四大行动”，完成全科医师转岗培训822人、乡村医生执业注册考试合格1951人，开展“全员技术大练兵”3376人次并荣获全省技能竞赛团体二等奖，乡镇卫生院设备使用率提升至89%、总诊疗人次与2015年增长14.1%，乡村（社区）医生签约服务率88.8%，村医乡聘率28.5%。

【健康扶贫工作】 一是精准制定健康扶贫政策。出台《凉山州医疗卫生计生和艾滋病防治扶贫专项实施方案》《凉山州脱贫攻坚医疗卫生保障实施方案》，统筹推进健康扶贫“六大行动”。二是精准开展贫困人口体检建档。调查核实“因病致贫、因病返贫”信息，完成建卡贫困人口免费体检建档44.62万人，建立贫困患者“五个一”绿色通道，全域实行“先诊疗后结算”和“一站式”服务。三是精准实施医疗救助扶持。强化医疗保障制度扶持，贫困人口全部纳入新农合保障，推行“两保险三救助三基金”扶持政策，29.18万贫困人口享受医保扶持政策，贫困患者县域内费用实际补偿比达95.2%，9月12日起实现“零支付”。四是精准落实医疗减负举措。全面落实“十免四补助”政策和“八个100%”制度，贫困人口县域就诊率达97.77%。严格控制医疗费用支出，三级、二级及以下医院自费药品占比下降至3.5%、1.3%和1.4%，医疗控费覆盖率100%。五是精准推进贫困村卫生室建设。建成投用贫困村卫生室629个，全部实现“人员、药品、设备”三到位。

【艾滋病防治】 一是防治网络体系加快建设。调整完善《“七大工程、一批中心”建设实施方案》，建立检测监测网络754个、技术支持中心121个、2个美沙酮维持治疗延伸点升级为治疗门诊，“1+8中心”项目已落实建设用地224亩和项目初设。二是重点地区防治工作全面加强。推行“一地一策”防治策略，选派100名州县机关优秀年轻干部担任100个重点整治乡镇专职副书记，在10县创建20个综合防治示范乡镇。三是检测监测覆盖进一步扩大。全面推行“知情不反对的实名检测”，累计监测检测69.91万人次，阳性检出率0.5%，与2015年同比下降0.08%。四是综合干预措施推动落实。强化重点人群和重点领域干预举措，全域实行美沙酮维持治疗免费政策，年保持率达88.23%；调整抗病毒治疗标准，抗病毒治疗病人CD4检测率达85.55%；扩大母婴传播阻断覆盖面，婚检人群HIV检测率100%，母婴阻断效果呈

首批卫生计生援彝干部到凉山州

现“四升一降”。五是综合指标完成率持续提升。评估国家核心指标和省政府考核指标完成率达91%，疫情快速上升势头得到有效遏制，阳性检出率、病死率稳步下降。

【计划生育服务】 2016年，一是全面推进生育秩序整治。出台《凉山州实施精准扶贫人口计生专项行动的意见》，聚焦省《通报》提出的6大问题，加大问题整改和措施落实，全州共清理历年出生漏统5.24万人、历年政策外违法生育1.87万人，依法征收社会抚养费9048.7万元，处理违法生育党员干部职工101人。二是推动落实计生惠民政策。完善利益导向机制，推进计生家庭健康发展，确认3.10万名奖扶对象、兑现奖扶资金4510.63万元，“包村包户”责任制落实率为100%和96%，“一对一”联系率为94%，打造6个人口与健康文化示范园。三是深化计生服务改革。简化生育审批程序，网络备案登记生育服务证2.45万例，其中拟生育二孩登记1.2万例，办理独生子女父母光荣证9171本。加强流动人口计生管理服务，流动人口信息采集入库率90%，入库数增6%。四是提高计生技术服务覆盖。综合避孕节育率和长效避孕节育分别为83%和61%，全州年度出生率为14.12‰、人口自增率8.28‰，符合政策生育率89.9%，政策外四孩生育率9.11%，出生人口性别比呈逐年下降态势。

【公共卫生服务】 *疫病预防控制*。加快疾控机构达

标建设，11个疾控中心达到二级乙等疾控机构标准。推进健康管理全覆盖，居民健康档案规范化电子建档率达96.17%，高血压、糖尿病和重性精神病患者管理率提高至20.52%、14%和69.27%。国家免疫规划疫苗报告接种率97%，肺结核患者治愈率和管理率达95%和97%，新发42例麻风病人纳入规范治疗。开展包虫病病情调查1.78万人，完成目标任务的4.45倍。强化血防综合治理，推进血吸虫消除计划，代表四川省通过国家血吸虫病防治阻断达标验收。

妇幼健康。推进妇幼和计生服务资源整合，新增2个二级乙等妇幼保健院和2个爱婴医院，免费婚检和孕优检查项目实现城乡居民全覆盖，农村孕产妇住院分娩补助项目惠及6.65万人，住院分娩率突破90%大关，孕产妇、婴儿、5岁以下儿童死亡率分别降至33.50 /10万、7.29‰和10.50‰。

卫生应急。2016年成功举办“第三届卫生和计生系统急救知识技能大赛”和“急救白金10分钟”活动，全州继续保持突发公共卫生事件“零”报告。

爱国卫生工作。2016年实施全民健康生活方式行动，推动健康促进和卫生创建，新增州级卫生县城1个、省级卫生乡镇32个、省级卫生村180个。

【医疗质量】 一是服务能力进一步增强。持续完善“五位一体”医疗质量管理体系，拓展质控体量，新建5个州级医疗质量控制分中心，州级质控分中心累计达22个。二是推进医院上档升级。全州16个县（市）（除普格县）医院创成二级甲等及以上综合医院，新增二级甲等医院3个、二级乙等医院2个，新建第四批县级医院专科4个和贫困县医院专科13个。三是深化改善医疗服务行动。推进临床路径管理和抗生素合理应用，优化就医流程，落实预约诊疗、网络挂号等惠民便民举措，患者就医体验进一步改善。四是健康服务业探索发展。深化社会办医促进工程，民营医疗机构增至67家，诊疗量同比增长116%；争取省级资金1150万元立项建设4个健康服务产业项目。五是推进互联网健康服务。17县（市）建立远程诊疗会诊平台，三级医疗机构全部接入“健康四川”云平台，县级医院远程会诊占院外会诊比提高至66.3%。

【中医（民族医）药】 一是中医药服务能力稳步提升。全州公立中医医院达18所，建成中医治未病科18个，25个乡镇（社区）和90个村卫生室纳入“中医馆（角）”打造。二是中医药人才科研不断加强。培养中医药技术骨干100人、学术经验继承人33人、省第四批拔尖中医师2人，基层中医药适宜技术推广培训1500余人，新建3个州级重点中医专科、累计建成18个，州中西医结合医院纳入中医诊疗模式创新试点。三是民族医药加快挖掘传承。挖掘整理彝族医药文献资料，出版《常用彝药及医疗技术》《彝医处方集》，启动《彝族医药大典》编撰工作。

【发展支撑保障】 一是行业监管依法开展。深化行政审批改革，清理保留行政权力事项283项，办理卫生行政审批213件，连续3年荣获政务服务先进单位。强化卫生计生监督执法，监管1.37万户次，查处各类卫生违法案件93件，采取行政措施936户次。二是人才科教持续加强。实施卫生人才培植行动，新进卫技人员1217人，全州卫技人员数达2.18万人，每千人卫技人员数提高至4.66人。推进卫生科技创新，荣获2014—2015年度凉山州科技进步奖16项，6人荣膺四川省第十二批学术技术带头人和后备。三是投入保障稳步增长。财政投入保障力度持续加大，全年财政投入卫生计生经费达48.01亿元，较2015年增长11.63%。四是项目建设加快推进。落实《全民健康保障工程建设规划》，加快服务体系建设，2011—2016年中央和省级资金投资9.88亿元、实施建设项目2682个，完工2437个、投入使用2298个。五是宣传教育扎实开展。全方位多角度宣传卫生计生政策、改革发展成就和行业先进典型，在主流媒体发稿836篇、“凉山卫生计生”官方微信发布信息210条。两件作品分获“四川省卫生计生文化建设”评选一等奖和三等奖，微电影《溜索医生陈正清》获评国家级一等奖，吉木子石、陈正清分获“健康四川—大美医者”荣誉称号和“入围奖”荣誉称号，州卫计委获得最佳组织奖荣誉。

（供稿单位：州卫计委 / 审核：蔡寅宗 / 撰稿：周帆）

州一医院

Liangshan Prefecture First People’s Hospital

【概况】 2016年，全年实际开放床位1394张；完成门诊人次1031076人次；出院49385人次，入院病人中，危、急、重症患者达55.76%；住院病人抢救成功率97.45%；病床使用率116.59%；平均住院日11.98天；手术室手术台次11376台次；手术及操作17989台次。

【质量与安全】 围绕“质量、服务、安全”，加强医疗质量管理与持续改进，强化十八项核心制度的落实，保障医疗质量，确保医疗安全。一是加强合理用药管理，新制定“重点监控药品”系列管理制度，每月对各科室合理用药情况进行检查，对病区医嘱及门诊处方进行集体点评；加大不合理用药检查及考核力度。二是落实院长查房及业务副院长夜查房制度。每月到科室对核心制度执行情况进行现场督导检查，对核心制度执行差的科室进行督导整改，全院通报及考核。经常深入到科室参与科室交班、查房、危重疑难病例讨论、死亡病例讨论、纠纷病例讨论、院内大会诊、重大手术监控等，对科室的核心制度执行情况及科内医疗质量及医疗安全管理情况全面了解，促进医疗质量管理更加精细化。三是定期组织召开临床科室运营分析会。全年组织召开共8次科室营运分析会或医技、临床沟通协调会，从医疗质量、医疗安全、医疗风险、科室节支降耗等数据综合分析，找出科室发展存在的问题，指明科室发展方向，提高科室负责人管理能力，同时增进临床、医技、职能科室之间的沟通，促进医院整体医疗水平及管理水平的提升。四是进一步规范病历管理，提高病历书写质量。按照国家卫生计生委制定的《住院病案首页数据填写质量规范（暂行）》和《住院病案首页数据质量管理与控制指标（2016版）》要求，不断加大对病历质量检查及考核力度，对病历检查存在的问题通过书面及OA系统反馈至科主任进行科内通报，对病历书写存在重大缺陷的科室及个人在每月千分制考核会上进行全院通报及考核，促使病历质量进一步提高，甲级病案率达到97.96%。五是完善纠纷预防机制，规范院内投诉管理。通过院内调解、卫生行政部门主持行政调解、第三方行政部门主持调解、医疗事故技术鉴定、司法鉴定、司法调解、司法诉讼等合法途径妥善解决医患纠纷，充分维护医患双方的合法权益。六是加强对挂靠在医院11个州级质控分中心的管理，积极开展州级质控工作，促进全州医疗质控水平整体提升。制定《凉山州一医院关于对挂靠医院各州级医疗质量控制分中心管理及考核制度》；在院长带领下组织11个州级质控分中心成员分别于1月、4月、7月到德昌、会理、会东、冕宁、喜德、越西、盐源7个县医院开展质控工作。按照凉山州卫计委要求，新申报成功骨科、重症医学、输血3个州级医疗质控分中心挂靠医院。

【护理服务】 加强护理工作，持续推广优质护理。年内在急诊科、手术室、心内科、肿瘤科、马道儿科及血透室开展护理品管圈活动。各品管圈的活动分别在5月31日全部结题，并于9月7日选送心内科暖心圈、马道分院儿科孜玛圈参加四川省第三届医院品管圈大赛，均获“优秀奖”。在11月启动第三轮护理品管圈活动。通过品管圈活动开展，进一步加强管理工具在护理质量持续改进中的应用，使组织成员的素养提升、护理质量得到改善，管理者的目标也随之达成，而最终受益于广大患者。南丁格尔志愿护理服务小分队全年共组织志愿服务活动9次，派出护理专家及业务骨干92名，服务对象共计1000余人次，分别到儿童福利院、养老院、社区、学校、消防队等地开展护理体检、健康咨询、急救知识和技能的培训，均得到服务对象的认可和好评。凉山州小分队荣获全国“先进志愿服务队”称号。进一步规范护理专科门诊的管理，于6月14日增设肾脏病慢病管理护理专科门诊，7个护理专科门诊均高效、优质运转。护理学申报省级重点学科，协助全院重点科室按照申报要求建设重点学组，加强各护理专业建设，提升业务水平、科研教学能力和管理水平。

【医改举措】 2016年，四川省作为城市公立医院改革试点省份，医院积极配合上级部门稳步推进医改工作。一是积极推进“双向转诊、分级诊疗”工作。在显著位置宣传“双向转诊、分级诊疗”政策，引导患者合理选择医疗机构就诊。组织专家团队到德昌、冕宁、盐源、喜德、越西等县进行“双向转诊、分级诊疗”宣传，开展义诊服务，取得良好效果。全年接收基层医院转入患者2600人，向上级医院转出患者1296人，向基层医院转回患者246人。与省人民医院建立战略协作关系；3月和重庆医科大学附属儿童医院签订技术指导协议并挂牌；12月和省肿瘤医院签订肿瘤专科医联体合作协议，3家医院将对州一医院进行技术指导、培养人才并建立绿色通道进行双向转诊。州一医院和80所基层医院签订双向转诊协议，并与凉山卫校附属医院、西昌市中医院、德昌县人民医院、攀钢西昌医院及木里中藏医院签订协议建立医联体，急诊科、妇产科、肾内科已经与医联体医院开展合作，带动协作医院业务技术提升。二是积极推进药品零加成工作。积极主动和发改委、卫计委、医保、财政等部门联系协调，并会同上述部门到前期试点城市考察学习。2016年12月20日零时，按州委、州政府的统一部署，实施药品零加成。三是推动远程诊疗工作，带动全州各级医疗机构发展。医院和木里、昭觉、布拖、盐源、宁南县医院和冕宁县一、二医院开通远程影像会诊系统，此项工作将在政府和卫计委的支持下在全州大力推广。其他远程诊疗系统的建立也将陆续开展。四是稳步推进人事制度改革，持续完善医院绩效分配，创新职称聘任办法，首次进行中高级职称评聘答辩会，实行末位缓聘、延聘；关爱职工，解决职工实际困难，不断提高职工待遇为招聘职工购买住房公积金，发放第十三个月工资，切实做到同工同酬。

【信息化建设】 对手术麻醉系统、病案直报系统、死亡上报系统、血透管理系统、病理管理系统拟定建设方案和计划，完成相关系统的招标和合同签订，以及调测系统调试；上线健康四川。114预约挂号正式上线。调测手机APP；完善调测分院自助机、上线软POS系统；完成护理质控表单和报表。按各科要求完成相关统计报表；中心ICU及手术麻醉管理系统上线；门诊医生工作站升级，门诊急诊留观系统开始实施；实施互联网加银医合作项目，包括支付平台、APP、网站等。

【新技术新项目】 2016年，妇产科引进具有国际先进水平、处于国内领先的无创治疗肿瘤新技术、新设备——海扶刀，不仅造福患有子宫肌瘤、腺肌瘤的妇女，而且填补攀西地区这项技术的空白。其他还开展左、右心导管检查（肺动脉压力及肺循环阻力评估）；三维射频消融术；云克治疗骨髓瘤骨病；地西他滨治疗复发难治急性髓细胞白血病；显微镜下经侧裂入路高血压脑内血肿清除术；高位颈髓椎管内肿瘤切除术；头皮外伤性动静脉漏漏口结扎术；经显微镜额下入路后交通多发动脉瘤夹闭术等。

【艾滋病防治】 州一医院长安分院作为凉山州传染病院，肩负着全州传染病诊治，以及对全州17个县（市）各级医疗机构艾滋病抗病毒治疗技术指导、临床培训、药品发放、督导检查、考核、评价等工作。医院在各级政府高度重视下，按照“政府组织领导、部门各负其责、全社会共同参与”的艾滋病综合防治机制，通过“七大工程、一批中心”建设，防治工作能力全面提升。艾滋病病毒感染者和病人发现环比增长率、病死率呈逐年下降趋势，初步遏制艾滋病疫情快速上升势头，得到各级政府的高度赞扬，对民族地区稳定和经济社会发展发挥积极作用。截至年底除覆盖率外的其他艾滋病抗病毒考核指标基本能够达到或高于国家标准。

【教学科研与人才培养】 一是科研工作再创佳绩。申报2016年省卫计委科研课题4项，获立项2项；申报2016年省医学会科研课题课题4项，青年创新课题1项。申报凉山州科学技术和知识产权局科研课题11项，获立项6项；完成州科知局组织的成果鉴定6项并申报2014—2015年度凉山州科技进步奖，拟获一等奖1项，二等奖3项，三等奖2项（已公示）。申报省医学会2015年度四川省医学科技奖和四川省医学科技奖（青年奖）4项，获得四川省医学科技奖三等奖2项，四川省医学科技奖（青年奖）三等奖1项。申报四川省医学会2016年度四川省医学科技奖3项。二是不断加强医院专科（学科）建设。积极推进医院重点专科（学科）建设。肾病内科接受省卫计委组织的专家组立项评审，成为四川省甲级重点专科建设项目；肿瘤科接受省卫计委组织的专家组验收评审，成功创建成为四川省乙级重点专科；妇产科成功接受四川省乙级重点专科动态管理验收。凉山州医学重点学科建设项目肾病内科和骨科接受凉山州卫计委组织的专家组验收评审。三是加强人才引进与培养，打造高层次专业技术队伍。积极通过各类院内、院外培训加强人才队伍建设。年内用创新的模式按照公开、平等、竞争、择优的原则，开展专业技术职务聘任答辩会，参加聘任的人员计高级22人、中级66人，经答辩考评后聘任高级21人、中级58人，并办理相关聘任手续。完成规培生的面试选拔工作，共计88人，其中临床68人、医技20人。共招收临床25人、麻醉3人、影像5人、检验4人，确定将儿科、ICU、急诊、传染等专业的人员纳入定向规培。四是加强继续教育培训。申报国家级继教项目1项，获立项1项；省级继续教育项目9项，获立项9项。成功举办国家级继续教育项目1项，省级继续教育项目9项。举行各类学术讲座40次（含护理培训讲课）。五是全年共接收实习学生578人，收下级医院选派到州一医院进修医生96人；接收凉山州卫计委2014年全科医生转岗培训在综合医院的临床实习任务17人，2016年9月承担凉山州卫计委委托的麻醉药品和第一类精神药品处方权培训工作共48人；鼓励科室进行远程会诊、学术讲座、举办培训班和学术会议。2016年，医院外派进修学习38人次。医院外出参加学术会、学习班218人次。全院医务人员在各级各类期刊上发表论文79篇。六是借由四川省“境外引智”项目，签订数位外籍医学专家来医院交流指导工作。按照相关规定对外籍专家进行执业注册、行医许可及外籍人员管理备案。七是临床技能培训中心于2016年5月初步建成，设置内科、外科、儿科、妇产科、急诊和综合多媒体等6个培训室，总占地面积260平方米，中心纳入包括价值27万元的集心肺、急救、护理、产科产程模拟功能的综合模拟人和价值16万元高智能数字化急救训练系统以及最新的综合穿刺虚拟教学训练系统、腹腔镜手术虚拟教学训练系统在内总共约800万元的教学训练设备，技能培训中心已投入使用，共培训实习生500人次，规培生200人次，承担医院实习生、规培生参加省级、校级技能比赛的训练工作同时实施2次院内规培生定期技能考核，为医院的实习、规培以及青年医师提供全面而且现代化的临床模拟技能训练的条件。

【扶贫工作】 选派两名优秀党员分别到昭觉县龙勾乡书租村、金野以匹村任驻村第一书记。院党委，驻村第一书记，实地调研、考察，结合当地条件，带领当地群众发展种羊养殖、修建村支部活动室、村委会活动室和村卫生室，改善医疗工作环境。积极开展对口支援，全年全院派出38名医务人员对口帮扶昭觉、布拖两县，并与受援医院的医务人员密切配合，积极开展医疗、临床教学和技术培训，帮助建立健全各种规章制度，严格执行各种核心制度，规范诊疗行为。

【党风廉政建设】 院党委按照省纪委十届五次全会、州纪委七届六次全会的安排部署、州委《建立健全惩治和预防腐败体系2013—2017年实施办法》、州委州政府《关于2016年党风廉政建设和反腐败工作的意见》，结合医院实际，以党风廉政建设、反腐倡廉专项工作、"两学一做"学习教育、正风肃纪活动为重点，以廉政风险警示教育为主线，严格执行各项法规和制度，坚持以"病人为中心"，以加强党风廉政建设为基础，以职业道德教育为载体，加强廉洁从业宣传，完善日常工作监督的管理机制，开展形式多样的党风廉政学习教育，认真执行党风廉政法规制度，认真贯彻执行党风廉政建设的规定和《中国共产党党员领导干部廉洁从政若干准则》《四川省公立医院领导干部廉洁从业行为规范》，中央八项规定、省州"十项规定"、医疗卫生行风建设"九不准"规定，严肃查处私设小金库、开单提成、索要、收受红包等违规违纪行为，为确保医院健康发展提供思想与制度保障。营造廉洁行医、优质服务、风清气正的良好氛围，扎实推进医院党风廉政建设工作深入开展。

（供稿单位：州一医院／审核：曹力生／撰稿：杨剑勇）

州二医院

Liangshan Prefecture Second People's Hospital

【概况】 2016年，州二医院按照州卫计委的工作部署，围绕"巩固国家三级甲等综合医院成果、不断创新发展"的总体发展目标，全面推进各项工作取得新成效，有力推动医院改革创新发展态势。全年完成门诊350138人次，其中急诊35717人次；完成住院24040人次，出院23912人次；完成住院手术5474台次，门诊手术2703台次；平均住院日9.4日；病床使用率88.0%，入出院诊断符合率97.6%，手术前后诊断符合率99.6%，病房危重病人抢救成功率98.7%，完成全年各项工作目标任务。

【依法执业】 2016年，州二医院严格执行《执业医师法》《护士条例》《侵权责任法》《医疗机构管理条例》《处方管理办法》等法律法规，对新取得执业医师资格的医务人员及时注册，并及时开展培训，考试合格经医务科审核后授予相应的药物处方权，坚决杜绝非法行医等现象；按相关法律法规规范各级各类医务人员执业行为，不定期严格督察医师医疗行为，杜绝非法执业现象发生；规范医师外出会诊管理，严格核查审批院际会诊，对外出会诊进行严格审批。

【信息化建设】 医院信息系统是医院发展的趋势和医院现代化的标志之一，是现代化医院必不可少的基础设施与技术支撑环境，是医院走向科学化管理的重要保障。医院已成功创建"四川省数字化医院"。根据医院工作实际，完成HIS、LIS、PACS系统的等级保护三级备案工作；建立基于互联网和手机的OA系统；完成省医保局的异地医保结算系统升级工作、"健康四川"系统上线工作，州医保局"省异地门诊慢病直报药品、材料及诊疗费用标准库建设"的15万种药品的基本筛选。通过医院管理信息系统的实施，有效的促进医院信息化建设，实现医院内部管理一体化、员工工作高效化、部门协作关系简单化、科室收益透明化、患者费用清单化、诊疗信息电子化，使医疗服务过程更加高效、有序、规范，给医院和患者带来全新的诊疗环境和更加完善的医疗服务。

【分级诊疗】 分级诊疗、逐级转诊是根据患者属地及病情的"轻、重、缓、急"程度，按照相关规定在不同层级医疗机构之间逐级就诊的一种新的诊疗管理模式，是缓解群众"看病难、看病贵"问题的重要举措之一。医院高度重视分级诊疗工作，按照《分级诊疗工作实施方案》要求，采取多项举措以确保分级诊疗、逐级转诊工作的落实。首先，按照《分级诊疗工作实施方案》要求，成立分级诊疗工作领导小组，制定分级诊疗流程图，负责分级诊疗工作的具体实施。其次，在院内以LED电子显示屏、宣传橱窗、悬挂横幅的形式，积极向群众宣传解读分级诊疗政策，让患者充分知晓和理解建立分级诊疗的意义。三是已与3所省级医院，22所县（市）级医院，8所县（市）级私立医院，76所乡镇卫生院，1所社区医院签订双向转诊协议书，明确转诊流程，确保双向转诊渠道畅通。全年转诊6532人次，其中转入5250人次，转出1282人次。

【取消药品加成】 根据省、州的安排，城市公立医院于12月20日取消药品加成，医院十分重视此项工作，提前进行研究部署，严格执行此项政策。

【合理用药】 制定《重点监控药品管理制度》进一步规范医师合理用药，确保患者安全、有效、经济的使用药品。全年共考核23份不合理用药，其中涉及重点监控药品不合理使用15份；加强处方管理，严格限制大处方，全年共查出13份不合理麻醉处方、27份不合理门急诊处方、4份不合理抗菌药物处方、69份药物使用指征不明确的急诊科处方。强化抗菌药物应用监管，在医院总体达标的基础上，适时更新医院抗菌药物考核指标，制定《抗菌药物应用补充规定（五）》，进一步加强医院药事管理工作，促进临床合理用药，保障患者用药安全。

【护理建设】 提出“专科护理”与“基础护理”相结合的原则，明确专科护士培养是提高护理服务水平的重要措施之一。大胆地对医院构建“临床护理专家”队伍的设想和可行性进行初步探讨。全年培养专科护士6名，专业涵盖重症医学、康复、妇产科、心血管内科。有专科护士69名，开放的护理专科门诊多达9种专业，是凉山州率先开展且种类最齐全的护理专科门诊，且已进入良性循环，成为重要的专科前沿。在孕妇学校之基础上延续并拓展专科护理及健康教育而开设的“新爸爸新妈妈学校”实行滚动开班，全年共开班7期，受益人次52人，多学科参与的模式，获得学员一致好评。全年共组织护理业务学习17次，操作培训79项，举办HIV新进展培训班4次，省级继续教育项目1次，更新管理理念、提高管理技巧及培养护理服务中的人文精神，以适应当今社会人群对护理的服务需求。

【双语护士】 针对消除语言沟通障碍，让彝族患者更好地接受健康教育的难点，开展彝汉双语健康教育，通过有计划、有组织、有针对性地对彝族住院及出院患者进行系统的健康教育干预，使彝族患者自觉地采纳有益于健康的行为和生活方式，消除或减轻影响健康的危险因素，促进健复，提高生活质量，并对教育效果作出评价。已培养彝汉双语护士49名，分布在全院临床各个科室，双语护士针对患者的健康需求，灵活应用健康教育方式方法，为患者提供个体化的、详细具体的、易于接受的健康教育。彝汉双语护士团队就各专科健康教育资料进行收集、汇总、整理、编排，已编译《彝汉双语健康教育资料内科分册》《彝汉双语健康教育资料外科分册》《彝汉双语健康教育资料妇产科分册》《彝汉双语健康教育资料儿科分册》《医院常用彝语会话手册》等，并拍摄彝汉双语健康教育宣传短片，成为凉山州特色示范教育片。

【志愿服务】 全年“心光常亮”志愿者团队开展志愿活动10期，足迹涵盖医院、社区、学校、广场等，其中主题为“爱邛海饮水思源服务”让垃圾有家活动，得到凉山电视台《今晚8：00》节目的跟踪报道。并针对有问题的人群进行健康教育指导，发放健康教育资料，宣传预防艾滋病和倡导环保意识等。

【规培基地建设】 医院设有内科、外科、妇产科、儿科、神经内科、麻醉科、医学影像科共7个住院医师规范化培训基地，在培学员68人。2016年成功申报四川省护士规范化培训基地，可开展院内培训，每两年招生50人。

【科技兴院】 全年成功主办国家级继续医学教育项目1项，承办国家级活动1项，主办省级继续教育项目4项，承办2项，主办州级继续医学教育2项，院内讲座9项；发表论文20篇，经专业论文数据库检索证实，A类9篇，B类11篇；申报州级科研项目5项，获得州级科研课题立项2项，完成鉴定州级科研课题5项；本年度已满2年监督管理期，待验收并转为常规技术新技术新项目34项，申报新技术16项，获得学术委员会和伦理委员会授权开展16项；管理期内学科带头人及后备人选共计43人。继续深化重点专科作为医院品牌，在科研、新技术开展、教学工作等方面起到的带头作用，为医院带来较好的社会经济效益。2016年，护理学获得四川省医学甲级重点专科立项，立项经费5万元。至此医院拥有省级重点专科5个；州级重点学（专）科4个，分别是：泌尿外科、骨科、放射科、护理学。此外，医院还积极配合开展州级重点学（专）科评审工作，全年共安排15名专家分8批次参加西昌、冕宁、会理、宁南、德昌等医院进行州级重点专科评审工作。全年医院组织高级资格考试24人次，中、初级卫生资格考试合格220人次，办理高级职称资格证书8人次。中初级资格证书54人次，小档晋升2人次；安排14人进修深造，并外派短期学习188人次，带回新技术和新知识，使医院的科研及业务水平有很大的提高。

【对口支援】 2016年，按省、州卫计委安排，医院与金阳县人民医院、喜德县人民医院签订对口支援协议。全年派驻高、中级职务技术骨干12人，每人派驻时间6个月，在妇产科、骨科、普外科、消化内科、药剂科、护理管理等专业上进行业务指导，为基层医疗工作带去新观念、新技术。医院的对口支援工作也得到上级部门的肯定，根据《省人力资源社会保障厅省卫生计生委关于表彰四川省城乡医院对口支援工作先进集体和先进个人的决定》，医院医师廖晓强被评为“四川省城乡医院对口支援工作先进个人”。

【公益活动】 医院结合各类宣传日，开展相关主题的公益宣传义诊、咨询活动及健康知识讲座，全年共接待义诊患者2000余人次，发放宣传资料近2万份。在做好事的同时，提升医院在公众中的形象；为缓解州、市临床用血紧缺状况，满足临床用血需求，保障血液供应和血液安全，全年先后4次组织159名医务人员参加无偿献血活动，献血量72400毫升，献血志愿者招募完成比高达418.42%。以上几项数据，均排在全州卫计系统第1。

【精准扶贫】 以“双联”“驻村帮扶”工作为载体，全面落实领导干部“五个一联系”制度，执行驻村帮户、结对认亲和群众工作“三本台账”。按照州委、州政府要求，向帮扶村选派驻村第一书记2名，并于2016年1月底，由院扶贫工作领导小组副组长、医院纪委书记贾祥率队，将新任的医院第2名驻村“第一书记”送到盐源县盖租乡盖租村。在贫困村，与乡村干部进行工作交接，对盖租村的基本情况进行全面了解，并确定目标任务，做到特色产业支撑，在花椒、苹果、核桃等农副业产品上下功夫。全年医院领导共3次深入帮扶村盐源县盖租乡盖租村和马扎村开展调研，帮助解决实际困难和指导推进精准扶贫工作。为极度贫困村马扎村协调修建通村公路资金30万元，为盖租村村支部活动室的建设，医院捐助专项资金7万元，全院干部职工为贫困村“献爱心”捐款捐物7万余元。在帮扶的贫困村盖租村，院领导分别深入10户贫困户家中进行入户调查和走访慰问，了解他们的实际状况和存在的困难，进一步加强感情交流和双向理解，让他们深刻感受到党和政府以及医院职工的关怀和温暖。同时，对医院两个驻村第一书记的工作情况作进行了解和指导，并按照有关规定认真落实驻村干部待遇。

【党风廉政建设】 结合医院实际，制定“两学一做”学习教育工作实施方案，并积极开展工作。突出理想信念、政治纪律、政治规矩和从严治党主题，开展“六项教育”活动。年内召开党员大会4次，领导干部开展政治理论辅导、党历、专题形势政策等党课教育3次；开展学习优秀先进事迹1次；组织到“凉山州法纪教育中心”开展廉政教育活动1次；组织全院干部职工观看行业警示教育片1次；发放行业党风党纪警示读本《权钱殇》110本；组织党员干部观看影视片，接受革命传统教育4次。按照医院2016年党风廉政工作要点和党委的部署安排，3月下旬召开全院中层干部大会，并在会议现场开展“签字背书”，院党委书记、院长、纪委书记、副院长与各部门、科室负责人层层签订《2016年度党风廉政建设目标责任书》《科室目标责任书》及医疗行风建设“九不准”承诺书。进一步明确“一岗双责”及“谁主管谁负责”的原则，形成一级抓一级，层层抓落实的工作局面，促进各级领导干部认真落实党风廉政建设主体责任的责任感和使命感，有效预防违法违纪现象的发生，在医院形成廉洁从政、廉洁从业的浓厚氛围。

（供稿单位：州二医院／审核：李铭／撰稿：王源凯）

州中西医结合医院

Liangshan Integrated Traditional Chinese Medicine and Western Medicine Hospital

【概况】 2016年，州中西医结合医院全年开放床位417张，1—12月实现门诊139817人次，出院11067人次，手术3891台次，业务收入较2015年同期增长5.44%。

【整体迁建工程】 外科大楼工程于2016年12月8日通过主体验收，进入装饰装修阶段。职工经济适用房于2016年3月17日通过主体验收，进行装饰装修工程。积极准备调规相关论证资料，力争整体搬迁项目二期工程尽快开工建设。

【医改举措】 2016年积极推进临床路径工作和分级诊疗工作。就分级诊疗、中医药三进、对口支援等相关工作具体落实措施。规范诊疗行为，提高医疗服务效率，控制不合理医疗费用。积极推进医改重点工作；发挥中医药、民族彝医药特色优势。老年病科完成州级重点专科验收，完善和优化学科建设体系。继续以微创、介入为突破，提高疑难及危重症的救治能力，已开展的项目有颈肩腰腿射频热凝靶点技术＋臭氧消融术、矫形支具的配置即使用、连续性肾脏代替治疗。先后与四川省人民医院、四川省骨科医院签订双向转诊协议。定期与191家协议单位沟通联系。作为州内中医系统医联体牵头单位，与州内6家成员单位结成共同发展的联合体，积极探索医联体新的工作模式，不断扩展医联体服务范围，为推进医州医疗卫生事业发展，提高群众健康水平做出新的贡献。

【护理工作】 提高护理人员的安全防范意识和识别护理潜在风险的能力，认真执行医院《护理安全规定》《安全用药流程》等制度。加强对消毒供应中心、手术室、产房、ICU、NICU的医院感染管理管理，从源头控制医院感染的发生。继续开展品管圈活动，应用质量管理工具和品管圈管理手法进行护理质量持续改进。全年累计开展中医护理技术操作25余项，15万余人次，实施18个病种中医护理方案996例。继续深入推进优质护理服务工作和深入开展创先争优活动。继续为出院病人提供具有中医药特色的康复与健康指导，进一步密切护患关系，提高病人满意度。

【创先争优活动】 坚持开展“为民服务创先争优”活动，全年共收到满意度调查表4312份，满意率达97%，收到锦旗11面，感谢信54封，评选出各岗位优秀能手297人次。

【人才科教工作】 新聘任43名专业技术人员，其中初级31人，中级11人，调出2人，辞职4人，完成公开招考工作人员11人。完成136人初中级专业技术职务报名考试工作办理副高级职称报名考试和18人副高职称评审工作。成功申报科研项目省级1项、州级3项；州级科研结题2项。中医住院医师规范化培训新招15人。接收进修实习生206人。全年开展继续教育和学术活动84场次。

【中医治艾工作】 继续与省中医药研究所中医药治艾专家组开展中医治疗艾滋病工作项目。与省、州中医药治艾专家组在布拖、昭觉治疗点复诊。全年复诊892人,义诊3568人。

【彝族医药研究】 彝族医药门诊和特色诊室全年就诊9365人次,到基层采集彝药及制作彝药标本40种。《常用彝药及医疗技术》和《彝医处方集》两本书籍于2016年7月由云南省民族出版社正式出版。参与由凉山州卫计委组织的《彝医大典》中“彝族毕摩医药部分”和“彝族医药保健”的撰稿和培训工作。

【对口帮扶】 1月20日,下派到木里中藏医院对口帮扶的6名专业人员、珠海对口帮扶凉山州医疗队5名专家赶往木里县中藏医院开展大型义诊活动,接诊患者169名、健康咨询120名,开展胃镜示范检查4例。2月,医院13名专家医师在木里县开展为期2天的义诊活动,为356人次提供疾病诊断服务,检查80多人次,收治住院患者7人,开展手术5台;并在木里县中藏医院开展“专家指导查房”活动,对医院“优质护理”工作进行业务指导。年内,分批次下派医疗、护理、管理类专业人员16人次到中藏医院驻点,帮助医院住院部开诊运行。5月,医院援助木里县卫生局20台电脑,改善县卫生局办公条件,全力支持木里县卫生计生工作发展。

【文化建设】 通过简报、医院《讯息荟萃》、宣传橱窗、网站报道、制作彩视频微信宣传等方式,加强对党的方针政策及医院工作的宣传力度,传播医院文化正能量。编写《讯息荟萃》3期、彩视频10期。5月,按照州卫计委要求,上报文化建设特色案例以及文化建设论文1篇。6月,医院与州电视台合作拍摄的专题宣传片正式在州电视台与医院宣传电视滚动播出。

【反腐倡廉教育】 1月和8月,对两个批次78名新进员工进行岗前医德医风教育培训。6月2日,参加州直机关“四新”机关文化建设主题讲堂第二季“信仰宗旨”活动。6月中旬,医院职工被州直纪工委选送参加四川省机关“清风正气传家远 我的家风家规故事”主题演讲比赛,荣获三等奖。8月,开展第6期“廉政讲堂”,组织职工观看四川省卫生计生系统反腐败警示纪录片《“专家”之殇·贪欲敲开地狱之门》,做好警示教育。

【精准扶贫】 对口帮扶越西县瓦里觉乡叶祖村和竹林村,认真开展精准扶贫工作。春节期间,医院帮扶小组为贫困户送去大米200袋、菜油200桶的价值1.6万元的慰问品。9月,捐赠5.1万元扶贫工作经费给乡党委、政府,为竹林村群众义诊发放2000元基本药物,向84户贫困户捐赠鸡苗1500只价值3万元,为残疾贫困户捐赠5000元帮助发展畜牧产业。10月,帮扶工作小组深入越西县调研督导易地扶贫搬迁住房建设。10月17日全国“扶贫日”,医院组织宣传小组在月城广场设立咨询宣传点对扶贫工作进行宣传,举办扶贫图片展,发放300余份宣传资料,与到该村调研的西昌市委领导等一起走访慰问贫困户,送去大米和菜油。11月,帮扶组代表医院全体职工将捐款购买的棉衣227件和筹集的棉被227床送到村民手中。

(供稿单位:州中西医结合医院/审核:朱林/撰稿:周丽娟)

体　　育

Sports

【概况】 2016年,凉山州体育局以竞技体育、群众体育为主要工作方向，极力承办国内外各种大型体育赛事，办好“体教结合”班，努力做好扶贫攻坚工作，开展经营高危性体育项目行政许可督查工作，实施农民健身工程，充分利用现有体育场馆为广大人民群众提供体育健身场所，向国家队、省队输送优秀运动员，依托老年体育协会充分发挥“银色人才”的优势，发挥全民健身带头作用。

【竞技体育】 一是“体教结合”成效显著，在州本级布局的“体教结合”尖子班的学生在训人数达310人，已有80%的学生达到国家二级运动员技术等级标准，有6人达一级运动员技术等级标准；截至年底，凉山州向国家、解放军、省等上级训练单位输送“体教结合”班尖子学生96人。西昌航天学校篮球尖子班在2016年举行的全省“苗苗杯”篮球赛上，分别获男、女乙组冠军；在2016年全省锦标赛上荣获乙组冠军；西昌航天学校足球尖子班的学生在四川省2016年度青少年锦标赛上获男子丙组亚军。2016年，凉山州体育尖子班的学生在全国、全省各类比赛上，获得摔跤金牌8枚，柔道金牌1枚，田径金牌8枚，拳击金牌15枚。二是加强体育业务培训。3月举办凉山州校园足球教练员、裁判员培训班，来自全州各县（市）170人参加首期培训；5月，第一期四川省社会体育指导员健身技能培训班在凉山民族国际网球中心开班，凉山有26名社会体育指导员参加培训；6月1—3日在西昌举办全州体育行政执法业务培训会，全州17个县（市）的文化、体育执法队长、执法工作人员50余人参加培训；11月举办押加项目教练员、裁判员培训班；12月14—17日在西昌举办“2016年凉山州国家二级社会指导员培训班”，17县（市）分别派3人参加培训。全年凉山州选派40名教练员参加全国和全省举办的教练员培训班的学习。三是举办、承办运动会。全年共注册各项目运动员717人，办理二级运动员74人。6月至8月凉山州代表队参加“四川省第十三届运动会资格赛”的摔跤、举重、拳击、跆拳道、武术、散打、网球、柔道、田径、游泳、篮球、乒乓球、武术、激流回旋、射箭、体操、足球等17个项目的比赛，共获得金牌30枚、银牌36枚、铜牌32.5枚。4月22—24日，凉山州国际网球中心承办“2016年四川省全民健身网球公开赛”，本次赛事共有运动员158人，4个队参加比赛。5—8月，在西昌学院（南校区）举办的“凉山州跆拳道锦标赛”，共有来自西昌、昭觉、甘洛、冕宁、盐源、喜德、德昌等23支队伍，700余名运动员参加比赛。西昌市的“兄弟连队”获得冠军、德昌队获得亚军、昭觉队获得季军。6月20日至26日，“李宁篮球青年锦标赛”在凉山州民族体育馆举行，有深圳新世纪青年男子篮球队、北京首钢青年男子篮球队、湖北马可波罗俱乐部等7支队伍71名运动员参加比赛。7月由国家轮滑协会、凉山州体育局、西昌市文化广播新闻出版和旅游体育局承办的“中国（西昌）邛海湿地国际轮滑公开赛”在西昌邛海湿地开赛，本次赛事有来自法国、挪威、新西兰、比利时、韩国、日本、英国等25个国家和地区的750名运动员参加比赛。8月8—14日，由凉山州人民政府举办的“云、贵、川友邻市州篮球联赛”在凉山州民族体育馆举行，来自大理州、昭通市、楚雄州、宜宾市、乐山市、凉山州等三省的10支代表队120名运动员参加比赛，凉山州代表队获得第一名，大理州获得第二名，昭通市获得第三名。8月16—26日由四川省体育局、凉山州体育局承办的“全国第六届田径耐力对抗赛”在西昌湿地公园举行，有来自云南、贵州、四川、内蒙古、陕西、甘肃、西藏、青海等14个省市22个单位 的1000名运动员，参加男子少年1415竞走、男子少年1417竞走、男子少年1417越野、女子少年1415竞走、女子少年1417竞走、女子少年1417越野等不同级别的竞赛。11月21日至22日由四川省足球协会、凉山州足球协会共同承办的“2016年四川省业余足球联赛” 在凉山州民族体育场举行，共有来自成都、德阳、南充、广元、会理县、越西县、冕宁县等市县的13支队伍272名运动员参加比赛。会理县一队获得第1名、越西县队获得第2名、冕宁县队获得第3名。2016年还承办《峨眉传奇》世界格斗冠军赛、2016中国乒乓球俱乐部超级联赛，举办凉山州、攀枝花两市州乒乓球比赛、第九届西昌邛海湿地自行车邀请赛、彝族式摔跤擂台赛等世界级、国家级、省级、州级赛事。

【群众体育】 凉山州体育局配合其他相关单位相继举办全州中小学生篮球运动会、全州青少年校园足球联赛、州级机关"三八"节健身活动、州级机关周末篮球赛、军民友谊篮球赛、全州老年体协健身操赛、凉山州老年人暨中青年人乒乓球赛、凉山州第二届职工羽毛球运动会等群众体育赛事，带动全州群众积极参与体育健身活动。截至12月30日，凉山州体育局利用体育彩票公益金为凉山州17县（市）518个行政村安装518套村级农民体育健身工程（篮球场），88套体育全民健身路径设施。全年全州各类体育场馆为广大人民群众免费开放锻炼人数达40余万人次。全州各体育行政部门、体育社会组织（体育行业协会）组织开展不同人群、不同形式的群众性体育活动达52项次，参与人数达20余万人次。

【品牌赛事】 11月5日由中国田径协会、四川省体育局、凉山州人民政府主办，四川省田径协会、凉山州体育局、西昌市人民政府承办的"西昌邛海湿地国际马拉松赛"在西昌开赛，本届赛事全程（42.195千米）和半程（21.098千米）分别录取前8名，此次比赛有来自29个国家、34个省（市、区）、429个城市的20618名运动员（非凉山籍运动员12011名）参加比赛，其中全程马拉松3068名，半程马拉松5168名，迷你马拉松12382名。同时，组委会邀请40多名世界排名前10名的优秀外籍运动员参赛。经过激烈的竞争，男、女全程前3名均被非洲选手夺得（男子：第1名埃塞俄比亚选手AFEWERK，成绩为2∶17′26″，第2名埃塞俄比亚选手MOHAMMED，成绩为2∶17′32″，第3名是肯尼亚选手PETER，成绩为2∶18′12″。女子：第1名肯尼亚选手FLORENCE，成绩为2∶34′35″，第2名埃塞俄比亚选手SIFAN，成绩为2∶37′51″，第3名埃塞俄比亚选手MESKEREM，成绩为2∶41′32″）。11月4—7日，第二届邛海国际帆船赛在邛海月色风情小镇码头开赛。本次比赛由航海运动（中国）促进会主办，四川省帆板滑水激流运动协会、凉山州人民政府承办。赛事遵循国际帆联2013—2016年竞赛规则，采用场地赛和长距离赛两种竞赛模式，设立FAREAST28R统一设计龙骨帆船比赛级别，参赛队伍由2015年来自国内外的10支增加到20支。

【体育执法】 根据国务院发布的《全民健身条例》和国家体育总局发布的《经营高危险性体育项目许可管理办法》，凉山州体育局组成游泳经营活动专项执法督察组，于12月19—28日，在喜德、冕宁、普格、宁南、会东、会理、德昌和西昌等8县（市）进行督察。督察组现场抽查游泳经营场所25个，发出责令整改通知书11份。

【老年人体育】 一是全年选派5名骨干人员参加全国柔力球竞技培训；选派2名骨干参加全国越野行走（持杖健走）教练员、裁判员培训；太极拳分会选派16人参加省武术教练员、裁判员培训；州老年体协举办全州重点县（市）及单位骨干气排球教练员、裁判员培训班；门球分会举办裁判员培训班；羽毛球分会举办老年人羽毛球教练员、裁判员培训班；西昌市老体协结合科学健身高质量地完成徒手穴位操的创编工作与组织培训工作，西昌市老年体协还举办最新创编的中老年人行进式健身球操培训班；冕宁县、盐源县老年体协先后举办柔力球教练员、裁判员培训；会理县老年体协举办"广场舞推广带动骨干"培训班。二是凉山州17县（市）老体协根据各自的实际和特点，利用节假日开展广场舞、交谊舞、国标舞、拉风竹、放风筝、武术、地掷球、垂钓、骑游、龙灯、狮灯及民族舞、民族服饰表演等群众喜闻乐见的文体活动。三是截至年底凉山州老年体协承办"好医生杯"川、渝、滇老年人气排球邀请赛，本次赛事有来自云南、重庆、四川等省市的18个代表队32支队伍，350名运动员参加比赛。举办首届"2016年凉山州老年人佳木斯健身操、健步操和手杖操比赛"，本次赛事共有来自内蒙古、湖北、河北、四川、重庆、贵州等省（市）的 16 支队伍，298 名运动员参加比赛。四是凉山州老年人体育协会组织 17 支队伍参加四川省 2016 年 13 个项目的年度比赛。其中网球首次获得男子 55~60 岁组别的双打亚军；凉山州健身球男队获得自选套路优胜奖第 1 名、规定套路第 3 名，女队获优胜奖；柔力球队伍组织 4 支代表队参赛，凉山州代表队和甘洛县代表队均获得规定、自选套路优胜奖，州老年大学代表队获得规定套路优胜奖；健步操队伍组织两支代表队参加比赛，均获得优胜奖；健身秧歌队伍获得自选套路优胜奖第 1 名，规定套路优胜奖第 2 名；钓鱼代表队首次获得团体第 1 名、个人混钓第 2 名；健身腰鼓代表队获得自编套路优胜奖第一名，规定套路第 3 名；羽毛球代表队获得两个组别的第 4 名、第 5 名。还组队（男队）代表四川省参加全国健身球比赛，获得自选套路第 2 名、规定套路第 3 名和最佳编排奖、最美配乐奖；州老年人体育协会健身球队组队代表凉山州参加全省社会体育指导员广场操（舞）交流展示获一等奖；桥牌分会多次组织队伍前往攀枝花、成都、宜宾开展交流活动。

【荣誉】 2016 年，凉山体育局获中国田径协会颁发的 2015 中国马拉松“银牌赛事”“特色赛事”两项殊荣；荣获中国体育文化博览会、中国体育旅游博览会组委会颁发的“2016 中国体育文化、体育旅游博览会优秀组织单位奖”；获得州政府“2015 年度凉山州老龄工作先进单位”称号；获得州委、州政府“2015 年度全州‘双联’及干部驻村帮扶工作先进集体”称号；获得 2016 年全省社会体育指导员健身技能交流展示活动一等奖、优秀组织奖、体育道德风尚奖；获得 2016 年全省社会体育指导员广场健身操（舞）交流展示活动一等奖、优秀组织奖；凉山州青少年重点业余体校第四次被国家体育总局评为四年一轮的“国家高水平体育后备人才基地”（2017—2020）。

【扶贫工作】 凉山州体育局成立“精准脱贫”帮扶工作组、“四个好”家庭创建工作帮扶指导组，派出凉山州网球中心副主任孙晓蕾担任驻普格县马里哄村第一书记，体育局机关 23 名干部职工分别帮扶 137 户极度贫困户。为马里哄村 3 个村民组购置 3 套高音喇叭、30 副饭桌、板凳，配套 300 副碗筷、90 个钢盆、60 个钢盘和 450 个马食子，办起 3 个“流动民俗广场”，方便村民婚丧嫁娶活动。落实 4 亩河边地，整合资金 75 万元，修建村文化活动广场、医疗卫生室、图书室、篮球场。凉山州体育局还利用承办全国青年篮球锦标赛和云贵川篮球联赛筹集的门票收入 26 万元为马里哄村所有农户（144 户）每户赠送一头后备母猪，发展乌金猪仔猪产业，捐赠村委会启动资金 1 万元，捐赠村委会和各村民小组价值 1.4 万元的有线广播配套设备 6 套，捐赠 144 户村民价值 8 万余元的 900 余套床上用品。体育局全体职工通过“走基层，送温暖”活动，共捐资 9100 元，在村学前教育机构门前修建钢质桥一座，解决师生雨季涉水上下学的困难。利用村学前小学场地，购置 55 英寸彩电、EVD 视盘机、高音喇叭等设施设备，制作校牌，办起农民夜校。协调农牧部门在该村实施天然草场生态保护项目，完成 1.2 万亩草场人工围栏工程。协调扶贫、交通部门在该村实施通村道路改造，修建宽 3 米、厚 20 厘米、长 10 千米的水泥道路。11 月，州网球中心副主任孙晓蕾被选为中共凉山州第八次党代会代表。

（供稿单位：州体育局 / 审核：吉觉作哈 / 撰稿：赵兴）

防震减灾

Earthquake Prevention and Disaster Reduction

【概况】 2016 年，凉山防震减灾工作取得显著成效，连续第 5 年被中国地震局表彰为全国防震减灾工作先进单位。地震监测预报、应急救援、抗震设防要求管理等工作保持全省先进。在全州目标绩效考评中，连续四年位居州级部门第一方阵。被命名为第一批凉山州民族团结进步创建活动示范单位。

【地震活动】 2016年度,据四川省地震台网测定,凉山及邻区(E100.0~105.0度、N26.0~30.0度)共发生ML≥2.5级地震391次,其中ML2.5~2.9级286次、ML3~3.9级91次、ML4~4.9级14次。小震活动相对集中于宁南—巧家—鲁甸区域,此区域共发生MLL≥2.5级地震100次,其中4级以上地震5次,即2016年8月12日鲁甸4级震群活动;其次为木里－盐源区域,共发生MLL≥2.5级地震52次,其中4级地震2次,即2016年3月份1日木里ML4.1级地震、2016年12月25日木里ML4.3级地震;雷波区域有一定规模小震活动,共发生小震活动24次。周边区域小震活动较为频繁,州北部石棉—泸定区域共发生小震40次,州东部毗邻的宜宾筠连、兴文、珙县区域共发生小震活动62次。

【行政执法】 2016年,凉山防震减灾工作着力推进法治建设。进一步规范防震减灾行政权力清单,及时调整完成行政权力公开运行平台要件,防震减灾系统3项行政权力全部公开,纳入政务服务中心,与网上办事大厅结合起来,严格依法行政,阳光服务。加强执法队伍建设,组织防震减灾系统参加行政执法专项培训。印发《关于开展防震减灾专项执法检查的通知》,州县(市)联动,多部门组成联合执法检查组,对7座特大型水库、53个建设工程进行专项执法检查,548个建设项目执行第五代区划图情况进行复核。参加建设项目初步设计审查评审6次,办理建设工程抗震设防要求备案审查586件。

【监测预报】 2016年,凉山防震减灾工作着力实施国家地震烈度速报和预警工程建设项目,完成327个台站的勘选和6个县53个台站设备的安装。监测台网数字化改造加速更新,监测台点观测项目不断增加,宏观异常零报告制度全面落实。大桥水库专用台网,川3号井全面投入监测运行,前兆台站收集、预处理、上报30万余组前兆数据,发送震情信息5.2万条。同时,与省地矿局四〇四地质队签署战略合作协议,与西昌绿恋农业发展有限责任公司签订地震动物宏观异常观测共建协议。

【震灾防御】 西昌、冕宁等10县(市)圆满完成综合能力建设,雷波、宁南等15个县完成地震重点危险区灾害风险预评估,雷波县、普格县地震活动断层探测工作完成,昭觉、德昌等9县地震活动断层探测列为“十三五”重点项目。西昌、冕宁等10县(市)防震减灾综合能力建设项目通过省级评审验收。邀请钢结构技术专家举办钢结构应用技术专题培训会。邀请气象学家欧阳首承教授为州防震减灾领导小组成员单位开展风险和灾害预测讲座,举办“第五代区划图”培训会等。州防震减灾领导小组成员单位联络员制度建立并实施。

【地震应急】 2016年,凉山防震减灾工作全面推进地震应急预案体系建设,州地震应急指挥中心被中国地震局表彰为地市级应急指挥系统先进单位,地震灾害专业救援队伍再添森林武警主力军。州政府印发《凉山州2016年地震应对工作方案》和《凉山州2016年度重点危险区地震应急专项预案》,开展对各县(市)和州级部门的地震应急工作检查。首次组织召开县级地震应急预案修订专家咨询会。继续与州经信委、州交通局、州教育局、州国土局、州气象局和凉山移动分公司等州防震减灾领导小组成员单位,上下联动,横向协作,组织开展综合应急演练。与中国社会福利基金会合作建立凉山蓝豹应急救援中心。全省灾情速报PDA专业版和市州管理平台投入运行。

【宣传教育】 2016年,大力开展科普宣传和学习培训活动。在20余家媒体开设宣传专栏,在德昌县举行第五届“平安中国”防灾宣导千城大行动凉山分会场启动仪式。组织凉山州防震减灾文艺宣传队、凉山州防震减灾协会老科协分会、凉山州蓝豹救援队深入西昌卫星发射中心、西昌学院、西昌市螺髻山小学以及德昌、盐源等县开展防震减灾知识“进军营”“进学校”“进彝乡”活动。与国际救助儿童会合作实施以儿童为中心的减灾及基础教育项目。“防灾减灾宣传周”期间，与州教育局一道在全州3000余所中小学、幼儿园组织开展应急演练，做到学校、师生“两个全覆盖”。全年新创建21所县级防震减灾科普示范学校，新命名8所州级防震减灾科普示范学校，新增4所省级防震减灾科普示范学校，新增科普示范社区2个。会理县积极创建四川省防震减灾示范县。

【全面深化改革】 积极探索从注重灾后救助向注重灾前预防转变，从减少灾害损失向减轻灾害风险转变，从应对单一灾种向综合减灾转变的新路径，组织实施凉山州全面深化改革项目——建立健全防灾减灾体系建设，召开州级防震减灾规划专家咨询会和全州防灾减灾体系建设推进会，落实年度改革任务，《凉山州防灾减灾体系建设三年行动计划（2017—2019）》，州防震减灾领导小组成员单位编制完成《凉山州“十三五”突发事件应急体系建设规划》《凉山州“十三五”自然灾害体系建设规划》《凉山州“十三五”救灾物资储备规划》等规划。同时，《凉山州“十三五”防震减灾规划》，被列入全州“十三五”时期21个重点专项规划之一，确定“十三五”时期防震减灾的8大能力建设任务，确定总投资1.99亿元的五大类别14个项目16个子项。

【科研成果】 “凉山地震灾害特征研究”、“钢结构建筑在凉山抗震设防上的应用研究”分别获全州优秀政务调研成果二等奖和三等奖，“凉山地震震害与防震减灾对策研究”、“大桥水库地震监测台网”均获凉山州科技进步三等奖。开展“地震带潜在山地灾害预判与风险防范研究”，完成“2016云南施甸至川滇藏交界危险区地震灾害预评估和应急处置要点”报告 。

【队伍建设】 凉山防震减灾工作着力加强基层力量建设，县（市）防震减灾部门通过争取编制部门支持，增加事业编制等形式，扩大防震减灾机构队伍，保持防震减灾系统有新鲜血液流入。依托州森林武警支队，组建凉山州地震灾害森林武警救援队，下设直属大队、西昌大队、木里大队三个大队。与中国社会福利基金会合作，组建凉山州蓝豹救援队。依托国际救助儿童会、中国社会福利基金会、州重型机械协会等社会组织积极参与防震减灾志愿活动，全州地震应急志愿者达到4056人。不断完善群测群防工作制度，将“三网一员”体系拓展到村组一级，全州防震减灾助理员达743人，实现乡镇全覆盖。

（供稿单位：州防震减灾局 / 审核：李志健 / 撰稿：刘思平）

气　　象

Meteorology

【概况】 2016年，全州国家级自动站业务可用性99.98%，土壤站业务可用性97.36%，国家级区域站业务可用性98.21%，区域自动站传输及时率97.71%，雷达综合业务评分99.79%，重要天气预警信号不分级别预警时间提前量算术平均值达到23分钟，暴雨预警准确率91.9%，24小时气温预报准确率77.7%。联合州人力资源社会保障局、州总工会成功举办凉山州第二届气象行业综合业务技能竞赛。

【现代气象业务体系】 2016年，深入推进气象技术装备动态管理信息系统建设，完成州县区域站骨干站点升级改造的前期准备及德昌、冕宁、金阳无人站业务调整申报，完成德昌、普格、宁南等10县新型自动气象站业务切换。完成西昌新一代天气雷达的维修、升级，盐源风廓线雷达项目建设竣工并投入业务试运行。推进国家突发事件预警信息发布平台建设，积极争取机构、人员编制和经费预算的落实。加强与州应急、国土、水务、环保、林业、防震减灾等部门协作，开展地质灾害、大气污染防治、森林防（灭）火等服务会商，及时发布专题气象服务产品。科学开展山洪地质灾害气象风险预警,全年共启动6次Ⅳ级应急响应,2次Ⅲ级应急响应。气象预警信息社会单元覆盖率达85%。

【人才队伍建设】 2016年,5名业务骨干晋升高级工程师、5名获得中级专业技术职务任职资格;选派1名州局直属单位副科级干部、2名县局副科级领导干部到州局挂职锻炼;开展副科级领导干部竞争上岗,7名优秀干部走上副科级领导岗位。加大学历层次提升力度,2人完成在职研究生学习、2人新考读研究生学历。加强人才教育培训,共举办专题培训班4次,116人次参训,参加中国气象局、省气象局及地方党委政府培训301人次。

【防灾减灾服务】 全力开展暴雨天气预报服务,制作发布重要天气警报、雨情快报等各类专题天气预报1100余期(次),向省气象台、片区内各级气象台站会商、通报气象信息610余次,通过电话、传真、手机短信等向州市党委政府、州市相关部门通报短临天气预报、实时气象情报480余次。联合国土部门开展地质灾害气象风险预警预报,发布3级及以上中小河流洪水及地质灾害气象风险预警预报信息114次。根据气象部门的预警预报,凉山州2016年成功避让地质灾害8起,紧急疏散避险1046人,其中避免因灾伤亡213人,避免经济损失910万元。全州开展人工增雨作业97次、开展人工防雹作业2188次,在抗旱、防雹、生态环境保护以及重大活动保障等方面发挥重要作用。

【专项气象服务】 大力开展智慧气象服务,"凉山旅游天气""雷波县气象局"微信公众号及"凉山气象"微博、"雷波为农服务"APP等迅速发展和成长。继续做好各类重大活动、重要节假日气象保障服务,积极为"风云四号"01星发射、全省旅游文化节、西昌湿地国际马拉松赛等保驾护航;为白鹤滩、锦屏等大型水电站的建设运行等提供优质、高效的气象保障服务,深受好评。做好"直通式"气象服务,服务对象从50家增加到76家,平均每个县增加1.5家。组织开展雷波脐橙、冕宁蜜桃、会东葡萄等特色农产品气候品质认证。

【气候概况】 年平均气温较历年平均值略偏高,年平均降水量较历年平均值偏多一成,年平均日照时数较历年平均值略偏多。全州冬干、春旱强度轻于常年,伏旱强度中等。雨季开始期大部偏早,降水总量正常,但时空分布不均匀。年内冷空气活动频繁,强降温天气较多;共出现暴雨39站次,较常年偏多44%。经综合分析评估,2016年凉山州为一般气候年景年份。

【基本气象要素】 全州年平均气温大部在12.0~18.0℃之间,宁南19.2℃为全州最高,布拖10.9℃为全州最低,除越西、冕宁、昭觉、会理、甘洛偏高0.7~1.0℃外,其余地区接近常年;年平均降水量1154.2毫米,较常年偏多15%,宁南、布拖、昭觉、美姑、雷波、冕宁偏多约2~4成,其余县接近常年;年平均日照时数为1971.3小时,较常年偏多0.4%,州西部、中部、南部及布拖2060~2530小时,雷波1008.3小时,其余地区1509~1942小时,属正常值。

【强降温天气】 受冷空气影响,州内分别于1月21—24日、2月1—2日、2月13—15日、2月21—25日、3月8—10日、3月21—24日出现强降温天气过程。其中,1月21—24日,州内大部地区日平均气温下降11.3~17.7℃,布拖、昭觉、雷波分别降暴雪或中到大雪,州内其余地区降小雨(雪),对道路交通造成较大影响;2月13—15日,美姑、布拖、昭觉日平均气温下降14~15℃,州内其余地区气温下降6~11℃;2月21—25日,州内大部地区日平均气温下降7~9℃,23日布拖降暴雪、昭觉降中雪;3月21—24日,州内大部地区日平均气温下降8.4~13.8℃。3月23—30日,木里、盐源、雷波、美姑、昭觉、布拖出现4~8天日平均气温低于10℃的低温天气,对当地春播春种不利。

【高温】 5月5—8日，金阳、宁南出现连续2~3天日最高气温高于35℃的高温天气，11日甘洛、12日西昌、德昌、宁南，30—31日宁南、金阳再次出现1~2天日最高气温高于35℃的高温天气。8月中下旬，甘洛、德昌、金阳、宁南、西昌出现4至12天日最高气温≥35℃的高温天气，其中甘洛出现5天、金阳出现1天日最高气温≥38℃的高温日。23日甘洛最高气温39.4℃、24日金阳最高气温38.3℃，均创当地历史日最高气温第三高值。

【暴雨洪涝】 全年全州共出现暴雨39站次（大暴雨1站次），较常年同期偏多44%。5月22日，全州出现区域性暴雨天气，出现时间仅晚于2007年。5月22日会理、会东，6月15日宁南，19日冕宁，7月6日雷波，8月11日普格、30日宁南、冕宁，9月4日宁南，7日会理，16日会东，11月8日西昌日降水量超过60毫米，达到洪涝标准；7月15日会理日降水104.1毫米，为全州最大日降水量，达到严重洪涝标准。

【地质灾害】 6月26日凌晨，美姑县佐戈依达乡八千洛村四组发生山体滑坡，16户79人受灾，74人成功避让，5人失踪，造成直接经济损失526万余元。7月14日，越西县瓦岩乡因暴雨引发山洪灾害，灾害造成瓦岩乡、板桥乡等8个乡镇不同程度受灾，抢险救灾过程中1人意外落水死亡，直接经济损失6000余万元。

【冰雹大风】 5月6日16时20分左右，雷波县黄琅中心镇片区突降冰雹，持续时间7～10分钟，黄琅中心镇及中田乡的部分村不同程度受灾，直接经济损失166.1万元。5月10日17时30分左右，盐源县卫城、干海、双河、大河、白乌等乡镇遭受冰雹、短时强降水、阵性大风灾害，造成直接经济损失达4950万元。6月4日16时至20时，州内发生强对流天气，昭觉、美姑、宁南、越西、金阳、西昌、喜德、普格、木里9县（市）出现冰雹灾害，造成81个乡镇147227人不同程度受灾，昭觉县1人死亡，72人紧急安置转移，此次灾害造成直接经济损失28226.95万元。

（供稿单位：州气象局／审核：王发荣／撰稿：何乃彦）

公共建设

PUBLIC CONSTRUCTION

交　通

Transportation

【发展规划】 2016 年，凉山州交通运输局完成《凉山州综合交通运输“十三五”发展规划》《凉山州“十三五”内河水运发展规划》《西昌德昌冕宁同城化发展和“3+6”西昌经济圈综合交通发展规划（2016—2025 年）》等规划的编制。

【固定资产投资】 2016 年，全州完成交通建设投资 100.09 亿元（其中高速公路 2.8 亿元、国省干线 38.79 亿元、农村公路 48.12 亿元、客运站点 0.9 亿元、水运基础设施及水上安全支持保障系统建设投资 0.15 亿元、溜索改桥 1.62 亿元、其他专项 0.72 亿元、地方自建项目 3.8 亿元、养护大中修 3.19 亿元），占省下达年度目标 89 亿元的 112.46%，完成州下达年度 100 亿元目标。

【高速公路建设】 加快建设国道 G5 京昆高速公路泸沽至黄联关试验段和峨汉高速甘洛段，宜攀高速公路项目获得“BOT+ 政府补助”授权，与中建集团签订西昭高速公路项目意向性合作协议，与葛洲坝集团签署西香高速公路项目合作备忘录，加紧开展乐西、永会高速公路项目前期工作，规划乐云、西巧、攀盐、西昌绕城等 4 个高速公路项目。

【国省干线公路建设】 建成国省干线路面 466 千米，占省定年度目标任务 450 千米的 103.6%，实现州府西昌到各县县城由三级及以上等级公路连接畅通目标，基本形成州府到达州内最远县城“4 小时交通经济圈”。

【农村公路建设】 2016 年，全州完成新改建农村公路 6488.4 千米，其中通乡油路 822.3 千米、通村硬化路 5234 千米、通村通达路 168.5 千米、县乡道改造 94.3 千米、农村公路改善提升工程 28.1 千米、地方自建 141.2 千米。7 座“溜索改桥”建成 5 座、在建 2 座，完成省定 490 个、州定 205 个脱贫摘帽村通村硬化路建设。

【客运站场建设】 2016 年，全州建成 7 个县级客运站、13 个乡镇客运站和 84 个村级招呼站，新增 116 个建制村通客运班车，完成 161 辆农村客运车辆提档升级。

【水运建设发展】 承办由国家发改委组织的金沙江下游翻坝和通航建筑物方案咨询会，推动金沙江——长江航运一体化发展。金沙江龙场、顺河和瓦屋三个港区工程进入收尾阶段，完成溪洛渡、向家坝等库区新增水域航区划分和甘洛、昭觉新增通航水域评定前期工作，启动雅砻江官地库区库尾航道整治工程。新增水运企业1家、营运船舶10艘，3艘海事巡逻艇完工投用。

【大小凉山公路水路交通建设推进方案】 2016年3月18日，省人民政府办公厅正式印发《大小凉山地区2016－2018年公路水路交通建设推进方案》，规划期投资550.4亿元，专项支持凉山、乐山两市州公路水路交通建设。其中，涉及凉山州规划期投资403.1亿元，规划建设高速公路项目6个、国省干线公路项目38个、农村公路8215千米、县乡客运站场236个、内河水运项目7个，以及养护管理设施、交通运行监测与应急指挥系统（二期）和水上交通安全监管系统。

【交通精准扶贫脱贫攻坚项目】 2016年5月30日，凉山州举行2016年交通精准扶贫脱贫攻坚项目集中开工活动，集中开工项目650个，总投资82.09亿元，包括国省干线公路项目7个196千米、农村公路项目616个3895千米、普通干线公路大中修项目2个56千米、运输站场项目17个、内河水运项目2个，《大小凉山地区2016－2018年公路水路交通建设推进方案》在凉山州正式启动实施。

【峨汉高速公路】 2016年9月9日，峨眉至汉源高速公路正式开工建设，全长约123.47千米，估算总投资206.75亿元，平均每千米造价超过1.7亿元，设计路基宽度25.5米，双向四车道，设计最高时速80千米，由省铁投集团与乐山市、雅安市、凉山州三市州人民政府合作共建，途经甘洛县境内8.62千米。

【公路水路交通建设推进方案】 《四川省凉山州2013－2015年公路水路建设推进方案》（简称“一轮凉推”）自2013年8月30日正式启动后，规划期197亿元的投资任务超额完成，实现收官目标。一是G5京昆高速泸黄段改扩建工程试验段开工建设；宜宾－攀枝花、西昌－昭通、西昌－香格里拉高速公路项目与中交集团、中建集团、葛洲坝集团签订投资意向性协议。二是34个国省干线项目全部开工，累计完工17个、791.1千米，累计建成1196.4千米，占优化后总里程2056千米的58%，州府到各县主干线实现畅通。三是农村公路累计建成9133千米，占规划期目标7500千米的122%，7座“溜索改桥”全部开工并建成5座。四是3个县级客运站建成2个、完成主体工程1个，95个乡镇客运站投用86个、完成主体工程9个。五是内河水运规划期50个渡口码头和凉山港2个作业区全部建成，58千米金沙江航道整治项目仍由省交通运输厅负责开展前期工作。按照省上要求，在建和剩余的高速公路、国省干线项目全部结转至“二轮凉推”继续推进。

【改造提升工程】 3月31日，省道S219线德昌县德州镇至米易县界段改造提升工程项目开工仪式在德昌县王所镇与巴洞镇交界处的巴洞砖厂举行。副州长朱学雷出席并宣布开工。该项目全长49.959千米，总投资3.5亿元，采用三级公路标准建设，建设工期一年半。

【公路水路运输】 2016年公路完成客运量6397万人次，客运周转量307138万人千米，货运量11452万吨，货物周转量1136896万吨千米。水路完成客运量90.6673万人次，客运周转量1304.674万人千米，货运量25.64万吨，货物周转量1282万吨千米。

【运输安全管理】 加大“打非治违”工作力度，开展为期一个月的“打击非法营运”主题宣传，查处非法营运车辆2796辆次，查处各类违章车辆14970余辆次，整治各类隐患94起，按照“六严禁”规定查处驾驶员15人次。

【路政管理】 2016年，将全州交通运输环境综合治理融入“全域旅游”战略，大力开展“除陋习、树新风”集中治理“三乱”等综合治理活动，全年查处违法案件54件，结案率达100%，发出纠正违法通知书189份，清除路障947处、交通标志标牌5300余块、违法建筑23处、摆摊设点320余处、加水洗车26处，查处超限车辆6300余台次，卸载1684吨，劝返超限车辆457台次，违法超限率为3.8%。

【海事管理】 持续开展水上交通非法运输专项整治，开展执法检查210余次，检查船舶1000艘次，查处违法行为4起，整改隐患35起，救生衣“两个100%”落到实处。

【公路管养】 实行国省干线公路养护管理“三提前”机制，初步建立“国省干线州级负责、农村公路县（市）负责”公路管养责任体系，融资1亿元用于购置养护保障机械并对70余处国省干线损毁或灾害点进行抢险修复，累计投入道路抢险人员6631人次、机械1843台（辆），全力确保汛期道路通畅。明确从2016年起每年安排不低于5000万元国省干线公路养护专项资金，加大国省干线公路养护力度，确保群众安全通行需求。

【工程质量监管】 2016年，全州17个县（市）全部成立公路工程质监站，实现州、县质监机构职权正式分离。加大试验检测及监理企业行业监管，核查备案进驻凉山成立分支机构检测单位13家。采取重点抽查与专项督查相结合，持续开展在建公路工程质量安全综合检查104次，下发整改通知92份，对4个建设管理不到位项目进行通报。

【安全应急管理】 深入开展“安全生产月”交通运输安全宣传教育活动和“强化安全发展理念，提升全民安全素质”为主题的大型交通运输安全生产咨询日活动；深入推进“平安工地”建设；持续加强“两客一危”车辆动态监控，实现重点营运车辆联网联控全覆盖；建成道路运输行车安全、事故统计分析、驾驶员记分管理等信息系统，强化事故原因分析和规律掌控；严厉查处客运驾驶员“六类违法违规”行为，扎实开展“冬季和岁末年初交通安全大检查”，全面推进危货运输电子运单系统试点工作，全年未发生交通运输安全责任事故。州运管处被交通运输部、公安部、国家安全监管总局评为“2015年道路运输平安年”活动成绩突出市级管理机构。持续加大综合性交通应急救援抢救队伍建设，加快推进攀西地区水上应急救援基地前期工作，协调对接四川省交通运行监测与应急指挥系统（二期）工程，针对性开展城市公交、道路客运等应急演练，完成刘云山、刘延东、汪洋等领导视察凉山期间安全运输应急保障工作，交通运输应急处置水平进一步提升。

【机动车驾驶员培训与汽修管理】 有序推进驾培维修行业改革，全面推行预约培训，试点推行学员跨驾校、先学习后付费培训模式，对全州11所驾驶培训机构进行量化考核，评选出AAA级驾校4所、AA级驾校5所、A级驾校1所、B级驾校1所，在四川省交通运输行业机动车驾驶教练员技能大赛中凉山交通运输代表队荣获团体二等奖。持续对机动车维修市场、检测站等场所开展专项整治行动，对无证经营、超范围经营汽修厂限期整改8户、取缔5户、处罚3户，完成9家检测机构汽车综合性能检测信息化管理系统安装。

【“三基三化”建设】 2016年，制定落实执法信息公开、行风监督员等制度，主动公开执法监督举报电话，严格执法人员准入管理，大力开展执法证清理工作，分两期对310名路政、运政、海事新进协助执法人员进行培训，完成15个运管部门执法场所外观标准化建设。

【信息化建设】 2016年7月1日，凉山实现“12328”交通运输服务监督电话与省厅联网运行。大力推进Wi-Fi覆盖工程，实现全州21个三级及以上汽车客运站全覆盖。加快推进全州交通运输视频会议系统建设前期工作。

【出租车行业改革】 2016年，州交通运输局完成《关于深化改革推进出租汽车行业健康发展的实施意见（暂行）》《凉山州网络预约出租汽车经营服务管理实施细则（暂行）》（送审稿），待州政府审定后实施，着力促进出租汽车行业健康稳定发展。

【帮扶工作】 2016年，州交通运输局对口帮扶雷波县一车乡瓦古村，选派1名干部担任驻村"第一书记"；协助确定67户278人为异地扶贫搬迁对象；协调建成13.8千米通村公路；指导发展"1+X"林业产业，全村种植核桃700亩1.4万余株；协助一车乡完成换届选举工作；协助抓好禁毒防艾工作；积极开展"走基层、送温暖"等活动，向群众发放40余万元的生产生活物资、学生学习用品。11月4日至5日，交通运输部党组书记杨传堂深入昭觉、布拖、冕宁、西昌等县（市），调研交通建设及交通扶贫工作，指导大小凉山连片特困地区交通扶贫工作。强调要深入领会习近平总书记对交通运输工作的重要指示精神，认真贯彻落实党中央、国务院决策部署，扎实完成年度各项重点工作，坚决打赢交通扶贫脱贫攻坚战，为凉山经济社会发展当好先行。省政府副省长杨洪波，省政府副秘书长黄小平，省交通运输厅党组书记、厅长汪洋，州委书记林书成，州委副书记、州长罗凉清陪同调研，交通运输部政策研究室副主任舒驰、规划司巡视员于胜英、公路局副局长孙永红，副州长朱学雷，州政府秘书长石一鲁实参加调研。3月3日，副省长曲木史哈在凉山州委书记林书成、州委副书记、州长罗凉清、副州长朱学雷的陪同下，在北京会见中国交通建设集团副总裁甄少华及中交西南区域总部主要领导，就凉山高速公路建设达成共识。曲木史哈指出，随着国家"一带一路"倡议的实施，凉山高速公路建设迎来历史性的机遇，希望中交集团积极参与其中，为构建美丽富饶文明和谐新凉山，共同携手，实现互利双赢。5月22日至23日，省交通运输厅党组书记、厅长汪洋深入凉山州，督导国道108线、S212线、西昌市安哈镇通乡油路、邛海码头项目建设及汛期安全工作，强调要加强质量监管、优化施工进度，确保"凉推"项目建设保质保量如期完成；要狠抓汛期交通特别是水上交通安全规范化管理，确保安全责任事故"零"发生；要紧扣精准扶贫抓落实，确保交通扶贫各项部署落到实处、见到实效。厅公路局党委书记、局长廖文彬，副州长朱学雷陪同督导。12月12日至13日，省交通运输厅党组书记、厅长汪洋深入凉山州雷波县，督导调研国道G353线大岩洞至雷波县城段升级改造项目、国道G353箐口山隧道项目、汶水镇铜厂沟村和颜家湾村硬化路项目建设推进情况，实地查看宜攀高速、乐西高速雷波段路线方案，要求要进一步增强紧迫感和责任感，加快项目实施，强化质量控制，确保项目顺利推进，努力构建畅通的高速公路大通道、抗灾保障能力强的国省道干线和服务乡村的农村公路网络。要加强项目管养，巩固建设成果，充分发挥交通项目服务农业产业发展和群众脱贫奔康的重要作用。厅党组成员、驻厅纪检组长杜世相，凉山州委常委、纪委书记张力，副州长朱学雷，雷波县委书记王荣华，雷波县委副书记、代理县长杨腾斌，以及省、州、县三级交通运输相关部门负责人参加调研。12月25日，中央电视台《新闻联播》播出《四川凉山：多措并举 奋力脱贫》一则新闻，用近2分钟时长报道凉山交通精准扶贫脱贫工作。

（供稿单位：州交通运输局 / 审核：李波 / 撰稿：钟其富）

公　路

Highway

【概况】 2016年，州公路局完成国省干线公路路面使用性能指数（PQI）84；完成公路大修46千米；建设养护及应急保障中心2个；恢复路侧护栏16282米；恢复"凉推一轮"路基缺口15处；完成桥梁整治13座，新建桥梁2座，永久加固2座，临时加固1座；全年无一起大小安全责任事故发生，事故率为零；制定并执行五个管理办法，健全完善干线公路管养机制。深入开展“两学一做”教育活动，加强党风廉政建设。

【工作会议】 2016年6月17日，全州国省干线公路养护管理工作会召开，着力解决全州国省干线公路养护管理工作机制问题。一是明确“统一领导，分级管理”的原则。全州国省干线公路养护管理工作由州人民政府统一领导。州公路局负责行业管理与监督指导、审核年度计划、组织开展国省干线公路大中修工程建设。各县（市）政府受州公路局委托，对本辖区内国省干线公路进行日常养护管理，负责日常管养、小修保养、大中修保障、道路运行安全等相关工作。二是创新机制，抓好养护。州公路局制定实施《凉山州国省干线公路养护管理办法》等5个管理制度，并与各县（市）公路局签订《2016年养护目标责任书》，采取半年、年终检查和平时巡查相结合的方式进行目标考核，兑现奖惩。三是建立养护资金长效保障机制。拟定州级财政每年列入预算的日常养护经费、大中修工程前期工作经费和预防性养护经费不得低于5000万元，并随着公路里程增加和养护需要逐年递增。大中修工程地方投入资金实行两级财政分摊制，即省下达的大中修工程项目，除省补助的定额资金全部用于工程建设外，地方投入的资金部分由州统筹协调按州70%、县（市）30%的比例分别列入两级财政预算；州自筹建设的大中修工程项目，建设资金由州统筹协调按州70%、县（市）30%的比例分别列入两级财政预算。国省干线公路地质灾害抢修经费除省、州补助外，不足部分列入各县（市）财政预算。特大公路地质灾害的抢险经费在州、县（市）财政中另支。

【公路养护】 2016年，经州公路局、州交投公司、各县（市）公路局共同协商，就国省干线公路“凉推”项目提前介入养护管理工作达成一致意见，凡路面上面层铺筑完毕、路面干净整洁、排水设施通畅、无塌方的路段，由所属县（市）公路局提前介入养护，确保公路完好畅通。

2016年6月，州公路局成立由局长沈鲁清任组长、局党委书记韩丹任副组长的国省干线公路养护管理整改工作组。下设4个小组，分片负责17个县（市）的公路日常养护管理和提前介入养护工作，开展以提前接养、坍方清理、边沟疏通、路面保洁、劳动纪律等为主要内容的检查，总结问题，提出整改要求和时限，对养护工作开展太差的个别公路局给予扣减4万元养护经费的处罚，并在行业内进行通报。州公路局编制《凉山州干线公路小修保养作业手册（试行）》，举办国省干线公路小修保养技能培训班，推行以路面为中心的全面养护，大力推进机械化作业，提高小修保养质量。

【专项工程】 中冕路主体工程完工。按照交通大会战指挥部“决胜6·30”的总体安排部署，州公路局通过增人增设备、加强施工管理、及时计量支付、安全文明施工、加大交通管控等措施，在6月30日前完成主体工程。到12月底，中冕路52.361千米路面全部铺筑完毕，交安工程、护坡变更施工等全部完成。

会皎路施工进展顺利。省道S213线会理伍家村至皎平渡大中修工程全长56千米，中标价8900多万元，工期300天，由州公路局路桥总公司代建，以“质量控制、费用控制、进度控制”为管理目标。6月30日，先期实施的46千米大修项目主体工程完工。8月24日，完成标线、标志交安工程，会理公路管理局提前介入养护工作全面展开。10月19日，10千米中修建设任务启动。

【道路保通保畅工作】 2016年，州公路局全力抓好汛期保通工作，建立两级防汛工作领导小组，完善防汛预案，开展辖区内道路安全大检查，做好在建工程防汛工作，加强汛期桥梁安全管理，坚持雨前、雨中、雨后“三查”制度，及时抢通受灾公路，做好路况和灾损信息报送工作。全年全州雨季因灾毁造成路基损毁359225立方米,路面损毁322873平方米,桥梁损毁427.8延米/17座,涵洞损毁108道,防护工程损毁38311立方米/58处;水毁坍方2140336立方米/2687处,公路中断509处/33条,灾毁损失9064.141万元。水毁灾害发生后,公路职工主动作为,积极抢险,投入抢险资金1732.755万元,人员6631人次,机械台班1843台(辆),抢通道路509处/33条,把阻车时间缩短到最小,确保道路安全通行。

【安全工作】2016年,州公路局全面落实安全生产责任制,建立健全以安全生产责任制为核心的安全制度和领导机构,全面落实安全生产管理"一岗双责",层层签订安全生产责任书。开展路况集中整治工作。2016年雨季,全州公路系统共投入人员1800余名,机械台班500台(辆),养护资金1亿多元,对国省干线进行专项整治,共清扫路面飞石4500立方米,清理边沟杂草7.5万平方米,清除坍方3.5万余立方米;完成90千米的标线补划,标志损毁修复100块,路侧护栏损毁修复16282米;路容路貌得到改观。加快推进桥梁整治工作。2016年省下达凉山州干线公路危桥整治目标22座,除6座桥被纳入省道省道S208线改造外,其余桥梁顺利整治完成。此外,全年完成新建桥梁2座,永久加固2座,临时加固1座;完成桥梁检测8座,桥梁设计10座。针对风电设备大件运输的安全通行问题,州公路局安排资金和人员对国道G108线会理境内分水岭大桥进行临时加固,对省道S307线盐源境内的大金河桥进行监测通行,办理56吨风电大件运输车辆通行证45个,确保凉山经济建设的正常运行。组织开展"春运""百安""五一"安全生产及消防安全工作,共查处安全隐患19处,整改19处。

【帮扶工作】2016年,州公路局加大对越西县西山乡西埝村、大块村扶贫工作的督导力度,在分别派驻一名第一书记后,又增派一名经验丰富的正科级中层干部到越西蹲点指导。根据两个村的实际情况及时调整工作方案,把重点放在道路和住房建设上。帮助两个村132户贫困户修建统规统建轻钢结构22户、统规自建砖混结构110户,让全部贫困户按期搬进新居。建立扶贫资金专户,专款用于扶贫工作的开展,发动下属的多经公司、小车厂、试验室等单位筹集45万元专项资金,解决安全饮水、活动场地、办公用品、垃圾处理等问题;帮助实施"1+X"核桃生态产业发展项目,两个村完成县下达的3500亩核桃种植任务,并在"X"方面取得明显成效。建立州、县、乡三级联动机制,设立联络员,保证信息渠道畅通和工作及时协调。全年州公路局领导班子成员到贫困村开展专项扶贫工作50余人次,局机关全体干部职工和部分直属单位领导共68名实施一帮二结对帮扶,做到"规划到户、责任到人"。开展"两学一做,扶贫帮困"走基层活动,向两村165户村民捐赠价值2万余元的良种鸡苗,为两村幼儿园86名学生送去价值5000余元的书包、文具等学习用品,为两村图书室捐赠价值2000余元的种植、养殖书籍。

【党风廉政建设】2016年初,召开党风廉政工作会,细化责任清单,州公路局党政"一把手"与各单位、各科室负责人签订《2016年党风廉政建设责任书》。组织职工到州法纪教育中心参观学习,举办预防职务犯罪专题讲座,约谈科室及直属单位领导。对所属汽车综合检测站及6家下属检测公司进行全面的专项整治,加大对"窗口"单位的管理力度。在公路建设中,派驻3名专职纪检干部分别进驻中冕路改建工程、迎部检工程、大中修工程项目建设,确保对工程质量安全、施工安全、干部廉洁的监督。

(供稿单位:州公路局/审核:韩丹/撰稿:陈静)

城乡规划建设和住房保障

Urban-rural Planning and Construction and Housing Security

【概况】2016年,州城乡规划建设和住房保障局认真贯彻落实州委、州政府决策部署,牢固树立和贯彻落实“五大发展理念”，始终保持专注发展、转型发展定力，坚持稳中求进工作总基调，以脱贫攻坚为统领，着力稳增长、调结构、促改革、惠民生、防风险，统筹城乡发展战略，以大力推进新型城镇化为主线，以保障和改善民生为着力点，突出抓好建筑业发展、保障性住房建设、农村危房改造、房地产投资开发、城乡环境综合治理等重点工作，全面提升城乡规划建设管理水平。

【房地产市场管理】 2016年，州城乡规划建设和住房保障局认真贯彻落实《四川省人民政府关于印发促进经济稳定增长和提质增效推进供给侧结构性改革政策措施的通知》（川府发〔2016〕17号）和《四川省住房和城乡建设厅关于贯彻落实〈四川省人民政府关于印发促进经济稳定增长和提质增效推进供给侧结构性改革措施的通知〉的通知》（川建房发〔2016〕336号），着力房地产市场去库存，截至年底，全州商品住宅库存保持在40万平方米以下，去化周期保持在10个月以下，商品住宅“库存量”趋于稳定。严格监督市场行为，深入整顿规范房地产市场秩序，促进全州房地产市场平稳健康发展。全州全年房地产开发完成投资50.8亿元；商品房销售面积45万平方米，同比增长53.6%；商品房销售额32亿元，同比增长43%。

【新型城镇化建设】 2016年，认真贯彻中央、省委和州委关于加快推进新型城镇化的战略部署，以规划为引领，完成《凉山州“十三五”新型城镇化规划》的编制工作。美姑、冕宁、昭觉三县城市总体规划已经省政府同意，省住建厅批准实施。完成雷波、昭觉两县城市规划区的控制性详细规划编制。《会理县域村镇体系规划、会理县城市总体规划（2014—2030年）》、木里大寺和恰朗多吉景区申报省级风景名胜区已通过专家评审并报送至省政府待批。木里大寺批准为四川省自然与文化双遗产，恰朗多吉批准为四川省自然遗产。

【城镇基础设施建设】 加快城市基础设施建设，提高承载能力。全年新建成城市生活污水处理厂1座（会东县0.75万吨/日），新建成城市生活垃圾填埋场3个（普格、盐源、雷波），全州累计建成生活垃圾填埋场15个。推进西昌市地下综合管廊和海绵城市建设，西昌市海绵城市建设已完成投资近2亿元。推进会理县“宜居县城试点”城市道路、公园绿地、城市桥梁、供水、供气、污水、垃圾等基础设施建设项目正在办理前期手续。2016年全州城市新增建成区面积2.8平方千米，城市基础设施投资完成5.5亿元，新区建设完成投资2.8亿元。全年城市道路新建、改造、扩建近30千米；人均城市道路面积达8.67平方米；督促各县（市）实施2016年州重点建设项目19个，完成投资近4亿元，新增固定资产2.3亿元。

【村镇建设】 2016年，全州超额完成省下达的农村安居工程“开工建设农房2.3万户（含新、改、扩建）”的目标任务，凉山州全年农村安居工程实际完成超过3万户。全年全州共改造危旧房棚户区8351套，完成目标任务的100%；基本建成8838套，完成目标任务的115%；竣工4650套，完成目标任务的106%；实现棚户区货币化安置2802套，完成目标任务的101%；分配农民工公租房505套，完成目标任务的100%。召开全州保障性住房和农村危房改造专题工作会议，强力推进2016年农村危房改造工作，省下达凉山州农村危房改造任务共24913户，争取到农村危房改造资金近2.6亿元。截至12月31日，24913户农村危房改造开工率100%，竣工18874户，竣工率76%，信息录入13151户，录入率53%；完成11个省级“百镇建设行动”镇规划编制，产业布局、公共服务、基础设施、生态环境等建设项目用地纳入规划重点。积极推进11个“百镇建设行动”镇基础设施建设，统筹投入各类建设项目资金近0.5亿元。

【建筑业管理】 注重把规范建筑市场秩序管理作为促进当地建筑业加快发展的重要突破口，以贯彻落实州政府《关于促进全州建筑业加快发展的意见》文件精神为契机，进一步加强工程建设管理，全面落实五方责任主体工程质量终身负责制，健全农民工工资保障制度，完善招投标制度建设，严厉打击串标、围标、转包、挂靠等违法违规行为，着力维护公开、公正、公平的市场竞争原则，大力培育和发展健康有序、阳光透明、公平竞争的建筑市场。2016 年出台《关于加快发展钢结构建筑的实施意见》（凉府发〔2016〕2 号）、《关于积极推广钢结构农房建筑的实施意见》（凉府办发〔2016〕45 号）等文件，推广钢结构建筑，进一步完善政策体系，促进全州建筑业转型升级。及时兑现建筑业发展奖励基金，2015 年 3 月全州共兑现 2015 年奖励基金 1066 万元。2016 年 3 月兑现 2016 年奖励基金 4000 万元左右。强化建设人才队伍建设，培训各类人员 4300 余人，为企业做大做强和持续发展提供有力的人才技术支撑。着力强化建筑企业产值入统，确保全州建筑业产值入统上报。截至 2016 年 9 月 30 日，全州完成建筑业产值 91.453 亿元，同比增长 82.3%。完成省厅下达全年目标任务的 91%，到年底完成建筑业产值 140 亿元。成建制劳务输出 8000 人，收入 2.88 亿元。建筑业缴纳地税收入 8.4 亿元，占总税收比重的 27.1%。

【城乡环境综合治理】 2016 年，坚持问题导向，以“六乱”治理为重点，推进治理工作从繁华街市向背街小巷延伸、从中心城区向乡镇村庄延伸、从治标起步向标本兼治延伸。加强市容市貌专项整治，深入开展“清洁城市环境活动”，深入推进“六乱”治理，深入推进农村生活垃圾治理。以“四个好”达标创建活动为载体，全覆盖宣传发动群众参与“三建四改五洗”，推进农村面源污染治理，完善农村生活垃圾“户分类、村收集、乡转运、县处理”模式，指导农户开展垃圾分类，积极探索边远村寨生活垃圾就近无害化处理模式。加快垃圾清扫、收集、运输、处理设备的配套建设，推行村庄保洁制度，每个村聘请环境卫生监督员，督促群众落实“三建四改五洗”要求。深入推进违法建设治理。不断巩固“拆违”成果，将拆违工作从城市向农村延伸，全面治理城乡违法建设。按照“禁止新增、治理存量”的原则，坚决防止规划区、工业园区、景区、“三线”区域新增违法建设，重点加强新建改建的巡查管理，防止出现新的夹道建房、违法搭建，整治和规范沿路建房，严禁骑路经营。

【城乡统筹】 2016 年，全州完成 778 个脱贫村建档立卡贫困户 21446 户的现状调查，完成 49 个边远贫困村农房现状调查。完成《幸福美丽新村建设旧村改造专项规划》（凉山州部分）2149 个旧村相关数据的收集与上报，待省上编制完成全省规划后，启动凉山州专项规划。积极配合州农工委抓好 11 个贫困县幸福美丽新村示范县创建，配合抓好 17 个县（市）幸福美丽新村建设，配合抓好全州扶贫新村建设。完成 11 个省级“百镇建设行动”镇规划编制。产业布局、公共服务、基础设施、生态环境等建设项目用地纳入规划重点。统筹投入各类建设项目资金近 5000 万元。

【依法行政】 2016 年，州城乡规划建设和住房保障局认真贯彻落实《法治政府建设实施纲要》《四川省依法治省纲要》，制定《凉山州城乡规划建设和住房保障局 2016 年建设法制工作要点》《凉山州城乡规划建设和住房保障局 2016 年“法律七进”工作实施方案》《2016 年全州建设工程重点监察执法工作实施方案》起草《中共凉山州委　凉山州人民政府关于坚决制止和查处违法建设的实施意见》，对依法治州工作认真细化分解，层层落实工作任务，明确责任人员，确保将依法治州工作抓出实效。完成州规建局行政权力公开运行基础平台工作常态化，平台办结案件约 2000 件，575 项权责清单在网站上公开，根据省城乡规划建设和住房保障厅公布的行政权力将继续再做动态调整。充分利用“3·15”、“5·20”、安全生产月等特殊时间采取多种多样的形式对社会各界进行建筑法律法规宣传，“12·4”法制宣传日配合州司法局制作法律宣传展板，在广场、公园等进行宣传，大力开展“法律七进”活动，提升群众法律意识。对四川省川建建筑公司违法违规行为作出 269870 元的行政处罚等。

（供稿单位：州城乡规划建设和住房保障局/审核：陈忠/撰稿：程晓芸）

住房公积金管理

Management of Housing Provident Fund

【概况】 2016 年，州住房公积金管理工作紧紧围绕推进凉山新型城镇化建设为中心，以“精细化管理、亲情化服务”为抓手，以“优化环境、扩大增量、提高使用、规范管理、确保安全”为重点，认真贯彻落实国家、省、州提高住房公积金使用效率政策，积极推进去房地产库存，充分发挥住房公积金在支持住房消费、促进房地产市场平稳健康发展的作用，为改善全州干部职工住房条件提供资金保障。

【公积金缴存】 2016 年，州公积金管理中心贯彻落实缴存扩面政策，公积金缴存快速增长。认真贯彻落实《住房公积金管理条例》《国务院办公厅关于印发推动 1 亿非户籍人口在城市落户方案的通知》《四川省住房公积金缴存管理办法》《凉山州人民政府办公室关于翻印〈四川省人民政府办公厅关于印发进一步扩大住房公积金制度覆盖面指导意见的通知〉的通知》《凉山州城镇个体工商户自由职业者建立住房公积金制度的通知》等法规文件精神，通过进机关、到企业、召开座谈会等方式宣传住房公积金政策，积极推进机关事业单位临聘人员、社区工作人员、大学生村官、劳务派遣人员等纳入住房公积金制度建立，通过清理规范缴存，打破单位性质和职工户籍身份限制，将农业转移人口纳入覆盖面，鼓励个体工商户和自由职业者建立住房公积金制度，形成依法缴存、有效使用的政策体系，为城镇职工改善居住条件提供有效的制度保障。严格落实国家省州供给侧改革政策，批准 6 家企业缓缴或降低比例缴存住房公积金。认真开展住房公积金缴存政策专项检查，及时清理封存账户，强化账户管理，严格“控高保低”，公布 2016 年度住房公积金缴存工资基数上限和下限，获省城乡规划建设和住房保障厅住房公积金专项检查缴存先进单位。全年全州新增缴存住房公积金 31.17 亿元，较 2015 年同期增长 22.38%，截至 12 月底，全州实有缴存人数达 173606 人，新增缴存单位 261 个，新增开户职工 14742 人；截至 12 月末，全州住房公积金缴存总额 187.54 亿元，较 2015 年同期增长 19.93%；缴存余额达 103.49 亿元，较 2015 年同期增长 12.96%。

【公积金使用】 2016 年，州公积金管理中心认真贯彻落实住房和城乡建设部、财政部、中国人民银行《关于切实提高住房公积金使用效率的通知》和省政府促进经济稳定增长和提质增效，推进供给侧结构性改革政策措施，州公积金管理中心结合实际，拟定具体贯彻措施，州住房公积金管理委员会研究，经州政府常务会议审定同意，印发《凉山州人民政府办公室关于进一步提高住房公积金使用效率的通知》，住房公积金使用政策进一步放宽，明确延长住房公积金贷款还款期限至借款人法定退休年龄后五年、允许缴存职工购买自住住房时实行又提又贷、全面推行异地贷款业务、进一步简化贷款业务审批要件、全州统一调配住房公积金资金等政策。全州住房公积金管理机构采取超常化措施，进一步优化服务环境，提高服务质量，严格执行住房公积金新政，缩短业务办理时间，大幅提高住房公积金使用率。全年全州新增发放个人住房公积金贷款 25.40 亿元，同比增长 41.9%；新增办理住房公积金提取 19.3 亿元，较 2015 年增长 6.34%；截至 12 月末，个人住房公积金贷款余额 52.23 亿元，较 2015 年同期增长 61.50%；住房公积金个贷率 50.47%，较 2015 年同期提高 15.17 个百分点，住房公积金使用率达到 72.67%，较 2015 年同期提高 10.57 个百分点。

【公积金综合效益】 通过零余额账户管理，资金集中统一管理，保证职工住房公积金提取和贷款需求，强化资金调度，使资金效益最大化，在存贷款利率下调、支付职工储金利息调整的情况下，2016年实现增值收益2.69亿元，较2015年增长16.38%，增值收益率2.79%，较2015年提高0.26个百分点。

【公积金管理】 2016年，州公积金管理中心严格执行"管委会决策、中心运作、银行存储、财政监督"的住房公积金管理原则，坚持住房公积金管理重大政策调整，提交州管委会审议，州政府批准执行，坚持按规定预算管理经费、提取风险准备金、上缴廉租住房建设补充金，并在州财政监督下使用管理经费。州财政局通过招标确定审计机构对全州住房公积金管理机构2014年度和2015年度住房公积金运行情况进行审计，审计结果认为全州住房公积金管理运行规范，资金安全。中心对审计中发现的问题进行分析，提出整改措施，并积极整改，做到防微杜渐。认真贯彻执行廉政风险防控相关制度，2016年4月印发《凉山州住房公积金管理中心关于凉山住房公积金廉政风险防控责任分工的通知》，做到制度健全，问责有据。州中心多次召集中介机构、楼盘负责人召开座谈会，严肃纪律，严格政策规定，严禁骗提骗贷住房公积金，有效地保障资金安全。狠抓封存账户清理，加强逾期贷款催收，2016年12月末住房公积金个人贷款逾期率为0.08‰，较2015年同期降低0.05个千分点。全面推进"互联网+公积金"行动，信息化水平显著提高。州中心加强领导，落实责任，贯彻国家住房公积金基础数据标准顺利通过部省验收。完成住房公积金综合服务平台建设，实现中心与国家数据平台连接、与合作银行间数据实时交换，网上营业厅服务涵盖住房公积金缴存、提取、贷款、信息查询等业务，通过互联网自助办理公积金业务，"12329"服务平台设置人工坐席4个，服务群众的渠道更加丰富，信息系统风险管控能力进一步增强。

【队伍建设】 2016年，印发《凉山州住房公积金管理中心"庸懒散浮拖"及不作为问责暂行办法》，根治庸懒散浮拖，严格执行中央"八项规定"、省州"十项规定"精神，纠正"四风"，推进正风肃纪常态化。组织中层以上干部到州法纪中心开展警示教育，做到常念"紧箍咒"，早打"预防针"。强化领导班子思想建设，严守政治纪律和政治规矩，做到理论上清醒、政治上坚定、行动上自觉，扎实有效开展创"四好"班子活动，建设"四型"党组织。建立健全有效的选人用人机制，加强干部监督管理，加强干部队伍建设，完成2015年公开考试招聘9名工作人员工作，组织参加省城乡规划建设和住房保障厅、州相关单位组织的培训学习97人次，州公积金管理中心组织各项业务培训共计240余人次。

【帮扶工作】 州公积金管理中心强化对驻村第一书记管理，班子主要领导和班子成员多次带队到帮扶村调研，制定精准扶贫规划，检查帮扶项目实施情况，开展"四好家庭"创建督查，2016年公积金管理中心投资43万余元，走访慰问五保户、贫困党员和困难群众，为乡中心校设立奖学金，启动建设村集体经济，为村幼教点购买生活用品等工作，确保帮扶村贫困户按时脱贫，帮扶村按时退出积极创造条件。西昌市公积金管理分中心和各县管理部按照各县（市）委、县（市）政府要求积极开展帮扶工作，州公积金管理中心被州委、州政府评为2015年"挂包帮"先进单位。

（供稿单位：州公积金管理中心／审核：陈德琳／撰稿：林帮权）

环境保护

Environmental Protection

【概况】 2016年，凉山州环保局团结带领全州环保系统干部职工，深入贯彻落实中共十八大、十八届三中、四中、五中、六中全会精神和习近平总书记对生态文明建设和环境保护工作的一系列重要讲话精神。始终坚持工业强州、生态立州、开放兴州，始终坚持经济社会发展与环境保护相协调，切实解决影响科学发展和损害群众健康的突出环境问题。以生态州建设为载体，以环境保护为主阵地，以主要污染物总量减排为重要抓手，强化环评审批源头控制，加强环境污染综合防治，严格环境监察执法，有力保障全州环境安全，切实维护人民群众的环境权益，促进经济发展方式的转变，全域凉山生态文明水平得到进一步的提高。

【污染防治】 大气污染防治。全年全州空气环境质量呈明显改善趋势。西昌市环境空气质量PM10考核指标较2015年同期明显下降，PM2.5、二氧化硫、二氧化氮和臭氧改善也较为明显，城区空气质量优良天数达标率在99%左右。21个城市扬尘治理项目，2个燃煤锅炉除尘治理项目，12个油气综合回收项目，11个餐饮油烟整治项目，11个清洁能源项目如期完成。德昌新盛矿业有限责任公司等11个落后产能及4台10蒸吨以下小锅炉的淘汰工作也基本完成。

水污染治理。印发《水污染防治行动计划凉山州实施方案》，签订《凉山州水污染防治目标责任书》，成立凉山州水污染防治领导小组和凉山州环境保护委员会。州政府将《凉山州水污染防治目标责任书》细化分解到县（市）政府，与县（市）签订责任书。城镇集中式饮用水水源水质全面达标，全年全州地表水水质以Ⅱ、Ⅲ类水质为主。地表水水质稳中有升。

重金属污染防治。全面实施《重金属污染防治"十二五"规划》，积极争取中央、省的专项资金，加大重金属污染防治防控力度，着力解决重金属污染历史遗留问题，稳步推进会东野牛坪、冕宁牦牛坪、甘洛五大矿区等重金属污染防治综合整治工作，顺利通过国家、省对凉山州完成重金属污染防治"十二五"规划目标任务的考核。

核与辐射监管。加大对核技术利用单位专项监督检查工作力度，对西昌、会理、会东、盐源和冕宁5县（市）的医院和会理铅锌股份有限公司等23个核技术利用单位开展专项检查。开展野外（室外）使用放射源与射线装置单位辐射安全专项检查，共检查州一医院等8所医院共13台移动式床旁X射线装置，2个使用非密封放射源工作场所。对四川江铜稀土有限责任公司等6家稀土企业放射性废渣开展监督性监测及现场监督检查。

危险废物监管。制定《凉山州废铅酸蓄电池和废矿物油规范化管理实施方案》，深入开展全州医废、废机油、废铅酸蓄电池等危险废物领域的专项检查工作以及危险化学品环境风险排查抽查工作。积极协调省环境保护厅完成凉山州喜德县宏源锌业有限责任公司、西昌宏鑫实业有限公司危险废物经营单位经营许可证换证工作。督促喜德县宏源锌业有限责任公司落实专家整改意见并延续危险废物经营许可证。完成凉山州污水处理厂在线监测废液的危险废物类别、代码归类工作。积极配合省固废中心对凉山州开展的年度危险废物规范化管理督查考核工作，并督促企业完成整改。全年全州共办理危险废物省内转移审批23批次，其中转移入州处置利用17批次，共计7242.51吨，转移出州处置利用6批次，共计437.5755吨。危险废物跨省转移两批次，共计600吨。

【建设项目管理和环评审批】 2016年，州环保局一是积极协调环保部、省环保厅，开展重大项目推进服务，冕宁县牦牛坪稀土矿资源综合开发项目矿山采选工程及全州各县的风电、光电等重大项目及时通过环保部、省环境保护厅审批。二是严把项目审批，不越权、违规审批项目。严格执行环评审批"6+2"和"四不准""十不批"原则，未出现越权审批及违规审批情况。全年共审批项目197个，总投资302亿元，验收项目29个，总投资30.8亿元。三是认真开展环保违法违规建设项目清理整顿工作。研究出台《凉山州清理整顿环保违法违规建设项目工作实施方案》，对全州违反新《环保法》《环评法》等环保法律法规，未严格执行环境影响评价制度和环保"三同时"管理的建设项目进行清理整顿。四是组成专项工作组，分赴西昌、冕宁、德昌等重点县（市）开展环保违规建设项目清理工作督导，收集并及时研究解决清理整顿工作中出现的问题，同时对重点企业进行事中事后监管抽查，对抽查中发现的问题，要求限期整改完善。五是严格按照“三个一批”（淘汰关闭一批、整顿规范一批、完善备案一批）的要求，分类处理排查发现的违法违规建设项目，进一步明确项目临时备案管理的具体范围、操作程序。截至年底，全州共计清理出1533个环保违法违规建设项目，完成整顿349个，完成率22.77%。

【主要污染物减总量减排】 一是组织完成全州2016年的主要污染物总量减排核查工作。二是在省政府2016年减排目标任务下达后，州环境保护局向各县（市）环境保护局印发《凉山州环境保护局关于分解下达2016年环境保护管理指标的通知》，对2016年各县（市）四项主要污染物总量减排目标任务进行分解下达，并将文件抄送各县（市）人民政府。三是各县（市）环保局在年初向州环境保护局上报2016年减排计划，认真推进工程减排、结构减排和监管减排工作，按时按量完成年度减排计划中各减排项目。全年共组织结构减排项目5个，工程减排项目14个。上报减排二氧化硫5100吨，二氧化氮500吨，化学需氧量550吨，氨氮90吨。

【生态州建设】 2016年，全州共创建32个国家级生态乡镇、83个省级生态乡镇、1472个州级生态村、207485户县级生态家园。西昌市完成省级生态市创建工作，并获省政府正式命名。会理县通过省级生态县验收。德昌县、宁南县通过省级生态县技术核查。开展以“抓点、带线、促面”的农村环境连片整治项目来解决农村突出环境问题，改善农村人居环境质量。2012年至2016年，争取中央资金、省级资金、地方资金1867万元，在全州5个县（市）9个乡镇完成31个村的农村环境连片整治项目。按照环保部、省环保厅关于《生态保护红线划定工作》相关要求，对各县（市）国家划定的生态保护红线方案按当地相关部门规划实施方案进行面积优化调整并上报省环保厅。根据《四川省生态保护红线实施意见》和《四川省市（州）、县（市、区）生态保护红线划定技术指南（试行）》，正在制订凉山州生态保护红线划定方案。

【环境宣传教育】 一方面以“6·5”环境日为契机，州政府联动部门和县（市）开展全方位环境宣传周活动，主题纪念大会、环保文艺演出、“低碳生活、绿色出行”骑行宣传活动、“环保公众开放日”等活动推动全州环保宣传“十进”活动的开展。另一方面整合环保宣教联系部门、传统媒体等资源联动开展生态文明宣传教育，以展示凉山州生态文明建设成果为主题在四川省美术馆主办“锦绣凉山”摄影作品展；举办“推进绿色发展、建设美丽凉山”的有奖征文活动；《凉山日报》《城市新报》定期和不定期出专版、专栏，凉山电视台以环保新闻、环保专题报道、黄金节目尾广告位等，开展环境形势的宣传和政策解读，普及环境保护的科学知识和法律法规，报道先进典型，曝光违法案例。同时，积极开展网络宣传和舆论引导工作，充分利用州政府网站、凉山环保网、凉山环保政务微信和掌上凉山等新媒体开展宣传和舆情引导。全年宣传教育效果突出，获州委宣传部“2016年度网信工作先进集体”，在全省生态文明宣传教育工作绩效评估工作中获“优秀”等级、全省第2名，中国环境报社“宣传教育工作先进集体”。

【环境监察执法】 一是坚持环境行政处罚与教育相结合，通过环境执法规范、引导和督促排污企业走上环境守法型、环境友好型企业的良性绿色发展轨道，达到“查处一件、震慑一批、教育一片、规范一类、保护一方”的良好社会效果。全年全州办理环境行政处罚案件108件，同比2015年增长率为129.79%，罚款共计733.28万元，同比2015年增长率为97.04%，在全省21个市（州）环境行政处罚工作中位居第2。其中，州本级立案查处12件，处罚金额123.37万元。各县（市）立案查处96件，处罚金额609.91万元。建设项目违法查处68件，处罚金额401.09万元。二是抓廉洁执法，增强透明度。在全州环境监察执法系统创新推行“廉洁执法监督卡”制度，并在州环保局官网设置“环境违法曝光台”执法专栏，把环境执法全过程公开规范运行，落实网上行权，密切实时监督，完善防控措施，接受组织监督、社会监督和舆论监督及服务对象的监督。面向社会和服务对象郑重提出凉山州环境监察执法人员“六项承诺”：有法必依、公正公平；执法必严、履职尽责；违法必究、敢于碰硬；文明执法、优质服务；阳光执法、信息公开；廉洁执法、遵章守纪。三是抓环境安全，提升保障力。2016年4月至7月，凉山州环保局对全州17个县（市）逐一进行环境监察执法工作大检查，并就检查情况分别形成“五张清单”即履职清单、问题清单、隐患清单、责任清单和整改清单。通过“五张清单”检查及后督察，全州17个县（市）共存在109项环境问题，发现81项安全隐患，提出177项整改措施。对此，州环保局发给各县（市）环保局17份函，发给各县（市）政府17份函，州环保局上报州政府1份专题报告。各县（市）环保局上报整改落实方案17份。全州共检查企业259家，在检查中发现存在环境问题和环境风险隐患的企业86家，已完成整改41家，正在整改45家。全州共计备案353家企业环境应急预案。全年全州未发生一起突发环境事件，切实保障人民群众的环境安全。

【环境监测】 一是对3条入湖河流和泸沽湖水质进行采样监测，并配合省环境监测站完成西昌市水源地3个点位全分析监测采样工作。二是除停产、关停或不具备监测条件的企业外，对全州40家国控、18家省控重金属污染企业和23家国控、省控重点污染源进行环境监测，全州在线比对监测共27家，监测率均达100%。

【信息公开】 依法开展环境信息公开。根据省厅和州政府关于环境保护信息公开的要求和政府网站绩效评估的标准，对凉山州环境信息公开的第一平台“凉山环保网”进行改版并纳入州政府网站群平台。继续深入实施政府信息公开工作，在推进空气质量日报、水环境质量信息公开的基础上，新增加西昌市主城区未来三天的空气质量预报。在继续加强建设项目环境影响评价、污染源监管、大气污染防治等信息的主动公开的同时，设置“环保违法曝光台”强化环境执法、行政处罚的信息公开。全年共发布信息1996条。州环境保护局在州政府信息公开工作考核中名列州级部门前列。稳步推进环保信息化工作。州环境保护局在认真开展国控重点污染源监控系统管理、运行、维护的基础上，完成省控重点污染源监控系统第五期的建设；完成州—县（市）环保视频会议系统；州本级信息达标能力建设完成政府采购及合同签订工作，正在有序推进中。派出7人参加国家注册信息安全员认证培训，获注册信息安全员（CISM）证书6个、注册信息安全专业人员（CISP）证书1个。

（供稿单位：州环保局／审核：薛文贵／撰稿：董建波　乐松）

邮政管理

Postal Management

【概况】 2016年，凉山州邮政管理局以“求实、创新、和谐、发展”为工作精神，以五大发展理念为引领，以建设“五个邮政”为目标紧紧围绕建成与小康社会相适应的现代邮政业的核心目标。在新的起点上推动“十三五”时期行业持续健康发展；贯彻落实大力推进供给侧结构性改革，通过结构性改革，推动统筹全局与重点突破相结合，提高行业发展的质量和效益；贯彻落实《国务院关于促进快递业发展的若干意见》和《四川省人民政府关于促进快递业健康发展的实施意见》的内涵，以实干作风，全力以赴推动落实，确保行业在更高起点上加快发展，更好地服务经济社会发展。

【行业发展】 2016年，凉山州邮政企业和快递企业累计完成业务收入30880.41万元，同比增长27.61%；累计完成业务总量30024.85万元，同比增长35.31%。快递业务收入累计完成快递业务量815.50万件，同比增长83.19%；累计完成快递业务收入12453.71万元，同比增长57.73%。

【市场监管工作】 2016年，凉山州共有快递企业为17家法人企业，214个分支机构，配备验证验视章1100余枚、验讫章125枚，分配寄递E通账号1100余人；邮政企业州公司1家，县（市）分公司17家，622个普遍服务营业网点，配备验证验视章700余枚、验讫章42枚。全行业共计配备验证验视章1800余枚，验讫章167枚，寄递E通账号1100余人，安检机15台，无能力配备安检机的小企业均为委托安检，确保邮件、快件出州前经过至少1次安检。凉山州寄递渠道治安管理与信息安全工作协调领导小组组长、副州长肖春与各快递企业签订安全承诺书。2016年对各企业集体约谈1次，下发整改通知书21份，并对执法检查中发现的执行“三个100%”制度不力或存在其他安全隐患的6家企业的8个案件予以处罚，处罚金额共计8080元；处理消费者申诉707件，有效申诉共计173件，有效申诉率为24.47%。邮政快递业务主要统计问题前三位分别是延误占39%、投递服务占33%、丢失短少占16%；强化安全培训，开展X光安检机操作培训、应急演练培训、“三个100%”制度培训、禁毒知识培训；组织开展全国快递业务员职业技能鉴定考试，250余名快递员参加考试；组织全州邮政、快递企业开展“疑似危险化学品泄漏”及“快件发生火情”等突发事件应急演练活动，模拟应急处置过程，包括险情发现、险情速报、启动预案、人员疏散、企业自救、消防救护等内容。“两会”期间，为加强寄递渠道治安及信息安全工作，凉山州寄递渠道治安管理与信息安全工作协调领导小组组长、副州长肖春委托州政府副秘书长铁脚此鬼率队对凉山州邮政分公司、邮政EMS、顺丰快递及中通快递等邮政快递企业进行寄递渠道治安及信息安全检查工作。

【“三个100%”工作】 2016年，州邮政管理局借“3·15”活动、“10·9”世界邮政日、国家宪法日暨法治宣传月、安全生产月广场宣传咨询日活动开展契机，多措并举向广大市民宣传安全生产知识。宣传活动共发放邮政、快递相关法律法规及各类安全常识宣传册及宣传单1000余册。先后邀请专家开展新《安全生产法》《反恐法》《邮政法》等内容进行一一解读。组织各企业观看学习寄递渠道安全宣传片和安全警示片，会同国安印发《反间谍法》及《寄递行业员工发现并上报可疑寄递件奖励办法》。开展“三个100%”制度培训，要求各企业强化安全“红线意识”和“底线思维”，严把收寄验视关口，严格落实“三个100%”制度，自觉维护国家安全。积极联合州反恐办、国安，公安，综治办对企业执行“三个100%”制度情况开展不定期督导，对发现的问题采取约谈、行政处罚、通报违法典型案例警示教育等方式督促企业不断提高“三个100%”制度执行自觉性和主动性。积极配合有关部门，做好“扫黄打非”工作。集中整治利用寄递渠道传播政治性有害出版物，集中整治报刊亭销售传播非法报刊，重点部署对邮政、快递企业落实收寄验视和邮政企业在图书报刊接办销售、邮政报刊亭等环节落实国家有关规定情况的督查，并按规定做好相关保密工作。全年检查报刊发行局1处、邮区中心局1处、邮亭16处、邮政普服24处、快递62处。

【服务“三农”】 2016年，全州各快递企业纷纷打造“互联网+快递+电商”发展平台。西昌申通注资20万元在冕宁、喜德、德昌开设巨贤百味实体店3家。德昌韵达承接德昌县电子商务孵化园区建设，成为当地快递龙头企业，起到模范带头作用。冕宁西部中通、甘洛韵达、德昌韵达等企业先后打造电商共5家，场地近1000平方米，就业100余人；仅西昌中通就影响近百位农民传统的“路边销售”观念，以一季发货1.5万千克油桃的销量解决农民油桃销售渠道不畅的难题，带动农民增收50余万元。西昌顺丰引入缤果、阳光味道、驿果、水果星球等顺丰速运计件量前十的生鲜电商。仅2016年樱桃上市期间,顺丰就发往全国各地(除西藏、新疆、东三省外)大樱桃48吨、小樱桃30吨,会理石榴上市期间共发货400余吨。全年全行业累计出口土特产品约5000吨,价值近4亿元。包括会理石榴、盐源苹果、雷波脐橙、玛瑙等不同种类的土特产品,全年为农民创收2.21亿元。同时全行业带动农民发展电商解决就业岗位两千余个,带动农民增收近亿元。

【普遍服务工作】 一是督促空白乡镇补建过渡局所的建设。2016年,凉山州还有105个补建局所为临时过渡局所,督促州邮政分公司对已补建好的空白乡镇局所做好运营,并按规定开办法定业务。二是积极推进村邮站的建设。2016年,凉山州推进"村邮站"挂牌432处。三是加强邮政普遍监督管理工作。对全州邮政普遍服务营业网点开展法定业务开办专项检查营业场所32个、信报箱检查小区1个、空白乡镇运营及业务开办情况检查营业场所121个、行政村通邮情况的检查营业场所192个,共计检查710人次,并录入普遍服务监管信息系统和行政执法信息系统。四是抓好机要通信监督管理工作。凉山州邮政管理局成立专项检查小组,并分别于上半年、下半年两次对企业进行检查。对上半年检查出的问题要求企业限期并向凉山州邮政管理局报送已经完成整改的安全隐患;下半年,凉山州邮政管理局积极组织力量进行复查,再次要求限期报送整改情况。凉山州邮政管理局按照保密安全专项检查等要求建立邮政机要通信监督检查机制,建立起完整的机要通信监督检查台账,每次机要检查的表格、文件、图像的存档均妥善保存,2016年共检查17个局所。五是加强邮政社会监督员的管理工作。2016年监督检查邮政普服营业场所114个、快递营业场所81个、机要营业场所8个、邮票营业场所20个,共计监督检查营业场所223个,并完成1位社会监督员调整工作。六是依法做好邮票销售监督检查。对2016年《丙申年》《第三十一届奥林匹克运动会》《相思鸟》《长城》《2016年二十国集团领导名录峰会》《灯塔》等特种邮票发行销售情况开展监督检查,全年检查网点数12个,24人次。七是做好普遍服务审批和备案管理。2016年受理并同意撤销6个邮政普遍服务营业场所。八是做好普遍服务服务质量检测。

【综合工作】 凉山州邮政管理局认真做好人事管理及财务工作,加强制度保障,积极参与地方工作;认真开展普法宣传工作,3月15日举办消费者权益保护日宣传活动,10月9日开展世界邮政日宣传活动,12月4日法制宣传日大力弘扬法制精神;推动统一门户网站建设;做好保密工作,开展保密制度学习;积极开展全国民族团结进步示范州创建活动。

【党风廉政建设】 凉山邮政管理局紧紧围绕贯彻落实中共十八届中央纪委六次全会精神、国家邮政管理局和省邮政管理局党风廉政建设工作会议的各项决策部署谋划工作,制定措施,健全机制,认真履职,切实维护党的政治纪律。从"三抓"入手开展党风廉政建设工作。一抓学习教育,组织学中央、国家邮政管理局、省邮政管理局和地方出台的关于党风廉政建设相关的党纪、法规、规定和文件会议精神。二抓建章立制,推进廉政风险防控体系建设,做好源头防范;制定出台一系列制度,用制度管人管事;层层签订党风廉政建设责任书,分级负责抓落实;在节前采用开会,手机短信方式不断重申纪律要求,进行适时廉政提醒。三抓监督执行,加大执行情况监督力度,定期评估制度运转情况,发现问题及时报告党组负责人,做好过程监督,营造风清气正的邮政管理环境。

(供稿单位:州邮政管理局/审核:彭辉/撰稿:王雯)

邮政公司

Postal Company

【概况】 2016年,中国邮政集团公司凉山彝族自治州分公司(以下简称凉山邮政公司)是负责全州邮政通信网建设、业务经营的社会公用企业，下辖17个县（市）邮政分公司，全州共有从业人员1155人，拥有服务网点622个，金融自助服务终端110台，邮路95条，单程6167千米。

【领导班子】 中国邮政集团公司凉山彝族自治州分公司领导班子由党委书记、总经理郭宗昌，党委成员、副总经理邓伟，党委成员、副总经理、纪委书记、工会主席陈江组成。

【经营管理】 2016年全州业务收入完成省公司预算目标的104.68%，同比增长8.26%，全员劳动生产率达到16.44万元/人·年。全州包裹快递业务累计完成预算目标130.24%，列全省第2位，同比增幅61.39%，列全省第3位。实现人力资源层级化管理，逐级进行人才选拔。财务管理精细化，实现ERP管理，各级邮政部门成本和收入全部核算到网点。

【服务民生】 2016年，凉山邮政公司继续秉承着“人民邮政为人民”的服务理念，融入地方经济发展，向社会提供优质的邮政服务，践行责任和企业发展相统一，以服务社会和民生为使命。全年共计处理包裹128.49万件、杂志980.5万份、报纸4113.79万份、信件1093.58万封；代开税务发票金额共计21.22亿元，代征税金6333.9万元；2016年凉山邮政农村电商团队初步建立，全州累计建设标准邮乐购站点118个，邮乐小店注册总数534个，全州农村电商交易额1025.2万元，便民缴费类业务交易量15327笔。提升服务质量和能力，建有州、县两级投诉应急处理机制、投诉处理关键人制度和AB角工作制度，建有赔偿基金，用于解决、处理全州邮件赔偿问题。对网点及投递服务质量的管理、服务规范的落实不断深化，通过业务知识和操作技能的培训，营投人员服务意识和业务能力得到提升，促进服务规范化。

【网路运行】 2016年，凉山邮政公司以创新发展为核心，提振全州网运均衡发展，对全州邮运线路实施优化调整，随着木里、会东、德昌二频次的开通，甘洛、金阳、美姑、雷波、布拖等线路得以再次优化，会东、盐源、雷波、会理等县域区乡邮路的优化提速到位；实施进口邮件卸车、分拣两小时，出口邮件卸车、分拣一小时的时限管理体系日渐完善，邮件传递速度得到极大提高。以技术驱动为手段，采用灵活有效的网运调度手段，对车辆资源进行高效有机整合，根据邮件量动态发车，确保邮件运行时限。加大包状邮件“二码合一”散件外走，降低重复分拣工序提高运行质量。随着半自动化分拣及PDA、蓝牙打印设备的投入使用，进一步提高分拣效率。

【安全生产】 切实抓好案件防控工作；层层签订安全责任书，坚持不懈对人员、邮件、财产、车辆安全进行分季节、分时段的安全防控；组织开展常规和节假日检查增强防范意识，全年组织开展应急处置预案演练52次，参加职工1300人次；加大检查力度，及时消除安全隐患；组织全州押运钞人员进行守押业务、枪支培训工作；以安全达标工作为契机，加大防范设施建设投入，有效构筑安全防线。

【企业文化】 坚持共享发展，建设幸福邮政、增强员工获得感作为工作落脚点。开展元旦、春节慰问困难职工、受灾职工慰问、关爱劳模先进、“金秋助学”、“夏送清凉”、“关爱投递员”、职工健康体检等关爱活动；开展全州邮政职工医疗互助工作；开展职工健康湿地行、游艺、登山、气排球、重走长征路等丰富多彩的文体活动，进一步增强企业活力，激发员工工作热情。

【党风廉政建设】 凉山邮政公司严格执行中央的“八项规定”，牢固树立作风建设永远在路上的思想，不断对照两个准则，继续从严整治“四风”问题，推进作风建设。从严管理干部，认真执行“三重一大”制度，规定发言顺序，充分发扬民主；严格干部选拔程序、按制度办，开展四级副以上干部个人事项申报工作，开展领导干部薪酬清理工作；加强群团工作领导，开展精神文明建设、企业文化建设和职工思想政治工作。

【党务工作】 以提高服务发展的工作能力为目标，不断加强基层党组织的自身建设，围绕“两学一做”，进一步调动广大党员支持企业改革发展的积极性。增强党建工作长效性，在支部坚持“三会一课”、开展党员民主评议，开展年度党建述职，党建纳入经营绩效考核。获得2016年度“党建工作先进集体”荣誉。

（供稿单位：州邮政公司 / 审核：王进 / 撰稿：莫婷婷）

中国电信凉山分公司

Liangshan Branch of China Telecom

【概况】 中国电信股份有限公司凉山分公司（以下简称凉山电信），中国电信着力开发和推广信息化应用，努力使信息化成果惠及社会各行业和广大人民群众。2016年凉山电信以“从严治党强管理、012+快突破、全力以赴变格局”为总体思路，在集团公司、省公司和州委、州政府的正确领导下，公司上下齐心协力，圆满完成省公司下达的任务，收入持续增长，移动份额快速提升，宽带份额保持全省前三。

【经营发展】 2016年，公司经营收入和业务发展持续快速提升，全年完成计划100.79%，同比增幅6.62%，全省排名第5。智慧凉山、天虎云商、天翼视讯、网络建设、物联网、益农社、美丽乡村、4G、想家、发了、翼支付上市推广，“012+”持续良好发展。打破经营格局，重点业务规模再上台阶，经营效益稳步提升。2016年，“012+”规模提升明显，ITV增长绝对值全省排名第2。

【网络建设】 2016年，加快网络的覆盖建设，分三期投入建设资金上亿元，用于农村宽带网络覆盖及扶贫建设，新建593个行政村光纤入户，全州行政村覆盖率提升14.8%，同时在城市区域开始启动千兆城市建设工程，逐步上线10G OLT设备，为用户提供1000M光纤速率。在省公司的支持下加大对凉山区域4G网络建设投入，新建1171套无线基站设备，建设规模在2015年现网基站基础上提升一倍，网络覆盖水平也提升较大，更好地为用户提供4G高速上网业务。加大对未通光缆乡镇的基础建设，新建36个乡镇网络通达，同时对原有网络进行优化和设备的升级改造。截至2016年底，新建中继光缆1500千米，新增120个网元入环，成环率65%，有力保障网络安全稳定性。对凉山电信85个接入网机房基础网络电源进行设备升级改造，新建宁南县城重要节点干线机房电源设备，提升基础网络的安全性和承载能力。

【翼支付新时代】 2016年，州电信公司根据凉山州加快智慧城市建设2015—2016年计划，明确提出围绕创建智慧凉山主题，以“经济转型、城市管理、民生服务”为主线，鼓励社会力量开展基于互联网的公共信息服务创新，提升市民生活舒适度。凉山电信积极主动的打造和经营企业发展生态圈，与州内各大商户和实体店深度合作，充分发挥各自在渠道、大数据等方面的资源优势，快速实现规模效应，为广大市民提供更多、更好、更便捷的服务。2016年初，凉山电信启动建设翼支付生态圈资源共享平台项目，成功试点“商户＋翼支付互投资源”模式，并不断创新，将资源共享平台项目升级，引入线上推广引流平台“红包铺子”，通过基于位置、基站、偏好、支付等海量大数据技术，洞察市民消费趋势，为市民提供更加便捷的“互联网＋”新生活。在2016年翼支付用户数达到70万户，商户达到2500多家，线下交易额超5000万户，完美诠释其优越性。翼支付将作为中国电信支付产品在政策的引导和整改规范的大背景下，不断科学优化、合理整合业务资源，与支付宝、财付通等第三方支付机构，共同发挥差异化优势及规模效应，并不断推动行业转型升级。

【服务质量】 2016年，凉山电信始终坚持以客户为中心，狠抓服务质量，强化服务能力，重视渠道、装维等服务体系的完善和监督执行，细化完善IPTV、翼支付、流量、信息化应用等业务的服务管理支撑细则，不断提供城市、农村服务执行规范，补齐客户服务短板。坚持“用户至上、用心服务”的理念，持续推进落实“五个一”服务举措。完善全州服务品质管理团队，通过建章立制、强化执行、提升能力、规范操作等手段多纬度加强服务管理和引导工作取得显著成效，客户综合满意度持续提升。

【企业文化】 2016年，凉山电信以“强化规范，精细管理，提升资源效益，增添动力活力”为中心，一是加强精细管理，规范选人用人，优化干部队伍，切实规范选拔任用程序，加大中层干部考核力度，一看业绩、二看状态，制定完善“凉山排名考核”实施细则。坚持诚信经营，夯实“三清”成果，加大对经营业绩弄虚作假行为的处罚力度，实施虚假业绩问责处罚制度。二是关心关爱员工，支撑员工成长。打造骨干队伍，提高核心竞争力，面向近三年新入职优秀高校毕业生实施“优培计划”，持续分阶段培养。三是树立标杆榜样，打造文化氛围。弘扬“苦干巧干拼命干、搏杀争锋尽好汉”凉山好汉新精神，号召全州“学红色通安、创辉煌业绩”，树标杆榜样，比学赶超，激发士气。

【党风廉政建设】 2016年，凉山电信以专项治理为切入清除顽疾，开展小金库、选人用人、领导及其亲属围绕企业经商、采购及业务合作等4个专项治理，解决突出问题，建立长效机制。组织中层干部参观州法纪教育中心开展反腐倡廉警示教育，组织四级副及以上领导名录员、关键岗位员工参加“三重一大”知识网上大学在线学习考试和集中培训，制定党建思想工作要点、党建工作责任制实施办法、党委中心组学习制度印发《2016年基层党支部工作指引》《关于认真做好党支部基础工作的通知》，签订党建工作责任书推动落实党风廉政建设“两个责任”，抓住“关键少数”，落实党委中心组学习制度与集体学习通报制度。以上率下，带头示范成立党建工作领导小组，建立领导班子成员联系点制度，指导基层党支部学习教育规范支部“三会一课”组织生活，认真落关“六个一”年度规定动作，利用天翼视讯、网上大学党课等新媒体创新学习方式。2016年，凉山电信受省公司表彰党组织1个、党员6名、党务工作者2名，受州国资委党委表彰党组织1个、党员3名、党务工作者1名，州公司表彰党组织6个、党员53名、党务工作者24名。

【助力扶贫】 凉山电信积极响应党委政府号召，主动作为，勇于担当，全面践行政治使命和社会责任，全力参与凉山州扶贫攻坚工作，在地方经济建设、社会进步特别是凉山贫困县脱贫攻坚工作中承担大量工作，为凉山州全面脱贫奔康做出重要贡献。2016年专门为各县农畜牧进行扶贫捐赠，购置棉衣棉被、大米、食用油等慰问贫困户，走访贫困户846户。在定点扶贫单位甘洛县吉米镇瓦古脚村、阿嘎乡苟尔莫村投入资金建设宽带网络。同时，支持各县脱贫工作，各县分公司选派优秀员工担任第一书记，驻村帮扶工作扎实到位，赢得县委政府和群众一致好评。在2016年底率先全面实现“悬崖村”光纤宽带和4G网络覆盖，“悬崖村”通信网络和信息化水平“一步跨千年”，直接达到城市先进水平，得到党委政府和社会各界的高度评价。中国电信为村民免费赠送手机和宽带终端，免除通信费，“悬崖村”村民们已经在用天翼手机打电话和电信4G上网，用上电信百兆光纤宽带和高速Wi-Fi，看上天翼高清电视，用“想家”与远方亲人面对面视频通话。中国电信还在“悬崖村”建设“益农社”实现信息惠农，在山下的勒尔小学和山上的幼教点分别开通中国电信“爱心小屋”，在山下的勒尔小学援建中国电信教育信息化项目。在2016年全面开展“美丽乡村信息扶贫”专项工作，最大限度提供智能终端和服务优惠，凉山电信根据贫困家庭的实际生产生活要求，提供差异化的补贴政策供群众。

（供稿单位：州电信公司 / 审核：于永川 / 撰稿：罗雅露）

中国移动凉山分公司

Liangshan Branch of China Mobile

【概况】 中国移动通信集团四川有限公司凉山分公司（以下简称凉山移动），1999年7月正式成立，下设13个职能部门和17个县（市）分公司，共有员工1079人。2016年凉山移动，积极响应“宽带中国”国家战略和践行“互联网+”行动计划，围绕“政府倡导、社会关注、群众需要”为中心，以助力凉山州脱贫攻坚、“智慧凉山”信息化建设为抓手，紧扣新形势提升“大党建”、开创新举措谋求“大发展”、转型新突破践行“大责任”，聚焦资源、狠抓执行、凝心聚力、迎难而上，确保持续健康较快发展。

【业务发展】 凉山移动始终把发展作为第一要务，围绕“客户为根，服务为本”的服务理念，高度关注广大客户诉求和权益保护，持续提升服务品质和水平，加快推进服务转型，努力为客户提供高效、便捷、规范的通信服务。同时，认真贯彻落实党中央、国务院关于推进提速降费的要求和部署，加快建设高速率网络，持续下调通信资费，通过提速降费八项举措，增强客户获得感。在生产经营方面，2016年以4G、宽带、政企、流量及数字化服务为发展重心，转型突破，实现规模发展；通过加大建设投资力度，夯实基础网和全业务网，千方百计打造4G精品网络和推动宽带提质上量，持续增强网络核心能力，以及着力渠道、终端、政企、网络运维、生产网格、党风廉政等运营体系建设，运营能力得到进一步提升。为推进“智慧凉山”信息化进程，打造信息高速公路，凉山移动全面参与全州政务、民生、教育、医疗、旅游、金融、数据中心、互联网+等领域信息化项目建设，建成一张集智慧政务、智慧民生、智慧产业为一体的“智慧网”。一是通过搭建“政府协同办公”“云OA”“党群通”“国防通”等信息化平台和承建“雪亮工程”“远程视频接访系统”“公安治安卡口”等大型信息化项目助力政务工程；二是通过搭建“智慧医疗”（区域人口健康管理平台）“素质教育云平台”“惠农银讯通平台”等关系社会民生的信息化平台以及常年协办“美丽家乡”“感动凉山”“月亮女儿”“彝族选美”“彝歌会”“中国传统与现代彝族服饰”等大型活动，助力民生工程；三是通过拓展“凉山无线商城”“凉山移动官方微信平台”“蜀景畅游”“和小宝”等自有业务以及承建“凉山智慧旅游”项目，推动全州旅游业和电子商务快速发展，打造智慧产业带动经济增长。

【社会责任】 凉山移动始终秉承“正德厚生、臻于至善”的核心价值观和“创无限通信世界，做信息社会栋梁”的企业使命，在税收贡献、就业提供、实名制登记、信息安全等方面积极履行企业社会责任，2016年缴纳税金超过2亿元，累计上缴利税总额超过20亿元，在业务服务、网络建维等领域为社会提供近1万个就业岗位，同时在助力凉山脱贫攻坚和开展帮扶共建活动中也发挥着重要作用。通过建设普遍服务、精准扶贫、宽带乡村等重大项目助力精准扶贫，精准脱贫。2016年10月，省通信管理局、省财政厅正式确定中国移动中标凉山州2016年度第一批电信普遍服务试点项目，项目资金合计超过2.5亿元。作为凉山州唯一一家承建普遍服务项目的运营商，对凉山雷波、甘洛、昭觉、普格、盐源、越西等6县未通宽带行政村和不具备12M以上宽带接入能力的行政村进行建设及升级工作。为加快推进信息通信扶贫攻坚工作，凉山移动按照省州两级精准扶贫任务部署，以光纤到户、4G、3G等技术手段，确保目标贫困行政村通信网络覆盖。截至2016年12月31日，公司完成省级目标村490个,完成率100%;完成州级目标村507个,完成率100%;同时,在落地“宽带中国”战略中,凉山移动积极申报并获得12个市县“宽带乡村”试点项目,全面推进宽带电视进村入户。截至2016年底,累计投资超过3亿元,实现城区、重点乡镇有线宽带100%接入能力,覆盖全州758个行政村,为30万农村家庭用户提供更优质高速的宽带接入服务。同时凉山移动全面推进百兆城市群建设, 2016年5月,西昌建成全州首个百兆城市群。通过持续开展帮扶共建活动,深化实施“爱心助学、敬老爱老、抢险救灾、拥军慰问”四大行动,努力实现企业经营与社会责任的高度统一。一是主动帮助家庭贫困优秀在校学生和携手合作伙伴捐资助学,通过“输血”和“造血”两种方式,帮扶贫困学子实现学习的梦想,全力支持凉山教育事业。二是关爱社会弱势群体,打造受人尊敬企业形象。积极投身社会公益慈善事业,特别是把关爱老人作为企业文化并向社会推广。春节前夕,组织全州开展慰问“三老”活动,即看望百岁老人、慰问贫困老党员和贫困老人。三是在雪灾、泥石流和地震等自然灾害面前,凉山移动积极履行企业社会责任,坚定不移做好应急通信保障服务工作, 2016年全力以赴保障“国际文旅节”“西昌国际马拉松”等各类大型活动通信畅通。四是积极开展双拥工作,在“八一”建军节和春节期间组织向驻西昌驻训部队开展慰问活动,加强军企联谊,共建军民鱼水一家亲。

【经营业绩】 截至2016年底,凉山移动主营业务收入超过15亿元,较2015年增幅为7.62%,互联网业务计费用户规模超过250万,综合绩效排名进入全省前列。凉山移动建成全州规模最大、覆盖最广的基础通信网络,网络基站总数超过7000个,其中4G基站总数超过4000个,光缆总长度达到5.3万皮长千米,排名全省第2,同时全州实体渠道超过5000家,实现80%以上的行政村业务服务覆盖。2016年“互联网+”精准扶贫乡村创富平台项目被中国信息港论坛组委会授予中国信息通信与“互联网+”应用优秀成果奖金奖,被四川省双拥工作领导小组评为“双拥工作先进单位”,被四川省老龄工作委员会评为“最佳孝行公益机构”,被四川移动公司评为2016年度“先进单位”“党群工作先进单位”“企业文化三星级示范单位”“行业信息化拓展标兵”,被凉山州国资委评为“国有企业党建工作先进单位”“国有企业法律工作先进单位”,同时凉山移动党委书记、总经理姜凌被凉山州经济和信息化委员会、凉山州国有资产监督管理委员会、凉山州企业家联合会评为三年一度的凉山州优秀企业家,是凉山州通信行业唯一获此殊荣的公司负责人。

【党建工作】 凉山移动党委积极落地基层党建工作,组织开展基层党建“双提升”卓越计划,以“内驱力”和“制动力”为主要抓手,充分激发组织活力,全面提升党建工作水平。一是围绕两个要素,强化“内驱力”,激发内生动力。围绕“关键少数”这一要素,拟定岗位标准化动作,解决党支部书记抓班子带队伍的能力。通过明确工作目标、建立台账清单、制订工作流程、测算及分析、按照PDCA循环完善、建立长效机制的工作主线,强化党员干部标准化流程操作的执行力,从“灌输式”向“渗透式”转变,提高基层党支部工作能力和水平;围绕“最大多数”这一要素,拟定“3+1”员工/党员评价体系,解决基层员工和一般党员的思想引领问题。通过从知识技能应知应会、态度执行力考评、工作业绩能力以及360度行为综合测评,改变以往评价员工/党员的标准从工作业绩“一维”向“多维”转变,把建功立业奖和评选不合格员工作为正、负向激励的重要方法,同时注重可量化、可操作、可考评,把以往挂在墙上的“冗长复杂”考核体系转变成“简单实用”的常态化评价标准。二是注重“三个结合”,强化“制动力”,筑牢风险防线。围绕“监督问责”,注重提升风险防控能力。着力强化党组织负责人主体责任和纪检负责人监督责任,从全面从严治党主体责任、“一岗双责”入手,树立干部员工查找认识短板的意识,以制度流程中的风险点和出血点，倒逼企业提升管理机制；建立追责问责机制，强化问责频次与力度，为企业健康发展起到保驾护航的作用。

（供稿单位：中国移动凉山分公司 / 审核：沈云瑶 / 撰稿：张明）

中国联通凉山分公司

Liangshan Branch of China Unicom

【概况】 中国联合网络通信有限公司凉山州分公司（简称凉山联通）是中国联通在四川省凉山州的分支机构，下设 19 个网格，5 个行业中心，在全州各乡、镇、村设有营销网络。截至 2016 年，资产规模达到 5.77 亿元人民币，员工总数 315 人，移动用户 12.44 万户；固话宽带用户 1.53 万户。2016 年分公司完成主营收入 10230 万元，收入规模 1.02 亿元，收入完成率列全省第 21 位。同时，在全州建有上千个移动通信基站，建设完成 1360 个 4G 基站并开通 1230 个；3G 基站达到 1430 个。加速推进光改二期及普遍服务工程，接入网宽带端口达到 10.59 万个，其中 FTTH 端口 5.37 万个，100M 以上端口占 50.71%。移动网络覆盖率进一步提升，市区覆盖率达到 98.6%，县城覆盖率达到 97%，跨省高速覆盖率达到 63.5%，行政村覆盖达到 23.4%。已基本覆盖市区、县城、重要行政乡镇、部分行政村以及邛泸风景区、湿地公园、泸沽湖、螺髻山等重要旅游景区。

【基础管理】 持续推进激发基层单元活力改革，优化基层责任单元组织架构，强力推进集客专业化运营，集客专业化营销组织初具雏形。充实经营支撑中心力量，提升集客经营支撑能力；形成集客 5+1 专业销售团队，提升集客专业化发展能力；加强重点区域集客经理配置，提升集客业务拓展能力；加快集客特殊市场投资力度，打造集客业务又一增长极，为 2017 年集客业务发展奠定基础。加快以创新业务为核心的产业互联网发展。优化绩效考核体系，优化人员用工结构，开展制度流程梳理，强化审计预警与整改责任落实，规范采购和物资管理，加强网络与信息安全工作，关心关爱一线员工，开展精准扶贫，积极履行社会责任。坚持以邓小平理论和“三个代表”重要思想为指导，认真践行科学发展观，深入学习宣传贯彻中共十八大精神和省委十届会议精神，努力提高公司工作科学化水平。强化基础管理，修订各项标准、制度、流程，做好内控体系建设，完善物资管理，严格成本管控，强化绩效管理，规范后台管理，从而夯实基础管理，提升公司运营效率和执行力。坚持低碳绿色，绩效导向的发展理念，探索成本低、实效好的信息化发展模式，推进节能降耗，持续提高信息化的绩效，高度重视信息安全和诚信体系的建议，防范各种新技术、新应用所带来的新问题和新挑战，建立可信的发展环境。抓抢机遇，奋发图强，聚焦市场谋发展，注重效率提效益，实现公司规模效益发展和综合实力全面提升。

【网络建设】 10 月凉山联通 4G 基站开通数量突破 1000 个。11 月联通与电信深度合作联通共享电信 4G 设备开通 108 个站，节约铁塔租金 106 万。11 月完成成昆复线甘洛中铁十八局施工区的无线网络覆盖。11 月完成三峡公司会东乌东德水电站专项业务。截至 12 月新建传输线路 3500 千米，新增华为 ATN950B 分组设备入网 500 端，X3 设备 8 端。完成 180 千米优化光缆布放，新增约 140 个网元入环，分组成环率由原来的 38% 提升至 48%，分组成环率提升约 10%。宽带网络建设方面，智慧沃家产品全线提升至 20M 以上，原 20M 以下产品全线停售，依据不同客户群进行 20M、50M、100M 智慧沃家产品的精准推荐与投放，同时通过光改工程，匹配相应的存量迁转政策，2016 年智慧沃家累计新增 5365 户，带动 4G 新增 7450 户，累计出账智慧沃家用户 5547 户，累计宽带 4G 比提升到 1∶1.43。8 月完成凉山州分公司信息化终端购置工程，投资金额 8.5 万元，解决公司办公电脑老化和短缺问题。9 月完成凉山州分公司西昌东南片区建昌路营业厅购置工程，投资金额367.39万元，10月完成合同签订和关账。10月完成凉山州分公司生产用车购置工程，投资金额45万元，购买4台生产经营用车。12月完成凉山州分公司3个区县办公用房购置和1个营业厅购置工程，投资金额总计830万元。

【行业发展】 2016年ICT、IDC及云计算等集客创新业务实现收入48.38万元，其中IDC业务实现零的突破。自制标书中标监狱管理局视频会议系统46.6万元。积极推进数字乌东德项目的本地承接工作，着力布局该项目在白鹤滩的快速复制。

【客户服务】 全年工信认定申诉2件（全年受理35件，首处得当企责为零），不明扣费申诉0件，均达到行风纠风管控红线。KPI、KBI考核名列全省前茅。全年组织服务短板督办14个，解决12个，有效解决率85.7%；全年持续开展流程穿越及自评自愈22件，自评自愈17件，整改5件，推动解决率达100%；2016年分公司客户满意度提升至93%，有效解决率94%（高于省分公司10个百分点）、处理及时率达100%；全年累计积分应用率达38.29%，排名全省第4，超额完成省分公司下达任务，为公司创收42.09万元；全年通过持续开展电信实证调查、行风纠风、NPS对标提升改善、TOP10重点问题名单制整改等多项服务提升客户感知，2016年分公司移网NPS同比改善值7.7；全年持续开展行风建设暨纠风工作、影视俱乐部活动等工作。

【文明单位建设】 围绕集团公司“实施聚焦战略、创新合作发展”的战略部署，基于公司资源禀赋，突出基础业务聚焦重点业务重点地区，创新业务聚焦平台类及产业互联网，管理聚焦体制机制创新与适应市场发展的管理体系，深化改革抓执行落地，坚持创新转型，实现发展速度领先、经营业绩反转、客户感知提升，在重点聚焦领域打开新的局面。深入开展“两学一做”学习教育，扎实推进党风廉政建设，推动全面从严治党。认真落实中央、省、州有关惩防体系建设、党风廉政建设责任制的工作部署，完善“三重一大”制度，落实“一岗双责”。加强反腐倡廉学习教育。强化监督机制，同时，认真落实2015年度党委专题民主生活会建议的整改工作；按照集团公司要求认真开展巡视整改和纠正“四风”、“回头看”工作。加强企业发展党员工作，全年发展党员6名。各支部严格遵守和落实“三会一课”，并按规定交纳党费。支持工会开展各项活动。丰富职工业余文体生活，推进企业民主管理、和谐发展。加强共青团自身建设，使团组织的创造力、凝聚力和战斗力进一步增长，2016年公司团委荣获省公司“先进基层团组织”“四川省五四红旗团委”荣誉称号。加强企业文化阵地建设，营造健康文明、生动活泼、和谐奋进的良好氛围。2016年12月20日，凉山联通分公司迎接州国资委年度考评，州国资委检查组对公司创“四好”班子活动、党建工作、党组织书记履行第一责任人职责情况、落实党风建设廉政建设责任制情况、中心组理论学习情况、思想政治工作情况、法制建设工作情况和国有企业教育培训工作情况等八个方面进行考评并给予高度评价。

（供稿单位：中国联通凉山分公司／审核：李图玖／撰稿：陈盛彬）

中国铁塔股份有限公司

China Tower Corporation Limited

【概况】 2014年7月18日，中国铁塔股份有限公司（简称中国铁塔）在北京揭牌成立。四川省分公司和凉山州分公司分别于当年10月28日和12月5日正式挂牌。中国铁塔公司成立后，根据政府统一规划，成为唯一主体，集中资源、统筹安排，系统解决这一问题，从根本上避免重复投资建设，最大限度地提升社会效益和经济效益。同时，按照通信设施标准统一建设铁塔、机房等基础设施，逐步改造、迁建现有不合规范的基础设施，将极大地增强通信基础设施的防灾抗灾能力，满足维稳的需求，对实现信息化安全具有重要意义，可以更好地将政府规划与电信企业需求结合起来，更广泛地服务于政府、广电、公安、教育、农业等各行业，为推进信息化社会建设起到很好的促进作用。

【经营发展】 2016 年建设交付订单 2716 个，其中塔类订单 2578 个，室分订单 138 个，年度需求满足率 97.65%，订单交付起租及时率 99.12%。塔类业务实现 100% 承接和 100% 及时交付，承接订单需求总量 3436 个，是 2015 年的 3 倍，其中新建项目 978 个，全年新增站址是运营商过去站址总数的 20%。交付 2551 个，起租 2247 个，订单交付起租及时率达到 99.26%，需求满足率达到 97.65%，塔类站址共享改善率达到 18.68%，塔租用户从 4312 个提升至 6949 个，提升率达到 27.9%，共享改善率、毛利率、利润完成率指标居全省前列、其他 KPI 考核指标也实现全面达标。

【专业建设能力】 凉山铁塔实现维护工作的全面承接，实现 100% 客户响应，运维服务承诺达标率 100%，完成 FSU 动环安装 3591 个，完成维护整治投资 2249.77 万元。组织完成 1130 多个站址的二次资产和在建工程共 6906 万元的资产交割，减少资产估值 30%，交割量居全省第 2；完成营收落地工作，实现租金入账回款；积极开展“三性”达标工作，在运营、建设、维护、财务、综合等各个方面全面落实达标要求，完成数据、项目的整理、比对、修改；积极承担应急保障任务，落实维护责任，完善应急预案，加强与政府部门、电信企业的沟通协作和指挥联动，增强对灾害和突发事件的应急保障能力，完成防汛抗旱、火把节、彝族年等应急保障任务；三个月时间，凉山铁塔完成 778 个贫困村 130 余个边远山区基站的通信建设扶贫攻坚先行任务，树立敢打善拼专业的良好形象。同时在 2016 年公司为行业争取到 1.5 亿元国家财政补贴资金、多个政府赔偿、补贴政策。

【基层党建】 凉山铁塔及时完成党委（支部）和工会的组建，并严格按章程选举产生党委（支部）书记和工会主席，组织活动初步实现常态化。制度和机构的完善后，党员干部在工作各个领域充分发挥党员先锋模范作用，坚决落实“两个责任”，深入学习贯彻中共十八大以后历次会议精神与习近平系列重要讲话精神，组织全体党员手抄党章，重温《中国共产党章程》与入党誓词，认真参加各项党建工作学习培训，不断提高党建工作理论水平。

（供稿单位：中国铁塔凉山分公司 / 审核：陈鹏 / 撰稿：宋寒）

西昌车务段

Xichang Train Operation Depot

【概况】 2016 年，西昌车务段管辖北起沙马拉达站，南至攀枝花站，连接一条货物支线（渡口支线），共 42 个车站。货运办理站 22 个，客运办理站 9 个，区段站 3 个。营业里程 355 千米，其中成昆正线 313.071 千米，渡口支线 41.929 千米。主要承担成昆线中南段凉山州境内 5 县 1 市及攀枝花市境内 2 县 1 市的旅客、货物运输及军、专、特运任务。段设 11 个职能科室、10 个车间。在册职工 2018 人，固定资产 20120.12 万元。

【安全管理】 按照“抓标准、严管理、强设备、控风险”的思路，围绕“两个系统”运用管理，以严格量化检查为抓手，有效调动各级管理力量深入现场查“两违”、查隐患，共查处作业项问题 6037 个，处理“违章大王”27 名，避免一些可能发生的事故，维护职工的切身利益，职工按章作业意识进一步增强；以干部履职评价为载体，坚持“逐条分析、严格打表、逗硬考核”，45 人受到问责处理，促进安全管理职责落实；以优化设备运用为重点，持续加大设备投入，渡口支线无音视频监控系统建成投用。不断完善和优化作业记录仪、机控器、音视频监控等设备的综合运用，初步建立覆盖主要工种岗点的设备监控体系；以风险预警管理为核心，强化对“两个系统”大数据的分析与运用，精准研判潜在风险，有针对性地实施风险干预，有效应对各类季节性、阶段性、突发性风险，全面加强安全风险管控，取得连续实现安全生产826天的成绩，被路局评为2016年度安全优质站段。全年全段日均办理辆数为12147辆、接发列车4705列、日均调车钩数达到1315钩，全年停时完成18.0小时/车，中时完成7.1小时/车。全年完成一级专运1列，二级整列运输4列（漫水湾到达）；“140”产品运输始发3列。

【客运工作】 全力确保元旦、春运、两会、清明、五一、端午、中秋、国庆及调图期间旅客组织安全。米易县委宣传部冠名攀枝花至北京西K118次列车“阳光米易号”于2016年7月2日正式首发。首发仪式在米易车站举行，米易县委书记和西昌车务段段长周振华致辞；2016年7月10日人体安全检查仪和人脸识别仪在西昌站安装调试完毕，正式投入使用。针对地方区域性放假，提报临客开行方案，凉山彝族火把节7月27日至31日隔日加开攀枝花—德阳K9468次。全年加开临客374趟次，增加能力459524席。全面推进行包三个100%工作，完善货物运输安检工作的“三道防线”，加强源头卡控、加强发运监管、终到检查。段自筹资金为客运车站购置日常保洁物品、垃圾清运、设备维护等，同时为旅客饮水、照明等服务设施补强，为旅客营造良好候乘环境。攀枝花、桐子林、米易、永郎、德昌、西昌、冕宁、喜德站共新增全功能自售设备18台，同时对西昌站售票厅进行改造。全年发送旅客402万人次，完成年任务（430万人次）的92.5%，欠任务28万人；完成客运收入4.7658亿元，完成年任务（5.202亿元）的91.6%，欠任务4362万元，截至12月31日，全段客运经营开发全年实际收入170.5493万元。全年客运无一起旅客伤亡事故，确保旅客乘降安全。

“阳光米易号”列车首发仪式

【货运工作】 2016年，西昌机务段货装系统全年完成货运收入251622.12万元（税后），同比减少57410.45万元，减幅18.28%。其中，快运收入5442.57万元（税后），增1968.14万元，增幅为56.65%；完成货物发2601.14万吨，同比减少276.11万吨，减幅9.6%；货运其他收入完成预期指标（含税），保险、保价收入共计完成4576.79万元；装载加固材料费收入完成248.9万元，接取送达收入完成5745.58万元，专用线代运营费用13.4万元。截至12月31日，全段货运系统实现无货运责任行车重大、大事故3988天。

【队伍建设】 2016年坚持把提升队伍素质作为推动车务段发展最重要、最根本的基础性工作来抓。在作业层面，突出强化技能培训，以落实“一体化”考核为抓手，理论学习与实际操作演练并重，集中培训与日常培训相结合，年度“一体化”考核合格率达到97.2%，被路局评定为优秀；在管理层面，突出强化作风建设，以问责考核为抓手，常态化分析与关键期督查并行，共下发问责通知书108份，对履职不到位的108名管理人员分别给予记过、降职、警告、诫勉、通报批评等处理措施，管理队伍作风得到有力整饬。同时，加快人才队伍建设，通过3次公开竞聘，提拔任用21人，其中首聘大学生10人，人才队伍得到进一步充实。切实维护职工利益、保障职工收入。坚持“尊重职工、关爱职工、依靠职工”理念，始终把维护职工切身利益放在首位。以稳定收入为重点，千方百计抓好经营。通过多措并举、增收节支，在经营大环境非常不利的情况下，职工人均收入同比仅减少1.2%，保证职工收入基本稳定；以加大投入为保障，持续改善生活条件。2016年，争取路局投资为麻栗、沙马拉达、牛坪子车站新建综合站房，段自筹资金650余万元对西昌、攀枝花等11个车站单身宿舍进行改扩建，对密地、小高等5个车站食堂进行全面改造，针对客、货、运生产及办公场所共实施25项基建维修改造工程；以人性化关爱为出发点，结合实际着力解决职工困难。针对困难职工外调、工作岗位调整、健康体检等诉求，想方设法创造条件予以合理解决，协助解决困难职工外调20人次，为照顾家庭困难调整岗位16人次，组织职工体检1923人次。

【设备投入】 通过争取路局更改资金支持，漫水湾站铺设走行板、西昌南站轨道衡改造等35个重点项目得到解决，永郎、米易、西昌南三个站新建物流仓库正在建设推进中；在防洪工作方面，严格执行汛期行车组织办法，坚持“三个宁可、三个不可”原则，成功处置多起险情，在降雨增多的严峻挑战下再次实现防洪安全年目标；同时，完成施工、特运、反恐等各项重点任务，全段整体工作继续保持良好态势。

【荣誉】 西昌车务段荣获2016年度全局安全优质站（段）称号；攀枝花客运班组荣获全局2016年春运先进集体称号；攀枝花客运班组荣获2016年路局“工人先锋号”称号；攀枝花车站副站长黄冬健荣获中共四川省国有资产监督管理委员会优秀共产党员称号。

（供稿单位：西昌车务段／审核：韩霞／撰稿：李小莉）

西昌青山机场
Xichang Qingshan Airport

【概况】 西昌青山机场是攀西地区的重要航空港，隶属于四川省机场集团有限公司，是中国西南跑道最长的大型全天候支线机场之一。西昌机场飞行区等级指标为4D，现有3600×60米跑道一条，3600×18米的滑行道一条，可起降波音B747及以下各类型飞机。2016年主要运营国航西昌—北京、西昌—成都—上海航线；川航西昌—成都—北京航线；东航西昌—成都—西安、西昌—昆明—广州航线；厦航西昌—重庆—杭州、西昌—重庆—厦门航线；扬子江航空深圳—西昌—绵阳—济南航线。通航城市有成都、昆明、北京、上海、广州、深圳、西安、重庆、厦门、杭州、济南共11个。使用机型有波音B737、空客A319、A320和A321。

【航空运输生产】 全年保障各类飞行4790架次，其中保障专包机及各类通用飞行310架次，保障运输起降航班4480架次（与2015年持平）；完成旅客吞吐量46.9万人次（较2015年增长12.4%）；完成货邮行吞吐量3018.8吨（较2015年增长10.8%）。全年未发生责任原因造成的飞行事故、空防事故、航空地面事故，航班放行正常率100%，飞行保障率100%。

【航空服务】 一是继续开展民航服务质量提升专项行动和航班正常管理，避免机场责任原因造成的航班延误，主动做好与航空公司、驻场单位的联动协调机制，提高服务质量。二是发挥服务监督机制作用，加强客户满意度调查，与航空公司、旅客、货主建立良好的沟通机制。三是丰富服务内容，创新服务方式。深化“索玛服务组”“月城安检卫士”品牌服务，丰富服务品牌内涵，形成具有西昌机场代表性的服务品牌。

【航空安全】 一是贯彻安全会议指示精神，落实安全生产责任制。认真学习宣传民航、四川省安全生产电视电话会议精神和中央习近平总书记、李克强总理对安全工作的重要指示。根据民航落实企业主体责任的要求和集团公司与机场签订责任书目标，分解制定安全责任指标。将安全生产各项指标、各项活动、各项考核一并纳入安全责任体系。二是开展安全监督检查工作。全面深入开展每月一次安全检查工作。航空安保专项检查；安全运输服务质量专项检查；危险品化学品专项整治活动；同时还接受民航西南地区的空防安全检查、航空公司专项检查、集团公司航安部检查；机场2016年接受第三方满意服务度调查、民航四川监管局运输处检查、国务院安全巡视组检查，机场针对所有检查发现的问题立即按要求进行整改，进一步规范完善全场安全服务管理工作，提升管理水平。三是加强基础管理工作。开展班组和QC成果验收活动，以及“安康杯”技能比武活动；开展《机场使用手册》培训教育活动；安全隐患“大排查大整治”活动；机场运行安全专项整治工作；开展货邮安保专项整治工作；安全保卫设施专项整治工作；以“加强安全法治，保障安全生产”为主题的“安全生产月”活动；组织学习《安全生产法》；开展候机楼火灾救援；助航灯光大面积失效应急抢修；大面航班延误演练，增强全员安全意识，提高安全应急能力。

【管控体系建设】 一是推进标准化和体系建设工作。机场按照《四川机场安全标准化检查单》要求进行逐项梳理，对存在的问题进行逐项整改。6月，对《质量管理体系》和《安保管理体系》组织内审，9月进行外审，两个体系均通过审核。二是持续开展净空整治管理。到机场周边乡镇发放净空宣传资料300余份，到中小学校发放净空宣传资料1000余份。给地方政府送净空保护函，西昌市政府还牵头西昌机场成立净空保护领导小组，并下发净空保护公告，协助机场有效开展鸟害防治和净空整治管理工作。

【平安民航建设】 2016年，西昌青山机场与地方建立双向互通的联络沟通渠道。西昌市公安局每天派出流动警务平台车1辆，特巡警5名，携带武器和防暴装备驻扎西昌机场，开展常态化武装巡逻执勤。西昌机场公共区域监控探头信号，接入凉山州应急办指挥中心平台。机场与地方多次联系协调，确保信息通畅，联动应急，及时支援，进一步提高威慑力，增强机场反恐防暴处置能力。

【通用飞行保障】 2016年，西昌青山机场克服通航任务多、保障压力大的情况，每天不仅要保障正常航班的飞行，还要保障4个通用航空公司执行航空护林、航空摄影、航空急救等通航飞行任务，做好精心准备、精确计算、精密指挥，让每一次保障都能安全、通畅、正常。

【重要飞行保障】 一是顺利完成一级、二级重要专机飞行警卫任务；二是完成卫星重要包机任务。

【市场运营管理】 一是新开航线和加密航班。与政府紧密合作，共同开发新航线。在5月新增西昌—北京航线，10月新增深圳—西昌—济南航线。10月将上座率不高的西昌—重庆—福州航线改为西昌—重庆—厦门航线。二是加强航空市场营销。每周组织市场销售研讨会议。机场组织，政府牵头，旅游局和旅行社参与，针对新老航线推出不同促销政策刺激上座率。在地方政府的大力支持下做好本地市场推广工作。三是多方协调，提高出港货物量。与双流机场地服公司、西南物流公司合作，利用成都机场枢纽作用，吸引攀西两地货邮经西昌至成都中转。

【基础建设】 一是完成机场PBN飞行程序的试飞验证工作，已上报民航局航行情报中心待批复后实施运行。二是完成本场盲降设备的改造，已通过飞行效验投入使用。三是塔台、航管楼迁建和滑行道改造项目。协调相关单位开展可研工作，并与西南民航设计院进行研讨，论证滑行道盖被施工方案。四是完成塔台ADS-B设备的安装调试并运行，提供可直观的管制监视。五是完成飞行区2.3千米围界改造工作。

（供稿单位：西昌青山机场／审核：李滔／撰稿：戴婧）

工业企业

INDUSTRIAL ENTERPRISES

国网凉山供电公司

State Grid Liangshan Power-supply Company

【概况】 国网凉山供电公司始建于1974年，是国网四川省电力公司直属的特一型供电企业。下设职能部门13个、直供直管公司2个、业务支撑和实施机构7个，控股县公司10个。2016年该公司用工总数4304人，直供直管单位具有研究生学历的48人、本科学历390人、专科学历112人、中等职业教育学历33人；具有高级职称83人、中级职称163人、初级职称204人；具有高级技师35人、技师117人、高级工50人，有国网四川省电力公司专家2人。2016年，公司人才当量密度0.9245，同比提高2.19%。

【生产经营】 2016年，国网凉山供电公司拥有固定资产原值78.69亿元，在全省各地市供电单位中位列第3，是2010年20.08亿元的3.92倍。运维线路分布全州16县（市）。供区面积49300余平方千米，占全州面积60114平方千米的82%，供电人口约400万人，约占全州人口511万人的78.28%。截至2016年底，公司拥有220千伏变电站14座，变电容量3750兆伏安，线路长度1685千米；110千伏变电站33座，变电容量2115兆伏安，线路长度1849千米；35千伏变电站109座，变电容量905兆伏安，线路长度1880千米；10千伏配变容量1108兆伏安，线路长度12000千米。全年完成售电量64.45亿千瓦时。

【电网建设规划】 2016年，公司开展110～220千伏前期工作项目22项（其中储备计划15项），取得110～220千伏电网项目可研批复4项，取得核准批复3项。开展35千伏项目前期工作16项，完成可研上报10项，取得可研批复7项；完成雅中—江西±800千伏直流输电工程及其500千伏配套工程、盐源500千伏输变电工程、会东500千伏输变电工程等项目属地协调工作，确保四川省电力公司重点建设项目顺利推进。完成凉山州《中心村及农村机井通电2016—2017实施方案大纲》编制工作、2016年凉山州电网发展诊断分析报告及图表编制工作。凉山州政府与四川省电力公司签订战略合作协议，凉山“一张网”建设目标已写入凉山州第八次党代会工作报告和2017年凉山州政府工作报告。

【基础设施建设】 2016年，公司完成基本建设投

2016 年国网凉山公司下属生产统计表

名称	营业网点（个）	职工（人）	售电量（亿千瓦时）	备注
安宁	6	213	40.81	
喜德	3	199	2.00	
越西	5	224	4.81	
德昌	7	319	3.5	
会理	6	511	7.07	
雷波	7	247	9.33	
宁南	5	188	4.1	
甘洛	7	222	5.72	
会东	9	337	4.24	
木理	3	145	0.94	
布拖	5	151	1.01	

资 8.69 亿元，35 千伏及以上新开工项目 12 项、投产项目 8 项，10 千伏及以下农网项目新开工 189 项。美姑河改接雷波至坪头 220 千伏线路工程、瑶山 110 千伏变电站工程、尔足至海田 110 千伏线路工程、海田 110 千伏变电站工程等 5 个单项工程获得国网公司优质工程。西昌至瑶山 110 千伏线路工程获得四川省电力公司“优质工程”称号。编制的《四川凉山地区 35 千伏输变电工程造价分析报告》获四川省电力公司优秀造价成果一等奖、中价协优秀造价成果二等奖。

【经营管理】 2016 年，该公司售电量完成 64.44 亿千瓦时，同比增长 5.04%，完成税收 5.7 亿元。

【农电工作】 公司累计完成 2015 年农网新增工程投资 7744 万元，完成 2016 年农网改造升级工程 13071 万元投资目标，建成 10 千伏线路 164 千米，配电容量 45.05 兆伏安。制定星级供电所创建方案，落实星级供电所创建工作，打造马道供电所全力争创四川省电力公司四星级供电所。深入开展“电力助推脱贫攻坚”工作，全年公司电力扶贫专项投资 1.5 亿元，保障公司供区内 559 个脱贫村、30420 户贫困户、116208 人贫困人口生活用电。

【安全生产】 2016 年，凉山州政府组织召开全州厂网联席会议、电网安全工作会议，再次明晰政府、电网、电厂、用户各方主体责任，达成电网安全事关全域发展的战略共识，形成政府、电网、电源、用户四方安全管理协同机制。2016 年，州经信委出台《凉山州电力企业信息披露规定（试行）》《凉山电力系统并网发电厂运行管理考核实施细则（试行）》。公司着力完善内部专业联动机制，突出协同配合，扎实开展“三查三强化”和安全隐患排查暨建设施工专项行动。制定安全业绩排序管理办法，拓展和延伸监督体系建设。建立分包队伍评价机制，加强施工现场安全监督，基建、农电管理水平不断提升。强化安全巡查和反违章，全年巡查 139 次，查处违章 125 项。应用无人机、在线监测装置等科技手段，通过强化接地、差异化防雷改造，220 千伏线路跳闸率下降 39.83%。完成输电线路智能巡检平台规划，弥补人工和无人机巡线盲区。加强通道清理，实现山火零跳闸。购置应急救援船，推进木里水上应急通道建设。完成 G20 杭州峰会期间保电任务，完成卫星发射保电任务。2016 年，公司荣获四川省电力公司“2016 年度安全先进单位”荣誉称号。

【信息化工作】 2016 年，公司完成电能量采集装

四川电力共产党员服务队在阿吼村开展以“扶贫济困、奉献爱心，点亮彝村、传递文明”为主题的电力线路升级改造活动

置、油样在线监测接入技术支持。完成备用华三网管服务器上线、光放实验、变电站KVM接入、STS设备上线安装及调试、桌面即时通平台推广及部署、数据保护安全系统客户端SG-UDP安装部署。完成全网核心层、汇聚层路由器（H3C SR6608）软件版本升级、I6000系统上线及台账调整、各基层单位（县公司）网络及桌面运维的技术支持、咨询。配合保密办开展保密检查软件安装使用。完成省级骨干传输网光传输设备巡检工作。完成±800千伏复奉、锦苏、宾金三大直流迎峰度夏通信运维保障工作。

【市场服务】 公司完成业扩报装新增用电容量217.66万千伏安，同比增长254.40%。全面落实四川省直购电、留存电量和富余电量等优惠政策，因地制宜开展县级区域小水电富余电量消纳政策，最大程度保障现有存量市场，积极拉动新增市场，全年实施优惠电量37.92亿千瓦时。强化内部管理，严格落实电费回收责任，深入开展营销大普查和反窃电行动，挽回经济损失2.17万元。完成西昌卫星发射、国家和省级领导精准扶贫现场调研和2017年春晚西昌分会场等重大活动的保电任务。狠抓营配调贯通工作、优质服务明察暗访等工作。全力推进智能电表推广，完成19.30万户智能电表换装工作。

【精准扶贫】 2016年，公司全力推进精准扶贫工作，多次与凉山州扶贫移民局，喜德县委、县政府召开脱贫攻坚座谈会，确定将阿吼村打造成四川省“美丽乡村”的共同目标。创新“发展模式”，全力实施“支部共建、产业共进、文明共创”扶贫举措，形成“公司领导定户、基层党组织包片、党员干部包人”的三级结对帮扶模式和“公司+合作社+农户+电商”的产业发展模式，成立丽火现代农业公司，指导阿吼村等成立农民养殖合作社，公司脱贫攻坚工作得到凉山州委州政府认可。

（供稿单位：国网凉山供电公司／审核：张文有／撰稿：叶久德）

西昌电力股份公司

Xichang Electric Power Co., Ltd.

【概况】 2016年，西昌电力股份公司全年售电量完成20.80亿千瓦时，同比增长3.99%；自发电量7.30亿千瓦时，同比增长2.67%（其中塘泥湾光伏电站发电量6161万千瓦时）；应收电费余额1868万元（含旧欠电费768万元）；全年固定资产投资完成2亿元，其中城区电网完成8000万元、集控改造完成3282万元、“两站一线”完成2271万元、固增移民安置910万元；综合线损率控制在7.99%；未发生重特大电网、设备、火灾事故。全年实现营业收入9.05亿元，同比增长8.14%；归属于母公司所有者的净利润6050万元，每股收益0.1659元，加权平均净资产收益率5.97%，每股净资产2.84元；资产总额24.22亿元，较年初增长6.61%，资产负债率49.01%；上缴税费1.08亿元，同比增长14.49%。

【重大工程项目建设】 一是220千伏线路已全部建成并完成验收；果园开关站基本完成征地工作，石坝子变电站正在加快推进进站道路建设。二是完成锅泸、螺泸线迁移工程；推进北山变电站110千伏升压技改项目、小庙变电站110千伏升压技改项目、撒网山110千伏变电站新建工程项目。同时还实施完成老城区线路改造、城区管网下地工程、城南110千伏线路技改工程、城郊变铁合金厂专线改造、小庙变10千伏锡冶炼厂955线改造、南山变四袁路东969线、四袁路西974线、海滨957线等重要改造工程。三是不到3个月，实施完成牛角湾电站群的集控改造工作，包含各类改造项目17项共投资3282万元。集控改造成果已全面验收通过，运行状况良好。变电站综合自动化改造同步进行，已经实现漫水湾、黄水、南山、泸川四个变电站无人值守、少人值班集控模式。四是农网工程项目包含中央预算内投资计划项目、精准扶贫项目以及市政府与公司共同出资项目三大类，共计53项，总投资1.48亿元。涉及的项目点多面广，时间紧迫。全年共计完成农村配变台区改造261个，10千伏线路改造115.07千米，低压线路改造1056.25千米，安装智能电表19770只，完成投资约1.16亿元，圆满完成精准扶贫电力保障任务的各项要求，改善改造区农村电网供电可靠性和质量。

【电网项目前期工作】 一是与《凉山州“十三五”电网规划》加强对接，主动跟进，将公司“十三五”期电网发展规划与《凉山州“十三五”电网规划》无缝衔接，推进完成供区输配网络“十三五”长远布局。即建成以“两站一线”为主的西部片区电量输送大通道，以220千伏锅盖梁、西昌东、石坝子变电站及电网为骨干的西昌电网主网架，以螺髻山、城郊、新泸川、高枧、天王山、海河、缸窑、新南山等110千伏变电站及其输配线路为主配送网络的地方电网。配套完善西昌市城区10千伏配电网络规划方案，重点规划部分10千伏重载线路的升级改造和新建项目。二是公司坚决加快推进高枧、天王山、石坝子配套、新南山等一系列电网项目前期工作。高枧、天王山输变电工程、石坝子变电站配套电网工程已完成核准前各项专题审批工作，正在编制核准文件上报。新南山变电站调规已基本完成，新泸川变电站收归公司建设；另有城东、海河、缸窑等一系列输变电工程，正在加紧开展项目可研等前期工作。

【经营管理】 一是认真贯彻落实党中央、国务院加强安全生产工作各项部署，坚持以法规制度管理安全生产，不断修订和完善各项安全生产管理制度。以责任落实安全生产，全面实行安全生产目标责任制，全面实施安全和生产“一岗双责”。以监督强化安全生产，加强电力工程施工现场的抽查督查；定期召开安委会和安全网例会，及时通报安全问题，限期整改落实完善。以培训提升安全意识。按照省能监办要求，组织开展电网类、发电类特殊工种作业人员的二期安全生产培训，共计160人次；接受州安监局关于企业安全管理人员的相关培训。促进公司安全生产管理朝横向、纵深多方位拓展。 二是结合公司发展需要，推进公司规章制度的梳理以及修订、新订工作。强化内控审计，开展西源、固增内控管理审核和重要事项审核；开展“两站一线”重要工程项目过程审计和前期工作流程审计。加强营销稽查，重点稽查阶梯电价的执行情况、业扩报装时限的落实，以及用户表计的销售、领用、出库、盘存。三是建立公司评标专家库，制定《评标专家和评标专家库管理细则》；规范招标采购和非招标采购流程；完善协议库存采购模式；做好物资盘点、库存保管、废旧回收，提高物资仓储精细化管理水平。提升物资采购和使用的效率。四是强化资金管理，确保融资渠道畅通，保障各项工程建设资金需求；加强税收管理，落实各项税收优惠备案和减免、抵扣政策，促进建安营业税同比2015年下降56.3%。强化资产管理，全面清理公司往来账务和固定资产，确保公司财务资产的真实性和完整性。完善保险管理，优化购置相关保险目录，提高公司资产和工程建设的抗风险能力。五是调度自动化持续完善，泸川、小庙、南山等变电站和黄土坡电厂完成通道调整和数据接入。通信自动化配套开展，完成办公区管道光缆延伸；配套牛角湾电站群集控改造构筑三站一库OPGW光环网通信。进一步完善办公OA系统功能，七大功能子模块全面上线运行。

【行风建设】 一是制定落实《纠风和行风建设工作管理办法》《行风建设工作监督检查要点》，细化行风建设要求，规范员工服务行为，主要体现在规范服务、电费电价执行、业扩报装办理、故障抢修管理、供电可靠性管理、行风投诉举报处理等18个大项90个子项，落实责任部门、对应责任主体、严格惩戒罚则，加强公司行风建设工作力度，落实提升公司优质服务水平。公司在凉山州2016年度行风评议工作中较2015年度有大幅提升。二是打造10分钟缴费圈，在城区及供电营业所，共17个网点，安装"24小时自助缴费系统"终端，可通过工商银行网银、手机客户端进行缴费。西溪营业所新建开业，礼州、黄联营业所即将落成，方便服务乡镇居民办理用电业务。官方微信公众号"西昌电力"推广上线，"我的用电""我要用电"和"资讯服务"功能逐步打造，建立公司与电力用户的网络交流服务平台。SG186营销管理系统上线运行，进一步提高电力用户用电数据采集精确度。服务更加便捷，业扩报装"一口对外"，进一步简化用电手续、缩短报装周期。探索开展10千伏带电作业，尽可能减少停电次数，保障电力用户体验。"10·2"火灾事故中，公司各部门以客户为中心，紧密配合、反应迅速、精准调度，缩小停电范围确保电力设施的安全。公司整体服务水平与2015年相比得到大幅提升。

【建安业务】 可信公司修订完善《工程分包管理制度》，规范物资采购供应管理，实现电力工程承装类业务资质由四级升为三级。全年共计承接工程项目2725项，其中用户工程2425项、政府工程51项、其他工程249项。工程总投资约1.4亿元，营业收入7703.81万元，净利润106.33万元。

【新能源建设】 一是按照州委政府统一部署，以凉山国投、西电公司为主导，完成凉山风光新能源运维有限责任公司工商注册、成立工作，正积极开拓业务。二是有序开展光伏项目后续工作。塘泥湾一、二期光伏电站超额完成年度发电任务，全年上网电量达6161万千瓦时，已结算电费约2354万元；发电业务许可证完成办理；积极推进CCER（碳减排交易）。开展塘泥湾三期光伏电站各项前期工作，达到备案条件。三是努力推进风电项目。公司积极配合大唐集团普格风电公司，办理普格县风电项目各项前期手续，帮助协调风电项目外送条件、落实土地征用，加快推进风电场本体和送出工程建设。普格海口、甘天地一期风电场，各项工程建设推进迅速，后续风电场项目各项前期工作顺利开展。

【企业文化】 2016年，围绕生产经营中心工作，推进落实《年度新闻宣传方案》，与凉山州主流媒体签订合作协议、创建官方微信公众号大力宣传公司优质服务、电网建设、民生工程、先进典型等，加快建立和推广西昌电力品牌形象，营造和谐稳定的外部舆论环境。完成公司新LOGO更替工作，推广公司标示应用。筹办2017"凉山电力之春"迎春联欢晚会，全州电力系统、州级相关单位加强沟通互动，共谋和谐发展。

【党风廉政建设】 坚持把纪律和规矩挺在前面，严守政治纪律和政治规矩，加强国有企业各项生产经营环节的监管力度，规范权力运行，确保群众利益不受损害。强化正风肃纪，纠正四风问题，努力践行"三严三实"，切实开展效能监察工作，进一步规范和优化企业经营管理。

【帮扶工作】 公司及时调整对口扶贫村脱贫规划，加强扶贫攻坚力度，加大资金投入，加派精干人员，统筹协调解决该村用电、公路等基础设施建设，推进养殖和种植产业加快发展成型，确保该村村民持续稳定收益。另外，还向甘洛县海棠镇正西村捐资30万元，帮助其大力发展绿色蔬菜生产基地、养殖基地和经果林种植项目。

（供稿单位：西昌电力公司／审核：陈劲松／撰稿：吴明金　陈康）

大桥水电开发总公司

Daqiao Hydroelectric Development Corporation

【概况】 2016年,大桥总公司按照“五位一体”总体布局和“四个全面”战略布局的要求,以“改革创新、产业突破”为切入点,在抓好水电产业生产经营的同时,积极开展光伏、水务等领域项目合作。营业总收入实现14462万元,占州国资委下达任务的101.42 %,国有资产保值增值率为101.16 %,比州国资委下达任务多1.08个百分点;主营业务利润率33.48%,比国资委下达任务少0.30个百分点;上缴税费2834万元。

【生产经营】 一是多措并举,抓电力主业创收。总公司在年初召开经济形势分析及生产经营系列会议,确定九项重要经营措施,科学谋划、精准发力,确保全年生产经营目标任务超额完成。二是新能源光伏项目实现产业延伸,实现良好发电收益。已建成的30兆瓦光伏电站创造净利润1047万元。与安徽尚特杰公司合作成立的凉山州大桥分布式新能源开发有限责任公司,以“分布式光伏+”(分布式+扶贫、分布式+以电代煤)为发展方向。与德昌县政府共同出资建设分布式光伏扶贫电站,完成1.7兆瓦的工程施工。三是与四川旅游发展集团有限责任公司合作对原西昌金桥酒店进行全面改建升级,打造“锦江·金桥酒店”,增加金桥酒店“造血”功能,突破酒店经营瓶颈,解决金桥酒店长期亏损的问题。酒店改造工作全面结束,并投入运营。四是加强预算执行分析和控制,确保各项资金用在“刀刃”上。严控非生产性支出,节约预算资金54万元。依法依规开展“理财创收”,及时调整年度还款计划,节约利息费用84万元;将暂时闲置的资金进行理财,取得理财收入875万元。 五是按照生产经营与安全管理工作“三同时”和“加强安全法治、保障安全生产”的要求,在督查到位、安全管理资金到位的同时,狠抓安全教育培训和安全制度的落实,进一步加强安全隐患排查和安全检查力度,严格安全考核,逗硬奖惩,有效遏制各类安全事故的发生,实现年度安全生产控制目标(员工重伤、死亡事故为零;生产、发电特大事故为零;重大交通事故为零;重大消防事故为零)。

【服务“三农”】 大桥水库灌区一期工程于2016年2月正式通过竣工验收。公司全年供水保证率达91.23%。为城镇供水253万立方米,工业供水2042万立方米,农业供水16526万立方米,生态供水1160万立方米。库区综合治理使水质均达到Ⅱ类水质标准。大桥水库已作为凉山州拟打造的世界级安宁河谷“农文旅”休闲度假观光走廊“龙头”纳入规划;安宁湖(大桥水库)已被列入四川省水利风景名胜区;大桥水库水环境生态保护规划正在编制。公司与三县(市)人民政府、省设计院配合,全面完成建设征地范围内的实物调查及项目法人申报工作和可研技术审查,正在寻求二期工程PPP试点项目,着手“三通一平”的相关准备工作。

【发展战略】 科学拟定《“十三·五”及十年发展规划纲要》,进一步明确公司未来5年、10年的发展方向和目标任务。公司坚持“走出去,谋发展”的发展战略,选择性地发展新能源产业项目,2016年正式进军省外光伏市场。安徽天长150兆瓦渔光互补电站一期工程100兆瓦项目已于2016年12月29日并网发电,与北控中科成环保集团有限公司共同成立“凉山州北控水环境投资有限公司”。积极参与凉山州传统水务及水环境综合治理项目的投融资管理、建设管理、资产经营管理及资本运作服务,推动凉山州传统水务、河道综合治理、安宁河谷开发、水利基础设施建设等一系列项目落地。

【体制改革】 2016年,公司内部“三项制度”建设进一步完善。“岗位靠竞争、收入靠业绩”的利益观、“干多干少不一样、企业有职工有”的集体观、“能者上、平者让、庸者下”的用人观进一步加强,公司绩效考核更加规范,考核成果得到有效应用。缺岗补位工作有序推进,选人用人机制科学完善,实现"干部能上能下、人员能进能出"干部管理和人员招聘制。正在按照州委、州政府国资国企改革"1+6+N"要求,积极推进公司体制改革工作。

【群团工作】 一是开展劳动竞赛3次,采纳并实施合理化建议4条,技术革新项目2项。二是巩固建家成果,营造幸福之家。总公司工会保持"全国模范职工之家"称号。三是深化民主管理,构建和谐企业。加大厂务公开力度,修订和完善《集体合同》和《工资集体协商协议》,荣获"四川省模范劳动关系和谐企业"称号。

【社会责任】 全年直接投入扶贫资金15万元。硬化村组公路14.5千米;新建宽带基站、安全饮水工程等基础设施;开展店子村贫困户三建四改工程建设,提供改建资金2万元;资助32户困难户3.2万元养殖启动资金,协调发放泸宁鸡苗1600只,并通过总公司回购成品鸡,解决销售问题。结合水库和公司对口扶贫村的区位特点,提出"智力帮扶、产业脱贫、财力支持"的扶贫方案。公司设立"扶贫基金",建立长效脱贫机制。注资50万元与凉山州祥泰实业有限责任公司、大桥镇店子村合作成立的"农业公司",在大桥镇店子村试种220亩价值较高的中药材。通过试种核桃、附子、南苍术、油牡丹等经济作物,以改变传统农耕方式,助推库区农业发展。以"集体+企业+农户"的模式,发展集体经济,实现村级实体经济壮大、农户富裕、库区生态优美、水质清洁安全的目标。公司对口扶贫村32户贫困户2016年全部脱贫。

【党建工作】 一是党委与11个党总支(支部)签订党建工作目标责任书,完善《党建工作目标管理考核细则》等制度,确保党建工作制度化、规范化。二是加强"四好"领导班子建设。组织集中学习重点内容12项·次。三是认真开展"党员示范行动";建立"'四型'党组织创建工作台账";在"两学一做"学习教育中开展三项整改"回头看"等专项检查,用整改成果检验学习教育成效;通过党费收缴专项检查,进一步规范公司党费管理和使用制度。

【党风廉政建设】 一是进一步明确公司党委领导班子9个方面责任、党政一把手4个责任、班子成员4个责任以及纪委6个监督责任。二是对各部门党风廉政建设责任执行情况进行检查考核,将考核结果与年终"评先创优"挂钩。三是通过签订"双廉责任书"和"廉洁承诺书",逐级落实"一岗双责"责任制和追究制。四是抓好正反两方面典型案例的学习,以案明纪。五是持续狠抓落实中央"八项规定"和省、州"十项规定",强化正风肃纪;专项清查"三公经费";认真开展整治"庸懒散浮拖"。六是围绕公司资金管理、工程招投标、大宗物品采购、合同管理等重要环节强化监督检查,提高公司管理效能的作用。

(供稿单位:大桥水电开发公司/审核:邓邦辉/撰稿:周立学)

州国投发展公司

Liangshan Prefecture Owned-state Investment and Development Co., Ltd.

【概况】 2016年,州国投发展公司切实把握稳中求进工作总基调,在"两学一做"教育活动的推动下,着力抓好公司改革发展,致力于不断做强做优做大,充分发挥投融资功能,全力助推凉山经济社会发展和脱贫攻坚。公司全年各项目标任务全面完成, 2016年末,公司本部资产总额300.75亿元,较2015年增加79.21%;实现利润总额1.24亿元,较2015年增长22.12%。公司合并会计报表资产总额500.22亿元,较2015年增长45.82%。

【融资工作】 融资额再创新高,直接融资渠道不断开拓,持续保持征信优良。一是全年共实现各类融资总额132.18亿元,其中承接易地扶贫资金

35.95 亿元，新承接成昆铁路建设基金 6.5 亿元，其他主要由公司多方对接争取实现的融资额为 87.77 亿元，较 2015 年增长一倍。二是直接融资工作取得新突破。私募公司债券 20 亿元成功发行；小公募公司债券 30 亿元完成申报；海外债 3 亿美元的各项前期工作有序进行。三是全年适时归集资金按时向各金融机构归还到期本息 24.72 亿元。

【项目投资】 2016 年，州国投公司新增投资项目 6 个，年度投资总额为 4.84 亿元，超额完成年初计划的 61.33%，较 2015 年增长 98.36%。全年公司投资组建全资子公司凉山州国投实业有限责任公司、成都凉蓉商贸有限责任公司，出资参与组建凉山州国鑫投资控股有限责任公司、凉山州西昌市金坤小额贷款有限公司、西昌川发投资有限责任公司、凉山州感知智慧城市营运有限公司、凉山州风光新能源运维有限责任公司，注册成立四川大凉山南红玛瑙公司。

【内部管理】 2016 年，公司认真贯彻中央、省、州关于国企改革的各种文件精神，进一步完善企业的各项规章制度，坚决执行“三重一大”决策制度，不断创新内部管理，切实推进公司的发展。公司内部管理不断加强和改进，一是不断加强和完善各项管理制度以适应公司发展需要；二是公司三项制度改革有新的进展和突破，进人用人机制和员工薪酬制度均有所创新和改进；三是服务意识及工作效率进一步提高。

【帮扶工作】 一是有效对接，确保易地扶贫搬迁项目资金及时承接和拨付到位。2016 年，州委、州政府将易地扶贫搬迁项目资金承接主体的工作任务赋予州国投公司，公司积极主动并创造性地组织开展各项工作，较好地保障 17 县（市）项目资金的及时划拨到位。二是抢抓时间，攻坚克难，全力推进教育基础设施扶贫项目建设。按照州委、州政府的安排和要求，州国投公司承担着教育基础设施扶贫项目的项目业主任务〔其中四川省民族幼儿高等师范专科学校建项目，建筑总面积 20.64 万平方米，概算总投资 10.6 亿元；全州 450 所乡镇幼儿园建筑项目，施工点遍及全州 17 个县（市）各乡镇，建筑总面积 41 万平方米，概算总投资 19.6 亿元〕。三是勇于担当扶贫帮困的社会责任。公司长期重视扶贫帮困的社会责任，全力以赴抓好对口木里牦牛坪乡叶村村的各项帮扶工作。2016 年先后投入资金 48 万元，扶持当地群众核桃产业、养殖业的发展。同时，积极引进四川有色金属工业服务公司、成都望京建设工程有限公司等社会爱心企业，对木里牦牛坪乡中心学校捐赠 9.94 万元；引进眉山冠城七中实验学校对牦牛坪小学捐赠 2.5 万元资金和价值 2 万元文具。

【党建工作】 公司党委认真开展“两学一做”学习教育活动，充分发挥党组织在企业管理、组织建设的核心作用。一是精心组织安排，创新活动载体，确保“两学一做”学习教育和党建工作取得突破；二是紧紧围绕党风廉政建设总体要求，落实主体责任和监督责任，加强党风廉政建设；三是加强思想建设，发挥党委的政治核心和领导核心作用；四是抓班子带队伍形成聚精会神、干事创业的氛围；五是加强企业文化和企业品牌的宣传，扩大公司的知名度和影响力；六是倡导爱岗敬业，求真务实的精神，强化对员工业务素质专业理论、工作技能的培训。

（供稿单位：州国投发展公司 / 审核：安旭源 / 撰稿：许琦）

川烟公司西昌分厂

Xichang Branch of China Tobacco Sichuan Industrial Co., Ltd.

【概况】 西昌卷烟厂始建于 1985 年，系上世纪 80 年代初，时任中共中央总书记胡耀邦视察凉山时，为增强凉山民族地区扶贫“造血功能”，特批在凉山兴建的卷烟工厂。在 32 年的发展历程中先后经历五次大的变革。成立之初至 1994 年，西昌卷烟厂为独立法人运营模式;1994年9月,经国家局和四川省局同意并批准,凉山州烟草专卖局、凉山烟草分公司与西昌卷烟厂合并,成立"三合一"体制的凉山州烟草企业;2004年7月,根据行业组织结构调整的总体部署和要求,成都卷烟厂重组西昌卷烟厂;2006年6月,川渝中烟工业公司作为行业母子体制、母分运作改革首批试点单位进行体制改革,组建四川烟草工业有限责任公司,西昌卷烟厂成为旗下所属生产工厂;2015年10月,按照国家局深化改革整体部署,川渝中烟拆分为四川和重庆两家中烟公司,同年11月8日,四川中烟工业有限责任公司正式成立,西昌卷烟厂成为四川中烟旗下所属生产工厂之一。西昌卷烟厂建厂后一直受到党和国家领导、地方党委政府及行业、公司的重视与关怀,对工厂发展给予大力支持。2007年经国家局批准,西昌卷烟厂进行历时三年,建厂后规模最大的整体技术改造,投资总额近12亿元,新建生产联合工房、原料库、综合办公大楼等基础设施,引入一条5500千克/小时的国产制丝线、10台ZJ17卷烟机、10台YF17连接装置、10台ZB45包装机,年产能力达到40万箱以上。整体技改后,工厂进入提速发展时期,企业核心竞争力不断提升,生产运行持续向精益化迈进,主要经济技术指标持续提升,"十二五"以来(2011年至2016年)累计生产卷烟174.04万箱,实现工业产值204.63亿元,划拨税费84.89亿元,为凉山经济建设和社会发展做出重要贡献,成为凉山民族工业示范窗口。2015年4月,工厂被中国烟草总公司授予"2012—2014年度烟草行业基层标兵单位",成为全国94家卷烟工厂中获此殊荣的11个厂家之一。

【生产经营】 2016年,生产卷烟20.898万箱,同比10.343万箱,降幅33.11%;划拨产值27.66亿元,同比减少15.31亿元,降幅35.63%;划拨税费11.73亿元,同比减少2.3亿元,降幅16.41%;单箱总能耗12.48千克标煤,增0.61千克标煤;单箱耗烟叶(创优)32.78千克,同比降低0.5千克;单箱耗嘴棒(1切6)8359.01支,同比下降13.99支;单箱耗盘纸3093.96米,同比下降7.04米;单箱耗商标2502.91张,同比下降6.09张;卷制运行效率98.82%,同比提升0.07个百分点;包装运行效率93.27%,同比提升0.42个百分点。凉攀市场销售川烟5.08万箱,同比增长7402箱,增幅17.03%;市场份额27.1%,同比提高5.3个百分点,增幅24.31%;单箱收入1.6万元,增1500元;幅增10.34%。

【市场营销】 一是强化政府主导,构建川烟标杆市场新格局。全年,川烟在凉山市场呈现"三增一好"的态势,实现销量4.35万箱,同比增加6600箱,增幅17.9%,增幅排名全省第二;市场份额30.1%,同比增长6.3个百分点,增幅26.47%,增幅排名全省第1;单箱销售收入1.64万元,增加1400元,增幅9.33%。二是发动全员参与,着力推行全员营销新模式。积极动员全厂干部员工围绕"卖好烟"这一工作主线,创新思路,增添措施,实施"领导包片、部门挂县、员工包点"和"专业+全员"的营销工作模式,举全厂之力,聚众人之智卖好川烟。三是强化终端建设,着力打造川烟销售主阵地。制定《凉山州重要终端建设实施方案》,积极配合地方党委政府打造"清甜香"一条街、川烟示范店。2015年西昌、会理、德昌、盐源、雷波、昭觉、美姑等7个县(市)共计投入250万元用于"清甜香"一条街和川烟示范店建设;另外,工厂多元化企业华昌公司先后在西昌、美姑、会理建设"宽窄"旗舰店,充分发挥核心零售终端在品牌展示、宣传、销售、信息收集等方面的重要作用。在此基础上,工厂集中人、财、物等资源,与广大零售终端建立起友好合作关系,并通过定期拜访、产品上柜、陈列维护、站店导购等活动,发挥其川烟销售主阵地的作用。四是开展系列营销活动,着力抓好品牌培育。通过开展系列主题营销活动以及宴事营销、要客营销、跨界营销、会议营销、亲情寄送等活动,努力拓展营销渠道,促进川烟销售。五是动员引导全厂干部职工开展自购、代购活动,同时由厂工会牵头组织开展全员营销劳动竞赛,充分调动全员购买和消费川烟的积极性、主动性、创造性,为川烟培育和销售做出积极努力和重要贡献。

【内部管理】 川烟公司西昌分厂一是聚焦产品质量,着力提高精益制造水平。工厂紧紧围绕"做好烟"核心职能,克服生产不饱和等诸多困难,通过优化生产方式,构建和运行四大体系,积极探索"点修制",开展工艺优化评价,开展降本增效活动等,进一步提高精益制造水平,全面推进"西烟制造"向"精品制造"转变。工厂 7 项对标指标保持在行业前 30 位(卷接设备运行效率名列第 24 位、单箱耗烟叶名列第 12 位、单箱耗盘纸名列第 19 位、单箱耗商标名列第 23 位、单箱卷烟综合能耗名列 27 位、单箱化学需氧量并列第 1 位、业务招待费名列第 30 位);节约制造成本费用 1000 余万元。二是聚焦运行质效,着力提升精益管理水平。工厂以推行计划式管理为抓手,细化分解目标任务,强化落实和督导,确保 26 项重点行动有效落实;以管理体系自评价为重点,修订完善 227 项制度标准,切实解决部分制度标准权责不清、流程冗余、效率不高的问题。以基层班组建设为载体,试点开展质量标准化机组、综合标准化班组、安全标准化班组建设,强化班组自主管理能力。同时,发挥厂内专业技术人员作用,成立工程建设、物资采购、工作监督三个专家委员会,为工厂经济事项决策提供咨询服务和监督把关,进一步提升规范管理水平。三是聚焦人才建设,着力提高履责能力和水平。制定《西昌卷烟厂人才库建设实施方案》,通过方案实施,努力构建支撑工厂发展的各门类梯次化队伍;完善《中层干部绩效考评办法》,进一步调动勇于担当、干事创业的激情和斗志;动员引导"80 后"员工到基层实践锻炼,开展"学知识、重实践、提能力"主题实践活动,加快青工岗位成长。四是聚焦中心工作,着力提升服务保障能力。烟叶方面,根据行业、公司质量技术规范,完善烟叶调拨全流程质量技术标准和管理标准,通过标准运行和监督检查,有效规范烟叶调拨工作,烟叶调拨质量持续提升。全年共计调拨烟叶 19 万担,复烤加工出片率达到 65.5%。安全方面,认真落实一岗双责,强化目标管理,扎实开展隐患排查治理,强化队伍建设,提高应急处突能力,实现安全生产"八无一控"目标,通过中国安科院安全标准化一级达标复评审核,获得全国安全文化建设示范企业称号。物资供应方面,强化产供衔接、完善制定标准、统筹资源配置,充分保障生产和市场需求,降低仓储成本。规范管理方面。认真落实行业和公司各项规范工作要求,严格执行"应招尽招,真招实招",全年开展各类经济事项 126 项次,审签各类事项合同 141 份,无违规违纪行为发生。企业文化建设方面。对接宽窄品牌文化精髓,加大宣传教育,积极营造上下同心,和衷共济,团结奋进,严肃活泼的干事创业环境。

【思想政治工作】 一是牢固树立"聚精会神抓党建,一心一意谋发展"的理念,层层压实党建工作主体责任,逐级签订《落实全面从严治党主体责任书》和《党风廉政责任书》。二是严格落实专项巡视整改工作部署,建立健全党建工作责任机制和制度体系,确保专项整改工作有力有序有效推进。三是扎实推动"两学一做"学习教育,进一步增强领导班子和广大党员的"四种意识""四种能力",更好地引领和推动工厂改革发展。四是抓好党员组织关系排查和党费收缴工作,认真落实党风廉政建设党委主体责任和纪检委监督责任,有序推进惩防体系建设。五是坚持行政与党建工作"两手抓、两手硬、两促进"的原则,通过建立健全基层党建目标工作责任制,推进中心组学习制度化,突出班子建设量化考核,强化服务型党支部建设,进一步发挥基层党组织的战斗堡垒和党员先锋模范作用。六是强化思想教育引导,因势利导抓好职工思想宣传教育,切实将干部员工思想行动统一到公司谋变突围和打造"精品西烟"中心工作上来。七是积极发挥群团组织作用,强化民主管理和民主监督,积极开展班组建设、劳动竞赛、文体活动、帮扶济困、内退退休老职工管理工作，努力营造稳定和谐发展的良好局面。

（供稿单位：川烟公司西昌分厂／审核：刘援非／撰稿：郑洁）

四川省雷波林业局

Leibo Forestry Bureau of Sichuan Province

【概况】 2016年，雷波林业局认真开展现代林业建设、全力搞好天保二期工程。同时将党建工作与开展脱贫攻坚工作有机结合起来，开拓创新、扎实工作，有力推进全局党建工作健康发展，保障雷波林业局林业各项工作的全面落实和顺利完成。

【天保工程建设】 一是森林管护计划任务。按照二期天保工程下达雷波林业局森林管护任务，雷波林业局对185.16万亩森林实施常年管护，管护责任落实到位100%，严格落实森林防火责任制，立足于抓早、抓实，常抓不懈，全年森林火灾、火警均在控制范围内，并确保雷波西宁施业区连续47年未发生森林火灾。雷波林业局木里管护处水洛管护站（专业扑火队），荣获省委宣传部、省直工委、省国资委2015年度“岗位学雷锋先进集体”称号。二是公益林建设。封山育林总面积4.4万亩，其中，续封面积3.6万亩，当年新封面积8000亩；经自查，封育合格面积率100%。2013年2000亩人工造林，三年成效面积合格率100%，核实比100%。三是中央财政造林补贴项目。2016年下达雷波林业局中央财政造林补贴1.2万亩，已完成经济林核桃造林1.2万亩，计划完成率100%；2014年1.5万亩造林补贴人工造林项目三年成效，经省级验收，成效合格面积1.5万亩，面积合格率100%。四是中央财政森林抚育补贴。2016年下达雷波林业局中央财政森林抚育任务为4.8万亩，实际完成4.8万亩，完成率100%，抚育地点本局雷波施业区境内。

【森林资源管理】 雷波林业局始终将推进生态文明、建设美丽中国作为务林人的第一职责。一是实施“依法治林”，积极配合地方党委、政府和森林公安对各类破坏森林、野生动植物资源及制作烟熏硫黄笋等违法行为进行打击，全年开展专项行动3次确保森林资源得到有效保护；二是加强森林资源管理，为科学保护、培育和经营森林提供坚实保障，做好有害生物监测和防治，依法依规开展二类调查和林业有害生物普查工作；三是完成全局管护区政策性森林保险工作，投保面积169.2万亩，其中公益林投保面积152.2万亩，商品林投保面积17万亩；四是强化林业有害生物的防治工作，针对全局有害生物的发生情况，及早做好预测、预报和防治工作，确保做到有虫不成灾。2016年经州林业局对雷波林业局林业有害生物防控目标责任考核为合格单位。

【安全生产】 2016年2月17日，雷波林业局西宁家属区1号宿舍因96岁孤寡老人用电不慎酿成一起火灾事故，雷波林业局第一时间启动预案，组织扑救、妥善善后。此次火灾事故烧毁房屋面积1000余平方米，财产损失达200余万元。雷波林业局认真总结教训、深刻反省，并在全局范围内持续开展安全隐患大排查及消防安全宣传教育工作，落实安全生产责任体系，狠抓公共安全和道路交通安全工作及汛期防洪、地质灾害防治与监测。全年定期、不定期组织开展专项检查11次，及时落实安全隐患整改。

【文化建设】 12月下旬，雷波林业局召开第八届三次职工代表大会及护林防火会，总结2016年的各项工作，分析当前面临的形势，明确当前和今后一段时期企业主要目标和任务，并对“2016年度先进工作者”和“2016年度森林防火工作先进个人”进行表彰。2016年局工会被州总工会评为工会统计年报先进集体、工会信息工作先进集体、工会目标责任考核二等奖先进集体、工会新闻宣传先进集体称号。

【产业发展】 一是中沙坪水电站建设攻坚如期完

成，现已发电试运行，因无发电运行管理与专业技术人员，委托由四川九河电力股份有限公司负责发电运行管理。通过建设者1200多个日夜的建设，经相关部门审查验收，现已投产发电上网运行。二是与州国投成立凉山州国林大自然笋业有限责任公司成功进行“乌蒙香竹”商标注册，产品通过检测，取得食品生产、经营相关许可，并已生产清水、调味、干制等系列竹笋产品，公司“食品生产许可证”为凉山州首张新版“SC”证。公司得到有机食品认证标志。三是屏山县屏边乡小城镇改造建设，清理整顿规划内闲置空置资产工作，已委托四川金达房地产评估有限公司进行资产评估。

【党建工作】 一是组织党员干部深入学习中共十八大，十八届五、六中全会，省委十届九次全会，州委第八次党代表大会精神，按照“两学一做”安排重点学习《中国共产党章程》《习近平总书记系列重要讲话读本》《中国共产党纪律处分条例》《中国共产党廉洁自律准则》等内容。通过学习，不断提高党员及管理人员思想政治和理论水平，在思想上、政治上、行动上与党中央保持高度一致，同时坚持“三会一课”制度，局党政主要领导带头上党课，定期召开支部大会和支委员，切实加强基层支部规范化和制度化建设。局党委荣获2015年度国有企业党建工作先进集体称号。二是严格遵循“控制总量、优化结构、提高质量、发挥作用”的总要求，加大积极分子和预备党员的培养、考查。三是落实党风廉政建设主体责任。做到认真落实党的群众路线和三严三实“回头看”工作，认真践行“两学一做”要求，深入开展“正风肃纪”工作，深入持久地抓好党员干部的教育管理，抓好工作作风长效建设，筑牢“不想腐”的思想根基，打造“不敢腐”的制度环境。四是全年持续开展“送温暖工程”和“走基层活动”。不间断下派工作组，分别由党、政、工领导带队，分批下基层，了解基层实际情况，解决基层单位和职工实际困难。全年发放帮抚资金5.75万元，帮扶救助困难职工115人次；开展“金秋助学”帮扶活动，帮抚困难职工家庭子女15名，发放助学金2.7万元；春节期间，筹资7万余元，走访慰问基层职工、困难职工离退休老干部、老工人；对社区内137户城镇低保户242人开展低保普查，做到公开、公平、公正和应保尽保；为226人办理城镇居民医疗保险参保手续。

【帮扶工作】 一是选派“第一书记”进驻雷波林业局扶贫定点帮抚对象木里县俄亚乡大村村，开展推进脱贫攻坚工作；二是及时制订《2016年精准扶贫工作实施方案》和《工作计划》，建立全村的基础数据资料台账，按实际情况划分类型，充分发挥驻村工作队与第一书记的引导作用；三是利用农民夜校，组织开展相关种养殖技术培训，帮助困难群众了解国家政策、掌握林果栽培技术；四是聘请其中7户家庭成员为生态林业协管员，使其每户家庭年增收1.5万元，让森林保护与脱贫攻坚得以有机统一；五是制作安装完成691桶养蜂基地建设，覆盖贫困户11户；六是针对种植当地特色经果林皱皮柑的贫困户，购10吨水泥、砂石4车和8100米引水管，共同打造100亩皱皮柑种植示范基地；七是为大村村扑火队捐赠价值2万余元的专业扑火作训服20套、睡袋20条；八是向州国资委联动国资国企重点打造的精准脱贫示范点—甘洛县海棠镇正西村绿色蔬菜生产基地、养殖基地、经果林种植等精准扶贫项目捐赠帮扶资金5万元；九是按照州林业局召开的扶贫攻坚会议精神（会议纪要），从森林管护费用中划拨20万元作为木里县扶贫攻坚工作经费，助力木里县精准扶贫工作有序开展。截至2016年12月累计共投入扶贫资金45万余元。

【党风廉政建设】 雷波林业局党委、纪委严格按照州委、州国资委的要求，始终把党风廉洁建设和反腐败工作纳入全局党的建设和思想政治工作的总体部署，统一规划，统一要求。一是严格执行“一岗双责”，实行“一把手”负总责，分管领导各负其责的领导体制。二是认真抓好宣传教育，不断提高党员及党员领导干部的廉洁自律意识，深入开展反腐倡廉宣传教育，夯实思想根基，促进领导干部廉洁从政。三是局党委、局纪委定期开展反腐倡廉警示教育，通报全省、全州和身边发生的一些腐败案件，就造成的恶劣影响及从重查处的结果，表明纪检监察对腐败案件“零容忍”态度。同时组织机关中层管理人员、党员到州法纪教育中心进行廉政教育培训。通过观看警示教育图片、实物、档案、专题教育片，听讲解员对典型案例的讲解，特别是专题片里职务犯罪人员的现身说法，让大家心灵受到一次洗礼，使人生航向得到修正，进一步从内心上守住廉洁的防线。四是严格监督执行“三重一大”工作制度，确保局党委、行政全年按照民主集中制议事，凡是涉及的重大决策，重要干部任免和奖惩，重要项目、大额资金的使用，均通过局办公会、企管会、党委会集体研究和其他规定的程序进行决策，局纪委全程监督，认真把“三重一大”制度落到实处。局纪委荣获州国资委纪委2015年党风廉政建设考核优秀先进集体称号。

（供稿单位：雷波林业局/审核：杨培双/撰稿：周辉　李成章）

四川省凉北林业局

Liangbei Forestry Bureau of Sichuan Province

【概况】 2016年，凉北林业局企业立足实际，坚持以天保工程建设为重心，加大对外衔接协调，强化企业内部管理的同时，依据林区自然资源优势，探索实践林区林上林下种养殖业多经产业发展，推进企业发展转型，助力林区职工及周边群众增收致富，确保企业和职工队伍的和谐稳定。2016年，凉北林业局被评为凉山州林业宣传工作先进集体、凉山州林业森林防火目标任务考核先进单位、州国有资产统计先进单位、局工会荣获凉山州总工会年度考核先进集体、局养路道班荣获四川省“十二五”劳动竞赛先进班组奖。

【天保工程建设】 2016年，凉北林业局完成天保工程公益林建设封山育林任务8000亩；完成常年森林管护面积768694亩；完成中央财政造林补贴项目8000亩、低产低效林改造项目2万亩、中央财政森林抚育补贴项目3万亩；完成省级财政木材战略储备林生产基地建设项目3000亩。各项生产任务计划完成率均为100%。

【森林资源管理和林业调查规划设计】 2016年，凉北林业局进一步加强林政资源管理工作，完成全局768496亩森林管护区域内的林地监测任务。完成凉北局林业产业发展项目实施方案编制工作、2016年森林管护实施方案编制工作、2016年公益林建设作业设计、中央财政森林抚育补贴作业设计、中央财政造林补贴作业设计、2015年火灾火烧迹地植被恢复实施方案编制工作。开展凉北林业局及西昌市等5个单位林业有害生物普查工作。

【森林防火】 2016年初，凉北林业局与凉山州人民政府签订森林防火责任书，凉北林业局与施业区周边县、乡、村、组建立群防群治工作体系，与局属各单位、各科室签订森林防火目标管理责任书，并延伸到站点与职工个人签订护林防火目标管理责任书127份，将责任细化到个人、山头、地块，建立纵向到底、横向到边的责任网络体系，层层落实责任。同时，对管护处、营林处职工在体能、安全自救、灭火机具、通信联络等方面进行培训，并开展小范围的实战演练，测试防火工具的性能及管护人员的快速反应能力，严格坚持24小时值班制度及领导带班制度，确保信息畅通。全年共向林区边缘群众发放5000多份森林防火户主通知书，对重点部位21块永久性森林防火宣传碑进行翻新，共组织开展森林防火专项检查、督查11次。实现连续38年无重特大森林火灾。

【安全生产】 2016年，凉北林业局始终树立“安全第一、预防为主”的安全生产工作方针，认真落实“党政同责、一岗双责、失职追责”的制度，开展形式多样的学习培训，不断提高职工安全生产责任意识和防范意识。调整充实局、处、点的安全生产工作机构，配齐配强安全工作管理专兼职人员，进一步完善监督、检查责任体系和工作机制，将责任压紧压实、层层落实、责任到人。修订完善突发安全事故工作预案和安全生产责任制，签订安全生产责任书。全年开展安全监督检查 12 次，查出安全隐患 5 件，责任到人整改落实 5 件，坚持警钟长鸣、常抓不懈，全年无重特大安全事故发生。

【多种经营】 2016 年，在西昌、盐源及越西等地试种 20 亩油用牡丹并形成油用牡丹种植技术规程；在 511 林场苗圃小面积试种羊肚菌获得成功的基础上，2016 年在林下种植 20 亩羊肚菌。

【森林公园】 2016 年，启动《凉北林业局纳龙河省级森林公园总体规划方案》编制工作。与四川农业大学签订合作协议，组织专业队伍对公园建设和发展定位作科学谋划。

【帮扶工作】 2016 年，凉北林业局出资 2 万余元为越西县乐青地乡青地村购买电脑、办公桌椅等办公设备设施，充实该村文化阵地建设；积极争取项目资金，完成 1000 亩核桃造林任务（实现贫困户户均 10 亩），每亩造林补贴 200 元；积极争取资金支持，协调资金 46 万元，落实村组道路 2.5 千米的硬化；按“1+9”的模式率先引进优良黑山羊交由贫困户试养，成效较好；在“六一”儿童节，凉北林业局为乐青地乡中心校送去价值 1 万余元的书包、笔记本等学习用品；局领导班子成员、扶贫领导小组成员等出资为贫困户发放 1610 只爱心鸡苗，助推贫困户家庭副业滚动发展；2016 年，经协调衔接中科院成都分院光电研究所与凉北林业局牵手捐赠农民夜校设备设施、农业种养业专业书籍，以智力帮扶的方式助推精准扶贫。

（供稿单位：凉北林业局 / 审核：罗大章 / 撰稿：陈红）

四川省木里林业局

Muli Forestry Bureau of Sichuan Province

【概况】 2016 年，四川省木里林业局设党委办公室、局长办公室、纪委、政治处、工会、计划处、天保工程管理处、护办、安全设备处、劳资劳险处、保障房领导小组办公室、财务处 12 处室；下设 6 个营造管护处及中心苗圃、专业扑火队、林业调查规划设计队，多种经营项目有后勤管理服务中心、绿宝石大酒店和成都蜀光特种工程塑料厂，共有在职职工 511 人（其中专业技术人员 146 人），离退休人员 3643 人。四川省木里林业局 511 名在册职工通过森林管护和新增公益林管护、封山育林、森林抚育、多经项目等渠道，得到合理分流。

【国有资产】 四川省木里林业局年末资产为 26746 万元，其中。可用资产 7866 万元（绿宝石大酒店、服务公司投资性房地产 2325 万元，成蜀厂 824 万元，流动资产 4717 万元），不良资产 18880 万元。

【天保工程】 2016 年，四川省木里林业局完成 363.06 万亩国有林管护、105.8 万亩森林生态效益补偿等项目的编制、评审、批复工作，并对其常年有效管护；全年发生 2 起一般性林政案件；林业有害生物发生面积 1.40 万亩，防治面积 1.39 万亩，防治率 99%，产地检疫率 100%，达到省州森林病虫害防治目标管理指标要求；2016 年，启动林业有害生物普查，4 月完成第一次外业调查，6 月至 10 月全面完成 27 条线路调查，并完成普查前期汇总，待上级部门检查验收；完成 4.8 万亩森林抚育项目的编制、评审、批复，正有序实施中；2016 年度和 2017 年度封山育林各 8000 亩外业调查和作业设计通过州局评审并批复；公益林建设中央财政补贴造林 1.1 万亩外业调查和作业设计通过州局评审；开展森林资源二类调查，企业与设计单位于 2016 年 4 月全面开展外业核查工作，由企业相关技术人员与州勘查设计院共同完成，已转入小班区划阶段，计划在2017年4月至9月进入标准地实测阶段，2017年12月全面完成森林资源二调工作；2016年度森林保险投保面积34.92万亩，其中公益林30.23万亩，商品林4.69万亩；自交保费33.72万元，其中公益林19.64万元，商品林14.07万元。完成森林火灾受害面积测设工作；发生在公益林的2次森林火灾损失面积1214.0亩，理赔面积1214.0亩，理赔金36.71万元，用于扑火支出。

【社保工作】 四川省木里林业局上级财政共拨“五险”总金额为1339.1万元，2016年上缴情况共计支出1339.3万元。其中，养老保险539.29万元；基本医疗保险687.24万元（退休人员为551.9万元，离休人员10.03万元，在职125.33万元）；失业保险7.52万元；工伤保险24.13万元；生育保险13.9万元；企业为退休人员缴纳的高额补充医疗保险为67.3万；全年企业为职工缴纳住房公积金261万元。

【保障房建设】 四川省木里林业局经济适用房、武警凉山州森林支队干部住房及州林科所改善型经济适用房项目根据凉规建住发〔2013〕203号文件批复立项（土地使用证号：凉国用〔2016〕第18号），由凉规建住发〔2014〕155号及凉规建住发〔2014〕326号文件批复初步设计，规模为864户总建筑面积90102.25平方米，其中经适房住宅建筑面积78666.09平方米、地下车库10050.75平方米及配套用房1385.41平方米，于2015年12月29日按规定完成招投标工作，2016年7月1日完成施工合同签订及备案工作，随后进入现场开工准备阶段。棚户区改造各项目的招投标工作均严格遵守国家有关法规，由省、州发改委对初步设计进行批复，木里林业局西昌棚改230户，泸山园艺场垦区改造房65户，已经正式开工建设。

【安全目标管理】 四川省木里林业局贯彻执行国省州县人民政府和州国资委、州林业局关于安全生产工作的系列决策部署，严格按照安全生产工作要求，深化执法检查、隐患治理、宣传教育，突出安全生产大检查活动，加强安全生产管理制度、目标管理控制。全年未发生安全生产事故。

【森林公园申报工作】 四川省木里林业局根据党中央、国务院提出加快推进生态文明建设的要求以及习总书记提出的“把绿水青山变成金山银山”的总体思路，启动鸭嘴、乍尼、鸡依三个省级森林公园申报工作，2015年9月省、州对木里林业局开展森林公园工作下达前期申报批复意见；2016年8月完成3个省级森林公园的资料申报工作；9月通过州级评审；现推进至省级批复阶段。

【帮扶工作】 四川省木里林业局精准扶贫工作，任务在麦地龙乡尼波村，该村居民191户，人口726人。其中确定精准贫困户40户，人口169人。一是局扶贫领导小组牵头，在中央财政下拨给木里林业局的森林抚育指标中分拨9990.5亩森林抚育任务（50万元）给尼波村，此项目贫困农户人均收入5700元，为贫困户脱贫折帽奠定基础；二是在“一帮一”结对帮扶工作中，制定脱贫计划和帮扶方案，并送上帮扶资金及帮扶物资共1万余元；三是将局第七处管护处办公室和职工住房6栋20间（估价20万元）调剂出来，让部分贫困户直接居住；四是将生态管护和扶贫攻坚结合起来，在护林防火期间单位聘用尼波村贫困农户协助第三管护处和第七管护处进行森林管护，并支付管护工资共计6万元，以此增加贫困户收入；五是木里林业局为开展扶贫工作，安排大小车辆，总行程达7000余千米，费用支出超10万元；六是购买的1000余册益智课外书籍7000余元，捐赠麦地龙乡中心小学；七是州国资委联动国资国企重点打造的精准脱贫示范点—甘洛县海棠镇正西村绿色蔬菜生产基地、养殖基地、经果林种植等精准扶贫项目提供对口帮扶资金5万元；八是按照州政府和木里县12月5日召开的扶贫攻坚会议精神，从森林管护费用中划拨50万元作为木里县扶贫攻坚工作经费，助力木里县精准扶贫工作有序开展。截至2016年12月末，企业在2016年度精准扶贫工作上共投入资金（帮扶物资折算）142.70万元。

【党建工作】 四川省木里林业局党委积极践行“两学一做”学习教育活动，认真落实党建工作责任制、开展党员经常性教育、夯实基础性工作、支持行政目标任务的完成与维稳工作、支持工会与女职工工作。

【获奖情况】 四川省木里林业局被凉山州林业局评为“十二五”期间天然林资源保护工程先进单位二等奖和党风廉政宣传教育先进集体；木里林业局工会被凉山州总工会评为工作目标考核一等奖。

（供稿单位：木里林业局／审核：黄军／撰稿：蒲孝国）

川林五处

Fifth Forestry Road Construction Office of Sichuan Province

【概况】 2016年，川林五处有在职职工168人，离退休职工842人；供养救抚人员170人；聘请协管员及其他人员等60人。工程处下设木里森林管护处，子公司凉山大自然园林绿化有限责任公司。机关科室部门13个：党办、行办、工会办、护办、天保工程科、财务科、劳资科、组织人事科、纪检监察科、多种经营科、安全科、保卫科、总务科。另设两个退管站。2016年川林五处有就业职工111人经过转岗培训转岗到管护岗位，12人转岗到公益林建设岗位，45人转到森林抚育岗位。2016年，川林五处经国资委委托的会计事务所审计，企业总资产5315万元，其中固定资产1518万元，流动资产4285万元。负债总额3921万元，资产负债率73.77%，所有者权益1394万元，比2015年增加1万元。本年计提折旧27万元。全年经营收入218万元，营业外收入18万元，利息收入3万元，成本费用238万元，实现盈利1万元。

【天保工程】 2016年封山育林计划和设计面积8000亩，小班数32块，分别落实在盐源县基所林业站，计划完成率100%，核实面积8000亩，面积核实率为100%；封育合格面积8000亩，面积合格率100%。森林抚育计划和设计面积3万亩，小班数101个，分别落实在盐源县左所林业站八作业区，面积1.5万亩，宁南竹寿森经所梁子作业区，面积5000亩，木里县桃博林场所依吉作业区、第一林场所唐央作业区，面积1万亩，已全部完成作业。管护面积770863亩，分别落实在木里县倮波林场150506亩、赤日林场401168亩、白水河林场64125亩及恰朗多吉自然保护区155064亩。常年森林管护工作完成上级林业部门下达的森林防火指标，林政资源管理工作，无重大毁林、盗伐、盗猎等林政案件发生，无大的森林病虫鼠害发生。森林火灾损失率为元0，森林有害生物成灾率为0，巡山记录、管护日志、标语碑牌完整完善，管护区宣传教育工作到位。

【劳资保险】 川林五处在职职工全部参加基本养老保险、医疗保险、工伤保险、失业保险和生育保险，各项参保率为100%。“五险一金”足额按期缴纳，全年全处职工平均工资比2015年增长11.6%，职工爱企、爱岗、敬业精神、企业凝聚力进一步增强，确保企业稳定发展。

【护林防火】 川林五处从组织宣传、责任落实、巡山护林、火源管理、扑火队伍建设、扑火处置预案、扑火物资、扑火资金等方面精心筹划，认真落实，确保全年护林防火工作任务的完成。工程处实行行政首长负责制，处长为第一责任人，分管副处长为直接责任人，由工程处与木里管护处签订《森林防火目标责任书》《森林管护目标责任书》，管护处与管护职工签订《森林管护责任协议书》81份，与协管员签订《森林管护责任协议书》42份，将责任落实到每一个人，每一个山头，实现山有人管，林有人护。1月至6月川林五处组织召开森林防火工作会议6次，对2016年的森林防火工作进行周密的部署和安排，各管护站点在防火期内，严禁离岗、脱岗、漏岗行为发生，严格执行领导带班和24小时值班制度。认真贯彻落实《四川省森林防火条例》及《四川省野外用火管理办法》，把宣传作为森林管护工作的首要任务，深入林区，走进村组发放护林防火宣传资料5000余份；刷新森林防火永久性碑牌3座；书写和喷绘森林防火标语100余条；出动森林防火宣传车5次，出防火简报4期，全方位、多渠道的把森林防火工作传递给每一位林区群众，形成全民共同参与护林防火的良好氛围。

【安全生产】 逐级分解，层层落实安全生产职责，并签订责任书；加强宣传教育工作，普及安全生产知识，强化安全生产“红线”意识，认真开展“安全生产月”“安全生产宣传周”及“安全生产宣传咨询日”活动，深入基层，走进社区，广泛深入开展安全生产宣传活动，悬挂宣传横幅5条，张贴宣传标语20余幅，发放安全生产知识手册60余册，发放安全生产、森林防火宣传单600多张。安排50余人次对排查出的重大隐患进行彻底整改，确保隐患排查和整治率达到100%。

【林业碳汇公司申报工作】 川林五处积极探索凉山林业改革发展新路，申报“凉山州林业碳汇资源开发投资管理有限公司”，2016年底经凉山州林业局同意开设，该公司专业从事林业碳汇资源开发、利用和管理工作，助推林业精准扶贫帮困，变森林资源优势为经济优势，共同推进凉山生态有效保护，实现绿色发展，为促进经济社会可持续发展和维护生态安全做出新贡献。

【经适房和棚改房】 2016年，川林五处位于西昌市花园路川林小区经济适用房304套，在2011年10月开工建设，2015年4月完工交验，至2016年初业主已基本入住。处机关驻地2011年度计划棚改房288户，2013年3月开工，2015年8月完工交验，现入住率50%以上。2016年3月启动“两房”工程审计工作，现仍在进行中。

【党建和党风廉政建设】 川林五处积极践行“两学一做”学习教育活动，把企业党建和党风廉政建设工作与生产经营管理工作同部署、同落实、同检查。落实党委在党建和党风廉政建设工作的主体责任，充分发挥党组织在企业经营管理中的政治核心作用，保证党和国家的路线方针政策在企业的贯彻落实。狠抓制度执行力，用制度管人，按程序办事，严格执行《“三重一大”集体决策制度》《国有企业领导名录员廉洁从业若干规定》和天保工程政策法规及企业各项规章制度，充分发挥民主决策、民主监督、民主管理的作用，规范党员、干部及管理人员的行为，强化效能监察，做好党务、处务公开工作。对各项工程、重要岗位依规依纪严格审计审查，全处全年未发生违纪、违规事件。

【扶贫工作】 川林五处选派扶贫“第一书记”进驻扶贫村。全处履行社会职责、助力扶贫攻坚任务，为甘洛县乌史大桥乡沙都村帮扶投入16.4万元，木里县对口扶贫12万元，累计投入帮扶资金28.4万元；派出扶贫车辆30台次行驶近万千米，确保扶贫物资、慰问品及时到位；处党政领导及相关科室人员近40人次到贫困村进行指导、调研、检查帮扶工作，确定“一户一策”精准扶贫奔康计划和帮扶产业发展之路。

（供稿单位：川林五处／审核：张登荣／撰稿：杜丽萍）

西昌汽车运输公司

Xichang Automobile Transportation Co., Ltd.

【概况】 2016年，四川省西昌汽车运输（集团）有限责任公司（以下简称集团公司）继续坚定不移地“调结构、改机制、强基础、保安全、促发展”，在公司职工的共同努力下，克服重重困难的严峻考验，打响稳中求进、转型升级的攻坚战，推动公司生产经营各项目标任务取得新进展。以企业中心工作和深化改革为主题，在内部机构调整、管理机制改革与创新、固定资产管理、人力资源管理等方面取得初步的成效。全年西运集团公司完成旅客运量1612.51万人，为年计划的101.42%，换算周转量完成12479.82万吨千米，为年计划的104.98%，全面完成全年运输计划。完成营业收入2.9771亿元，与2015年相比减少1.83%；实现利润总额3473.68万元，与2015年相比增长28.17%；实现净利润2085.72万元，与2015年相比上升24.74%；企业净资产与2015年同期相比增加2652.79万元，增长幅度为26.03%，集团公司总资产已达5.021亿元，基本完成年度计划，连续19年实现国有资产保值增值。安全生产状况保持总体平稳态势。汽车运输行业安全生产控制指标百万车千米肇事率、死亡率、受伤率、经济损失均在控制数内。与2015年同比，实现在企业发展的同时职工收入的同步增长。

【营运管理】 全年全司共有营运车辆1211辆，其中高一级车262辆、高二级车14辆、高三级车27辆；座位数24988座。拥有各类客运班线194条，集团公司在生产经营上按照“科学组织、强化措施、安全第一、以客为主”的原则，紧紧围绕经济效益主线，以科学、规范、高效的企业管理理念，着力抓好企业基础管理的落实。一是加强运营车辆的基础管理，充分发挥现有运输生产的潜力，切实落实质量信誉考核工作的要求。2016年集团公司对全司营运线路、线路营收、营运区域、旅客流量和流向、运输价格和成本等情况进行系统地调查统计，摸清基本情况，按照安全生产评估标准，建立、健全营运车辆和安全生产管理等各项档案，顺利通过省专家组对公司的安全生产状况评估，取得AAAAA等级的较好成绩，增强运输组织管理能力。二是强化措施，完善经营制度，务求工作实效。2016年集团公司在修订、完善集团公司《单车承包合同》的基础上，进一步健全和完善运输生产的各项配套制度和措施，积极推进公司化经营和管理工作，加强单车管理；加强单车管理，抓好重点时段道路旅客运输组织及保障，做好在跨省、跨区线路的营运效益论证；继续积极协调单车运输价格和车站收费标准的审批工作，基本达到预期效果，按计划完成全年运输生产任务。三是积极主动处置经营中的各项问题和矛盾。面对运输生产中经营成本、安全风险、经营矛盾、服务纠纷不断增加，单车承包经营者不稳定的因素增多等情况，集团公司按照依法办事、妥善调解、积极处理的原则，在政府相关部门的支持协调下，迎难而上，积极应对，深入生产经营一线精心谋划、统一领导布置，及时排忧解难，有效缓解各类矛盾，生产经营保持平稳态势。四是完善车辆技术管理。2016年集团公司坚持继续完善和规范车辆技术管理工作的长效管理及标准化管理机制，持续开展车辆技术隐患排查工作，严格规范车辆技术和车辆信息管理，完善车辆技术基础管理工作，把好车辆准入关，有效杜绝安全隐患，规范车辆基础管理工作。

【安全管理】 集团公司保持发展定力，从思想认识、基础保障、制度和管理上助推运输生产安全稳定发展。集团公司以进一步贯彻落实安全生产法（修订）为契机，不断完善“一岗双责、党政同责、齐抓共管”的安全生产责任体系，始终坚持“安全第一，安全就是效益”的经营生产理念，按照严管、严查、严处的工作原则和“安全第一，预防为主，综合治理”的工作方针，严格落实安全生产主体责任和安全生产管理责任制。积极组织各级安全管理人员参加省、州相关主管部门安排的安全教育培训工作，持续开展安全警示教育和安全宣传咨询、“百日安全生产竞赛”、安全生产月、全司全员安全法规知识竞赛及合理化建议、安全应急演练等一系列活动，加强对驾乘人员的安全培训，提高全司安全管理能力和全员安全意识。坚持深入基层、深入一线，了解安全生产动态，现场解决安全难题；开展实施每季度安全例会，切实强化安全思想、能力和作风建设，形成动静结合、高压严管的安全管理新常态。全年共安装营运车辆3G视频监控设备418台套，大幅降低发生交通责任事故的风险，保障行车安全，全年未发生因违反道路运输车辆动态监控管理制度而导致的责任事故。

【基础设施建设】 集团公司积极推进站点建设工作。西昌汽车客运中心局部完善工程已完成工程竣工验收和功能验收;普格汽车站原址新建工程已经完成竣工验收并投入使用;昭觉旅游运输服务中心站已经开始施工;盐源县汽车客运中心站建设工程,施工单位已进场施工;布拖县旅游客运中心站建设项目按照县政府的规则对建站土地进行调整,正处于方案设计阶段;木里汽车站局部完善工程已经立项;宁南县客运中心站建设项目施工图设计工作已经完成;会理顺强旅游客运中心主体工程已经完工。

【内部组织机构及机制改革】 集团公司为维护企业的长远利益,确保企业发展后劲,积极调整组织架构,主动推进内部资源整合及机制改革。一是从加强内部管理入手,剥离原归基层单位管理的离、退休人员,由集团公司统一管理,让基层单位轻装上阵;对西昌片区单位的固定资产(包括台账、合同等)进行清理、核实,重点加强对工作中风险点特别是在基建、采购、资产租赁等方面的管理。要求按照州国资委各项监管制度规定的工作程序必须依法按规落实到位。二是对会理片区3个单位、越西片区3个单位进行整合重组,并着手对西昌片区各运输分公司进行整合调整,缩短管理链条,提高管理效率,加强对客运工作的管理,最大限度适应市场,增强对客运市场的竞争力、占有率。对全集团公司经营性及非经营性的土地、场地租赁资产进行集中管理,进一步加强固定资产管理,增加固定资产经营效益,着力提升资产经营管理的专业化水平及效益。三是深化企业“三项制度”改革。按照“效率优先、兼顾公平、规范管理、科学合理”的原则,完善选人用人机制,规范所属单位负责人薪酬体系,严控人工成本费用,实施新的经营绩效考核制度和员工绩效工资发放考核制度,着力提高工作质量、增强工作效能,提升工作能力,改进工作作风。集团公司以营业总收入、企业净收入和利润总额为核心考核指标,按照“限高、增低、保中”的原则,着力推进业绩考核机制改革,实施新的基层单位经营绩效考核制度和员工绩效工资发放考核审批制度,坚持业绩导向,形成效益、效率与薪酬更加紧密联动、更趋于市场化的员工薪酬决定机制。

【人才培养】 集团公司以多种形式对职工进行的培训教育,持续加强对党员、管理人员和职工的岗位业务水平及安全教育培训。全年共有2333人次参加省、州和集团公司举办的各类专项教育或培训,通过培训提高管理人员和职工的服务意识,有效提升各级党员干部的素质能力和管理人员的管理理念,保证各项工作水平的提高和质量的提升。

【企业文化】 集团公司完成企业信用评价申报工作,获得由中国企业联合会、中国企业家协会联合颁发的AAA级信用企业等级证书。集团公司党委书记、董事长彭建松被凉山州经信委、州国资委、州企业(企业家)联合会授予“2016年凉山州优秀企业家”称号。有3个基层单位的领导被四川省企业联合会评为“2016年度四川省优秀基层管理者”。按照“以发展为主题、以改革为动力”的原则,2016年集团公司成功举办“中国梦、祖国颂、企业情”职工迎国庆和纪念建司60周年文艺会演、“安康怀”竞赛、职工竞跑比赛等活动,展示企业精神,增强职工集体荣誉感、自豪感和归属感,促进企业的健康发展。

【党建和党风廉政建设】 集团公司党委着力加强领导班子建设,以推进“四好班子”建设为工作切入点,一方面调整充实领导班子成员,配齐党政工责任主体;另一方面,加强对领导班子的教育管理。完善党组织建设,强化基层堡垒作用,以开展基层党组织“分类提升”为抓手,进一步加强完善基层党组织建设和对干部队伍及入党积极分子的教育和培养。全年发展新党员15人，转正党员3人，培养6人为入党积极分子。严格执行国企政治纪律、组织纪律、工作纪律、财经纪律和生活纪律及领导干部履职待遇、业务支出等制度规定，严格执行公务接待、差旅费、培训费等费用支出相关规定，从上至下积极营造透明、公开、民主的企业氛围，接受监管不讲条件、执行任务不找借口、遵守制度不打折扣，自觉接受监管，进一步强化阳光国企建设。

【帮扶工作】 集团公司党委深入扶贫帮扶点雷波县咪姑乡米丰村开展调研，认真选派第一书记开展工作，结合实情制订三年发展规划，提出“修通一条路、架起一座桥、发展一个特色产业、开办一所夜校、发展一条稳定的集体经济收入渠道、建设一个坚强的基层党组织”的“六个一”目标。向咪姑乡中心校捐赠校服1200余套，公司职工捐款近5万元购置生活用品，开展“走基层、送温暖”活动。内引外联、发展集体经济，充分发挥当地自然资源优势，利用产业发展基金和集团公司帮扶资金，修建白酒加工和养殖香芋猪“一体式”生产基地，以租赁承包实现村集体经济收入增长。

（供稿单位：西昌汽车运输公司 / 审核：彭建松 / 撰稿：罗七一　王静）

攀西高速公路开发公司

Panxi Expressway Development Co., Ltd.

【概况】 2016年，攀西高速公路开发公司围绕国企改革总要求，深化企业发展步伐，以目标任务为中心，深入开展“质量建设年”活动，打造公司坚实发展基础，公司各项工作呈现出全面稳步推进、健康良好发展的局面。

【主业管理】 一是着力构建公司、管理处、收费站三级闭环管理机制，采取规范收费环节、理顺特情车处理流程、抽调业务骨干到其他公司交流学习的方式，全面提升收费、稽查、监控管理水平。全年公司通行费现金收入完成89914万元，完成目标88500万元的101.60%；清分收入60093万元，完成目标58200的103.25%，较2015年同期上涨16.10%。二是深入开展优质服务窗口建设活动，公司以川高收费质量大检查工作为依据，大力开展收费质量建设，牢牢把握业务技能、优质服务、窗口形象“三张名片”，大力拓展收费站文明服务的广度和深度，全面提升服务保障能力。三是不断加大堵漏增收力度。公司组建稽查队，加强对免费车辆的稽核力度，持续打击收费违纪违法行为。全年共开展稽查135次，稽查2592人次，查处违规违纪人员211名，处理211名违规违纪人员，解除劳动合同8名；通过监控系统实时监控27.23万人次，图像稽核12.90万人次，并紧密配合相关执法单位，重点对ETC逃费车辆、降档逃费车辆、套牌车辆开展各种形式的对外稽查追缴行动，查处偷逃通行费车辆2.94万辆，挽回通行费损失169.68万余元。公司作为川高公司ETC逃费追缴的试点单位，相关工作受到上级主管部门的充分肯定。四是不断加强机电项目维护和建设，不断提升收费服务管理水平。公司全年顺利完成通信主干网改造配套设施建设、隧道监控系统修复、路段监控系统修复、西攀段整车式计重设备改造等专项工程，为收费、安全、稽查工作提供有力保障。

【改扩建工作】 公司积极履行“服务型”业主职责，组织参建各方严格执行合同，规范行为，精细管理，确保项目建设稳步推进。一是积极帮助泸黄路改扩建试验段项目建设单位落实驻地建设土地、帮助他们合理配置资源，确保施工建设队伍尽快驻地施工。针对试验段土地征拆工作滞后的情况、公司与地方政府积极开展沟通协调，请求政府尽快提供土地，为项目施工施工创造良好的外部环境。二是加快推进工程建设。公司与施工、监理一道不等不靠，在已交付的土地上抢抓关键工点如漫水湾立交、梳妆台大桥等工程的施工建设工作，优化施工方案，自开工以来试验段累计完成投资1.501亿元，占年度计划1.5亿元的100%，自开工累计完成路基挖方5万余立方米，填土石方2万余立方米，混凝土挡墙4万余立方米，涵洞接长16道，桥梁桩基200余根，预制空心板24块，桥梁下部混凝土累计浇筑完成5120立方米；桥梁上部混凝土累计浇筑完成1618立方米，完成4座中桥（半幅）的梁板顶升加固工作，完成梳妆台大桥右幅梁板更换及拱上立柱盖梁的加固维修工作，完全漫水湾大桥钢栈桥及冲孔平台的搭设工作，铺筑路面水稳层3万余平方米，路面材料已备料2万余立方米，同步按照标准化建设要求完成冷热拌场、混凝土拌和站和项目部驻地建设工作。三是精细化管理，严格执行合同，加强项目建设的质量安全管理。针对泸黄路改扩建试验段工程“边施工、边营运”的情况，公司制定一系列工程建设管理规章制度，加强对项目的质量、进度、造价、安全、廉洁的“五位一体”管理，加强对项目的督查指导。同时，公司还与相关软件开发公司合作完成“泸黄路加宽改造工程建设项目管理系统”等工程建设信息化管理系统，实现工程建设数据实时传输、远程动态监控、快速查询分析，提高管理效率和透明度，使工程质量、安全、环水保均处于良好受控状态。四是积极推进泸黄路改建扩能项目的前期工作。公司配合完成工程报告申请，完成招标代理比选等工作。泸黄路改建扩容项目获得工可批复，初步设计获交通部批复，施工图设计报省交通厅，招标工作全面启动。

【养护管理工作】 一是扎实开展道路养护工程。2016年公司继续认真贯彻“预防为主、防治结合”的方针，积极开展对辖区桥隧的技术状况检测，并根据检测数据科学制定养护维修方案。全年专项养护工程共计22个，预算金额8790万元。包括米易管理处场坪围护工程、盐边收费站扩能改造工程、泸沽至黄联关高速公路路面改造工程等完成18项，其余专项工程正按计划向前推进。其中，盐边收费站扩能改造工程采取政企共建模式，工程于5月4日开工。全年公司日常养护预算

决战泥石流，抢通生命线

1260万元，实际完成1260万元。公司进一步强化日常养护和小修保养，做好道路日常养护工作，坚持日常巡视和定期检查相结合，注重对路面坑凼、特大桥梁、高边坡、高路堤的监测维护力度，在雨季还特别加强对桥隧涵及边坡的巡查力度，同时做好全线路面坑凼修补、道路保洁工作，适时安排对道路轮廓标、反光柱、标志牌、护栏的清洗擦拭，疏通、清理泄水孔、伸缩缝，对遮挡标志标牌的绿化及时进行修剪等工作。公司管养路段路容整洁、路基坚实、路面平整、设施齐全完好，公路技术状况水平始终保持良好状态，公路技术状况指数MQI达到92.31。二是养护自主设计、自主监理工作稳步推进。根据川高公司关于对项目自主设计和自主监理的有关要求，公司印发《专项养护工程项目业主自管模式实施方案》，正式启动自主设计和自主监理工作。全年，国道G5京昆高速公路泸沽至田房段隔离栅集中恢复工程、国道G5京昆高速公路西攀、攀田段增设防眩板工程、德州大桥桥下用地场坪围护工程等3项道路养护工程和交调站外场供电电缆敷设等1项机电工程完成自主设计并获川高批复，西攀路垭口至徐家梁子隧道段边坡滑塌防护加固集中整治工程、西攀路徐家梁子隧道病害处治工程等3项道路养护工程以及西攀路整车式计重设备改造、交调站外场供电电缆敷设等2项机电项目工程正有效开展自主监理工作。公司养护管理水平、道路通行能力、路域综合环境得到提高、养护成本、人工成本则实现双降低。

【安全生产】 一是不断深化安全生产理念。始终坚持“安全第一、预防为主、科学管理、防治并举”的安全理念，严格落实“一岗双责”制度，结合新《安全生产法》《四川省生产经营单位安全生产责任规定》和《四川省高速公路条例》，修订公司与各部门、各管理处的《安全生产目标责任书》，分层分级把安全生产职责职权落实到各部门、各岗位。二是常态开展安全生产检查和隐患排查整治。按照全覆盖、高频率的原则，每月对全线所有收费站、服务区的安全生产工作开展情况进行指导检查，督促各收费站、服务区提高安全生产管理水平；在日常道路巡查和交通事故中，积极协调高速交警、交通执法部门，开展联勤联动、信息共享、应急救援和保通保畅工作，做到安全管理“零距离”，隐患排查“零盲区”。全年公司路管巡逻里程843665千米，出动清障车辆337次，处置交通事故685起，查处率100%，结案率为97.5%。三是不断加强超限超载及危化品运输车辆管控工作。加强沿线危化品、易燃易爆及超限运输管控的宣传力度，积极协助高速交警、交通执法开展“双超”治理工作，2016年已累计出动治超人员上千人次，检测车辆上万辆，道路交通事故率明显下降。四是不断提升道路安全保畅和应急救援能力。结合泸黄路改扩建工作和辖区道路实际，公司多次举行联勤联动会议，优化应急救援预案，组织各管理处、代表处分路段分时段开展防汛抢险及地质灾害应急救援演练，保证应急队伍状态良好、战之能胜，为应对严峻的防汛防地质灾害态势奠定实战基础。9月19日，攀枝花地区遭遇百年不遇的暴雨灾害，因暴雨造成的约1.5万立方米的泥沙石直接涌入攀田路官坝梁子大桥及隧道口，造成攀枝花大田到平地的交通中断，18台车辆包括其中一辆客运中巴车所载20余名乘客被困隧道内。公司接到灾情报告后，立即启动联勤联动应急救援预案，在半个多小时内，就营救出被困人员57人，除1人轻伤外，其余人员及18台被困车辆均安全撤离。随后，公司组织抢险队伍经过10个小时奋战，累计清淤达8000立方米，率先抢通隧道左幅，基本满足左幅隧道抢险应急人员、物资和设备车辆的临时通行，率先为攀枝花市抢险重灾区平地、大田提供唯一的抢险救援通道，为攀枝花整体抢险救灾赢得宝贵的时间。随后，公司再接再厉，仅用时24小时，就清理完全部堆积物，恢复道路的双向正常通行。全年，公司安全形势总体受控，全路段未发生重特大交通事故，公司自身也未发生安全管理源头责任事故。

【政企合作】 2016年公司依托近300千米的高速公路资源，通过土地利用、场地租赁、政企合作等模式做好三产开发工作。与地方合作的西攀路盐边互通立交改造工程项目于5月4日开工，政府补助资金3500万元到位1600万元，与米易县政府就米易收费站改建扩能工作达成框架协议；与四川睿能新能源有限公司签订《光伏发电项目框架合作协议书》，并完成安全评估，正进行合同谈判。全年公司实现经营开发税后收入1244.09万元，占调整后目标任务1072万元的116%。

【优质服务】 公司以服务区星级复审创建工作为重点，进一步规范服务区的经营管理、服务质量、安全生产等工作。一是加大对服务区监控系统和设施设备的改造升级力度，不断优化服务区硬件设施，不断完善相关设施设备，完成德昌、米易、攀枝花服务区提供停车位剩余容量信息、残疾人紧急呼叫与求助提醒装置和“四统一”建设改造工作，完善各服务区视频监控系统安装，实现将

攀西公司足球队在川高系统第四届青年文化节暨2016年五人制足球赛勇夺冠军

服务区数据上传和数据管理，使服务区的功能设施配置与服务质量得到全面提升。二是加大服务区的监管力度，坚持经营为主，监管为辅的服务管理模式，强化对服务区的监管。公司建立服务区安全生产管理联动机制，由经营者、服务区工作人员共同组成安全联动小组，定期对服务区的加油站、厨房、超市等开展安全质量巡检，进一步明确各方管理职责，增强大家的工作责任意识。同时工作人员每天排查危化品，禁止堆放易燃、易爆、腐蚀有毒等化学用品，使服务区的综合环境治理工作稳步有序，经济效益和社会影响已步入良性发展轨道。

（供稿单位：攀西高速公路开发公司／审核：汤小强／撰稿：郭高州）

四川盐业凉山分公司

Liangshan Branch of Sichuan Province Salt Industry Co., Ltd.

【概况】 1964年，为加强盐业统一管理，克服产销分管以来的矛盾，经国务院决定试办盐业托拉斯，恢复盐的专业管理，实行中央设中国盐业总公司、省设盐业公司、地市设运销站的三级管理体制和省、站两级核算制。1992年，根据四川省人民政府令第29号《四川省盐业管理实施办法》规定，经省编委同意，凉山州成立盐政市场稽查处，实行“两块牌子，一套机构”，内部职责分开，受省盐业行政主管部门和州人民政府的双重领导。1999年1月18日，正式更名为：“四川省盐业总公司凉山分公司”和“四川省盐业总公司××支公司”，一直使用至2016年。2016年5月，国务院发布《盐业体制改革方案》，废除食盐计划管理和政府定价机制，要求从2017年1月1日开始，放开所有盐产品价格，取消食盐准运证，允许现有食盐批发企业向食盐定点生产企业购盐并开展跨区域经营，允许食盐定点生产企业以自主品牌开展跨区域经营，实现产销一体。

【体制改革】 国务院《盐业体制改革方案》的发布是盐业公司历史性的关键时刻，全民所有制体制将不再适应经济社会发展的需要，几千年的食盐专营制度将发生深刻变化。市场化既是机遇、也是挑战，对四川盐业来说挑战大于机遇。一方面，四川盐业市场化进程较慢，公司制改革尚未开始，体制守旧、机制不灵活，严重制约公司长远发展；另一方面，四川盐业手中没有掌握充分的食盐资源，盐品供货不及时，进盐价格相对较高，加之产销一体化程度低，竞争对手多，竞争激烈。随着改革的不断推进和深入，这种竞争将越发残酷。目前，省外129家食盐定点批发企业进入四川省有备案的就达到86家，省内有省级食盐批发主体的已有10家，而进入凉山州食盐批发企业备案的有10家，没有备案还有很多，形势不容乐观。

凉山盐业面临三个方面的严峻考验。一是市场竞争考验。由于手中没有资源，食盐价格比厂家推向市场的价格要高出许多，市场竞争处于劣势。至今，诸多原因致使其他食盐品种大肆进入市场，各食盐厂家为铺货，导致食盐市场处于严重饱和状态，即将遇到的销售困难难以预料。二是公司制改革考验。公司内部机构设置多，职能不清、职责重复；公司人员分布结构不合理，管理人员多、外勤人员少且年龄偏大、对改革认识不足、工作积极性不高；“三供一业”包袱重，剥离时有很多不稳定因素等。三是公司发展生存考验。公司仍是全民所有制企业，经营业务单一，其角色就是一个商贸物流中间公司，没有忠实可靠的供应、销售商，如果内部公司制改革跟不上市场化步伐，远远落后于盐业改革，公司继续在旧体制下运行，就会失去很多发展机会，致使公司面临严峻的生存危机。

一方面，公司得益于长期经营积累，负债率较低（总公司仅为18.67%，分公司更低），现金流充足，资产状况良好，变现能力强，为改革提供充足的资金支持。另一方面，通过走访解到四川盐业这块老牌的国有企业金字招牌还是很受商家青睐和信任，大家也愿意合作。再者，凉山盐业还占据少数民族地区优势，享受国家食盐补贴特殊政策，这对稳定市场、稳定客户、展开竞争都是非常有利的。

【经营情况】2016年，四川盐业凉山分公司实现营业总收入9098万元，其中盐品销售收入8535万元，多种经营销售收入477万元；全年实现利润2168万元，增1028万元，增幅高达90个百分点，完成全年目标利润的145%。全年实现盐品销售42278吨，同比2015年增加1004吨，增长2.43%。其中食盐销售36113吨，同比2015年增加1974吨，增长5.78%。多种经营销售。全年实现多种经营销售收入477万元，同比2015年减少118万元，减少20%，全年实现毛利额61万元，完成年计划的136%。截至12月，多种经营库存113万元，减少39%。全年实现物业租赁收入190万元（含银月公司收入），与2015年持平。

【营销措施】一是携手《凉山日报》制作《食盐与健康》专题视频，开展多品种食盐宣传报道，推出各类品种、质地、价格的食盐，引导食盐消费新时尚。同时，在大中超市设立食盐专柜，统一“川盐连锁”标识，进一步提升公司形象。及时组织人员深入社区、乡镇宣传、解释国家盐改方案，深入边际接壤地区调研、检查，科学合理调整销售策略，积极与周边盐业公司合作，做好供应产品对接，减少冲销，维护市场稳定。充分把握民族地区政策倾斜优势，及时会同州政府有关部门，研究制定凉山州食盐运销费用补贴标准和国家储备盐管理费用方案，并上报省人民政府。根据市场动态，循序渐进的推出、恢复350克绿标盐的销售，制定短期食盐营销方案，为食盐市场放开做好充分准备。召开少数民族县食盐委托代理批发商工作会议，及时传达国家盐改方案，商讨2017年食盐放开后的供应工作，签订责任书，稳定合作关系。二是认真开展市场调研，全面掌握行业和竞品动态，制定产品促销方案，通过促销活动，促进产品销售。以产品和服务为纽带，不断理顺经营渠道，有效加强渠道建设。举办春季订货会，宣传促销政策，吸引客户、推广产品、扩大订单。梳理产品库存，及时淘汰毛利低、滞销的商品，降低经营风险。合理安排要货计划，统筹规划运输路线，积极争取厂家直达配送，有效减少中转费用。三是坚定不移地推行客户经理制，根据推行情况，及时调整完善客户经理管理办法、奖励激励措施，不断加强客户经理管理。通过客户经理这条有形和无形的连接载体，使公司密切与广大客户之间的关系。

【市场监管】2016年，盐业公司委托凉山州政务中心综合窗口公开办理食盐专营代理批发许可证、食盐运输许可证，不断优化盐业行政行权流程、办理流程。2016年，先后抽调12名盐政执法人员赴乐山、自贡开展驻厂监控工作。同时，联合食药监、公安、工商等多部门开展制贩假盐专项治理行动，对全州重点区域进行重点检查，有效维护食盐安全。全年共查处盐业违法案件8起依法移送司法1件，查获私盐66.345吨，保障合格碘盐有效供应。联合卫生、疾控等部门及17个盐政稽查所共同开展“5·15”碘缺乏病宣传活动，取得较好社会效应。

【内部管理】2016年，州盐业公司认真梳理、清理已不适应公司发展需要的制度，及时完善会议、差旅费报销、车辆管理、干部任用制度等内部管理制度。一是制定2016年度《绩效管理考核办法》《目标管理考核办法》，建立工资预算管理办法，根据经营业绩，科学统筹安排工资发放和奖金分配；及时申报、缴纳职工“五险二金”，切实维护职工利益；认真清理劳动合同，规范用工管理，进一步理顺用工关系。二是进一步完善收入、利润考核管理办法，规范报账制度，加强财务监管，对不符合规定的原始单据拒绝报销，2016年严控六大费用开支164万元，同比下降20%；科学管理闲置资金，增加投资理财收益约11万元；进一步抓好内部审计监督，全年审计19个基建维修项目和3个财务收支专项，审计金额约56万元。全年共组织各类培训14起，培训员工149人次，有效提升职工履职能力。

（供稿单位：四川盐业凉山分公司／审核：张晋文／撰稿：褚远谋）

交通投资开发有限责任公司

Liangshan Prefecture Transportation Investment and Development Co., Ltd.

【概况】 2016年,公司设有党群办(纪检监察室)、行政办、工程处、经营处、财务处、人力资源劳资处等6个职能处室,下属1个物贸分公司、1个全资子公司(凉山交通置业有限公司)。现有正式员工61人,其中研究生1人、大专及以上文化54人、中级及以上职称26人。2016年,州交投公司获州委、州政府"一轮凉推"先进建设单位称号。

【项目建设】 凉推项目系凉山州交通建设史上里程最长、投资最大、标准最高的德政工程、民生工程。2016年,面对凉推项目艰巨繁重的推进压力和决战决胜"6·30"项目推进行动的紧迫任务,公司班子带领广大干部员工"一切围绕项目转,一切为项目干",努力克服巨额资金缺口、参建单位履约能力弱、征拆工作推进艰难、公司管理、技术力量不足等多重困难,砥砺奋进,昼夜奋战,形成大干快上,热火朝天的大会战氛围,全面完成"6·30"目标任务,如期实现州到县干线公路的畅通联网目标并顺利启动"二轮凉推"建设。截至2016年底,凉推国省干线项目完成年度建设投资36.5亿元,累计完成投资85.2亿元;年度完成建设里程466.7千米,累计完成里程767.1千米。公司"一轮凉推"取得的成效受到省、州领导的充分肯定和社会各界的一致好评,为全州争取国家、省对凉山交通扶贫的更大支持作出应有努力,为"二轮凉推"政策的落地和顺利启动奠定坚实基础,为各族群众脱贫奔康铺筑更加通畅平坦的康庄大道。

【企业发展】 作为州属重点国有企业,州交投公司不仅承担凉推方案国省干线项目建设任务,而且肩负着实现国有资产保值增值,做强做优做大企业的重任。2016年,公司不断拓展物贸分公司业务的同时,积极办理成立全资子公司事宜——凉山交通置业有限公司并积极主动与州委、州政府签订战略合作协议的鑫福集团开展合作,取得实质性进展,合资组建的目标公司有望于2017年正式营运。立足实际,放眼长远,公司结合《中国凉山州委办公室 凉山州人民政府办公室关于印发〈深化州级国资国企改革方案〉的通知》(凉委办〔2016〕155号)等文件精神和上级指示精神,对企业发展战略进行修改细化,提出以全资、控股、参股、混合所有制等多种形式,"十三五"末初步形成"1+3+n"的产业结构布局("1"即现有交投公司,"3"即三大板块业务,"n"即组建的若干子公司),将州交投公司打造成为总资产规模不低于500亿元集团公司的奋斗目标。

【党群工作】 州交投公司严格贯彻落实中央精神和省州关于党风廉政建设的精神,从严执行公司《工程建设六不准》,进一步落实责任,坚定不移推进各项工作的党风廉政建设,努力打造阳光工程,建设廉洁企业。一是结合"两学一做",坚持"教育为先、预防为主"的原则,采取多种学习形式,将案例警示和先进典型教育相结合,深入开展反腐倡廉教育,致力打造阳光工程和廉洁企业。二是齐抓共管,认真落实党风廉政建设责任制,一年来,按公司党委制定的《2016年党风廉政建设工作要点》和《2016年党风廉政建设工作任务分解表》,对全年工作进行安排部署,积极践行"一岗双责"。三是严明纪律,坚持以制度建设和贯彻执行为核心的惩防体系建设,突出公司特色,抓住重点,多渠道、全方位在公司项目建设和经营发展过程中深化预防腐败工作,推动领导干部作风进一步转变。四是在加强公司内审基础上,积极对接审计监管部门,严格审计,对发现的问题及时依法依规整改落实。

公司党委认真履行管党治党主体责任,以"两学一做"学习教育为抓手,努力把党建成效转化为公司推进项目建设和企业发展优势。开展中心组学习及各类集中学习宣传会18场次,开展"每周话廉"手机短信49期,累计受教4000余人次,向州级以上媒体发表新闻信息86篇次;按工资总额1.5%足额划拨党建经费，保证党建工作有序开展；建立党员基础信息实时采集和纪实信息的标准化管理制度，修订完善或新建制度23项，表彰各类“创先争优”先进个人22人，对6名入党积极分子进入培养考察计划；派驻第一书记驻村蹲点精准帮扶，组织员工向帮扶村募捐20300元，购置棉衣棉被对50户困难群众进行慰问；与中高级管理人员签订党风廉政建设责任书，全体员工向公司作出廉洁从业和廉洁自律承诺，将党建和党风廉政建设考核纳入员工绩效考核；坚持重要事项提廉洁要求、重要会议讲廉洁教育，重要节点打廉洁招呼，全年共开展工程建设“六不准”专项检查5场次、违规收送礼金专项自查1次、工程项目计量支付内审5场次，开展为期3个月的公司财务专项检查；核实处理上级移交、交办和收到的信访举报件11起，合并回复3次，协调解决12起施工单位拖欠农民工工资问题；全年约谈有关人员13人次，向相关代建、施工单位函询2次。

（供稿单位：州交投公司／审核：张毅　切吉拉哈／撰稿：张倩玫）

益门煤矿

Yimen Coal Mine

【概况】 凉山州益门煤矿始建于1958年，位于四川省会理县益门镇，系州属地方国有中型煤炭企业，法人代表余昌辉。2016年底，全矿在职职工1009人，井下外用工459人，临时用工174人，离退休人员1716人。矿井核定生产能力60万吨／年，设有掘进队、二矿井、通风队三个井下车间，承担矿的采掘和“一通三防”工作；另设有机关、后勤服务部、职工医院（2016年12月整体移交会理县）等辅助服务单位，下辖子公司为凉山州顶泰盐化有限责任公司、西昌阳光物业有限公司。矿党委下设7个党支部和1个离退休党总支。

【生产经营】 2016年，全矿生产原煤53.06万吨，生产洗煤25.86万吨，入洗原煤35.29万吨（含库存入洗8.43万吨）。全年销售原煤26.2万吨、洗煤25.86万吨，产销率达到100%，实现总收入18953.20万元，货款回笼22446.32万元，完成目标计划的156.92%，实现净利润49.09万元。完成工程及固定资产等投资2344.37万元，实现税费3657.72万元，缴纳各种社会保险费用2041.36万元。

【安全生产】 2016年全矿实现零死亡指标，发生工伤31人次，同比减少3人次，下降8.82%。截至2016年12月31日，全矿连续安全生产1782天。安全工作事关企业的生存与发展，按照国务院及省、州关于煤炭行业化解过剩产能的有关政策要求，矿上于3月制定“弹性工作日”方案，经批准同意，实施到11月。省安监等部门出台《关于释放部分地方煤矿产能保障今冬明春煤炭供应的通知》后，矿上抓住这一难得的机遇，迅速制定上报并实施《关于释放产能确保今冬明春煤炭供应的方案》，为最终扭亏为盈起到决定性作用。全矿11个质量标准化小组对照《煤矿安全规程》《煤矿安全管理质量标准化》和《煤矿重大生产安全事故隐患判定标准》进行对标检查，共计排查问题117条，基本整改完成。坚持日常隐患排查治理，全年共排查出安全隐患672条，全部按“五落实”整改完成。2016年共接受各级各类专项监察、联合检查、交叉监察9次，整改隐患85条，全部经相关部门现场复查，验收合格。投入资金807.36万元，为井下安全生产提供坚实的物质和经济保障。全年培训各类人员共计35期、1009人次，内部培训与安全案例警示教育相结合，红线意识、底线意识得以加强。

【内部管理】 苦练内功提质增效。加强信息化网络化管理，投入近100万元，建成地面监控系统，实行公车GPS定位管理，用机器设备换人，保证各岗位工作正常运转。严格控制“三公”经费，制定《益门煤矿办公室公务车辆管理制度》，进一步加强公车管理。大额资金严格按“三重一大”规定执行，以公开招投标方式采购设备物资，降低采购成本，提高资金使用效率。根据州国资委批复，永久性关停并拆除 2×1500 千瓦自备火电站发电机组，淘汰落后产能，为节能减排和保护环境做出积极贡献。各车间采取减少材料消耗，加强修旧利废，降低生产成本。二矿井加大采区开帮面栓条及尾巷大料的回收及重复使用，节约成本 27.80 万元；巷道抬支柱加固 U 型钢厢，减少巷道维修次数和 U 型钢消耗，节约人工成本。加强劳动用工管理，清理特殊工种，进一步理顺并规范企业用工。

【服务民生】 2016 年，全矿在册在岗职工人均年收入 40410.62 元，从业人员人均年收入 35261.57 元，同比基本持平。根据州国资委安排，矿自筹费用 113.14 万元，积极对接完成矿 24 名退休教师医疗保险关系转接手续，实现退休教师的医保剥离。2016 年支出住房公积金 946.07 万元；会理经适房及青㭎林保障性住房在州国企住房保障办的指导下，有序推进。完成澡堂改造，在更衣室安装取暖空调。2016 年助学救助 31 名考上大学的职工子女和分流职工子女，发放资金 24.25 万元，其中 4 名农民工子女 2.75 万元；为困难职工家属发放补助资金 5.26 万元，发放全矿 159 户 220 人次低保金 54.33 万元；开展“放飞希望、绽放微笑”留守儿童助学慰问活动，共为 51 名留守儿童发放慰问金 2550 元；为 101 名灵活就业人员申报并办理社保补贴。关心离退休职工，继续在春节、重阳节为他们发放慰问金 68.14 万元，并为他们办理验证手续。顶泰公司在极其困难的情况下，积极筹措资金 1.1 万元资助奖励职工子女 13 人次，把关爱落到实处。2016 年 8 月，企业筹资 31.85 万元，约请州疾病预防中心到矿，为 1229 人进行职业危害及健康体检，并以健康告知卡的方式通知到每一个人。职业病防治办将积累几十年的健康档案和新档案，一起重新整理归类，建立新的健康档案。为 2 名患有癌症的职工向省困难职工帮扶基金会申请关“癌”行动重大疾病救助项目。

【企业文化】 积极组织开展文体活动，丰富矿区文化生活。举办新春游园活动、“劳动铸就梦想”诗歌朗诵比赛、“青春飞扬展风采，我与企业共奋斗”主题踏青登山活动。参加州总工会首届职工书法比赛、州国资委首届企业国学经典诵读大赛，受到好评。

【改革改制】 按照州政府、州国资委要求，开展企业公司制改造和职工医院移交工作。按照相关文件精神和州国资委的安排部署，完成《凉山州益门煤矿公司制改造方案》《凉山州益煤煤业有限责任公司章程》，以及公司制改造方案，已报州国资委及州政府，等待批复。医院移交工作在州国资委的指导下进行，2016 年 12 月 23 日，益门煤矿与会理县签订《凉山州益门煤矿职工医院移交与接收中有关过渡经费等问题的协议》并得到州国资委批复同意，职工医院整体移交得以落地完成。

2016 年，对澡堂和充电房进行彻底的技术改造，取得较好效果。澡堂改造工作根据益门的实际气候条件，利用空气能热泵加空压机余热回收热水的供应系统，运行后节能效果明显，不再烧煤，每年可减少二氧化碳、二氧化硫、废渣排放，年节水 260 吨。矿原有的充电房，需要大量的人力物力，改造后的智能矿灯超市，使用智能充电柜，运用微机自动化系统及远程监测监控，不仅减少充电工，节约成本，而且可随时监控到矿灯的领取和回充情况，发现异常及时报警处理，与人员定位系统、出入井人员登记册相对应，调度室准确地掌

益门煤矿“两学一做”知识竞赛

握井下作业人数，同时又方便职工，达到减员增效目的。

【党建和党风廉政建设】矿党委认真履行抓党建和党风廉洁建设主体责任，层层签订责任书，督促班子成员、中层干部履行分管领域的党建和党风廉洁建设责任。选优配齐支部班子，把党建工作落实在支部，落实在基层一线。结合企业实际，采取自主培养、岗位锻炼，推进人才队伍建设工作。深入开展“两学一做”学习教育，认真完成规定动作，突出亮点特色。全面完成上级党组织部署的党员组织关系集中排查、党代会代表和党员违纪违法清理、党费补缴、党员档案清理等重点任务。认真做好矿党委换届筹备工作。进一步落实“三会一课”制度和领导干部双重组织生活制度，增强党员、党员领导干部的党性意识。严格党员干部教育管理和作风建设，在中层以上党员干部中深入开展党章、一系列新修订的党内法规、中央、省、州重要会议精神和习近平总书记系列重要讲话学习，加强领导班子思想政治建设，提高党员干部理论素养，增强“四个意识”。健全党员干部管理制度，组织矿领导、中层干部以及重点岗位人员前往州法纪教育中心和攀西监狱，接受警示教育。支持纪委履行监督执纪问责职责，深入开展宣传教育、廉政谈话、整风肃纪、案件查办等工作，处理两名违纪党员。开展中层及班子副职述职述廉、廉政风险防控评估修正工作，推进惩防体系建设，努力营造风清气正的政治生态。

（供稿单位：益门煤矿 / 审核：付伟 / 撰稿：付薇）

四川锦宁矿业有限责任公司

Sichuan Jinning Mining Co., Ltd.

【概况】2016年，锦宁矿业紧紧围绕公司董事会和2016年度工作会确立的生产经营目标，加强生产组织和协调，狠抓安全和营销工作，多方谋划抓好工程和项目建设，积极做好员工的稳定工作和充分调动员工的生产工作激情，实现安全生产“五个为零”的目标，全面完成和超额完成董事会和2016年度工作会确定的生产经营目标任务。生产铁精粉28.1万吨，块矿1.1万吨，共计29.2万吨，产值1.45亿元，比计划增加1590.04万元，超计划增长12.33%，同比2015年13778.66万元增加691.38万元，增长5.22%；生产经营实现减亏1000多万，确保员工收入，稳定员工队伍，各项工作卓有成效地推进，实现公司“十三五”平稳起步和持续发展。

【安全管理】2016年，公司不断提升安全标准的高度，拓展现场管理的广度，挖掘存在问题的深度，强化责任落实的力度，打牢安全生产的基础，深化“让标准成为习惯，让习惯符合标准”的安全理念。年初层层签订安全目标责任书，做到责任明确、分工详细、落实到位；严格执行《安全挂钩工资考核兑现管理办法》，将工资总收入的10%作为安全挂钩工资纳入考核之中并月月考核兑现；强化违章查处力度，开展日常、专项、特殊及节假日安全检查30余次，下达隐患整改56项，整改率100%；突出隐患超前治理，强化重点危险源头监控，形成管控、防治、应对井下垮塌、尾矿库事故、矿山交通车安全事故等重大安全危险源的规章制度、应急预案和有效措施，并在6月进行尾矿坝溃坝应急演练，提升公司应急救援能力；注重教育培训筑牢全体员工安全意识防线，全年共开展安全教育培训25次，播出安全生产专题报道80余篇，编发安全简报27期；尽管公司资金极度紧张，仍按规定提取使用安全专项费用200余万元，有效保障各项安全投入。公司全年未发生任何重伤及以上安全事故，在安全环保方面交出“五个为零”和“无环保事件”的良好答卷，实现公司成立以来真正意义上的第一个“安全年”。2016年，锦宁矿业接受四川省安监局、国家安监总局的督导与检查以及州县政府的安全检查，在检查中均受到上级管理部门、领导及专家的肯定与好评。

【生产经营】2016年，公司严格按照“求生存、保稳定、谋发展”的指导思想开展各项工作。一是生产组织稳步推进。从人、财、物、体制与机制方面给予采矿车间充分的支持，确保源头持续供给充足的原矿；同时合理组织生产，实行精细化设备管理，确保选矿设备的高效运行，保证成品矿的不断产出。二是销售经营稳中向好。针对市场跌宕起伏和铁路运输季节波动，合理制定发运计划，密切关注市场动向，价位趋势快速反应，抓住卖方有利时机，经与客户多次艰辛谈判，3次上调产品价格，累计涨幅52.55元/吨。同时，积极争取铁路运价补贴，发挥企业的区位和地理优势，尝试实施矿产品代发业务，利用富裕运力代发，为企业创造一定的经济效益。三是改革发展纵深推进。深挖现有人力资源潜能，深化制度改革建设，着力提高人力资源效能和企业发展内驱力。四是降本增效成果显著。从“四强化一规范”（强化工程管控、强化采场出矿管理、强化用电管理、强化设备维护保养，规范费用支出流程）着手找突破，全年共计减少成本支出近1000万元。

【思想政治建设】 2016年，按照中央从严管党治党的要求，公司全面加强和改进党的建设工作，形成从严从实抓好公司党建工作的新常态。一是两级党组织履行党建主体责任意识明显增强，党委书记认真履行第一责任人职责，其他班子成员能够较好地履行“一岗双责”，结合实际扎实推进党的思想建设、组织建设、作风建设、反腐倡廉建设、制度建设，较好地落实中央、省州及州国资委关于全面从严治党的部署要求，做到党的建设和企业改革同步思考、同步谋划、同步推进。二是坚持从基层基础抓起，从基本组织、基本队伍、基本制度严起。扎实推进“两学一做”学习教育，认真落实党建工作6项重点任务，深入开展“三带三促”活动；把党小组建到岗位、作业点上，切实扫除党的组织和工作覆盖盲区；认真落实“三会一课”制度，进一步规范党内政治生活。三是严格党员干部教育管理，持续用力正风肃纪。抓好中共十八届六中全会、省委十届九次全会及州国资委党风廉洁建设部署会议精神的学习宣贯；集中力量对“三公”经费使用、干部人事管理、工程建设、招投标、物资采购、应收账款等方面问题进行专项检查，对检查出的问题及时要求责任单位整改；加大执纪问责力度，着力营造干净、清爽的政治氛围。

【社会职责】 2016年，公司实际上缴税费1809万元，为州、县经济增长作出应尽的努力；加强与泸沽镇互信互助沟通，得到并密切大椿村、大坪村、漫水湾沙尔村及其他村社的支持与联系，与矿区周边乡镇建立良好的合作关系，营造良好的生产经营环境；勇担“精准扶贫”政治责任，积极开展对口帮扶工作，为对口帮扶联系点捐赠4万元帮扶资金、2.2万株青花椒苗、价值8000元的水泥。

（供稿单位：锦宁矿业/审核：解代祥/撰稿：孙玉川）

西昌永盛实业有限责任公司
Xichang Yongsheng Industrial Co., Ltd.

【概况】 西昌永盛实业有限责任公司（原凉山州西昌化工厂）始建于1965年5月，1998年2月改制为西昌永盛实业有限责任公司。2007年8月与云南民爆集团有限责任公司进行整合重组，由云南民爆集团有限责任公司控股51%，凉山州国有资产监督管理委员会占股49%。2016年3月，公司再次与四川美姑化工有限公司（属安徽江南化工股份有限公司旗下绵竹兴远特种化工有限责任公司全资子公司）整合，成为由云南民爆集团有限责任公司控股51%；凉山州国资委持股29%；四川省绵竹兴远特种化工有限公司持股20%的混合所有制企业。

公司工业炸药生产许可能力35000吨/年。固定生产线三条，即一条年产12000吨胶状乳化炸药连续化中低温生产线，一条年产12000吨胶状乳化炸药全自动高温敏化生产线，一条年产6000吨粘性炸药连续化生产线。现场混装炸药生产系统两套，即一套年产2000吨现场混装多孔粒状铵油炸药生系统（盐源县平川铁矿），一套年产3000吨现场混装胶状乳化炸药生产系统（冕宁县稀土矿）。产品有岩石型、露天型、煤矿许用型等品种，有塑膜、纸卷包装类型，具备生产 ϕ25—ϕ120 约卷规格及大包散装的能力，可满足露天开采、井下爆破以及煤矿开采。

公司下辖3个全资子公司（凉山州民用爆破器材有限责任公司、凉山西昌永盛爆破工程有限责任公司、西昌安泰民爆运输有限责任公司）、2个控股子公司（盐源县雷爆化工实业有限责任公司、凉山立安科爆有限责任公司），2个参股公司（凉山三江民爆有限责任公司、凉山龙腾爆破服务有限责任公司）。现有在岗职工284人，有工程专业技术人员48人，含正高级工程师1人，高级工程师5人。公司资产总值1.96亿元。

【生产指标】 2016年，生产炸药16240.3吨（永盛公司14230吨，盐源雷爆公司440.3吨，立安科爆公司1570吨），销售炸药16193.964吨（永盛公司14183.664吨，盐源雷爆公司440.3吨，立安科爆公司1570吨）。完成工业总产值10365万元，工业增加值4848万元，实现营业总收入14412万元，实现利润总额526万元，较2015年下降51.92%。

【安全生产工作】 2016年，实现年初制定的安全生产目标——全年重大火灾、重大爆炸、重大设备、重大交通（公司负主要责任的）事故为零；全年重伤或重伤以上人身伤亡事故为零；事故隐患整改率为100%；同时，根据公司年初的生产计划，结合市场的具体需求，保证销售需要炸药的生产组织工作。

【改革发展】 2016年，公司根据国家“四个全面”战略布局要求和民用爆炸物品“十二五”发展规划要求。在州委、州政府、州国资委、云南民爆集团公司及相关部门的关心支持下，公司于2016年3月8与四川美姑化工有限公司签署整合协议，成为由云南民爆集团有限责任公司控股51%，凉山州国资委持股29%，江南化工四川省绵竹兴远特种化工有限公司持股20%的国有控股混合所有制企业，整合后其6000吨产能及管理人员、专业技术人员共15人并入公司。

【技改】 2016年2月27日，公司新建12000吨高温敏化乳化炸药生产线项目于通过安全试生产条件核查，经过半年的试生产，于9月9日通过安全生产条件核查，2016年生产产品2581.992吨。

2016年7月1日，公司新建6000吨黏性炸药生产线项目经工业和信息化部批准同意，同年12月通过四川工办初步设计评审。2017年4月25日完成设备设施的安装和调试，2017年5月6日通过四川省国防科办组织的专家组对该条生产线进行安全试生产安全条件考核，5月15日进行试生产。

（西昌永盛实业有限责任公司 / 审核：龙德权 / 撰稿：吴万琮）

县市概况

COUNTIES AND CITIES

西 昌 市

Xichang City

【概况】 2016 年,全市面积 2655 平方千米。辖 37 个乡(镇)、6 个街道。年末户籍总人口 66.31 万人,其中男性人口 33.56 万人,占总人口的 50.6%。少数民族人口 15.8 万人,占总人口的 23.8%。年末常驻总人口 77.5 万人,城镇化率 57.57%。

【经济社会发展主要指标】 全年实现地区生产总值 457.2 亿元,按可比价格计算,比 2015 年增长 6.3%。其中,第一产业实现增加值 43.02 元,同比增长 4.2%;第二产业实现增加值 226.22 亿元,同比增长 5.6%;第三产业实现增加值 187.96 亿元,同比增长 7.7%。按常住人口计算,全市人均 GDP 达到 59804 元。工业增加值 177.22 亿元,按可比价格计算,比 2015 年增长 4.6%;建筑业总产值 126.89 万元,同比增长 33.7%;民营经济增加值 241.63 亿元,增长 5.9%;农林牧渔业总产值 73.05 亿元,比 2015 年增长 4.6%;粮食总产量 29.51 万千克,增长 2.03%;肉类总产量 5.77 万千克,减少 0.77%;社会消费品零售总额 251.47 亿元,比 2015 年增长 11.5%;旅游总收入 184.8 亿元;全社会固定资产投资完成额 320.38 亿元,比 2015 年增长 10.5%;地方公共财政收入 38.00 亿元,比 2015 年增长 7.74%;公共财政支出 62.52 亿元,增长 8.29%。年末金融机构贷款余额 169.65 亿元,当年金融机构新增贷款 23.29 亿元。城镇居民人均可支配收入 31343 元,按同口径比,较 2015 年增长 7.9%;农民人均纯收入 14937 元,比 2015 年增长 9.7%。城市建成区绿化覆盖率 39.87%,建成区绿地率 38.89%;生活垃圾无害化处理率 100%;自来水综合生产能力 16.8 万立方米/日,供水总量 4934 万立方米,其中居民家庭用水 2292 万立方米,用水人口 37 万人。西昌市区域环境噪声均值为 52.2 分贝,交通干线噪声均值 66.5 分贝,达标率均为 100%。

普通高校在校生 16171 人,增长 1.95%,专任教师 773 人;卫生技术人员 7104 人,其中医生 1755 人。城乡居民养老保险参保人员 256734 人,城镇职工医疗保险参保人数 47458 人;参加新型农村合作医疗 425356 万人。

【农业经济】 2016 年,全市实现农业增加值 44.14 亿元,同比增长 4.2%。其中,粮食产量 29.51 万吨,同比增长 2.03%;蔬菜产量 55.4 万吨,同比增长

4%;肉类总产量 5.77 万吨,同比下降 0.77%。建成20 万亩绿色水稻基地、10 万亩全国绿色蔬菜标准化生产基地、5 万亩绿色马铃薯基地、国家级杂交玉米制种基地。连续实施核桃“双百万”工程,核桃种植面积达到 30 万亩。转移输出农村剩余劳动力 9.95 万人次,实现劳务收入 17 亿元。培育全市国家级示范社 3 家,省级示范社 13 家,州级示范社 11 家,省级示范家庭农场 2 家。礼州花卉园区、天喜花卉园区被命名为全省首批示范农业主题公园,入驻花卉企业达到 28 家,产值 2.8 亿元。

【工业经济】 全年规模以上工业企业完成工业总产值 379.5 亿元(含西昌烟厂),同比增长 14.1%,全年实现规上工业增加值累计增速 6.8%。三大园区基础设施不断完善、产业培育成效显著,规上工业企业达 58 家。推进先进制造、食品医药、新材料、新能源等战略性新兴产业发展,中电建西昌 30 万千瓦风电项目、重庆三峰 1.2 万千瓦垃圾焚烧发电项目并网发电,凉山现代房屋集成制造、攀钢西昌钢钒 210 万吨冷轧、重钢西昌矿业 300 万吨扩能技改和 200 万吨抛尾矿综合利用等重大项目建成投入使用,斯特林光热发电电机总装、锂电池三元正极材料、华润雪花啤酒 30 万吨扩能技改等项目稳步推进。全面关停新钢业、新太平等落后产能及高污染企业,限期关停康西铜业、合力锌业、富强水泥、宽鸿钒钛等不合格生产线。建筑业快速发展,建筑企业达 62 家,年产值突破 130 亿元,成为全省第一批建筑产业现代化示范基地。

【民营经济】 2016 年,民营经济发展持续壮大,全市民营企业 58596 户。实现民营经济增加值 241.63 亿元,同比增长 5.9%,增速比地区生产总值(GDP)低 0.4 个百分点。其中,第一产业增加值 13.47 亿元,同比增长 4.3%;第二产业增加值 137.2 亿元,同比增长 5.3%;第三产业增加值 90.97 亿元,同比增长 7.1%。民营经济增加值占地区生产总值的比重为 52.9%,成为拉动全市经济发展的主力军。

【招商引资】 2016 年完成招商引资国内州外到位资金 82.106 亿元,完成总任务的 114%,其中国内省外到位资金 62.166 亿元,完成率为 152%,落地资金总量位居全州第 1。省级平台签约项目 14 个,签约金额 119.026 亿元,完成总任务的 125.3%。2016 年,全市固定资产投资累计完成 320.4 亿元,同比增长 10.5%,其中新开工项目共累计完成投资 257.4 亿元,占投资总额的 83.1%。

【服务产业】 2016 年,全市服务业增加值达到 187.96 亿元,同比增长 7.7%,占地区生产总值 41.1%。规模以上服务业全市共 72 家,新入统 2 家,实现营业收入 48.85 亿元,同比增长 11.33%。比全州增速 10.6% 高 0.73 个百分点。2016 年,西昌市共完成社会消费品零售总额 251.4 亿元,增速 11.5%,继续保持稳中有升的态势,其中城镇实现社会消费品零售总额 191.6 亿元,增速 12.1%,乡村社会消费品零售总额是 45.9 亿元,同比增长 11.1%。旅游业实现持续高速增长,全年共接待游客 2115 万人次,旅游总收入 184.8 亿元。

【城乡建设】 2016 年末,户籍总人口 66.3 万人,常住总人口 77.5 万人。城市建成区面积达到 42.52 平方千米,森林覆盖率达 54.9%,城镇化率达 57.57%。开展完成城市开发边界划定,投资 10.65 亿元,完成老城区综合整治一、二期工程。完成宁远大道、南山大道、天王山大道、菜子山大道、航天大道东延线、胜利大桥、胜利南路海河桥、长安南路海河桥、天王山大道海河桥等城市道路、桥梁建设,新建名店街等 3 座过街人行天桥,城市空间骨架基本成型。北山水厂、三水厂、邛海污水处理厂、小庙污水处理厂等一批供排水项目建成投入使用,城市供水能力达 18 万吨 / 日,污水处理能力达 13 万吨 / 日。投入 25 亿元,实施 G108、S212、S307 等一批国省干线改造工程、乡村道路新建改造工程和安宁河琅环大桥、阿七大桥、马裕大桥等一批桥梁工程。新建、改造县乡道路 118 千米,建设村道及其他道路 2273 千米,实现乡乡通油路、村村通公路。

实现北京直航,新开通上海、广州、深圳、西安、昆明、济南等9条航线,航线数达11条。更换公交车106辆,新增投放出租车150辆。

【民生工程】 2016年,全年投入教育资金支出175680万元,教育支出增长高于财政经常性收入的增长,主要是:投入资金15132万元,用于城乡学校基础设施建设;投入资金5036万元,用于薄弱学校改造;投入资金2190万元,推进城乡幼儿园建设;投入资金2367万元,实施"一村一幼"计划,补齐学前教育短板;投入资金6385万元,用于保障十五年免费教育政策的实施;投入资金13809万元,用于学校义务教育营养改善计划及学校食堂建设;投入资金7667万元,用于支持民办学校发展。城乡社区支出24295万元,改善城乡基础设施,推进新型城镇化建设发展。主要是:投入资金15674万元,实施西部新区四袁路西延线道路、攀西国际商贸城和天立学校周边路网工程、西部新区截污干管等基础设施建设;投入资金1188万元,用于垃圾焚烧发电处理;投入资金2180万元,实施道路亮化、城网改造、园林绿化等工程;投入小城镇建设资金2078万元,促进重点集镇社会经济发展。投入节能环保支出34662万元,加大环境保护治理力度。投入社会保障支出127493万元,完善社会保障体系建设。投入医疗卫生支出50602万元,改善基层卫生院医疗条件,完善重大疾病预防控制和落实医疗保险制度,推进卫生事业健康发展。投入住房保障支出21203万元,改善城乡住房条件。

【荣誉】 2016年,西昌市跻身全国中小城市综合实力百强县第92位、全国休闲农业与乡村旅游示范县(市),西昌邛海国家湿地公园成功创建全国科普教育基地、成为国家水利风景区、获批国家环保科普基地。西昌葡萄入选《2015年度全国名特优新农产品目录》,西昌马拉松获中国田径协会"银牌赛事"及"特色赛事",获省法治宣传教育工作先进,被评为"促进民营经济发展工作先进市",荣获全省农村土地承包经营权确权登记颁证工作县级先进单位、"四川电商十强县"荣誉,成为省民族团结示范试点市。

【领导名录】 市委书记:李俊;市人大常委会主任:罗开莲(女,彝族);市人民政府市长:马廷贵;市政协主席:唐云。

(供稿单位:西昌市地方志办/审核:赖文江/撰稿:王勇)

德昌县
Dechang County

【概况】 2016年,德昌县委、县政府牢牢把握"稳中求进"的经济工作总基调,在促进工业回升、增强投资拉动、加快建筑业发展、推进服务提速等方面采取一系列针对性措施,团结带领全县各族人民,沉着应对各种困难和挑战,坚持科学发展、转型发展、特色发展、开发发展,以提质增效为核心,着力资源转化、产业支撑、投资拉动、扩大内需、改革攻坚、保障民生,有效扭转经济下行的势头,促进全县经济保持平稳健康发展,人民群众安居乐业,社会大局和谐稳定。

【综合经济】 全县地区生产总值(GDP)681963万元,比2015年增长8.0%,保持恢复性增长的态势。其中,第一产业增加值172043万元,比2015年增长4.2%,对经济增长的贡献率为14.3%,拉动GDP增长1.1个百分点;第二产业增加值304606万元,比2015年增长11.6%,对经济增长的贡献率为55.3%,拉动GDP增长5.0个百分点;第三产业增加值205314万元,比2015年增长6.2%,对经济增长的贡献率为30.4%,拉动GDP增长1.9个百分点。人均GDP达到30858元,比2015年增长9.6%。经济结构略有调整,一、二、三产业占GDP的比重,由2015年的26.2∶43.7∶30.1发展为25.2∶44.7∶30.1。非公有制经济全年实现增加值

440618万元，比2015年增长9.2%；占GDP的比重为64.6%，比2015年提高0.5个百分点。地方公共财政收入49513万元，同比增长11.1%；公共财政支出158968万元，比2015年增长1.1%。居民消费价格总指数同比上涨1.8%，其中，服务项目价格指数上涨0.6%；消费品价格指数上涨1.5%；食品类上涨3.8%；居住类上涨1.0%；医疗保健和个人用品类上涨持平；烟酒及用品类上涨持平；娱乐教育文化用品及服务类下降0.5%；家庭设备用品及维修服务类持平；衣着类和2015年持平；交通和通信类下降0.6%。

【农业】 加大农业投入，进一步夯实农业基础建设，以结构调整为主线，以市场和效益为导向，以科技为手段，推进农业产业化发展，农村经济呈现增产、增收的喜人局面。全年农林牧渔服务业总产值（现价）达到298907万元，比2015年增加24532万元，增长8.9%。其中，农业产值180731万元，比2015年增加14654万元，增长8.8%；林业产值7436万元，比2015年增加808万元，增长12.2%；畜牧业产值97724万元，比2015年增加8658万元，增长9.7%；渔业产值8359万元，比2015年增加209万元，增长2.6%；农、林、牧、渔服务业产值4657万元，比2015年增加204万元，增长4.6%。现代农业加速提升，种植业稳步发展。全年粮食作物播种面积达16458公顷，比2015年增加115公顷。粮食总产9494万千克，比2015年增加282万千克，增产3.1%。油料产量101万千克，比2015年增产1.7%。糖类产量2550万千克，与2015年持平。蔬菜瓜果产量22241万千克，比2015年增产7.3%。烟叶产量1003万千克，烟农收入24750万元。新栽桑110万株，产茧125万千克、桑椹2502万千克，蚕桑收入18390万元。加强森林管护、林地保护、森林草原防火等工作，巩固退耕还林和天保工程，基本完成森林资源二类调查，申报创建螺髻山、黑龙潭2个省级森林公园，角半沟获“全省十大最具潜力森林康养目的地”称号，全县森林覆盖率68.4%。畜牧业发展加快。全年出栏肉猪25.87万头，下降3.2%；羊出栏7.64万只，增长10.6%；牛出栏1.30万头，增长4.8%；家禽出栏254.8万只，增长4.3%。全年肉类总产量2488万千克，增长0.9%。其中，猪肉产量1774万千克，下降0.9%；羊肉产量134万千克，增长10.5%；牛肉产量111万千克，增长4.0%；家禽肉产量426万千克，增长4.1%；牛奶产量13万千克，增速和2015年持平。渔业生产稳步增长。全年水产品产量610万千克，增长0.8%，为农民收入的增加提供稳定财源。农田水利建设成效显著，生产条件进一步改善。全县年末农田有效灌溉面积9270公顷，比2015年增加137公顷，增长1.5%；全年化肥施用量（折纯）837万千克；年末农业机械总动力22.5万千瓦，较2015年增长9.8%；农村用电量为4685万千瓦时，增长6.4%；全年农用塑料薄膜使用量78万千克，地膜覆盖面积11328公顷。

【工业和建筑业】 受国际国内整体工业品市场价格疲软，以及德昌县部分退出规模以上工业企业的不利因素影响，全社会全部工业总产值631814万元，比2015年下降5.9%，其中规模以上工业企业全年实现工业总产值529724万元，比2015年下降6.3%。在规模以上企业主要工业产品产量中，工业硅产量42700万千克，同比下降14.8%；水力发电量93799万千瓦小时，同比增长3.7%；风力发电量44307万千瓦小时，同比增长50.9%；风机叶片生产179套，风机主机生产69台。全县33户规模以上工业企业实现营业收入393516万元，同比下降2.9%；工业产品产销率81.9%，同比减少0.6个百分点；实现工业增加值153991万元，同比增长0.8%（可比价）；全年利税总额24780万元，同比下降21.8%，其中利润总额11895万元，同比下降26.5%。建筑业生产稳步增长。全社会建筑业生产完成增加值143488万元，比2015年增长27.0%。

【固定资产投资】 进一步深化投资体制改革，不断改善投资环境，招商引资和吸纳民间投资成效显著，重点项目和基础设施建设取得新的成绩。年末全县500万元以上施工项目达到124个，全年全社会完成固定资产投资总额720405万元，比2015年增长7.0%。在投资构成中，第一产业投资16749万元，同比增长1652.0%；第二产业投资307486万元，同比增长0.1%；第三产业投资396170万元，同比下降8.6%。基本建设投资完成514023万元，同比下降1.8%；更新改造投资完成80037万元，同比下降20.8%；其他投资完成126345万元，同比增长159.4%。招商引资成效显著。全年引进项目10个，到位资金28.58亿元。

【国内贸易和对外经济】 在国家扩大内需、提升消费的政策效应下，消费品市场繁荣活跃。全县全年社会消费品零售总额达262570万元，比2015年增长10.5%。批发和零售业实现增加值39486万元，比2015年增长1.2%；住宿和餐饮业实现增加值22019万元，比2015年增长4.0%。从城乡结构看，农村市场零售额增速低于城镇。城镇市场零售额164512万元，农村市场零售额83370万元，分别比2015年增长12.9%、9.1%。对外贸易不断增长，全年出口总额（包括转口贸易）2067万美元，同比增长10.5%。

【交通、运输、邮电和旅游】 交通运输整体发展势头良好，运输能力不断增强，道路质量明显改善，行业内部竞争也日趋激烈。全年全县公路客运周转量8914万人千米，比2015年增长11.5%；公路货运周转量111882000万千克千米，增长9.5%。邮电通讯业快速增长。全县邮电通讯企业全年完成主营业务收入1.9亿元，增长8.0%，其中电信业务总量1.89亿元，增长10.0%。年末国际互联网上网用户数1.5万户，增长18.0%。固定电话用户2.8万户，和2015年相比基本持平；移动电话用户19.5万户，增长3.0%。全县电话普及率达到72.5%，比2015年提高2.0个百分点。旅游业发展不断增强。旅游总收入达111516万元，比2015年增长24.0%，旅游人次达276.89万人次，比2015年增长22.1%。

【金融和保险业】 金融部门认真落实国家货币政策，正确处理促进经济发展和防范金融风险的关系，在抓信贷资金组织和推广的同时，狠抓信贷结构的合理调整和资金的有效投入，努力改进金融服务，稳定金融秩序，较好地支持全县经济发展。年末全县金融机构各项存款余额635001万元，比2015年增长7.0%；各项贷款余额316384万元，比2015年增长9.4%。

保险事业稳定发展，保费收入持续增加，受益群体不断扩大。全年保险机构保费收入15418万元，比2015年增长10.0%；全年处理各种赔案支付金额2317万元，比2015年增长6.0%。

【社会事业】 坚持教育优先发展战略。“十二五”累计教育投入24.5亿元、实现“三个增长”；投入3.9亿元实施义务教育“三免一补”“营养改善计划”和15年免费教育等惠民工程，实现应免尽免、应补尽补；义务教育均衡发展顺利通过国家督导评估；教学质量进一步提升，2016年本科上线率达22.5%。加强城乡公共文化服务体系建设。乡镇综合文化站、农家（社区）书屋、农村广播“村村响”工程实现全覆盖；文物和非物质文化遗产保护取得新成效。县人民医院成功创建二级甲等医院并通过复审，省级卫生县城创建成果巩固提升；完成县妇幼保健计生服务中心、11所乡镇卫生院和88个村级卫生室标准化建设；新农合参合率99.9%；全面实施二孩政策，人口出生率、自然增长率、符合政策生育率分别为14.5‰、7.33‰、98.0%；血吸虫病传播阻断达标通过国检，艾滋病、结核病等重大疫病防控取得新成效。年末全县有卫生机构28个（不含诊所），其中医院2所；卫生机构实有床位1128张，其中医院795张。

【环境保护】 环境污染得到一定控制，工业“三废”治理比2015年有所好转，年内对33家规上工业企业污染排放及处理利用情况进行监测，各企业现有专职环保人员145人，33家规上企业全年外排水量32200万千克；工业用水重复用水量51900万千克；单位工业增加值用水量6940千克/万元；环境保护投资占GDP的4.5%，环境保护明显得到改善。

节能降耗工作取得一定成效。万元GDP综合能耗为672千克标煤，比2015年下降8.9%，其中规模以上工业万元增加值综合能耗为1408千克标煤，同比下降10.6%。

【人口】 全县年末户籍人口214822人，城镇人口50256人，乡村人口164566人。其中，汉族147056人，占总人口的68.5%；少数民族人口为67766人，占总人口的31.5%。少数民族中彝族57842人、傈僳族6893人，其他少数民族3031人。年末常住人口22.1万人，其中城镇人口7.94万人，城镇化率35.93%。坚持计划生育基本国策，据人口出生统计，全年出生人口2993人，人口出生率14.41‰，自然增长率7.33‰。

【人民生活和社会保障】 城镇居民收入和农民人均纯收入呈稳步增长势头，生活条件继续改善。全年全体居民人均可支配收入18414元，比2015年增长8.9%。全年城镇居民人均可支配收入26047元，比2015年增长8.0%。其中，工资性收入15443元，同比增长6.5%；经营净收入6572元，同比增长6.3%；财产净收入1579元，同比增长19.4%；转移净收入2454元，同比增长15.7%。人均消费性支出17545元，同比增长8.7%。其中，居住支出增长17.0%，生活用品及服务支出增长38.4%，交通和通讯支出增长1.7%。城镇居民恩格尔系数35.3%。全年农村居民人均可支配收入14527元，比2015年增加1283元，比2015年增长9.7%。其中，工资性收入3622元，同比增长19.3%；经营净收入9421元，增长5.3%；财产净收入273元，同比增长18.0%；转移净收入1211元，同比增长17.5%。农村居民人均生活消费支出11160元，同比增长12.9%。其中，居住消费支出增长55.3%，生活用品及服务消费支出增长21.0%，交通和通信支出增长8.8%，医疗保健消费支出增长108.1%。农村居民恩格尔系数38.3%。劳动结构有所调整，职工收入稳定增长，城镇单位在岗职工年平均货币工资收入70550元，比2015年增长24.5%，城乡居民储蓄存款余额稳定增长，年末余额达420414万元，比2015年增长8%；年人均储蓄存款余额达19570元，比2015年增长10%。社会保障体系更加健全。巩固“五大保险”参保率，城乡居民基本养老保险覆盖人数达92284人，城镇基本医疗保险参保24784人；积极开展职业技能培训，促进城镇居民就业或再就业，年均城镇登记失业率3.8%；建成敬老院3所，五保老人集中供养率40%；城乡低保实现动态管理下的应保尽保；城乡医疗救助支出214.8万元，孤儿、特殊困难儿童生活补贴逐年提高；完成林业棚户区改造343套，建成保障性住房1148套。

【领导名录】 县委书记：王顺云（10月止）、瓦西亚夫（彝族，10月任）；县人大常委会主任：贾普祥（12月止）、吴仲海（12月任）；县人民政府县长：苏正清（彝族，10月止）、高峰（12月任）；县政协主席：吴仲海（12月止）、邱金华（12月任）。

（供稿单位：德昌县史志办/审核：周雯/撰稿：李艳玲　赵英）

会理县

Huili County

【概况】 会理全县面积4527平方千米，辖6个园区，48个乡（镇、街道）。年末总人口463874人。人口出生率10.96‰，同比上升3.86‰；自然增长率4.54‰。

2016年，全县实现地区生产总值219.04亿元、增长7%；地方公共财政收入7.85亿元，增长13.6%；固定资产投资94.03亿元，增长10.5%；社会消费品零售总额55.25亿元，增长11%；规上工业增加值增长 7%;城镇居民人均可支配收入 26265 元,增长 7.9%;农村居民人均可支配收入 14425 元,增长 9.7%。

【脱贫攻坚】 围绕"两不愁、三保障、四个好"目标,坚持"六个精准",全面落实"五个一"帮扶机制。投入各类扶贫资金 3.68 亿元,统筹实施 18 个专项扶贫方案,建设贫困村水泥路 489.6 千米,58 个贫困村实现集体经济收入 33.31 万元,通信设施、幼教点、卫生室、文化室、民俗文化坝子全部建成。解决 1385 户安全饮水、82 户安全用电,新建、改造 5912 户安全住房,帮扶贫困户建沼气池 287 口、畜圈 12.08 万平方米,种植经果林 2.65 万亩,养殖黑山羊 1.09 万只,落实稳定就业 2563 人。"四好"创建广泛开展,良好习惯逐步养成、良好风气逐步形成。1888 户贫困户、6075 名贫困人口全部实现"一超六有",贫困村全部实现"一低七有"。

【工业经济】 博鑫铜业 10 万吨再生铜、会锌氧压浸出锌等项目积极推进,有色金属产业加快发展。华能马店、干海子风电场开工建设,尖山、黎溪风电场前期工作有序开展,新能源产业持续壮大。成功申报州级科技项目 11 个,建立企业研发中心 3 个,获得省、州科技进步奖 2 项,获得授权专利 24 件,科技创新的支撑作用进一步增强。全面落实稳增长政策,积极对接重点产品销售市场,筹建铁矿石产品营销协会,发放复产委贷资金 5700 万元,帮助森鑫矿业、腾飞选厂等 13 家企业恢复生产。实现工业增加值 100.46 亿元。

【现代农业】 省级现代农业示范县、现代畜牧业重点县、林业产业强县建设不断深入,实现粮食总产量 27.93 万吨、肉类总产量 8.7 万吨。收购烟叶 63.2 万担,烟农收入 8.7 亿元。石榴产量 49.29 万吨,果农收入 19.67 亿元。建成核桃万亩基地 5 个、千亩示范片 20 个,新增核桃 26 万亩、芒果 1.5 万亩、花椒 1.5 万亩、华山松 4000 亩、油橄榄 700 亩。新型农业经营主体不断壮大,登记注册家庭农场 1300 家、农民专业合作社 521 个、农业龙头企业 16 户,新增傣乡芒果、绿壳蛋等农特产品注册商标 5 个。实现农业增加值 40.96 亿元。

【现代服务业】 东城巷改造完工,金江书院、仓圣宫、科甲巷、胜利巷保护开发前期工作基本完成。石榴公园建成开园,仙人湖森林度假基地建成投用,会理古城——仙人湖省级旅游度假区通过验收。龙肘山国家森林公园创建可研报告编制完成。成功举办第三届石榴节、端午风情节等 12 个旅游节庆活动,接待游客 170 万人次,旅游收入 8.85 亿元、增长 24.9%。新增建筑企业 4 家,建筑业产值 5.2 亿元、增长 130%。电子商务园建成开园,"双创"中心孵化企业 43 家。农村金融改革深入推进,首家农村资金互助组织试点运行。新增限额以上企业 3 户,第三产业增加值达 51.94 亿元,增长 2.4%。

【基础设施】 永会高速可研报告编制完成,宜攀高速会理段开展地勘工作,会皎路大修完工,城北客运中心站、兰红路、洪小路提升改造工程加快施工,国道 G245 线通安至皎平渡 27 千米二级路改建、S465 线云岩至米易界、龙肘山公路取得工可批复。建设通乡公路 120.1 千米、通村公路 1084.6 千米、产业联络路 190 千米。力马河水库、大海子水库即将竣工,红旗水库钻天坡补水工程前期工作完成,9 座小型病险水库整治、菜园子补水工程、城河堤防工程、小农水重点县项目、抗旱应急水源工程、农村安全饮水工程、红旗水库西干渠改造、省级节水型社会重点县建设有序实施,新民水库扩容增效工程、横山水库进入工可评审。

【城乡建设】《城市总体规划(2014—2030 年)》《村镇体系规划(2014—2030 年)》《历史文化名城保护规划》通过省级评审。省级宜居县城建设试点启动,城区路网一期工程竣工,二水厂改扩建、联合名典、滨河路南延、益门煤矿经适房、力马河棚户区改造等项目有序推进。黎溪、通安、益门等重点集镇加快建设。城乡环境综合治理全面开展,完成生产巷、蒋家巷道路管网改造,依法拆除违法建设148起2.09万平方米。清理城市规划区已征土地,新建停车位2480个,新增城区绿化1.1万平方米。干旱半干旱地区生态综合治理、集体林抚育、林业种质资源调查等省级试点项目有序开展,大规模绿化会理行动全面展开。

【改革开放】 省级招商引资平台签署合作协议6份,协议引资53.2亿元;外来投资履约项目32个,累计到位资金38.5亿元。“五证合一”、“先照后证”、注册资本认缴登记、年度报告公示等商事制度改革措施全面落实,市场准入门槛有效降低,新增注册企业243户、增长9.4%。预算改革、综合行政执法改革、水利设施产权制度改革、供销社综合改革、国有林场改革有序推进,不动产统一登记颁证全州首发,农村集体土地确权登记颁证工作取得阶段性成果。

【民生保障】 新建校舍3.25万平方米,开办“一村一幼”教学点113个,四川职业技术学院会理校区挂牌,十五年免费教育全面实施。素质教育全面推广,高考本科上线938人,义务教育均衡发展通过省级验收。公立医院综合改革进一步深化,分级诊疗制度稳步实施,人民医院整体搬迁前期工作有序开展,建成6个州级重点专科,医药卫生服务能力不断增强。全面两孩政策、生育登记制度全面落实。建成农民体育健身场地35处、社区书屋40个、“村村响”工程158个,群众精神文化生活更加丰富。“文学名家走会理”“八省联动重走长征路”等活动竞相开展,舞蹈《我的弦》获全国“群星奖”,彰显会理文化影响力。

【社会保障】 狠抓就业促进工作,加强就业创业平台、就业见习基地建设,落实创业就业培训、“4050社保”补贴、农村劳动力实名登记动态管理等措施,新增城镇就业2577人、再就业1012人、高校毕业生创业56人,稳定输出农村劳动力3.8万人。企业工资集体协议签订率达93%,覆盖职工2.75万人。养老保险覆盖21.78万人,基本医疗保险参保4.38万人,新农合参合率达99.92%。落实7799名残疾人补贴补助,为5500名高龄老人提供居家养老服务,建成5个社区日间照料中心。农村低保精准复查全面完成,医疗救助4109人次,贫困患者住院费用救助比例达70%。

【依法治县】 积极推进“七五”普法,广泛开展“法律七进”。农产品质量安全监管示范县创建、食用农产品质量安全追溯体系建设全面推进,食品药品安全保障水平不断提高。查处交通违法行为5.66万起,整治安全隐患5982个,安全生产水平持续提升,连续三年未发生较大以上事故。立案查处财通铁钛、白塔山页岩砖厂环保违法行为。网格化服务管理试点完成。办理公证事项387件,为1202人(次)提供法律援助。矛盾纠纷多元化解机制更加健全,依法化解2031件,化解成功率99%。办结信访事项380件,重大疑难信访事项结案率100%。禁毒防艾、社会治安重点整治成效明显,破获刑事案件216件。

【领导名录】 县委书记:李怀良;县人大常委主任:花定明(2月止)、刘光平(3月起);县人民政府县长:陈方勇;县政协主席:张顺银。

(供稿单位:会理县史志办/审核:张黎/撰稿:鸥全刚　李燕)

会东县
Huidong County

【概况】 2016年底,全县面积3226平方千米,森林覆盖率44.9%。辖7个乡,13个镇,318个村,7个社区。年末总人口425640人,其中男性227583人,占53.5%,女性198057人,占46.5%;共有30个民族,其中汉族386258人,占90.7%;彝族

32613人，占7.7%；傈僳族3010人，占0.7%；布依族1761人，占0.4%；苗族695人，占0.2%；白族281人，占0.07%。全年出生6208人，死亡2044人，人口出生率14.85‰，同比增长5.99个千分点；人口自然增长率9.96‰，同比增长6.41个千分点。

2016年，全县实现地区生产总值124.08亿元，增长5.6%；地方公共财政预算收入8.5亿元，增长8%；全社会固定资产投资116.25亿元，增长18.6%；社会消费品零售总额48.37亿元，增长11%；城乡居民可支配收入分别达24218元、14019元，分别增长9%、9.8%。在四川省183个县、市、区经济发展综合评价中位列第96位。

【项目投资】 2016年，全县安排重点项目96个（其中新开工47个、续建34个，前期推进15个）。新签约引进项目10个，累计到位资金47.3亿元。近五年来，累计实施重大项目213个，已完工157个，加快推进56个；新签约招商引资项目36个，协议引资251.68亿元，履约项目35个，累计到位资金95.69亿元，较2011年增长260%。严格执行项目管理七项制度，项目建管水平和投资效益显著提升。

【结构调整】 2016年，三次产业结构由2011年的29：51.9：19.1调整为30.9：46.6：22.5，结构更趋于合理。农业生产呈现新亮点。全年实现农业增加值39.19亿元，同比增长4.4%。烟、桑、畜、林、果、蔬六大支柱产业加快发展，国家生猪战略保障基地县、现代畜牧业重点县、全国华山松和烤烟生产第一大县等地位进一步巩固；新增农业产业化龙头企业5个、专合组织20个、家庭农场500个以上；注册“大凉山”商标65个，省著名商标2个，获国家地理标志产品保护认证4个。工业经济增添新动能。全年实现工业增加值42.33亿元，增长7%。园区发展模式基本确立，汇金矿业10万吨硫酸厂等7个项目稳步推进，景安矿业60万吨磷矿洗选厂等6个项目竣工投产，大梁矿业66万吨铅锌采选、金川公司6万吨黄磷技改完成，拉马、鲁南、鲁北、小龙潭等5个风光电项目竣工投产，雪山、汇明光伏二期等3个风光电项目有序推进。服务业经济彰显新活力。积极引导三产健康发展，拓展发展领域，提升发展水平。全年实现第三产业增加值28.65亿元，增长5%。引进阿里巴巴村淘项目，实现交易额3000万元。制定《会东县旅游业发展总体规划》，基本形成两岔河、鲁南山、海坝等自助游线路。会东复烤厂易地搬迁技改扩能、新云物流园区项目有序推进。积极发展金融、保险，金融机构各项存贷款余额分别为84亿元、32亿元，分别增长14.9%、18.1%。

【改革创新】 顶层设计与基层探索紧密结合，各项改革取得新突破。深入推进简政放权、放管结合，清理并公示10类权责清单6090项、权力清单5760项。全力做好撤乡建镇后续工作，稳步推进姜州镇乡镇行政管理体制改革试点。推进财税体制改革，强化预算管理，完善乡镇财政管理体制，建立财权与事权相匹配的乡镇财政体制框架。积极发挥国资平台融资功能，为民生、基础项目融资4.6亿元。启动农村土地承包经营权确权登记颁证工作，培育农业产业化龙头企业20个，新型经营主体带动农户面达75%。全面深化与东川、会理等区县合作，共建“两会”“飞地”产业园。推进与三峡集团、四川能投等企业的地企合作，促进重大项目落地。

【统筹城乡】 紧紧围绕“改造好一座旧城、建设好一座新城”的城市发展目标，坚持外塑形象，内强品质，建管结合，统筹推进基础设施和公共服务设施建设。城北农贸市场、城南新区东西主干道、安置房及廉租住房、垭口拆迁安置小区主体工程全面完工，泰丰明珠商业中心、老城区基础设施建设持续推进；保障性住房、“四中心”、公安消防站等项目即将完工；老街湿地公园、獭猫山公园项目有序推进。全面启动姜州等10个重点集镇规划建设，城镇化率达到43.24%。坚持产村相融，突出“川滇风貌”和“彝家新寨”特色，完成新建、改扩建新村37个、彝家新寨2个，顺利完成省级新农村建设成片推进示范县建设任务。积极配合三峡公司和设计院开展白鹤滩、乌东德两大电站移民安置规划大纲编制工作，完成二次移民意愿调查，正式确定16个移民安置点，统筹推进官田、姜州2个移民安置点建设，全面完成乌东德电站枢纽工程区和围堰区移民避让搬迁。加强环境污染治理，县城生活垃圾填埋场渗滤液处理站投入运行，县城污水处理厂项目基本完工，8个集镇污水处理站建成试运行；关闭原大桥冶炼厂等5户产能落后企业；启动大桥河流域及野牛坪片区重金属污染综合治理工程。加强生态系统建设，实施人工种草23万亩，完成草原围栏建设20万亩、草原补播6万亩，草原综合植被盖度达到85%；实施新一轮退耕还林3万亩，森林覆盖率达44.9%，打造全州林业产业强县。深入推进省级生态县建设，创建省级生态乡镇1个、州级生态村139个、县级生态家园2.4万户。

【基础设施】 南环线会东段改扩建工程即将竣工，乌东德专用公路建成通车，G4216高速会东段、S468线、G353线鲁昆山隧道前期工作有序推进。完成交通投资2.42亿元，建成通乡通村公路400千米。全面推进高产稳产粮田和高标准农田建设，深入实施土地整理、烟基工程、水利设施建设，完成土地整理3860亩，建成高标准基本农田3.95万亩，解决农村1.74万人饮水安全。新马灌区水源工程加快推进，马头山水库恢复重建项目、全国坡耕地水土流失综合治理工程等前期工作稳步推进。城乡电网建设步伐加快，完成23个村农网改造和电力建设，解决4000户无电户用电问题。新能源加快发展，拉马·鲁南10万千瓦风电和龙潭、柏栎箐6万千瓦光伏项目建成并网发电。

【社会民生】 坚持将义务教育均衡发展列为教育工作的头等大事，大规模开展教育重点领域和薄弱环节的基础设施建设，大力改善办学条件，狠抓师资队伍建设，教育综合实力不断增强，得到社会各界的广泛认可。2016年，县财政安排义务教育均衡发展专项资金14048万元，用于购置各类教学仪器设备、校园环境改造和校园文化建设、征地和学校基础建设。普通中小学调整到2016年的142所（含教学点78个），学校布局结构更加科学合理，实现城乡教育统筹、协调发展，切实保障每位适龄儿童就近入学。加强贫困学生帮扶力度，切实解决学习、生活后顾之忧，保障每个学生进得来、留得住、学得好。小学寄宿制比例达到4.33%，初中寄宿制比例达到67.12%。国家基本药物制度实现全覆盖，县医院第二住院部项目加快推进，县第二人民医院、疾控中心项目前期工作有序推进；新农合参合率达99.15%；坚持计划生育基本国策，全面实施一对夫妇可生育两个孩子政策，稳定低生育水平，符合政策生育率达95.6%。推动基层群众文化建设，文化、体育活动全面开展。社保体系不断健全，新增就业7806人，城镇登记失业率保持在3%以内。城乡救助体系不断完善，对7912名城乡困难居民进行救助、对428名农村五保户进行集中供养。推进法治会东建设，全面启动“七五”普法，推进“法律七进”活动。深入推进平安会东建设，全面建立网上信访信息系统。

【脱贫攻坚】 坚持把精准脱贫作为全县一号工程，强化责任和担当，凝心聚力、聚焦发力、精准用力，在精准施策上出实招、在精准推进上下实功、在精准落地上见实效，制定“3+14”脱贫政策组合拳，完善“三级”指挥体系，落实“五个一”驻村帮扶联系制度，全力打好精准脱贫攻坚战，确保首战必胜。一是完善工作体系。建成“县脱贫攻坚指挥部、乡镇脱贫攻坚指挥所、村脱贫攻坚指挥室”三级工作体系。落实“五个一”驻村帮扶联系制度，形成“领导真带、部门真帮、乡镇真抓、社会真扶、群众真干”的格局。启动脱贫攻坚微信群，及时晒动态、报经验、比进度。制定并落实定期巡回督查机制、定期通报机制、定期研判机制、问责机制和考核机制。二是抓牢基础根本。投资1.38亿元建设贫困村通村硬化路230千米；投资1375

万元对37个贫困村的电网进行线路必要性改造和智能电表安装工程；投资1704万元，建设集中供水工程13处、分散供水工程402处，解决5979人的饮水安全问题；投资738万元对24户123人实施易地扶贫搬迁。整村推进37个贫困村新农村建设，共投资6477.5万元，帮助建档立卡贫困户新建房屋1277户、改建房屋3285户。贫困户适龄儿童2815人全部入学，共向8954人发放医疗救助360万元，将14580名贫困人口全部纳入医疗保障范围。三是抓实产业关键。认真落实州“五件实事”，帮扶单位、驻村工作组、帮扶责任人共为贫困户发放牛犊、羊羔、猪仔、鸡苗等60302只（头）。强化“3+X”生态产业扶贫，新增核桃70万亩、油橄榄25万亩、华山松8万亩。创新金融扶贫，由农商银行、储蓄银行向全县2015年建档立卡贫困户每户提供5万元以内（含5万元）信用贷款。四是压实工作责任。将37个贫困村摘帽，4156户、14580名贫困人口退出的脱贫任务细化为项目资金，落实到县直部门和乡（镇），将脱贫责任细化到驻村工作组、第一书记、帮扶责任人。结合省、州要求，采取系列督查措施，将督查工作贯穿于脱贫攻坚工作的全过程，对各项任务的落实情况进行全过程、多方位的督促，做到事事有落实、件件有回音，确保问题及时整改到位。全县脱贫攻坚战打响以来，组织督查10余次，对脱贫攻坚工作推进不力的6个部门和乡（镇）进行不同程度的问责处理。五是聚焦脱贫退出。截至12月31日，全县37个贫困村贫困发生率均低于3%，各贫困村均有集体经济，37个村通硬化路、有卫生室、有文化室、有幼教点、具备民俗文化坝子。4156户14580名贫困人口人均纯收入已稳定超过3100元，所有贫困家庭义务教育、基本医疗、住房安全均有保障，全县37个贫困村、4156户、14580名贫困人口按期实现基本脱贫。

【领导名录】 县委书记：袁文林（4月止）、刘晓博（4月起）；县人大常委会主任：吴贤位（12月止）、刘晓博（12月起）；县人民政府县长：张伟（5月止）、环江红（6月起）；县政协主席：冯祥明（12月止）、李晓娟（12月起）。

（供稿单位：会东县史志办／审核：刘芙蕖／撰稿：钱雪燕）

宁南县
Ningnan County

【概况】 2016年，全县面积1670平方千米，辖25个乡镇、125个村、819个村民小组。年末总人口19.54万人，人口自然增长率为7.41‰。年平均气温19.2℃，降水量1306.9毫米，日照时数2284.5小时。

2016年，全县完成地区生产总值54.11亿元，增长5.6%。其中，第一产业增加值16.39亿元，增长4.2%；第二产业增加值21.13亿元，增长7.5%；第三产业增加值16.59亿元，增长4.4%。完成全社会固定资产投资110亿元，增长15.8%。规模以上工业增加值增速达3.6%。完成社会消费品零售总额20.43亿元，增长10.1%。完成地方公共财政收入3.58亿元，增长7.9%。金融机构各项存款余额48.1亿元，增长17.2%；贷款9.68亿元，增长9.6%。实现城镇居民人均可支配收入253859元，增长7.88%；农村居民人均可支配收入13065元，增长9.66%。

【农村经济】 紧紧围绕“生态农业、绿色工业、现代服务业”综合施策、精准招商、重点发力，全力抓好蚕桑、林业、烤烟、畜牧、以马铃薯为主的粮食和旅游“六大富民产业”深度融合发展。2016年，全县实现农林牧渔业总产值27.2亿元，增长4.29%。其中，农业产值11.9亿元，增长5.4%；林业产值1.4亿元，增长9.22%；畜牧业产值13.2亿元，增长2.49%；渔业产值0.33亿元，增长6.5%；农林牧渔服务业产值0.29亿元，增长13.53%。全年粮食播种面积25.9万亩，增长1.6%，粮食产量为8.12万吨，增长1.4%。其中，马铃薯播种面积10.83万亩，增长3.8%；马铃薯产量3.0万吨，增长2.6%。烤烟播种面积6.34万亩，下降5.51%；烤烟产量0.78万吨，下降4.28%。畜牧业生产稳定。全年生猪出栏23.5万头，下降3.5%；出栏牛2.1万头，下降0.4%；出栏羊11.3万只，增7.7%；肉类总产量2.2万吨，增长0.3%。

【基本农田保护】 强化和完善基本农田保护制度，确保全县耕地总量不少于21260.4公顷，基本农田保护面积不少于17008.33公顷。一是按照国土资源部、农业部及省州要求，进一步调整完善25.5125万亩基本农田逐一落实到地块的划定工作。二是据州人民政府和县人民政府的目标任务，完成7800亩高标准农田建设任务。

【专合组织】 指导农民专业合作社开展标准化农民专业合作社建设，积极引导和全力扶持农民合作组织发展，截至2016年底，全县已有农民专业合作经济组织227个，其中农民专业合作社213个、农民专业技术协会14个，专合组织成员达13620户，带动农户22700户，合作社种植业基地面积达到34800亩，经营总收入45400万元。合作经济组织经营产品创建知名商标3个、著名商标1个、驰名商标1个，获得绿色产品称号2个、无公害产品称号10个。全县有国家级示范专合组织1个，省级示范专合组织5个，州示范专合组织8个。

【工业经济】 认真贯彻落实“工业强县”发展战略，按照“一区四组团”搭建县域工业发展格局。2016年，规模以上工业增加值同比增长3.6%，产销率100.6%，同比增长1个百分点。分轻重工业看，轻工业增加值同比增长2.9%，重工业增长3.8%。分经济类型看，集体企业增长8.8%，股份制企业增长1.9%，其他经济类型企业增长18.7%。分行业看，全县七大行业增加值除非金属矿采选业、黑色金属冶炼和压延加工业稍有下降外，其余均有所增长。其中，黑色金属矿采选业同比增长0.8%，酒、饮料和精制茶制造业同比增长6.4%，纺织业同比增长2.6%，非金属矿物制品业增加值同比增长12.3%，电力、热力生产和供应业同比增长13.5%，非金属矿采选业同比下降2.8%，黑色金属冶炼和压延加工业同比下降4.2%。截至2016年底，全县有规模以上工业企业20家，其中缫丝企业4家、建材企业8家、电力企业2家、电冶企业2家、有色金属企业2家、黑色金属企业1家，农副产品加工和饮品企业1家。

【节能降耗】 2016年，全县完成万元GDP能耗由2015年的1.30吨标准煤下降到1.09吨标准煤，降低16.8%；单位工业增加值能耗由1.29吨标准煤下降到1.08吨标准煤，降低16.3%；单位工业增加值用水量降低19.6%；全县化学需氧量排放量1981吨，下降3.1%；二氧化硫排放量1542吨，下降10.6%；氨氮排放量306吨，下降10.6%；二氧化氮排放量608吨，下降10.58%；县城生活垃圾处理率达到96%以上；工业固体废物综合利用率达到73.6%以上的目标。

【城乡建设】 坚持统筹城乡，注重环境保护，基础建设取得新成效。启动集镇规划12个，顺利实施15个州级重点项目建设，完成投资54.2亿元，南环线宁南段升级改造工程建成投用，实施通乡油路81.3千米，建成通村水泥路项目33个248.5千米，在全州率先实现“乡乡通油路、村村通硬化路、组组通公路”目标。深入开展城乡环境综合治理，成功创建“省级环境优美示范县城”；新村新寨加快建设，完成省级第二轮新农村成片推进示范县建设任务，完成“蜀风桑韵”特色幸福美丽新村36个，新建改造房屋7869户，完成村内道路硬化248.5千米，36个幸福美丽新村同步实施完成文化室、通村宽带网、村卫生室、文化活动广场、一村一幼、“1+6”村级公共服务活动中心等基础设施和公共服务设施建设。夯实电力通讯能源基础设施，全面完成无电地区电力建设任务，在全州率先实现全光网络，荣获“省级沼气化县”称号。

【社会事业】 一是全面实施“10亿级”教育跨越发展体系规划，投资1.56亿元、建筑面积达66000

新建设完工的三峡白鹤滩学校

平方米的三峡白鹤滩学校建成投用，招收学生 3258 人，成为宁南县规模最大的初级中学；投入 1.5 亿元实施县初级中学改扩建项目，建成体育馆、学生宿舍楼、教学楼建筑面积 3.37 万平方米，运动场 8400 平方米；投入 2.5 亿元，用于义务教育均衡发展学校建设，全县小学及教学点新增校舍 56128 平方米、新增体育运动场 78133 平方米，初中学校新增校舍 56099 平方米、新增体育运动场馆 40468 平方米，建成义务教育标准化学校 37 所；计划投资 4 亿元的 PPP 模式教育基础设施重点建设项目（县民族中学、县朝阳小学、县民族小学）全面动工。全年为义务教育阶段全部学生提供免费教科书和补助公用经费，免教科书费 283.04 万元，补助公用经费金额 2303.24 万元；为 9550 名农村义务教育阶段家庭贫困的寄宿制学生提供寄宿制生活补助金 1088.91 万元；为义务教育阶段学生补助作业本费 80.51 万元。普通高考硬上省定本科线 458 人，高考成绩连续 3 年全州夺魁，义务教育均衡发展通过省级督导评估。二是深化医药卫生体制改革，推进城乡居民健康工程全覆盖，县乡村三级医疗服务水平不断提高。2016 年，全县医疗卫生机构门诊诊疗人数为 66.66 万人次，住院 4.0 万人次、增 5.2%；医疗业务总收入 1.49 亿元。到 2016 年底，全县卫计系统有政府举办的医疗卫生机构 29 个，在编在岗职工 749 人（其中专业技术人员 711 人），业务用房使用面积 62202 平方米，设置科室 120 个，编制床位数 1145 张，实际开放床位数 993 张。三是坚持以文化引领精神文明建设，推动市民素质提高。县图书馆藏书达到 30 余万册、全年借阅图书 22 万册；全县 125 个村实现“村村都有农家书屋”，每个书屋配备图书达 2200 余册。县文化馆被评为国家三级馆。全年放映各类公益电影 1560 场，观众人数达 28 万人次以上。

【社会保障】 全面落实社会保障、救济救助等各项惠民助农政策，民生兜底能力大幅提高。全年新增就业人员 1295 人，城镇失业人员再就业 172 人，帮助困难人员再就业 48 人；举行就业技能脱贫行动任务培训和青年劳动者技能培训班 34 期，免费培训人员 1700 余人。城镇登记失业率为 3.5%。镇基本养老、医疗、工伤、生育、失业等保险参保人数达 4.47 万人，收缴保费 1.24 亿元。全县有 84665 人参加新型农村养老保险，全年发放养老金 2100 万元。新农合参保人数达 165454 人，参合率为 99.71%，应筹集参合资金 8934.52 万元（540 元 / 人），全年共有 302756 人次享受新农合报账，产生医疗费用 11901.69 万元，实际支出 8123.95 万元。累计为 19510 人发放城乡低保金 4244 万元。

【脱贫攻坚】 聚焦群众“最急”，紧盯群众“最盼”，解决群众“最难”，倾力脱贫攻坚。建成县乡村三级联网智能指挥体系，深入实施 12 个专项脱贫方案，全面完成“乡三有”“村七有”“户六有”建设任务；突出“输血”与“造血”并举，落实“一村一业、一户一策”，整合投入财政扶贫项目资金 3400 余万元，深入实施“七个一批”脱贫攻坚行动计划，大力发展蚕桑、烤烟、畜牧、林业、冬季马铃薯等优势特色产业扶贫项目，培植贫困地区经济新增长点，激发贫困群众自力更生，贫困地区内生动力持续增强，贫困群众精神面貌明显提振。2016 年，全面实现全县 36 个贫困村“一低七有”退出目标和 1836 户建档立卡贫困户、8684 名贫困人口“一超六有”脱贫目标，并通过省、州、县各级的检查验收。

【党建工作】 扎实开展联系帮扶，31 名党员县领导定点联系指导25个乡镇、36个贫困村，36名“第一书记”扎根贫困村决战贫困。完善党委书记抓党建工作联述联评联考制度，推行村支部半年向村民大会述职、“支委驻组、党员联户”等制度，分类开展“五型”和“四好”班子创建活动，创建成功率达95%，13个软弱涣散党组织全部实现转化升级，全县创建共产党员示范岗799个、示范团队43个、示范单位50个、示范行业3个。高度重视新发展党员质量，注重从行业标兵、生产能手、致富典型等年轻优秀人才中培养发展党员，全年新发展党员191名，平均年龄28岁，高中及以上学历占82%。深入推进“苏施”优秀青年人才党支部、边界区域联合党工委、“奋进宁南城乡党旗红”、机关党员到社区“双报到”等活动，创建“农民夜校”125所，开展专题辅导6.2万余人次。按时足额拨付每村8万元工作经费和服务群众专项经费，全额落实大学生村官社会养老保险经费，建立村（社区）干部报酬正常增长和离职补贴制度，125个村基层活动阵地达标率100%。

【党风廉政建设】 强化党风廉政建设党委主体责任和纪委监督责任，严格落实“一岗双责”和“四个一”制度，坚持书记负总责、班子成员各负其责，形成全域覆盖、上下贯通、层层负责的工作格局。落实党委（党组）书记党风廉政建设约谈和乡镇、部门“一把手”向县纪委全会述责述廉制度，层层压实“两个责任”。始终坚持反腐高压态势，全年共处置问题线索104件，立案65件，结案63件、处分63人。查处群众身边的违纪案件49件，查处乡科级以上干部3人。切实加强警示教育，将反腐倡廉教育贯穿党员领导干部教育培训的全过程，更加注重制度建设，制定出台《宁南县2016年党风廉政建设实施意见》《宁南县派驻纪检组管理办法》和《乡镇纪委考核办法》，推进作风建设规范化、常态化、长效化，构建起不敢腐、不能腐、不想腐的制度机制。认真开展社会评价工作，对排名靠后的单位主要负责人进行诫勉谈话，党风廉政建设社会评价保持全州第1。

【领导名录】 县委书记：张硕（4月止）、黄玉超（4月起）；县人大常委会主任：吴同林（12月止）、杜刚双（12月起）；县人民政府县长：代兵（10月止）、马小宁（12月起），代理县长马小宁（10—12月）；县政协主席：罗定山（12月止）、殷显国（12月起）。

（供稿单位：宁南县史志办/审核：焦道未 朱正英/撰稿：邹英）

普格县

Puge County

【概况】 2016年，全县面积1918平方千米，其中耕地205020亩。辖34个乡（镇）、153个行政村、8个居委会。年末总人口20.04万人，同比增长1.3%。其中，彝族人口16.78万人，同比增长1.5%，占全县总人口83.7%；汉族人口3.13万人，占全县总人口15.6%。

【经济运行】 2016年，经济运行总体平衡，完成地区生产总值24.19亿元，增长2.9%。其中，第一产业增加值8.19亿元，增长3.7%；第二产业增加值7.42亿元，增长0.5%；第三产业增加值8.58亿元，增长4.4%。全年全社会固定资产投资总额完成21.52亿元，增长19.3%。财政收入中公共财政总收入2.87亿元，增长13.6%，地方公共财政收入实现1.78亿元，增长11.1%。在信贷规模中年末各类存款余额28.30亿元，增长7.1%；各类贷款余额7.08亿元，增长20.9%。在城乡居民收入中，城镇居民可支配收入22649元，增长7.6%；农村居民可支配收入8241元，增长10.6%。社会消费品零售总额完成9.04亿元，增长9.6%。

【财政收支】 2016年，全县完成地方公共财政收入17816万元，比2015年的16038万元，增加1778万元，增长11.1%。2016年，完成财政总支出169041万元。其中，完成公共财政支出166459万元（含上级补助专项50645万元)，比2015年的148901万元，增加17558万元，增长11.79%；债券还本付息支出2050万元，上解支出358万元，安排预算稳定调节基金174万元，结转下年4260万元。全年总收入173301万元，总支出169041万元，年终滚存结余4260万元，实现本年收支平衡。

【农业经济】 2016年，粮食作物播种面积完成28.95万亩，增长0.7%；粮食总产7.39万吨，增长1.6%；人均占有粮食保持在400千克左右；农民所得总额111827.55万元，农民人均可支配收入8241元。全县四大牲畜存栏40.67万头(只)，出栏23.71万余头(只)，肉类总产量1.16万吨，建成畜牧科技示范园区5个。完成马铃薯种植面积13.33万亩。2016年，共推广脱毒薯种植面积9.5万亩，完成现代农业马铃薯产业示范基地9.2万亩，平衡施肥面积9.3万亩，双行垄作面积9.5万亩，建立1万亩的现代农业马铃薯产业园区，马铃薯机耕面积2万亩。完成高产示范推广点15个，面积12470亩。全年养蚕22538张，产茧17580担，实现产值2760.76万元。全县特色农产品品牌包装达到7个(“大凉山·普格红米”“大凉山·普格珍珠米”“大凉山·普格高原水果萝卜”“大凉山·普格跑山黑猪”“大凉山·普格乌洋芋”“大凉山·普格胞腊”“大凉山·普格六粮面”)。达到农业龙头企业4家、农村专业合作社组织75个、农民种养殖家庭农场415个、劳务经纪人68个，搭建起农业产业发展的基本骨架，支撑农村经济发展。

【工业经济】 2016年，全县规模以上工业企业工业总产值完成11.58亿元，增长4.6%；工业增加值增长速度4.6%；产品销售收入完成6.75亿元，下降4.5%；实现利润总额7894万元，增长15.0%；利税总额完成12587万元，增长8.4%。工业主要产品产量:味精完成42155吨，增长4.4%；发电量48684万千瓦时，增长5.1%。

【第三产业】 2016年，接待游客181.5万人次，较2015年增长21.0%，实现旅游综合收入4.20亿元，较2015年增长15%。完成全社会消费品零售总额9.04亿元，较2015年增长9.6%。金融服务能力明显增强，各项存款余额28.30亿元，较2015增长7.1%；各项贷款余额7.08亿元，较2015年增加增长20.9%。

【招商引资】 2016年，普格县党政一把手带队赴北京、深圳、成都三省(市)开展精准招商工作3批次，参加中外知名企业四川行、第十六届中国西部国际博览会等省级投促活动2场次，在泸州市龙马潭区成功举办“火把圣地·普格—泸州投资推介会”1场次，签约中国大唐集团公司普格县风力发电一期项目、北京红金龙投资有限公司普格县螺髻山居国际温泉度假酒店项目、青岛海外啤酒国际(香港)有限公司四川好兄弟啤酒生产项目、成都虎标行生物科技有限公司生物科技产业园项目、特变电工新疆新能源股份有限公司光伏发电项目、中广核新能源投资(深圳)有限公司光伏发电扶贫项目、深圳通威新能源有限公司光伏发电扶贫项目等15个招商引资项目，合同投资总额20.7亿元，完成州委州政府下达的10亿元省级平台签约目标任务。全年重点包装推介太阳能资源开发项目、螺髻山海口高原牧场风景区旅游综合开发项目、高岭土矿开发项目、屠宰加工项目、胶粉项目、再生胶项目、120商品混凝土生产线项目、奶牛养殖基地及牛奶加工项目、油用牡丹种植基地建设项目、普格县绕城公路建设项目等16个重点招商项目，计划引资总额49.22亿元。全年对接洽谈招商引资项目72个，达成意向合作项目20个。2016年，新增6家企业落户普格(普格恒盛新能源有限公司、索玛旅游文化发展有限公司、普格县尚淘电子商务有限公司、四川海澳斯新能源开发有限公司、凉山七彩田园农业科技开发有限公司、普格宏天建筑工程有限公司)。三峡吉留秀30兆瓦光伏电站项目工程竣工投产，并网发电；大唐海口50兆瓦风电场、大唐甘天地一期100兆瓦风电场、四川好兄弟10万吨啤酒生产线等一批重大招商项目履约落地开工建设。

【电商产业】2016年，普格县列入全省第一批电子商务精准扶贫县，县委、县政府高度重视，及时成立电子商务进农村工作领导小组，制订实施《普格县2016年电子商务精准扶贫总体方案》，积极争取省级财政扶持资金100万元，落实县级财政配套资金50万元，强化电商企业的招商工作力度，签约引进四川大晟网络科技有限公司，总投资800万元启动实施普格县电子商务精准扶贫项目，建成县级电商服务中心1个，O2O农特产品体验店1个，螺髻山物流分拨中心1个，特尔果乡、五道箐乡、特补乡、黎安乡、文坪乡、向阳乡、花山乡7个乡（镇）电商服务站，德育村、马厂坪村、李子坪村、沙里村、特尔果村、特博波乌村、沙合莫村、采洛洛博村、洛果村、庙子湾村、特补乃乌村、友谊村、建设村13个村级电商服务配送点，其中贫困村8个，统筹运用省州县相关培训资源，分期分批培训电商人次1503人，加快构建全县农产品网络营销体系。

【基础建设】2016年，实施饮水工程蓄水池44口，1100立方米，铺饮水渠（管）235.9千米，入户道路硬化工程107.9千米，村内道路硬化工程78.9千米，村级党群服务中心建设规模2050平方米。迁出区生态修复（含宅基地复垦）土地增减挂钩资金6190.4万元，迁出区生态修复（含宅基地复垦）2876.6亩。西巧线普格段升级改造，起于大箐梁子K28+000，止于白水河K79+250，路线全长51.25千米，总投资3.85亿元。完成“6·30”既定的目标任务，实现州府到县城路线的畅通。

【外贸工作】全面贯彻落实国家省州有关外商投资企业的支持政策，加快推动外贸企业转型升级。2016年，县积极为四川豪吉食品有限公司争取中央外经贸发展专项资金和省州级外经贸发展促进资金，鼓励企业自筹资金590.49万元进行鸡精配料系统自动化控制工艺技术改造，产能提升40%；支持企业抓好煎鱼调味料、铁强化调味料等新产品的创新研发工作，不断优化出口产品结构；发挥雀巢世界知名品牌和全球营销方面的优势，积极开拓海外市场，全年出口创汇3735万美元，完成目标任务的106.7%，出口鸡精26019吨，同比增长9.3%，全县外贸出口稳定增长。

【民生工程】全县保障城市低保对象621户916人，人均月补助261.1元，全年共发放城市低保金775.3万元；保障农村低保对象10514户18370人，人均月补助标准150.3元，全年共发放农村低保金4006.3万元。2016年，共发放医疗救助金670.8万元（其中城市63.7万元、农村607.1万元），实现与新农合、城镇居民医疗保险等社会保障制度的有效对接。2016年共拨付救灾资金180万元，用于解决灾民和特困群众生活和住房困难，冬春期间下拨灾粮10万千克，解决缺粮人口0.3万人，下发捐赠衣服、棉被4000余件套。

【扶贫开发】2016年，制定干部驻村帮扶工作方案，健全联点包乡帮村工作机制，调整配强帮扶力量，明确30名县级领导干部联系扶持34个乡镇、103个贫困村；14个省直部门（企业）、16个州级单位和64个县级部门（单位）联点帮扶34个乡镇；下派107名机关干部到贫困村、后进村任第一书记，选派103名专业技术人员任农技员；组建103个驻村工作组，落实412名干部驻村帮扶。全年完成13个村408户彝家新寨村住房建设，发放建房补助1428万元，调整、整合资金3205.11万元，新建“1+N”村级党群服务中心38个、维修2个。投资874万元建设两项资金项目12个。完成动态管理新增14235名贫困人的精准识别和录入工作。在全州率先完成“六有”信息数据录入。

社会扶贫。对接中国广东核电公司到普格县开展扶贫帮扶工作，投资980万元帮扶特尔果乡古木洛村实施44户易地移民搬迁；争取中国三峡集团援建资金2000万元，建设洛乌乡火博“三峡新村”，其中1700万元用于建卡贫困户住房建设，300万元用于设立扶贫小额信贷风险补偿金，实现“三峡新村”“两不愁、三保障”和“四个好”目标；争取神华集团有限责任公司帮扶资金

200万元，用于普格县教育园区建设；佛山市对口援建资金1000万元，实施洛甘乡彩乃乡和果吉村易地扶贫移民搬迁住房建设，新建住房153套，解决153户贫困户664人的安全住房问题；省卫计委和省烟草（专卖局）公司对口帮扶特补乡特补乃吾新村建设，共投资3463.3万元，新建住房194套、实施风貌改造227户、硬化入户道227户、新建1个“1+N”党群服务中心（含村民活动中心、村幼儿园、医务室、培训室、村民阅览室、民俗文化广场等功能）、改建乡卫生院1所、治理改造河道2000米双向、安装太阳能路灯112盏；泸州市龙马潭区援助资金400万元，实施哈力洛乡四甘日村新村建设，选派28名优秀人才对口帮扶普格县发展。同时，普格县以“10·17”扶贫日活动为契机，开展形式多样的宣传活动，“扶贫日”活动共募捐资金28.66万元，各类捐赠折资224.377万元。与川师大、省农科院签订对口教育帮扶、“农业科技+精准脱贫”战略合作协议，省卫计委下属医院、仪陇县人民医院、四川师范大学分别派驻驻村干部到普格县开展脱贫攻坚工作，充分发挥机构自身的优势，为普格县的脱贫攻坚工作增添动力。

【社会事业】 2016年，投入资金913.6万元，着力在信息技术、实验教学、艺体器材、图书、幼教点建设等方面发力，投入资金147.3万元为137个幼教点，配足配齐课桌椅、电视机、DVD、饮水机、图书、资源光盘、室外玩具、电子琴，为普格中学等3所学校配备交互式智能平板电视111套。组织1300余人次参与教育信息化培训，组织100余名学校中层以上管理人员信息化运用能力考试。全面完成改薄、行动计划等项目建设，共争取中小学基本建设项目10类，投入资金7951万元，实施项目建设学校36所7.08万平方米。其中，竣工12所点校及5所中小学，竣工面积9722平方米，完成投资2169万元。在建教师周转房201套，7035平方米，投入资金804万元。

2016年，全县参合人数130023人，参合率达99.21%，筹资标准达530元/人·年，总筹资7090.92万元，22种重大疾病纳入医疗保障。截至11月底，全县享受新农合补偿70231人，补偿4654.61万元。其中，新农合门诊47832人次，报销184.25万元，费用报销比达75.34%；新农合住院22139人次，报销4375.67万元，政策范围内住院费用补偿比达77%，实际补偿比达68.78%。购买大病保险282.63万元，167名大病患者获得保险理赔48.78万元。截至2016年底，结余基金2153.68万元，当年基金使用率69.63%；各级医疗机构出院病人平均住院日控制在6.34天以内。

普格县的县、乡（镇）、村（社区）三级公共文化基础设施建设已经完成，2016年，全县建成34个乡镇综合文化站、153个农家书屋、8个社区书屋、20个农村数字电影放映点。红军树村、沙合莫村等村（社区）修建“文化广场”，完成县有“三馆一所”（文化馆、图书馆、美术馆、文物管理所），乡（镇）有文化站，村（社区）有文化室的目标，基本形成以县文化馆、图书馆为重点，乡（镇）文化站为基础的现代公共文化服务体系。

通过全国第三次不可移动文物普查和全国第

2016年普格县经济社会发展主要指标

指标	单位	总量	增长（%）
地区总产值	万元	241943	2.9
第一产业增加值	万元	81906	3.7
第二产业增加值	万元	74244	0.5
第三产业增加值	万元	85793	4.4
非公有制经济增加值	万元	105870	2.2

续表

指标	单位	总量	增长(%)
粮食总产量	吨	73866	1.6
肉类总产量	吨	11582	0.3
社会消费品零售总额	万元	90417	9.6
全社会固定资产完成投资	万元	215159	19.3
地方公共财政收入	万元	17816	11.1
地方公共财政支出	万元	166459	11.8
年末金融机构存款余额	万元	283007	7.1
年末金融机构贷款余额	万元	70821	20.9
城镇居民人均可支配收入	元	22649	7.6
农村居民人均可支配收入	元	8241	10.6
年末总人口	人	200404	1.3
彝族人口	人	167813	1.5
彝族人口占比	%	83.7	0.1
汉族人口	人	31318	0.2
汉族人口占比	%	15.6	-0.2
接待旅客人数	万人/次	181.5	21.0
旅游综合收入	亿元	4.2	15.0

一次可移动文物普查,发现不可考文物古遗址8处、古墓葬5处、古建筑1处、石窟寺及石刻2处、近现代重要史迹及代表性建筑6处。馆藏可移动文物83件(其中二级文物3件,三级文物32件)。

【领导名录】 县委书记:刘长猛(4月止)、刘若尘(4月起);县人大常委会主任:海来日古(彝族);县人民政府县长:沙英(女,彝族);县政协主席:张凌(女)。

(供稿单位:普格县史志办/审核:陈勇　王莉/撰稿:陈思洁)

布拖县
Butuo County

【概况】 2016年,全县面积1685平方千米,辖3个镇、27个乡、190个行政村、2个社区,总人口18.95万人,符合政策生育率81.1%;人口出生率18.17‰;人口自然增长率控制在12.5‰以内,森林覆盖率为34.1%。

【经济发展】 地区生产总值完成24.57亿元,年均增长6.6%;一般公共预算总收入1.33亿元,年均增长4.62%;地方一般公共预算收入0.95亿元,年均增长10.4%;地方一般公共预算支出18.35亿元,年均增长31.9 %;实现城镇居民可支配收入22950元,年均增长7.62%;农民人均可支配收入7068元,年均增长10.67%。预计完成社会消费品零售总额4.6亿元,年均增长10.3%;第一产业增加值7.3亿元,增长4.1%;第二产业增加值10.29亿元,增长8.9%;第三产业增加值6.35亿元,增长5.5%。固定资产投资22亿元,增长5.5%。

【脱贫攻坚】 按照“新村、新居、新产业、新农民、新生活”五新一体工作思路,扎实推进17个乡（镇），20个村（其中极度贫困村8个）1700户彝家新寨建设，其中，易地扶贫搬迁554户。项目投入资金10614.05万元，省以上资金9161.05万元，州财政669.2万元，县财政783.8万元。截至目前所有资金已到位，已完成1041户彝家新寨主体房建设。突出项目整合、资金统筹，编制18个脱贫攻坚专项方案和163个贫困村脱贫方案，精准对接省"五个一批"、州"七个一批"攻坚行动计划，整合资金统筹实施十大民生工程、18件民生实事和大小凉山彝区"十项扶贫工程"，抓紧抓实"五件实事"，确保19个贫困村退出、减贫982户4149人。成立县农投公司，撬动金融资金3.37亿元发展农业产业。利用国投公司融资平台设立风险基金2000万元，撬动金融资金2亿元。开工建设保障性安居工程150套。覆盖城乡的社会保障体系基本建成。省人社厅、省科协、省政协教育委员会、致公党省委和佛山市、江油市、会理县以及神华集团等省内外对口帮扶工作取得实质性进展，西南科大、西昌学院等帮扶院校在智力支持、规划编制、产业发展等方面给予大力帮助，"万企帮万村"活动深入推进。

电子商务、现代物流等新兴先导型服务业和生态文化旅游业加快发展，并入选国家电商扶贫试点县。实施《布拖县旅游总体规划》，旅游收入逐年增长。县图书馆建成并投入使用。县文化馆升级改造完成，建成非遗展厅、公共图书室、文物陈列室、排练厅和信息共享中心。广泛开展广场舞、桥牌、象棋、摄影等群众性文化活动。圆满承办"中国传统民俗节庆文化复兴暨彝族火把节发展模式学术研讨会"。广播、电视人口覆盖率分别达到82.4％、82.1％。

【教育】 从严执行控辍保学"七长"责任制和上下联动的责任捆绑制度，中小学在校学生达35077人，小学、初中入学率分别达98.9％、89.3％。实施"一村一幼"计划和"一乡一所"工程，新建125个幼教点，开办283个班，招收学前幼儿8370人。推广"福慧之星"寄宿制精细化过程管理模式。公开选拔聘用校长35名、副校长30名。启动教育园区规划，推进龙潭镇中心校整体搬迁。

【卫生】 全面落实新型农村医疗保险政策，参合率达到99.73％，公立医院综合改革及分级诊疗有序推进，计划免疫及重点疾病防治工作深入推进，"五苗"接种率达80.5％。

【产业发展】 2016年，围绕全州"6+4"特色产业集群规划，坚持产业兴县、工业强县，工业总产值达20亿元，其中规上工业总产值达12亿元，年均增长7.8％。则洛食品药品工业集中区规划通过州级评审、木尔钙产品工业集中区规划通过县级评审。以矿冶为主导的高消耗、高污染、低产出产业比重逐年降低。编制完成《新能源产业基地发展规划》。有序推进交际河水电开发，建成大田坝电站。火烈、补尔、乐安风电场，包谷坪、合井光伏电站等建成投产。水电装机容量达36.8万千瓦，风电、光伏电站装机分别达到15万千瓦、7万千瓦。投资3281万元升级县城电网，500千伏输变电站建设前期工作稳步推进，城乡供电网络、电力统调平台和外送通道建设不断加强。3G、4G网络建设不断向偏远山村延伸，信息通讯基础设施极大改善。

【城乡统筹】 县城总体规划、滨河新区控制性详规修编及城市供排水、污水处理等设施规划建设工作扎实推进。政务新区、滨河新区建设稳步推进，城市功能布局更加合理，综合承载能力和管理水平显著提升。实施龙潭红旗新村建设，特木里镇入选全国重点镇，特色集镇建设不断加强。城乡环境综合治理成效显著。国道G356三湾河至县城段建成通车，省道S464县城至普格界段公路改建工程快速推进，实现国道、省道"零"突破，冯家坪溜索改桥项目启动实施。公路总里程达1130千米，油路里程达113千米。

【农业经济】 高产、优质、高效、生态、安全的现代农业产业体系构建初见成效。马铃薯种植面积20.45万亩，总产30.52万吨，产值达3.66亿元。农业机械达2800台（套），农机总动力达3.5万千瓦。四畜存栏44.17万头（只），出栏24.52万头（只）；肉类总产量1.13万吨。“五黑一西”产业加速培育，规模养殖户达3593户，西门塔尔牛现存栏5678头，黑牛存栏2.46万头，黑绵羊存栏4.74万只，黑山羊存栏6.4万只，黑鸡存栏2.14万羽。从事农产品加工和生产的企业发展到13户，注册专业合作社75个，家庭农牧场达107户。发展订单农业面积6.7万亩，带动农户1.46万户，“公司＋基地＋农户”和“订单＋农户”的发展模式进一步巩固。开发226个保洁员公益性岗位和262个护林员公益性岗位。转移输出农村劳动力5.62万人次，实现劳务收入6.8亿元，人均劳务收入3842元。

【禁毒防艾】 坚持“破大案、打幕后、抓毒枭、摧网络、断通道”，禁毒工作成效显著，截至11月30日，破获毒品刑事案件114起，抓获犯罪嫌疑人158人，缴获毒品海洛因113.4千克，缴毒数创历史新高，破获千克以上毒品大要案件9起，打掉7个团伙，抓获犯罪嫌疑人49人，幕后老板、集资人26人，毒品违法犯罪的打击工作处于全州领先地位。其中2016年“5·12”的特大运输毒品案是布拖县建县以来破获的单案查获毒品数量最多的案件，单案查获毒品海洛因122块42.7千克。创新艾防宣传形式，借助健康教育宣传包，进村入户开展艾滋病防治“面对面”宣传教育，群众知晓率达90%。推行免费婚检，婚检率达95%以上。开展免费住院分娩，住院分娩率达86%。开展美沙酮维持治疗全免费及针具交换等预防干预工作。全面完成“十一五”“十二五”国家重大科技专项。强力开展人口秩序清理整治，加大政策外生育查处力度。

【体制改革】 加快推进政府职能转变和机构改革。完成公务用车改革，65辆公务用车实行统一管理。户籍制度改革稳步推进。教育、卫生、文化等重点领域改革稳步推进。着力深化开放合作，招商引资力度不断加大。

【廉政建设】 深入开展“两学一做”学习教育，贯彻落实中央八项规定精神，严格执行省州县“十项规定”，着力纠正损害群众利益的突出问题，不断转变工作作风、提升工作效率。修订完善《布拖县人民政府工作规则》。清理行政权力责任清单6147项，录入行政权力事项5900余项，受理各类行政权力案件3886件，办结率97%。县政务中心建成并投入使用，公安、民政、国土等18个部门入驻。严格落实党风廉政建设“两个责任”和从严治党相关要求，行政监察、审计监督、信访处置进一步加强。认真办理人大代表议案、建议、批评和意见，政协委员提案和建议，及时受理群众来信来访，办理州长、县长信箱及“12345”公开电话，按时办结率100%。

【领导名录】 县委书记：沙文；县人大主任：乃古科且（彝族）；县人民政府县长：罗古阿吉（彝族）；县政协主席：王金秀（女，彝族）。

（供稿单位：布拖县史志办／审稿：谢勇／撰稿：姚仲华）

昭觉县

Zhaojue County

【概况】 2016年，昭觉县面积2702平方千米，辖47个乡（镇），271个行政村，837个农牧服务社，年末总人口32.03万人，其中彝族占98%。

【经济】 2016年，全县实现地区生产总值27.48亿元，较2015年增长7.9%；固定资产投资30.32亿元，较2015年增长24.5%；公共财政总收入1.73亿元，其中一般公共财政收入1.29亿元，较2015年增长11.0%。第一产业实现增加值10.21亿元，较2015年增长4.1%；第二产业实现增加值7.78亿元，较2015年增长10.0%；第三产业实现增加值9.49亿元，较2015年增长10.5%。三次产业结构比由2015年的39：28：33调整为39：29：32。

社会消费品零售总额 7.38 亿元，较 2015 年增长 10.3%；城镇居民人均可支配收入 21714 元，较 2015 年增长 7.6%；农村居民人均可支配收入 7387 元，较 2015 年增长 10.66%。转移输出农村劳动力 8.1 万人，实现劳务收入 7.29 亿元。经济综合评价排位上升到第 14 位。

【农业经济】 2016 年，全县粮食产量达 10.6 万吨，同比增长 3.1%；全县种植马铃薯和苦荞麦共 24.6 万亩，种植错季蔬菜、海椒、玫瑰共 2.1 万亩，推广脆红李 1.5 万株；全年共出栏猪、牛、羊 54.7 万头（只），肉类总产量 2.29 万吨。累计建成现代标准化养殖小区 53 个、畜牧科技示范园区 198 个。截至 12 月 31 日，全县累计栽植核桃 49 万亩、华山松 10.5 万亩、花椒 4.92 万亩、雪松 15 万株、白杨 1080 万株。

【工业经济】 2016 年，昭觉县工业结构不断调整，新能源产业实现“零”突破。2016 年，全县共有各类工矿企业 50 家，其中规模以上工业企业 10 家（全年共实现销售收入 10.5 亿元，获利润 2600 万元）。新能源产业建设中，华能 14.85 万千瓦风电项目竣工投产、华能龙恩一期风电项目已核准待开工、投资 5 亿元的华电光伏项目正开展测光工作、投资 6 亿元的昭觉县光伏扶贫一期项目正式签约。

【服务业】 2016 年，昭觉县旅游业发展实现重大突破；商贸服务体系日趋完善，辐射县乡村的电子商务服务、东五县最大的农副产品综合批发市场、汽车检测中心、区域驾校、区域医疗中心等项目全面启动，尾气检测站建成投运，昭觉县在东五县的区域中心地位进一步凸显；积极探索金融扶贫分贷统用新模式，金融杠杆作用充分发挥。2016 年，全县实现旅游收入 2.75 亿元；投资 1.2 亿元的“谷克德”省级湿地公园和汽车自驾游营地、投资 3 亿元的“悬崖村”民俗体验区等重点旅游项目正式落地；与 4 家省州金融企业签订战略合作协议，并设立农户贷款风险补偿基金 1100 万元、累计发放扶贫小额信贷 8369 万元。

【脱贫攻坚】 2016 年，昭觉精准脱贫深入实施，“5+12 件实事”“四个好”创建稳步推进，“579”工作模式全面推广，“七个一批”行动计划加快实施；社会扶贫全面推进，对口帮扶、职工捐款落地生根。2012—2016 年，全县累计投入扶贫资金 23.8 亿元，减贫 4.15 万人；建成彝家新寨 87 个村，完成整村推进项目 30 个；完成易地扶贫搬迁 2878 户，涉及 12756 人；改造农村危房 0.74 万户，解决 6.97 万人的饮水安全问题和 23 万人的生活用电问题，绵阳市涪城区、广东省佛山市、三峡集团等对口帮扶单位共到位帮扶资金 8022 万元，全县干部职工累计捐扶贫款 530 万元。

【社会事业】 2016 年，昭觉县从四个方面狠抓教育工作。一是扎实推进生本教育，深入开展延长学制、延长学时、“联合监考”等教育体制改革。年末，全县教师规模达 2276 人，在校生达 72778 人，学前教育三年毛入园率达 77.8%、小学入学率达 99.26%、初中阶段入学率达 95.26%。二是教育教学质量大幅提升，高中毕业生被高校录为本预及以上人数突破 200 人，初中毕业生就读“9+3”职业教育学校 1644 人。三是全面启动县民族中学玛增依乌分校、温州商会爱心学校、万达爱心学校、普诗九年一贯制学校建设，县幼儿园扩建工程顺利推进，建成“一村一幼”教学点 280 个、乡镇幼儿园 3 所。四是通过省州支持、县级自筹、全县职工捐款、爱心团体和爱心人士捐赠形式，建立昭觉县教育扶贫救助基金，并对县内建卡贫困户子女的学前教育、高中教育和大学教育给予分段式救助。截至 2016 年底，全县共建有乡镇文化站 47 个、农家书屋 268 处、乡镇社区书屋 50 处、农村体育活动场所 102 个，广播覆盖率达 81%，电视覆盖率达 90 %。

2016 年，区域医疗中心、急救中心相继竣工，中彝医院建设正式启动，县人民医院通过“二甲”评审、血吸虫病传播阻断达标，计生工作不断深入，医疗服务体系得到加强。全县参加新农合 24.17 万人，参合率 99.2%；农村群众本地住院报销比例最高达 100%，贫困户健康档案建档率 100%，人口自然增长率控制在10‰左右，住院分娩率达90.41%。2016年，“五大保险”（“五保”补助金、城市低保金、农村低保金、救灾资金）已覆盖城乡，参保人数共计11.67万人次。

【社会治理】 2016年，全面推进安全生产、食品药品监管、依法治县、禁毒防艾工作和“支部+协会+家族”禁毒防艾工作模式，并在全州范围内率先成立尿检办，禁毒防艾“昭觉20条”全面落实，毒品艾滋病传播蔓延势头得到有效控制，全县重点矛盾纠纷化解率、自愿婚检率均达100%，刑事案件破案率达80%，治安案件查处率达85%，外流贩毒同比下降49.62%。此外，禁毒工作连续第五年名列全州前茅，艾滋病防治工作连续第三年被评为“全州先进集体”。

【基础设施建设】 2016年，全县基础设施建设提档升级。一是《昭觉县城市总体规划》及中心城区详规编制全面完成，县城新区主干道、城市棚户区改造、老城区风貌打造全面启动，共建设公共租赁住房1224套、改造棚户区1505户，城镇化率由17.9%提高到20.2%。二是城市垃圾填埋场、生活污水处理厂等重大市政工程加快推进。三是以构建“凉山州东部地区交通枢纽”为目标，共改造国省干线公路229.5千米、建成通乡（村）公路443千米，投入运营的城乡公交线路达5条，使全县的通乡油路覆盖率达85%、通村通达率达89%；乐西高速、西昭高速、宜西铁路等重大基础设施建设项目的前期工作加快推进。四是政法基础设施建设进一步夯实。县法院审判大楼、县强制戒毒所建设和县消防大队建设全面竣工，县看守所、县拘留所、武警昭觉县中队正加快建设。另外，农田水利基本建设正稳步开展。

【生态家园】 以建设“绿色银行，打造金沙江上游重要生态涵养区”为目标，狠抓国家生态主体功能区建设、城乡环境综合治理、地质灾害防治等。2016年，全县实施天然林保护194.5万亩、巩固退耕还林成果12.1万亩，森林覆盖率达29.5%；治理水土流失面积20.3平方千米；城乡环境综合治理连续第三年获得“全州一等奖”，连续第五年未发生地质灾害安全事件，全县被纳入国家生态主体功能区。

【行政效能】 2016年，继续巩固发扬党的群众路线和“三严三实”“两学一做”专题教育活动成果，

2016年昭觉县经济社会发展主要指标

项目	单位	实绩	增速（%）
地区生产总值	亿元	27.48	7.9
第一产业增加值	亿元	10.21	10.21
第二产业增加值	亿元	7.78	10.0
其中：规模以上工业增加值	亿元	–	8.0
第三产业增加值	亿元	9.49	10.5
粮食总产量	万吨	10.6	3.1
肉类总产量	万吨	2.2	0.3
社会消费品零售总额	亿元	7.38	10.3
社会固定资产完成投资	亿元	30.32	24.5
一般公共预算收入	亿元	1.29	11.0
城镇居民人均可支配收入	元	21714	7.6
农村居民人均可支配收入	元	7387	10.7

严格规范公务接待，有效遏制婚丧嫁娶高额礼金和铺张浪费问题，统一开展政务服务。2012—2016年，县人民政府政务服务中心的窗口单位共受理审批公共服务事项167万件，办结率100%；累计完成政府采购446宗，共节约资金2589万元；完成项目审计154个，审减资金5485万元。

【领导名录】 县委书记：子克拉格（彝族）；县人大常委会主任：贾尔体（彝族，12月止）、许世蓉（12月起）；县人民政府县长：杨昌林（彝族，5月止）、赫绍洪（彝族，5月起）；县政协主席：吉觉古史（彝族）。

（供稿单位：昭觉县史志办/审核：吉色方森/撰稿：朱文峰）

金阳县
Jinyang County

【概况】 全县面积1588.23平方千米，其中耕地1.59公顷。辖4个镇、30个乡178个村（居委会）、801个村民小组。2016年末，全县总人口20.59万人，其中汉族3.66万人、彝族16.82万人、其他少数民族1097人，分别占总人口的17.8%、81.7%、0.5%。人口出生率为14.59‰，人口自然增长率8.68‰，年育龄妇女综合节育率为82.51%。

2016年，全县地区生产总值（GDP）28.93亿元，比2015年增长1.0%。其中，第一产业完成增加值6.83亿元，增长4.2%；第二产业完成增加值15.03亿元，下降1.7%；第三产业完成增加值7.07亿元，增长4.3%。三次产业对经济增长的贡献率分别为94.9%、-93.8%和98.9%，分别拉动经济增长0.9、-0.9和1个百分点。三产业占比提高，产业结构进一步优化。一、二、三产业占国内生产总值的比重，由2015年的22.5∶54.2∶23.3调整为23.5∶52∶24.5。地方公共财政收入达到1.90亿元，增长34.2%。年末民营经济从业人员达到6740人；注册资金达到3.93亿元；全年上缴税金2780万元。全年民营经济增加值达到12.33亿元，增长0.7%。其中，第一产业增加值2.32亿元，增长4.3%；第二产业增加值7.28亿元，下降1.9%；第三产业增加值2.73亿元，增长5.3%。民营经济占GDP的比重为42.6%，对经济增长的贡献率达31.5%，拉动GDP增长0.3个百分点。

【农业及农村经济】 全年实现农林牧渔业总产值（现价）13.16亿元，比2015年12.28亿元，增长7.2%。其中，实现农业产值7.22亿元，较2015年的6.63亿元增长8.9%；实现林业产值6722万元，较2015年的6105万元增长10.1%；实现牧业产值5.05亿元，较2015年的4.82亿元增长4.8%；实现渔业产值31万元较2015年同期的30万元增长3.3%。农林牧渔服务业产值2241万元，同比增长1.0%。全年粮食作物播种面积20953公顷，较2015年的20803公顷增长0.7%；经济作物播种面积8389公顷，比2015年同期增加180亩，增长0.14%。全年粮食总产量6279.3万千克，比2015年的6186万千克增长1.5%。2016年末，核桃产量3300万千克，比2015年的1100万千克，增加2200万千克，增长200%；花椒产量520万千克，同2015年的550万千克减少30万千克，下降5.5%；板栗产量1400千克，与2015年同期持平。2016年末，畜牧业产值占农林牧渔业总产值的比重达38.3%，成为整个农村经济的重要支柱。全年牲畜出栏31.67万头（只），较2015年的31.15万头（只），增长1.64%。主要畜产品产量稳步增长，全年肉类总产量1332万千克，增加10.3万千克，增长0.8%。

【工业经济】 全年完成规上工业总产值2.38亿元，较2015年的5.29亿元，下降54.9 %；规上工业增加值增速同比下降4.5%；工业对全县国内生产总值的贡献率为-119.5%，拉动GDP下降1.2个百分点，占GDP的比重达到41.8%，比2015年下降3.6个百分点。全县规上工业销售收入2.25亿元，比2015年下降56.6%，实现利润总额是-0.7万元，比2015年下降98.9%。

【固定资产投资】 全年完成全社会固定资产投资总额21.41亿元，同比增长15.5%。在投资构成中，建筑工程完成19.25亿元，同比增长11.4%；安装工程完成1.44亿元，同比增长13.8%。按三次产业分：第二产业投资完成6.08亿元，同比增长82.8%，占总投资的比重为28.4%；第三产业投资完成15.33亿元，同比增长0.8%，占总投资的比重为71.6%。在全年全社会固定资产投资中，城镇新增固定资产17.44亿元，同比下降25.5%。

【交通和旅游】 2016年末，全县34个乡镇全部通公路，178个村（居）委会有174个通公路。运输业稳步发展。全年完成公路货物周转量406.2万千克，完成公路旅客周转量4249万人千米，同比分别增长1.7%和3.3%。旅游业呈现快速发展。2016年全县实现旅游收入总额1.46亿元，比2015年0.98亿元增长49.0%。入境旅游者达105.28万人次，同2015年的85.32万人次增长23.4%。

【社会事业】 2016年，全县拥有各类学校46所，在校学生33646人，专任教师1344人，全县拥有幼儿园9所，幼儿学生12254人，幼儿教师99人。学龄儿童入学率98.5%，初中毕业生升学率85.55%，高中毕业生升学率60.68%。全县有医院、卫生院37个，床位616张；有医院、卫生院技术人员497人。全县实际参加新型农村合作医疗的人数达13.63万人，参合率达99.83%。

2016年，全县有调频发射机2部，有电视转播发射台2座、电视发射机3部。广播人口覆盖率74%；电视人口综合覆盖率90%。全县有线广播电视覆盖用户数1400户，无线数字广播覆盖用户数500户，无线数字电视覆盖用户数2000户，有552个自然村通广播电视。

【社会保障】 2016年，全县纳入城镇“低保”范围的人数有2945人，增加50人；纳入农村“低保”范围的人数有28772人，同比减少6466人；参加基本养老保险的企业职工人数有1861人，增加40人，增长2.2%；参加失业保险的人数有2937人，增加300人，增长11.4%；参加城镇基本医疗保险的人数有11204人，增加180人，增长1.6%。

【领导名录】 县委书记：毛正文（彝族）；县人大常委会主任：黄格哈（彝族，11月止）、曲木阿呷（女，彝族，12月起）；县人民政府县长：李德强；县政协主席：谭福宣。

（供稿单位：金阳县史志办／审核：李江／撰稿：王健）

雷波县

Leibo County

【概况】 2016年，全县面积2838.19平方千米，其中耕地面积24393公顷，播种面积32563公顷，森林覆盖率42.4%。辖43个乡，5个镇，9个社区，281个村，1230个村民小组。年末总人口26.78万人，其中少数民族15.36万人，占总人口的57.35%。人口出生率5.64‰，死亡率1.12‰；自然增长率4.39‰。县内年平均气温为14.5℃，比2015年增加0.4℃，年日照时数为1008.3小时，比2015年减少53.9小时，年平均降水量1201.9毫米，比2015年增加348.4毫米。

2016年，全县实现地区生产总值59.49亿元，按可比价增长速度为6.1%，经济总量稳居全州第7位。本级一般预算收入由2.7亿元增至5.8亿元，年均增长21.14%；规模以上工业增加值由15.9亿元增至18.9亿元，年均增长6%，增速连续三年全州第1；固定资产投资30.43亿元，同比下降30.6%；社会消费品零售总额12.39亿元，同比增长9.95%；全体居民人均可支配收入完成11622元，总量居全州第8位，同比增长10.47%，增速全州第1位。其中：城镇居民人均可支配收入完成22039元，增长7.81%；农村居民人均可支配收入完成7865元，同比增长10.86%。

【工业经济】 全年完成工业投资11亿元。洋丰、施可丰、凯瑞等磷化工企业保持正常生产,洋丰公司低温余热回收利用节能项目、明信公司新型热发磷酸制备技术取得阶段性成果,3家磷化工企业2016年业务收入35亿元,是2011年的1.54倍,同比增长4.7%。规模以上工业企业达到10家。建筑企业达10家,其中新增9家,产值总量为2亿元,同比增长30%。13个地方中小水电站实现年发电量10亿千瓦时以上,坪头、马拉11座建成的地方小水电站发电量达到15亿千瓦时;10座在建地方中小水电站积极推进,其中磨子岩电站、西宁电站全面动工。矿山企业达到7家,累计外运外销磷矿达1000万吨。矿电冶融合发展的上下游产业链初步形成。

【农业经济】 全年农业增加值增长4.2%,实现农业总产值18.32亿元。2016年全县粮食作物播种面积达43.53万亩,总产量达91247吨,比2015年增加3147吨,同比增长3.4%;全县四畜存栏44.38万头(只),出栏37.33万头;家禽存栏40.79万羽,出栏32.87万羽;肉类总产量达1.88万吨,牧民人均纯收入达1525元,同比增长7.01%。林业总产值达11.98亿元,实现农民人均林业收入1688元。全县共成立农民专业合作社267个,其中州级示范社8个,省级示范社1个,国家级示范社1个;成立家庭农(牧)场210个,其中省级家庭农场1个。大凉山雷波脐橙荣获第十一届四川省名牌产品称号、全国"一村一品"十大知名品牌;加强"雷波阿合哈洛"有机牛羊(省有机食品县认证产品)、"雷波芭蕉芋猪"(农业部地理标识认证产品)、"雷波小凉山土鸡"(国家证明商标)三大特色畜牧品牌建设。

【旅游经济】 2016年,雷波县在 第三产业蓬勃发展中,编制完成全县旅游总体规划和重点区域规划,启动马湖景区生态移民搬迁工作;箐口乡罗汉沟村、马湖乡大杉坪村分别被列入国家和省级旅游扶贫示范村。成功举办2016中国四川国际文化旅游节·第五届川南旅游联盟联席会议暨雷波县第二届孟获文化旅游节。服务业总量12.73亿元,同比增长12.65%;旅游业全年接待游客129.3万人,实现旅游收入7.04亿元,同比增长16.94%。五年累计接待游客353万人,实现旅游收入20.7亿元,年均增长22.1%。2个旅游扶贫示范村(箐口乡罗汉沟村、马湖乡杉坪村)正在建设中。

【交通运输】 2016年,在交通运输工作中,实施G353线雷大路升级改造,箐口山隧道已开掘470米,雷大路A标段、雷大路B标段、县城东环路、县道马黄路、屏美路等项目进入建设阶段。县乡公路项目中一车 、大岩洞、斯姑溪、回龙、小沟、拉咪、莫红等7条通乡公路已全面进入建设阶段。殡仪馆连接线公路、谷堆乡通乡公路工程项目已进入实施阶段。向家坝库区下河坝、回龙场、瓦屋、顺河、大河湾等5个码头水下工程全部完工,完成投资2.79亿元;溪洛渡库区金沙口码头正在推进,完成投资0.82亿元;卡哈洛码头和斯姑溪码头正在开展前期工作;沙坪子码头和抓抓岩码头全面开展招商引资。岩脚乡金江渡口、千万贯乡石板滩渡口、卡哈洛乡卡哈洛渡口3个车渡码头建设完成;回龙场乡新街渡口和五官乡青杠村渡口,于上半年全面完工;在马湖建成3个游船浮动码头并投入使用。

【生态环境建设】 2016年,雷波县在生态环境建设中,植树造林10.3万亩,天然林保护101.03万亩,巩固退耕还林3.3万亩,完成新一轮退耕还林1.53万亩。开展西宁等24个省级生态乡镇、1个省级生态村、31个州级生态村和7000余户县级生态家园的创建。成果申报马湖国家湿地公园试点,启动"两湖"生态保护和污染防治工作,主要污染物排放总量控制在州上下达目标任务以内,区域环境质量状况总体良好。

【城乡建设统筹】 城镇建设纵深推进。新汽车站、县医院综合大楼、县民族体育馆、雷波中学扩建等重点工程全面竣工使用;县档案馆、消防站、垃圾填埋场、污水处理站、绕城路等重点工程稳步推进。杉树新殡仪馆(望江山殡仪馆)房建一、二期主体工程均已完工，正继续进行附属工程建设。1000套廉租房366套已动工建设，剩下434套准备以政府回购、企业代建的方式在新区建设。乐水湖片区建设步入正轨。9月底采购7个垃圾车分发乡镇，基本实现“村收集，乡处理”的工作目标。彻底告别乡镇不通公路的历史，39个乡镇通油路或水泥路、261个村通公路、152个村通硬化路。居住环境不断改善，彝家新寨启动1989户建房，“三房”改造11340户，农村危房改造1178户；解决或改善11.4万人饮水安全问题；新建和加固堤防7.3千米，新增有效灌面0.96万亩，治理水土流失43平方千米；实施土地开发整理0.53万亩，完成中低产田改造1.96万亩、标准农田建设3.5万亩。

【民生和社会事业】 精准脱贫工作深入实施。按照“七个一批”行动计划和“六个精准”的总要求，共识别171个贫困村，10300户41179人贫困人口。共整合搬迁资金8.9亿元，新建集中安置点67个，已安置3297户1.2万余人，全县共完成31个贫困村退出任务，完成6022人减贫任务。民生投入不断加大。按照《凉山州社会保障扶贫专项方案》相关要求，结合雷波县实际，确定社会保障扶贫对象主要为：纳入农村最低生活保障制度的贫困人口12016户38587人、实行五保供养的农村特困人员673人、农村籍重点优抚对象192人以及因病因灾造成贫困的家庭，进一步扩大“低保救助兜底一批”的保障范围，提高扶贫、脱贫的“精准度”。核定低保户中持有二代残疾证的残疾人1651人，发放上半年困难残疾人生活补助59.4万元。组织贫困户开展“订单式”劳务输出，转移劳务输出7.2万人，实现收入达11亿元。全县新农合参合人数211315人，参合率达99.6%，城镇居民累计建立居民健康档案246140人，建档率92.2%。“五保”“三无”人员和孤儿集中供养标准分别提高到300元/月、420元/月和1246元/月；为24182名残疾人提供“量体裁衣式”个性化服务；“五险”参保范围、人数不断扩大。围绕“两不愁、三保障”和“四个好”目标，突出抓好产业增收、住房、教育、医疗、禁毒、防艾和计划生育等工作，实施“1+X”生态产业，种植核桃28.5万亩，其他经果林7.6万亩，实现户均种植核桃5亩以上。艾滋病防治“四免一关怀”全面落实，开展婚丧嫁娶高额礼金和奢侈浪费问题专项整治，传统陋习逐步改变。易地扶贫搬迁工作得到省、州领导的肯定，全州易地移民搬迁工作现场会在雷波成功召开，凉山日报连续头版头条宣传报道，凉山电视台派驻直播团队直播易地搬迁工作进度。坚持教育优先发展。累计投入资金11.6亿元，实施改扩建项目157个。大力发展民族教育，开办“一村一幼”281个，招收幼儿10949名。学前幼儿达到15465人，79879人享受农村义务教育营养改善政策，59631人次享受“三免一补”政策，15525人享受寄宿制学生生活补助。普通高考本科上线人数逐年增长，录取率达88%，重本上线率比2015年增长27.72%，高考本科上线率再次位居全州同类县第一。卫生事业加快发展。进一步完善县、乡、村三级医疗网点建设，认真实施国家基本药物制度和公共卫生逐步均等化项目，县医院正式评定为“二甲”医院，私营医院健康发展，全县医疗卫生条件不断改善，人口自然增长率控制在9%以内。文体事业取得突破。实施县、乡、村三级文化馆(站、室)提档升级工程，杉树堡乡综合文化站被评为省级示范点。协助四川省川剧院开展“文化走基层，川剧进校园，走进雷波中学，走进黄琅中学”两场演出。凉山首部彝族专志《雷波县彝族志》和光绪十九年雷波唯一旧志《雷波厅志》出版发行，《孟获传奇》剧本和可行性研究报告、总体策划方案通过专家评审。

【移民复建】 始终把移民复建作为压倒一切的政治任务和“一号政治工程”，坚持“5+2”“白+黑”“100-1=0”的工作原则，忘我工作、负重前行，全力保障工程进度。2.3万名移民按时移出、妥善安置，7个迁复建集镇及1个移民安置点全面建成投入使用，14条县乡复建公路工程和输变电工程全部投入运行，5个变电站及35千伏、110千伏、10千伏电力输变电复建和3个车渡码头复建工程，复建码头基本具备使用条件。复建项目完成投资27.96亿元，占总投资的96%。

【社会治安综合治理】 2016年，在“平安雷波”建设中，扎实推进禁毒防艾工作，保持对“两抢一盗”、涉毒贩毒、诈骗等各类违法犯罪活动的严打高压态势，全年调处各类矛盾纠纷1230件，调解成功率为98%；受理治安案件610件，办结563件，命案发案7起，侦破7起，破案率100%；共立刑事案件228起，刑拘199人，批准逮捕94人，移送起诉86人，取保候审46人；共摸排出凉山籍外流贩毒高危人员12人，遣返8人，清遣带回无正当理由滞留人员13人，破获毒品刑事案件36起，打击处理犯罪嫌疑人44人，查处吸毒人员319人，协助陕西警方破获特大运输毒品案件1起，抓获运输毒品犯罪嫌疑人4名（其中，凉山布拖籍1名）。安全生产形势保持平稳。积极开展平安细胞创建活动；信访形势保持平稳；食品药品安全和公共卫生安全保障进一步加强，突发公共事件应急管理机制进一步健全，未发生重特大安全事故。

【行政效能】 2016年，在依法行政中，深化“放、管、服”改革，严格执行重大行政决策法定程序、合法性审查、终身责任追究和责任倒查等制度，对“三重一大”问题始终坚持征求各方意见，集体研究决定。坚持依法向人大报告工作，主动加强与政协联系，主动接受社会各界的监督。累计办理人大代表议案和政协委员提案771件，办结率100%。行政效能不断提高。严格执行中央“八项规定”精神、省州县“十项规定”，自觉践行群众路线、“三严三实”，推“一线工作法”“厨房式工作法”，深入基层，解难事、做好事、办实事，打通服务群众“最后一千米”。各项改革有序推进。深入推进供给侧结构性改革，发挥生态资源优势，做大做强绿色品牌，积极开辟东中部市场。严格执行财税体制改革，认真贯彻落实新预算法，政府预算、部门预算、“三公”经费预算等全面公开。深化行政管理体制改革，加强行政权力依法规范公开运行，公布174项行政审批（许可）项目，156项进入县政务服务大厅运行；重新将42个行政权力部门8类行政权力（不含行政审批）共5987项权力事项纳入清理范畴。全年受理和办结各类行政审批和公共服务事项12457件，行政审批事项按时办结率100%。完成政府集中采购111批次，涉及金额达7748万元，节约资金607万元，节约率7.8%。廉洁从政不断强化。抓好政府班子廉洁自律，认真落实廉政建设“一岗双责”，积极开展工程建设等重点领域和关键环节突出问题专项整治，严肃查处违纪违法案件，政府系统廉政建设和反腐败斗争取得新进展。

【领导名录】 县委书记：王荣华；县人大常委会主任：阿木布沙；县人民政府县长：王永贵（12月止）、杨腾斌（12月起）；县政协主席：杨光平（12月止）、陆青（12月起）

（供稿单位：雷波县史志办 / 审核：周应德　杨尔坡 / 撰稿：马丹）

美姑县
Meigu County

【概况】 2016年，美姑县辖36个乡（镇）和3个居民委员会，辖区面积2573平方千米，其中耕地44800公顷；年末常住人口23.28万人，城镇化率为9.75%。全年城镇新增就业岗位321个，全年失业率为4%。

2016年，全县实现地区生产总值211598万元，同比增长6.5%。第一产业实现增加值89354万元，同比增长3.9%；第二产业实现增加值51453万元，同比增长8.9%；第三产业实现增加值70800万元，同比增长8.3%。三次产业分别拉动经济增长2.45、1.32和2.73个百分点。按常住人口计算，人均GDP达9089元。县域经济总量在全州17县（市）位居第16位，增速位居第6位。三次产业结构由2015年的42.7：24.7：32.6调整为42.：24.3：33.5。全年实现非公有制经济增加值109295万元，比2015年增长6.2%，占GDP的比重51.65%。第一产业实现增加值39168万元，增长4.2%；第二产业实现增加值42591万元，增长7.8%；第三产业实现增加值27536万元，增长6.7%。全社会固定资产投资总额221804万元，同比增长12.60%，其中建筑安装工程219481万元，增长14.90%。按产业分：第二产业投资83983万元，其中工业投资55393万元；第三产业投资137823万元，其中交通运输投资60745万元。全年实现社会消费品零售总额57790万元，比2015年增长10.64%，其中，限额以上销售额7525万元，同比增长23.92%；限额下50265万元，同比增长8.89%。全年实现旅游总收入11700万元，比2015年增长8.33%，旅游人数52万人次，同比增长10.63%。全年基本完成重大涉旅项目投资资金达5200万元。

【农业和农村经济】 2016年，全县农林牧渔业实现增加值90556万元，比2015年增长4.1%，其中农林牧渔服务业实现增加值1211万元。全县实现农林牧渔业总产值155887万元，比2015年增长（现价）8.55%。种植业产值50075万元，增长4.20%；林业产值10759万元，增长3.99%；畜牧业产值93063万元，增长11.78%；渔业产值73万元，增长1.38%；农林牧渔服务业产值1917万元，增长2.29%。全县林业用地总面积15.2万公顷，其中有林地9.75万公顷。全县森林覆盖率达到53.9%。自然保护区1个，保护区面积达50655公顷。

2016年，全县肉类产量23026吨，增长（现价）0.4%。生猪年末存栏215187万头，下降0.8%。农作物播种面积27293公顷，增长0.87%。粮食作物播种面积21181公顷，增长0.96%，粮食作物产量81794吨，增长1.26%。蔬菜播种面积766公顷，增长5.0%。蔬菜产量13943吨，增长8.0%；水果播种面积597公顷，与2015年持平，水果产量6611吨，增长1.7%。

【工业经济】 2016年，美姑县规模以上工业企业工业总产值39829万元，同比下降2.74%，规模以上工业企业工业销售总产值39642万元，同比下降2.6%。规模以上工业企业增加值增速0.1%。

【社会事业】 2016年，美姑县共有普通中小学165所，其中中学6所、小学159所。中小学在校生人数有高中1025人、初中6919人、小学37530人；全县中小学教职工1916人，其中专任教师1860人。幼儿园295所，共有幼儿生12747人，一村一幼291所、幼儿生10364人，一村一幼辅导员622人。适龄儿童学前入学率87.09%，小学入学率96.63%，初中入学率92.52%。小学毕业率99.55%，初中毕业率99.70%，高中毕业率100%。小学升学率99.86%、初中升学率100%。全县电视发射台和转播台1个，拥有广播站269个。广播、电视综合人口覆盖率均达81%，有线电视用户0.2万户。县级公共图书馆1个、藏书2.3万册，村级文化活动室藏书1500册。文化馆1个，村级文化活动室17个，乡镇综合文化站36个。全年捐赠图书0.3万册。深入实施文化惠民工程，全年完成送电影3680场，送文艺演出16场，向全县文化礼堂创建单位、村（社区）、家庭图书阅览点及学校送出图书共计7040册。全县共有体育场馆1个，250米田径场4个，拥有体育协会2个。全年先后举办全民健身大活动健身排舞比赛、羽毛球比赛、乒乓球比赛、篮球比赛、摔跤比赛活动等系列赛事活动，参与人数达2万人次。全县拥有医院、卫生院43个，其中县直医疗卫生单位4个，乡（镇）卫生院37所，民营医院2所。全县医疗机构床位总数695张，其中乡镇卫生院295张。在编在岗卫生工作人员797人，其中，执业医师及执业助理医师134人（含临聘人员），注册护士213人（含临聘人员）。全年孕产妇住院分娩率92.88%，孕产妇分娩死亡人数2人，5岁以下儿童死亡率14.08‰。全年全县共申请专利4项，其中发明专利3项。

【环境保护】 县城建成区1.52平方千米，居住用地

0.69 平方千米，公共设施用地 0.015 平方千米，公共绿地面积 0.018 平方千米，城市人均公园绿地面积 0.79 平方米 / 人，生活垃圾简单处理能力 31.26 吨 / 日。

【交通运输】 全社会货运周转量 4462 万吨 / 千米，客运周转量 1159 万人 / 千米，同比增长分别为 2.2%、6.9%。全县境内公路总里程达到 1800 千米，其中国道 133 千米，省道 52 千米，县乡道 116 千米，村道 1130 千米。专用通道 123 千米。20 个乡级客运站、100 个村级招呼站 、美姑县县城新客运中心正在建设。

【社会保障】 2016 年，城镇居民基本医疗保险参保人数 3698 人；农村居民基本医疗保险参保人数 21.4232 万人，参合率达到 99.39%。城乡居民养老保险参保人数 9.01 万人，缴费人数 7.04 万人，享受人数 1.79 万人。2016 年，全县有城镇低保 859 户、1756 人，全年共发放低保资金 622.75 万元；农村低保 22125 户、84796 人，全年发放农村低保金 7808.05 万元；发放 2016 年脱贫人口中低保兜底 68 个村、985 户、3216 人、131.86 万元；城乡医疗临时救助 1319 人次，发放临时救助金 298.03 万元。农村五保供养 1290 人（其中分散供养 1250 人、集中供养 40 人），分散供养月人均供养标准 300 元，集中供养月人均供养标准 400 元，全年发放供养金 461.31 万元。全县有特殊困难儿童 1447 人，月保障标准 748 元，发放孤儿生活保障金 711.348 万元。发放农村困难重度残疾人生活补贴 429 人，保障资金 30.89 万元，人均每月 60 元。发放农村低保对象特殊生活补贴 11729 户、37688 人、429.645 万元，人均 114 元。

【领导名录】 县委书记：商拉批；县人大常委会主任：熊志华；县人民政府县长：蔡光阳；县政协主席：沙明英。

（供稿单位：美姑县史志办 / 审核：孙学元 / 撰稿：阿苦鲁清）

甘洛县

Ganluo County

【概况】 甘洛县位于四川省西南部，凉山彝族自治州北部，素有凉山“北大门”之称，于 1956 年建县。全县面积 2156 平方千米，辖 28 个乡镇，227 个行政村，3 个社区居委会，居住着彝、汉、藏、回、苗等多个民族。2016 年末，全县总人口 22.77 万人，其中彝族人口占全县总人口的 75.38%，是一个以彝族为主的少数民族聚居县。全县城镇化率 21%，森林覆盖率 38.66%，最高海拔 4288 米，最低海拔 570 米。有出境公路 3 条，成昆铁路由北向南纵贯

甘洛县 2016 年经济社会发展主要指标

项目	单位	实绩	同比增减（±%）
地区生产总值	亿元	26.6874	+6.4
第一产业增加值	亿元	6.3579	+4.2
第二产业增加值	亿元	10.2717	+8.9
第三产业增加值	亿元	10.0578	+5.4
粮食总产量	万吨	8.176	+1.0
肉类总产量	万吨	1.4805	+0.6
社会消费品零售总额	亿元	9.7743	+10.50
社会固定资产完成投资	亿元	19.082	+14.2

续表

项目	单位	实绩	同比增减(±%)
地方财政一般预算收入	亿元	1.8231	+15.0
地方财政一般预算支出	亿元	18.766	+9.4
年末金融机构存款余额	亿元	36.8771	+21.5
年末金融机构贷款余额	亿元	8.4874	+41.9
城镇常驻居民人均可支配收入	元	22315.59	+7.8
农村常驻居民人均可支配收入	元	6957.94	+10.8
广播综合覆盖率	%	–	–
电视综合覆盖率	%	–	–
新型农村合作医疗参合率	万人	–	–

县境62.5千米,县人民政府驻地新市坝镇,北距省会成都320千米,南到州府西昌237千米。全县耕地面积20.84万亩,森林面积124.7万亩,草场面积89.12万亩,是国家扶贫开发工作重点县,“中国黑苦荞之乡”和“四川省核桃产业十大扶持县”。全年人口出生率13.77‰,自然增长率7.13‰。

【农业经济】 2016年,全县新栽核桃15.53万亩、嫁接10.02万亩,粮食种植规模达34.46万亩,栽种马铃薯10.88万亩、黑苦荞5万亩、新栽水果900亩、加工型辣椒1000亩,完成56亩大棚季蔬菜建设。全年猪、牛、羊、禽存栏分别为14.35万头、5.08万头、15.38万只、29.60万只,同比减0.5%、0.7%、1%、2.4%,分别出栏17.51万头,减3.4%、1.38万头,增3.7%、10.83万只,增6.5%、26.82万只,增2.1%。水产品产量1120吨。投资552.3万元规范“大凉山”特色农产品包装66种,注入5305万元产业扶持资金和周转金,共建立农民专业合作社394个,经营主体组织建成各类产业基地9.62万亩,带动农户3.9万户。大力发展劳务产业,完成农民工技能培训2.6万人,输出农民工5.15万人次,实现劳务创收8.5亿元。

【工业经济】 2016年,甘洛县海棠产业园区纳入《四川省产业园区创新改革发展规划》,成功申报有色金属循环产业园区,再生铅资源容载量从10万吨调整为20~30万吨。加快污水处理厂、LNG气化站、防洪堤、35千伏安时同塔双回变电线路等基础建设,完成第一批土地收储、正西村移民搬迁补偿和110千伏输变电工程。加大协调联系、跟踪服务力度,推动总投资20亿元的9家入驻企业加快建设生产。启动《甘洛县第三轮矿产资源规划修编》工作,积极推进老915-Ⅰ、乐日沟Ⅰ、赤普Ⅱ铅锌矿等矿权相关延伸勘查工作;全力保障老矿区生产,铅锌原矿生产33.68万吨,比2015年同期增长16.82%;磷矿9.3万吨,比2015年同期增长24%;依法收缴矿产资源补偿费282.61万元。加大新矿区开发力度,完成吉米—波波铅锌矿、苏雄高丰铅锌矿等2宗矿业权出让前期工作,并报省州审批。目前,全县已建成电站102座、总装机51.28万千瓦,发电量达到15.37亿千瓦时、同比增长10.93%。提升电网保障水平,全面启动建设总投资3617万元的2015年新增农网改造升级工程,全速推进总投资1333万元的特克35千伏输变电工程。

【民营经济】 加快民营经济发展,采取担保贷款、税费减免等措施,加大对非公经济的支持力度,充分发挥民营企业的发展活力。积极响应“大众创业、万众创新”号召,落实扶持政策鼓励群众创业,全县新增企业399户;强化科技引领、创新驱动,创建州级农业科技园区1个,申报省、州级科技精准扶贫项目3项,引进新技术2项。

【脱贫攻坚】 在脱贫攻坚工作中,在产业发展方面,大力推动“1+X”生态产业发展,新栽种核桃15.53万亩、嫁接10.02万亩,全县核桃种植面积49.6万亩,实现年产量5750吨、产值9545万元;打好“果薯蔬草药荞畜”组合拳,大力实施“互联网+”行动,推动全县农特产品线上线下销售,持续增加群众经营性收入。在住房建设方面,分别实施5154人易地扶贫搬迁、18个村2113户彝家新寨建设、1191户农村危房改造、502户地灾避险搬迁和农房抗震改造、11个整村推进增减挂钩等项目。在教育扶贫方面,抓实“一村一幼”,建成214个村级幼教点,开设幼教班344个,在园幼儿9390人;健全完善控辍保学工作体系,确保贫困户子女入学率达100%;全面落实十五年免费教育、“9+3”免费教育等教育扶贫惠民政策,加大教育基础建设,教育水平更趋均等化。在卫生扶贫方面,实现贫困群众健康档案全覆盖,落实分级诊疗制度,设立扶贫就医绿色通道,贫困群众享受医疗费用“一站式”报销服务,全县贫困建卡户参合率达100%,贫困人口县域内就诊率达98%。在基础设施建设方面,实施4条通乡公路、16条通村硬化路、99条通村公路建设,推动乌金路甘洛段和甘石路改建工程,实施“1+N”农村综合服务中心和水网、电网、信息网、广播电视线路提升改造、土地整理等项目。完善《村规民约》,推动村民养成良好生活习惯,严格约束婚丧嫁娶大操大办、铺张浪费。

【城乡建设】 全面完成《甘洛县河东新区控制性详细规划》《甘洛县城河东新区及滨河绿地修建性详细规划》调整工作,贷款3亿元用于新区基础设施建设,已完成土地征收738.59亩、房屋征收165户,拆除房屋78户。投资310万元完成道路硬化等市政基础设施建设,实施投资176万元的滨河路至县城连接通道建设,开展污水处理厂项目前期工作,推进垃圾场改造、垃圾中转站建设项目。总投资1500万元的海棠镇棚户区改造项目快速推进,实施4个乡镇60套公租房建设。

【交通建设】 2016年,甘洛县投资2.2亿元,完成国道245线乌斯河至甘洛县城段公路改建主体工程34.31千米;投资9000万元,动工省道217线甘洛至石棉公路(甘洛境)改建工程41千米;投资1080万元,启动海棠镇至蓼坪乡联网公路路面工程(第二期);投资142万元,启动滨河路至县城连接通道工程;投资1600万元,完成两河乡、波波乡2条通乡公路建设工程;投资750万元,启动沙岱乡、嘎日乡、苏雄乡3条通乡公路建设工程(第一期);竣工验收甘石公路水毁恢复和滑坡病害整治工程(BT项目)、海棠镇至蓼坪乡联网公路(第一期)、凉红桥等项目。资约9437.5万元,建成58条212.5千米通村通畅项目公路建设。

【改革开放】 制定印发《中共甘洛县委全面深化改革领导小组2016年工作要点》《2016年深化改革工作台账》《2016年度县委重要改革任务清单》,审议出台《产业园区“园政合一”体制机制改革工作方案》等专项改革方案,保障深改工作有力有序推进。统筹推进经济社会、国有企业和科技、农业农村、生态文明、民主法制、文教卫生、党的建设、纪律检查等领域体制改革,突出抓好税收“营改增”、提高行政审批效能、农村产权制度改革、农村户籍制度改革、医药卫生体制改革、林权体制改革、加强涉农资金整合、城乡建设用地土地增减挂钩、试点建设综合高中等重点改革任务,切实推动全面深化改革部署落实落地。

【招商引资】 2016年,全县实现招商引资到位资金10.35亿元,社会消费品零售总额9.77亿元,同比增长10.5%。服务业增加值10.06亿元,外商投资实际到位资金100万美元。服务业项目投资目实现投资1.2亿元;培育甘洛县同济医院、甘洛县国资公司2户企业升规入统。建成1个县级电子商务服务中心，5个乡镇服务站，10个村级服务点，并正式投入使用，培训人员1245人，电子商务蓬勃发展。

【民生工程】 推进扶贫线与低保线“两线合一”，清退不符合享受农村低保条件的对象8499户13223人，减少保障人数比例达33.3%，全县继续享受农村低保共10892户26948人，做到应保尽保、应退尽退、动态管理。加大困难残疾人的帮扶工作，进一步解决困难残疾人生活困难问题。向44650名农村特困人员发放生活补贴5127.99万元。及时对因火灾、重大疾病等导致返贫的家庭给予临时生活救助，上半年发放城乡临时生活救助185户36.3万元；救助流浪乞讨人员270人，发放补助金3.68万元；护送流浪儿童32人回家，支出2.5万元。切实为困难群众提供生产生活保障。建成运营甘洛县殡葬服务中心，推进殡葬改革进程。

【生态环境】 做好163.87万亩天然林保护工程；完成生态公益林补偿兑现工作，兑现资金1044.04万元；加强管护新一轮退耕还林3.12万亩，并严格按照政策兑现退耕还林补助。选聘449名贫困人口为生态护林员。投资630万元，实施石漠化综合治理7.06平方千米。完成海棠植被恢复项目的补植补栽公路绿化14.5千米，造林6000亩工作。扎实推进森林防火工作，全年未发生森林火灾，无瞒报现象，森林火灾损失率控制在0.8‰以下。完成有害生物防治面积1.1万亩，防治率100%；严厉打击破坏森林资源违法犯罪行为，共收缴罚没款2.53万元，没收木材25立方米。

【社会事业】 一是加强群众文化活动场所建设。免费开放县文化馆1个、图书馆1个和电子阅览中心1个，免费开放乡镇文化站28个，免费开放体育场馆331场次，参加锻炼人数达1.1万人次；发放图书49940册，完成227个行政村农家书屋图书补充更新工作。二是开展丰富多样的群众文化活动。举办石海文化惠民活动、五四文化惠民活动、凉山国际火把节、玉田镇火把节、黑马乡第二届核桃节、普昌镇彝族年、县庆六十周年文化惠民晚会等7次大型群众文化活动。多次组织开展节庆期间城区舞龙舞狮游行、读书比赛等活动，群众的文化生活得到极大丰富。三是整理编辑文化艺术作品。完成《甘洛彝族年》《甘洛六十年变迁画册》《甘洛辉煌六十年》《美丽甘洛》等图书编辑出版工作，为建县六十周年献上一份厚礼。收集、整理、汇编甘洛县民间艺人作品，完成《甘洛作品版权登记》。四是积极举办和参加各类体育比赛。在春节、火把节、彝族年、妇女节等节庆期间组织多场体育比赛活动，在全县七个片区分别举办乡镇职工篮球运动会，成功举办“精准扶贫杯”农民篮球运动会。甘洛县运动健儿在省州举办的摔跤、举重、跆拳道等体育比赛中频获佳绩。五是加大广播电视基础设施建设力度。建成无线数字电视发射台4座，完成电视户户通建设任务，实现农村广播村村响。六是积极开展农村电影放映工作。共放映2949场次，累计观影人数达30.7万余人。

【旅游开发】 一是加大宣传力度。拍摄制作《飞越甘洛》、甘洛形象片、《彝地之首，甲古甘洛》旅游宣传片等影像资料，上传到凉山州智慧旅游平台进行宣传。通过开展尔吉沙嘎火把节、核桃采摘文化旅游节等具有地方特色的活动，吸引省内外游客。二是制定完善符合本地实际的旅游发展规划。按“两个旅游支撑中心、四个旅游区、一条旅游环线、一条旅游快速通道”即“2411”构架和“一心、两带、八景”的乡村旅游发展规划，完成甘洛县旅游“十三五”规划，为县旅游产业有序开发提供科学依据和实施基础。

【领导名录】 县委书记：陈建生；县人大常委会主任：吉拖哈史（彝族，3月起）；县人民政府县长：刘若尘（4月止）、陈华（12月起），代理县长：陈华（4—12月）；县政协主席：曹怀香（女，3月起）

（供稿单位：甘洛县史志办/审核：阿候曲胡 赵元强/撰稿：阿木以哈）

越西县

Yuexi County

【概况】 2016年，全县面积2256.56平方千米，辖40个乡镇，289个村，5个居委会，968个村民小组。全县年末总人口356622人，比2015年减少1.91%；全年新出生人口8245人，死亡人口1638人，迁入人口1603人，迁出人口2051人。实现地区生产总值360119万元，增长5.85%，人均地区生产总值12522元。地方公共财政收入13132万元，增长4.65%；固定资产投资225569万元，比2015年下降23.24%。农村居民人均可支配收入7757元，增长10.46%；城镇居民人均可支配收入22126元，增长7.51%。

【农业经济】 2016年，越西县农业总产值196301万元，同比增长3.56%。全年农作物播种面积41046公顷，粮食作物播种面积27666公顷，粮食总产量119600吨，同比增长1.60%；油菜播种面积3397公顷，油菜子产量8286吨，分别减少1%和增长1.07%；烤烟播种面积3197公顷，产量6573吨；蔬菜播种面积3406公顷，产量64616吨，比2015年增长2.4%，全年种植业总产出99617万元，实现增加值67287万元。全年四大牲畜出栏417603头（只），下降1.08%；年末四大牲畜存栏468747头（只），同比下降0.70%，全年畜牧业总产出86203万元，实现增加值42774万元。全年林业总产出9763万元，实现增加值7588万元；渔业总产出718万元，实现增加值475万元；农林牧渔服务业总产出2050万元，实现增加值1462万元。

【工业经济】 在工业发展中紧紧围绕国家宏观经济政策方向，坚持效益与质量并重，生态与环境并行，严格限制高耗能、高污染企业发展，加快水能资源、食品加工等节能环保企业发进度，积极引进风能、光伏等新能源产业企业入驻越西，促进索玛集团等高耗能企业实施技改扩能提档升级，形成以电冶、水能、水泥、食品加工四大支柱为主体的工业架构体系。2016年全县工业企业实现工业总产出156474万元，实现现价工业增加值68661万元，比2015年增长2.83%；工业可比价增加值68505万元，发展速度为2.6%。

【第三产业发展】 全年第三产业总产出201810万元，比2015年增长7.80%，实现增加值123375万元。全县社会消费品零售总额完成167696万元，比2015年增长10.22%；全县批发零售业实现增加值22368万元，同比下降1.96%，发展速度-2.7%；住宿餐饮业实现增加值11060万元，同比增长6.37%，发展速度3.4%。房地产行业实现增加值11282万元，比2015年同期增长5.11%；居民服务业总产出9098万元，实现增加值4868万元，比2015年增长11.14%；信息传输、计算机服务和软件业总产出6789万元，实现增加值3421万元，比2015年增长11.14%。年末全社会金融机构各项存款余额535743万元，同比增长18.64%，年末金融机构各项贷款余额99907.6万元，增9.97%；金融保险业总产出10098万元，实现增加值7900万元，同比增长17.80%，发展速度16.8%。

【重大项目建设】 按照新开工项目抓落实，已开工项目抓进度，未开工项目抓前期，积极推进重大项目建设。2016年全县共有州级重点项目2个，其中国道G245越西中所至昭觉马家院段公路升级改造工程，系续建项目，总投资投资4.5亿元，年内完成投资13098万元；浙江有色建设（越西县）生物质发电项目，系新开工项目，总投资6.5亿元，年内已开工建设。县级重点项目共52个，其中，续建11个，新开工30个、加快前期工作11个，总投资达60亿元。年内全面完成省道S208中冕公路升级改造工程，完成投资9900万元；全力推进成昆铁路扩能改造（越西段）工程四个标段项目建设，累计完成投资4.7亿元；扎实促成小相岭隧道全面开工建设，完成主隧道开凿340米；易地扶贫搬迁工程项目全面完成，完成投资3.6亿元；总投资10亿元的风电开发项目前期工作有序开展，项目核准工作得到积极落实；电力和信息等基础设施建设加快，农村电网升级改造有序推进；4G网络乡镇覆盖率达95%、村级覆盖率达94.8%。

【社会保障】 2016年，全县基本养老保险参保企业35户，参保人员4263人，领取养老金3244人；全年征收养老金12015万元，发放养老金共计7606万元，全县人均养老金达到1871.95元。城乡居民基本养老保险参保覆盖人数为100637人，参保缴费人数为66981人，年度累计征收个人缴费金额800.27万元，累计实发305154人次，累计发放金额2425.74万元。工伤保险参保164户，人员5336名（其中农民工296名），征收工伤基金171万元，支付工伤保险待遇18人，工伤保险支出合计416万元。征收生育保险基金192万元，享受生育保险待遇58人，支付生育保险医疗费21万元、生育津贴107万元、流产引产医疗费0.3万元。城镇基本医疗保险参保24475人，城镇职工基本医疗保险基金收入5139万元、支出3758万元；城镇居民基本医疗保险基金收入821万元、支出494万元；医疗补助基金收入1806万元、支出1303万元。完成全县机关事业单位养老保险基础数据采集405户，参保人员5586人，缴费人员5518人，平均每月征收养老保险810万元；办理失地农民养老保险417人。全县有城市低保对象2918户5658人，累计保障68840人次，累计支出城市低保金1791.7万元；有农村低保对象16396户42688人，累计保障503769人次，累计支出农村低保金7571.9万元。对39662人发放农村低保对象特殊生活补贴452.2万元，对2016年计划脱贫的70个贫困村及20个非贫困村中享受农村低保的5618人按每人贫困人口发放“两线合一”补差资金234.7万元。对2791名重度残疾人发放重度残疾人护理补贴198.132万元；对481名建档立卡贫困残疾人发放扶贫对象生活费补贴34.45万元。

【社会事业】 大力实施义务教育薄弱学校改造计划、大凉山民族教育振兴行动计划、校安工程、第二个“十年行动计划”、教育扶贫提升工程等重大教育项目，全县有各级各类学校218所，其中完全中学2所、职业技术学校1所、初级中学7所、九年一贯制学校3所、直属小学3所、乡镇中心小学39所、村级完小5所、小学教学点120所、幼儿园38所；有56所小学附设学前班。建成“一村一幼”教学点291个，开办291个教学班，聘请582名辅导员，招收幼儿7987名，实现全县村级幼教点全覆盖。在校生达78708人，其中在园（班）幼儿18080人（公办在园6112人、民办在园3981人、“一村一幼”在园7987人），小学生46356人，初中生11076人，普通高中生2798人，中等职业生398人；小学入学率达到99.86%，巩固率99.52%；初中入学率达到97.78%、巩固率98.38%。在编在岗教师2405人，其中幼儿教师48人、小学教师1529人、初中教师583人、普通高中教师200人、中职教师45人。

全县有公立医疗卫生单位共44个，民营医院4家，村卫生室289个，设病床660张；全县共有医疗卫生编制982名，在编职工787名，缺编195名，民营医院职工320名，卫技人员1002名，全县医院床位628张。每千人口拥有卫技人员2.87人、执业（助理）医师0.95人、执业护士0.8人、床位1.71张，村卫生人员578人。有卫生专业技术人员663人，其中高级职称35人（副高35人），中级职称186人，初级职称442人，村卫生站有乡村医生578人。共有252191人参加新农合，参合率为99.27%（参合率较2015年上升0.02%），新农合基金共计22781.25万元，新农合基金支出13858.47万元。全县累计建立电子健康档案264037份，其中城镇25356份、农村238681份，建档率分别达到97.07%。全县累计报告艾滋病病毒感染者/病人4994例，其中新增上报392例，存活4032例，累计死亡962例；完成随访CD4检测2671人，完成率为77.6%，配偶检测932人，完成率为81%；累计治疗艾滋病感染者/病人2279人，美沙酮累计维持治疗1177人，全年新增30人，累计服药量为22.96万毫升。

按照"一乡一站"标准，40个乡镇综合文化站已全部建成；289家个农家书屋实现对全县所有行政村的全覆盖；完成县图书馆（新馆）主体建设，进入装修阶段；完成全县70个脱贫摘帽村和20个减贫村级综合文化活动室的建设任务，配置音响、乐器、电脑、照相机、打印机、电视机、办公座椅等文化器材设备，并通过自评和州局的抽查验收；完成71个农村阅报栏、2个中心书屋、45个乡镇（社区）书屋的建设任务。

【招商引资】 与四川好医生药业集团、华润集团、四川德林农业等企业在新能源、康养产业、观光农业、生态旅游等领域达成投资合作意向，拓展投资领域，提升投资发展水平。招商引资项目实际到位资金13.1亿元，其中国内省外到位资金6.088亿元，省级平台签约12.2亿元。

【社会治理】 县群众来访接待中心登记、接待群众来访1023批次3007人次，其中初访263批次1569人次，重复访760批次1438人次，个体访923批次1269人次，群体访100批次1738人次，比去年同期来访批次上升81%人次上升112%。县级领导接待群众来访63批次256人次。交有关乡镇、部门办理信访事项96件，办结回复53件，申请延期办理1件，办结率55%，通过四川省信访信息系统交办、转送信访件26件，办结7件，办结率27%。收到四川省信访信息系统来信60件，上转信92件，复查信件2件。受理人民网留言30件，办结30件；受理省长信箱留言6件，办结6件，办结率100%。办理省州交办积案17件，自行排查化解积案2件，全年共化解积案19件。

【脱贫攻坚】 锁定70个贫困村退出、3704户14134贫困人口脱贫任务，围绕"两不愁、三保障、四个好"目标，聚焦"乡三有、村七有、户三有"，统筹财政涉农资金22923万元，全面落实"18个扶贫专项"计划和"八个一批"攻坚计划。县、乡、村三级均成立由党政主要领导任"双组长"的脱贫攻坚领导小组，设置指挥部、所、室，抽调精兵强将实施挂图作战，明确县委副书记协助书记分管脱贫攻坚工作，县扶贫移民局主要负责人任县政府党组成员。调整38名县级领导，整合中央、省州县107个帮扶单位力量，选派208名第一书记、198名驻村农业科技人员，实现208个贫困村驻村"五个一"帮扶全覆盖；出台《"五个一"帮扶工作职责》《越西县"五个一"帮扶工作考核管理办法》，明确"五个一"主体帮扶责任，凝聚"五个一"帮扶合力助力脱贫攻坚。

新建贫困户安全住房4213户，其中易地扶贫搬迁2325户、彝家新寨1888户。实施"1+X"生态产业和"借畜还畜"养殖产业项目，完成核桃造林40万亩，修建羊圈2.43万平方米，投放基础母羊16215只、种羊573只、能繁母猪692只。开发1081个公益岗位，注入产业扶持周转金4170万元，设立贫困户小额信用贷款分险基金4000万元，建立65个专业合作社、136个家庭农场。70个计划脱贫村硬化路、幼教点、文化室、卫生室、民俗文化坝子、宽带网络、安全饮水、生活用电、广播电视等"村七有、户三有"指标均通过州验收组及第三方评估组全覆盖达标验收。

全县289个建制村全覆盖挂牌成立农民"夜校+点题培养中心"，围绕"10+X"专题教育开展政策宣讲、感恩教育、农村种养殖技术、习惯风气教育、禁毒防艾、脱贫光荣等"点题培养"教学1227班次，参学人数51013人次。制订《创建"四好村"活动实施方案》，有序开展34047户"四好"家庭创建工作。

成立越西县省内扶贫协作彝区贫困县工作领导小组，科学制订《德阳市旌阳区对口扶贫协作凉山州越西县工作方案》《旌阳区对口帮扶协作越西县2016—2017年具体项目实施方案》，签订《旌阳区对口扶贫协作越西县2016—2020框架协议》，将旌阳区2016年投入的527.2万元，重点投入克里村、巴姑村两个极贫村脱贫攻坚项目建设。成立广东佛山市与四川凉山越西县东西部对口扶贫工作领导小组、县援建办，研究制订《佛山市与越西县东西部扶贫协作方案（草案）》，将佛山市2016年援建资金1000万元集中用于申果乡达布村、板桥乡大岩村和白果乡桥勒木村3个集中安置点住房建设。

【领导名录】 县委书记：袁洪；县人大常委会主任：邹向志（4月止）、吉差阿木（4月起）；县人民政府县长：肖正权；县政协主席：谢宇光。

（供稿单位：越西县史志办 / 审核：洛边彩哈 / 撰稿：周海强）

喜德县
Xide County

【概况】 喜德县隶属于四川省凉山彝族自治州，南距州府西昌市78千米，北距成都市483千米。县境南北长70.8千米；东西宽59.5千米，全县面积2200.4平方千米。全县辖24个乡镇，年末总人口21.97万人。

2016年，全县地区生产总值（GDP）完成199930万元，较2015年增长2.0%。其中，第一产业完成增加值70274万元，同比增长4.0%；第二产业完成增加值55768万元，同比下降0.9%；第三产业完成增加值73888万元，同比增长2.6%。人均GDP达到11685元，比2015年增长292元。全年社会消费品零售总额达74439万元，比2015年同期增长10.4%；全社会完成固定资产投资额（500万元以上）150071万元，比2015年增长3.4%。年末全社会金融机构各项存款余额319772万元，比2015年同期增长10.7%；年末各项贷款余额51456万元，比2015年同期增长26.1%；城乡居民储蓄余额147335万元，增长11.7%。全县居民人均可支配收入10185元。其中，城镇居民可支配收入20703元，增加1486元，增长7.8%；全县农民人均可支配收入为7031元，比2015年净增684元，增长10.78%。全县财政总收入18265万元，同比增长16.9%；财政总支出171461万元，同比增长0.67%。

【农业和农村经济】 全年实现农业增加值70274万元，同比增长4.0%。完成粮食总产量80385吨，同比增长1.9%，肉类总产量13191吨，同比增长0.4%。全县经济作物6611公顷，其中烟叶882公顷，产量2000吨；花椒产量750吨；核桃产量1500吨；板栗64吨。蔬菜及食用菌903公顷，产量23339吨；油料257公顷，产量220吨。果园面积660公顷，产量13701吨。年末农业机械总动力73607千瓦。培育新型农民经营主体：全县引进企业1家，培育扶持农民专业合作社54个、家庭农场48个、养种大户1782个，带动贫困户627户2264人；在2016年46个退出贫困村引进企业1家、培育扶持农民专业合作社17个、家庭农场10个、养种大户132个，开展"一拖二"的方式带动贫困户89户3618人。围绕农民增收的目标，实施畜牧业"211"发展思路，提高畜牧业综合生产、畜禽品种改良和动物防疫体系能力，开展动物防疫监督、饲草饲料、畜牧业科技示范、畜产品质量安全等工作。全县有天然草地面积114万亩，人工种草面积14.4万亩（其中多年生牧草2.4万亩），饲草产量15.5万吨（干草），生产草种52万千克（光叶紫花苕）。全年猪存栏127384头（其中能繁母猪存栏26431头），猪出栏139711头，肉产量8883吨；牛存栏49307头，牛出栏8712头，肉产量989万吨；羊存栏261515只，羊出栏127373只，肉产量1781吨；马存栏13861匹，马出栏2756匹。2016年完成新一轮退耕还林任务0.72万亩，完成零星植树90万株，义务植树1.8万株。全年发展核桃产业40.3万亩，已挂果面积2300余亩，产量1375吨，产值2100万元；花椒13.1万亩，产值9500万元；油橄榄0.53万亩，其余经济林10.76万亩（桤木、漆树、蜡虫等）实现林业总产值1.16亿元。完成2015—2016年生态效益补偿金发放，2015年兑现481340亩、709.97万元，2016年481301亩、709.92万元。

【工业经济】 全年实现工业增加值28766万元，同比下降10.6%，占地区生产总值的比重14.4%。规模以上工业增加值下降20.5%。规模以上工业主要产品产量中，工业企业用电量0.63亿千瓦时，同比增长13.6%；铁矿石原矿产量23.1万吨，同比增长7.9%；钛合金0.6万吨，同比下降14.3%。产品销售率100.0%。

【脱贫攻坚】 2016年，喜德从实际出发，深入落实统筹型、捆绑式扶贫开发机制。全年各类扶贫资金投入27389.2万元，中央财政扶贫资金12691.5万元，其中以工代赈资金204万元，中央拨付的低保资金8667.9万元，退耕还林资金657万元，社会其他扶贫资金5591.8万元。资金分别投向种植业、养殖业、人畜饮水工程、社会事业、加工业、基础设施、扫盲、道路、林业和其他项目。全县精准扶贫村122个，扶贫建卡户15785户，61386人；脱贫1676户，脱贫人口6466人，未脱贫的建卡户10773户，41706人。

【交通运输】 2016年，喜德县公路通车里程达1343.6千米，其中国道51千米，省道111.8千米，县道50.4千米，乡道196.6千米，村道900.8千米，旅游专用公路23公路，矿山专用公路10千米。建成县级客运站1个，乡镇客运站2个，农村招呼站46个。

【社会事业】 2016年，全县有各级各类学校73所，其中幼儿园15所，303个班，在校学生数10276人，教职工206人。全县有卫生机构211个，其中医院4所、基层医疗卫生机构202个，专业公共卫生机构3个，其他卫生机构2个；实有病床位数466张，卫生和计生人员676人；拥有卫生技术人员526人。至2016年底，全县数字广播电视用户达18380余户。

【领导名录】 县委书记：曲木伍牛（1月起）；县人大常委会主任：乃保拉力（12月止）、杨开华（12月起）；县人民政府县长：卓雪梅（5月止）、黎平（5月起）；县政协主席：吉额瓦各（12月止）、宋国平（12月起）。

（供稿单位：喜德县史志办 / 审核：翁古合家 / 撰稿：孙凡）

冕宁县

Mianning County

【概况】 2016年，全县面积4423平方千米，其中耕地33115.49公顷，森林覆盖率56.3%。辖16镇22乡、232个村（社区）。年末总人口40.31万人，其中以彝族为主的少数民族人口占总人口的43.23%。人口自然增长率7.86‰。

地区生产总值突破百亿大关，达107.26亿元，增长9.9%；地方公共财政收入6.22亿元，增长10.6%；全社会固定资产投资60.72亿元，增长9.5%；社会消费品零售总额40.79亿元，增长10.9%。居民人均可支配收入16471元、增长8.73%，其中城镇居民人均可支配收入23760元、增长7.9%，农村居民人均可支配收入12235元、增长9.68%。三次产业结构为19.2：55.6：25.2。

【工业经济】 2016年，全县各个工业项目稳步推进：一是四川科丰低速电动车生产项目进入样车定制和小批量试产；二是四川嘉鸿汉白玉加工项目完成与茂源石材的场地转让；三是冕宁县飞天实业公司冶炼分离项目进入全面试生产；四是凉山稀土产业技术研究院完成办公楼和实验室主体建设；五是四川江铜稀土公司萤石、重晶石深加工项目开工建设并完成厂房钢架建设；六是四川万凯丰稀土公司500吨钕铁硼中试线开工建设。同时，积极协调对接四川江铜稀土公司完成磁体项目的各项前期工作；协调凉山锡成滑石公司可降解农膜和涂布纸项目推进工作；利用包头稀土论坛等平台积极推介产业园区稀土深加工项目。江铜稀土牦牛坪大矿开发系列项目及矿山环境恢复治理项目、腊窝汉白玉板材加工项目等项目竣工达产，铁厂风电、雅西高速东服务区项目开工建设，S215线、泸黄高速及成昆铁路改扩建加快推进。《冕宁稀土高新产业园区总体规划》修订版通过评审，凉山稀土产业技术研究院建成挂牌、江铜稀土研发中心建成并获批为省级实验室。落实支持实体经济发展系列政策，稳定企业生产，通过“营改增”，实现中小微企业普遍降税。全年完成工业增加值20.64亿元，新增规模以上工业企业2家。2016年荣获“全省县域经济发展先进县”称号。

【现代农业】 2016年，推动农牧业稳产增效，积极开展无公害农产品及品牌创建，苦荞饮液、油橄榄种植及深加工项目效益突出，利源养殖与新希望集团合作建成全州最大的生猪养殖加工基地，引进万树实业建设万亩食用菌产业基地，特色产业规模不断壮大。加强指导和服务，培育新型农业经营主体，有力推进农民专业合作社建设和家庭农场发展，全县有469个专业合作社通过工商注册，其中国家级示范社1个，省级示范社4个，州级示范社5个。注册家庭农场61个，其中省级示范场1个。

完成民族地区增粮增收（粮经复合生产示范基地）项目。在宏模乡优胜村建设500亩粮经复合生产示范片，实现吨粮田五千元或千斤粮万元钱的目标。在复兴、宏模和石龙3个乡镇建立水稻产业2万亩高产创建示范片，项目建成后平均水稻亩产达到650千克以上。农业信息采集（农作物成本调查）项目进展顺利。重点在大桥、彝海、森荣、铁厂等乡镇，完成现代草原畜牧业发展羊圈建设200户、16000平方米建设任务。根据四川省农业厅、四川省财政厅《关于印发2015年省级财政种业基地建设项目实施指导意见的通知》（川农业函〔2015〕135号）精神，建设现代化制种基地0.2万亩，每亩补助1500元，项目共补助300万元。全年完成农业增加值59.59亿元、增长4.2%。2016年荣获“全省农民增收工作先进县”称号。

【第三产业】 加快发展商贸物流、文化旅游等现代服务业，全面开展精品旅游景区提升工作，灵山景区、卫星基地景区相关建设项目有序推进，红色冕宁纪念馆、彝海景区“彝海源”等相继建成，旅游配套设施不断完善，举办复兴樱桃节和首届先锋脆红李采摘节，成功创建“省级旅游标准化示范县”；坚持完善现代流通体系，拉动城乡消费上档升级，实施电子商务进农村“县乡村”三级服务体系建设，电子商务蓬勃发展。2016年全年接待游客349.88万人次，增长26.86%，实现旅游综合收入16.68亿元，增长19.06%。制订2016四川国际文化旅游节工作方案，同期协助完成四川省国际文旅节冕宁县筹备举办工作及国际文旅节商品展销活动。全年第三产业增加值27.03亿元，增长5.5%。

【基础设施】 围绕建设宜居县城、特色集镇、美丽乡村，进一步优化城镇空间布局，扎实推进城乡环境治理及基础设施建设，启动冕宁中学迁建、区域医疗中心、体育中心、政务中心综合楼建设，建成红军草地公园等一批市政设施，县城背街小巷硬化、亮化改造完成；2016年，完成江磨路等通乡公路以及里庄镇经营村、锦屏镇金光村等21个村通村硬化路建设，无电地区电网达到全覆盖；实施安宁河等堤防工程以及中央财政小型农业水利设施、农业综合开发、土地整理开发等项目，农田水利基础设施极大改善。

【民生工程】 脱贫攻坚作为最大的综合性民生工程，以绝对贫困人口脱贫为中心，以改善贫困群众生产生活条件为重点，认真实施“六大精准”“七个一批”精准扶贫，大力实施基础设施、新村新寨、产业发展、能力提升和生态保护“五大扶贫工程”，坚持一手抓安宁河谷地区又好又快率先发展，一手抓泸宁、里庄、大桥拖乌三大片区扶贫工程脱贫致富。完成《冕宁县2015—2017扶贫攻坚总体规划》《冕宁县脱贫攻坚十三五规划》等18个扶贫专项方案，以及《责任分工方案》《贫困建卡户收支台账实施办法》《贫困村退出 贫困户脱贫工作方案》《脱贫攻坚年度考核实施办法》。2016年，总投入7亿多元用于脱贫攻坚工程，通过财政投入、金融支持、群众自筹等方式解决资金难题，通过加强领导、公开承诺、典型示范、严格考评等措施推动任务落实。精准识别贫困建卡户8980户、36362人。其中，投入4221万元，以道路和住房为重点全面推动“乡三有”“村七有”“户三有”建设，顺利完成全年异地扶贫搬迁、通乡通村道路及2500户建卡贫困户危房改造任务，14个贫困村摘帽，1998户、7825人稳定脱贫。深入实施就业促进，城镇登记失业率控制在4%以内。严格执行环境影响评价“三同时”和排污许可管理制度，县城和主要集镇空气质量优良天数占全年总天数90%以上，水环境质量总体保持稳定。

2016年，全面落实国家提高城乡低收入和特殊人群收入的各项政策，全力保障城乡低保、农村五保、基本医疗保险、新农保等支出，城乡居民社会养老保险参保人数达15.8万人，个人缴费基金收入达8000多万元；养老、医疗、工伤、生育和失业五大保险基金突破亿元大关，新农合参保率达99.4%。全县新增计生奖励扶助人数142人，发放计生专项奖励扶助资金236.592万元，资金兑付方式为年底国家和省上专项资金到位后，通过农行直接发放到个人账户。到2016年11月底，完成对贫困白内障患者实施复明手术108例，完成率108%。截至2016年底，累计建立城乡居民健康档案37.1万人份，电子档案35.4万人份，电子建档率100.5%。取消县级公立医院药品加成财政补助比例为30%。完成免费孕前优生健康检查孕检920对，完成率102.2%。新农合各级财政补助标准达到420元，比2015年提高40元。包虫病、血吸虫病、结核病等重大传染病和地方病，病人免费治疗在治人数合计659人。经过严格的审核及公示，全年共计发放租赁补贴839户，1663人，发放补贴金额1047690元。

【生态建设】 引进中成集团实施泸沽灾后重建项目，打造复兴“稀土名镇”、漫水湾生态旅游特色小城镇、彝海“红色新镇”，实施桃园等“美丽新村”建设，城乡人居环境进一步改善，农村生活垃圾规范化处理顺利通过国家级验收，成功创建省级卫生县城。2016年末，县城建成区面积4.1平方千米，较2011年增加1平方千米，城镇化率达39.02%，县城区绿化覆盖率34%。划定和坚守生态保护红线，加强生态保护红线管理，科学划定冕宁县森林、草原、湿地、海洋等领域生态红线及城市生态空间，严格自然生态空间征（占）用管理。2015年划定生态红线后，2016年对生态红线进行再次调整，调整后冕宁县生态红线总面积为1217.31平方千米，占全县行政区划面积的27.54%，有效保障县域生态安全，维护生态系统功能。2016年，创建省级生态乡镇2个，州级生态村3个，县级生态家园464户。

【社会事业】 2016年，全县有教育部门办义务教育阶段小学125所［含小学43所、小学教学点81个（含民办教学点1个）、特殊教育中心1所］，初中11所（其中初级中学8所、九年一贯制学校2所、高完中初中部1所），义务教育阶段寄宿制学校42所，各级各类幼儿园73所（其中公办幼儿园7所，民办66所），“一村一幼”幼教点110个，民办小学1所，培训学校2所。2016年，县委、县政府采取政府购买服务实施公益性建设项目的方式，整合各级政府财政资金合计2.5亿元，新建教学楼、综合楼及食堂49920平方米，征地103.3亩，改扩建运动场54190平方米，实施义务教育学校校舍维修改造、校园文化建设、教学仪器设施设备采购等项目工程；同时通过“特岗教师计划”、外县调入、合理分流撤并学校的教师、公开招考补充全县教师缺口。努力提高三类残疾儿童少年随班就读质量，12月，公开招考4名特殊教育专业教师，加强特殊教育师资队伍建设。2016年秋季，全县特殊儿童在校生253人，其中随班就读学生231人，三残儿童入学率达到96%。与华中师大合作办学，大力发展优质高中教育，2016年全县普通高中考生高考总录取率达84.27%。投入资金3.8亿元，实施义务教育均衡发展和第二轮“十年行动计划”，整合教育资源，优化学校布局，实施“一村一幼”，着力改善薄弱学校和农村学校办学条件，顺利通过义务教育均衡发展州级复核。

推动乡镇卫生院标准化建设，全面取消公立医院药品加成，实行分级诊疗，充实基层医技人员，建成标准化乡卫生院36所、村卫生室70个。2016年，全县有医疗卫生机构306个。其中，新农合管理机构1个，县级公立医院3所，企业职工医院2所，民营医院12所，基层医疗卫生机构266个（中心卫生院5所、乡镇卫生院33所、村卫生室228个）、专业公共卫生机构3个（疾病预防控制中心1个、妇幼保健计划生育服务中心1个、卫计执法监督大队1个）、个体诊所19个。全县中心、乡镇卫生院全部实行省统筹的基本药物集中网上统一采购、统一配送、统一价格，严格实行药品零差率销售。全县上网采购药品金额941万元。

县人民医院、县中医医院，县第二人民医院三家县级医院全部实施取消药品加成，全年共让利群众638.52万元。分级诊疗制度，3家州级医院与县级医院、县级医院与100%的中心、乡镇卫生院签订双向转诊协议，县域内县级公立医院就诊率达90%以上。全县已开展双向转诊病人4654例；2016年急诊343643人次，比较2015年增长8.02%，有效实施分级诊疗工作。通过医保政策引导、畅通转诊渠道、强化基层联动、落实对口支援和开展远程医疗等措施，“基层首诊、双向转诊、急慢分治、上下联动”的分级诊疗模式全面形成。

全县232个行政村和社区的农家书屋全面覆盖，认真完成农家书屋的建设工作，开展乡镇综合文化站服务效能抽查工作。配合“凉山州幸福美丽新村文化院坝建设工作”，并在沙坝镇试点成功推广，全县广播覆盖率达100%，电视覆盖率达92%。组织对全县38个乡镇的文化站、文化室、农家书屋、村村通（村村响）、农村公益电影放映、农民体育健身工程进行综合考核，并根据考核情况发放文化站免费开放经费和文化奖励资金。

【深化改革】 推进重点领域和关键环节的改革，实施电子政务服务，完成“三证合一”改革，公布行政权力清单，减少行政审批事项120项，行政服务效能明显提升。深化农业农村改革，启动农村土地承包经营权确权登记颁证工作，推动农村土地经营权流转，流转面积达2.1万亩；集体林权制度改革顺利进行。推进国有企业开放性市场化重组，组建县国有资产投资管理有限公司，整合砂石资源，规范开采统一销售。优化公共资源交易平台，稳妥推进公立医院改革、财税体制改革、不动产登记，宏模、泽远、惠安撤乡建镇。

大力开展产业链招商、专项招商，与四川商业建筑有限公司成功签订PPP合作协议，与中国三冶集团、四川中成煤炭集团签订PPP框架协议，合作范围涵盖市政公用、教育、文化、卫生、防洪治理等多个领域。2016年签约项目6个，签约资金40.2亿元，到位资金33亿元。

【作风建设】 在2016年乡镇换届中，对4名“凡疑必停”和9名“不能带病提名”对象全部放下，完成乡镇换届共计357名干部的调整。全面落实中央、省委、州委严肃换届纪律相关要求，围绕“九严禁九一律”和“六个坚决查处”，细化换届纪律要求，完善问责制度。要求“四大班子”领导、“两代表一委员”、参与换届的工作人员观看《镜鉴》《警钟》警示片，认真学习《严肃换届纪律文件选编》和明白卡，并通报违反换届纪律的典型案件；签订换届纪律承诺书1949人；落实“四必谈”1000余人次；开展“四必训”1271人次；召开换届专题民主生活会；组成6个换届风气督查工作组，在全县38个乡镇进行换届风气督查167人次，对换届风气监督工作不重视的工作人员约谈、函询、诫勉35人，确保全县换届风清气正。将反腐倡廉工作纳入目标考核体系，层层签订责任书，全面推行“签字背书”、会前学纪等制度，狠抓监督检查和工作考核，持续推进正风肃纪，加大违纪违法案件查处力度，2016年共立案76件，结案73件，给予党政纪处分74人，行政开除3人。

【领导名录】 县委书记：赵勇（8月止）、刘俊文（8月起）；县人大常委会主任：郑国松（12月止）、拉一哈古（彝族，12月起）；县人民政府县长：郭均；县政协主席：吴拉布（彝族，12月止）、管军（12月起）。

（供稿单位：冕宁县史志办/审核：王大钊/撰稿：胡绍丽）

盐源县
Yanyuan County

【概况】 盐源县位于青藏高原东南缘，雅砻江下游西岸，面积8398平方千米，2016年年末户籍人口数37.91万人。2016年，是“十三五”的开局之年。一年来，面对严峻的宏观形势，盐源县坚持“稳中求进”总基调，全力以赴推进脱贫攻坚、全面小康建设中心工作，统筹抓好经济社会发展任务，全县经济运行总体向好，各项事业保持平稳较快发展。

【经济运行】 2016年，盐源县沉着应对经济下行压力，把推动经济恢复性增长作为核心任务，狠抓国家和省、州“稳增长”一系列政策落实落地，着力盘活存量、做优增量，全县经济运行正常、总体向好。地区生产总值完成75.7819亿元，固定资产投资固定资产投资完成57.0444亿元，增长18.3%；一般公共预算收入完成7.0113亿元，增长17.23%；社会消费品零售总额完成21.1407亿元，同比增长7.1%；城镇居民人均可支配收入2.3732万元，增长7.67%；农村居民人均可支配收入完成9784元，增长10.58%；规模以上工业增加值增速控制在州下达指标以内。

【精准扶贫】 坚持基础扶贫、产业扶贫、能力扶贫、思想扶贫四措并举，深入推进脱贫攻坚工作，完成1348户易地扶贫搬迁、1390户彝家新寨建设、836户农村危房改造建设任务。建成“一村一幼”幼教点204个，入园幼儿4888人，学前教育入学率达91.7%。新建通乡油路54.6千米、通村硬化路504千米。安全饮水、生活用电、文化卫生、通信网络等基础设施改造建设工程全面推进。大力发展“1+X”生态产业，新种植核桃31.2万亩、花椒23.7万亩、苹果3.4万亩，贫困户户均发展经济林木6.7亩。因地制宜推进“借羊还羊”工程，结合实际分别为山区、坝区贫困建卡户发放鸡苗、羔羊、仔猪等。122个贫困村“农民夜校”全部开班，建立技术培训、政策讲解、信息发布等“七个功能”平台，举办培训267期，受训群众达1.1万人次，群众主动发展意识进一步树立，劳动技能水平不断提升，自我脱贫能力明显增强。“三建四改五洗”、移风易俗、杜绝高额彩礼、提倡厚养薄葬等活动持续开展，贫困地区群众健康文明生活方式逐渐形成，脱贫攻坚的内生动力得到有效激发。2016年度，完成41个村、12786人（含省定28个村、6955人）的脱贫攻坚任务。

【重大项目】 坚持把投资拉动摆在重要位置，狠抓重点水利工程、基础设施建设、县城建设改造等领域重点项目建设，以重大项目建设带动投资、引领发展。龙塘水库水电开发公司正式成立，各项工作启动运行，实物调查工作完成，可研阶段子报告编制工作正加快开展。老沟水库项目有序推进，跨沟引水工程前期工作基本完成，近期将全面开工。马鹿塘水库、三道沟水库等重点骨干水利工程加快推进，进展顺利。“西香高速”公路项目前期工作平稳开展，与葛洲坝集团签订框架合作协议及合作备忘录。小高山隧道初步设计获批，目前正进行安全通道补充设计工作。G348、G227、S221等国省干道改造提升工程多个项目已陆续挂网开标、动工建设。县城农贸市场改扩建工程竣工投入使用，月湖公园棚户区改造项目全面开工，百货公司棚户区改造、县城旅游集散中心等项目正式动工，泸沽湖大道东延线、经四路、经六路前期工作启动，已完成PPP项目入库资料编制工作，县城品位和人居环境明显提升。

【产业概况】 高度重视产业对经济发展的支撑和推动作用，三次产业日益壮大，基础不断巩固，产业结构不断优化，三次产业结构由2015年同期的22.6∶56.8∶20.6调整为25.6∶52.2∶22.2。

2016年，全县第一产业（不含农林牧渔服务业）总产值完成298871万元，同比增长4.1%。全县苹果种植面积达35.1万亩、四畜出栏70万头（只），烤烟、玉米、马铃薯等产业保持平稳发展。“1+X”生态产业增势强劲，核桃种植面积已达99.67万亩，青花椒种植面积49.66万亩，农业产业呈多样发展态势，富民惠民效益进一步凸显。第二产业实现增加值395373万元，中为太阳能光伏发电三期、混凝土搅拌等项目建成投产，煤炭、砂石等资源整治整合工作全面启动，凉风坳、银头山等风力发电项目加快建设，全县规上企业已达22家。全年实现服务业增加值168485万元，同比增长4.8%。摩梭家园建设保护不断深化，30个保护村落民居改造和基础设施建设项目完成，泸沽湖旅游客运集散中心建成运行，全县全年接待游客324.2万人次，实现旅游收入20.12亿元。电子商务产业蓬勃发展，建设完成县城电子商务公共服务中心，以及146个乡、村级电子商务服务站点，全年实现电子商务交易总额3.45亿元。

【民生工程】 坚持民生为本，不断加大民生工程实施力度，稳步推进教育卫生事业，持续开展城乡环境综合治理工作，各族群众生产生活水平明显改善，幸福指数不断提升。医疗救助、低保五保、老龄等民生工程全面实施，受惠群众16万余人次。依托大凉山彝区教育振兴计划、十年行动计划等，实施教育基础设施建设项目58个，完成薄弱学校改扩建8.2万余平方米，义务教育均衡发展态势明显。基本药物制度全面实施，公立医院改革稳步推进，州级卫生城市创建进展顺利，卫生事业保持平稳较快发展。结合盐源实际，成立3个工作组，有针对性地对泸沽湖景区、县城片区以及其他地区城乡环境进行全面综合治理，查处泸沽湖景区“两违”问题225件，拆除违规建筑275处、3274平方米，清理县城卫生死角2400余处、垃圾3.5万余吨，整治各种乱象行为1.6万余人次。全面清理国省干道沿线乱象，违章建筑、非法接待点、乱摆摊设点以及白色污染等突出问题等到有效整改。着力强化网格化服务管理能力，县城网格化管理实现全覆盖，卫城、梅雨、平川、泸沽湖等重点集镇网格化管理工作全面启动。着眼“保平安、促和谐”，全面深化以涉毒犯罪为重点的社会治安治理，破获涉毒案件59起、强制收戒219人，缴获毒品1万余克，社会秩序日趋稳定。

【从严治党】 将党风廉政建设和反腐败工作目标任务细化为6个大项43个小项，责任落实到8位县委县政府领导、18个牵头单位和38个协办单位，构建起全域覆盖的党风廉政建设责任网络体系，形成上下贯通、层层负责的工作格局。县委、县政府和县纪委主要领导与各乡镇、县级各部门签订“党风廉政建设目标责任书”、“两个责任”承诺书、“一岗双责”承诺书，做到目标任务、责任主体、工作措施“三到位”。重点审查不收敛不收手，问题线索反映集中、群众反映强烈，现在重要岗位且可能还要提拔使用的领导干部，把三类情况同时具备的作为重中之重，“零容忍”惩治腐败。全年共处置问题线索157件，初核问题线索101件，了结61件。立案96件，给予党政纪处分105人，其中党纪处分71人，政纪处分35人，双重处分1人。移送司法机关处理1人。收缴违纪违规资金230余万元，为国家挽回经济损失350余万元。迅速成立县委巡察工作领导小组，组建县委巡察办公室和3个巡察组，巡察办核定行政编制2名，巡察组共核定行政编制9名，积极落实“常规巡察全覆盖、专项巡察多领域、巡察‘回头看’常态化”要求，突出政治巡察，积极配合州委巡察组全面完成对泸沽湖旅游景区违法用地、违规建筑和换届风气专项巡察工作，形成强有力震慑。

【领导名录】 县委书记：邓天友；县人大常委会主任：郑德平（回族，12月止）、彭屹（女，12月起）；

县人民政府县长：瓦西亚夫（彝族，5月止）、尹江涛（彝族，12月起）；政协主席：李呷补（彝族）。

（供稿单位：盐源县史志办 / 审核：谢伦春 / 撰稿：马金华）

木里县

Muli County

【概况】 2016年，木里藏族自治县辖3个镇、26个乡（其中5个民族乡）、9个国有牧场（有113个行政村、603个村民组、1个居委会、3个社区）。年末总人口139924人，总户数36035户，有21个民族。其中，藏族46127人，占总人口的33%；彝族43425人，占总人口的31%；汉族25450人，占总人口的18%；其他少数民族24922人，占总人口的17.8%。全县常住人口13.69万人，城镇化率15.05%。

2016年，木里县实现地区生产总值29.74亿元，同比增长5.9%，规模以上工业增加值增速达3.6%（含锦屏电站）；地方公共财政收入5.61亿元，同比增长8.0%；固定资产投资完成71.42亿元；社会消费品零售总额7.16亿元，同比增长1.2%；城镇居民人均可支配收入完成2.35万元，同比增长7.81%；农村居民人均入可支配收入8005.75元，同比增长11.46%。

【农业经济】 2016年，木里县坚持农业发展基础地位不动摇。突出农牧产业特色发展，建成近60万亩核桃花椒基地，新种植花椒5000亩、核桃10.4万亩，改造低产核桃8万亩、改良嫁接184万穗，建成黑木耳种植基地21个、接种28万棒，种植羊肚菌350亩。注册农民专业合作社89个、家庭农场36户，2个农民专业合作社被评为2016年州级示范社。2016年，实现农林牧渔业总产值10.48亿元，同比增长3.3%。

【工业经济】 2016年，木里县发挥水电工业龙头作用，风能、光伏发电等产业快速，开展投鸭嘴河“光水牧互补”发电项目和卡拉风电场项目前期工作，水洛至盐源500千伏输电线路和木里县110千伏输变电工程等项目开工，以清洁能源为支柱的县域工业体系基本形成。2016年，木里县实现工业增加值13.21亿元（含锦屏电站）较2015年同期增长3.6%，拉动经济增长为0.7个百分点。

【旅游发展】 2016年，“木里洛克九百里生态旅游线路”纳入“藏区十大精品旅游线路”，木里大寺旅游景区建设等4个旅游开发项目纳入四川省“十三五”社会事业专项规划储备项目。建成“洛克九百里”沿线100户旅游驿站、9个旅游休息区、10个观景摄影点、玛娜查金观景平台等重要旅游节点工程；“寸冬海子至康坞大寺”“小金河观光旅游”两个项目开工建设；成功申报4个古村落保护开发项目；打造乔瓦镇下核桃湾、唐央乡下通坝、水洛乡呷洛、东朗乡亚英、康坞牧场、卡尔牧场等6个村落乡村旅游，突出民族特色。全年木里县接待游客32.5万人次，同比增长41.6%；实现旅游总收入2.46亿元，同比增长18%。

【道路交通】 2016年，木里县投入资金5.6亿元，完成国省干线升级改造136千米；投入资金7200万元，实施123.5千米通乡油路项目建设，完成建设33.5千米；408.5千米通乡油路项目完成招投标，年内开工建设；投入资金2.4亿元，实施400千米通村硬化路项目，全覆盖脱贫的32个村，提前启动2017年32个贫困村通村硬化路设计工作。

【扶贫攻坚】 2016年，木里县推动脱贫攻坚全面提速，引进扶持2家龙头企业，与29个乡镇签订藏香鸡、藏香猪等养殖战略合作协议，培育规模养殖户1029户，带动贫困户500余户。落实资金302.16万元，针对建档立卡贫困户开发保洁保安等公益性岗位256个、生态护林员岗位350个；投入303.38万元，完成贫困人口专项技能培训2454人次，实现就业1211人；按照“两线合一”要求，落实资金283.3万元，为913名贫困群众实行低保兜底。整合资金1.44亿元，按照“七个一”标准整村推进“五类”项目，完成住房改造3957户。投入190.52万元，实现村村有集体经济，带动贫困户556户2135人，并完成32个村294.15千米通村硬化路建设。严格执行“十免四补助”等医疗扶持政策，全面落实教育惠民政策。投入53.63万元，发放广播电视“户户通”接收设备1730套；投入156万元，实施231户1000人供水提质增效工程；投入1058万元，实施6个农网改造升级工程，涉及309户农户。同时加快贫困村脱贫步伐。32个贫困村贫困发生率均控制在3%以下。

【社会事业】 2016年，木里县坚持“民生为本、人才优先”工作主线，全年城镇低保户有1274户2581人，农村低保户有5181户25263人；参加基本医疗保险、养老保险和失业保险、工伤保险、生育保险的职工人数为7525人、6033人、3000人、4826人、2093人，参加城镇居民医疗保险4580人，共缴纳272万元。全力维护劳动者合法权益，全年接待来访投诉拖欠农民工工资案件30起，受理25起，结案23起，结案率达92%，依法为622名农民工追回拖欠的工资1261.14万元。城镇失业人员再就业82人，就业困难人员再就业12人，城镇登记失业率控制在3.19%内。农村养老保险参保人数50425人，80周岁以上老人1037人，累计发放工龄补贴金67.62万元。进一步加大低收入家庭住房保障工作力度全年实施保障的享受廉租住房租赁补贴的总户数为673户，全年共计补发补贴166.59万元。全县基本建成保障性住房和棚户区改造安置住房24套，竣工148套，已建成教师公共租赁住房44套，已竣工验收202套教师公共租赁住房，并分配入住116套。2016年对在校大学生和毕业5年内的高校毕业生，在工商部门注册或民政部门登记，以及其他依法设立、免于注册或登记的创业实体（如开办网店、农业职业经理人等），给予1万元创业补贴，受理4名创业大学生的申请。对贫困家庭劳动者开展实名制动态管理，在全县26个乡镇32个摘帽村培训贫困家庭劳动力1427名；与中国农业银行木里县支行合作，设立返乡创业贷款分险基金专户，有2人已通过返乡创业贷款审核，申请金额均为10万元；在全县32个摘帽村开发公益性岗位256个，每个岗位每人每月补贴300元。深入水电、厂矿企业广泛宣传《社会保险法》、《劳动合同法》等法律法规，深入各级用人单位开展宣传10次，发放各种宣传资料1000余份；深入用工单位进行动态突击检查，随机走访企业15个，督促签订劳动合同50余份。

2016年，木里县以基础设施建设为重点，以扶贫攻坚为载体，加大保障和改善民生力度，投入135万元，完成17所乡镇达标卫生院、79个村达标卫生室新（改）建，全覆盖32个退出贫困村。投入130万元，完成32个达标村文化室建设，完善书籍、音响设备等文化器材。投入783万元，建设村级幼教点157所，招聘辅导员252名，实现113个行政村幼教点全覆盖，贫困户幼儿入园率100%，投入130万元，完成32个村民俗文化坝子建设并投入使用，完善体育器材等设备，投入1500万元，完成32个村通信网络建设，实现移动4G网络全覆盖。

【法治木里建设】 2016年，中共木里县委制定出台《关于贯彻落实党的十八届四中全会精神全面深入推进依法治县的实施意见》，全县紧扣“推进依法治县、建设法治木里”这一主线，推进依法治县工作，推动藏区依法治理常态化，以扎实开展“法律八进”为抓手，组建14支“双语”宣讲团，结合马背宣传队、驻寺工作组和基层党组织，将法治精神有效传达到不通公路的边远农牧区。发放《法律知识100问》1500册、《农民工法律援助手册》800册、《法律进学校》、《法律进乡村》、《藏汉双语法治宣传资料》等相关法律资料17500册，禁毒等相关宣传单1.6万份、挂图2000份。制作宣传标语500条、横幅500条，派发普法帽子2000顶和普法雨伞2000把。以开展消除寺庙隐患、治理乱搭滥建、清理非法入寺、加强财务管理等专项整治为载体，深化“文明和谐寺庙”创建活动，推进寺庙管理制度化、规范化，建立寺庙僧人基本情况台账及寺庙僧人服务平台，推进寺庙僧人动态服务管理，建立健全依法管寺管僧长效机制，县党政负责人及各部门定期进入寺庙，宣讲党的民族宗教政策，全面掌握寺庙动态和维稳形势，木里县继续保持全国全省最稳定藏区县之一。2016年，在14座寺庙举办政策法规知识讲座3期、参加学习僧人1041人次，发放法律法规知识读本620册，散发政策法规知识传单2100份，举办民族团结进步宣传教育讲座4次、参训僧人626人次。

【党建工作】 2016年，木里县在29个乡镇组建29个"若松"（老党员）党支部，充分发挥老党员老干部余热传递党声；在11个寺庙所在乡镇成立11个"贡巴嘉德"（驻寺）党支部；在边界区域成立32个联合党组织，填补边界区域党建空白；在3个片区设立县委党校分校，在29个乡镇和113个行政村设立"流动党校"教学站点，从县级机关、乡镇抽调懂"双语"、党性强的干部组建100余支"马背宣讲队""摩托车服务队"到农村、牧场、寺庙开展党性修养、理想信念、民族团结、感恩奋进、民主法制、廉政警示"六项专题教育"和"两学一做"学习教育。发放《中国共产党章程》《中国共产党廉洁自律准则》等学习书刊、杂志等2万余册，发送手机短信、微信简讯2万余条，张贴"两学一做"学习教育宣传标语300余幅；开展党务培训5批次，培训人员1000余人次；各级党组织开展各类学习讨论600余场次，参与学习人数达1.5万余人次，建立"问题清单"1400余份、"整改清单"800余份，成绩清单800余份。

【生态立县】 2016年，木里县组建森林扑火队伍638支15530人，巡山护林员和岗哨员1782人，受理查处涉林案件173件；解决农村"脏、乱、差"问题，落实113个行政村保洁员，新增标准垃圾池19个，投入资金26万元，对7个建设项目征收排污费，建成城市环境空气自动监测系统、县城污水处理站等项目；完成4个"美丽乡村"示范村庄、9个省级生态乡镇、50个州级生态村、8446户县级生态家园、2所环境友好型学校创建，其中4个为大气（扬尘）污染类建设项目，并依法对2个建设项目征收（废水）排污费；完成县城周边造林绿化工程、小金河干旱造林工程，有效管护国有林699.36万亩，完成森林抚育10万亩，巩固退耕还林成果10万亩，补偿集体公益林18.5万亩，完成186.2万亩禁牧草地和266万亩草畜平衡草地划定。

【光荣榜】 2016年，木里县政府被凉山州政府评为气象工作先进县并获二等奖、农村经济发展目标综合考核先进县并获三等奖、马铃薯产业发展先进县并获三等奖、金融工作先进县；被州委、州政府评为2016年度服务业目标考核先进县；被凉山州草原森林防火指挥部评为2016年党政领导森林防火目标任务考核二等奖；被州委、州政府评为2016年度凉山州城乡环境综合治理工作先进县；被州政府评为2016年档案工作目标考核先进县；获全州2016年度环境保护考核二等奖、国土资源管理工作目标考核三等奖、防震减灾目标考核二等奖。

【领导名录】 县委书记：张振国；县人大常委会主任：杨乔包（蒙古族）；县人民政府县长：伍松（藏族）；县政协主席：杨克祖（藏族）。

（供稿单位：木里县史志办／审核：马文祥／撰稿：田尚春）

附　录

APPENDIX

2016年凉山州州级领导名录

List of Leaders at Prefectural Level of Liangshan Yi Autonomous Prefecture in 2016

中共凉山州委

书　记:林书成
副书记:罗凉清(11月止)
　　　苏嘎尔布
　　　滕中平(1月止)
　　　陈忠义(2月起)
　　　龙　伟(11月起)
常　委:胡　云(3月止)
　　　胡　坤(11月止)
　　　冯　斌
　　　达久木甲(11月止)
　　　杨文泉(11月止)
　　　张　力
　　　叶　佩(11月止)
　　　陈　文(11月起)
　　　刘俊文(8月起)
　　　张　伟(3月起)
　　　阿石拉比(11月起)
　　　曾令举(11月起)
　　　沙　文(11月起)
　　　陈日发(挂职，4月起)
　　　葛承书(挂职，9月起)

凉山州人大常委会

主　任:王金铁
副主任:熊正林
　　　钟承先
　　　何绍忠
　　　海来木呷
　　　李　军
　　　周　斌
　　　刘建蓉

凉山州人民政府

州　长:罗凉清(11月止)

代理州长:苏嘎尔布(11月起)
副州长:胡　云(4月止)
冯　斌(4月起)
杨　卉
施　遐(8月止)
余　毅(6月止)
白云(11月止)
肖　春
朱学雷
周　述(6月起)
秘书长:卢　强(12月起)

凉山州政协

主　席:邓显祥
副主席:季晓静
香根·边玛仁青
熊仿秋
王阿呷(2月起)
蒋若枫
马　报
宋光明
杨洪清
苏燕凌
王　萌

凉山军分区

司令员:申　玮
政　委:叶　佩

凉山州中级人民法院

院　长:刘　宁(11月止)
代理院长:范文清(11月起)

凉山州人民检察院

检察长:米　滨(11月止)
代理检察长:刘　宁(11月起)

州委州政府文件目录

List of Documents of the CPC Liangshan Yi Autonomous Prefecture Committee and Liangshan Yi Autonomous Prefecture People's Government

一、2016年中共凉山州委文件目录

1月　《中共凉山州委　凉山州人民政府关于牢固树立发展新理念切实做好2016年农业农村工作、加快农业现代化进程、推进农业大州向农业强州跨越的意见》凉委发〔2016〕1号。

1月　《中共凉山州委　凉山州人民政关于2016年推进现代烟草产业发展工作的指导意见》凉委发〔2016〕2号。

1月6日　《中共凉山州委关于制定国民经济和社会发展第十三个五年规划的建议》凉委发〔2016〕4号。

1月6日　《中共凉山州委关于全面创新改革驱动转型发展的决定》凉委发〔2016〕5号。

1月31日　《中共凉山州委　凉山州人民政府关于实施精准扶贫人口计生专项行动的意见》凉委发〔2016〕6号。

2月16日　《中共凉山州委　凉山州人民政府关于坚决制止和查处违法建设的实施意见》凉委发〔2016〕7号。

3月25日　《中共凉山州委　凉山州人民政

府关于新农村“四个好”家庭创建工作的意见（试行）》凉委发〔2016〕9号。

3月30日　《中共凉山州委　凉山州人民政府关于开展全国民族团结进步示范州创建活动的实施意见》凉委发〔2016〕11号。

3月30日　《中共凉山州委　凉山州人民政府关于2016年党风廉政建设和反腐败工作的意见》凉委发〔2016〕12号。

4月13日　《中共凉山州委　凉山州人民政府关于加快推进安宁河谷地区六县（市）脱贫攻坚进程的意见》凉委发〔2016〕13号。

5月31日　《中共凉山州委　凉山州人民政府关于加快实施城乡建设用地增减挂钩土地开发整理推进扶贫攻坚工作的意见（试行）》凉委发〔2016〕16号。

7月25日　《中共凉山州委关于印发〈中共凉山州委工作规则〉的通知》凉委发〔2016〕18号。

7月25日　《中共凉山州委关于印发〈中共凉山州委常委会议事决策规则〉的通知》凉委发〔2016〕19号。

8月4日　《中共凉山州委关于印发〈关于加强党建工作组织工作为脱贫攻坚提供坚强组织保障的实施意见〉的通知》凉委发〔2016〕20号。

8月7日　《中共凉山州委关于全面加强改革落实工作的实施意见》凉委发〔2016〕21号。

8月15日　《中共凉山州委关于推进绿色发展建设美丽凉山的决定》凉委发〔2016〕22号。

11月1日　《中共凉山州委　凉山州人民政府关于印发〈凉山州禁毒工作奖惩问责实施办法（试行）〉的通知》凉委发〔2016〕23号。

11月26日　《中共凉山州委关于加强和规范党内政治生活严格党内监督巩固发展良好政治生态的决定》凉委发〔2016〕25号。

12月28日　《中共凉山州委　凉山州人民政府关于加强产业园区党的建设推动产业园区科学发展加快发展的实施意见》凉委发〔2016〕27号。

12月28日　《中共凉山州委关于印发〈凉山州推进领导干部能上能下实施细则（试行）〉通知》凉委发〔2016〕28号。

二、2016年州政府文件目录

1月4日　印发《关于加快发展钢结构建筑的实施意见（试行）》（凉府发〔2016〕2号）。

1月5日　印发《关于进一步提高住房公积金使用效率的通知》（凉府办发〔2016〕1号）。

1月27日　印发《关于开展综合行政执法体制改革试点工作的指导意见》（凉府办发〔2016〕4号）。

2月4日　印发《关于命名建筑业龙头企业、突出贡献企业、优秀企业家的通知》（凉府发〔2016〕3号）。

2月15日　印发《关于进一步做好新形势下就业创业工作的实施意见》（凉府发〔2016〕5号）。

2月4日　印发《关于命名建筑业龙头企业、突出贡献企业、优秀企业家的通知》（凉府发〔2016〕3号）。

2月6日　印发《关于贯彻落实粮食安全行政首长责任制的实施意见》（凉府发〔2016〕4号）。

2月15日　印发《关于进一步做好新形势下就业创业工作的实施意见》（凉府发〔2016〕5号）。

2月24日　印发《关于加快推进特色农业保险的实施意见》（凉府发〔2016〕6号）。

3月26日　印发《关于进一步加强法制建设的意见》（凉府发〔2016〕9号）。

4月13日　印发《关于印发凉山州整合建立统一的公共资源交易平台实施方案的通知》（凉府办发〔2016〕16号）。

4月18日　印发《关于进一步加强新时期爱国卫生工作的实施意见》（凉府发〔2016〕11号）。

4月18日　印发《关于贯彻落实省政府促进经济稳定增长和提质增效推进供给侧结构性改革政策措施相关事宜的通知》（凉府办发〔2016〕17号）。

4月21日　印发《关于印发水污染防治行动计划凉山州实施方案的通知》（凉府办发〔2016〕18号）。

4月27日　印发《关于在公共服务领域推

广政府与社会资本合作模式的实施意见》(凉府发〔2016〕8号)。

4月29日 印发《关于调整凉山州最低工资标准的通知》(凉府发〔2016〕13号)。

5月18日 印发《关于做好2016年政务公开工作的通知》(凉府办发〔2016〕20号)。

5月23日 印发《关于印发凉山州人民政府行政复议制度的通知》(凉府办发〔2016〕23号)。

6月28日 印发《关于印发凉山彝族自治州"十三五"防震减灾规划的通知》(凉府办发〔2016〕28号)。

7月4日 印发《关于印发凉山州2016年度防范和处置非法集资宣传教育工作计划的通知》(凉府办发〔2016〕30号)。

8月3日 印发《关于贯彻省政府办公厅支持贫困县开展统筹整合使用财政涉农资金试点的实施意见的通知》(凉府办发〔2016〕33号)。

8月22日 印发《关于印发凉山州贯彻落实粮食安全行政首长责任制考核办法的通知》(凉府办发〔2016〕38号)。

9月7日 印发《关于印发凉山州全民健身实施计划(2016—2020年)的通知》(凉府办发〔2016〕48号)。

9月13日 印发《关于印发凉山州乡村教师支持计划实施细则(2016—2020年)的通知》(凉府办发〔2016〕42号)。

9月28日 印发《关于积极推广钢结构农房建筑的实施意见》(凉府办发〔2016〕45号)。

9月30日 印发《关于公布州级行政权力责任清单的通知》(凉府办发〔2016〕47号)。

统计公报

Statistical Bulletin

凉山州统计局 国家统计局凉山调查队
2016年国民经济和社会发展统计公报

2017年3月

二〇一六年,面对复杂严峻的宏观经济形势,州委、州政府牢牢把握"稳中求进"的经济工作总基调,在促进工业回升、增强投资拉动、加快建筑业发展、推进服务提速等方面采取一系列针对性措施,着力破解发展难题,厚植发展优势,取得明显成效,全州经济呈现总体平稳、稳步提升的运行态势。

一、综合

国民经济实现平稳增长。2016年全州地区生产总值(GDP)达到1403.92亿元,增长6.0%。其中:第一产业增加值280.71亿元,增长4.2%,对经济增长的贡献率为14.0%;第二产业增加值684.15亿元,增长6.6%,对经济增长的贡献率达到54.6%;第三产业增加值439.06亿元,增长6.1%,对经济增长的贡献率为31.4%。人均GDP达到29549元,比2015年增长3.7%。三次产业比重为20.0∶48.7∶31.3。

民营经济。全年民营经济实现增加值768.69亿元,增长5.6%。其中,一产业增加值93.11亿元,增长4.2%;二产业增加值459.31亿元,增长6.1%;三产业增加值216.27亿元,增长5.2%。民营经济增加值占地区生产总值的比重为54.8 %,比2015年下降 0.7 个百分点,对经济增长的贡献率达 52.3%。

居民消费价格。全年居民消费价格总指数(CPI)同比上涨 1.7%。居民生活消费八大分类指数呈"五升一平二降"的态势,其中食品烟酒类上涨 3.9%,衣着类上涨 0.5%,医疗保健类上涨 2.3%,教育文化类上涨 0.7%,居住类上涨 1.8%,其他用品和服务类与 2015 年持平,生活品类及服务类下降 0.3%,交通和通讯类下降 1.9%。

工业品出厂价格。全年工业品出厂价格指数(PPI)下降 1.7%,其中:轻工业产品下降 1.3%,重工业产品下降 1.7%;工业生产者购进价格(IPI)下降 3.9%。

二、农业

加快推进农业产业化进程,农业综合生产能力进一步提高。全年实现农林牧渔业总产值 482.94 亿元,增长 3.7%。

种植业增产增效。全年粮食作物播种面积 47.64 万公顷,增长 0.9%,占农作物总播种面积的比重为 68.1%;全年粮食总产量达到 217.34 万吨,增长 1.9%,平均亩产 304.13 千克。主要经济作物中,油类作物产量 4.77 万吨,增长 2.1%;烟叶(未加工烟草)产量 13.40 万吨,增长 0.1%;蔬菜及食用菌产量 285.65 万吨,增长 4.7%;园林水果产量 132.55 万吨,增长 7.7%。

生态建设顺利推进。巩固和扩大以天然林保护和退耕还林工程为重点的生态建设成果,全年完成造林面积 24.28 万公顷,其中:完成退耕还林造林面积 7332 公顷,年末全州森林覆盖率达 43.0%。森林保护工作继续巩固,森林火灾损失控制在 0.03‰以下,森林病虫害防治率达到 99.89%。

畜牧业稳步增长。全年出栏肉猪 468.79 万头,下降 3.6%;羊出栏 314.51 万只,增长 5.1%;牛出栏 31.51 万头,增长 3.0%;家禽出栏 1793.18 万只,增长 3.4%。全年肉类总产量达 45.89 万吨,增长 0.3%,其中猪肉产量 33.81 万吨,下降 1.0%;羊肉产量 5.40 万吨,增长 5.3%;牛肉产量 3.59 万吨,增长 2.9%;家禽肉产量 2.71 万吨,增长 3.4%;牛奶产量 4.77 万吨,增长 1.1%;蚕茧产量 2.59 万吨,增长 1.5%。实现畜牧业产值 194.22 亿元,增长 3.7%。

农田水利建设成效显著,生产条件进一步改善。年末累计农田有效灌溉面积 16.77 万公顷,新增 0.35 万公顷;全年农用化肥施用量(折纯)13.80 万吨,增长 0.8%;年末农业机械总动力 339.70 万千瓦小时。

三、工业和建筑业

主动适应新常态、重视创新和质量效益,优化结构,增强全州工业经济发展动力。全部工业实现增加值 475.92 亿元,增长 2.4%,对经济增长的贡献率为 14.5%。年末规模以上工业企业达到 328 个,规模以上工业增加值增长 2.4%。

规模以上工业主要产品产量中,铁矿石原矿产量 7806.30 万吨,下降 1.6%;铜选矿产品含铜 5.00 万吨,下降 13.8%;铅选矿产品含铅量 6.80 万吨,增长 17.2%;锌选矿产品含锌量 16.00 万吨,增长 30.1%;磷矿石(折含 $P_2O_5$30%)产量 552.10 万吨,增长 9.4%;磷酸一铵产量 129.50 万吨,增长 14.1%;发电量 1026.80 亿千瓦小时,增长 6.8%,其中风电 14.08 亿千瓦小时,增长 80.7%;太阳能发电量 2.07 亿千瓦小时,增长 45.6%。钢材产量 358.20 万吨,增长 10.4%;水泥产量 536.10 万吨,增长 26.0%。

规模以上工业企业实现主营业务收入 1139.36 亿元,增长 7.1%;盈亏相抵后的利润总额为 113.38 亿元,增长 20.0%。企业总资产贡献率 9.05%,流动资产周转率 2.99 次 / 年,成本费用利润率 10.99%,年末规模以上工业企业亏损面为 27.6%,比 2015 年下降 4.4 个百分点;亏损额 23.74 亿元,下降 39.7%;产销率 96.5%。

建筑业稳步增长。全社会建筑业实现增加值 208.27 亿元,增长 17.8%。全州资质等级三级及三级以上的建筑企业 133 个,完成建筑业总产值 144.94 亿元,增长 47.6%。

四、固定资产投资

大力推进项目建设,以重大产业、重大基础设施和民生设施项目为重点,增强投资拉动。年末全州施工项目达到 998 个,完成全社会固定资产投资

1111.52亿元，比2015年增长3.6%。

在投资构成中，第一产业投资18.41亿元，下降38.0%；第二产业投资477.67亿元，增长3.5%；第三产业投资615.44亿元，增长5.8%。基础设施投资304.34亿元，增长59.7%；产业投资463.78亿元，下降0.4%；民生及社会事业投资271.46亿元，下降14.1%；其他投资40.27亿元，下降35.3%。更新改造投资完成177.64亿元，增长10.1%；房地产开发投资完成31.67亿元，下降18.1%。

主要行业中，农林牧渔业投资22.78亿元，下降32.1%；采矿业投资35.45亿元，下降31.8%；制造业投资48.68亿元，下降14.0%；电力、热力、燃气及水的生产和供应业投资388.03亿元，增长10.9%；交通运输、仓储和邮政业投资244.70元，增长117.9%；水利、环境和公共设施管理业投资31.95亿元，下降24.1%；教育业投资20.62亿元，下降16.3%。

全年投产项目达到622个，项目建成投产率达到62.32%。新增固定资产550.05亿元，下降17.5%；固定资产交付使用率达到49.49%。

五、国内贸易和旅游

消费品市场。在国家扩大内需、提升消费的政策效应下，消费品市场繁荣活跃。全年社会消费品零售总额551.38亿元，比2015年增长10.9%。其中：商品零售额462.55亿元，增长10.7%；餐饮收入88.83亿元，增长11.8%。

从城乡市场看，城镇市场零售额为405.62亿元，增长10.8%；乡村市场零售额为145.76亿元，增长11.2%。

批发零售贸易业。批发零售贸易企业完成销售总额919.71亿元，增长5.1%，其中：批发业销售额368.77亿元，下降5.2%；零售业销售额550.94亿元，增长13.5%。

深入实施资源聚合型和精品带动型旅游发展战略，促进旅游产业转型升级。全年共接待国内外旅游者4081.12万人次，增长9.4%；旅游总收入301.62亿元，增长19.9%；旅游外汇收入4.31万美元，增长318.2%。

六、对外经济

对外经济合作不断扩大。广泛开展国际经贸交流合作，推进区域合作，不断拓宽对外经济合作领域。全年共签约招商引资项目91个，协议引进资金515.09亿元，实际到位资金499.84亿元。

全年出口创汇4584.42万美元，下降46.76%。

七、交通、运输、邮电

交通运输稳步发展。年末全州公路通车里程达到27138.02千米，增长4.5%，其中等级公路通车里程25343千米，增长26.6%，高速公路通车里程达到212.7千米。全年完成公路货物周转量1136896万吨千米，增长5.68%；旅客周转量307138万人千米，增长7.34%。

邮电通讯业快速增长。全州邮政通讯企业全年完成主营业务收入24.77亿元，增长5.2%。年末国际互联网上网用户数61.04万户，增长42.1%。公网电话用户达390.11万户，增长6.4%，其中：固定电话用户42.94万户，增长14.7%；移动电话用户347.17万户，增长5.4%。

八、财政、金融、证券和保险

地方财政收支持续增长。一般公共预算总收入完成174.25亿元，增长10.4%。一般公共预算收入完成121.03亿元，增长13.0%，其中：税收性收入71.04亿元，增长15.1%。一般公用预算支出459.03亿元，增长10.0%。

金融。年末全社会金融机构各项存款余额1652.53亿元，增长10.86%。年末各项贷款余额749.78亿元，比2015年净增49.37亿元，增长7.05%。其中：短期贷款余额165.87亿元，增长0.9%；中长期贷款余额490.86亿元，增长7.42%。

年末全州证券经营机构3个，全年证券交易额917.9亿元，比2015年下降45.62%。

九、教育和科学技术

教育事业积极推进。全面落实义务教育基本国策，吹响义务教育均衡发展冲锋号，营造“人人知晓均衡发展、人人关注均衡发展、人人支持均衡发展”的良好舆论氛围和社会环境，多维深化现代教育改革，推动全州教育向前大迈步。年末全州有各级各类学校1106所，在校学生数87.81万人；其中少数民族学生57.43万人，比2015年增加2.40万人；专任教师4.91万人，比2015年增加0.26万人。

基础教育。年末全州小学学校数897所，招生10.97万人，在校学生57.92万人，学龄儿童入学率99.54%，其中少数民族学龄儿童入学率99.24%。普通中学192所，招生9.14万人，在校学生25.32万人。

职业教育。中等专业和技术职业学校5所，在校学生1.04万人；职业高中11所，在校学生1.91万人。

高等教育。西昌学院本年度招生4546人，毕业4050人，在校学生16171人，其中少数民族学生2937人。

科技研究和应用。州级各部门全年共承担科研项目158个，其中省部级项目44个，州级项目144个，获得省级重大科技成果奖一等奖4项、二等奖2项、三等奖9项。

十、文化和卫生

文化艺术事业不断发展。2016年年末拥有艺术表演团体2个；公共图书馆18个，藏书量118.83万册；文化馆18个，乡镇文化站571个；博物馆9个，文物保护机构16个。

广播电视事业继续加强。全州有线广播电视用户20.67万户，电视人口覆盖率91.70%，广播人口覆盖率79.28%。

新闻出版事业持续发展。全州出版地方报纸彝、汉文版三种，发行量1237.13万份；出版地方杂志彝、汉文版两种，发行量40000册。

卫生事业不断进步。医疗服务体系、疾病预防控制体系和突发公共卫生医疗救治体系进一步完善。新型农村合作医疗制度不断推进，参合农民398.22万人，参合率达99.62%；统筹支出金额20.76亿元，增长24.8%。年末全州有卫生机构1066个，病床位23444张，拥有卫生技术人员21375人，其中：执业医生7020人，护师护士9066人。在卫生机构中，疾病预防控制中心18个，妇幼保健站18个，拥有卫生防疫站技术人员802人，妇幼保健站卫生技术人员814人；乡镇卫生院564个，拥有执业医生1895人。

十一、人口

据公安人口统计，全州年末户籍人口512.36万人。其中：少数民族人口为283.53万人，占总人口的55.3%；彝族人口为265.73万人，占总人口的51.9%。全年出生人口9.97万人，出生率为19.46‰；死亡人口1.93万人，死亡率为3.77‰。

十二、人民生活和社会保障

城乡居民收入稳步增加。城镇居民人均可支配收入25963元，增长7.8%，人均生活消费支出17054元，增长5.8%。农村居民人均可支配收入10368元，比2015年净增946元，增长10.0%，人均生活消费支出8036元，增长8.8%。

城乡居民储蓄余额稳定增长。全州城乡居民年末储蓄余额873.33亿元，增长14.2%，其中：城镇居民储蓄余额582.62亿元，增长12.6%；农村居民储蓄余额290.71亿元，增长17.5%。

社会保障就业事业进一步推进。年末全州参加城乡居民基本养老保险的人数达到192.96万人，参加职工基本医疗保险人数35.21万人。全年新增城镇就业人员2.19万人，年末城镇登记失业率3.72%。

社会福利与救助力度加大。城镇纳入最低生活保障的人数6.48万人，保障金支出2.16亿元；农村纳入最低生活保障的人数46.45万人，保障金支出9.40亿元。全州共有各类养老服务机构74个，床位数11602张。

注：1.公报中各项数据为初步统计数，正式数据以《凉山州统计年鉴》为准。

2.公报中生产总值及产值指标的绝对数按当年价格计算，增长速度按可比价格计算。

索引

INDEX

编制说明

一、本索引为2017年卷《凉山年鉴》的内容分析索引。

二、本索引按汉语拼音字母（同音字按声调）顺序排列。索引词条用宋体字标明。数字表示该词条内容所在页码，后面的拉丁字母（a、b）表示栏别（从左到右）。

三、内文中的“专述”“大事记”“附录”类目，以及内文照片、表格、彩色插页未作索引。

四、本索引内容有交叉的词条，在索引中重复出现，可以通过同一词条的不同页码进行检索。

A

艾滋病防治　321a、324b
安康医院建设　211a
安宁河谷地区跨越式发展　121b
安全保卫　278a
安全工作　315b、343a
安全管理　197b、295a、360b、381b、391b
安全目标管理　378a
安全生产　239b、247a、353b、365b、374b、376b、380a、385a、389b
安全生产工作　393a
安全生产监督管理　134b
安全生产与行业管理工作　236b
安全稳定工作　155b
安全应急管理　340a
案件防控　278a
案件管理　201b

B

班子队伍建设　222a
班子建设　158a、159a、186b
办理代表议案及建议　105a
办文办会　252b
办学成果　310a、317b
办学特色　310b
办学条件　302a、317b
帮扶工作　192a、224b、228a、232a、252b、281a、341a、343a、347b、368b、371a、375b、377a、378b、383a
帮乡扶贫　143b

保密工作 080a
保密技防 081a
保险业 267b
保障房建设 378a
保障工作 202a
报社工作 096b
报业经营 097a
暴雨洪涝 337a
毕业汇报演出 306b
编制规划 116b
标准化服务 229a
表彰奖励 127a
冰雹大风 337b
并联审批 142b
布拖县 411a

C

财税改革 260b
财务工作 313a
财务管理 315a
财政 258a
财政经济委员会 106b
财政收入 258a
财政收支 407b
财政支出 258b
参建参治工作 156a
参政议政 147b、164a、166b、169b、172a
残疾人服务 191b
残联 189b
蚕业发展 244b
草原建设 245b
产品创新 274b
产权制度改革 241b、282b
产业发展 374b
产业概况 435a
常委会第二十八次会议 102b
常委会第二十九次会议 102b
常委会第二十六次会议 102a
常委会第二十七次会议 102a
常委会第三十次会议 102b
常委会第三十二次会议 103a
常委会第三十一次会议 103a
常委会会议 149b
成果转化与服务三农 253b
城乡规划建设和住房保障 343b
城乡环境综合治理 345a
城乡建设 395b、400b、405b、424a
城乡建设环境资源保护委员会 110b
城乡建设统筹 418b
城乡统筹 345b、412b
城乡统筹发展 061a
城镇基础设施建设 344a
惩治犯罪 197a
出版及会议工作 193a
出租车行业改革 341a
畜牧、水产业 245a
畜牧经济 245a
畜牧企业 246a
畜牧业科技 256a
川林五处 379a
川烟公司西昌分厂 371b
创先争优活动 329b
创新驱动 216a
从严治党 435b
促进“两个健康” 174b
村镇建设 344b

D

大病保险 288a
大桥水电开发总公司 369a
大数据平台建设 146a
大小凉山公路水路交通建设推进方案 339a
大众创新创业 301a
代表工作 105a
代表履职能力建设 105b
代表议案和建议 101a
档案工作 139b
档案宣传与档案文化建设 141a
党的全面建设 062a
党风廉政建设 091a、129b、162a、214a、219a、222b、231b、249a、257b、278b、296a、309a、326a、328b、343b、352b、353b、355a、368b、370b、375b、407a

党建工作　091a、143a、211a、213b、239b、269b、274b、285b、305b、309a、313b、315b、318a、357b、370a、371b、375a、379a、406b、438a
党建和党风廉政建设　380b、382b、391a
党群工作　388b
党史工作　088b
党外代表人士队伍建设　071b
党务工作　354a
党校工作　094b
道路保通保畅工作　342b
道路交通　436b
德昌县　396b
德育工作　311b、316b
德育教育　314a
地方立法　208a
地方税务　264b
地方志工作　089a
地籍管理　220a
地灾防治　221b
地震活动　334a
地震应急　334b
地质地貌　038b
地质公园建设　297a
地质勘查　220b
地质灾害　337a
第二产业　114b
第三产业　114b、408a、431a
第三产业发展　426b
第三次全国农业普查农作物面积遥感测量　228a
第十三个五年发展规划　088b
第十五次社会科学优秀科研成果评选　192b
第一产业　114a
电商产业　409a
电网建设规划　364b
电网项目前期工作　367a
电子商务　233b
电子政务外网建设　146a
督办代表议案　111b
队伍建设　065b、079b、095b、097b、134b、139a、198a、199a、204b、206b、210a、226b、264a、265b、270a、291a、305a、335a、347a、361b
对公业务　277b
对口帮扶　330a
对口支援　328a
对私业务　277b
对台工作　138a
对台交往交流　138b
对台经贸　138b
对台宣传　138a
对外合作与宣传　253a
对外交流与合作　130a
对外开放　060b
对外宣传　086a
多种经营　377a
调查研究　106a、252b
调研、宣传、信息、信访工作　093a
调研工作　109b、110a、175a

E

峨汉高速公路　339a
遏制不良资产下滑　285a

F

发展改革　116a
发展规划　338a
发展战略　369b
发展支撑保障　322b
法律服务　206a
法律监督　104a、107a、110b
法律宣传　104a
法律援助　206a
法律政策研究　202a
法院　202b
法制队伍建设　209b
法制机关建设和招投标监管　118b
法制宣传　111b
法治扶贫　205a
法治工商建设　219a
法治建设　080b、139b、198a、264b、271b、297b
法治凉山建设　196a
法治木里建设　437b
法治人社　125a

法治政府建设 207a
反渎职侵权 199b
反腐倡廉 097b
反腐倡廉建设 075a
反腐倡廉教育 330b
反贪污贿赂 199b
防汛减灾工作 250b
防疫监督 245b
防灾减灾服务 336a
防灾减灾救灾 122a
防震减灾 333b
房地产市场管理 344a
分级诊疗 326b
风险防范 271a
风险防控 280a
风险内控 278a、282b
扶贫帮困 108b、129a
扶贫工作 091a、145b、191a、217b、219b、236a、313b、315b、318a、325b、333a、380b
扶贫攻坚 117a、273b、296a、436b、276b
扶贫解困 133a
扶贫开发 409b
扶贫移民工作 132a
服务“三农” 274a、351b、369b
服务产业 395b
服务扶贫开发 140b
服务经济发展 218b
服务经济社会发展 140a
服务民生 147b、353a、390a
服务业 233a、414a
服务质量 355a
服务中心大局 076a
抚恤优待 123b
妇联 181a
妇联自身职能建设 181b
附属医院及社区卫生服务 310a

G

改革办工作 078a
改革创新 402b
改革发展 393b、177a
改革改制 390b
改革工作 137b
改革开放 115a、401a、424b
改革转型 271a
改扩建工作 383b
改善民生 177b
改造提升工程 339b
甘洛县 422b
干部队伍建设 156b
干部监督 067a
干部教育 066b
干部教育培训 307b
干部培训 094b
干部人事制度改革 066b
高标准农田建设 242b
高速公路建设 338a
高温 337a
耕地保护 220a
工程建设 161b
工程质量监管 340a
工行凉山分行 275b
工会 177a
工会工作 286a、291b
工商行政管理 217b
工商联 174a
工业和建筑业 397b
工业和信息化发展 215a
工业经济 395a、400a、405a、408a、414a、416b、418a、421b、423a、426a、430a、430b、436a
工作部署 135a
工作会议 342a
工作监督 104b、106b、111a
工作交流 107b、112a
工作联系 109b、110b
工作调研 107a、108b、111a、113a
公安 196b
公安消防 160a
公共卫生服务 321b
公共文化服务体系建设 318b
公共资源交易 143a
公积金管理 347a
公积金缴存 346a

公积金使用　346b
公积金综合效益　346b
公路　341b
公路管养　340a
公路水路交通建设推进方案　339a
公路水路运输　339b
公路养护　342a
公民道德建设　084a
公司贷款　284b
公诉检察　200a
公益活动　290a、328b
共青团　179a
供地用地　220a
供销合作经济　234b
古籍抢救保护和编译出版工作　137a
固定资产投资　338a、397b、417a
挂包帮”和“走基层”活动　085b
关爱活动　099a
关心下一代工作　098a
关心下一代基金会　099b
管控体系建设　363a
贯彻全国“科技三会”精神　183b
光荣榜　438b
广播电视宣传　319b
规范管理　145a
规范性文件备案审查　104b
规范性文件监督管理　208b
规范性文件起草制定　208a
规划管理　219b
规划和建设　294a
规模养殖　245a
规培基地建设　327b
国家税务　263a
国家资助　303b
国库管理　261a
国民经济　039b
国内贸易和对外经济　398a
国省干线公路建设　338b
国土资源管理　219b
国网凉山供电公司　364a
国有资本经营预算　259a
国有资产　377b
国有资产监督管理　212a
国资监管　213a

H

海事管理　340a
夯实基础　136a
行风建设　368a
行业发展　350b、359a
行业管理　246b、293b
航空安全　362b
航空服务　362b
航空运输生产　362b
合理用药　327a
核心价值观建设　070a
核心业务　193b
横向联合　314b
红十字会　193b
后勤保障　095b、157b、158b
后装综合保障　156a
互联网宣传管理　087a
护理服务　323b
护理工作　329b
护理建设　327a
护林防火　379b
化解过剩产能　216b
环境保护　238b、295a、297a、347b、398b、421b
环境监测　350a
环境监察执法　349b
环境宣传教育　349b
环境资源检察　201b
换届工作　066a、073b、171a
会东县　401b
会理县　399b
会议决议决定　101b
会议情况　081bb
会议议程　101a
惠农农险　290a
火灾防控　160a
货币政策　268a
货运工作　361b
获奖情况　174a、379a

J

机动车驾驶员培训与汽修管理 340b
机构编制 076a
机构编制管理 077a
机构队伍建设 090b、289b
机构改革 144a
机关“准军事化”建设 162b
机关党建 096a
机关扶贫 065b
机关建设 081a、320a
机关事务管理 144a
机制建设 083a
积案化解 082b
基本农田保护 405a
基本气象要素 336b
基层党建 067b、360a
基层基础建设 198a、226a、206b
基层建设 157b、159a
基层社科联建设 193a
基层政权建设 123a
基层组织建设 098b
基础管理 237b、280a、358a
基础建设 115a、160b、315a、363b、409a
基础能力建设 308b
基础设施 400b、403a、431b
基础设施建设 061a、116b、239a、298b、364b、382a、415a
集体荣誉 085b、145b
计划生育服务 321b
计量监督 229b
纪检监察 064a
纪律检查体制改革 065a
纪律审查 064b
纪律作风 161a
技改 393b
技能鉴定 315a
寄宿制教育与双语教学 303a
价格调控 119a
监测预报 334a
监督抽检 230b
监督工作 104a、109a、110a、112b
监督检查 080b
监管工作 218a
监管执法 218a
监所管理工作 210b
检察 198b
建安业务 368a
建档立卡 133b
建行凉山分行 277a
建设项目管理和环评审批 348b
建筑业管理 344b
健康扶贫工作 321a
奖励情况 159a
交通 338a
交通、运输、邮电和旅游 398a
交通和旅游 417a
交通建设 424b
交通精准扶贫脱贫攻坚项目 339a
交通投资开发有限责任公司 388a
交通运输 418b、422a、430a
教师队伍建设 303b
教师培训 312b
教学工作 311b
教学管理 314b
教学科研与人才培养 325a
教学与科研 308a
教育 302a、412a
教育工作 190b
教育交流与合作 305a
教育教学 304b
教育教学管理 307b
教育科学文化卫生委员会 110a
节能减排 118b
节能降耗 405b
结构调整 402a
金融扶贫 274a、284a
金融服务 269b、281b
金融管理 266b、269a
金融和保险业 398b
金融生态环境建设 267b
金融稳定 269a
金阳县 416a
禁毒防艾 413a

"禁毒防艾"宣传教育　183a
禁毒工作　197a
禁毒攻坚行动　195b
经济　413b
经济发展　411b
经济结构调整　060b
经济联络工作　073a
经济社会发展主要指标　394a
经济社会服务　164b
经济运行　407b、434a
经济责任审计　223b
经适房和棚改房　380a
经营发展　354a、360a
经营管理　288b、290b、353a、365a、367b
经营及财务管理　285a
经营情况　284a、387a
经营业绩　357a
经营状况　279a、282b
经作生产　242b
精神文明建设　083b
精准扶贫　098a、175b、189a、211b、254a、266a、310a、328b、330b、366a、434a
精准脱贫　283b
精准脱贫工作　074a
精准脱贫攻坚　061b
景区管理　297a
竞技体育　331a
九三学社　170b
就业促进　125b
就业工作　190b
卷烟销售　237b
军魂培育　160a
军事斗争准备　155b

K

开办掌上凉山"妇女之声"栏目　182b
开放合作　241a
开放型经济　233a
开设专业　310b
开展闭会期间代表活动　105b
开展精准扶贫　182a
开展重大事项决定工作　112b
康复工作　190a
科技成果　301a
科技创新体系　300b
科技扶贫　257b、301a
科技合作　257a
科技建设　281b
科技教育　303a
科技培训　257a
科技体制改革　300a
科技推广　257a
科技项目　300b
科技信息　257b
科技兴院　328a
科普工作　193a
科普全民科学素质纲要　184b
科协　183a
科学技术　300a
科学技术普及　301b
科研成果　254a、256a、335a
科研服务　255a
科研工作　095a、305a
科研基础设施建设　255b
科研课题　256b
科研项目　253b
客服活动　291b
客户服务　359a
客户经营　288b
客运工作　361a
客运站场建设　338b
控告申诉　201a
会计管理和考试考务　262a
会计运营管理　285b
矿政管理　220b
困境儿童救助　123a

L

来信来访、网络投诉受理和督查督办　081b
劳动监察　126b
劳务开发　242a
劳资保险　379b

老干部工作 091b
老年人体育 332b
雷波县 417b
理论武装 069a
理论学习 147a、186a
理赔服务 288a、291a
历史文化 039a
立法工作 103b、103b、107b、109a、110a、112b
立法调研 103b
廉政建设 413b
凉山概况 038a
凉山军分区 155a
凉山民族师范学校 311a
凉山农商银行 282a
凉山农校 310b
凉山卫校 309b
凉山州第四届中等职业学校学生职业技能大赛 303b
凉山州妇女第十次代表大会 181a
凉山州民族文化研究基金规划立项 192b
凉山州商业银行 281a
粮食管理 119a
粮油高产创建 244a
粮油生产 242a
“两个责任” 064a
“两化”融合 217a
两类机构 267b
两项待遇落实 092a
两项建设 092b
“两学一做”主题教育活动 085b
林业 247a
林业科技工作 248b
林业碳汇公司申报工作 380a
领导班子 353a
领导班子和干部队伍建设 066a
领导名录 396b、399b、401b、404a、407b、411a、413b、416a、417b、420b、422b、425b、429a、430a、434a、435b、438b
领导批示 088a
领导调研 098a
领导重视 160a
路政管理 340a
螺髻山旅游景区管理 296b
旅游发展 436b
旅游扶贫 293a
旅游工作 292a
旅游管理 295b
旅游规划 292a
旅游经济 418a
旅游景区、工业园区管理机构体制机制改革 076b
旅游开发 425b
旅游信息化建设 294a
旅游执法 294a
绿化造林 247a
绿色家园管委会工作 210a

M

美姑县 420b
冕宁县 430b
灭火救援 160b
民革 163a
民建 168b
民盟 165b
民商事审判 202b
民生保障 401a
民生改善 115a
民生工程 288a、396a、409b、425a、431b、435a
民生工程审计 223a
民生工作 214b
民生和社会事业 419a
民生水利 250a
民生支出 259a
民生状况 039b
民事行政检察 200b
民营经济 395a、423b
民政 121b
民主监督 148a
民族法制宗教外事侨务委员会 107b
民族团结进步示范州创建 128b
民族研究及社会事业 128b
民族宗教 127b
民族宗教工作 072b
摩梭家园 297b
摩梭家园暨泸沽湖旅游景区管理 297b

木里县　436a
目标管理　296b

N

纳税服务　263b、265a
内部管理　265b、271b、371a、373a、387b、389b
内部组织机构及机制改革　382a
内控案防工作　276a
内控合规建设　273a
内控建设　281b、097a
内务司法委员会　112a
能力建设　222a
能源建设　118a
宁南县　404b
农产品营销体系建设　235b
农村工作　240a
农村公路建设　338b
农村基础设施建设　247a
农村经济　404b
农村经营管理　243a
农村可利用垃圾回收利用体系建设　235b
农村能源　243b
农村社会化服务体系建设　235b
农电工作　365a
农发行凉山分行　279a
农行凉山分行　273b
农技推广　242b
农民科技培训　244b
农民专业合作社　235b
农民资金互助合作社　236a
农田水利建设　250a
农业　242a
农业　397a
农业行政执法　243a
农业和农村经济　421a、429b
农业机械　246b
农业及农村经济　416b
农业经济　394b、408a、412b、414a、418a、423a、426a、436a
农业科技　254b
农业普查　226a
农业生产资料供应服务体系建设　235a
农业委员会　109a
暖冬行动　098b

P

攀西高速公路开发公司　383a
攀西战略资源创新开发试验区建设　119b
攀西资源开发工作　119b
培训工作　231b
培训教育　126b、311a
培训与基础保障工作　219a
品牌建设　229a、243b、292a、299a
品牌赛事　332a
平安财保凉山中心支公司　290b
平安凉山建设　195a
平安民航建设　363a
平台搭建　185b
平台建设　096b
普遍服务工作　352a
普法依法治理　205b
普格县　407b
普通高中教育　302b

Q

其他工作　112a、113b、316a
其他会议　151a
企业发展　388a
企业服务　239a
企业改革发展　212b
企业国有资产保值增值　212a
企业文化　275a、280b、353b、355a、368b、382b、390b
企业文化建设　278b
气候概况　336b、038b
气象　335b
强化监管　135a
强化领导责任　082a
强降温天气　336b
侨务工作　131b
青年与老年党员工作　165a
青少年工作　179b

庆祝“三八”妇女节 182b
邛海泸山景区管理 294a
邛海渔业管理 295b
区划地名 124a
渠道建设 274b、277b
取得荣誉 282a
取消药品加成 327a
权力清单动态管理 207a
全国地方志工作会议 090a
全面从严治党 238a
全面深化改革 335a
全省地方志宣传信息暨期刊工作座谈会 090b
全体会议 149a
全州经济发展 060a
全州史志办主任会议 090b
全州史志工作会议 090b
全州文明办主任会 085a
全州乡村学校少年宫项目建设推进暨项目负责人培训会 085b
群团工作 097b、318a、370a
群众工作 081b
群众体育 332a
群众性精神文明创建 084b

R

热点问题 296a
人才队伍建设 068a、126a、272b、336a
人才科教工作 329b
人才培养 187a、306b、382b
人行凉山州中心支行 268a
人口 399a
人力资源和社会保障 124b
人民防空 161b
人民监督 202a
人民生活和社会保障 399a
人事制度改革 126a
认证监管 229b
日常监管 230a
荣誉 094b、161a、168b、170b、192a、232b、286a、289a、333a、362a、396a
融资工作 370b

S

“四好”创建 241b
“三大管理 080a
“三风”建设 307a
“三个 100%”工作 351b
“三个体系”建设 140b
“三基三化”建设 340b
《三州若干意见》推进实施 120b
森林防火 376b
森林公园 377a
森林公园申报工作 378b
森林资源保护管理 248a
森林资源管理 374a
森林资源管理和林业调查规划设计 376b
商车费改 286b
商务投促 232b
上级人大到凉山视察调研 106a
设备投入 362a
社保工作 378a
社会保险基金预算 259a
社会保障 125b、401a、406b、417a、422a、427a
社会保障工作 190b
社会扶贫 132b
社会服务 167a、170a、172b、305b
社会福利 122b
社会公益 289a
社会和谐稳定 061b
社会救助 121b
社会民生 403a
社会事务 124b
社会事业 115b、398b、405b、410a、414b、417a、421b、425a、427b、430a、432b、437a
社会宣传 193b
社会责任 283a、356b、370a
社会职责 392b
社会治安综合治理 420a
社会治理 115b、206a、415a、428a
社会资助 304a
社会组织管理 123b
社科联 192b

社情民调 225b
涉法事项的法律审查 208b
涉外管理与服务 131b
深化改革 117b、216b、433b
深化控编减编 077a
审计 222b
升专工作 312b
生产经营 364a、369a、372a、389a、391b
生产指标 393a
生态环境 425a
生态环境建设 418b
生态家园 415b
生态建设 116a、432a
生态立县 438a
生态州建设 349a
省民族地区文明城市创建推进会 085a
省社科普及基地建设 192b
师资队伍 310b
师资队伍建设 308a
师资建设 316b
《“十三五”食品药品监督管理建设规划》 232a
食品安全示范县创建 232b
食品药品监督管理 230a
史志工作 087b
市场服务 366a
市场监管 387b
市场监管工作 351a
市场营销 372b
市场运行监管 234a
市场运营管理 363b
事业单位登记管理 077a
事业单位分类改革 076b
室内课题研究工作 079a
收入分配 126a
收支两条线和票据管理 261b
授信管理 285b
售后服务 289b
数据质量 226a
数字档案馆建设 141a
双语护士 327b
水产渔政 246a
水利 249b
水利改革 251a
水利基建 249b
水生态文明建设 251a
水运建设发展 339a
税收改革 263b
税收收入 263a
税政法规管理 262a
司法改革 204a
司法公开 203b
司法行政 205a
司法为民 203b
思想建设 074b、163b、170b、179a
思想政治 158a
思想政治工作 373b
思想政治建设 070b、155a、392a
四川锦宁矿业有限责任公司 391a
四川省第二届残疾人文化艺术节 189b
四川省雷波林业局 374a
四川省凉北林业局 376a
四川省木里林业局 377b
四川盐业凉山分公司 386a
四届五次全委会 183b
送文艺下乡 189a
素质教育 308a、316b

T

特色农产品品牌建设 241a
特种设备安全监管 229a
提案工作 153b
体育 330b
体育执法 332b
体制改革 369b、386a、413a
天保工程 247b、377b、379b
天保工程建设 374a、376b
通用飞行保障 363b
统筹城乡 402b
统计 225a
统计法治 225a
统计服务 225b
统计改革 225a
统计调查 227a

统计调查服务 227a
统计调查改革 228a
统计调查基础 227b
统计执法 228a
统战、群团工作 075b
统战工作 070b、148b
投资促进 233a
土地收储转换 239a
团干队伍建设 180b
推进“妇女儿童关爱”行动 183a
推进男女平等基本国策 182b
退耕还林 247b
退役士兵安置 124a
脱贫攻坚 114b、137b、162a、220b、229b、400a、403b、406b、411b、414b、424a、428a、430a
拓展妇女创业空间 181b

W

外贸工作 409a
外事侨务 129b
网路运行 353a
网络建设 354a、358b
网络宣传营销 297a
网上政务服务大厅建设 142b
维护社会稳定 195a
维权信访工作 191b
卫生 412b
卫生计生工作 320a
未成年人思想道德建设 084b
文稿信息服务工作 079a
文化、新闻出版市场管理 319a
文化产业 319b
文化广电新闻出版 318b
文化建设 070a、283a、330a、374b
文化遗产保护 319a
文联 186a
文明单位建设 359a
文艺创作 188a
文艺活动 187b
文艺展演及荣誉 318b
污染防治 348a
无线电管理 217a
“五老”志愿者 098b
武警凉山州森林支队 158a
武警凉山州支队 156b

X

西部开发和攀西开发 118a
西部人才培训 120b
西昌车务段 360b
西昌电力股份公司 366b
西昌钒钛产业园区工作 238b
西昌汽车运输公司 380b
西昌青山机场 362a
西昌市 394a
西昌学院 304a
西昌永盛实业有限责任公司 392b
喜德县 429a
县域发展 287a
县域支行发展 272b
现代畜牧业 245a
现代服务业 400b
现代流通体系 233b
现代农业 400a、431a
现代农业产业基地 244b
现代气象业务体系 335b
现代烟草农业建设 251b
乡村旅游 293b
相对集中行政许可权改革试点 076b
项目工作 236a
项目管理 194a、254b
项目建设 210a、215b、231a、292b、388a
项目前期工作 250b
项目投资 115a、371a、402a
项目资金管理 127b、183b
消防宣传 161a
消费贷款 284b
消费者权益保护 219a
消费者权益保护工作 276b
小企业贷款 284b
校内外环境治理 308b
校园安全 304a、312b、317b

校园文化 308b、313a
效能建设 222a
新村新寨建设 241b
新技术推广 246b
新技术新项目 324b
新课程改革及教科研 317a
新能源建设 368a
新农村“四个好”家庭创建活动 083b
新闻发布工作 087a
新型城镇化建设 344a
信访工作 104a、221b
信息公开 350a
信息化工作 365b
信息化建设 082b、324b、326b、340b
信息刊物 253b
信用卡业务 285a
刑事审判 202b
刑事执行检察 201a
行政复议案件办理 209a
行政复议制度建设 209a
行政管理 157a、158b、312a
行政审判 203a
行政审批事项 249a
行政审批制度改革 076a
行政调解 209b
行政效能 415b、420a
行政应诉案件办理 209b
行政执法 229b、334a
行政执法监督检查 207b
行政执法人员管理 207b
行政执法证件管理 208a
宣传策划 096b
宣传促销 299b
宣传工作 069a、075b、231b
宣传教育 161b、334b
宣传培训 080a、135b
宣传文体工作 191a
宣传营销 293a
选举党代表 062b
学科创新团队建设 254a
学前教育 302b
学生工作 304b
学生管理 308a
学生资助 317a
学习贯彻会议精神 174a
学习贯彻落实《意见》 091b
学习贯彻全国老干部工作表彰大会精神 091b
学校规模 309b
学校建设 309b
寻找“最美家庭” 182a
巡察监督 064b

Y

亚热带作物研究 253a
烟草 251a
烟草联名卡 285a
烟草专卖 236b
烟叶生产 237a
盐源县 434a
养护管理工作 384a
业务发展 272a、275b、290b、356a
医改工作 320b
医改举措 324a、329a
医疗质量 322a
依法行政 221b、231a、263b、345b
依法行政示范创建 207b
依法信访 082b
依法执业 326b
依法治安 135b
依法治县 401b
依法治校 303b
移民复建 419b
移民规划安置 133b
移民后期扶持 134a
移民信访稳定 134a
彝族医药研究 330a
义务教育 302b
艺体卫教育 303a
益门煤矿 389a
意识形态 069b
翼支付新时代 354b
银行业 266b
银行业监督管理 270a

银行业监管 270a
营销措施 387a
营运管理 381a
营运平台 287b
影视创作 319a
优势特色产业 240a
优质服务 385b
邮储银行凉山分行 283b
邮政公司 352b
邮政管理 350b
游客接待 296b
舆论引导 069b
语言文字工作 136b
语言文字规范管理和彝语文推广使用工作 136b
预（决）算审计 223a
园区产业 210b
园区规划 238b
园区建设 216b
源头治理 065a
越西县 426a
运输安全管理 339b
运维管理 146b

Z

灾备与数字证书应用 146a
招商引资 239a、395b、408b、424b、428a
招生工作 306b
招生就业 304b、311b、314a
昭觉县 413b
侦查监督 200a
阵地建设 187a
震灾防御 334b
征管改革 265a
整体迁建工程 329a
正风肃纪 064a
正能量活动 093b
证券业 267a
政策法规 293b
政策配套 252a
政策研究 077b
政策支撑 215a
政法队伍建设 196b
政法工作 195a
政府采购 261b
政府法律顾问管理 207a
政府门户网站建设 146a
政府投资审计 223b
政府性基金预算 259a
政府债务 262b
政企合作 385b
政务服务 142a
政务服务标准化 142a
政务接待 144b
政务信息 129b
支持实体 273b
支农工作 279b
知识产权 301b
执法监察 221a
执法监管 294b
执行工作 203a
职工权益保障 178a
职能职责整合 230a
职业健康 136a
植物检疫及病害防治 244a
指导管理 080b
指导县乡人大换届选举 105b
志愿服务 327b
志愿服务工作 085a
制定免费教育政策 302a
质量管理 228b
质量技术监督管理 228b
质量监督 228b
质量与安全 323a
中等职业教育 302b
中国电信凉山分公司 354a
中国共产党凉山彝族自治州第八次代表大会 062b
中国共产党凉山彝族自治州第八届委员会第一次全体会议 063b
中国共产党凉山州第八次代表大会 063a
中国联通凉山分公司 358a
中国人保财险凉山分公司 286a
中国人寿凉山州分公司 288a
中国铁塔股份有限公司 359b

中国移动凉山分公司　356a
中华联合财保凉山中心支公司　289a
中小学德育　303a
中心任务　157a、158b
中医（民族医）药　322b
中医治艾工作　330a
重大工程项目建设　366b
重大行政决策　209a
重大课题研究工作　079a
重大外宣活动　086a
重大问题研究　116b
重大项目　434b
重大项目和投资　116b
重大项目建设　426b
重大政策研究工作　078b
重点规划　250b
重点项目　239b
重要飞行保障　363b
重要会议　149a
州二医院　326a
州国投发展公司　370b
州民族干部学校　306a
州民族中学　316a
州人大常委会会议　101b
州十届人大六次会议　100b
州外媒体服务与管理　087a
州一医院　323a
州政府常务会议会前学法制度　207b
州直机关党建工作　074b
州职业技术学校　313b
州中西医结合医院　329a
主题教育活动　068a
主席会议　150a
主要工作　275b
主要污染物减总量减排　349a
主业管理　383a
助力扶贫　355b
助推精准扶贫　255b
住房公积金管理　346a
注册登记　218a
驻村帮扶　226b、309a
专合组织　405a
专卖内管保障　237b
专项扶贫　132b
专项工程　342b
专项气象服务　336a
专项调查　227b
专项整治　230b
专项资金　259b
专项资金审计　223b
专业建设　307a
专业建设能力　360a
资金监管　262a
资金争取　117a
自然资源　039a
自身建设　068b、074a、077b、094a、100a、116a、119a、127a、141b、145a、148b、168a、169a、176b、178b、185b、224a、234a
宗教事务及境外藏胞管理　128a
综合扶贫　133a
综合服务设施建设　191b
综合改革　234b
综合工作　352b
综合管理　298b
综合经济　114a、396b
综合生产能力　240b
综述　060a、100a、105a、114a、147a
“走基层工作”　082a
组织发展　165b
组织工作　066a
组织机构　266b、282a、283b、256a
组织建设　075a、171b
组织建设工作　191b
祖统联谊工作　165a
作风建设　070b、074b、433b

“1+X”林业生态产业　247b